ISBN 978-0-267-05562-3
PIBN 11291225

This book is a reproduction of an important historical work. Forgotten Books uses
state-of-the-art technology to digitally reconstruct the work, preserving the original format
whilst repairing imperfections present in the aged copy. In rare cases, an imperfection in
the original, such as a blemish or missing page, may be replicated in our edition. We do,
however, repair the vast majority of imperfections successfully; any imperfections that
remain are intentionally left to preserve the state of such historical works.

LES
MÉTAMORPHOSES
D'OVIDE,

EN LATIN ET EN FRANÇOIS.

EN DEUX VOLUMES.

LES

LES
MÉTAMORPHOSES
D'OVIDE,
EN LATIN,
TRADUITES EN FRANÇOIS,
AVEC DES REMARQUES,
ET DES
EXPLICATIONS HISTORIQUES.
Par M^{R.} L'ABBÉ BANIER,

DE L'ACADEMIE ROYALE DES INSCRIPTIONS ET BELLES LETTRES.

Ouvrage enrichi de Figures en taille douce,

Gravées par B. PICART, *& autres habiles Maîtres.*

TOME PREMIER.

A AMSTERDAM,

Chez R. & J. WETSTEIN & G. SMITH.

MDCCXXXII.

A U   R O I.

IRE,

    L'Accueil que VOTRE MAJESTE *daigne faire aux Mémoires de l'Académie des Belles Lettres, me fait esperer qu'elle voudra bien agréer un ouvrage né dans le sein de cette même Académie. C'est la Traduction des*

                                           Méta-

EPITRE.

Métamorphoses d'Ovide, accompagnée d'Explications, dont l'objet est de concilier la Fable avec l'Histoire.

La Protection que Votre Majesté accorde aux Sciences & aux Belles Lettres, & la Paix qu'elle maintient dans ses Etats, leur promettent les succès les plus éclatans : elles n'en firent jamais de plus rapides que lorsqu'Auguste eut fermé le Temple de Janus.

Si j'osois suivre les mouvemens de mon zele, j'entreprendrois ici l'éloge de Votre Majesté, je célébrerois ses vertus ; mais le respect me retient ; je dois me borner à les admirer, & à faire les vœux les plus ardens pour la prosperité, & la conservation d'un Prince qui met sa gloire à rendre ses Sujets heureux, & qui par son exemple, fait faire respecter la Religion & ses devoirs. Puisse Votre Majesté égaler la gloire & surpasser les années de Louïs le Grand, voir les petits-Fils du Prince dont la naissance fut marquée par la joie de toute l'Europe, & leur donner les grandes leçons qu'elle reçut elle-même de son Auguste Bisayeul. Ce sont les vœux que fait,

SIRE,

DE VOTRE MAJESTÉ,

Le très-humble, très-obéïssant, & très-fidelle
serviteur & sujet,
BANIER.

PREFACE.

Es Fables font pour la plûpart fi anciennes, que leur origine fe perd dans l'Antiquité la plus reculée. Ceux qui en furent les premiers Auteurs, font auffi peu connus que le tems auquel elles commencerent de paroitre, & les Savans qui ont le plus approfondi cette matiere, fe contentent de dire qu'elles remontent au tems où les Defcendans de Noé fe feparerent pour former differentes Colonies. Ainfi ce qu'on peut penfer de plus raifonnable à ce fujet eft que les Fables ne furent inventées, ni dans le même tems, ni dans le même Païs, ni par les mêmes perfonnes.

Comme elles font fondées fur la verité, ainfi que je tâchai de le prouver dans l'Ouvrage que je donnai au public, il y a quelques années, fur cette matiere, je ne doute pas que la communication que Dieu voulut bien avoir avec les Patriarches, & dont la connoiffance fe conferva par tradition dans le Paganifme, n'ait été la premiere fource de ce mélange continuel des Dieux & des hommes, qui fait tout le merveilleux de ces anciennes fictions.

Dans les premiers tems, les hommes n'adoroient qu'un feul Dieu. Noé conferva dans fa famille le culte que fes Péres avoient rendu au Créateur ; mais fes Defcendans ne furent pas long tems à en alterer la pureté. Les crimes auxquels ils s'abandonnerent, affoiblirent bien-tôt l'idée de la Divinité, & on commença à l'attacher à des objets fenfibles. Ce qui parut dans la nature de plus brillant & de plus parfait, enleva leurs hommages; & par cette raifon le Soleil fut le premier objet de leur fuperftition. Du culte du Soleil on paffa à celui des autres Aftres & des Planetes, & toute la milice du Ciel, pour me fervir de l'expreffion de Moïfe, s'attira un culte religieux, ainfi que les Elemens, les Fleuves, & les Montagnes: on n'en demeura pas là; la nature elle-même fut regardée comme une Divinité, & fous differens noms, elle devint l'objet du culte de differentes Nations. Enfin les grands hommes parurent meriter, ou par leurs conquêtes, ou par l'invention des Arts, des honneurs qui n'étoient dus qu'au Créateur de l'Univers: & voilà l'origine de tous ces Dieux que le Paganifme adoroit.

A cette première fource on peut en joindre plufieurs autres, que je me contenterai de propofer ici en peu de mots, parce qu'elles fe trouveront developpées dans mes Explications. La premiere & peut-être la plus feconde, a été la vanité des hommes, qui les porta à croire que l'heroïfme même, pour paroître plus parfait, avoit befoin d'être foutenu par d'ingenieux menfonges. Delà tout ce faux fublime qu'on trouve dans l'Hiftoire des premiers Conquerans. Ajoutez à cette fource le defaut des Lettres, qui obligeoit dans les premiers tems, de confier à l'infidelité de la memoire des faits, qui ne paffoient à la pofterité qu'avec des ornemens qu'on croioit neceffaires, pour les faire admirer. Des Orateurs, qui n'auroient pas cru louer les morts au gré des vivants, s'ils n'avoient mêlé du merveilleux & du furnaturel dans leurs difcours. Des Voïageurs credules, qui trompez les premiers par de faux rapports, les rendoient enfuite à leurs Compatriotes, comme des veritez dont ils auroient été témoins oculaires. Les Peintres, dont les imaginations ont fouvent paffé pour des réalitez. Une Philofophie groffiere & uniquement fondée fur le rapport des Sens, laquelle pour rendre raifon des Phenomenes qu'on ne comprenoit pas, animoit les Aftres & les Planetes, les Pleuves & les Fontaines. Des mots équivoques des langues étrangeres, qu'on prenoit toûjours dans

* *

la

le fens qui offroit du merveilleux. L'envie d'avoir des Dieux pour Ancêtres, qui faifoit remonter la plûpart des Genéalogies à Hercule, à Apollon & à Jupiter. Des Prêtres intereſſez, qui pour donner cours à des Ceremonies lucratives, mêloient dans l'Hiſtoire de leur origine toutes les Fables qu'ils croioient propres à les rendre plus reſpeétables. Enfin des Poëtes qui après s'être un peu trop livrés au feu de leur Imagination, ont été cependant juſtifiez dans la ſuite, par le ſoin qu'on a pris de les regarder comme des modeles, ſans leſquels il n'étoit plus poſſible de reuſſir. C'eſt dans leurs Ouvrages ſur tout qu'on voit la verité ſacrifiée à d'ingenieux menſonges. Les Bergers y deviennent des Satyres, & les Bergeres des Nymphes, ou des Naïades; les Oranges des Pommes d'Or, & les Vaiſſeaux à voiles, des Chevaux allez.

Mais de tous les Poetes ceux qui ont introduit le plus de Fables, ſont les Poëtes Dramatiques, & les Poëtes Epiques. Ceux là, pour rendre les Speétacles plus intereſſants, ont mêlé mille fiétions aux évenemens qui faiſoient le ſujet de leurs Tragedies, & ont fait ſouvent intervenir les Dieux dans leurs dénouemens. Ceux-ci, pour ſoutenir l'Epopée, ſemblent ne s'être nourris que de Fables & de Fiétions, pour parler le langage de Mr. Deſpreaux. (a)

> *Là pour nous enchanter tout eſt mis en uſage;*
>
> *Tout prend un corps, une ame, un eſprit, un viſage;*
>
> *Chaque vertu devient une Divinité.*
>
> *Minerve eſt la prudence & Venus la beauté.*
>
> *Ce n'eſt plus la vapeur qui forme le Tonnerre,*
>
> *C'eſt Jupiter armé pour effraïer la Terre.*
>
> *Un orage terrible aux yeux des matelots,*
>
> *C'eſt Neptune en courroux qui gourmande les flots.*
>
> *Echo n'eſt plus un ſon qui dans l'air retentiſſe,*
>
> *C'eſt une Nymphe en pleurs qui ſe plaint de Narciſſe, &c:*

Des ſources que je viens d'indiquer, & peut-être encore de pluſieurs autres, ſortirent une infinité de Fables, qui tranſmiſes d'abord par tradition, ou conſervées dans des Fêtes & des Jeux qui en rappelloient le ſouvenir, dans quelques Ouvrages fugitifs, dans des Eloges funebres, & dans des Epithalames, paſſerent d'abord dans les Archives des Temples, enſuite dans l'Hiſtoire, & compoſerent une grande partie des Annales du Monde. On les fit auſſi entrer dans la Morale, & dans le Syſteme de la Religion, & on en fit des corps d'Hiſtoire, & de Théologie. Heſiode en compoſa ſa Theogonie. Homere en fit le principal ornement de l'Iliade & de l'Odyſſée. Tous les autres Poëtes à l'envi, les Tragiques ſur tout, les adopterent, & y ajouterent ſans ſcrupule tout ce qui pouvoir embellir & ſoutenir les ſujets qu'ils avoient choiſis; ainſi groſſiſſoit de jour en jour, parmi les Grecs ſur tout, grands amateurs de fiétions, un ſyſteme, qui tout monſtrueux qu'il étoit par les piéces mal aſſorties qui le compoſoient, étoit néanmoins le Syſteme dominant.

Outre les Auteurs que je viens de nommer, il y en eut pluſieurs autres, tant Poetes qu'Hiſtoriens, qui entreprirent en differens tems des Compilations de Fables. Nicandre, de la Ville de Colophon, qui écrivoit vers les 160. Olympiade, en compoſa un recueil, ſous le titre de *Changemens, ou Métamorphoſes.* (b)

Heraclide de Pont en ramaſſa auſſi un grand nombre, vers l'an 350 avant l'Ere Chrétienne dans l'Ouvrage qu'il intitula, *Les Allegories d'Homere.* Anticlide en fit un autre ſous le titre du *Retour* (c) ſans qu'on ſache ſi c'eſt du retour des Argonautes qu'il s'agir, ou de celui des Grecs après la priſe de Troye. Silenus de Chio, outre pluſieurs Hiſtoires dont parlent Tite Live & Denis d'Halicarnaſſe, avoit, ſelon Tzetzes (d), compoſé une compilation de Fables. Phylarque environ 150 ans avant Notre Seigneur donna auſſi au public un *Abregé de Mythologie* (e), ainſi qu'on peut le voir dans Suidas. Theodore, comme nous l'apprenons de Stobée & de Plutarque, avoit compoſé des Métamorphoſes, & Boeus une Ornithogonie, qui eſt citée dans Antoninus Liberalis. Enfin Apollodore avoit recueilli ſes anciennes Fables dans ſa Bibliotheque, comme nous pouvons le conclurre des trois Livres qui nous reſtent.

C'eſt

(a) *Art. Poët. Chant III.* (b) Ἑτεριώματα· (c) Περὶ νόςυ. (d) *In Lycophr.* (e) Ἑντοπαϊκὰ μυθικὰ.

PREFACE.

C'est de tous ces recueils, qu'Ovide tira les sujets qui composent les XV. Livres de ses Métamorphoses, & il paroît par ce qui nous reste des anciens sur cette matiere, qu'il les a infiniment surpassez; au lieu d'un recueil froid, insipide, ou simplement didactique, il en fit une espece de Poëme, dont l'Univers entier est la scene, & qui embrasse tous les tems qui s'étoient écoulez depuis le commencement du Monde jusqu'au siécle où il écrivoit. Que de traits, que de couleurs differentes ne falloit-il pas avoir ramassées pour tant de tableaux ! Cependant il les a tous finis ces tableaux, & à la fin de l'ouvrage son pinceau n'est point affoibli : il a plus fait encore; dans des Fables qui se ressemblent, parce que souvent ce sont des Nymphes changées ou en Arbres, ou en Rochers, ou en Fontaines, il a sû mettre les nuances delicates qui les distinguent les unes des autres. Aglaure métamorphosée en Rocher, est differente d'Anaxarette qui éprouve le même changement : les Heliades qui deviennent des Peupliers, ne ressemblent ni à Daphné ni à Dryope, qui sont aussi changées en Arbres. Arethuse & Cyane métamorphosées l'une & l'autre en Fontaines, n'ont rien de commun, même dans le détail de leur changement. Ce sont toûjours de nouvelles images, des beautez singulieres. Uni dans les narrations, pathetique, tendre & touchant dans les monologues, élevé dans les harangues, Ovide fait faire passer imperceptiblement le Lecteur d'une Fable à une autre par des liaisons souvent fort ingenieuses. Il a sû même, dans une matiere obscure garder une espece d'ordre Chronologique. On le voit en effet, après avoir commencé par le Cahos & le Déluge, s'approcher d'évenement en évenement, jusques à la mort de Jule César, par où il a fini cet ingenieux & penible Ouvrage.

Ce n'est point cette sorte de respect qu'on a pour un Auteur que l'on traduit, qui m'engage à faire cet éloge des Métamorphoses d'Ovide. Parmi tant de beautez avouées presque de tout le monde, je ne laisse pas de trouver des défauts, & la franchise avec laquelle je vais les exposer, justifiera suffisamment les louanges que je viens de donner à ce Poëte.

Ovide avoit un genie extrêmement fecond, & les expressions les plus heureuses sembloient venir d'elles-mêmes se placer dans les endroits les plus difficiles à exprimer. Mais cette fecondité même est devenue un défaut chez lui, il n'a pas sû la menager, & s'est trop livré aux saillies de son imagination. Aimant à épuiser ses sujets, il ne croioit jamais en avoir assez dit. Eloigné de cette sage retenue qui laisse toûjours quelque chemin à faire aux Lecteurs, Ovide pour vouloir avoir trop d'esprit, leur ôte le plaisir d'en avoir eux-mêmes, trop diffus, il seroit faché d'oublier la moindre circonstance. On peut ajouter encore qu'il joue trop souvent sur les mots & qu'il court après les pointes. S'il veut peindre le trouble & la consternation de Phaëton, il l'aveugle au milieu même de la source de la lumiere.

Suntque oculis tenebræ, per tantum lumen obortæ (a).

Il appelle les devoirs funebres que rend Apollon à Coronis.

Injustaque justa peregit (b).

Jouant ainsi sur le mot *justa* consacré à cette sorte de devoirs.

Lorsqu'Alcyone dit qu'il lui semble qu'elle éprouve toutes les horreurs du Naufrage de Ceyx, le Poëte la fait exprimer ainsi, *& habet me sine me pontus.* Peu content d'avoir exposé son idée, & de l'avoir mise dans un beau jour, il la remanie encore, & la retourne en cent façons differentes. Hecube après la mort d'Achille ne se contente pas de dire *nunc quoque mi metuendus erat*, elle ajoute, *cinis ipse sepulti in genus hoc sævit*, & puis encore, *tumulo quoque sensimus hostem.* Si Virgile avoit mis dans la bouche de la même Hecube ces paroles, *nostri orbator Achilles*, il s'en seroit tenu là; Ovide lui fait ajouter après, *Æacidæ fœcunda fui* & encore, *inferias hosti peperi*; comme si une pensée devenoit nouvelle parce qu'elle est presentée au Lecteur avec des expressions differentes.

Des beautez & des défauts que je viens d'exposer naissent également les difficultez de la traduction. Il est difficile de bien rendre Ovide dans ses beaux endroits, & presque impossible de le faire gouter dans ceux que je viens de critiquer. Nous ignorons si les jeux de mots avoient de la grace dans la Langue Latine, mais nous savons qu'il est bien rare qu'ils en aient dans la Langue Françoise. Il y a apparence que les Grecs & les Latins étoient peu choquez des repetitions, puis qu'on en trouve très-frequemment dans leurs meilleurs Auteurs; peut-être que l'abondance de leurs Langues, & les expressions qui ne leur manquoient pas pour mettre de la varieté dans les mêmes choses dites plusieurs fois, les rendoient supportables; parmi nous, soit manque de synonymes, soit que par vivacité nous aimions à courir sans cesse à de nouvelles images, sans nous fixer trop long-

* * 2   tems

(a) *Met. Lib. II.*   (b) *Lib. IV.*   (c) *Met. Lib. XIII. v. 503.*

PREFACE.

tems fur la même, les repetitions nous paroiffent prefque toûjours ennuieufes. Les détails auffi trop circonftanciez nous deplaifent par la même raifon ; ils nous arrêtent trop long-tems fur le même objet. Contents d'apprendre, par exemple, qu'une perfonne a été changée ou en Fontaine, ou en Ar-bre, nous fommes choquez des détails Anatomiques, dans lefquels Ovide entre pour décrire ces changemens. Le Poëte paré des plus belles expreffions devient froid, & le Traducteur à qui elles manquent fouvent, languit encore davantage.

On concevra facilement que tous ces détails doivent faire beaucoup de peine à un Tra-ducteur ; mais ce qui m'a le plus couté a été de rendre dans une langue chafte, un Poete qui l'eft peu. Les Métamorphofes, à les bien definir, ne font que l'Hiftoire des paffions des Dieux & des hommes, fur tout de leurs amours, & les effets de cette derniere paffion y font toûjours expo-fez avec trop de licence : les portraits que fait Ovide dans ces occafions font trop vifs ; la pudeur y eft peu menagée, & c'eft dans ces endroits-là feulement qu'il ne donne que trop à penfer. J'ef-pete que les precautions que j'ai prifes pour ne me fervir d'aucune expreffion qui put bleffer les oreilles delicates, feront du goût de ceux, qui n'apprennent l'Hiftoire des foibleffes des grands hom-mes, que pour tâcher de s'en garentir. J'avois bien fenti tout le poids d'une entreprife fi difficile à executer. Je favois la peine qu'on a lorfqu'il s'agit de faire paffer les beautez d'une Langue dans une autre ; que la difficulté croiffoit à mefure que l'Auteur qu'on entreprend de traduire a p u de genie & d'imagination ; qu'elle étoit encore plus grande lorfque cet Auteur aime les jeux dd mots ; les pointes & les détails : enfin qu'elle devenoit prefque infurmontable, lorfqu'il s'agiffoit d'un Ouvrage en vers, dont la beauté confifte en partie dans la mefure, la cadence, & l'harmonie ; dans des ima-ges vives, dans des métaphores hardies, & dans des comparaifons frequentes. Le fuccès de la plû-part de nos Traductions, m'avoit appris que ces métaphores, ces images devie-noient fouvent languiffantes dans notre profe, & que quand il feroit poffible d'en remplacer les beau-tez par l'élegance du Stile, & par la richeffe de l'expreffion, l'harmonie du moins, & la cadence étoient en pure perte, pour le Traducteur.

Effraié à la vue de ces difficultez, je me refufois à un travail que je croiois au-deffus de mes for-ces. Comme je m'étois toûjours appliqué à une forte d'étude, où il me fuffifoit de prendre le fens des Auteurs que je devois citer, fans m'embaraffer ni des tours, ni des expreffions, je ne m'étois ja-mais occupé à traduire, & je ne pouvois me refoudre à commencer par un Ouvrage difficile & de longue haleine ; lors qu'enfin je me rendis aux avis fages & judicieux d'une perfonne (a) qui eft auffi connue parmi les Savans par fa generofité, fon goût, & fa politeffe, que par la jufteffe de fon efprit, fa fagacité, & fon érudition. J'eus même la vanité de croire que je réuffirois, par la raifon qu'il me crut propre à réuffir.

On a donné dans ces derniers tems de très-bonnes regles pour bien traduire. La meilleure & la plus fûre eft de s'attacher à l'efprit de l'Auteur que l'on traduit, plûtôt qu'à fes paroles. Les Lan-gues ont chacune un tour, un ordre, un genie qui leur eft particulier. Ce qui eft élegant en La-tin, rendu dans le même tour en François devient froid & infipide. Il ne fuffit pas qu'une Traduc-tion foit fimple, claire, correcte, & qu'elle rende exactement les penfées de l'Auteur, il faut en-core qu'elle rende fa delicateffe, & toute fon élegance. Si on s'attache trop à la lettre on devient dur & froid comme le dit Horace (b), fi on s'en écarte trop on court rifque de donner fes propres penfées pour celles de l'Auteur original (c). Moins occupé à rendre le nombre que la valeur des mots, l'interprète, doit favoir à propos s'éloigner également d'une cohtrainte fervile, & d'une li-berté exceffive ; tenir le jufte milieu entre une timidité judicieufe & une heureufe hardieffe, fe fouf-traire à la tyrannie de la lettre, fe rendre maître des fens, & fe foumettre aux tours de fa Langue. Cependant un Traducteur trop libre a fes inconveniens. Toute Paraphrafe deguife le texte & le fait languir. Comme elle peint les images, moitié de fantaifie, moitié d'après l'original, elle n'eft fouvent ni original, ni copie. Pour tout dire en un mot, il faut connoître à fond le genie de l'Auteur que l'on traduit, fe transformer en lui le plus qu'il eft poffible, & fi notre Langue ne peut fournir toutes les beautez de l'original, il faut prendre un effor genereux, & paier en équivalens. Lorfqu'on traduit un Poëte cet effor eft encore plus permis : le tour & l'expreffion peuvent être un peu plus libres ; les métaphores ne font point alors un défaut, les repetitions lorfqu'elles font variées, ont leur grace, & c'eft dans cette occafion que la profe n'eft pas foumife à cette fevere exactitude qui la gêne par tout ailleurs.

Tout fe reduiroit à faire parler dans notre Langue l'Auteur que l'on traduit, comme il auroit par-lé lui-même ; mais cet engagement eft bien plus confiderable qu'on ne penfe. Car comment ne fe feroient point énoncez en François Horace, Virgile, Ovide ? Quelle fineffe dans l'expreffion, quel tour vif & ingenieux n'auroient-ils pas pris ? Ils fe feroient faits admirer dans notre Langue, comme ils fe font faits admirer dans la leur ; & fi c'eft-là le point de vue dans lequel on doive les faire pa-roître, lorfqu'on veut réuffir, il y a dequoi faire trembler le Traducteur le plus hardi.

(a) Mr. de Boze, Sécretaire perpetuel de l'Academie des Belles Lettres. (b) Art. Poët. (c) Cic. de Orat.

Je

PREFACE.

Je n'ai pas deſſein de faire valoir ma traduction aux dépens de celles qui l'ont precedée ; mais je puis avancer hardiment que les Métamorphoſes traduites pluſieurs fois avoient encore beſoin de l'ê-tre. Soit negligence, ſoit manque de bons Manuſcrits qui fixaſſent la veritable leçon qu'il falloir ſuivre ; dès la premiere de ces Traductions, on remarque des fautes que ceux qui ſont venus après n'ont pas évitées. Ovide y eſt pris ſouvent à contre-ſens ; on n'eſt point entré dans ſon eſprit ; on le fait languir en le paraphraſant, ou on l'eſtropie en le rendant qu'une partie de ce qu'il a voulu dire. On ne preſente pas toûjours les mêmes images , & on lui en ſubſtitue d'autres qui ne ſont ni auſſi riantes, ni auſſi belles. Il me ſeroit aiſé de donner ici une liſte des fautes que j'ai remar-quées dans ces Traductions ; mais comme je ſens que j'ai beſoin moi-même de beaucoup d'indul-gence, il ne me conviendroit pas de faire trop rigoureuſement le procès aux autres. Les Auteurs ont leur juge naturel, c'eſt à lui à decider ſi j'ai rendu Ovide exactement.

Pour mettre les Lecteurs en état d'en juger plus facilement, j'ai fait imprimer à côté de la Tra-duction le texte Latin, corrigé exactement par le ſavant & laborieux Mr. Burman, & je dois avouer que ſes corrections qui ſouvent dévelopent d'une maniere claire & preciſe le vrai ſens d'Ovide, m'ont été d'un grand ſecours. Mais comme il y a des endroits où elles n'offrent pas une image auſſi riante que les leçons de quelques Manuſcrits , je me ſuis crû diſpenſé de le ſuivre alors, & je rapporte dans une Note au bas des pages, les raiſons qui m'ont obligé de l'abandonner.

Pour ce qui regarde mon ſtile ; comme les Métamorphoſes ſont preſque toûjours racontées d'une maniere ſimple & naturelle , il a fallu prendre le milieu entre un ſtile empoullé, & un ſtile trop ſimple. Un ton trop élevé eſt difficile à ſoutenir, & les chutes en ſont trop remarquables. Cepen-dant comme il y a des occaſions où Ovide s'éleve, j'ai tâché de le ſuivre ; & peut-être que cette va-rieté ne fait pas une petite partie de la beauté d'un Ouvrage de longue haleine.

Après avoir travaillé depuis pluſieurs années à l'intelligence des Fables, on s'attend bien ſans doute que je joindrai à ma Traduction des Explications ; c'eſt auſſi ce que je n'ai pas manqué de faire ; & c'eſt de cette partie de mon Ouvrage que je dois rendre compte dans cette Preface.

Les Fables peuvent être enviſagées ſous differents rapports , & on s'apperçoit aiſément qu'elles renferment pluſieurs ſens. Voilà ce qui a porté les Mythologues à en parler ſi differemment les uns des autres : chacun aïant ſaiſi l'allegorie qui étoit la plus conforme à ſa maniere de penſer , ou au plan de ſes études. Et comme le voile dont les Poëtes ont couvert les veritez renfermées dans leurs fictions, y a répandu une myſterieuſe obſcurité , on y a trouvé tout ce qu'on a voulu ; Phyſique, Morale, Chymic, Medecine. Pour moi accoutumé depuis long-tems à ne regarder les Fables que comme les depoſitaires des évenemens du Monde naiſſant, je me ſuis toûjours appliqué à décou-vrir l'Hiſtoire qu'elles renferment. Les Actions des Anciens Heros furent célébrées d'abord par des Cantiques qu'on chantoit en leur honneur. Tel eſt le premier état des Fables, & ſi j'oſe m'expli-quer ainſi, leur enfance. Ces Cantiques dans leſquels les belles actions des grands hommes étoient ſans doute expoſées d'une maniere fort ſimple & fort naturelle, comme dans la plûpart de nos an-ciennes Chanſons, paſſerent enſuite dans les Ouvrages des Poetes, avec tous les ornemens de la Poë-ſie. Ceux qui dans la ſuite lûrent ces anciens Poëmes n'aïant pû ſe perſuader que de grands genies, n'euſſent employé que des faits ſouvent peu intereſſans, s'imaginerent qu'ils avoient caché ſous leurs fictions tout le ſecret des Sciences & des Arts, & ouvrirent par là un vaſte champ à l'allegorie. On entendit fineſſe à tout. Les Poëtes eurent de l'eſprit par tout, même dans les endroits, où ils n'a-voient ſongé qu'à transmettre de la maniere la plus ſimple , la tradition reçue ; & ce qui eſt aſſez dans le goût des hommes, ſur tout lorſqu'il s'agit de louer ceux qui ne ſont plus, la ſim-plicité elle-même devint ſublime , & plus ſublime que le merveilleux le mieux caractériſé. Les Philoſophes Platoniciens preſſez dans la ſuite par les Apologiſtes de la Religion Chrétienne, qui leur reprochoient d'une maniere triomphante l'abſurdité de leurs anciennes Fables , ſaiſirent ces Alle-gories & en inventerent de nouvelles pour rendre ſupportable le Syſteme de leur Religion.

Telle eſt l'origine des Allegories. Je m'éloigne entierement dans ces Explications de cette me-thode d'interpreter les Fables qu'ont ſuivic ceux qui avoient traduit avant moi les Métamorphoſes d'Ovide. La Morale, par exemple, qu'on en peut tirer eſt ſouvent arbitraire, ou ſi elle ſort natu-rellement du fonds du ſujet , les Lecteurs ont le chagrin de voir qu'on leur enleve des réflexions qu'ils auroient faites eux-mêmes. Réflexions, au reſte, qui ſe preſentent ſi naturellement que ce n'eſt pas la peine de ſe faire un merite de les écrire ; qui ne voit pas en effet que la Fable de Phaë-ton repréſente un jeune témeraire qui forme une entrepriſe au-deſſus de ſes forces ; que celle de Narciſſe nous apprend le foibleſſes de l'amour propre ; & celle des Compagnons d'Ulyſſe chan-gez en Pourceaux , les deſordres où ſe plongent ceux qui ſe livrent aux charmes de la vo-lupté ?

Il n'en eſt pas de même de l'Hiſtoire que renferment ces anciennes fictions, qui avec un ſens moral preſentent auſſi des évenemens ſouvent aſſez conſiderables : comme la connoiſſance de ces faits demande des diſcuſſions laborieuſes, on eſt bien aiſe de s'en épargner la peine.

C'eſt par ce motif que j'ai laiſſé à mes Lecteurs le plaiſir de faire tous les fraix de la Morale &

des

PREFACE.

des Allegories, & j'ai reſervê pour moi les diſcuſſions épineuſes que demande un ſujer ſi obſcur & ſi embrouillé ; ſûr que ce partage ne me fera point de jaloux.

La plus grande peine que j'ai cue dans ces Explications a été de reduire ce que d'amples recueils m'ont fourni ſur cette matiere, que j'avois déjà ébauchée dans mon Explication des Fables : ce que j'ajoute à deſſein, parce qu'il n'eſt pas poſſible que cet Ouvrage ne m'ait ſervi dans des faits qui ſont uniques dans l'Hiſtoire, & que j'avois déjà recueillis. J'eſpere cependant qu'on trouvera dans les Explications que je donne aujourd'hui des choſes plus recherchées ; l'Abregé de pluſieurs Diſſertations que j'ai lues à l'Academie, & bien des découvertes que m'ont fournies mes illuſtres Confreres, que j'ai ſouvent conſultez, tant ſur la Traduction que ſur les Explications.

Lorſque les Sujets demandent de trop grandes diſcuſſions, je mets en abregé ce qu'ils ont de plus intereſſant, & je renvoie par des Citations , ceux qui voudront les approfondir davantage, aux Auteurs qui pourront les ſatiſfaire. Un Ouvrage qui eſt fait pour tout le monde doit être à la por-tée des Lecteurs de toute eſpece, & j'ai cru leur devoir plus de conſideration , qu'aux Savans qui n'ont pas beſoin de mes lumieres.

P. OVIDII

P. OVIDII NASONIS

METAMORPHOSEON,

LIBER PRIMUS.

IN nova fert animus mutatas dicere formas
Corpora. Dî coeptis (nam vos mutâſtis & illas)
Adſpirate meis. primâque ab origine Mundi
Ad mea perpetuum deducite tempora Carmen.

F A b. I. *Le Cahos.*

J'Ai formé le deſſein de chanter tous les changements, arrivez dans la
Nature, aux corps qui ont été reveſtus de nouvelles figures. Dieux,
autheurs de tous ces changements, favoriſez mon entrepriſe, & condui-
ſez cet ouvrage depuis le commencement du Monde jusqu'à préſent.

A R G U M E N T.

Dieu debrouille le Cahos, en tire les quatre Elemens, & tous les autres corps, qui composent le Monde, & les établit chacun dans le lieu
qu'ils doivent occuper.

Nte, mare & tellus,
&, quod tegit omnia,
Coelum,   5
Unus erat toto Naturae
vultus in orbe,
Quem dixere Chaos; ru-
dis indigestaque moles;
Nec quidquam, nisi pondus iners; congesta-
   que eodem
Non bene junctarum discordia semina rerum.
Nullus adhuc Mundo praebebat lumina Ti-
   tan;   10
Nec nova crescendo reparabat cornua Phoebe;
Nec circumfuso pendebat in aëre tellus
Ponderibus librata suis: nec brachia longo
Margine terrarum porrexerat Amphitrite.
Quaque fuit tellus, illic & pontus & aër : 15
Sic erat instabilis tellus, innabilis unda,
Lucis egens aer; nulli sua forma manebat.
Obstabatque aliis aliud: quia corpore in uno
Frigida pugnabant calidis, humentia siccis,
Mollia cum duris, sine pondere habentia
   pondus.   20
Hanc Deus & melior litem Natura diremit :
Nam Coelo Terras, & Terris abscidit undas,
Et liquidum spisso secrevit ab aëre Coelum.
Quae postquam evolvit, caecoque exemit
   acervo,
Dissociata locis concordi pace ligavit.   25
Ignea convexi vis & sine pondere Coeli
Emicuit, summaque locum sibi legit in arce.
Proximus est aër illi levitate, locoque:
Densior his tellus, elementaque grandia traxit;
Et pressa est gravitate sui. circumfluus hu-
   mor   30
Ultima possedit, solidumque coërcuit orbem.

VANT que la Mer,
la Terre & le Ciel,
qui les environne, fus-
sent produits, l'Uni-
vers entier ne présentoit
qu'une seule forme.
Cet amas confus, ce
vain & inutile fardeau,
dans lequel les principes de tous les êtres étoient
confondus; c'est ce qu'on a appellé le Cahos. Le
Soleil ne prétoit point encore sa lumiere au Monde; la Lune n'étoit point sujette à ses vicissitudes;
la Terre ne se trouvoit point suspendue au milieu
des airs, où elle se soutient par son propre poids;
la Mer n'avoir point de rivages; l'Eau & l'Air se
trouvoient mêlez avec la Terre; qui n'avoit point
encore de solidité ; l'Eau n'étoit point fluide, &
l'Air manquoit de lumiere : Tout étoit confondu.
Aucun corps n'avoir la forme, qu'il devoir avoir,
& tous ensemble se faisoient obstacle les uns aux
autres. Le froid combatoit contre le chaud, le
sec avec l'humide; les corps qui étoient durs atta-
quoient ceux qui ne faisoient point de resistance,
les pezans disputoient avec les légers. Dieu, ou
la Nature elle-même termina tous ces combats, en
separant le Ciel d'avec la Terre, la Terre d'avec
les Eaux, & l'Air le plus pur d'avec l'Air le plus
grossier. Le Cahos ainsi debrouillé, Dieu plaça
chaque corps dans le lieu qu'il devoit occuper, &
établit les Loix qui devoient en former l'union.
Le Feu, qui est le plus leger des Elemens, occupa
la region la plus élévée; l'Air prit au dessous du
Feu la place qui convenoit à sa legereté, la Ter-à-
re, malgré sa pesanteur, trouva son équilibre, &
l'Eau qui l'environne fut placée dans le lieu le
plus bas.

EXPLICATION DE LA PREMIERE FABLE.

LA création est un mystere inconnu à la Raison.
Les Philosophes qui n'avoient jamais pu comprendre que de rien on pût faire quelque chose,
avoient établi ce principe, *ex nihilo nihil, & in nihi-*
lum nil posse reverti. Ainsi voyant la forme admirable
de l'Univers, qu'ils attribuoient ou à un Etre superieur,
à la Nature, ou à la Nature elle-même, ils supposoient
une matiere préexistente, mais confuse & informe, qui
fut ensuite debrouillée. Dieu, selon eux, n'en étoit

pas le créateur, il n'avoir fait que l'arranger, en plaçant les Elemens & les autres corps dans le lieu lui
leur convenoit. Voilà le Cahos tant chanté par des
Poetes, & dont Hesiode (1) leur avoit donné le
modéle.

Il est aisé de voir que ce Systeme, tout monstrueux
qu'il est, n'est qu'une tradition défigurée de la création
                                du

(1) *Theogon. init.*

du Monde. Malgré les Fables des Poëtes, malgré leur imagination déréglée, on y apperçoit encore quelque lueur de la verité, qu'ils n'ont pu entierement cacher sous leurs fictions. Et pour bien expliquer cette premiere Fable, il ne faut qu'ouvrir la Bible, & lire les deux premiers Chapitres de la Genése, on y trouvera le dénouement de toute cette mythologie.

Si l'on veut suivre de plus près la tradition poëtique du Cahos, & des autres Fables qu'on a meslées dans l'histoire de la Création, il est bon de sçavoir, qu'Hesiode, qui est le plus ancien des Poëtes qui en ayent parlé, semble avoir copié Sanchohiathon, qui avoit sans doute tiré ses idées de cet endroit de l'Ecriture sainte, où il est parlé des ténebres qui étoient repanduës sur tout l'Univers : *Et fuit caligo super faciem*

abyssi (2) ; puis que cet Auteur s'exprime presque dans les mêmes termes. Sanchoniathon avoit écrit ses Annales avant la Guerre de Troie, & il se vente d'avoir apris d'un Prêtre de *Jehova*, nommé Jerombal, ce qu'il avoit dit de la création: Nous n'avons plus de cet Autheur, qui avoit écrit en Langue Phenicienne, que la traduction qu'en a faite Philon, & qui paroit aux Sçavans un Ouvrage fort équivoque. Quoiqu'il en soit, il y a bien de l'apparence que c'est de cet Autheur que les Grecs avoient tiré leur Cahos, auquel ils ont encore meslé de nouvelles Fables. Il est bon même de remarquer qu'ayant trouvé dans les Annales Pheniciennes le mot *ereb*, qui signifie les ténebres de la nuit, ils en firent une personne, qu'ils regarderent dans la suitte comme la Mere de la nuit & des ténebres.

(2) *Gen. Chap. I. ψ. 2.*

FAB. II. *Formation de l'Homme.*

ARGUMENT.

Après que tous les Etres vivants furent produits, Promethée forma l'Homme, en détrempant de la terre avec de l'eau, & Minerve anima son ouvrage.

Sic ubi dispositam, quisquis fuit ille Deorum,
  *Congeriem secuit, sectamque in membra
  redegit;*
Principio terram, ne non aequalis ab omni
Parte foret, magni speciem glomeravit in
  orbis. 35

APRES cette premiere division, Dieu arrondit la surface de la Terre, & repandit les Mers par dessus. Il permit aux Vents d'agiter les Eaux, sans toutefois permettre aux vagues de passer les bornes qui leur furent prescrites. Il forma ensuitte les Fontaines, les Etangs, les Lacs, &

Tum freta diffundi, rabidisque tumescere ventis
Jussit, & ambitae circumdare litora Terrae.
Addidit & fontes, immensaque stagna, lacusque;
Fluminaque obliquis cinxit declivia ripis:
Quae diversa locis partim sorbentur ab ipsâ; 40
In mare perveniunt partim, campoque recepta
Liberioris aquae, pro ripis litora pulsant.
Jussit & extendi campos, subsidere valles,
Fronde tegi silvas, lapidosos surgere montes.
Utque binae dextrâ coelum, totidemque sinis-
    trâ   45
Parte secant Zonae, quinta est ardentior illis;
Sic onus inclusum numero distinxit eodem
Cura Dei: totidemque plagae tellure premuntur.
Quarum quae media est, non est habitabilis aestu:
Nix tegit alta duas: totidem inter utrum-
    que locavit;   50
Temperiemque dedit, mixtâ cum frigore
    flammâ.
Imminet his aër. qui, quanto est pondere terrae
Pondus aquae levius, tanto est onerosior igni.
Illic & nebulas, illic consistere nubes
Jussit, & humanas motura tonitrua mentes, 55
Et cum fulminibus facientes frigora ventos.
His quoque non passim mundi fabricator ha-
    bendum
Aera permisit. vix nunc obsistitur illis,
Cum sua quisque regant diversa flamina tractu,
Quin lanient mundum; tanta est discordia
    fratrum.   60
Eurus ad Auroram, Nabathaeaque regna re-
    cessit,
Persidaque, & radiis juga subdita matutinis.
Vesper, & occiduo quae litora Sole tepescunt,
Proxima sunt Zephyro: Scythiam Septemque
    trionem
Horrifer invasit Boreas; contraria tellus 65
Nubibus adsiduis, pluvioque madescit ab
    Austro.
Haec super imposuit liquidum, & gravita-
    te carentem,
Aethera, nec quidquam terrenae faecis ha-
    bentem.
Vix ea limitibus dissepserat omnia certis;
Cum, quae pressa diu massâ latuere sub illâ, 70
Sidera coeperunt toto effervescere coelo.
Neu regio foret ulla suis animantibus orba,
Astra tenent coeleste solum, formaeque Deo-
    rum:
Cesserunt nitidis habitandae piscibus undae:
Terra feras cepit: volucres agitabilis aër. 75
                                      Sanctius

les Fleuves, qui renfermez dans leurs rives, coulent sur la Terre, où ils sont quelquefois engloutis, ou ils portent leurs Eaux dans la Mer ; & comme ils n'ont plus alors d'autres rivages que ceux de l'Ocean, ils se trouvent moins pressez que dans les bords qui les resserroient auparavant. Il commanda aussi aux Campagnes de s'étendre, aux Arbres de se couvrir de feuilles, aux Montagnes de s'élever, & aux Vallées de s'abaisser. Comme le Ciel est coupé par cinq Zones, dont il y en a deux qui sont à droite, deux à gauche, & une au milieu qui est la plus chaude ; Dieu partagea la Terre de la même maniere. Celle de ses cinq Zones qui occupe le milieu est inhabitable par sa trop grande chaleur ; celles qui sont aux deux extremitez sont toûjours couvertes de neiges & de frimats ; les deux autres sont temperées par le mélange du chaud & du froid. L'Air s'éleve au-dessus de la surface de la Terre : comme il est plus pesant que le Feu, il est aussi plus leger que l'Eau & que la Terre. C'est dans la region de l'Air que se forment les brouillards, les nuages, les tonnerres qui épouvantent les Hommes, & les Vents qui forment également la foudre & la grêle. L'Autheur du Monde a établi leur empire dans cette region, mais heureusement ils y ont leurs routes marquées ; sans cela ils renverseroient tout : tant est grande la discorde qui regne entr'eux. *Eurus* a fixé son sejour dans les Païs où se léve l'Aurore, & ce Vent souffle du costé de l'Arabie, de la Perse, & des Climats voisins de l'Orient. Les rivages où le Soleil se couche sont le partage du *Zephire*. L'afreux *Borée* s'est emparé des Climats glacez du Septentrion ; le Vent du Midi, qui forme les nuages & les pluies, regne dans la region qui est oposée au Nord. Enfin l'*Ether*, ou cet Element fluide & leger qui n'a rien de cet Air grossier qui nous environne, devint la matiere dont le Ciel fut formé. Dez que l'Autheur de la Nature eût reglé les limites, qui devoient servir de barriere aux differents corps, qui composent l'Univers, les Astres, qui étoient renfermez dans la masse informe du Chaos, commencerent à briller de toutes parts ; & afin que chaque Region fût peuplée ; les Etoiles, images des Dieux, furent placées dans le Ciel ; les Poissons habiterent les Eaux ; les Bestes à quatre pieds eurent la Terre pour demeure, &
                                      l'Air

Sanctius his animal, mentisque capacius altae
Deerat adhuc, & quod dominari in cetera
posset.
Natus homo est. sive hunc divino semine fecit
Ille opifex rerum, mundi melioris origo:
Sive recens tellus, seductaque nuper ab alto 80
Aethere, cognati retinebat semina coeli.
Quam satus Iapeto, mixtam fluvialibus undis,
Finxit in effigiem moderantum cuncta Deo-
rum.
Pronaque cum spectent animalia cetera ter-
ram,
Os homini sublime dedit: coelumque tueri 85
Jussit, & erectos ad sidera tollere vultus.
Sic, modo quae fuerat rudis & sine imagine,
tellus
Induit ignotas hominum conversa figuras.

l'Air fut le partage des Oiseaux. Il manquoit encore au Monde un Etre plus parfait : il en falloit un qui fut doué d'un esprit plus élevé, & qui par-là fut en état de dominer sur les autres. L'Homme fut formé, soit que l'Autheur de la Nature l'eût composé de cette semence divine, qui lui est propre, ou de ce germe celeste, que la Terre, qui ne venoit que d'être separée du Ciel, renfermoit dans son sein. Prométhée, ayant detrempé de la terre avec de l'eau, en forma l'Homme à la ressemblance des Dieux; & au lieu que tous les autres Animaux ont la teste penchée vers la Terre; l'Homme seul la leve vers le Ciel, & porte ses regards jusqu'aux Astres. C'est ainsi qu'un morceau de terre, qui n'étoit auparavant qu'une masse sterile, parut sous la forme d'un Homme; Etre jusqu'alors inconnu à l'Univers.

EXPLICATION DE LA SECONDE FABLE.

LEs Poëtes, en racontant de quelle maniere le Cahos avoir été débrouillé, emploioient la Physique de leur tems; c'est-à-dire une Physique grossiere & fondée uniquement sur le rapport des sens. Cependant ils laissent toujours entrevoir des traits qui prouvent que la tradition ou l'Ecriture Sainte elle-même avoient été consultées. Ce qui paroit surtout dans la formation de l'Homme, qui est dans Ovide, comme dans la Genese, le dernier ouvrage du Créateur. On voit aisément à travers des Fables qu'il y a mêlées que c'est dans le fond le même Evenement défiguré. Prométhée qui detrempe de la terre, & Minerve qui anime son ouvrage, c'est Dieu qui forme l'Homme, & lui soufle un esprit de vie qui le distingue des autres créatures.

Il n'en faudroit pas davantage pour l'explication de cette Fable; mais il est bon de faire connoitre plus particulierement ce Prométhée. Suivant Euphorion (1), il étoit Fils de Junon & du Géant Eurimedon; suivant d'autres Autheurs, Themis étoit sa Mere; mais la plus commune opinion est qu'il devoit la naissance à Japet & à Climene. Cet Homme fin & rusé, ayant entrepris de tromper Jupiter dans un sacrifice, fit tuer deux Bœufs, & remplir une des deux peaux de la chair, & l'autre des os de ces Victimes. Jupiter fut la dupe de Prométhée, & choisit la derniere. Resolu de s'en venger sur tous les Hommes, il leur ôta l'usage du feu; Prométhée avec l'aide de Minerve, dont les conseils lui avoient desja servi lors qu'il forma le corps de l'Homme avec de la bouë détrempée, monta jusqu'au Ciel, & s'étant aproché du Chariot du Soleil, y prit le feu sacré, qu'il porta sur la Terre dans la tige d'une ferule. Jupiter, outré de ce nouvel attentat, ordonna à Vulcain de former une Femme qui fût douée de toutes sortes de perfections, ce qui la fit appeller Pandore. Les Dieux la comblerent de présens, & l'envoyerent à Prométhée avec une boëte remplie de tous les maux. Ce Prince s'en étant défié ne voulut point la recevoir pour sa compagne, mais Epimethée, à qui elle se présenta, en fut si charmé qu'il l'épousa, & en eut Pyrrha Femme de Deucalion : il voulut aussi voir ce qui étoit dans la boëte fatale, & sur le champ il en sortit ce déluge de maux, qui ont depuis ce tems-là inondé toute la Terre. Il la referma promptement; mais il n'y eut que l'Esperance qui n'eut pas le tems de s'évaporer : c'est le seul bien qui reste aux Hommes malheureux. Jupiter enfin, outré de ce que Prométhée n'avoir pas donné dans ce dernier piége, ordonna à Mercure de le conduire sur le

Mont Caucase & de l'attacher à un Rocher, où un Aigle, né de Typhon & d'Echidne, devoit lui devorer les entrailles pendant l'espace de 30000 ans. Hercule le délivra cependant quelques années après, ou, selon d'autres, Jupiter lui-même, en récompense de ce qu'il lui avoit revelé l'oracle des Parques, qui avoient prédit que l'Enfant de Thetis seroit plus puissant que son Pere. Telle est la Fable de Prométhée; il paroit qu'elle renferme une ancienne Histoire, mais extrémement défigurée; on y entrevoit une infinité d'allegories, le nom même de Prométhée en fournit un grand nombre, il veut dire celui qui prévoit l'avenir; & celui d'Epimethée signifie celui qui connoit ce qui est arrivé. On raconte diversement cette Fable, & qui voudroit recueillir toutes les Traditions qui ont couru sur ces anciennes fictions, n'auroit jamais fait. Duris Samien dit qu'il fut chassé du Ciel pour avoir aspiré à l'hymen de Minerve, d'autres disent que son crime fut d'avoir seduit Pandore, Femme de son Frere. Nicandre dit qu'il mérita l'indignation de Jupiter pour avoir conseillé à l'Homme de rendre au Serpent la jeunesse perpetuelle dont les Dieux lui avoient fait présent. Heinsius croit que par la Fable de Pandore, Hesiode a voulu nous laisser une idée des effets de l'arrêt de la Nature, & qu'on la marie avec Epimethée, habile Statuaire, pour nous apprendre que pour réussir dans quelque ouvrage que ce soit, l'art doit être d'acord avec la nature. On ajoute encore que Jupiter également embarassé de son serment & de l'oracle de Prométhée, en le délivrant ainsi que je l'ai dit, lui avoit ordonné de porter toujours au doigt un anneau, où seroit enchassé un fragment de la roche du Caucase; afin qu'il fût toujours vrai en quelque maniere qu'il y demeurât attaché. Et voilà, selon les Anciens copiés par Pline (2), l'origine des bagues.

Ce qu'il y a de plus vraisemblable dans cette mysterieuse Fable est que Prométhée, Prince habile & fort poli pour ce tems-là, avoit cultivé l'esprit des Scythes, & c'est ce qui a donné lieu de publier qu'il avoit formé l'Homme; si vous n'aimez mieux dire avec Lactance, qu'il fut le premier Statuaire, ce qui étoit le fondement de cette fiction. Ce Prince, uniquement adonné à l'Astronomie, se retiroit souvent sur le Mont Caucase, d'où il contemploit les Astres, & étoit continuellement devoré par ses méditations, ou plutôt par le chagrin d'avoir été contraint de se retirer dans un sejour si sauvage:

(1) Cité par un ancien Scol. sur le 4. de l'Iliade.

(2) Lib. XXXI.

A 3

vage: & voilà l'Aigle ou le Vautour qui lui déchiroit les entrailles. N'oublions pas de dire qu'Herodote raconte que ce Prince n'ayant pu arrêter le debordement d'un Fleuve, qui à cause de sa rapidité étoit appellé l'Aigle, fut mis en prison, ou du moins obligé de se retirer sur le Mont Caucase, pour éviter l'inondation, jusqu'à ce qu'Hercule, qui y mit des digues, permit à ce Prince de faire cultiver la Campagne. Ce que je viens d'avancer sur le goût qu'avoit Promethée pour l'Astronomie, est fondé dans l'antiquité. Ce Prince se vante dans une des Tragedies d'Æschyle d'avoir montré aux Hommes à partager l'Année en quatre Saisons, par le lever des Etoiles, & de leur avoir enseigné le mouvement & les revolutions des Astres.

Pour expliquer maintenant la Fable du feu volé par Promethée, quelques Auteurs ont dit que ce qui y avoit donné lieu, c'est qu'il en avoit apris l'usage à l'Homme: mais y a-t-il apparence qu'une chose si necessaire eût été ignorée long-tems, même parmi les Nations les plus barbares? L'usage du feu est apparemment aussi ancien que le Monde, soit que la foudre l'ait porté sur la Terre, soit que le Vent en agitant les branches des Arbres, soit qu'on ait fait du feu en frapant par hasard deux cailloux. Ainsi je croi que ce qui a donné lieu à cette Fable, c'est que Jupiter, ayant fait fermer les boutiques où l'on forgeoit le fer, depeur que les Titans ne s'en servissent contre lui, Promethée, qui se retira dans la Scythie, y établit de bonnes forges: de là nous sont venus les Calibes, ces excellens Forgerons; peut-être même que craignant de ne point trouver du feu dans ce païs, il y apporta dans la tige d'une ferule, qui est fort propre à le conserver pendant plusieurs jours. M. de Tournefort a découvert dans son Voyage du Levant, cette Plante que les Grecs nommoient *Nartex*, & les Latins *Ferula:* Sa tige est haute de cinq ou six pieds, l'écorce en est très-dure, & le dedans est rempli d'une espece de moele que le feu ne consume que très-lentement. Les Ma-

telots s'en servent pour transporter du feu d'une Isle dans une autre. Cet usage est de la premiere antiquité, & peut servir à expliquer un endroit d'Hesiode (3), qui, parlant du feu que Promethée vola dans le Ciel, dit qu'il l'emporta dans une ferule. Diodore asseure (4) que le fondement de cette Fable vient de ce que Promethée fut l'Inventeur du fusil d'acier, τὸ πυρίον, avec lequel on tire du feu des cailloux, *semine flammæ, abstrusa in venis silicis.*

N'oublions pas de dire que le fameux Bochart (5) croit que Promethée est le même que Magog, & il faut avouer qu'il y a dans ce sentiment beaucoup de vraisemblance. Promethée, selon lui, est fils de Japet, & Magog fils de Japhet, & petit-fils de Noé; Magog, ainsi que Promethée, alla s'établir dans la Scythie; le premier inventa ou perfectionna l'art de fondre les métaux & de forger le fer, ce que les Poetes attribuoient aussi à notre Promethée, & même Diodore dit qu'il inventa plusieurs Instrumens propres à faire du feu. La Fable de Promethée devoré par un Aigle vient de ce que le nom de Magog signifie un Homme devoré de chagrin. Mr. Le Clerc ajoute (6) qu'Epimethée est le même que Gog, dont le nom veut dire *brûlant*, ce qui convient, selon lui, à ce Prince, dont on a voulu marquer la passion pour les Femmes, par l'Histoire de Pandore. Il ajoute d'autres conjectures qui prouvent tout au plus que l'Histoire de Promethée & de son Frere fut embellie de celle de Gog & de Magog, qui avoient avant eux exercé l'art de forger le fer. Enfin, selon d'autres Auteurs, Promethée est le même que Noé, & le parallele qu'ils en font ne manque pas de vraisemblance: tant il est aisé de trouver des raports entre des personnes qui ont vécu dans des tems si reculez. Nous dirons dans l'Histoire d'Hercule, lequel des Heros de ce nom délivra Promethée; car Philostrate convient que ce n'étoit pas celui qui étoit Fils d'Alcmene.

(3) *Op. & dies* 9. 52. (4) *Liv.* V. (5) *Phaleg,* Lib. I. c. I. (6) *Notes sur Hesiode.*

A R G U M E N T.

Les quatre Ages du Monde suivirent la formation de l'Homme. Le premier fut l'Age d'or, pendant lequel on vit regner sur la Terre l'Innocence & la Justice.

AUrea prima sata est aetas, quae, vindice nullo,
Sponte suâ, sine lege, fidem rectumque colebat.   90
Poena metusque aberant. nec verba minacia fixo
Aere legebantur: nec supplex turba timebant
Judicis ora sui: sed erant sine judice tuti.
Nondum caesa suis, peregrinum ut viseret orbem,
Montibus, in liquidas pinus descenderat undas: 95
Nullaque mortales, praeter sua, litora norant.
Nondum praecipites cingebant oppida fossae:
Non tuba directi, non aeris cornua flexi,
Non galeae, non ensis, erant. sine militis usu
Mollia securae peragebant otia mentes.   100
Ipsa quoque immunis, rastroque intacta, nec ullis
Saucia vomeribus, per se dabat omnia tellus:
Contentique cibis, nullo cogente, creatis,
Arbuteos foetus, montanaque fraga legebant,
Cornaque, & in duris haerentia mora rubetis;   105
Et quae deciderant patulâ Jovis arbore glandes.
Ver erat aeternum, placidique tepentibus auris
Mulcebant Zephyri natos sine semine flores.
Mox etiam fruges tellus inarata ferebat:
Nec renovatus ager gravidis canebat áristis.   110
Flumina jam lactis, jam flumina nectaris ibant;
Flavaque de viridi stillabant ilice mella.

L'Age d'Or commença. On observoit alors les regles de la bonne foi & de la Justice, sans y être contraint par les Loix. La crainte n'étoit point le motif qui faisoit agir les Hommes on ne connoissoit point encore les suplices. Dans cet heureux Siecle il ne faloit point graver sur l'airain ces loix menaçantes, qui ont servi dans la suite de frein à la licence. On ne voioit point en ce tems-là de criminels trembler en présence de leurs Juges : la securité où l'on vivoit, n'étoit point l'effet de l'autorité que leur donnent les Loix. Les Arbres tirez des Forêts n'avoient point encore été transportez dans un Monde qui leur étoit inconnu. L'Homme n'habitoit que la Terre où il avoit pris naissance, & ne se servoit point de Vaisseaux pour s'exposer à la fureur des flots. Les Villes, sans murailles ni fossez, étoient un azile asseuré. Les Trompettes, les Casques, l'Epée, étoient des choses qu'on ne connoissoit pas encore, & le Soldat étoit inutile pour asseurer aux Citoyens une vie douce & tranquille. La Terre, sans être dechirée par la charuë, fournissoit toutes sortes de fruits, & ses habitans satisfaits des Alimens qu'elle leur presentoit, sans être cultivez, se nourrissoient de fruits sauvages, ou du gland qui tomboit des Chênes. Le Printemps regnoit pendant toute l'année ; Les doux Zephirs animoient de leur chaleur, les fleurs qui naissoient sur la Terre. Les Moissons se succedoient sans qu'il fût besoin de labourer ni de semer. On voioit, de toutes parts, couler des Ruisseaux de Lait & de Nectar, & le Miel sortoit en abondance du creux des Chênes & des autres Arbres.

EXPLICATION DE LA TROISIEME FABLE.

L'Age d'or dont parle Ovide est encore une suite de la même tradition, mais d'une tradition toujours defigurée par les fictions qu'on y a meslées. La verité dans les Poëtes ne paroît jamais sous une autre forme. Ils avoient apris que le premier Homme avoit vêcu pendant quelque tems dans une innocence parfaite ; que la Terre dans le Jardin d'Edem, sans être cultivée, lui fournissoit en abondance les fruits & les alimens ; que les Animaux tranquilles & obéïssans étoient soumis à ses ordres ; qu'après sa chute, cette Terre devenuë ingrate ne se prêta qu'à un travail opiniâtre, & que toute la Nature revoltée ne reconnut plus l'Homme pour son maître. Voilà cet Age d'or tant chanté par les Poëtes ; voilà ces Fleuves de lait & de miel qui couloient de tous côtés. Les Anciens ont placé dans l'Italie, & sous le regne de Saturne & de Janus, ce que l'Ecriture sainte raconte d'Adam & du Paradis terrestre. Nouvelle preuve qu'ils ont defiguré l'ancienne tradition ; car il n'est pas douteux aujourd'hui que Saturne soit Adam, & Janus Noé. S'il m'étoit permis dans ces Explications d'entrer dans les détails que demanderoient les Paralleles que j'en pourois faire, je suis persuadé que je rendrois la chose plus probable. Je me contente de renvoyer ceux qui en auront la curiosité, au I. Livre du Phaleg de Bochart, au Traité de l'Idolatrie de Vossius, & au I. Volume de mon Explication des Fables.

F A B. IV. 1. *L'Age d'Argent.* 2. *L'Age d'Airain.* 3. *L'Age de* Fer.

A R G U M E N T.

Dans le Siecle d'Argent, les Hommes commencent à être moins heureux & moins justes, que dans le Siecle d'Or. Dans l'Age d'Airain qui leur succede, ils deviennent encore plus méchants ; mais leur malice ne se declare entierement que dans le Siecle de Fer.

Postquam, *Saturno tenebrosa in Tartara*
    misso,
Sub Jove mundus erat ; subiit argentea proles,
Auro deterior, fulvo pretiosior aere. 115
Jupiter antiqui contraxit tempora veris :
Perque hiemes, aestusque ; & inaequales au-
    tumnos,
Et breve ver, spatiis exegit quatuor annum.
Tum primum siccis aër fervoribus ustus
Canduit : & ventis glacies adstricta pepen-
    dit. 120
Tum primum subiere domos. domus antra
    fuerunt,
Et densi frutices, & vinctae cortice virgae.
Semina tum primum longis Cerealia sulcis
Obruta sunt, pressique jugo gemuere juvenci.
Tertia post illas successit aënea proles, 125
Saevior ingeniis, & ad horrida promtior armas
                 Nec

Lors que Jupiter, après avoir précipité dans le Tartare son Pere Saturne, se fut emparé de l'Empire du Monde on vit paroitre le Siecle d'Argent. Ce Siecle fut à la verité, moins heureux que celui qui l'avoit précedé ; mais il fut plus heureux encore que celui d'Airain qui le suivit. Jupiter aiant abbrégé la durée du Printemps, en forma l'Eté, l'Automne & l'Hiver, & divisa ainsi l'Année en quatre Saisons ; alors les chaleurs excessives rendirent l'Air brulant, & les Vents froids le glacerent. Les Hommes obligez de se mettre à l'abri, se retirerent dans les Antres, dans les Buissons les plus épais, ou sous des Cabannes ; telles furent leurs premieres Maisons. Enfin, la Terre, pour être fertile, eut besoin d'être cultivée ; & il fallut lui confier l'esperance du Laboureur.

A ces deux Ages succeda celui d'Airain. Les Hommes devenus plus farouches, commencerent alors à ne respirer que la Guerre. Cependant ils
                 ne

Nec fceleratá tamen. de duro eft ultima ferro.
Protinus irrumpit venae pejoris in aevum
Omne nefas : fugère pudor, verumque fidesque :
In quorum fubiere locum , fraudesque , doli-
 que,   130
Infidiaeque, & vis, & amor fceleratus habendi.
Vela dabant ventis, nec adhuc bene noverat illos
Navita : quaeque diu fteterant in montibus
 altis,
Fluctibus ignotis infultavere carinae.
Communemque prius, ceu lumina Solis & au-
 ras,   135
Cautus humum longo fignavit limite menfor.
Nec tantum fegetes alimentaque debita dives
Pofcebatur humus ; fed itum eft in vifcera
 terrae :
Quasque recondiderat, Stygiisque admoverat
 umbris ,
Effodiuntur opes, irritamenta malorum. 140
Jamque nocens ferrum, ferroque nocentius
 aurum
Prodierant ; prodit bellum , quod pugnat
 utroque ;
Sanguineâque manu crepitantia concutit arma.
Vivitur ex rapto. non hofpes ab hofpite tutus,
Non focer à genero : fratrum quoque gratia
 rara eft.   145
Imminet exitio vir conjugis , illa mariti :
Lurida terribiles mifcent aconita novercae :
Filius ante diem patrios inquirit in annos.
Victa jacet Pietas : & Virgo caede madentes ,
Ultima coeleftum, terras Aftraea reliquit. 150

ne fe porterent point encore à cet excès de fcélé-
rateſſe qui fut le caractere du Siecle de Fer. Ce
fut alors qu'on vit un débordement général de
tous les vices. La pudeur, la bonne foi, & la
verité bannies de la Terre firent place à la fraude, à la trahifon, à la violence , & à une avarice infatiable. Le Pilote s'abandonna aux Vents
qu'il ne connoiſſoit point ; les Arbres changez en
Vaiſſeaux , quitterent le fejour des Montagnes,
pour aller braver les vagues & les flots. Il fallut
marquer par des Limites le partage de cette même Terre, qui jusqu'alors avoit été commune,
de même que l'Air & la Lumiere. Peu contens
des abondantes Moiſſons & des autres alimens
qu'ils en retiroient , les Hommes allerent fouiller
jusques dans fes entrailles , pour en arracher les
trefors , qu'elle renoit cachez dans les lieux les
plus profonds, comme fi elle eût craint d'irriter
leur convoitife. A peine en eut-on retiré le Fer,
& l'Or encore plus pernicieux que le Fer , que
l'on vit naître la Discorde , qui emploia l'un &
l'autre, & qui d'une main enfanglantée fit retentir de tous côtés le bruit des armes. On ne vé-
cut que de rapines ; l'Hospitalité ne fut plus un
Azyle aſſuré ; le Beau-pere commença à redouter
fon Gendre , & la paix ne regna que rarement
entre les Freres. Le Mari attenta fur la vie de fa
Femme, la Femme fur celle de fon Mari. La
cruelle Marâtre emploia le poifon ; les Enfans a-
bregerent les jours de leurs Peres. La Pieté fut
méprifée & abandonnée de tout le monde ; & de
toutes les Divinités , Aftrée quitta la derniere le
fejour de la Terre, qu'elle vit couverte de fang.

EXPLICATION DE LA QUATRIEME FABLE.

APrès que le Cahos fut debrouillé , Ovide raconte
de quelle maniere l'Année fut divifée en quatre
Saifons. Il paroîtroit par l'ordre qu'obferve le Poëte,
que pendant le Siecle d'or un Printems perpetuel regnoit fur la Terre , & que les Saifons differentes qui
partagent l'Année ne furent connuës qu'au Siecle d'argent ; c'eft là en effet une idée repanduë dans la plûpart des Poëtes. Mais pour la foutenir , il faudroit
prouver que l'Ecliptique n'avoit alors aucune déclinai-
fon, ce que l'on ne prouvera jamais. Les obfervations
de quelques Aftronomes modernes, qui prétendent y
trouver quelque changement , ne font pas encore affez
fures ni en affez grand nombre pour pouvoir la déterminer. D'ailleurs cette declinaifon, fi elle eft vraye,
eft fi peu confiderable, qu'il faudroit plufieurs milliers
d'années pour qu'elle fût arrivée du parallelifme parfait, au degré où elle eft aujourdhui. Quoi qu'il en

foit , notre Poete fait fucceder à l'Age d'or celui d'argent, & à celui-ci l'Age d'Airain , auquel enfin a fuc-
cedé celui de Fer , qui dure encore. Tout cela bien
entendu veut dire que les Hommes degenererent de
leur premiere innocence , mais qu'ils ne vînrent que par
degrés à cette brutale ferocité , qui eft fi connue par
les Hiftoires anciennes. Dans les idées Poetiques ce
Syfteme fe foutient mal : car dès le Siecle même de
Saturne, qui eft leur Age d'or, on voit les Guerres les
plus fanglantes & les crimes les plus affreux. Saturne,
pour monter fur le Trône, en chaffa fon Pere : Jupiter
fon Fils le traita précifément & à la lettre comme il
avoit traité Uranus, & ce Prince n'affermît fon Empire
que par la perte de toute fa Famille. Jupiter ne fut
pas plus tranquile que Saturne & Uranus ; l'entreprife
des Géans , qui voulurent le détroner, en eft une
preuve.

FAB. V. *Le Sang des Géans forme de nouveaux Hommes.*

ARGUMENT.

Les Géans ayant tenté de se rendre maîtres du Ciel, Jupiter les ensevelit sous les Montagnes qu'ils avoient entassées les unes sur les autres,
pour y donner l'assaut, & la Terre ayant animé leur Sang, en forme des
Hommes cruels & feroees.

N*Eve foret terris securior arduus aether;*
　Adfectasse ferunt regnum coeleste Gi-
　　gantas :
Altaque congestos struxisse ad sidera montes.
Tum pater omnipotens misso perfregit Olym-
　pum
Fulmine , & excussit subjecto Pelio. Ossam. 155
Obruta mole suâ cum corpora dira jacerent;
Perfusam multo natorum sanguine Terram
Incaluisse ferunt , calidumque animasse cruo-
　rem :
Et ne nulla ferae stirpis monumenta manerent ,
In faciem vertisse hominum. sed & illa pro-
　pago　　　　　　　　　　　　　160
Contemtrix Superum , saevaeque avidissima
　caedis ,
Et violenta fuit : scires è sanguine natos.

Es Cieux, qui auroient dû être un azyle plus
assuré que la Terre , ne furent cependant
pas à couvert de l'insulte des Géans, qui en ten-
rerent la conquête. Pour y réussir, ils entasse-
rent Montagnes sur Montagnes : mais Jupiter,
d'un coup de foudre, aiant mis en poudre le Mont
Olympe, renversa l'Ossa qui avoit été placé sur
le Pelion, & ensevelit ses ennemis sous ces vastes
masses. On ajoute que la Terre abbreuvée du sang
des Géans ses Enfans , en forma de nouveaux
Hommes. Ces restes infortunez d'une race cruelle se distinguerent par leur mépris pour les Dieux,
par leur violence & par leur amour pour le meurtre & pour le carnage. Ce sang pouvoir-il former des Hommes moins cruels?

EXPLICA-

EXPLICATION DE LA CINQUIEME FABLE.

Uelques embeliſſemens que les Poëtes, après Heſiode, ayent mêlez dans la Fable des Géans, on s'aperçoit aiſément qu'il s'agit là d'une veritable Hiſtoire, & de quelque entrepriſe qui fut faite contre Jupiter. Lors qu'on veut penetrer le ſens des Fables, il faut ſe deffaire des idées que les Anciens avoient de leur Jupiter, & ne regarder cette prétendue Divinité que comme un Prince uſurpateur, qui eut affaire à de puiſſans Ennemis. Ce n'eſt pas ici le lieu de diſtinguer les differentes perſonnes qui ont porté le nom de Jupiter. C'eſt un article que je tâcherai de developper dans une autre occaſion. Il ſuffit d'obſerver que celui dont il s'agit ici, étoit ce Prince Titan dont l'Empire fut partagé avec ſes deux Freres, Neptune & Pluton; & c'eſt, pour le dire en paſſant, ce qui a donné lieu au fameux partage du Monde tant chanté par les Poëtes. Jupiter eut pour lui la Phrygie, l'Iſle de Crête & pluſieurs autres Provinces. Le Mont Olympe où il s'établit fut regardé comme le Ciel, & l'effort qu'on fit pour l'en chaſſer, comme une entrepriſe auſſi temeraire qu'elle fut inutile. Le Mont Oſſa placé ſur le Pelion eſt une fiction poëtique inventée pour ſoutenir cette idée. Voici le fait depouillé de ces vains ornemens qui l'accompagnent dans Ovide. Les Princes Titans, jaloux de la trop grande puiſſance de Jupiter, lui declarerent la Guerre; ils avoient pour chef Typhée ou Encelade, homme brave, audacieux & extrêmement hardi. L'entrepriſe eut d'abord beaucoup de ſuccès. Tous les Dieux, c'eſt-à-dire tous les Princes Titans, quitterent le parti de Jupiter, pour ſe jetter dans le Camp Ennemi. Cette déſertion affoiblit ſi fort ſes troupes, qu'elle fit dire que ce Géant lui avoit coupé les mains, & ſi on ajouta que Mercure ſon Fils lui en avoit redonné l'uſage, c'eſt qu'il ramena dans le parti de ſon Pere la pluspart des deſerteurs. Typhon pourſuivant ſes conquêtes força enfin les Dieux de ſe retirer en Egypte, où ils furent obligés de ſe cacher ſous la figure de differens Animaux. Circonſtance inventée après coup, & qui nous laiſſe entrevoir que l'Egypte adora dans la ſuite les Animaux, ou du moins les regarda comme les ſymboles des Dieux, ainſi que je l'ai prouvé dans une Diſſertation imprimée dans le III. Volume des *Memoires de l'Academie des belles Lettres.*

Enfin Jupiter termina heureuſement cette Guerre avec le ſecours de Bacchus & de Mercure, & fit perir ſes ennemis. Encelade ou Typhon fut enſeveli ſous le Mont Etna où les mouvemens qu'il ſe donne produiſent ces Volcans & ces Embraſemens qui y ſont ſi fréquens.

Il y auroit bien d'autres circonſtances dans cette Fable qui mériteroient d'être expliquées. Mais les détails dans lesquels il faudroit entrer me conduiroient au delà des bornes que je me ſuis preſcrites dans ces Explications, qui doivent être courtes & préciſes. On peut lire ſur ce ſujet Heſiode, Apollodore, mon Explication des Fables, & d'autres Diſſertations que j'ai faites ſur ce ſujet. Je me contente ici de faire deux reflexions; la premiere, qu'il y a des Auteurs qui diſtinguent la Guerre des Titans, de celle des Géans: l'une fut faite par les Princes de la Famille de Jupiter, ainſi que je viens de le dire; l'autre, par quelques brigans d'une taille monſtrueuſe, & qu'on n'a appellez Enfans de la Terre, que parce qu'on ignoroit leur origine. La ſeconde eſt que je ſuis perſuadé que cette Guerre, que les Poëtes ont miſe dans l'hiſtoire de Jupiter, eſt celle que Typhon fit à ſon Frere Oſiris, & que toute cette Fable tire ſon origine d'Egypte, comme il eſt aiſé de le prouver. On fait le penchant qu'avoient les Grecs, Peuple très-moderne en compa-

raiſon des Egyptiens, de ramener tout à leur Hiſtoire. Il eſt cependant de la derniere évidence que ce n'étoient pas les Egyptiens qui avoient appris des Grecs la Fable de la ſuite des Dieux en Egypte; puis qu'on trouve dans ce Païs des monumens de cette fiction plus anciens que les Grecs & leur Hiſtoire. Car enfin, ſi Ovide raconte que Jupiter avoit pris la forme d'un Bélier: ne l'adoroit-on pas ſous cette figure dans le Temple fameux qu'il avoit dans la Libye? que Diane s'étoit revêtuë de celle d'une Chatte: la Ville de Busbaſte, dont le nom, ſelon Stephanus, étoit celui de cette Déeſſe, & dans laquelle on avoit pour les Chats un reſpect religieux, n'eſt-elle pas un monument authentique de cette tradition? que Bacchus, ou, ſelon d'autres, Pan, prit celle d'un Bouc: la Ville de Mendés n'en rendoit-elle pas un témoignage aſſuré? que Junon ou Iſis s'étoit revêtuë de celle d'une Vache: n'étoit-elle pas honorée dans Memphis ſous le ſymbole de cet Animal? que Venus s'étoit cachée ſous les écailles d'un Poiſſon: les Syriens ne s'abſtenoient-ils pas pour cette raiſon de manger du Poiſſon? que Mercure avoit pris la figure d'un Ibis: ignore-t-on le culte que les Egyptiens rendoient à cet Oiſeau? Croira-t-on que les Prêtres Egyptiens apprirent des Grecs cette Fable, & le culte dont elle étoit le fondement, & qu'ils formerent ſur leurs idées le Syſtême de leur Religion, & donnerent à leurs Villes des noms conformes aux circonſtances de cette Fable? ou plutôt n'eſt-ce pas de ces anciennes Villes que les Grecs & les Romains rapporterent leur Religion & leurs Fables? De ſçavoir maintenant s'il y a eu de véritables Géans, c'eſt une queſtion qui a été ſouvent agitée, mais qui eſt aiſée à décider ſi l'on veut rabatre des hyperboles Poëtiques, ce qu'elles ont de trop fort. On ne peut pas douter à la verité qu'il n'y ait eu en differens tems & en differens Païs, des Hommes d'une taille qui excedoit celle des autres; mais la Nature ſage & uniforme dans ſes productions n'a jamais rien produit qui reſſemble aux Briarés & aux Encelades. Og Roi de Bazan, qui étoit un Géant, n'avoit au plus que 9. ou 10. pieds de haut, ſuivant la meſure que l'Ecriture ſainte donne de ſon lit. Ainſi on peut établir pour principe que les plus petits Hommes ont environ 3. ou 4. pieds de hauteur, les plus grands n'en ont jamais eu plus de 10. ou 12.

Il eſt aiſé au reſte de ramener à un ſens raiſonnable ce que les Poëtes ont publié des Géans les plus monſtrueux; & ce que je vais dire de Typhon ſuffira pour tous les autres. Par ſes cent têtes, on montroit de quelle force il avoit ſceu conduire ſes pernicieux deſſeins, & comment il avoit ſceu mettre dans ſon parti les meilleures têtes du Royaume. Le nombre de ſes mains marquoit ſans doute la force de ſon Armée & de ſes Officiers. Les ſerpens qui étoient au bout de ſes doits & de ſes cuiſſes, faiſoient connoitre ſa ſoupleſſe & ſon adreſſe. Son corps couvert de plumes & d'écailles marquoit également, & la rapidité de ſes conquêtes & ſa force. Par ſes bras qui s'étendoient au bout du Monde, on apprenoit qu'il avoit étendu ſa puiſſance juſqu'aux extremitez de l'Egypte; les nuages qui environnoient ſa tête, ſignifioient qu'il n'avoit cherché qu'à brouiller l'Etat, & le feu qui ſortoit de ſa bouche, ſa colere & ſa fureur. La figure d'un Loup, ſous laquelle on le repréſentoit à Lycopolis, marquoit les ravages qu'il avoit cauſés dans le Païs; Tradition, qui, ſelon Plutarque, portoit qu'il avoit été changé en Loup: Celle du Crocodile faiſoit voir ſa reſſemblance avec cet Animal, qui eſt auſſi redoutable par ſes ruſes & ſes fineſſes que par ſa cruauté. On a ea encore de Typhon dans l'Explication de la VI. Fable du V. Livre.

F A B. VI. *Aſſemblée des Dieux.*

A R G U M E N T.

Jupiter voiant les crimes de cette race impie fait aſſembler les Dieux
& détermine de détruire l'Univers.

QUae pater ut ſummâ vidit Saturnius
    arce,
Ingemit : & , facto nondum vulgata recenti,
Foeda Lycaoniae referens convivia menſae, 165
Ingentes animo & dignas Jove concipit iras ;
Conſiliumque vocat. tenuit mora nulla vocatos.
Eſt via ſublimis, coelo manifeſta ſereno,
Lactea nomen habet ; candore notabilis ipſo :
Hac iter eſt Superis ad magni tecta Tonan-
    tis ,   170
Regalemque domum. dextrâ laevâque Deo-
    rum
Atria nobilium valvis celebrantur apertis.
Plebs habitant diverſa locis. à fronte potentes
Coelicolae, clarique ſuos poſuere penates.
Hic locus eſt ; quem , ſi verbis audacia de-
    tur ,   175
Haud timeam magni dixiſſe Palatia coeli.
Ergo ubi marmoreo Superi ſedere receſſu,
Celſior ipſe loco, ſceptroque innixus eburno,
Terrificam capitis concuſſit terque quaterque
    Caeſa-

LOrſque Jupiter eut conſideré du haut des Cieux
les crimes de cette race impie, il gémit, &
ſe reſſouvenant du Feſtin abominable que Lycaon
venoit de lui préſenter, il fut transporté d'une colere digne du Maître du Monde. Reſolu d'aſſembler les Dieux, il les fit appeller au Conſeil &
ils s'y rendirent tous en diligence. Il eſt un chemin dans le Ciel, qu'on apperçoit lorsqu'il n'y a
point de nuages ; ſa blancheur lui a fait donner
le nom de *voye de Lait.* C'eſt-par-là que l'on ſe
rend au Palais de Jupiter, à droite & à gauche
ſont les Maiſons des Dieux les plus puiſſans, des
Divinités d'un moindre rang habitent ailleurs ; &
c'eſt l'aſſemblage de tous ces Palais qui forme ce
qu'on pourroit appeller la Cour du Ciel, s'il n'é-
toit point trop hardi de s'exprimer ainſi. Dès
que les Dieux ſe furent aſſis ſur des Sieges de marbre, Jupiter placé ſur un trone plus élevé & ap-
puié ſur ſon ſceptre d'yvoire, aiant branlé trois ou
quatre

Cæsariem; cum quà terram, mare, sidera,
  movit. 180
Talibus inde modis ora indignantia solvit.
Non ego pro mundi regno magis anxius illâ
Tempestate fui, quà centum quisque parabant
Injicere anguipedum captivo brachia cœlo.
Nam, quamquam ferus hostis erat, tamen
  illud ab uno 185
Corpore, & ex unâ pendebat origine bellum.
Nunc mihi, quà totum Nereus circumtonat
  orbem,
Perdendum mortale genus. per flumina juro
Infera, sub terras Stygio labentia luco,
Cuncta prius tentata: sed immedicabile vul-
  nus 190
Ense recidendum, ne pars sincera trahatur.
Sunt mihi Semidei, sunt rustica numina Nym-
  phæ,
Faunique, Satyrique, & monticolæ Silvani:
Quos quoniam cœli nondum dignamur honore,
Quas dedimus, certè terras habitare sina-
  mus. 195
An satis, ô Superi, tutos fore creditis illos,
Cum mihi, qui fulmen, qui vos habeoque,
  regoque,
Struxerit insidias, notus feritate Lycaon?
Confremuere omnes: studiisque ardentibus
  ausum
Talia deposcunt. sic, cum manus impia sæ-
  vit 200
Sanguine Cæsareo Romanum extinguere no-
  men,
Attonitum tantæ subito terrore ruinæ
Humanum genus est; totusque perhorruit orbis.
Nec tibi grata minus pietas, Auguste, tuorum,
Quàm fuit illa Jovi. qui postquam voce
  manuque 205
Murmura compressit; tenuere silentia cuncti.
Substitit ut clamor, pressus gravitate re-
  gentis;
Juppiter hoc iterum sermone silentia rumpit:
Ille quidem pœnas (curam hanc dimittite)
  solvit;
Quod tamen admissum, quæ sit vindicta,
  docebo. 210
Contigerat nostras infamia temporis aures:
Quam cupiens falsam, summo delabor Olympo,
Et Deus humanâ lustro sub imagine terras.
Longa mora est, quantum noxæ sit ubique
  repertum,
Enumerare: minor fuit ipsa infamia vero. 215

quatre fois la tête & fait trembler la Terre, la
Mer & le Ciel, s'exprima en ces termes, qui
marquoient son indignation & sa colere:

,, Non, lorsque ces Monstres, dont les cent
,, bras étoient entortillez de serpens, tenterent de
,, se rendre Maîtres du Ciel; je ne fus pas si em-
,, barassé à en conserver l'empire, que je le suis
,, aujourdhui. L'Ennemi, il est vrai, étoit ré-
,, doutable, mais je n'avois en tête que des
,, Hommes d'une seule race: une seule Victoire
,, nous mettoit tous en sureté. Aujourdhui j'ai
,, pour ennemis tous les habitans de la Terre: il
,, faut les perdre tous, si je veux regner. J'ai
,, tout tenté pour les sauver; j'en jure par le
,, Styx, & par les autres Fleuves de l'Enfer; mais
,, enfin lors qu'une playe est incurable, il faut y
,, appliquer le fer, pour garantir les parties qui
,, ne sont pas encore corrompues. Je tiens sous
,, mon empire les demi-Dieux, les Nymphes,
,, les Faunes, les Satyres, les Sylvains & les au-
,, tres Divinités champêtres: si nous ne les avons
,, pas encore placées dans le Ciel, laissons-les du
,, moins jouïr en paix de l'Azyle que la Terre
,, leur présente. Mais pouvez-vous croire qu'ils
,, y soient en sureté, lorsque le cruel Lycaon
,, m'a tendu des pieges, à moi, qui lance la
,, foudre & qui vous tiens tous sous mon empi-
,, re"? A ce discours, tous les Dieux saisis d'horreur demanderent avec empressement la vengeance d'un crime si hardi; ainsi lorsque des mains
paricides voulurent éteindre le nom Romain dans
le sang de Cesar, l'Univers épouvanté de ce sacrilege en fremit d'horreur, & vous vîtes, grand
Empereur *, le zèle de vos amis, avec le même * Au-
plaisir que Jupiter remarqua celui des Dieux, qui   guste.
se declarerent pour lui. Après que ce Dieu eut
appaisé du geste & de la voix, le murmure que
son Discours avoit excité, & que le respect qu'on
avoit pour lui eut imposé silence aux autres Dieux,
il continua ainsi:

,, Le criminel a été puni, n'en soiez point in-
,, quiets; mais je veux vous apprendre & son
,, crime & la vengeance que j'en ai tirée. Je
,, sçavois dans quels desordres les Hommes é-
,, toient tombez, & j'aurois souhaité que le bruit
,, qui s'en étoit repandu, eût été faux. Obligé
,, de descendre du Ciel & de me revêtir d'une
,, figure humaine, j'allai visiter la Terre, je ne
,, finirois point si je voulois vous parler de tous
,, les crimes qui s'y commettoient; le mal étoit
,, encore plus grand que ce qu'on en avoit pu-
,, blié".

EXPLICATION DE LA SIXIEME FABLE.

LA Scene du Conseil des Dieux, dont parle Ovide, ouvre un spectacle magnifique, & jamais sujet plus interessant ne les assembla. Il ne s'agit point ici, comme dans l'Iliade, de se déclarer pour les Grecs ou pour les Troiens, ni comme dans l'Enéide, de prendre soin d'un Prince fugitif, qui portoit ses Dieux Pénates dans une Terre étrangere. C'est pour resoudre la perte du Genre Humain que nôtre Auteur fait tenir ce grand Conseil, & Il s'y agit du plus grand évenement qui soit arrivé sur la Terre. Mais ce qu'il y a de surprenant dans cette Fable, c'est qu'Ovide a parfaitement copié la tradition ou le Chap. VI. de la Genese. Dieu, selon Moïse, se repentit d'avoir fait l'Homme, *poenituit eum quod hominem fecisset in terra, & tactus dolore cordis intrinsecus; delebo, inquit, hominem quem creavi &c.* Ovide represente Jupiter irrité contre le Genre Humain, dont les crimes avoient excité la colere: *dignas Jove concipit iras, est tamen humani generis jactura dolori omnibus &c.* Moïse raconte comment tous les Hommes s'étoient égarez, & étoient generalement corrompus; *omnis quippe caro corruperat viam suam;* Le Poëte fait dire à Jupiter qu'autrefois il n'avoit eu que les Géans à combatre, mais qu'alors tous les Hommes étoient ses ennemis, *Nunc mihi, quâ totum Nereus circumtonat orbem, Perdendum humanum genus.* Il ajoute qu'il avoit tout tenté pour sauver les Hommes, mais que le mal étoit devenu incurable. Ovide semble même avoir connu, que dans cette corruption generale il y avoit encore quelques Hommes justes, & quoi qu'il attribuë à Deucalion ce qui n'apartenoit qu'à Noé, c'est toujours dans le fond la même notion: *immedicabile vulnus Ense recidendum, ne pars sincera trahatur:* & ce qu'il y a encore de plus particulier, c'est que dans le Poëte, comme dans l'Ecriture, les Géans précedent le Déluge: *Gigantes autem erant super terram in diebus illis* (1). Je pourrois pousser plus loin le parallele, mais avec la moindre attention il sera aisé de découvrir les autres traits de ressemblance.

(1) Gen. Chap. VI. ℣. 4.

F A B. VII. *Lycaon changé en Loup.*

A R G U M E N T.

Lycaon Roi d'Arcadie, pour s'assurer si c'étoit Jupiter lui-même, qui étoit venu loger dans son Palais, lui fit servir dans un Festin, le corps d'un ôtage qu'on lui avoit envoyé. Ce Dieu pour le punir le changea en Loup.

Maenala

Maenala transieram, latebris horrenda
ferarum,
Et cum Cylleno gelidi pineta Lycei.
Arcados hinc sedes & inhospita tecta tyranni
Ingredior, traherent cum sera crepuscula
noctem.
Signa dedi veniffe Deum ; vulgusque pre-
cari   220
Coeperat. irridet primo pia vota Lycaon.
Mox ait, Experiar, Deus hic, discrimine
aperto,
An fit mortalis : nec erit dubitabile verum.
Nocte gravem somno nec opinâ perdere morte
Me parat. haec illi placet experientia veri. 225
Nec contentus eo, miffi de gente Moloffâ
Obfidis unius jugulum mucrone refolvit :
Atque ita femineces partim ferventibus artus
Mollit aquis, partim fubjecto torruit igni.
Quos fimul impofuit menfis ; ego vindice
flammâ   230
In domino dignos everti tecta Penates.
Territus ille fugit ; nactufque filentia ruris
Exululat, fruftraque loqui conatur : ab ipfo
Colligit os rabiem, folitaeque cupidine caedis
Vertitur in pecudes : & nunc quoque fangui-
ne gaudet.   235
In villos abeunt veftes, in crura lacerti;
Fit lupus, & veteris fervat veftigia formae;
Canities eadem eft, eadem violentia vultu;
Idem oculi lucent, eadem feritatis imago.
Occidit una domus : fed non domus una
perire   240
Digna fuit. quà terra patet, fera regnat
Erinnys.
In facinus juraffe putes. dent ocius omnes,
Quas meruere pati (fic ftat fententia) poenas.

Près avoir traversé la montagne de Menale, dont les Forêts sont remplies de Bêtes sauvages, celle de Cyllene, & le Mont glacé de Lycée, qui est couvert de Pins ; j'entrai sur le soir dans la maison du cruel tyran qui gouverne l'Arcadie. J'avois assez fait connoître que c'étoit une Divinité qui venoit le visiter, & le peuple me rendoit déja les hommages qui me sont dûs. Lycaon se moquant de leur credulité : je sçaurai bientôt, dit-il, si mon hôte est un Dieu ou un Homme ; j'ai un secret infaillible pour m'en assurer. Il vouloir en effet m'ôter la vie, pendant que je serois endormi; c'étoit par ce moien qu'il prétendoit découvrir la verité. Ce n'est pas tout; pour le festin qu'il me préparoit, il fit égorger un des Otages que les Molosses lui avoient envoyé; & aiant fait bouillir une partie des membres de ce malheureux, & fait rotir le reste, il les fit servir. Un feu vengeur allumé par mon ordre, consuma bientôt ce Palais. Lycaon épouvanté prend la fuite, & dès qu'il est au milieu de la campagne, & qu'il veut parler & se plaindre, il ne fait que hurler ; transporté de rage & toûjours avide de sang & de carnage, il tourne sa fureur contre tous les animaux qu'il rencontre. Ses habits se changent en poil, ses bras prennent la même forme que ses jambes; en un mot, il devient Loup; & dans ce changement, il conserve presque sa même figure ; même couleur grisâtre dans son poil; l'air farouche, le même feu dans ses yeux, & tout son corps porte l'image de son ancienne ferocité. Une seule maison a peri ; mais elle n'étoit pas la seule qui meritât de perir. La cruelle discorde s'est emparée de la Terre ; on diroit que tous les Hommes ont juré d'être méchants. Il faut donc, & je l'ai resolu, qu'ils reçoivent promptement le châtiment qu'ils ont merité.

EXPLICATION DE LA SEPTIEME FABLE.

Tous les anciens Auteurs diftinguent deux Lycaons. Le premier étoit Fils de Phoronée & regnoit dans cette partie de la Grece, qui dans la fuite fut appellée l'Arcadie, & à laquelle il avoit donné le nom de Lyçaonie, environ 250 ans avant Cecrops, & du tems du Patriarche Jacob. Le second dont il s'agit dans cette Fable lui fucceda, & fut un Prince également poli & religieux ; mais par une inhumanité qui n'étoit que trop commune dans ces fiecles groffiers, il fouilla la Fête des Lupercales, dont il fut l'Inftituteur fuivant les Marbres d'*Arondel*, en immolant des Victimes Humaines. Cette Fête, après avoir été interrompue pendant quelques fiecles, fut rétablie à Athenes, du tems de Pandion, comme nous l'apprenons de la 18 Epoque des Marbres de Paros. Lycurgue abolit à Lacedemone la barbare coutume d'y offrir des Victimes Humaines. Evandre porta quelque tems après cette même Fête en Italie. Je ne m'étendrai pas davantage fur un fujet fi connu ; on peut confulter les Notes

des fçavans Auteurs qui ont commenté les Marbres que je viens de citer, la *Graecia fetiata* de Meurfius, Marsham p. 275. & Scaliger, fur Eufebe.

Lycaon bâtit fur les Montagnes d'Arcadie la Ville de Lycofure, qui eft regardée comme la plus ancienne de toute la Grece; & ce fut fur l'autel qu'il y éleva en l'honneur de Jupiter *Lyceüs* qu'il commença à offrir les Sacrifices barbares dont je viens de parler. Voilà le fondement de la Fable d'Ovide. Voilà ce qui a donné lieu de dire qu'il avoit donné à Jupiter un Feftin dans lequel il lui avoir fait fervir les membres d'un Efclave qu'il avoit fait égorger ; car c'eft ainfi que l'explique Paufanias dans fes Arcadiques. Sa cruauté & fon nom, qui en Grec veut dire un Loup, l'ont fait changer en cet Animal auffi feroce que carnaffier. Lycaon étoit fort cheri de fon Peuple, à qui il apprit à mener une vie moins fauvage, à bâtir des Villes & des Maifons, autant pour fe mettre à couvert de la rigueur des Saifons, que pour fe deffendre contre les Bêtes feroces
dont

dont les Forêts d'Arcadie étoient alors remplies. Suidas ajoute que Lycaon étoit un Prince fage & vertueux,
qui s'apliquoit uniquement à faire obferver les Loix que
fon Pere avoit établies. On dit même que ce fut lui qui
fceut fubftituer le Gland aux Herbes dont on fe nour-
riffoit alors fouvent avec beaucoup de danger : Ufage
dont cependant quelques Auteurs attribuent l'invention à Pbotonée fon Pere ou à Lycaon premier.

Le Prince dont nous parlons eut plufieurs Enfans
qui établirent des Colonies en divers Païs, & y bâtirent des Villes qui porterent leur nom. Surquoi on
peut lire les Auteurs que je viens de citer. Ce que je
vais dire, fur le témoignage de Suidas, a tout l'air d'une
nouvelle Fable, qu'il a inventée pour expliquer celles
que raporte Ovide. Ce Prince, dit cet Auteur, pour

porter plus efficacement fon Peuple à l'obfervation des
Loix, voulut lui perfuader que Jupiter venoit fouvent
loger dans fon Palais, fous la figure d'un Etranger, a-
fin d'être plus à portée d'examiner la conduite de chaque particulier. Un jour qu'il alloit faire un facrifice pour fe difpofer à recevoir cette Divinité, fes Enfans voulant s'éclaircir de la verité, refolurent de mêler parmi les chairs des Victimes celle d'un jeune Enfant qu'ils avoient fait mourir, bien fûrs que tout autre que Jupiter ne pourroit jamais découvrir ce ftratageme. Mais une grande Tempête s'étant élevée avec un
furieux orage , la foudre reduifit en cendre tous ces
Impies, & Lycaon, pour appaifer Jupiter , inftitua la
Fête des Lupercales.

F A B. VIII. *Le Déluge univerfel.*

A R G U M E N T.

Jupiter ne fe contenta pas de la perte de Lycaon pour épouvanter le
refte des Hommes : mais, parce qu'ils étoient tous criminels, il refolut
de les exterminer par un Déluge univerfel.

D<small>Iéta</small> *Jovis pars voce probant, ftimulos-*
    que furenti
*Adjiciunt. alii partes adfenfibus implent.*245
Eft tamen humani generis jactura dolori
Omnibus: &, quae fit terrae, mortalibus
    orbae,

                Forma

U<small>Ne</small> partie des Dieux approuva la refolution
    que Jupiter avoit prife d'exterminer le Gen-
re Humain, & ceux qui furent de fon fentiment,
ajouterent de nouvelles raifons, pour allumer encore davantage fon couroux. Les autres Dieux
fe contenterent de fe declarer pour fon avis : mais
                            la

Forma futura, rogant : quis sit laturus in aras
Tura ? ferisne paret populandas tradere gentes ?
Talia quaerentes (sibi enim fore cetera cu-
   rae)   250
Rex Superûm trepidare vetat , sobolemque
   priori
Dissimilem populo promittit origine mirâ.
Jamque erat in totas sparsurus fulmina terras :
Sed timuit , ne förte sacer tot ab ignibus aether
Conciperet flammas , longusque ardesceret
   axis.   255
Esse quoque in fatis reminiscitur , adfore
   tempus ,
Quo mare , quo tellus , correptaque regia coeli
Ardeat ; & mundi moles operosa laboret.
Tela reponuntur , manibus fabricata Cyclopum.
Poena placet diversa ; genus mortale sub un-
   dis. 260
Perdere , & ex omni nimbos dimittere coelo :
Protinus Aeoliis Aquilonem claudit in antris ,
Et quaecumque fugant inductas flamina nubes :
Emittitque Notum. madidis Notus evolat alis ;
Terribilem piceâ tectus caligine vultum. 265
Barba gravis nimbis ; canis fluit unda capillis :
Fronte sedent nebulae : rorant pennaeque , si-
   nusque.
Utque manu latâ pendentia nubila pressit ;
Fit fragor : hinc densi funduntur ab aethere
   nimbi.
Nuntia Junonis varios induta colores , 270
Concipit Iris aquas ; alimentaque nubibus
   adfert.
Sternuntur segetes , & deplorata coloni
Vota jacent ; longique labor perit irritus anni.
Nec coelo contenta suo Jovis ira : sed illum
Caeruleus frater juvat auxiliaribus undis. 275
Convocat hic amnes. qui postquam tecta ty-
   ranni
Intravere sui , Non est hortamine longo
Nunc , ait , utendum : vires effundite vestras.
Sic opus est. aperite domos : ac , mole remotâ ,
Fluminibus vestris totas immittite habe-
   nas.   280
Jusserat. hi redeunt , ac fontibus ora relaxant ,
Et defrenato volvuntur in aequora cursu.
Ipse tridente suo terram percussit : at illa
Intremuit , motuque sinus patefecit aquarum.
Exspatiata ruunt per apertos flumina cam-
   pos ;   285
Cumque satis arbusta simul, pecudesque, vi-
   rosque ,
Tectaque, cumque suis rapiunt penetralia sacris.

TOM. I.   Si

la perte du Genre Humain parut également sensible à toute l'Assemblée. On demanda à Jupiter ce que deviendroit le Monde, lorsqu'il ne seroit pas habité ? Qui offriroit alors de l'Encens sur
leurs autels ? S'il livreroit la Terre à la merci des
Bêtes feroces ? Le Souverain des Dieux fit cesser
leurs demandes & leur inquietude, en leur promettant qu'il auroit soin de tout, que la Terre seroit repeuplée, que ses nouveaux habitans seroient
bien differens de ceux qui les avoient precedez ;
& que leur origine même auroit quelque chose de
merveilleux. Prêt à lancer ses foudres sur la Terre, il craignit que tant de feux alumez de toutes
parts, ne parvinssent jusqu'au Ciel , & n'embra-
sassent les voutes sacrées. Il se ressouvint qu'il é-
toit écrit dans le Livre des Destinées, qu'un jour
la Mer, la Terre , & le Ciel même seroient en
feu, & que tout l'Univers periroit dans un embrasement general. Il change de resolution ; il
quitte les foudres que les Cyclopes venoient de
forger , & pour punir les hommes, il forme le
dessein de les ensevelir sous les eaux , en faisant
tomber des torrents de pluie de toutes les parties
du Ciel. Il renferme sur le champ dans les antres
d'Eole, l'Aquilon, & les autres Vents qui écar-
tent les nuages, & ne laisse en liberté que le Vent
de Midi. Le voila d'abord ce Vent impetueux ,
qui vole avec ses ailes mouillées , le visage couvert d'un nuage épais & obscur , & la barbe
chargée de brouillards. Les nuées assemblées sur
son front, font couler l'Eau de ses cheveux, de
ses ailes & de son sein. Dès que ce Vent ora-
geux eut rassemblé les nuages , & qu'il les eut
entassez les uns sur les autres , on entendit un
grand bruit , & la pluie commença de tomber
en abondance. La Messagere de Junon, parée
de differentes couleurs, Iris amene de nouvelles
eaux, & entretient l'humidité des nuages. Envain le Laboureur forme des vœux pour ses moissons ; elles sont renversées , & il voit perir en un
moment le travail de toute l'année ; les eaux qui
tombent du Ciel ne suffisent pas à Jupiter irrité ;
Neptune son Frere vient à son secours , & lui
prête ses ondes. Il rassemble tous les Fleuves
dans son Palais, & leur tient ce discours : „ Un
„ seul mot va vous faire entendre mes ordres.
„ Ouvrez vos sources, donnez un libre cours à
„ vos eaux ; que rien ne les arrête ". A peine
le Dieu de la Mer avoit proferé ce peu de paroles, que tous les Fleuves partirent ; & aiant lâ-
ché les digues qui retenoient leurs eaux , elles
commencerent à couler avec impétuosité.

   Neptune lui-même frape la Terre d'un coup de
son trident ; elle en est ébranlée, & l'Eau sort en
abondance de ses gouffres les plus profonds. Les
Fleuves debordez inondent la Terre , entraînent
Bleds , Arbres , Troupeaux , Hommes , & ren-
versent également les Temples & les Maisons. S'il

Si qua domus manſit, potuitque reſiſtere tanto
Indejecta malo; culmen tamen altior hujus
Unda tegit, preſſaeque labant ſub gurgite
    turres.   290
Jamque mare & tellus nullum diſcrimen ha-
    bebant.
Omnia pontus erant. deerant quoque litora
    ponto.
Occupat hic collem: cymbâ ſedet alter aduncâ,
Et ducit remos illic, ubi nuper ararat.
Ille ſupra ſegetes, aut merſae culmina vil-
    lae,   295
Navigat: hic ſummâ piſcem deprendit in
    ulmo.
Figitur in viridi (ſi fors tulit) anchora prato:
Aut ſubjecta terunt curvae vineta carinae.
Et, modo quâ graciles gramen carpſere ca-
    pellae,
Nunc ibi deformes ponunt ſua corpora pho-
    cae.   300
Mirantur ſub aquâ lucos, urbesque, domosque
Nereïdes: ſilvasque tenent delphines, & altis
Incurſant ramis, agitataque robora pulſant.
Nat lupus inter oves: fulvos vehit unda
    leones:
Unda vehit tigres. nec vires fulminis a-
    pro,   305
Crura nec ablato proſunt velocia cervo.
Quaeſitisque diu terris, ubi ſidere detur,
In mare laſſatis volucris vaga decidit alis.
Obruerat tumulos immenſa licentia ponti.
Pulſabantque novi montana cacumina fluc-
    tus,   310
Maxima pars undâ rapitur: quibus unda
    pepercit,
Illos longa domant inopi jejunia victu.

ſe trouve quelque Palais, qui reſiſte à l'impetuo-
lité du torrent, l'Eau le couvre entierement, &
les Tours mêmes demeurent enſevelies ſous les ondes. Déja la Terre & la Mer étoient confonduës:
Tout étoit couvert d'Eau, & l'Ocean n'avoir plus
de rivages. L'un cherche un Azyle ſur une Montagne, l'autre ſe jette dans une Barque, & rame
ſur les lieux même qu'il venoit de labourer. Celui-ci navige ſur ſes moiſſons, ou ſur ſon Village
inondé. Celui-là trouve un poiſſon au ſommet
d'un arbre. Si par hazard on veut jetter l'ancre,
elle s'attache dans un pré; les Vaiſſeaux voguent
ſur les vignes: les monſtres de la Mer repoſent
dans les lieux, où les chevres paiſſoient. auparavant; les Nereïdes ſont étonnées de voir ſous les
ondes, les Bois, les Villes & les Maiſons. Les
Dauphins habitent les Forêts & ébranlent les arbres avec leurs nageoires; les Loups nagent pêle
mêle avec les Brebis; l'onde entraîne les Lions &
les Tigres; la force des Sangliers, ni la viteſſe des
Cerfs ne peuvent les garentir du naufrage; les Oiſeaux fatiguez; après avoir cherché inutilement la
Terre pour s'y repoſer, ſe laiſſent tomber dans
l'eau; l'inondation avoit déja couvert les Montagnes, & les lieux les plus élevez étoient ſub-
mergez. Une partie de ceux qui s'y étoient retirez étoient enſevelis ſous les vagues, & ceux que
l'onde avoit épargnez perirent par la faim.

EXPLICATION DE LA HUITIEME FABLE.

LEs Anciens ont parlé de pluſieurs Déluges, & Pauſanias en compte juſques à cinq, mais ceux qui
ont été les plus célèbres dans les Poëtes, ſont ceux
qui arriverent au tems d'Ogygès, & ſous le Regne de
Deucalion. C'eſt de ce dernier que parle Ovide; mais
comme il n'inonda que la Theſſalie, il eſt évident
que ce Poëte a renfermé dans la description qu'il en
fait tout ce que la Tradition avoit apris ſur le Déluge
univerſel; tradition qu'on a trouvée chez tous les Peuples du Monde. En effet il raconte comment toute
la Terre fut inondée. La Mer, ſelon lui, joignit ſes
eaux à celles qui tomberent du Ciel, & Neptune ébranla les fondemens de la Terre pour en faire ſortir de
nouvelles. Voilà ſans doute ces Cataractes du Ciel, &
ces Fontaines de l'abime dont parle Moïſe (1). Ovide, qui fait monter les eaux ſur les plus hautes Montagnes, n'excepte que le ſommet du Mont Parnaſſe. ce
qui fait alluſion au Mont Ararat, ſur lequel l'Arche de
Noé s'arrêta. Dans le Poëte tous les Hommes péris-

(1) Geneſe, Ch. VI. & VII.

ſent excepté Deucalion & Pyrrha. Voilà Noé & ſa
Famille. Deucalion, ſuivant tous les Auteurs anciens, étoit un Homme juſte & pieux, & il fut le ſeul
qui repara le Gente Humain, quoi de plus ſemblable
aux Patriarches? Le Déluge dura neuf mois, celui d'O-
gygès en dura autant; au ſortir de l'Arche Noé offrit à
Dieu des ſacrifices ſolemnels; Deucalion delivré des
eaux éleva, ſuivant Pauſanias (2), un Autel à Jupiter
Liberateur (3). Suivant les Poëtes, il ne devoit plus y
avoir d'autre Déluge d'Eau après celui de Deucalion;
Dieu avoit promis la même choſe à Noé. Ce Patriarche, voyant que les eaux commençoient à ſe retirer,
envoya la colombe qui revint avec une branche d'O-
livier; Plutarque fait mention de cette même colombe, & Abidenne parle de certains Oiſeaux ſortis de
l'Arche & revenus deux fois pour n'avoir pas trouvé de
lieu où ils puſſent ſe repoſer. Je pourrois pouſſer plus
loin le parallele ſur ce ſujet; mais en voilà aſſez pour
                                 prouver

(2) *In Atticis.* (3) ϕυξίου, ou Ἀφεσίου

prouver qu'Ovide a chargé la description du Déluge de Deucalion, de presque toutes les circonstances du Déluge universel.

Il n'est pas étonnant au reste que la tradition du Déluge se soit conservée parmi tous les Peuples : cet évenement est de nature à n'être pas oublié, & les changemens qu'il a causez sur la Terre en attestent tous les jours la verité. D'ailleurs l'Histoire de cette Inonda-

tion generale, si nous en croyons Josephe (4), avoir été écrite par Nicolas de Damas, par Berose, par Mnaseas, & par quelques autres Anciens, d'où les Grecs, & les Romains l'avoient tirée. Ce qui me reste à dire du Déluge particulier qui arriva du tems de Deucalion, ainsi que tout ce qui regarde ce Prince, je le reserve pour l'Article où Ovide parle de la reparation du Genre Humain.

(4) Antiq. Lib. I.

F A B. IX. *La fin du Déluge.*

A R G U M E N T.

Neptune calme les flots irritez, & ordonne à Triton de sonner de sa conque pour faire rentrer la Mer dans ses bornes & les Fleuves dans leurs lits. Deucalion & Pyrrha se sauvent seuls du Déluge.

SEparat Aönios Actaeis Phocis ab arvis,
Terra ferax, dum terra fuit; sed tempore in illo
Pars maris, & latus subitarum campus a-
    quarum.   315
Mons ibi verticibus petit arduus astra duobus,
Nomine Parnasus, superatque cacumine nubes,
Hic ubi Deucalion (nam cetera texerat ae-
    quor)
Cum consorte tori parvà rate vectus adhaesit;
Corycidas Nymphas, & numina montis ado-
    rant,   320

LA Phocide, qui est entre l'Attique & la Béotie, étoit autrefois un Pays fertile; le Déluge la confondant alors avec la Mer, n'en fit qu'un vaste champ couvert d'eau. Dans cette contrée est une Montagne qui s'éleve jusqu'au Ciel, & dont les deux sommets sont au-dessus des nuages : son nom, est le Parnasse. Là s'arrêta la petite Barque qui portoit Deucalion & sa Femme. C'étoit le seul endroit que les eaux eussent épargné. Dès que Deucalion y fut arrivé, il offrit ses hommages aux Nymphes Corycides, aux autres Divinités de

Fatidicamque Themin, quae nunc oracla te-
    nebat.
Non illo melior quisquam, nec amantior aequi
Vir fuit, aut illâ metuentior ulla Deorum.
Juppiter ut liquidis stagnare paludibus orbem,
Et superesse videt de tot modò millibus u-
    num,   325
Et superesse videt de tot modo millibus unam;
Innocuos ambos, cultores numinis ambos;
Nubila disjecit: nimbisque Aquilone remotis,
Et coelo terras ostendit, & aethera terris.
Nec maris ira manet; positoque tricuspide
    telo   330
Mulcet aquas rector pelagi: supraque pro-
    fundum
Exstantem, atque humeros innato murice
    tectum,
Caeruleum Tritona vocat; conchaeque sonaci
Inspirare jubet; fluctusque & flumina signo
Jam revocare dato. cava buccina sumitur
    illi   335
Tortilis, in latum quae turbine crescit ab imo:
Buccina, quae medio concepit ut aera ponto,
Litora voce replet, sub utroque jacentia Phoebo.
Tum quoque, ut ora Dei madida rorantia barbâ
Contigit, & cecinit jussos inflata receptus, 340
Omnibus audita est telluris & aequoris undis:
Et quibus est undis audita, coërcuit omnes.
Jam mare litus habet: plenos capit alveus
    amnes:
Flumina subsidunt: colles exire videntur:
Surgit humus: crescunt loca decrescentibus
    undis.   345
Postque diem longam nudata cacumina silvae
Ostendunt, limumque tenent in fronde re-
    lictum.
Redditus orbis erat. quem postquam vidit
    inanem,
Et desolatas agere alta silentia terras,
Deucalion lacrimis ita Pyrrham adfatur
    obortis: 350
O soror, ô conjux, ô femina sola superstes,
Quam commune mihi genus, & patruelis origo,
Deinde torus junxit; nunc ipsa pericula jun-
    gunt:
Terrarum, quascumque vident occasus & ortus,
Nos duo turba sumus. possedit cetera pon-
    tus.   355
Nunc quoque adhuc vitae non est fiducia nostrae
Certa satis: terrent etiamnum nubila mentem.
Quid tibi, si sine me fatis erepta fuisses,
    Nunc

cette Montagne, & à Themis qui y rendoit alors
ses Oracles : car il n'y eut jamais d'homme plus
juste ni plus équitable que Deucalion, ni de Femme plus vertueuse, &. qui eût plus de respect pour
les Dieux que Pyrrha. Jupiter voiant tout l'Univers submergé, & que de tant de miliers d'Hommes & de Femmes il ne restoit que ce couple
pieux, ordonna à l'Aquilon de dissiper les nuages:
Dès que le temps fut devenu serain, la Terre
commença à se découvrir : la Mer irritée se calma;
Neptune, quittant son trident, appaisa les flots, &
ordonna à Triton de paroitre sur les ondes avec
son habit de pourpre, & de sonner de sa conque
pour faire rentrer les flots dans la Mer, & les
Fleuves dans leurs lits. Cette conque est une espece de trompette recourbée, qui va toûjours en
s'élargissant. Elle se fait entendre du milieu de
la Mer aux deux extremités du Monde. Dès que
Triton eût donné le signal, toutes les Eaux de la
Mer, & celles qui étoient répandues sur la Terre,
l'entendirent, & se calmerent; la Mer commença à avoir des rivages, & les Fleuves coulerent
dans leurs lits; les Montagnes parurent sortir de
la Terre, la Terre elle-même se montra peu à peu,
& sembloit s'élever à mesure que les eaux s'abais-
soient. Les Arbres long-temps cachez sous les
flots, firent enfin paroitre leurs têtes depouillées
de feuilles & chargées de limon : Lorsque Deucalion apperçut la Terre entierement deserte,
dont un profond silence rendoit le spectacle encore plus affreux, les yeux baignez de larmes, il
parla ainsi à Pyrrha : ,, O ma Sœur ! ô mon E-
,, pouse, qui êtes seule restée de toutes les Fem-
,, mes ; le sang & le mariage nous unirent au-
,, trefois ; aujourdhui nos communs malheurs
,, doivent nous unir encore davantage. De quel-
,, que côté que le Soleil jette ses regards, il ne
,, voit que nous deux sur la Terre ; le reste est
,, enseveli sous les eaux, encore notre vie n'est.
,, elle point en sureté ; les nuages repandus de
,, tous côtés m'épouventent. Infortunée, que de-
,, viendriez-vous, si vous étiez échapée seule &
                      , sans

Nunc animi , miseranda , foret ? quo sola
timorem
Ferre modo posses ? quo consolante doleres ? 360
Namque ego (crede mihi ,) si te modo pon-
tus haberet ,
Te sequerer , conjux : & me quoque pontus
haberet.
O utinam possim populos reparare paternis
Artibus ; atque animas formatae infundere
terrae !
Nunc genus in nobis restat mortale duobus , 365
(Sic visum Superis) hominumque exempla
manemus.

,, sans moi de ce naufrage universel ? Comment
,, pourriez-vous calmer vos ennuis ? Qui pourroit
,, vous confoler dans vos malheurs ? Pour moi,
,, je puis vous l'assurer, ma chere Epouse , je
,, n'aurois pas survêcu à votre perte, & les mê-
,, mes eaux qui vous auroient engloutie , m'au-
,, roient servi de tombeau. Que je souhaiterois
,, de posseder le secret de mon Pere Promethée !
,, & de pouvoir reparer le Genre Humain , en
,, animant , comme il fit, un peu de Limon !
,, Nous sommes restés seuls de tout ce qui respi-
,, roit dans l'Univers : les Dieux l'ont ainsi vou-
,, lu ; seuls nous faisons voir qu'il y a eu des
,, Hommes sur la Terre".

EXPLICATION DE LA NEUVIEME FABLE.

IL ne faut pas chercher dans cette Fable aucune explication historique. Les Anciens s'étoient imaginé que Jupiter , Neptune & Pluton avoient partagé le
Monde, & que l'empire de la Mer étoit échu à Neptune. Ainsi c'étoit lui qui devoir élever & calmer les
flots. Ovide lui-fait exercer cet emploi , & la figure
qu'on a gravée ici répond parfaitement à l'idée de ce
Poëte.

F A B. X.   Deucalion & Pyrrha.

ARGUMENT.

Deucalion & Pyrrha repeuplerent la Terre en jettant derriere eux des
pierres de la maniere que Themis, dont ils avoient consulté l'Oracle, le
leur avoit prescrit.

Dixerat, & flebant. placuit coeleste precari
Numen, & auxilium per sacras quaerere sortes.   Nulla

CE Discours leur arracha des larmes ; resolus
d'implorer le secours du Ciel , & de consulter

Nulla mora eſt; adeunt pariter Cephiſidas
    undas,
Ut nondum liquidas, ſic jam vada nota ſe-
    cantes.   370
Inde ubi libatos irroravere liquores
Veſtibus & capiti; flectunt veſtigia ſanctae
Ad delubra Deae: quorum faſtigia turpi
Squalebant muſco; ſtabantque ſine ignibus arae.
Ut templi tetigere gradus; procumbit uter-
    que   375
Pronus humi, gelidoque pavens dedit oscula
    ſaxo.
Atque ita, Si precibus, dixerunt, numina juſtis
Victa remolleſcunt, ſi flectitur ira Deorum;
Dic Themi, quà generis damnum reparabile
    noſtri
Arte ſit: & merſis fer opem, mitiſſima,
    rebus.   380
Mota Dea eſt; ſortemque dedit: Diſcedite
    templo;
Et velate caput; cinctaſque reſolvite veſtes:
Oſſaque poſt tergum magnae jactate parentis.
Obſtupuere diu: rumpitque ſilentia voce.
Pyrrha prior; juſſiſque Deae parere recuſat:385
Detque ſibi veniam, pavido rogat ore: pavetque
Laedere jactatis maternas oſſibus umbras.
Interea repetunt caecis obſcura latebris
Verba datae ſortis ſecum, inter ſeque volutant.
Inde Promethides placidis Epimethida dic-
    tis   390
Mulcet; &, Aut fallax, ait, eſt ſollertia nobis:
Aut pia ſunt, nullumque nefas oracula ſuadent.
Magna parens terra eſt: lapides in corpore terrae
Oſſa reor dici: jacere hos poſt terga jubemur.
Conjugis augurio quamquam Titania mota
    eſt;   395
Spes tamen in dubio eſt. adeo coeleſtibus ambo
Diffidunt monitis. ſed quid tentare nocebit?
Deſcendunt; velantque caput, tunicaſque
    recingunt;
Et juſſos lapides ſua poſt veſtigia mittunt.
Saxa (quis hoc credat, niſi ſit pro teſte ve-
    tuſtas?)   400
Ponere duritiem coepere ſuumque rigorem,
Molliríque morâ, mollitaque ducere formam.
Mox, ubi creverunt, naturaque mitior illis
Contigit, ut quaedam, ſic non manifeſta,
    videri
Forma poteſt hominis; ſed uti de marmore
    coepto   405
Non exacta ſatis, rudibuſque ſimillima ſignis.
                                    Quae

ſulter les Oracles, ils allerent ſur les bords du Ce-
phiſe, dont les eaux, quoi qu'encore troubles &
chargées de limon, couloient dans ſon lit ordinaire. Après s'être purifiés en repandant de l'eau
de ce Fleuve ſur leurs têtes, & ſur leurs habits,
ils tournerent leurs pas vers le Temple de Themis. Le toit en étoit couvert d'une mouſſe bourbeuſe & puante, & ſes autels étoient ſans feu.
A peine eurent-ils touché les degrés du Temple,
qu'ils ſe proſternerent à terre, & pleins de reſpect
& de fraieur ils les baiſerent en adreſſant leurs
vœux à la Déeſſe. Si les Dieux, dirent-ils, ſe
laiſſent fléchir aux prieres des mortels; s'ils ne ſont
point inexorables, apprenez-nous, Themis, de
quelle maniere nous pourrons reparer le Genre
Humain; & ſoiez ſenſible à la deſolation où l'U-
nivers eſt reduit. La Déeſſe touchée de cette priere rendit cet oracle: Sortez du Temple, voilez-vous
le viſage, detachez vos ceintures & jettez derriere
vous les os de votre Grande-Mere. Etonnés de cet
oracle, & aiant gardé pendant long temps un
profond ſilence, Pyrrha prend enfin la parole, di-
ſant qu'elle refuſoit d'obéir à l'ordre de la Déeſſe.
Elle la prie en tremblant de lui pardonner, ſi elle n'oſe troubler les manes de ſa Mere, en jettant ainſi ſes os. Cependant ils examinent atten-
tivement les paroles ambigues de l'Oracle, &
cherchent à en découvrir le ſens. Enfin Deucalion calma par ſes paroles l'inquietude de Pyrrha.
Ou je ſuis bien trompé, dit-il, ou les paroles de
Themis ont un autre ſens: cet oracle n'ordonne
rien de criminel; notre Mere, c'eſt la Terre, &
ſes os ſont les pierres qu'on nous ordonne de jetter derriere nous. Quoique ce diſcours eût ébranlé l'eſprit de Pyrrha, elle doutoit encore ſi c'é-
toit là le veritable ſens des paroles qu'elle venoit
d'entendre; tant cet oracle leur laiſſe d'incertitude. Mais quel danger y avoir-il à l'éprouver? Ils
ſortent du Temple, ſe couvrent la tête, défont
leurs ceintures, & jettent derriere eux des pierres,
de la maniere que Themis le leur avoit preſcrit.
Ces pierres, (qui pourroit le croire, ſi l'Antiquité
n'en rendoit témoignage?) commencerent à s'a-
mollir, à devenir flexibles, & prirent une nouvelle figure: & comme elles n'avoient déja plus
cette dureté qui leur eſt naturelle, on les vit croître; de ſorte qu'on y appercevoit, quoique confuſément, quelque reſſemblance avec des hommes;
telle à peu près eſt celle qu'on remarque dans
une ſtatue de marbre, que le ciſeau a commencé à tailler; mais qui n'eſt encore qu'ébauchée.
                                              Ce

Quæ tamen ex illis aliquo pars humida fucco,
Et terrena fuit, verſa eſt in corporis uſum.
Quod ſolidum eſt, flectique nequit, mutatur
in oſſa:
Quod modo vena fuit, ſub eodem nomine
manſit. 410
Inque brevi ſpatio, Superorum numine; ſaxa
Miſſa viri manibus faciem traxere virilem:
Et de femineo reparata eſt femina jactu.
Inde genus durum ſumus experienſque laborum:
Et documenta damus, quà ſimus origine
nati. 415

Ce qu'il y avoit d'humide & de terreſtre dans les cailloux fut changé en chair, les parties les plus dures & les plus inflexibles devinrent des os; leurs veines ne changerent ni de forme ni de nom. Ainſi dans peu de tems, avec le ſecours des Dieux, les pierres que Deucalion avoit jettées, formerent des Hommes, & celles de Pyrrha, des Femmes. C'eſt delà que vient cette dureté, qui fait le caractere de l'Homme, & cette force pour ſoutenir le travail : notre conduite découvre aſſez notre origine.

EXPLICATION DE LA DIXIEME FABLE.

SOus le regne de Deucalion Roi de Theſſalie, le cours du fleuve Penée fut arrêté, apparemment par quelque tremblement de Terre, entre le Mont Oſſa & l'Olympe, où eſt l'embouchure par où ce Fleuve, groſſi des eaux de quatre autres, ſe décharge dans la Mer; & il tomba cette année-là une ſi grande quantité de pluye que toute la Theſſalie, qui eſt un Païs plat, fut inondée. Deucalion & ceux de ſes Sujets qui purent ſe garantir de l'inondation, ſe retirerent ſur le Parnaſſe; & les eaux s'étant enfin écoulées, ils deſcendirent dans la plaine. Les Enfans de ceux qui s'étoient ſauvés ſont ces pierres myſterieuſes dont les Poëtes parlent tant : cette Fable n'aiant d'autre fondement que le double ſens du mot *Eben* ou *Aben*, qui peut ſignifier également, ou une *Pierre* ou un *Enfant*, ou du mot *Laos*, qui peut être entendu ou d'un Peuple ou d'une pierre, ainſi que l'a remarqué le Scholiaſte de Pindare. A l'aide de cette équivoque, on débita la Fable de ces pierres myſterieuſes qui étant jettées par Deucalion & Pyrrha formerent les Hommes qui peuplerent le Monde après le Déluge: on peut même dire que la ferocité & la dureté de ces premiers Hommes ne démentoit nullement leur origine. La maniere même dont Saumaiſe lit un paſſage tiré des fragmens d'Heſiode, donne un grand jour au denouement de cette Fable. Ce Poete dit que Jupiter donna à Deucalion, pour repeupler le Monde, les Locriens qui habitoient la Phocide; & Denis d'Halicarnaſſe (1) convient qu'ils allerent ſous la conduite de ce Prince habiter differentes contrées de la Grece. Ainſi lors qu'on lit dans le paſſage d'Heſiode *λαϊος*, au lieu d'A*λϊος*, le ſens eſt, que *Deucalion choiſit quelques perſonnes du Peuple de pierre*, ce qui bien entendu veut dire, du peuple qui habitoit le Parnaſſe, Montagne, qui étoit très-pierreuſe.

Lors qu'on a ajouté à cette Fable que Neptune d'un coup de Trident avoit ſeparé le Mont Oſſa du Pelion, c'eſt qu'on croyoit anciennement que les changemens qui arrivoient dans le Monde, ainſi que les tremblemens de Terre, étoient cauſez par ce Dieu. ,, Certes,
(1) Liv. I.

,, dit Herodote (2), le ſentiment de ceux qui diſoient
,, que Neptune avoir fait cette ſeparation, n'étoit pas
,, ſans raiſon; car tous ceux qui eſtiment que Neptu-
,, ne fait trembler la Terre, & que les ouvertures qui
,, ſe font ainſi, ſont les ouvrages de ce grand Dieu,
,, n'auront pas de peine à croire, que Neptune a fait
,, ce Canal, quand ils le verront".

Pour établir maintenant l'Epoque d'un évenement ſi célèbre, on n'a qu'à lire les Marbres de Paros, qui fixent le ſejour de Deucalion à Lycorée aux environs du Parnaſſe, dans le tems que Cecrops regnoit à Athenes, c'eſt-à-dire environ 1600 ans avant JESUS-CHRIST. Les mêmes Marbres ajoutent qu'après l'Inondation, Deucalion ſe retira à Athenes, où il offrit à Jupiter Conſervateur des ſacrifices ſolemnels, dans un Temple qu'il fit bâtir à ſon honneur, & qui ſubſiſtoit encore au tems de Piſiſtrate, qui le fit rétablir avec beaucoup de dépenſe. L'Epoque 4. de ces Marbres marque que Cranaus regnoit à Athenes lors que Deucalion s'y retira; au lieu qu'Euſebe aſſure que c'étoit ſous le regne de Cecrops. Ces deux Chroniques ne different que de trois ans, & je ſouſcris volontiers à celle des Marbres, qui paroit avoir été faite avec beaucoup de ſoin. Ainſi je fixe cette retraite à l'an 1557. avant l'Ere Chrétienne. Si Euſche avoit connu ces Marbres ſi utiles à la Chronologie, il auroit vu qu'ils diſtinguent bien les deux temps; celui du ſejour de Deucalion à Lycorée ſous le regne de Cecrops, & ſa retraite à Athenes après le Déluge, pendant celui de Cranaüs (3). Comme Deucalion avoit apris aux Grecs à bâtir des Temples en l'honneur des Dieux, on lui en dédia un après ſa mort, & il fut honoré comme une Divinité. Ce Prince étoit Fils de Promethée, & Mari de Pyrrha Fille d'Epimethée ſon Oncle. Rien. n'eſt ſi fameux dans les Anciens que ſa poſterité, qui repeupla une partie de la Grece, ainſi qu'on peut le voir dans les Epoq. 2. & la 4.
(2) Liv. I. (3) Voyez l'Epoq. 2. & la 4.

F A B. XI. *Le Serpent Python.*

La Terre réchauffée par les rayons du Soleil forma pluſieurs Monſtres; entre autres le Serpent Python, qu'Apollon tua à coups de fleches. Pour celebrer la memoire d'un évenement ſi mémorable, il inſtitua les Jeux Pythiens, & prit le ſurnom de Pythien.

CEtera diverſis tellus animalia formis
Sponte ſuâ peperit; poſtquam vetus humor ab igne Per-

LOrſque la Terre fut réchauffée par les rayons du Soleil & que la chaleur eut fait fermenter la boue & le limon, les germes qui y étoient reſtés,

Percaluit Solis, coenumque, udaeque paludes
Intumuere aestu: fecundaque semina rerum,
Vivaci nutrita solo, ceu matris in alvo 420
Creverunt, faciemque aliquam cepere morando.
Sic ubi deseruit madidos septemfluus agros
Nilus, & antiquo sua flumina reddidit alveo,
Aetherioque recens exarsit sidere limus;
Plurima cultores versis animalia glebis 425
Inveniunt, & in his quaedam modo coepta
sub ipsum
Nascendi spatium; quaedam imperfecta,
suisque
Trunca vident numeris: & eodem in corpore
saepe
Altera pars vivit; rudis est pars altera tellus,
Quippe ubi temperiem sumsere humorque ca-
lorque,   430
Concipiunt: & ab his oriuntur cuncta duobus:
Cumque sit ignis aquae pugnax; vapor humi-
dus omnes
Res creat, & discors concordia foetibus apta est.
Ergo ubi diluvio tellus lutulenta recenti
Solibus aetheriis, almoque recanduit aestu; 435
Edidit innumeras species; partimque figuras
Retulit antiquas; partim nova monstra creavit,
Illa quidem nollet, sed te quoque, maxime
Python,
Tum genuit: populisque novis, incognita ser-
pens,
Terror eras. tantum spatii de monte tene-
bas.   440
Hanc Deus arcitenens, & numquam talibus
armis
Ante, nisi in damis capreisque fugacibus, usus,
Mille gravem telis, exhausta pene pharetra,
Perdidit, effuso per vulnera nigra veneno.
Neve operis famam possit delere vetustas, 445
Instituit sacros celebri certamine ludos,
Pythia, de domitae serpentis nomine dictos.
His juvenum quicumque manu, pedibusve,
rotave
Vicerat; aesculeae capiebat frondis honorem.
Nondum laurus erat; longoque decentia
crine   450
Tempora cingebat de qualibet arbore Phoebus.

restés, comme dans le sein de leur Mere, commencerent à croître, & la Terre produisit d'elle-
même, differentes especes d'Animaux. Ainsi,
lorsque le Nil est rentré dans son lit, le limon,
qu'il laisse dans les campagnes inondées, produit
un nombre infini d'Insectes, que l'on apperçoit
en labourant la Terre. Les uns commencent à se
former, les autres n'ont pas encore tous leurs membres, & souvent dans le même Animal, une partie est vivante, pendant que le reste n'est qu'une
terre informe. L'humidité & la chaleur temperées d'une certaine maniere deviennent aisément
le principe de la fecondité: car le Feu & l'Eau,
quoique contraires, produisent tous les Etres, &
l'union de ces deux qualités si opposées est la
source de la generation. Ainsi la boüe que le Déluge avoit laissée se trouvant échauffée par l'ardeur
du Soleil, la Terre produisit non seulement des
Animaux connus, mais aussi des Monstres qu'elle ne connoissoit pas encore; elle te forma, quoique malgré elle, monstrueux Python, Serpent
d'une espece nouvelle, qui devins la terreur des
Humains, par la masse énorme de ton corps.
Apollon, qui jusqu'alors ne s'étoit servi de ses
flèches, que contre les Chevreuils & les Dains,
épuisa son carquois contre cet affreux Serpent, qui
vomit enfin tout son venin avec son sang; & de
peur que le tems n'effaçât le souvenir d'une Victoire si memorable, il institua des Jeux solemnels,
qui porterent le nom de Pythiens, du Monstre
dont il venoit de delivrer la Terre. Ceux qui,
dans ces Jeux, étoient Vainqueurs, ou à la Lut-
te, ou à la Course, ou à la conduite des Chars,
recevoient pour recompense une Couronne de Chêne: car il n'y avoit point encore de Lauriers, &
les Couronnes dont Apollon ornoit sa tête, étoient
faites de branches de toutes sortes d'arbres.

EXPLICATION DE L'ONZIEME FABLE.

LEs Eaux qui avoient causé cette grande Inondation, dont j'ai parlé dans l'Explication de la Fable précédente, laisserent sur la Terre un limon d'où
sortirent plusieurs Insectes, entr'autres le Serpent Python, qui causoit beaucoup de ravages aux environs
du Parnasse. Apollon armé de ses fleches lui ôta la
vie; ce qui, expliqué physiquement, veut dire que la
chaleur du Soleil aiant dissipé les mauvaises Exhalai-
sons, ces Monstres disparurent bien-tôt. Si on raporte cette Fable à l'Histoire, ce Serpent étoit un Brigand
qui s'étoit établi aux environs de Delphes, & qui in-
commodoit fort ceux qui alloient y sacrifier. Un Prince qui portoit le nom d'Apollon, ou un Prêtre de ce
Dieu, en délivra le Païs. Cet évenement donna lieu
à l'éta-

à. l'établissement des Jeux Pythiens si connus dans la Grece. On les celebroit de quatre ans en quatre ans, & on donnoit pour prix aux Vainqueurs ou des pommes consacrées à Apollon, ou, comme le prétend Pindare, des Couronnes de Laurier. On s'y exerçoit principalement à chanter, à danser & à jouer des Instrumens. Sur quoi on peut consulter les Marbres de Paros (1), & Meursius (2). Cet évenement, qu'Ovide

(1) Pagg. 202, & 203. de l'Edit. d'Oxford. (2) *Græcia feriata.*

place d'abord après le Déluge, ne doit être arrivé que long-tems après, puis que, du tems de Deucalion, Apollon n'étoit point encore connu à Delphes. C'étoit Themis, suivant le même Poëte, & suivant toute l'Antiquité, qui y rendoit alors des Oracles, & avant Themis il y avoir encore un autre Oracle, qui étoit rendu par la Terre.

F A B. XII. *Daphné changée en Laurier.*

A R G U M E N T.

Apollon étant devenu amoureux de Daphné Fille du Fleuve Penée, & ne pouvant la rendre sensible, se mit à la poursuivre; mais la Nymphe aiant imploré le secours de son Pere, elle fut changée en Laurier.

Primus amor Phœbi Daphne Peneïa ;
    quem non
Fors ignara dedit, sed sæva Cupidinis ira.
Delius hunc nuper, victâ serpente superbus,
Viderat adducto flectentem cornua nervo : 455
Quidque tibi, lascive puer, cum fortibus
    armis ?
Dixerat : ista decent humeros gestamina nostros;
Qui dare certa feræ, dare vulnera possumus
    hosti.
Qui modo, pestifero tot jugera ventre pre-
    mentem,

Daphné, Fille du Fleuve Penée, fut le premier objet de la tendresse d'Apollon. Cette passion fut moins un effet du hazard, qu'une vengeance de l'Amour irrité contre lui. Ce Dieu fier de la victoire qu'il venoit de remporter sur le Serpent Python, aiant vû le Fils de Venus, qui bandoit son arc, que pretendez-vous faire, jeune effeminé, lui dit-il, de ces armes, qui auroient bien meilleure grace entre mes mains que dans les vôtres ? Je sçai porter des coups certains contre les Bêtes feroces & contre nos Ennemis, & je

Stravimus innumeris , tumidum Pythona ,
   sagittis ,   460
Tu face nescio quos esto contentus amores
Irritare tuâ: nec laudes adsere nostras.
Filius huic Veneris ; Figat tuus omnia , Phoebe ,
Te meus arcus , ait : quantoque animalia
   cedunt
Cuncta tibi , tanto minor est tua gloria nos-
   trà.   465
Dixit : & eliso percussis aëre pennis
Impiger umbrosâ Parnasi constitit arce:
Eque sagittiferâ promsit duo tela pharetrâ
Diversorum operum. fugat hoc , facit illud
   amorem.
Quod facit , auratum est , & cuspide fulget
   acutâ :   470
Quod fugat , obtusum est , & habet sub a-
   rundine plumbum.
Hoc Deus in Nymphâ Peneïde fixit ; at illo
Laesit Apollineas trajecta per ossa medullas.
Protinus alter amat ; fugit altera nomen a-
   mantis ,
Silvarum latebris , captivarumque ferarum
            475
Exuviis gaudens , innuptaeque aemula Phoe-
   bes.
Vitta coërcebat positos sine lege capillos.
Multi illam petiere : illa aversata petentes ,
Impatiens expersque viri , nemorum avia
   lustrat :
Nec quid Hymen , quid Amor , quid sint
   connubia , curat.   480
Saepe pater dixit : Generum mihi , filia , debes.
Saepe pater dixit : Debes mihi , nata , nepotes.
Illa , velut crimen, taedas exosa jugales ,
Pulchra verecundo suffunditur ora rubore :
Inque patris blandis haerens cervice lacertis ,
            485
Da mihi perpetuâ , genitor carissime , dixit ,
Virginitate frui : dedit hoc pater ante Dianae.
Ille quidem obsequitur : sed te decor iste , quod
   optas ,
Esse vetat ; votoque tuo tua forma repugnat.
Phoebus amat ; visaeque cupit connubia Daph-
   nes :   490
Quaeque cupit , sperat : suaque illum oracu-
   la fallunt.
Utque leves stipulae demtis adolentur aristis ;
Ut facibus sepes ardent , quas forte viator
Vel nimis admovit , vel jam sub luce reliquit ;
Sic Deus in flammas abiit : sic pectore toto 495
   Uritur.

viens de voir expirer le Serpent Python, ce monstre qui de son vaste corps couvroit plusieurs arpens de Terre. Contentez-vous d'allumer avec
vôtre flambeau un feu que je ne connois pas, &
ne comparez pas vos victoires avec les miénnes.
Servez-vous de vos flèches, à vôtre gré, lui dit
l'Amour, blessez tout ce que vous rencontrerez,
c'est contre vous que j'adresserai les miennes, &
la gloire que vous remportez sur les Animaux,
sera autant au-dessous de la mienne , qu'ils sont
eux-mêmes au dessous de vous. Il dit, & aiant
pris son vol sur le Parnasse, il tira de son carquois
deux flèches, dont les effets sont bien différents ;
l'une fait naître l'amour, l'autre l'éteint : Celle
qui l'allume est dorée & fort pointue ; celle
qui le chasse est émoussée, & n'a qu'une pointe
de plomb. C'est de ce dernier trait que l'Amour
blesse Daphné ; le cœur d'Apollon fut percé de
l'autre. Le Dieu conçoit d'abord un violent A-
mour ; la Fille de Penée fuit son Amant, & se
cache dans le fond des Forêts, où charmée d'i-
miter Diane , elle fait de la chasse sa plus amu-
sante occupation. C'est alors que les cheveux
liez negligemment avec un ruban , elle se pare
des dépouilles des Animaux. Plusieurs personnes
l'avoient déja demandée en mariage ; mais sans
se soucier de l'Hymen ni de l'Amour , elle ne
songeoit qu'à courir dans les Bois. Cependant
son Pere lui disoit souvent, ma Fille, vous devez
me donner un Gendre , c'est de vous seule que
j'attends des petits-fils. Ce discours la faisoit rougir, & regardant le Mariage même comme un
crime , elle se jettoit entre les bras de son Pere,
,, permettez-moi, mon Pere, lui disoit-elle , de
,, garder toujours ma Virginité ; accordez-moi la
,, même grace que Jupiter a accordée à Diane ".
Penée y consentit : mais sa beauté & ses charmes
deviennent un grand obstacle à ses desirs. Apollon la voit, l'aime, & souhaite de la posseder ;
il l'espere ; mais, malgré la connoissance qu'il a
de l'avenir, son esperance est vaine. Tel que
le feu qui s'allume si facilement dans le chaume,
après que l'on a coupé les moissons, ou dans des
buissons, lorsqu'un voiageur en approche de trop
près le flambeau qu'il porte, ou qu'il y jette lors
que le jour commence à paroître : le cœur d'A-
pollon est embrasé d'un feu violent , qui le de-
                          vore.

Uritur, & sterilem sperando nutrit amorem.
Spectat inornatos collo pendere capillos.
Et, Quid? si comantur, ait. videt igne mi-
*   cantes,*
Sideribus similes, oculos. videt oscula; quae non
Est vidisse satis. laudat digitosque, manus-
*   que,*   500
Brachiaque,& nudos mediâ plus parte lacertos.
Si qua latent, meliora putat. fugit ocior aurâ
Illa levi: neque ad haec revocantis verba re-
*   sistit:*
Nympha, precor, Penei, mane: non inse-
*   quor hostis.*
Nympha, mane. sic agna lupum, sic cerva
*   leonem,*   505
Sic aquilam pennâ fugiunt trepidante columbae;
Hostes quaeque suos. amor est mihi caussa se-
*   quendi.*
Me miserum! ne prona cadas, indignave laedi
Crura secent sentes; & sim tibi caussa doloris.
Aspera, quà properas, loca sunt. modera-
*   tius, oro,*   510
Curre, fugamque inhibe: moderatius inse-
*   quar ipse.*
Cui placeas, inquire tamen. non incola montis,
Non ego sum pastor; non hic armenta, gregesve
Horridus observo. nescis, temeraria, nescis
Quem fugias: ideoque fugis. mihi Delphica
*   tellus,*   515
Et Claros,& Tenedos, Pataraeaque regia servit.
Juppiter est genitor. per me, quod eritque,
*   fuitque,*
Estque,patet: per me concordant carmina nervis.
Certa quidem nostra est:nostrâ tamen una sagittâ
Certior, in vacuo quae vulnera pectore fecit.
    520
Inventum medicina meum est; opiferque per
*   orbem*
Dicor; & herbarum subjecta potentia nobis.
Hei mihi, quod nullis amor est medicabilis
*   herbis:*
Nec prosunt domino, quae prosunt omnibus,
*   artes!*
Plura locuturum timido Peneïa cursu   525
Fugit; cumque ipso verba imperfecta reliquit:
Tum quoque visa decens. nudabant corpora
*   venti,*
Obviaque adversas vibrabant flamina vestes;
Et levis impexos retro dabat aura capillos:
Auctaque forma fugâ est. sed enim non susti-
*   net ultra*   530
Perdere blanditias juvenis Deus:utque movebat
    TOM. I.   *Ipse*

Vore. Voiant les cheveux de la Nymphe flotter négligemment sur ses épaules, que seroit-ce, disoit-il, s'ils étoient arrangez avec plus de soin? Il regarde ses yeux, qui brillent comme deux Astres, sa bouche vermeille, ses doigts, ses mains & ses bras à demi nuds. Persuadé que les beautés qu'elle cache, surpassent encore celles qu'elle laisse appercevoir, son amour se nourrit d'une esperance trompeuse. En vain il tâche de l'arrêter par ses discours, elle fuit plus vite que le vent. ,, Demeurez, belle Nymphe du Penée, ,, lui disoit-il, demeurez; ce n'est point un En- ,, nemi qui marche sur vos pas: la Brebis fuit ,, le Loup, la Biche, le Lion, & la timide Co- ,, lombe, l'Aigle qui la poursuit; ce sont leurs ,, Ennemis, & c'est l'Amour seul, qui m'obli- ,, ge à suivre vos pas. Je crains pour vous une ,, chûte funeste; je crains que les épines de ces ,, Buissons ne vous blessent, & que je n'en sois ,, la cause. Le chemin, où vous marchez, est ,, difficile & raboteux, courez avec moins de ,, précipitation, & je vais moderer l'ardeur, avec ,, laquelle je vous poursuis. Du moins jettez un ,, de vos regards sur vôtre Amant: ce n'est ,, point un de ces Bergers rustiques, qui con- ,, duisent leurs troupeaux sur ces Montagnes. ,, Vous ignorez le prix de vôtre conquête; si ,, vous le connoissiez, vous ne me fuiriez peut- ,, être pas. Delphes, Claros, Tenedos, & Pa- ,, tare me rendent les honneurs qui me sont ,, dûs. Fils de Jupiter, je decouvre le passé & ,, l'avenir: c'est à moi qu'est dû l'art ingenieux ,, d'accorder la voix au son de la Lyre: mes fle- ,, ches portent toûjours des coups assurés; mais ,, helas! celle qui m'a percé le cœur est bien ,, plus dangereuse: Inventeur de la Medecine, ,, l'Univers me regarde comme un Dieu secou- ,, rable & bienfaisant: je connois la vertu de ,, toutes les Plantes; mais en est-il quelqu'une, ,, qui puisse guérir de l'amour? Non sans dou- ,, te, & mon Art si favorable à tous les mor- ,, tels, devient pour moi seul un Art inutile". Apollon en auroit dit davantage; mais Daphné aïant redoublé ses pas, l'obligea à interrompre ses plaintes. Elle fuit, & sa fuite la fait paroitre encore plus belle. Ses habits en desordre, qui flottent au gré des Vents; ses cheveux qui semblent jouer avec les Zephirs; tout augmente sa beauté.

Ipse Amor, admisso sequitur vestigia passu.
Ut canis in vacuo leporem cum Gallicus arvo
Vidit; & hic praedam pedibus petit, ille sa-
   lutem.
Alter inhaesuro similis, jamjamque tenere 535
Sperat, & extento stringit vestigia rostro:
Alter in ambiguo est, an sit deprensus, & ipsis
Morsibus eripitur, tangentiaque ora reliquit.
Sic Deus, & virgo est: hic spe celer, illa
   timore.
Qui tamen insequitur, pennis adjutus Amo-
   ris   540
Ocior est, requiemque negat: tergoque fugaci
Imminet; & crinem sparsum cervicibus adflat.
Viribus absumtis expalluit illa: citaeque
Victa labore fugae, spectans Peneidas undas,
Fer, pater, inquit, opem: si flumina nu-
   men habetis   545
Qua nimium placui, tellus, aut hisce, vel
   istam,
Quae facit ut laedar, mutando perde figuram.
Vix prece finita, torpor gravis adligat artus;
Mollia cinguntur tenui praecordia libro;
In frondem crines, in ramos brachia crescunt:
    550
Pes, modò tam velox, pigris radicibus haeret.
Ora cacumen obit: remanet nitor unus in illâ.
Hanc quoque Phoebus amat: positâque in sti-
   pite dextrâ,
Sentit adhuc trepidare novo sub cortice pectus.
Complexusque suis ramos, ut membra, la-
   certis,   555
Oscula dat ligno: refugit tamen oscula lignum.
Cui, Deus, At conjux quoniam mea non potes
   esse,
Arbor eris certè, dixit, mea. semper habebunt
Te coma, te citharae, te nostrae, Laure,
   pharetrae.
Tu ducibus Latiis aderis, cum laeta trium-
   phum   560
Vox canet; & longae visent Capitolia pompae.
Postibus Augustis eadem fidissima custos
Ante fores stabis; mediamque tuebere quercum;
Utque meum intonsis caput est juvenile capillis;
Tu quoque perpetuos semper gere frondis ho-
   nores.   565
Finierat Paean. factis modo laurea ramis
Adnuit: utque caput, visa est agitasse cacu-
   men.

beauté. Enfin le Dieu amoureux, voiant que ses plaintes & ses caresses étoient également inutiles, se met à courir après elle de toute sa force. Imaginez-vous un Levrier, qui poursuit un Lievre dans une plaine; vous voiez l'un courir avec une extrême legereté, l'autre emploier toutes ses rufes pour l'éviter: quelquefois le Chien semble tenir sa proie, & ouvre la gueule pour la saisir: le Lievre lui-même, se croiant pris, fait un nouvel effort pour s'échaper. Voilà l'image d'Apollon & de Daphné. L'esperance & la crainte augmentent également leur legereté. Apollon, soutenu par les ailes de l'Amour, paroît voler: il ne lui donne aucun relâche; il la touche presque & son haleine fait voltiger ses cheveux: Daphné, épuisée par une course si violente, voit enfin ses forces l'abandonner. Elle pâlit, & se tournant vers les Eaux du Penée; ,, mon Pere, dit-elle, s'il est ,, vrai que les Fleuves jouïssent du privilege de la ,, Divinité, venez à mon secours, ou, vous ,, Terre, engloutissez-moi, puisque j'ai eû le ,, malheur de plaire, effacez cette beauté qui me ,, devient si funeste". A peine sa priere est-elle finie, que tous ses membres s'engourdissent, son corps se couvre d'une tendre écorce, ses cheveux se changent en feuilles, ses bras deviennent des branches, ses pieds, autrefois si legers, s'attachent à la Terre, sa tête devient celle d'un Arbre, & conserve encore sa beauté & son éclat. Le nouvel Arbre devient les delices d'Apollon, il le touche & sent palpiter, sous l'écorce, le cœur de la Maîtresse. Il embrasse ses rameaux qui semblent encore rejetter ses caresses. ,, Puis qu'enfin, lui ,, dit-il, vous ne pouvez plus être mon Epouse, ,, du moins je veux que cet Arbre me soit con- ,, sacré: Mes cheveux, ma lyre, mon carquois ,, seront toujours ornez de Lauriers. Toutes les ,, fois que les Capitaines Romains monteront en ,, triomphe au Capitole, c'est vous qui les couron- ,, nerez; vous couvrirez de vos branches le Chêne, ,, qui est à la porte des Empereurs; & comme ,, mes cheveux portent toujours les marques de ma ,, jeunesse, vos feuilles conserveront toujours leur ,, verdure". Quand Apollon eut cessé de parler, le Laurier parut baisser sa tête, comme pour marquer qu'il acceptoit les offres qu'on venoit de lui faire.

EXPLI-

EXPLICATION DE LA DOUZIEME FABLE.

POur expliquer cette Fable, ainsi que toutes les autres galanteries des Dieux, dont les Poëtes parlent si souvent , il faut poser pour principe qu'outre qu'il y a plusieurs Jupiters, plusieurs Apollons, plusieurs Mercures, &c. ainsi que je l'ai prouvé dans mon Explication des Fables, les Prêtres de ces mêmes Dieux couvroient souvent leurs dereglemens du nom de la Divinité qu'ils servoient; delà ce nombre prodigieux d'Enfans qui reconnoissoient ces mêmes Djeux pour leurs Peres.

Ce principe ainsi établi, voici comme on peut expliquer la Fable de Daphné. Quelque Prince , du nombre de ceux à qui l'amour des belles Lettres fit donner le nom d'Apollon, étant devenu amoureux de Daphné, Fille de Penée Roi de Thessalie, & la poursuivant un jour, cette jeune Princesse perit sur le bord d'un Fleuve, aux yeux de son Amant : quelques Lauriers qui sortirent en cet endroit donnerent lieu à la Métamorphose ; ou plutôt l'étymologie du nom de Daphné, qui en Grec veut dire un Laurier, fit publier cette Fable. Si nous en croyons Lylio Giraldi, Daphné a été ainsi appellée de Δαφανω', voco, parce que le Laurier fait du bruit en brûlant, crepitat, & comme cet Arbre étoit consacré à Apollon, de là est venue, selon cet Auteur, la Fable des amours d'Apollon & de Daphné. Cependant Pausanias (1) explique autrement cette avanture: il dit que Leucippus, Fils d'Oenomaus Roi de Pise, celui-là même qui donna sa Fille unique Hippodamie en mariage à Pelops, étant amoureux de Daphné, se déguisa en Fille pour l'accompagner à la chasse, qu'elle aimoit fort, & se consacra à

(1) In Arcad.

Diane, selon la coutume de ce rems-là. Les soins & les assiduitez qu'il eut pour sa Maîtresse, lui aquirent bien-tôt son amitié & sa confiance ; mais Apollon son rival, aiant découvert cette Intrigue, redoubla un jour la chaleur du Soleil : Daphné & ses autres compagnes aiant voulu se baigner, on voulut obliger Leucippus à imiter leur exemple , & celui-ci s'en étant excusé sur divers prétextes, elles voulurent le deshabiller; & alors aiant déclaré ce qu'il étoit, elles le tuerent à coups de fleches. Pausanias mêle , comme vous voyez, dans cet évenement, quelque chose de fabuleux : mais comme il est sûr d'ailleurs qu'Oenomaüs avoir eu un Fils nommé Leucippus, qui perit dans sa jeunesse , à peu près comme il le raconte ; pour rectifier sa narration, il suffit de dire qu'un jour qu'il faisoit fort chaud, ces Filles aiant obligé ce jeune homme de se baigner, elles découvrirent son déguisement , & le punirent de son insolence.

Diodore de Sicile (2) assure que cette Daphné est la même que la Fée Mantbo Fille de Tiresias, qui fut releguée à Delphes, où elle écrivit plusieurs Oracles, dont Homere s'est heureusement servi dans ses deux Poemes. En falloir-il davantage pour en faire la Maitresse d'Apollon? Les Habitans d'Antioche prétendoient que cette avanture étoit arrivée dans le Fauxbourg de leur Ville, qui porta depuis le nom de Daphné. St. Jean Chrysostome décrit, d'après Libanius, une belle statue d'Apollon, qui étoit dans ce Fauxbourg. Ce Dieu tenoit sa Lyre d'une main , & de l'autre une patcre , avec laquelle il paroissoit faire des libations à la Terre qui avoir englouti sa Maitresse.

(2) Liv. I V.

FAB. XIII. Io poursuivie par Jupiter.

ARGUMENT.

Jupiter, amoureux d'Io Fille du Fleuve Inaque, la poursuit, & couvre

la

la Terre de ténèbres, dont il envelope cette Nymphe, pour lui ravir son honneur.

Est nemus Haemoniae, praerupta quod un-
   dique claudit
Silva: vocant Tempe. per quae Peneüs, ab imo
Effusus Pindo, spumosis volvitur undis: 570
Dejectuque gravi tenues agitantia fumos
Nubila conducit, summasque adspergine silvas
Impluit; & sonitu plus quàm vicina fatigat.
Haec domus, haec sedes, haec sunt penetralia
   magni
Amnis: in hoc, residens facto de cautibus antro,
                  575
Undis jura dabat, Nymphisque colentibus undas.
Conveniunt illuc popularia flumina primum;
Nescia gratentur, consolenturne parentem,
Populifer Spercheos; & irrequietus Enipeus,
Apidanusque senex, lenisque Amphrysos, &
   Aeas;   580
Moxque amnes alii. qui, quà tulit impetus illos,
In mare deducunt sessas erroribus undas.
Inachus unus abest: imoque reconditus antro
Fletibus auget aquas: natamque miserrimus Iò
Luget, ut amissam. nescit vitâne fruatur, 585
An sit apud manes; sed quam non invenit us-
   quam,
Esse putat nusquam; atque animo pejora veretur.
Viderat à patrio redeuntem Juppiter Iò
Flumine: &, O virgo Jove digna, tuoque beatum
Nescio quem factura toro, pete, dixerat,
   umbras   590
Altorum nemorum, (& nemorum monstrave-
   rat umbras)
Dum calet, & medio Sol est altissimus orbe.
Quod si sola times latebras intrare ferarum;
Praeside tuta Deo nemorum secreta subibis:
Nec de plebe Deo, sed qui coelestia magnâ 595
Sceptra manu teneo; sed qui vaga fulmina mitto.
Ne fuge me. fugiebat enim. jam pascua Lernae,
Consitaque arboribus Lyrcaea reliquerat arva;
Cum Deus inductâ latas caligine terras
Occuluit, tenuitque fugam, rapuitque pudo-
   rem.   . 600

Dans la Thessalie est une vallée nommée Tempé, que des Bois environnent de tous côtez. Le Penée, qui tombe du haut du Pinde, y roule avec précipitation ses flots écumans, qui formant une espece de nuage vont mouiller les Arbres des Forêts voisines, & se font entendre de fort loin. C'est dans un antre de cette Montagne, qu'est la demeure de ce grand Fleuve; c'est delà qu'il donne sa loi à ses eaux, & aux Nymphes qui les habitent. Tous les Fleuves de la contrée se rendirent dans ce lieu, incertains s'ils devoient le féliciter, ou se plaindre de la perte de sa Fille. Le Fleuve Sperchée, dont les rives sont couvertes de Peupliers, l'Enipée dont les eaux sont toûjours agitées, le vieux Apidane, le doux Amphryse & le rapide Æas: enfin tous les autres Fleuves, dont les ondes, après plusieurs détours, vont se jetter dans la Mer, ne manquerent pas d'y venir. Le seul Inaque ne s'y trouva point; il étoit alors renfermé dans son antre, où il gros-sissoit ses eaux des larmes que son affliction lui faisoit repandre. Ce Pere infortuné pleuroit la perte de sa Fille Io: il ne savoit si elle étoit morte ou vivante: & comme il ne la trouvoit en aucun lieu, il s'imaginoit qu'elle n'étoit plus, ou craignoit pour elle dès malheurs encore pires que la mort. Jupiter l'aiant trouvée qui sortoit de chez son Pere: ,, Aimable Fille, lui dit-il, Beauté ,, digne de Jupiter même, vous qui êtes peut-,, être déja destinée à faire le bonheur de quelque ,, mortel, qui ne mérite pas d'être vôtre Epoux, ,, venez dans ces Forêts voisines vous mettre à ,, couvert de l'ardeur du Soleil; que la solitude ,, de ce Bois ne vous effraie point, vous y serez ,, en sûreté avec un Dieu qui commande dans le ,, Ciel, & qui lance le Tonnerre. Ne me fuiez ,, point", continua-t-il, car elle commençoit à prendre la fuite. Elle avoit déja passé les pâtura-ges de Lerne, & les campagnes de l'Arcadie, lorsque Jupiter couvrit la Terre d'un nuage épais, qui porta l'obscurité jusqu'au lieu où étoit Io. Par ce moien il l'arrêta & lui ravit son honneur.

EXPLICATION DE LA TREIZIEME FABLE.

Les Grecs ont souvent embelli leur Histoire des principaux évenemens de celles d'Egypte & de Phenicie, ou du moins la moindre ressemblance, dans les noms ou dans les avantures, les a portez à confondre leur Histoire avec celles des Peuples dont ils tiroient leur origine. Ils vouloient passer pour anciens, & ceux qui étoient venus peupler la Grece, y aiant apporté la connoissance de leur Histoire & de leur Religion, il n'est pas étonnant qu'ils s'en soient fait honneur dans la suite. La Fable dont il s'agit ici est sans doute originaire d'Egypte. Isis étoit la grande Divinité de cet ancien Peuple; elle avoit regné parmi eux dès les premiers temps qui suivirent la dispersion des Peuples; elle leur avoit appris l'Agriculture & plusieurs autres Arts utiles ou necessaires, comme nous l'apprenons de Diodore de Sicile, de Plutarque, ou, pour mieux dire, de toute l'Antiquité. La reconnoissance en avoit fait une Divinité, & son culte renfermé d'abord

bord dans l'Egypte, paſſa avec les Colonies dans les Païs étrangers. La Grece le reçut lorſqu'Inachus alla s'y établir, & dans la ſuite des temps ôn regarda Io ou Iſis comme ſa Fille ; & on publia la Fable de la maniere qu'Ovide la raconte. Voilà ce qu'il y a de plus certain ſur cette matiere ; cependant comme il peut être arrivé dans la Grece quelque avanture qui a donné lieu à cette Fable, il eſt bon de raporter ici la maniere dont l'expliquent les Auteurs Grecs. Apollodore, Strabon, Diodore de Sicile, & Pauſanias racontent, ſur la foi d'Homere, qu'Io étoit Fille d'Inachus premier Roi d'Argos, que Jupiter l'enleva & l'emmena dans l'Iſle de Crete, qu'il en eut un Fils nommé Epaphus qui alla regner en Egypte; que ſa Mere, l'y aiant ſuivi, épouſa Oſiris, qui étoit le même qu'Apis Fils de Phoronée ſecond Roi d'Argos, & qui, après ſa mort, fut mis au rang des Dieux, ſous le nom de Serapis. On ajoute, pour expliquer toutes les circonſtances de la Fable, que Niobé, qui portoit auſſi le nom de Junon, ſuivant l'uſage de ce tems-là, aïant conçu de la jalouſie de cette intrigue, avoit mis Io ſous la garde de ſon Oncle Argus, Homme très-vigilant, que Jupiter ordonna à ſon confident de le tuer, & que ſa Maitreſſe s'étant embarquée pour aller en Egypte, ſur un Vaiſſeau qui portoit ſur ſa proue la figure d'une Vache, on avoit publié la Métamorphoſe de cette Princeſſe. Mais cette Explication n'eſt elle-même qu'une nouvelle Fable, qu'on a inventée pour expliquer l'ancienne. Pauſanias, & St. Auguſtin après lui ont placé cet évenement dans des tems moins reculez. Selon eux, Io, Princeſſe Grecque, étoit Fille d'Iaſus Fils de Triopas VII. Roi d'Argos, & certes ſi Danaüs & E-

gyptus ſes petits-Fils ne vécurent que vers l'an 1420. avant J. C. comme on peut le prouver par les Marbres d'Arondel, Io n'a dû vivre que long-tems après Inachus, qui étoit contemporain de Moïſe ; c'eſt-à-dire près de 600. ans auparavant. Mais cette Explication n'a aucun fondement ſolide dans l'Antiquité, non plus que ce que dit Herodote (1) qu'Io fut enlevée par des Marchands Pheniciens à Argos Ville floriſſante; car comme cette Ville ne prit ſon nom que d'Argus ſon IV. Roi, elle ne pouvoit pas être fort conſiderable du tems d'Inachus ſon fondateur. Les Auteurs Grecs publioient auſſi que cette partie de la Mer Egée qui fut nommée le Bosphore, avoit pris ce nom du trajet d'Io métamorphoſée en Vache ; mais on doit regarder ce fait comme une nouvelle Fable, ainſi que raporte St. Auguſtin d'après Varron , qui fait venir le nom de Serapis de celui d'Apis Roi d'Argos & du mot Soras qui veut dire un Cercueil, parce qu'avant qu'on eût bâti un Temple à ce Prince, on lui rendoit les honneurs divins dans le Tombeau où il avoit été mis après ſa mort. Car il y a bien de l'apparence que St. Auguſtin s'eſt trompé, pour avoir ſuivi ſur cet Article les traditions des Grecs, qui vouloient que tous les Dieux & tous les Heros euſſent pris naiſſance parmi eux. Jamais Apis Roi d'Argos n'alla s'établir en Egypte, & il n'y eut jamais parmi ce Peuple d'autre Apis que le Bœuf qui portoit ce nom comme le docte Marsham le prouve ſans replique. On voit dans le Cabinet de Brandebourg publié par Beger le Fleuve Inachus couché près d'une Vache , c'eſt-à-dire près d'Io ſa Fille.

(1) Liv. I.

F A B. XIV. *Io changée en Vache.*

A R G U M E N T.

Jupiter, aiant changé Io en Vache pour la dérober à la jalouſie de Junon,

non, fut obligé de la remettre à cette Déeſſe, qui la donna en garde au vigilant Argus. Alors Jupiter envoya Mercure pour endormir ce Gardien & lui ôter la vie.

INterea medios Juno deſpexit in agros:
Et noctis faciem nebulas feciſſe volucres
Sub nitido mirata die; non fluminis illas
Eſſe, nec humenti ſentit tellure remitti,
Atque ſuus conjux, ubi ſit, circumſpicit; ut quae 605
Deprenſi toties jam noſſet furta mariti.
Quem poſtquam coelo non reperit; Aut ego fallor,
Aut ego laedor, ait. delapſaque ab aethere ſummo
Conſtitit in terris; nebulasque recedere juſſit.
Conjugis adventum praeſenſerat, inque niten-
tem 610
Inachidos vultus mutaverat ille juvencam.
Bos quoque formoſa eſt. Speciem Saturnia vaccae,
Quamquam invita, probat: nec non & cujus, & unde,
Quove ſit armento, veri quaſi neſcia, quaerit.
Juppiter è terrà genitam mentitur, ut auctor
. 615
Deſinat inquiri. petit hanc Saturnia munus.
Quid faciat? crudele, ſuos addicere amores:
Non dare, ſuſpectum. pudor eſt, qui ſuadeat il-
linc;
Hinc diſſuadet amor. victus pudor eſſet amore:
Sed, leve ſi munus ſociae generisque torique 620
Vacca negaretur, poterat non vacca videri.
Pellice donatà, non protinus exſuit omnem
Diva metum; timuitque Jovem, & fuit anxia furti;
Donec Areſtoridae ſervandam tradidit Argo.
Centum luminibus cinctum caput Argus ha-
bebat: 625
Inde ſuis vicibus capiebant bina quietem:
Cetera ſervabant, atque in ſtatione manebant.
Conſtiterat quocumque modo; ſpectabat ad Iò:
Ante oculos Io, quamvis averſus, habebat.
Luce ſinit paſci: cum Sol tellure ſub altà eſt,
630
Claudit, & indigno circumdat vincula collo.
Frondibus arbuteis, & amarà paſcitur herbà:
Proque toro, terrae, non ſemper gramen habenti,
Incubat infelix; limoſaque flumina potat.
Illa etiam ſupplex Argo cum brachia vellet 635
Tendere; non habuit, quae brachia tenderet Argo:
Conatoque queri mugitus edidit ore:
Pertimuitque ſonos: propriàque exterrita vo-
ce eſt. Venit

CEPENDANT Junon aiant jetté les yeux ſur la Terre, fut étonnée de la voir couverte d'épaiſſes ténèbres, & après avoir admiré cette obſcurité, que les nuages avoient produit dans un tems ſerain, elle chercha ſon Mari, dont elle connoiſſoit aſſez les infidelités, & ne le trouvant point dans le Ciel: Ou je ſuis bien trompée, dit-elle, ou l'on me trahit; auſſi-tôt elle deſcendit ſur la Terre & diſſipa les nuages. Jupiter, qui avoit prévu l'arrivée de ſon Epouſe, avoit changé Io en une Geniſſe, qui même ſous cette forme conſervoit encore de la beauté. Junon ne pût s'empêcher de l'admirer, & feignant d'ignorer cette avanture, elle demande à Jupiter, à qui appartenoit la Geniſſe & de quel Troupeau elle étoit. Jupiter, pour terminer toutes ſes demandes, lui dit, que la Terre venoit de la produire. Mais quel fut ſon embarras, lors que Junon le pria de la lui donner? Il trouve qu'il y auroit de la cruauté à livrer ſon Amante à ſa Rivale; il devient ſuſpect s'il ne le fait pas: L'amour le veut, & l'amour l'auroit emporté, s'il n'eût craint, en refuſant à ſa Sœur & à ſon Epouſe une choſe qui paroiſſoit être de ſi petite conſéquence, d'augmenter ſes ſoupçons, & de lui faire croire qu'il y avoit là quelque myſtere caché. Après même que Jupiter la lui eut donnée, Junon ne fut pas tout-à-fait ſans crainte, elle ſe défioit de lui; & pour ſe délivrer de l'inquiétude que lui cauſoit le préſent, elle en fit depoſitaire Argus qui avoit cent yeux à la tête: Il n'y en avoit jamais que deux qui ſe fermaſſent à la fois, les autres veilloient & faiſoient ſentinelle. En quelque endroit qu'il s'arrêtât, il ne perdoit point Io de vûe; elle étoit toujours devant ſes yeux, même quand il lui tournoit le dos. Il la laiſſoit paître pendant le jour, la nuit il l'enfermoit, & un indigne Lion la renoit attachée. L'herbe & quelques feuilles d'arbres faiſoient toute ſa nourriture: la Terre ſouvent toute nue lui ſervoit de lit, & l'eau bourbeuſe étoit ſa boiſſon ordinaire. En vain elle s'efforce de tendre ſes bras à Argus, elle ne trouve point de bras pour pouvoir le fléchir; elle ne forme pour ſe plaindre que des mugiſſemens, qui l'épouvantent elle-même. Elle vint une fois paître

Venit & ad ripas, ubi ludere faepe folebat,
Inachidas ripas: novaque ut conspexit in un-
      dà   640
Cornua, pertimuit, feque externata refugit.
Naïdes ignorant, ignorat & Inachus ipfe,
Quae fit. at illa patrem fequitur, fequitur-
   que ferores:
Et patitur tangi, feque admirantibus offert.
Decerptas fenior porrexerat Inachus herbas;
                645
Illa manus lambit, patriisque dat oscula palmis;
Nec retinet lacrimas: &, fi modo verba fe-
   quantur,
Oret opem; nomenque fuum, cafusque loquatur.
Litera pro verbis, quam pes in pulvere duxit,
Corporis indicium mutati trifte peregit. 650
Me miferum! exclamat pater Inachus: in-
   que gementis
Cornibus, & niveae pendens cervice juvencae,
Me miferum! ingeminat. tune es quaefita per
   omnes,
Nata, mihi terras? tu non inventa repertà
Luctus eras levior. reticies, nec mutua noftris
               655
Dicta refers. alto tantum fufpiria prodis
Pectore: quodque unum potes, ad mea ver-
   ba remugis.
At tibi ego ignarus thalamos taedasque pa-
   rabam:
Spesque fuit generi mihi prima, fecunda ne-
   potum.
De grege nunc tibi vir, nunc de grege natus
   habendus.   660
Nec finire licet tantos mihi morte dolores:
Sed nocet effe Deum. praeclufaque janua leti
Aeternum noftros luctus extendit in aevum.
Talia moerenti ftellatus fubmovet Argus,
Ereptamque patri diverfa in pascua natam 665
Abftrahit. ipfe procul montis fublime cacumen
Occupat: unde fedens partes fpeculetur in
   omnes.
Nec Superùm rector mala tanta Phoronidos
   ultra
Ferre poteft: natumque vocat; quem lucida
   partu
Pleïas enixa eft: letoque det, imperat, Ar-
   gum.   670
Parva mora eft, alas pedibus, virgamque po-
   tenti
Somniferam fumfiffe manu, tegimenque capillis.
Haec ubi difpofuit, patrià Jove natus ab arce
Defilit in terras. illic tegimenque removit,

TOM. I.   Et

tre fur les bords du Fleuve Inaque fon Pere, dans ces lieux où elle avoit accoûtumé de joüer; mais aiant aperçu dans l'Eau les cornes qu'elle avoit fur la tête, elle en fut épouvantée & fe mit à fuir. Dans l'état où elle eft, fon Pere ni les Naiades fes Sœurs ne la reconnoiffent point. Elle les fuit cependant, fe laiffe toucher, & ils font charmez de fa beauté. Le vieux Inaque arrache de l'herbe, elle baife les mains qui la lui préfentent, & laiffe couler des larmes. Ah! fi elle avoit l'ufage de la parole, elle lui demanderoit du fecours, elle lui aprendroit & fon nom & fes malheurs. Au défaut de la parole, elle lui trace avec le pied fur le fable la trifte hiftoire de fon changement. ,, Que ,, je fuis malheureux", s'écrie ce Pere infortuné ,, en fe jettant au cou de la Geniffe! ,, helas, ma ,, chere Fille, je vous ai cherchée par tout fans ,, vous trouver, & j'étois encore moins à plain-,, dre que dans le moment où je vous retrouve: ,, Vous ne me parlez point, vous ne répondez ,, pas à mes plaintes; je vous vois pouffer de pro-,, fonds foupirs, & vos mugiffemens font les feuls ,, interpretes de vos malheurs: dans l'ignorance ,, où j'étois de votre trifte deftinée, j'avois for-,, mé le deffein de vous marier, & je me flatois ,, de la douce efperance d'avoir un Gendre & des ,, petits-Fils. Quel Epoux vous faut-il mainte-,, nant; quelle pofterité ai-je à efperer? Encore ,, fi la mort pouvoit finir mes malheurs; mais ,, la porte du Tombeau m'eft fermée, & ma ,, douleur doit être immortelle comme moi". Pendant qu'Inaque fe plaignoit de la forte, le vigilant Argus arrache fa Fille d'entre fes bras, la conduit dans des pâturages éloignez, & monte fur le fommet d'une Montagne pour l'obferver. Jupiter ne pouvant plus fupôrter les maux aufquels il voit Io expofée, appelle Mercure & lui ordonne de tuer Argus. Pour obéir à cet ordre, Mercure attache incontinent fes ailes à fes pieds, prend fon chapeau & cette baguette myfterieufe, qui a la vertu d'endormir. Dans cet équipage il defcend fur la Terre, où quittant fes ailes & fon

E   chapeau,

Et pofuit pennas : tantummodo virga retenta
eft.   675
Hac agit , ut paftor , per devia rura capellas ;
Dum venit abductas : & ftructis cantat avenis.
Voce novà captus cuftos Junonius , At tu ,
Quisquis es , hoc poteras mecum confidere faxo ,
Argus ait : neque enim pecori fecundior ullo 680
Herba loco eft : aptamque vides paftoribus um-
     bram.
Sedit Atlantiades , & euntem multa loquendo
Detinuit fermone diem : junctisque canendo.
Vincere arundinibus fervantia lumina tentat :
Ille tamen pugnat molles evincere fomnos : 685
Et , quamvis fopor eft oculorum parte receptus :
Parte tamen vigilat. quaerit quoque , (nam-
     que reperta
Fiftula nuper erat) quà fit ratione reperta.

chapeau , & ne gardant que fon Caducée , qui lui fert de Houlette , il fe met à conduire des Chevres en jouant de la Flute. Argus , charmé du fon qu'il entendoit , lui adreffa ainfi la parole : qui que vous foiez , vous pouvez venir vous affeoir auprès de moi : Vous ne trouverez point ailleurs de meilleur pâturage , ni d'ombrage plus frais. Mercure accepta l'offre que lui faifoit Argus , & après l'avoir entretenu de divers propos pendant une partie de la journée , il fe mit à accorder fa voix au fon de fa Flute , pour tâcher de l'endormir. Argus refifte long tems au fommeil ; & comme une partie de fes yeux veilloit encore , il pria Mercure , de lui apprendre l'Hiftoire de l'origine de cette Flute , qui n'étoit en ufage que depuis peu de temps. Voici la maniere dont ce Dieu la lui conta.

EXPLICATION DE LA QUATORZIEME FABLE.

CE qui regarde la Métamorphofe d'Io en Vache, & tous les voyages qu'Ovide lui fait faire, pour fe mettre à couvert de la jaloufie de Junon, qui l'avoit rendue furieufe en lui envoyant un taon qui la tourmentoit fans ceffe , aiant été fuffifamment expliqué dans la Fable précedente, il eft inutile de s'y étendre davantage. Mais je dois avancer ici un principe qui peut être très-utile à ceux qui veulent pénétrer le fens de ces anciennes fictions. Les Fables étoient dans leur origine de véritables Hiftoires, comme je le prou-

ve ailleurs fort au long (1). Les Poëtes profitant des moindres circonftances qui pouvoient foutenir dans ces anciens évenemens le merveilleux, dont ils étoient fi avides, les ont entierement defigurées, & il fuffit en les expliquant de ramener ces faits à leur prefaiere fimplicité, fans entreprendre d'en expliquer toutes les circonftances, ce qui feroit fouvent impoffible, & toujours affez inutile.

(1) Voyez l'Entret. I. & le II. de mon *Explic. des Fables.*

FAB. XV. *Syrinx changée en Roseau.*

ARGUMENT.

Pan étant devenu amoureux de la Nymphe Syrinx Fille du Fleuve Ladon, & voyant que tous ses discours ne pouvoient la rendre sensible, se mit à la poursuivre. Syrinx arrêtée par les eaux du Fleuve son Pere, implora le secours des Naïades ses Sœurs, qui la changerent en Roseau. Pan prit quelques-uns de ces roseaux, & en fit cette espece de Flute à sept tuyaux, qui porte le nom de cette Nymphe.

TUm Deus, Arcadiae gelidis sub monti-
      bus, inquit,
Inter Hamadryadas celeberrima Nonacrinas
                                          690
Naïas una fuit. Nymphae Syringa vocabant.
Non semel & Satyros eluserat illa sequentes,
Et quoscumque Deos umbrosave silva, fe-
      raxve
Rus habet. Ortygiam studiis ipsaque colebat
Virginitate Deam. ritu quoque cincta Dianae
                                          695
Falleret : & credi posset Latonia, si non
Corneus huic arcus, si non foret aureus illi.
Sic quoque fallebat. redeuntem colle Lyceo
Pan videt hanc, pinuque caput praecinctus
      acutâ,
Talia verba refert. restabat verba referre;
                                          700
ToM. I.   Et

PARMI les Hamadryades d'Arcadie paroissoit avec éclat la Nymphe Syrinx. En vain les Satyres & les autres Divinitez champêtres avoient tâché de la rendre sensible ; elle avoit méprisé leurs vœux & leurs hommages. De toutes les Déesses, Diane étoit celle qu'elle honoroit davantage : même amour pour la Virginité, mêmes inclinations, même habillement : & on auroit pû aisément la prendre pour Diane, si l'Arc de la Nymphe, qui n'étoit que de Corne, eût été d'Or comme celui de la Déesse : malgré cette difference, on ne laissoit pas encore de s'y méprendre. Pan, couronné de branches de Pin, la rencontra un jour comme elle descendoit du Mont Lycée, & lui parla ainsi : cedez, belle Nymphe, aux desirs d'un Dieu, qui veut devenir votre Epoux. Il vouloit en dire davantage;

E 2   mais

Et precibus spretis fugisse per avia Nympham;
Donec arenosi placidum Ladonis ad amnem
Venerit: hic illi cursum impedientibus undis,
Ut se mutarent, liquidas orasse sorores;
Panaque, cum prensam sibi jam Syringa pu-
taret, 705
Corpore pro Nymphae cannas tenuisse palustres:
Dumque ibi suspirat, motos in arundine ventos
Effecisse sonum tenuem, similemque querenti
Arte novâ, vocisque Deum dulcedine cap-
tum,
Hoc mihi concilium tecum, dixisse, manebit: 710
Atque ita disparibus calamis compagine cerae
Inter se junctis nomen tenuisse puellae.

mais Syrinx, peu sensible à ce discours, se mit à fuir; elle étoit déja arrivée près du Fleuve Ladon, où se trouvant arrêtée, elle pria les Nymphes ses Sœurs de la secourir. Pan, qui avoit volé sur ses pas, voulut l'embrasser; mais, au lieu d'une Nymphe, il n'embrassa que des roseaux. Il soupira, & les roseaux agitez poussèrent un son doux & plaintif. Ce Dieu touché de ce qu'il venoit d'entendre, & apprenant un art qu'il ignoroit: *j'aurai du moins, dit-il, cette espece d'union avec vous. Il prit dans le moment quelques-uns de ces roseaux d'inégale grandeur, & les aiant joint avec de la cire, il forma cette sorte de Flute qui porte le nom de Syrinx.

* Ce Vers, *Hoc mihi concilium tecum, dixisse, manebit:* est fort difficile à entendre, & les Manuscrits le rapportent de différentes manières. On y lit, *colloquium, consilium, condylium,* & il faudroit peut-être y lire *conloquium;* le changement de quelques lettres étant assez ordinaire dans les MSS. Quoi qu'il en soit, le sens que je lui donne dans ma Traduction est certainement celui d'Ovide, qui a pris *concilium* pour *conciliatio, consunctio, commercium.*

EXPLICATION DE LA QUINZIEME FABLE.

C'EST encore ici une Fable Egyptienne ramenée dans l'Histoire Grecque. Pan étoit une Divinité fort honorée par les Egyptiens, dans la fameuse Ville de Mendés, & il est sûr que ce Peuple rendoit à la Nature elle-même un culte religieux, sous le nom de Pan. C'est ce qu'on peut voir dans Herodote, & dans Diodore de Sicile (1). Cependant, comme il y a eu plusieurs personnes qui ont porté le nom de Pan, puis que Nonnus (2) en nomme douze, il n'est pas étonnant qu'il y en ait eu quelqu'un dans la Grèce à qui soit arrivée l'avanture que décrit notre Poëte. Ce Pan, quel qu'il soit, fut l'Inventeur de la Flute à sept tuyaux, si connue parmi les Anciens, & que les Grecs nommoient *Syrinx.* Il avoit apparemment remarqué que les roseaux formoient quelques sons lors qu'on venoit à y souffler, comme font nos Bergers dans de simples chalumeaux; il en joignit sept ensemble, qui par leur inégalité, soit en longueur, soit en grosseur, formoient des sons differens. Peut-être même qu'il prit les roseaux dont il se servit, sur les bords du Ladon. Voila ce qui a fait dire que Syrinx étoit Fille du Dieu de ce Fleuve. On ajouta que Pan, qui en étoit amoureux, l'avoir poursuivie, & que son Pere l'avoir changée en Roseau. Tous les Anciens regardent Pan comme l'Inventeur de cette Flute, sans nous apprendre si c'étoit le Fils de Penelope, ou un autre; ce que je n'entreprendrai pas de décider. Virgile (3) nous aprend en deux vers l'origine de cet Instrument & la maniere dont il étoit fait:

Pan primus calamos cerâ conjungere plures
Instituit.
Est mihi disparibus septem compacta acutis
Fistula.

(1) Herod. Liv. III. Diod. Liv. V. (2) Liv. III.

(3) Egl. II. ɣ. 32. & 36.

FAB. XVI. *Argus tué.*

ARGUMENT.

Mercure ayant endormi Argus lui tranche la tête.

Talia dicturus vidit Cyllenius omnes
Succubuisse oculos, adopertaque lumina
fomno.
Supprimit extemplo vocem: firmatque fopo-
rem., 715
Languida permulcens medicatâ lumina virgâ.
Nec mora: falcato, nutantem vulnerat enfe,
Quâ collo confine caput: faxoque cruentum
Dejicit; & maculat praeruptam fanguine cau-
tem.
Arge, jaces: quodque in tot lumina lumen
habebas 720
Exftinctum eft: centumque oculos nox occupat
una.

MERCURE, voulant continuer fon recit,. s'aperçut que le fommeil avoit fermé tous les yeux d'Argus. Il ceffe de chanter , & aiant redoublé fon affoupiffement avec fon Cadu-cée, il prend une épée recourbée, dont il s'étoit muni, lui coupe la tête, & la jette loin delà. Le rocher où il s'étoit affis, en demeure enfan-glanté. C'eft ainfi que vous perites, Argus : Toute la lumiere, dont vous jouïffiez eft pour jamais éteinte, & vos cent yeux demeurent cou-verts d'une éternelle nuit.

EXPLICATION DE LA SEIZIEME FABLE.

Tout ce que l'Hiftoire nous aprend fur Argus eft qu'il y a eu un Prince de ce nom qui a été le IV. Roi d'Argos depuis Inachus, & qui donna fon nom à cette Ville. Tous les Anciens, parmi lefquels on peut compter Asclepiade, cité par Apollodote Liv. I. & Pherecydes, dont parle le Scholiafte d'Euripide, dans la Tragedie des Pheniciennes, conviennent qu'-Argus étoit Fils d'Areftore. Ce Prince étoit apparem-ment auffi fage qu'éclairé, & voilà pou quoi on lui a donné cent yeux; ce que fignifie le furnom de *panop-* *tes*, que lui donnent les Auteurs que je viens de citer. Si l'Avanture d'Io eft arrivée fous fon Regne, comme le prétendent les Auteurs Grecs , que j'ai citez dans l'Explication de cette Fable , il y a apparence qu'on l'avoir mife fous fa conduite , & qu'il prit un grand foin de l'élever. Quelque Prince, qui portoit le nom de Jupiter, pour ravir Io, fit perir Argus. Cet évene-ment habillé en Fable a'reçu tous les ornemens & tou-tes les fictions qui l'accompagnent dans notre Poëte.

FAB. XVII. *Les yeux d'Argus attachez à la queuë du Paon, &*
Io rétablie dans sa premiere forme:

ARGUMENT.

Pour ne pas laisser inutiles les yeux d'Argus, Junon les attache à la
queuë du Paon. Io furieuse & épouvantée par divers spectres, après
avoir parcouru plusieurs Païs, s'arrête en Egypte, où Junon enfin appaisée lui redonne sa premiere figure, & permet qu'elle y soit adorée sous le
nom d'Isis.

Excipit hos, volucrisque suae Saturnia
        pennis
Collocat; & gemmis caudam stellantibus implet.
Protinus exarsit, nec tempora distulit irae,
Horriferamque oculis animoque objecit Erinnyn
                                725
Pellicis Argolicae; stimulosque in pectora caecos
Condidit; & profugam per totum terruit orbem.
Ultimus immenso restabas, Nile, labori.
Quem simul ac tetigit, positisque in margine
        ripae
Procubuit genibus, resupinoque ardua collo, 730
Quos potuit, solos tollens ad sidera vultus,
Et gemitu, & lacrimis, & luctisono mugitu
Cum Jove visa queri est, finemque orare
        malorum.
Conjugis ille suae complexus colla lacertis;
Finiat ut poenas tandem, rogat: Inque fu-
        turum   735
                                Pone

JUNON prit tous les yeux d'Argus; & les
répandit sur les ailes, & sur la queuë de
l'Oiseau qui lui est consacré, où ils brillent
comme autant d'Etoiles. D'ailleurs la mort de
ce fidele Gardien aiant redoublé sa colere, elle
fait sentir à la malheureuse Io de promptes marques de sa vengeance. Elle présente à ses yeux
une horrible Furie, qui jettant le trouble dans
son esprit, & l'épouvante dans son cœur, la fait
errer par toute la Terre. Le Nil seul n'avoir
point encore été témoin de ses malheurs; dès que
cette Nymphe fut arrivée sur les bords de ce Fleuve, accablée de fatigue & de lassitude, elle se
coucha sur le sable, & aiant levé tristement les
yeux au Ciel, elle gemit, elle pleura, & expri-
mant les plaintes qu'elle fit à Jupiter par un triste
mugissement, elle le pria de terminer enfin ses
tourmens. Jupiter s'étant jetté au cou de Junon,
la conjura de mettre fin aux malheurs de l'infortunée

Pone metus, inquit, numquam tibi cauffa do-
    loris
Haec erit: & Stygias jubet hoc audire paludes.
Ut lenita Dea eft, vultus capit illa priores:
Fitque, quod ante fuit. fugiunt è corpore fetæ:
Cornua decrescunt: fit luminis artior orbis: 740
Contrahitur rictus: redeunt humerique ma-
    nusque:
Ungulaque in quinos dilapfa abfumitur ungues.
De bove nil fupereft, formae nifi candor, in illà:
Officioque pedum Nymphe contenta duorum
Erigitur: metuitque loqui, ne more juvencæ
                      745
Mugiat: & timide verba intermiffa retentat.
Nunc Dea linigerà colitur celeberrima turbâ.
Huic Epaphus magni genitus de femine tan-
    dem
Creditur effe Jovis: perque urbes juncta parenti
Templa tenet. fuit huic animis aequalis &
    anûs
                      750
Sole fatus Phaëthon, quem quondam magna
    loquentem,
Nec fibi cedentem, Phoeboque parente fuperbum,
Non tulit Inachides, Matrique, ait, omnia
    demens
Credis; & es tumidus genitoris imagine falfi.
Erubuit Phaëthon, iramque pudore repreffit:
                      755
Et tulit ad Clymenen Epaphi convicia matrem.
Quoque magis doleas, genetrix, ait: ille ego
    liber,
Ille ferox tacui. pudet haec opprobria nobis
Et dici potuiffe, & non potuiffe referri.
At tu, fi modo fum coelefti ftirpe creatus, 760
Ede notam tanti generis: meque adfere coelo.
Dixit; & implicuit materno brachia collo.
Perque fuum, Meropisque caput, taedasque
    fororum,
Traderet, oravit, veri fibi figna parentis.
Ambiguum, Clymene precibus Phaethontis,
    an irâ 765
Mota magis dicti fibi criminis; utraque coelo
Brachia porrexit: fpectanfque ad lumina Solis,
Per jubar hoc, inquit, radiis infigne corufcis,
Nate, tibi juro, quod nos auditque videtque;
Hoc te, quem fpectas, hoc te, qui temperat
    orbem, 770
Sole fatum. fi ficta loquor, neget ipfe videndum
Se mihi; fitque oculis lux ifta noviffima nof-
    tris.
Nec longus labor eft patrios tibi noffe penates:
                    Unde

tunée Io: ceffez de craindre, lui dit-il, elle ne vous caufera jamais aucun fujet de jaloufie, j'en jure par le Styx. Junon s'appaife, & Io reprit fa premiere figure: le poil, dont fa peau étoit cou-Verte, tombe, fes cornes difparoiffent, fes yeux fe retreciffent, fa bouche devient plus petite, fes bras & fes mains reprennent leur premiere forme, les ongles reparoiffent à la place de la corne de fes pieds, & elle ne conferve enfin de la Geniffe que fon extrême blancheur. Redevenue Fille, elle fe leve, mais n'ofant parler, de peur de mugir enco-re, elle ne forme que des fons mal articulez. L'Egypte l'adore aujourdhui comme une Divini-té, & les Prêtres qui la fervent font toûjours cou-verts de lin. On croit qu'Epaphus eft Fils de cette Déeffe, & il partage avec fa Mere les hon-neurs qu'on rend aux Dieux.

Phaëton, Fils du Soleil, avoit le même âge & les mêmes inclinations qu'Epaphus, qui fatigué de fa préfomption, & de ce qu'il affectoit de s'éga-ler à lui, & ne pouvant fouffrir qu'il fe vantât d'être le Fils du Dieu de la lumiere, lui tint un jour ce difcours: Vous êtes bien crédule fur ce que votre Mere vous dit de votre naiffance: c'eft vainement que vous êtes fi fier de la nobleffe que vous prétendez tirer d'un Pere fupofé. Phaëton, piqué d'un reproche fi honteux, alla fur le champ trouver fa Mere Clymene, pour l'informer de l'outrage qu'Epaphus venoit de lui faire. Ce qui doit encore redoubler votre defefpoir, ma chere Mere, lui dit-il, c'eft qu'étant auffi fier & auffi courageux que je le fuis, je me fuis trouvé fi pe-netré de honte & de colere, que je n'ai ofé lui répondre, & c'eft impunément qu'il m'a outragé. S'il eft vrai que je puiffe me glorifier d'avoir un Dieu pour Pere, donnez-moi des preuves de ma naiffance: raffûrez-moi fur une origine que l'on me contefte. Il dit, & s'étant jetté au cou de fa Mere, il la conjure par tout ce qu'elle a de plus cher, par Merops fon Epoux, & par l'Hymen de fes Sœurs, de lui faire connoitre fon Pere. Il n'eft pas aifé de deviner ce qui penetra davantage le cœur de Clymene, ou les larmes de fon Fils, ou la honte de fe voir foupçonnée d'un crime. El-le leve les mains au Ciel, & tournant fes yeux vers le Soleil, je vous jure, mon Fils, lui dit-elle, par cette lumiere qui nous éclaire, par ce Dieu qui entend le ferment que je fais, que vous êtes le Fils, le propre Fils de ce Soleil que vous voyez, & qui anime tout l'Univers: que je fois privée pour jamais de fa lumiere, qu'il m'éclaire pour la derniere fois, fi je ne vous dis la verité. Vous n'aurez pas grand chemin à faire pour aller

                        dans

*Unde oritur , domus eſt terrae contermina
   noſtrae.*
*Si modo fert animus; gradere: & ſcitabere
   ab ipſo.*   775
Emicat exemplo laetus poſt talia matris·
*:Dicta ſuae Phaëthon , & concipit aethera
   mente.*
*Aethiopaſque ſuos , poſitoſque ſub ignibus In-
   dos*
Sidereis , tranſit , patrioſque adit impiger ortus.

dans ſon Palais : le Lieu où il ſe leve n'eſt pas
fort éloigné d'ici; partez, & allez aprendre de lui-
même la verité de votre origine. A ce discours,
Phaëton, transporté de joie & brûlant du deſir de
monter au Ciel, traverſe l'Ethiopie qui lui étoit
ſoumiſe, & les Climats brûlans des Indes, & arrive enfin au Païs où le Soleil ſe leve.

EXPLICATION DE LA DIX-SEPTIEME FABLE.

OVide raconte comment après la mort d'Argus, que
    Mercure fit mourir , Junon prit tous ces yeux
pour les mettre dans la queuë du Paon. Il y a bien de
l'apparence que cette circonſtance n'a ,d'autre fondement que la reſſemblance du plumage de cet Oiſeau,
qui étoit conſacré à Junon, avec la figure de nos yeux:
ſi on n'aime mieux dire toutefois que la Phyſique entre pour quelque choſe dans cette Fable. Car il eſt bon
de ſçavoir, & je n'aurois peut-être pas occaſion de le
dire ailleurs, que les Dieux des Payens, qui pour la
pluspart avoient été des Hommes qu'on avoit élevez à
ce rang , devinrent dans la ſuite les Symboles de la
Nature. Ainſi Neptune repréſentoit l'Eau, Vulcain le
Feu, Junon l'Air ou l'Éther; & comme cet Element
nous transmet la lumiere ; Il n'eſt pas étonnant qu'on
ait orné de tant d'yeux l'Oiſeau qui étoit conſacré à la
Déeſſe qui le repréſentoit. Les Mythologues ajoutent
à cette Fable que lorſque Mercure eut endormi Argus,
un jeune homme nommé Hierax le reveilla , que ce
Dieu ſe determina alors à tuer Argus d'un coup de
pierre & à changer Hierax en Eprevier. Ovide cependant dit qu'Argus fut tué d'un coup d'épée.

FIN DU PREMIER LIVRE.

P. OVIDII NASONIS
METAMORPHOSEON,
LIBER SECUNDUS.

F A B. I. *Phaëton va trouver son Pere le Soleil.*

A R G U M E N T.

Phaëton insulté par Epaphus monte au Palais du Soleil, pour le prier de faire connoitre qu'il est son Fils. Apollon ayant juré par le Styx qu'il ne lui refuseroit rien de tout ce qu'il souhaiteroit pour cela, il lui demanda à conduire son Char pendant un jour: ce qui lui réussit si mal, que le Monde alloit entierement être embrasé, si Jupiter, d'un coup de foudre, n'eût précipité ce jeune temeraire dans l'Eridan.

Egia Solis erat sublimibus alta columnis,
Clara micante auro,
flammasque imitante pyropo:
Cujus ebur nitidum
fastigia summa tenebat:
Argenti bisores radiabant lumine valvae.

E Palais du Soleil étoit élevé sur de hautes colomnes; l'Or y brilloit de tous côtez, & les pierres précieuses y jettoient un éclat qui imitoit celui du feu: Les Lambris étoient couverts d'yvoire, & les portes étoient d'Argent:

Materiem superabat opus : nam Mulciber
   illic   5
Aequora caelarat, medias cingentia terras,
Terrarumque orbem, coelumque, quod im-
   minet orbi.
Caeruleos habet unda Deos; Tritona canorum,
Proteaque ambiguum, balaenarumque pre-
   mentem
Aegaeona suis immania terga lacertis, 10
Doridaque, & natas: quarum pars nare vi-
   dentur,
Pars in mole sedens virides siccare capillos;
Pisce vehi quaedam. facies non omnibus una,
Nec diversa tamen: qualem decet esse sororum.
Terra viros, urbesque gerit, silvasque, feras-
   que,   15
Fluminaque, & Nymphas, & cetera numina
   ruris.
Haec super imposita est coeli fulgentis imago:
Signaque sex foribus dextris, totidemque
   sinistris.
Quo simul acclivo Clymeneïa limite proles
Venit, & intravit dubitati tecta parentis; 20
Protinus ad patrios sua fert vestigia vultus:
Consistitque procul. neque enim propiora ferebat
Lumina. purpurea velatus veste sedebat
In solio Phoebus, claris lucente zmaragdis.
A dextra, laevaque Dies, & Mensis, &
   Annus,   25
Seculaque, & positae spatiis aequalibus Horae:
Verque novum stabat, cinctum florente corona:
Stabat nuda Aestas, & spicea serta gerebat.
Stabat & Autumnus, calcatis sordidus uvis.
Et glacialis Hiems, canos hirsuta capillos. 30
Inde loco medius, rerum novitate paventem
Sol oculis juvenem, quibus adspicit omnia, vidit.
Quaeque viae tibi caussa? quid hac, ait, arce
   petisti,
Progenies; Phaëthon, haud inficianda parenti?
Ille refert: O lux immensi publica mundi, 35
Phoebe pater, si das hujus mihi nominis usum,
Nec falsa Clymene culpam sub imagine celat;
Pignora da, genitor; per quae tua vera propago
Credar, & hunc animis errorem detrahe nostris.
Dixerat. at genitor circum caput omne mi-
   cantes   40
Deposuit radios; propiusque accedere jussit:
Amplexuque dato, Nec tu meus esse negari
Dignus es; & Clymene veros, ait, edidit ortus.
Quoque minus dubites; quodvis pete munus:
   ut illud,

la beauté de l'ouvrage surpassoit encore la richesse de la matiere. Vulcain y avoit gravé de sa main l'Ocean qui environne la Terre, la Terre elle-même & le Ciel. Les Divinités maritimes paroissoient sur les ondes; Triton avec sa Conque à la main: Protée qui sait l'art de prendre une infinité de formes différentes: Ægeon qui embrasse les plus monstrueuses Baleines, & Doris avec ses Filles, dont les unes sembloient nager, pendant que les autres, assises sur des rochers, sechoient leurs cheveux, ou se faisoient porter sur le dos des Monstres marins. Ces Nymphes n'avoient pas toutes les mêmes traits; mais on remarquoit aussi, sur leur visage, cet air de ressemblance, qui se trouve ordinairement entre des Sœurs. La Terre y étoit représentée avec les Hommes qui l'habitent; on y voioit des Villes, des Forêts, des Animaux, des Fleuves, des Nymphes, & toutes les autres Divinités champêtres. La brillante Sphere du Ciel couronnoit tout l'Ouvrage. Les douze Signes du Zodiaque y étoient représentez, six à droite & six à gauche. Dès que Phaëton fut entré dans ce Palais, il voulut s'avancer vers le Soleil; mais n'ayant pû en soutenir l'éclat, il s'arrêta à quelque distance de lui. Ce Dieu couvert d'une robe de pourpre étoit assis sur un Trône tout brillant d'Emeraudes: Il avoit à ses côtez les Jours, les Mois, les Années, les Siecles, & les Heures qui étoient à une distance égale les unes des autres. Le Printems y paroissoit la tête couronnée de fleurs. L'Eté tout nud en portoit une d'Epis; l'Automne avoit un habit souillé de la Vendange, & l'Hyver des cheveux blancs & herissez. Le Soleil, au milieu de cette Cour, ayant aperçu, de ces mêmes yeux qui découvrent tout, le jeune Phaëton interdit & surpris de tant de merveilles; quel est le sujet de votre voiage, lui dit-il? Qu'êtes-vous venu chercher dans ce Palais, Phaëton, vous que je reconnois pour mon Fils? Dieu de la lumiere, lui dit alors Phaëton, mon Pere, si toutefois il m'est permis de vous appeller de ce nom, donnez-moi, je vous prie, des marques assurées, qui fassent connoitre à tout l'Univers que je suis votre Fils: rassurez-moi contre un doute qui m'afflige. A ce discours, le Soleil, aiant quitté cette lumiere éclatante qui environnoit sa tête, lui ordonna de s'approcher, & l'aiant embrassé, Oui; vous êtes mon Fils, lui dit-il, & vous meritez de l'être : Climene ne vous a point trompé. Pour vous ôter, sur ce sujet, toute sorte d'inquietude, demandez-moi ce qu'il vous plaira; vous êtes sûr

Me tribuente, feras, promissis testis adesto 45
Dis juranda palus, oculis incognita nostris.
Vix bene desierat: currus rogat ille paternos,
Inque diem alipedum jus & moderamen
　　equorum.
Poenituit jurasse patrem. qui terque quaterque
Concutiens illustre caput, Temeraria, dixit, 50
Vox mea facta tuà est. utinam promissa liceret
Non dare! confiteor solum hoc tibi, nate,
　　negarem.
Dissuadere licet. non est tua tuta voluntas.
Magna petis, Phaëthon; & quae nec viribus istis
Munera conveniant, nec tam puerilibus
　　annis. 55
Sors tua mortalis: non est mortale quod optas.
Plus etiam, quam quod Superis contingere fas sit,
Nescius adfectas. placeat sibi quisque licebit;
Non tamen ignifero quisquam consistere in axe
Me valet excepto. vasti quoque rector Olympi,
　　60
Qui fera terribili jaculatur fulmina dextrà,
Non agat hos currus. & quid Jove majus
　　habemus?
Ardua prima via est: & quà vix mane recentes
Enitantur equi: medio est altissima coelo;
Unde mare & terras ipsi mihi saepe videre 65
Fit timor, & pavidà trepidat formidine pectus.
Ultima prona via est; & eget moderamine certo.
Tunc etiam, quae me subjectis excipit undis,
Ne ferar in praeceps, Tethys solet ipsa vereri.
Adde, quod adsiduà rapitur vertigine coe-
　　lum; 70
Sideraque alta trahit, celerique volumine
　　torquet.
Nitor in adversum: nec me, qui cetera, vincit
Impetus: & rapido contrarius evehor orbi.
Finge datos currus. quid agas? poterisne rotatis
Obvius ire polis, ne te citus auferat axis? 75
Forsitan & lucos illic, urbesque, domosque
Concipias animo, delubraque ditia donis
Esse. per insidias iter est, formasque ferarum.
Utque viam teneas, nulloque errore traharis;
Per tamen adversi gradieris cornua Tauri, 80
Haemoniosque arcus, violentique ora Leonis,
Saevaque circuitu curvantem brachia longo
Scorpion, atque aliter curvantem brachia
　　Cancrum.
Nec tibi quadrupedes animosos ignibus illis,
Quos in pectore habent, quos ore & naribus
　　efflant, 85
In promtu regere est. vix me patiuntur, ut acres

TOM. I.　　　　　　　　*Incaluere*

de l'obtenir : Je prens à témoin de mes promesses, ce Fleuve redoutable, par lequel jurent les
Dieux, & que mes raisons n'ont jamais découvert.
A peine avoit-il fait ce serment, que Phaëton le
pria de lui donner la conduite de son Char, pour
éclairer le Monde pendant un jour. Ah! mon
Fils, lui dit le Soleil affligé du serment qu'il venoir de faire, c'est ma précipitation sans doute,
qui est cause de la demande indiscrete que vous
me faites; que ne puis-je me retracter! C'est la
seule chose que je voulusse vous refuser : il m'est
du moins permis encore de vous détourner d'une
entreprise si temeraire : Ah Phaeton! ce que vous
souhaitez, est au-dessus de vos forces & de votre
âge : Vous n'êtes qu'un simple Mortel, & l'execution du dessein que vous venez de former, est
au-dessus du pouvoir des Hommes & des Dieux
même. Les Dieux peuvent souhaiter tout ce
qu'ils veulent; mais je suis le seul qui puisse conduite le Char enflammé qui éclaire le Monde.
Jupiter lui-même qui lance sa foudre (Eh qu'a-
vons-nous de plus grand que le Dieu?) succom-
beroit dans cette entreprise. D'abord, l'entrée
du chemin est si roide & si escarpée, que mes
Chevaux, quoi qu'encore frais, n'y montent qu'a-
vec beaucoup de peine; à midi, je me trouve si
élevé, que quoique j'aye souvent vû, de cet endroit, la Mer & la Terre, je suis toujours saisi
d'horreur quand je les regarde. La fin de la carriere va si fort en descendant, que c'est là sur
tout qu'on a besoin d'adresse & d'experience. Thetis, qui me reçoit dans ses ondes, craint toujours
que je ne m'y précipite avec mon Char. Ajoutez
à cela que le Ciel tourne sans cesse, & d'un mouvement rapide entraîne avec lui les Astres : il faut
que je m'oppose à ce violent Tourbillon, & que,
malgré son impetuosité, je prenne une route toute contraire. Figurez-vous pour un moment, que
je vous aye confié la conduite de mon Char : que
ferez-vous? Aurez-vous la force de vous opposer
au mouvement du Ciel, & d'empêcher qu'il ne
vous entraîne? Vous vous imaginez peut-être que
vous trouverez sur votre route, des Bois, des
Villes, des Maisons, des Temples : au lieu de
cela vous ne rencontrerez par tout que des obstacles insurmontables, & des Monstres qui vous
effraïeront. Pour tenir le droit chemin & ne
point vous égarer, il faut passer entre les cornes
du Taureau, & près du Sagittaire : Un Lion furieux qui se présentera à vous, un Scorpion
monstrueux, qui étend ses bras sur une grande
partie du Ciel; le Cancer qui a les siens recour-
bez : tout cela vous épouventera. D'ailleurs il
n'est pas aisé de conduire mes Chevaux, qui, toûjours ardents & fougueux, soufflent le feu par la
bouche & par les narines : Quand ils sont une

F 2　　　　　　　　　　fois

Incaluere animi; cervixque repugnat habenis.
At tu, funesti ne sim tibi muneris auctor,
Nate, cave: dum resque sinit, tua corrige vota.
Scilicet, ut nostro genitum te sanguine credas, 90
Pignora certa petis. do pignora certa timendo:
Et patrio pater esse metu probor. adspice vultus
Ecce meos: utinamque oculos in pectora posses
Inserere, & patrias intus deprendere curas!
Denique, quidquid habet dives, circumspice,
      mundus: 95
Eque tot ac tantis coeli, terraeque, marisque
Posce bonis aliquid: nullam patiere repulsam.
Deprecor hoc unum; quod vero nomine poena,
Non honor est. poenam, Phaethon, pro mu-
      nere, poscis.
Quid mea colla tenes blandis, ignare, lacer-
      tis ?   100
Ne dubita, dabitur (Stygias juravimus undas)
Quodcumque optaris: sed tu sapientius opta.
Finierat monitus. dictis tamen ille repugnat:
Propositumque tenet: flagratque cupidine cur-
      rus.
Ergo, quà licuit genitor cunctatus, ad altos
                    105
Deducit juvenem, Vulcania munera, currus.
Aureus axis erat, temo aureus, aurea summae
Curvatura rotae; radiorum argenteus ordo.
Per juga chrysolithi, positaeque ex ordine
      gemmae,
Clara repercusso reddebant lumina Phoebo. 110
Dumque ea magnanimus Phaëthon miratur,
      opusque
Perspicit: ecce vigil rutilo patefecit ab ortu
Purpureos Aurora fores, & plena rosarum
Atria. diffugiunt stellae: quarum agmina cogit
Lucifer, & coeli statione novissimus exit. 115
At pater ut terras, mundumque rubescere vidit,
Cornuaque extremae velut evanescere Lunae,
Jungere equos Titan velocibus imperat Horis.
Jussa Deae celeres peragunt: ignemque vo-
      mentes,
Ambrosiae succo saturos, praesepibus altis 120
Quadrupedes ducunt; adduntque sonantia
      frena.
Tum pater ora sui sacro medicamine nati
Contigit; & rapidae fecit patientia flammae.
Imposuitque comae radios, praesagaque luctûs
Pectore sollicito repetens suspiria, dixit: 125
Si potes hic saltem monitis parere paternis;
Parce, puer, stimulis; & fortius utere loris.
Sponte suâ properant. labor est inhibere volentes:

                    Nec

fois échauffez, & qu'ils commencent à mordre leur frein, j'ai bien de la peine moi-même à les gouverner : ne m'obligez pas, mon Fils, à vous charger d'un emploi si difficile & si dangereux : changez de dessein, il en est tems encore : vous demandez des marques certaines, qui puissent vous assûrer que vous êtes mon Fils ; en est-il de plus infaillible que la crainte que m'inspire le danger, auquel vous voulez vous exposer ? l'accablement où vous me voyez ne prouve-t-il pas assez que je suis votre Pere ? Vous pouvez le remarquer sur mon visage ; vous le verriez encore bien mieux, si vous pouviez pénétrer dans mon cœur; vous y reconnoitriez le trouble & l'inquietude d'un Pere qui vous cherit; cherchez ce qu'il y a de plus precieux dans le Monde ; demandez ce que les Cieux, la Terre & la Mer ont de plus rare, vous êtes sûr de l'obtenir : je ne vous refuse qu'une seule chose, laquelle, bien loin d'être pour vous une marque de distinction, deviendroit l'occasion infaillible de votre perte. Phaeton, vous croiez demander une grace, & c'est votre ruine que vous cherchez. Helas ! vous m'embrassez, mon Fils , vous voulez obtenir votre demande : vous l'obtiendrez : j'ai juré par le Styx de vous accorder tout ce que vous souhaiteriez ; mais encore un coup , souhaitez quelque chose de plus raisonnable. Ce Discours ne fait point changer Phaeton, il s'oppose à toutes les raisons de son Pere, & n'a d'autre ambition que celle de conduire son Char. Enfin, après avoir differé, autant qu'il le pouvoir, le Soleil conduisit son Fils au lieu où étoit le Char. C'étoit l'ouvrage de Vulcain ; l'essieu, le timon, les roües en étoient d'or ; & les rayes étoient d'argent. Il étoit tout couvert de pierres précieuses, qui, venant à reflechir la lumiere du Soleil , éclatoient de tous côtez. Tandis que l'ambitieux Phaeton consideroit ce superbe ouvrage , la vigilante Aurore, vêtue d'un habit couleur de pourpre , ouvrit les portes de l'Orient, & son Palais parsemé de roses. D'abord on vit les Etoiles disparoitre, & Lucifer, qui les conduit, fut le dernier à se retirer. Apollon, aiant vû que le Ciel & la Terre commençoient à se colorer , & que le croissant de la Lune s'effaçoit , commanda aux Heures d'atteler ses Chevaux. Elles obéirent sur le champ, & les aiant fait sortir de l'Ecurie , où ils s'étoient rassasiez d'Ambrosie, elles leur mirent les mords , & les attelerent. Le Soleil aiant froté le visage de son Fils avec une essence celeste, de crainte que la flame ne l'incommodât , & lui alant ceint la tête de ses raions; mon Fils, lui dit-il , en poussant un profond soupir qui étoit comme le présage de son malheur , suivez du moins le dernier conseil que vous donne votre Pere : ne poussez point mes Chevaux , & autant que vous le pourrez , ne leur lâchez point la bride : ils vont assez vite d'eux-mêmes ; on n'a de peine qu'à les retenir.

                    Quoi

Nec tibi directos placeat via quinque per arcus.
Sectus in obliquum est lato curvamine limes,
         130
Zonarumque trium contentus fine: polumque
Effugito australem., junctamque aquilonibus
    Arcton.
Hac sit iter: manifesta rotae vestigia cernes.
Utque ferant aequos & coelum & terra calores,
Nec preme, nec summum molire per aethera
    currum.   135
Altius egressus coelestia tecta cremabis;
Inferius terras: medio tutissimus ibis.
Neu te dexterior tortum declinet in anguem,
Neve sinisterior pressam rota ducat ad aram:
Inter utramque tene. Fortunae cetera mando;
         140
Quae juvet, & melius, quam tu tibi, con-
    sulat, opto.
Dum loquor; Hesperio positas in litore metas
Humida nox tetigit. non est mora libera nobis:
Poscimur. effulget tenebris Aurora fugatis.
Corripe lora manu: vel, si mutabile pectus 145
Est tibi, consiliis, non curribus, utere nostris:
Dum potes; & solidis etiamnum sedibus
    adstas;
Dumque male optatos nondum premis inscius
    axes.
Quae tutus spectes, sine me dare lumina terris.
Occupat ille levem juvenili corpore currum:
         150
Statque super; manibusque datas contingere
    habenas
Gaudet; & invito grates agit inde parenti.

Quoi que le chemin, où vous trouverez cinq grands Cercles soit le plus droit, ce n'est pas celui-là qu'il faut suivre : celui que vous devez tenir, coupe obliquement trois des Zones, & ne passe pas plus avant : prenez garde de ne point aprocher de trop près celles qui confinent les deux Poles. Voilà la route que vous devez tenir; vous la reconnoitrez à la trace que les roües y ont laissée; afin que le Ciel & la Terre soient échauffez également, il ne faut ni monter trop haut, ni descendre trop bas: si vous vous élevez trop, vous mettrez le Ciel en feu; si vous descendez trop, vous brûlerez la Terre : le milieu est le chemin le plus sûr : ne tournez point à droite du côté du Serpent, ni à gauche du côté de l'Autel; marchez à égale distance de ces deux Constellations: J'abandonne le reste à la fortune; je souhaite qu'elle vous soit favorable, & qu'elle prenne plus de soin de vous, que vous n'en prenez vous-même. Mais, pendant que je vous parle, la Nuit a terminé sa carriere; l'Aurore a déja dissipé les ténèbres; il n'y a plus de tems à perdre; prenez les Guides, ou plutôt, si vous êtes capable de changer de resolution, préferez les sages conseils que je viens de vous donner, à l'envie que vous avez de conduire mon Char. Vous pouvez encore abandonner le dessein temeraire que vous avez formé, & me laisser le soin d'éclairer le Monde. Phaeton, sans écouter les avis de son Pere, saute sur le Char, & charmé de prendre en main les rênes, il lui rend grace d'une faveur, qui ne lui est accordée qu'à regret.

SUITE DE LA I. FABLE. *Phaëton entraîné par les Chevaux du Soleil.*

ARGUMENT.

Quoi que le Soleil eût donné à Phaëton tous les avis nécessaires pour bien conduire son Char, néanmoins il ne pût empêcher que ses Chevaux ne l'emportassent par des chemins qui leur étoient inconnus.

INterea volucres Pyroïs, Eous, & Aethon,
    Solis equi, quartusque Phlegon, hinniti-
      bus auras
Flammiferis implent, pedibusque repagula pul-
    sant.   155
Quae postquam Tethys, fatorum ignara nepotis,
Repulit; & facta est immensi copia mundi,
Corripuere viam, pedibusque per aëra motis
Obstantes findunt nebulas, pennisque levati
Praetereunt ortos isdem de partibus Euros. 160
Sed leve pondus erat; nec quod cognoscere possent
Solis equi: solitáque jugum gravitate carebat,
Utque labant curvae justo sine pondere naves,
Perque mare, instabiles nimia levitate, ferun-
    tur;
Sic onere adsueto vacuos dat in aëra saltus, 165
Succutiturque alte, similisque est currus inani.
                        Quod

CEPENDANT les quatre Chevaux du Soleil, Pyroïs, Eoüs, Aeton, & Phlegon, remplissent l'air de hannissemens & de flames, & frapent du pied, la barriere du Monde. Dès que Thetis, qui ne prévoioit pas le triste sort de son petit-Fils, l'eut ouverte, & que les Chevaux se virent en liberté dans la vaste carriere du Ciel, ils partent, ils volent, & écartans les Nuages qui se trouvent à leur passage, ils devancent les Vents qui se sont levez avec eux. Cependant ils sentent bien-tôt que le Chariot qu'ils conduisent n'a pas son poids ordinaire : & tel qu'un Vaisseau, qui ne se trouve pas bien lesté, est emporté par les Vagues, ce Char ne va que par sauts & par bonds; les Chevaux abandonnent leur route ordi-
                        naire,

Quod simul ac sensere, ruunt, tritumque re-
linquunt
Quadrijugi spatium, nec, quo prius, ordine
currunt.
Ipse pavet; nec quà commissas flectat habenas,
Nec scit, quà sit iter: nec, si sciat, imperet
illis. 170
Tum primum radiis gelidi caluere Triones,
Et vetito frustra tentarunt aequore tingui.
Quaeque polo posita est glaciali proxima serpens,
Frigore pigra prius, nec formidabilis ulli,
Incaluit: sumsitque novas fervoribus iras. 175
Te quoque turbatum memorant fugisse, Boöte,
Quamvis tardus eras; & te tua plaustra te-
nebant.
Ut vero summo despexit ab aethere terras
Infelix Phaëthon, penitus penitusque jacentes;
Palluit, & subito genua intremuere timore:
180
Suntque oculis tenebrae per tantum lumen
obortae.
Et jam mallet equos numquam tetigisse pa-
ternos:
Jamque agnosse genus piget, & valuisse ro-
gando:
Jam Meropis dici cupiens; ita fertur, ut acta 185
Praecipiti pinus Boreà, cui victa remisit
Frena suus rector, quam Dìs votisque reliquit.
Quid faciat? multum coeli post terga relictum:
Ante oculos plus est. animo metitur utrumque.
Et modo, quos illi fato contingere non est, 190
Prospicit occasus: interdum respicit ortus.
Quidque agat ignarus, stupet: & nec frena
remittit,
Nec retinere valet: nec nomina novit equorum.
Sparsa quoque in vario passim miracula coelo,
Vastarumque videt trepidus simulacra ferarum.
Est locus, in geminos ubi brachia concavat
arcus 195
Scorpios; & caudà flexisque utrimque lacertis
Porrigit in spatium signorum membra duorum.
Hunc puer ut nigri madidum sudore veneni
Vulnera curvatâ minitantem cuspide vidit;
Mentis inops, gelidâ formidine lora remisit.
200
Quae postquam summum tetigere jacentia
tergum,
Exspatiantur equi: nulloque inhibente per auras
Ignotae regionis eunt; quàque impetus egit,
Hac sine lege ruunt: altoque sub aethere
fixis

Incur-

naire, & Phaëton épouvanté ne sait plus de quel côté il doit les tourner, & quand il le sauroit, il ne peut plus en être le maître. Ce fut alors, pour la première fois, que les Etoiles glacées du Septentrion sentirent de la chaleur, & cherche-rent vainement à se plonger dans l'Ocean, où il ne leur est pas permis d'entrer. Le Dragon, voi-sin du Pole du Nord, toûjours engourdi de froid & peu redoutable, sentit les effets de la chaleur, & entra en fureur; on dit même que vous en fûtes troublé, languissant & paresseux Boötes, & que votre Chariot, qui vous retenoit autrefois, ne vous empêcha pas de prendre la fuite. L'infor-tuné Phaëton, aiant consideré la Terre du haut du Ciel, & ne voiant que des abîmes de tous côtez, pâlit & ses genoux tremblent; au milieu de tant de lumiere, ses yeux se couvrent de ténèbres; déja il voudroit n'avoir jamais mânié les Chevaux de son Pere; il se repent d'avoir voulu connoitre son origine à ce prix, & d'avoir obtenu ce qu'il demandoit; il aimeroit mieux à présent, ne pas-ser que pour le Fils de Merops. Cependant il est emporté comme un Vaisseau dont le Pilote a qui-té le Gouvernail, en l'abandonnant à la merci des Dieux & des Vents. Quel parti doit-il pren-dre? Il a déja fourni une partie de la carriere, & il lui reste encore un bien plus grand espace à parcourir: Il compare ces deux Espaces l'un avec l'autre; il se tourne tantôt vers le Couchant, tan-tôt vers le Levant, & sa malheureuse destinée l'em-pêche d'arriver à aucun de ces deux termes. Dans l'effroi où il est, il ne sait plus à quoi se resoudre; il ne quitte pas encore les rênes; mais il n'a plus la force de les tenir; il ne se ressouvient plus du nom des Chevaux; il ne voit de tous côtez dans le Ciel que des Prodiges & des Monstres qui l'ef-frayent. Il y a un endroit où le Scorpion forme deux arcs avec ses bras, & occupe, en étendant son corps & sa queuë, la place de deux Signes. Le jeune Phaëton aiant apperçu ce Monstre hor-rible, qui étoit couvert du noir venin qu'il ex-haloit, & qui sembloit le menacer avec sa queuë recourbée & pointue, perdit tout-à-fait le juge-ment, & la frayeur dont il fut saisi lui fit qui-ter les rênes. Dès que les Chevaux les sentent floter sur leur dos, ils s'emportent, & se voiant sans conducteur, ils parcourent les regions incon-nues du Ciel; ils vont où leur fougue les entraî-ne & ne connoissent plus leur route; tantôt ils s'élevent jusqu'aux Etoiles du Firmament, tantôt ils

Incurfant ftellis , rapiuntque per avia cur-
rum.   205
Et modo fumma petunt, modo per decliva,
viasque
Praecipites fpatio terrae propiore feruntur.
Inferiusque fuis fraternos currere Lunâ
Admiratur equos: ambuftaque nubila fumant.
Corripitur flammis , ut quaeque altiffima,
tellus ;   210
Fiffaque agit rimas , & fuccis aret ademtis.
Pabula canefcunt, cum frondibus uritur arbos:
Materiamque fuo praebet feges arida damno.
Parva queror ; magnae pereunt cum moeni-
· bus urbes:
Cumque fuis totas populis incendia gentes 215
In cinerem vertunt. filvae cum montibus
ardent.
Ardet Athos, Taurusque Cilix, & Tmolus,
& Oete ;
Et nunc ficca, prius celeberrima fontibus, Ides
Virgineusque Helicon, & nondum Oeagrius
Haemos.
Ardet in immenfum geminatis ignibus Aet-
ne ,   220
Parnafusque biceps, & Eryx, & Cynthus,
& Othrys ,
Et tandem Rhodope nivibus caritura, Mi-
masque,
Dindymaque, & Mycale, natusque ad fa-
· cra Cithaeron.
Nec profunt Scythiae fua frigora: Caucafus
ardet,
Offaque cum Pindo , majorque ambobus
Olympus :   225
Aëriaeque Alpes, & nubifer Apenninus.
Tunc vero Phaëthon cunctis è partibus orbem
Adfpicit accenfum: nec tantos fuftinet aeftus:
Ferventesque auras, velut è fornace profundâ,
Ore trahit, currusque fuos candefcere fen-
tit.   230
Et neque jam cineres ejectatamque favillam
Ferre poteft : calidoque involvitur undique
fumo.
Quoque eat, aut ubi fit, piceâ caligine tectus
Nefcit ; & arbitrio volucrum raptatur
equorum.
Sanguine tum credunt in corpora fumma vo-
cato ,   235
Aethiopum populos nigrum traxiffe colorem.
Tum facta eft Libye, raptis humoribus aeftu,
Arida; tum Nymphae paffis fontesque lacusque

Deflevere

ils fe précipitent jusques près de la Terre ; & la Lune eft étonnée de voir le Char de fon Frere, au-deffous du fien. Déja les Nuës enflamées jettent de la fumée ; les Lieux élevez commencent à brûler, & font entr'ouverts par la chaleur; la Terre devient aride, & l'Herbe deffechée fe fane ; les Arbres font brûlez avec leurs feuilles , & les Moiffons fourniffent la matiere de leur embrafement. Ce font là les maux les moins confiderables: les Villes entieres font confumées; le feu reduit en poudre & leurs murailles , & leurs habitans; les Forêts & les Montagnes font en feu; le Mont Athos , le Mont Taurus , le Cilix , le Tmole, l'Oeta , font embrafez; le Mont Ida, fi célèbre par fes Fontaines , fe trouve pour la premiere fois defféché ; tout eft en feu ; le chafte Helicon ; l'Hémus qui n'avoit pas encore vû Orphée ; l'Etna qui redouble alors fes flammes ; le Parnaffe avec fes deux fommets, l'Erix, le Cynthe, & l'Othrys, le Rhodope, qui vit alors fondre fes Neiges, le Didyme , le Mycale, le facré Cytheron; les glaces de la Scythie ne la garantirent pas de cet incendie general ; le Caucafe fe vit en feu, ainfi que le Mont Offa ; le Pinde, l'Olympe qui eft plus élevé que ces deux Montagnes, les Alpes, qui vont jufqu'au Ciel, & l'Apennin qui foutient les nuages. Phaëton voit de toutes parts l'Univers enflammé; il ne peut plus lui-même fuporter la chaleur qui le brûle ; l'air qu'il respire femble fortir d'une fournaife ardente; fon Chariot commence à s'enflammer, il eft presque étouffé par la cendre, & par les étinceles qui volent de tous côtez: une noire & épaiffe fumée, qui l'enveloppe, l'empêchant de connoitre où il eft, & où il va, il fe laiffe emporter au gré des Chevaux. On croit que ce fut dans cette occafion que le fang des Ethiopiens brûlé par une chaleur fi extraordinaire , s'étant répandu fur leur peau, leur donna cette noirceur qu'ils ont encore. Ce fut auffi dans le même tems que la Libye, aiant perdu tout le fuc qui l'humectoit, devint feche & aride, & que les Nymphes virent en pleurant tarir les fources de leurs Fontaines &

de

Deflevere comis. quaerit Boeotia Dircen,
Argos Amymonen, Ephyre Pirenidas undas.
                                    240
Nec fortita loco diftantes flumina ripas
Tuta manent: mediis Tanais fumavit in undis,
Penèosque fenex, Teuthranteusque Caicus,
Et celer Ismenos, cum Phocaico Erymantho,
Arfurusque iterum Xanthus, flavusque Ly-
     cormas,   245
Quique recurvatis ludit Maeandros in undis;
Mygdoniusque Melas, & Taenarius Eurotas.
Arfit & Euphrates Babylonius, arfit Orontes.
Thermodonque citus, Gangesque, & Phafis,
     & Ifter.
Aeftuat Alpheos: ripae Spercheides ardent: 250
Quodque fuo Tagus amne vehit, fluit igni-
     bus, aurum.
Et quae Maeonias celebrarant carmine ripas,
Fluminea volucres medio caluere Cayftro.
Nilus in extremum fugit perterritus orbem,
Occuluitque caput, quod adhuc latet. oftia
     feptem   255
Pulverulenta vacant, feptem fine flumine valles.
Fors eadem Ismarios Hebrum cum Strymone
     ficcat,
Hefperiosque amnes, Rhenum, Rhodanum-
     que, Padumque,
Cuique fuit rerum promiffa potentia Thybrin.
Diffilit omne folum; penetratque in Tartara
     rimis   260
Lumen, & infernum terret cum conjuge Regem.
Et mare contrahitur: ficcaeque eft campus
     arenae,
Quod modo pontus erat. quosque altum texe-
     rat aequor,
Exfiftunt montes, & fparfas Cycladas augent.
Ima petunt pifces: nec fe fuper aequora curvi
                                    265
Tollere confuetas audent delphines in auras.
Corpora phocarum fummo refupina profundo
Exanimata jacent. ipfum quoque Nerea fa-
     ma eft,
Doridaque, & Natas, tepidis latuiffe fub antris.
Ter Neptunus aquis cum torvo brachia vul-
     tu   270
Exferere aufus erat: ter non tulit aëris aeftus.
Alma tamen Tellus, ut erat circumdata ponto,
Inter aquas pelagi, contractos undique fontes,
Qui fe condiderant in opacae vifcera matris;
Suftulit omniferos collo tenus arida vultus:
                                    275
Oppofuitque manum fronti: magnoque tremore

 To m. I.   Ommia

de leurs Lacs. La Béotie vit auffi tarir la Fontaine Dircé, Argos, celle d'Amymone, Corinthe,
celle de Pyrené; les Fleuves les plus abondans ne
fe trouverent pas en fûreté dans le Lit, où ils
couloient: Le Tanaïs, le vieux Penée, le Caï-
que, l'Ismene & l'Erimanthe furent enflammez,
ainfi que le Xanthe, qui devoit encore brûler une
fois. Le Lycormas, dont les eaux font jaunâ-
tres, le Méandre qui fait tant de tours differens
dans les plaines qu'il arrofe, le Melas qui coule
dans la Mygdonie, l'Eurotas voifin du Tenare,
l'Euphrate qui traverfe la Ville de Babylone, l'O-
ronte, le rapide Thermodon, le Gange, le Phafe,
le Danube, l'Alphée, & le Sperchius; tous virent leurs Eaux deffechées par la chaleur: la flamme fit fondre l'Or, que roule le Tage. Les Ci-
gnes, qui avoient charmé tant de fois la Méonie
par la douceur de leur chant, chercherent vainement à fe rafraîchir dans les eaux du Gayftre. Le
Nil épouvanté fe retira aux extremitez du Monde
& cacha fa fource, qui n'a pû être découverte
depuis ce tems-là. Les fept embouchures, par
lesquelles il fe jette dans la Mer, ne furent plus
alors que des Vallées arides & couvertes de cendre. L'Hebre & le Strymon, qui arrofent la
Thrace; tous les autres Fleuves d'Occident, le
Rhin, le Rhône, le Pô, & le Tibre, à qui les
deftins avoient promis l'empire du Monde, furent
deffechez dans cet embrafement. La Terre s'entr'ouvrit, de tous côtez, & la lumiere qui penetra jusques dans le fejour des ondes, épouvanta
Pluton & Proferpine. La Mer s'étant retirée laiffa voir à fec les vaftes Campagnes de fable, qu'elle couvroit auparavant; les Montagnes enfe-
velies fous fes ondes, parurent pour la premiere
fois, & augmenterent le nombre des Iles: Les
Poiffons cherchent un Azyle dans les Lieux les plus
profonds; les Dauphins n'ofent plus jouer fur la
furface de la Mer, ni s'élancer hors de l'Eau; les
Monftres demeurent étendus & fans mouvement.
On affure même que Nerée, Doris, & leurs Fil-
lés fentirent la chaleur jusques dans le fond de
leurs antres. Neptune en courroux voulut trois
fois forrir les bras hors de l'Eau, trois fois la chaleur l'obliga de les retirer.

La Terre, voiant que les Eaux de la Mer, dont
elle étoit environnée, s'étoient retirées, & que les
Fontaines, qui fervoient à l'arrofer, s'étoient cachées dans fon fein, leva fa tête, qui étoit autrefois fi feconde, alors entierement feiche & aride,
& s'étant couverte le vifage de la main, elle fit

G   entendre

Omnia concutiens paullum subsedit; & infra,
Quam solet esse, fuit: siccàque ita voce locuta
   est:
Si placet hoc, meruique, quid ò tua fulmina
   cessant,
Summe Deùm? liceat periturae viribus ignis,   280

Igne perire tuo; clademque auctore levare.
Vix equidem fauces haec ipsa in verba resolvo.
(Presserat ora vapor) tostos en adspice crines?
Inque oculis tantum, tantum super ora favillae.
Hosne mihi fructus, hunc fertilitatis honorem   285

Officiique refers; quod adunci vulnera aratri,
Rastrorumque fero, totoque exerceor anno?
Quod pecori frondes, alimentaque mitia,
   fruges,
Humano generi, vobis quod tura ministro?
Sed tamen exitium fac me meruisse: quid
   undae,   290
Quid meruit frater? cur illi tradita sorte
Aequora decrescunt, & ab aethere longius
   absunt?
Quod si nec fratris, nec te mea gratia tangit;
At coeli miserere tui. circumspice utrumque;
Fumat uterque polus: quos si vitiaverit
   ignis,   295
Atria vestra ruent. Atlas en ipse laborat:
Vixque suis humeris candentem sustinet axem.
Si freta, si terrae pereunt, si regia coeli;
In chaos antiquum confundimur. eripe flam-
   mis,
Si quid adhuc superest: & rerum consule
   summae.   300
Dixerat haec Tellus: neque enim tolerare
   vaporem
Ulterius potuit, nec dicere plura: suumque
Retulit os in se, propioraque manibus antra.

entendre un Tremblement affreux, & descendit dans un lieu plus bas que celui qu'elle avoit accoutumé d'habiter, d'où elle adressa cette plainte à Jupiter : „ Souverain des Dieux, s'il est vrai „ que vous regardiez avec plaisir les maux que „ j'endure, & que je les aye méritez, que ne „ lancez-vous contre-moi vôtre tonnerre ? Si je „ dois perir par le feu, que ce soit par celui qui „ partira de votre main : ce sera pour moi une „ consolation d'avoir Jupiter pour auteur de mes malheurs. Mon gozier desseché par la chaleur „ qui l'étouffe a de la peine à prononcer ce peu „ de paroles; voyez mes cheveux brûlez, mon „ visage & mes yeux couverts de feu & de fu- „ mée: est-ce-là, la recompense de ma fecondi- „ té, & des biens dont j'ai enrichi l'Univers ? „ Ai-je donc mérité d'être traitée ainsi, parce- „ que j'ouvre pendant tout le cours de l'année „ mon sein à la charue qui le déchire, ou par- „ ceque j'ai soin de fournir de l'herbe aux Ani- „ maux, les fruits & tout ce qui est nécessaire à „ la subsistance des Hommes? Est-ce enfin par- „ ceque je produis l'Encens qui brûle sur les Au- „ tels des Dieux ? Mais je veux que ce soit par „ ma faute que j'ai mérité d'être reduite en pou- „ dre, qu'ont fait les Eaux, quel forfait a com- „ mis vôtre Frere, & pourquoi l'Empire de la „ Mer, qui fut son partage, se trouve-t-il si fort „ diminué? Pourquoi l'éloignez-vous encore du „ Ciel par l'abaissement des ondes? Si vous n'ê- „ tes pas touché ni de mes malheurs ni de ceux „ de Neptune, vous devez du moins. être sensi- „ ble à ceux qui menacent le Ciel où vous re- „ gnez. Voiez comme l'un & l'autre Pole est „ embrasé : si la flamme les endommage une fois, „ vous verrez bien-tôt votre Palais reduit en cen- „ dre. Atlas, le grand Atlas lui-même ne peut „ plus qu'à peine soutenir le Globe enflammé „ qu'il porte sur ses épaules. Si la Mer, la Ter- „ re, & les Cieux perissent sont embrasement, „ le Monde va retomber dans le premier Cahos: „ derobez aux flammes ce qu'elles ont épargné, „ & ne laissez pas entierement perir. l'Univers". Tel fut le discours de la Terre ; la chaleur l'aiant empêchée d'en dire davantage, elle alla se cacher dans les Antres les plus volsins du sejour des ombres.

EXPLICATION DE LA PREMIERE FABLE.

LEs Fables ont plusieurs sens; on ne sauroit le nier. Mais il est sûr que l'Histoire en est toujours le fondement. Des évenemens arrivez dans les premiers temps, les avantures de ceux qui ont conduit des Colonies & qui ont fondé des Royaumes, conservez par la tradition, sont passez dans les Ouvrages des Poetes, qui ont été les premiers Historiens, & ont reçu par les privileges que donne la Poësie, tous les ornemens qui les ont si fort defigurez. Des traits de Morale tirez de ces suites, des allusions à la Physique & à la Politique, quand elles ont pu y entrer ; tout cela a été proposé de la maniere du monde la plus ingenieuse. Voilà le premier état des Fables, qui historiques dans leur origine, sont devenues, dans la suite, morales, physiques, politiques &c. Les Philosophes Platoniciens, pressez par les premiers Peres de l'Eglise, qui battoient en rui-

ne le systême de l'Idolatrie, ont eu recours aux allegories que ces Fables présentoient, & laissant le fonds de l'Histoire qui en étoit le fondement, ils ont cherché à en tirer une morale qui en sauvât les absurditez. C'est ainsi qu'ils ont mis à couvert la plûpart des foiblesses & des crimes de leurs Dieux; de-là ce grand nombre d'Explications morales qu'on trouve dans leurs Ecrits, & que plusieurs autres Auteurs ont adoptées dans les siecles suivans.

Quand on ne veut regarder la Fable que sous ce point de vûe, les Explications ne coûtent gueres; on a bien-tôt dit que l'avanture de Phaeton est l'entreprise d'un jeune temeraire , qui consulte bien plus son courage, que la sagesse & la prudence. Mais ce même Phaëton est un personnage réel. Apollodore (1) nous

                  a con-

(1) Liv. III.

a confervé fa généalogie, & Eufebe s'en eft fervi (2) après Africanus pour fixer l'époque du regne de Cecrops. Ce font là des difcuffions trop difficiles pour ceux qui ne veulent donner qu'une teinture legere de la Mythologie. Ne les imitons pas & tâchons de chercher toujours' le premier fondement des Fables. Un trait d'Hiftoire découvert me paroit plus fatisfaifant que toutes les allegories, où il ne faut que de l'imagination. Les Anciens varient beaucoup fur la généalogie de ce Prince : il y en a qui difent qu'il étoit Fils du Soleil & de Clymene , comme Ovide le raconte après eux : d'autres qui lui donnent pour Mere la Nymphe Rhodé. Apollodore (3) raporte, après Hefiode (4), que Herfé Fille de Cecrops Roi d'Athenes fut Mere de Cephale, qui fut enlevé par l'Aurore, c'eft-à-dire , qui abandonna le Levant. Cephale eut un Fils nommé Tithon qui mit au monde Phaeton. Suivant cette Généalogie, Phaeton reconnoiffoit Cecrops pour fon Trisaïeul ; ainfi on peut croire qu'il a vécu environ 150 ans après ce premier Roi d'Athenes, qui regnoit 1582 ans avant l'Ere Chrétienne, & près de 400 ans avant la Guerre de Troie , comme on peut le prouver par Denys d'Halicarnaffe (5) & par Cenforin (6). Après avoir fait connoître ce Prince par fa Généalogie , & avoir déterminé le tems auquel il vivoit , il faut voir maintenant ce qui peut avoir donné lieu à la Fable finguliere qu'on a débitée fur fon fujet. On voit bien qu'au rabais du merveilleux, elle fait allufion à quelque chaleur exceffive qui arriva de fon tems. Ariftote croit (7), fur la foi de quelques Anciens , que du tems de Phaeton il tomba des flammes du Ciel , qui confumerent plufieurs Païs , & Eufebe (8) place ce Déluge de feu dans le même fiecle où arriva celui de Deucalion (9). On peut confirmer la penfée d'Ariftote par le nom même de Phaëton , qui formé du mot, Φαιδω, fulgeo, peut fignifier brûlant, ou lumineux. Ceux qui écrivirent les premiers cet événement ,, employerent quelque figure vive & expreffive, & dirent, fans doute ; qu'il falloit que ce jour-là le Soleil eut confié fon Char à quelque jeune étourdi, qui n'ayant pas bien fu le conduire , auroit embrafé la Terre. On pourroit penfer ou que l'embrafement des Villes criminelles, ou peut-être le prodige arrivé du temps de Jofué, ou d'Ezechias, ont donné lieu à cette fiction. Il eft fûr que les Chaldéens remarquerent la retrogradation du Soleil arrivée fous le Regne de ce Roi de Juda, & qu'ils envoyerent une Ambaffade, fous prétexte de le féliciter du rétabliffement de fa fanté , mais en effet pour s'inftruire à fonds de la vérité d'un evenement fi extraordinaire. Toutes ces Conjectures ont leur fondement dans l'Antiquité , & de célebres Auteurs les ont avancées. St. Jean Chryfoftome en propofe une autre. Selon lui, c'eft le Char du Prophete Elie, dont le nom a tant de rapport avec celui d'Elios , que les Grecs donnent au Soleil, qui eft le véritable fondement de cette Fable. Voffius (10) prétend qu'il s'agit ici d'une Hiftoire Egyptienne ; & ce favant Auteur confond la deuil du Soleil , pour la perte de fon Fils, avec celui des Egyptiens pour la mort d'Ofiris ; ainfi que les larmes des Heliades avec celles que le Prophete Ezechias vit verfer à ces Femmes qui pleuroient la mort de Thammus. Ovide femble donner lieu à une conjecture fi bien fondée, lors qu'il parle, dans cette Fable, du différent de Phaëton avec Epaphus Roi d'Egypte. Cette idée m'en a fait venir une autre , qui y porte une nouvelle lumiere. Les Grecs, qui anciennement connoiffoient peu les Pays étrangers, les ont fouvent confondus. Ils ont placé, dans l'Orient ou dans l'Ethiopie, la fcène de plufieurs évenemens qui étoient arrivez en Egypte; ainfi on peut croire qu'ils fe font trompez fur le Pays de Phaeton. Je fuis perfuadé que c'étoit l'Egypte; c'eft là où avoit

regné Orus, dont le culte, dans la fuite, fut confondu avec celui du Soleil. Le culte d'Ofiris, qui étoit le Jupiter des Egyptiens , y étoit auffi fort célebre. Peut-être que Phaëton reconnoiffoit le premier de ces deux Rois parmi fes Ancêtres , comme Epaphus rapportoit fon origine au fecond. Ces jeunes Princes eurent quelque différend, dont Phaëton fe tira mal. La Satyre publia le refte de la Fable en l'honneur de celui qui avoit été le vainqueur. Quoi qu'il en foit , cette Hiftoire a été fort embellie, & on y a mêlé de la Phyfique & de l'Aftronomie, comme il eft aifé de s'en appercevoir , en lifant Ovide. Car, fans vouloir entrer ici dans un trop long détail, on voit bien que lorfque ce Poëte nous dit que Phaeton, à la vûe du Signe du Scorpion, abandonna fon Chariot, il a voulu nous marquer que l'évenement dont il s'agit , étoit arrivé dans le mois où le Soleil entre dans ce Signe.

Enfin, fi toutes ces Explications ne font pas adoptées, on peut s'en tenir à celle de Plutarque (11) & de Tzetzès, qui difent qu'il y a eu véritablement un Phaëton, qui regna fur les Moloffes, & qui fe noya dans le Pô, que ce Prince s'étoit fort appliqué à l'Aftronomie, & qu'il avoit prédit cette grande chaleur , qui arriva de fon temps, & qui defola tout fon Royaume.

Ces deux Auteurs ont fans doute fuivi le fentiment de Lucien, qui , après avoir raillé agréablement fur cette Fable , dans un de fes Dialogues , ainfi que je le dirai dans l'Explication fuivante , dit fort ferieufement, dans le Traité de l'Aftronomie , que ce qui a donné lieu à cette fiction', c'eft que Phaëton s'étoit fort adonné à l'Aftronomie, & s'étoit appliqué fur tout à connoître le cours du Soleil, mais qu'étant mort fort jeune, il avoit laiffé fes Obfervations imparfaites: ce qui fit dire à quelque Poëte qu'il n'avoit pas pu conduire le Char du Soleil jufqu'à la fin de la carriere.

L'Antiquité nous a laiffé quelques Monumens de cette Fable , le premier , qui eft tiré du Cabinet du Chevalier Maffei, repréfente Phaëton mort & étendu, pendant que le Char encore entier eft au milieu des airs. Ce Monument a deux chofes fort finguliere, l'une , que le Char n'eft conduit que par deux Chevaux contre l'opinion commune qui lui en donne quatre. Les Anciens, au rapport de Tertullien (12), diftinguoient en cela le Char du Soleil d'avec celui de la Lune : le premier étant toujours tiré par quatre Chevaux , & le fecond par deux feulement. L'autre Monument eft tiré du Cabinet de Mrs. de Charlet. Le champ repréfente des flammes, le Char brifé, dont on ne voit qu'une roue, Phaeton mort & les Chevaux en grand desordre. On y voit auffi, à côté d'un des Chevaux, deux Oifeaux avec des huppes fur la tête, qu'on prend pour deux Cygnes, & on croit que le Sculpteur a voulu peindre en même temps la Métamorphofe de Cycnus Roi de Ligurie. Cependant, à dire vrai, ces deux Oifeaux ne reffemblent point à des Cygnes. L'Ouvriet a trop bien deffiné le refte de l'ouvrage pour croire qu'il fe foit fi groffierement mépris en repréfentant des Cygnes. Ce font-là de ces Enigmes qu'on ne trouve que trop fouvent dans les Antiques , & qu'il eft fort inutile de vouloir penétrer. Dans le troifiéme Monument, qui eft tiré de Beger, Phaeton eft encore fur fon Char , & les Chevaux en desordre, qu'il a bien de la peine à gouverner , annoncent une chute prochaine. Ce Monument a cela de fingulier, que les Heliades, Sœurs de Phaeton, y paroiffent fur le fond d'un Fleuve dans le moment qu'elles commencent à être changées en Peupliers. Le Cygne qui eft auprès fait voir que le Sculpteur a voulu raffembler toutes les circonftances de cette Fable. Je ne parlerai pas ici du Tableau de Philoftrate, parceque cet Auteur n'ajoute rien à la belle defcription qu'Ovide a faite de cette Fable. Mais je dois remarquer qu'Apollonius de Rhodes, dans le IV. Livre de fes Argonautes , raconte fur ce fujet trois chofes qu'on ne trouve point dans les autres Poëtes. La premiere, que l'Eau de l'Eridan fut

(2) In Chron. (3) Liv. III. (4) Theogonie. (5) Liv. I. (6) De die nat. Ch. XXVII. (7) In Meteor. (8) In Chron. (9) Ovide infinue que cet évenement eft arrivé avant la Guerre de Troie, par ce mot arfurusque iterum Xanthus. (10) De orig. & progr. Idol.

(11) In Pyrrha. (12) Au Livre des Spectacles Chap. IX.

fi infectée par l'embrasement & par la foudre que Jupiter lança contre Phaeton , que lés Oiseaux qui volent fur ce Fleuve , n'en pouvant fupporter la puanteur , y tombent morts , & c'eſt ce que Virgile a dit du Lac Averne. La feconde , que le Soleil prît le temps de fon deuil pour aller voir fes chers Hyperboréens : & la troifieme enfin , que ce furent les larmes qu'Apollon verfa à la mort, non pas de Phaëton , mais d'Efculape , qui formerent l'Ambre qu'on trouvoit dans l'Eridan.

FAB. II. III. & IV. *Phaëton renverſé d'un coup de foudre ; ſes Sœurs changées en Peupliers , & le Roi Cycnus changé en Cygne.*

ARGUMENT.

Pour prévenir un embrafement univerfel , Jupiter foudroïa Phaëton, dont les Sœurs furent converties en Peupliers, & leurs larmes formerent l'Ambre qui en découla. Le Roi Cycnus, inconfolable de fa mort, fut changé en Cygne.

AT pater omnipotens Superos teſtatus, & ipſum,
Qui dederat currus , niſi opem ferat , omnia fato   305
Interitura gravi ; ſummam petit arduus arcem ;
Unde ſolet latis nubes inducere terris :
Unde movet tonitrus , vibrataque fulmina jactat.
Sed neque, quas poſſet terris inducere, nubes

JUPITER, après avoir pris à témoin les autres Dieux & le Soleil lui-même, de la nécefſité où il fe trouvoit de remedier promptement à un danger fi preſſant, monta au plus haut de l'Olympe, dans le lieu même d'où il fait gronder le Tonnerre, lance fa foudre, & fait tomber les pluies fur la Terre ; mais n'y aïant trouvé ni

nuages,

Tunc

Tunc habuit : nec, quos coelo dimitteret,
* imbres.*   310
Intonat : & dextrà libratum fulmen ab aure
Misit in aurigam : pariterque animâque ro-
* tisque*
Expulit, & saevis compescuit ignibus ignes.
Consternantur equi: & saltu in contraria facto
Colla jugo eripiunt, abruptaque lora relin-
* quunt.*   315
Illic frena jacent, illic temone revulsus
Axis; in hac radii fractarum parte rotarum:
Sparsaque sunt latè laceri vestigia currûs.
At Phaethon, rutilos flammâ populante ca-
* pillos,*
Volvitur in praeceps, longoque per aëra tractu
                                              320
Fertur; ut interdum de coelo stella sereno,
Etsi non cecidit, potuit cecidisse videri:
Quem procul à patriâ diverso maximus orbe
Excipit Eridanus, spumantiaque abluit ora.
Naïdes Hesperiae trifidâ fumantia flammâ
                                              325
Corpora dant tumulo : signantque hoc carmine
* saxum.*
Hic situs est Phaëthon, currûs auriga paterni;
Quem si non tenuit, magnis tamen excidit ausis.
Nam pater obductos, luctu miserabilis aegro,
Condiderat vultus : &, si modo credimus,
* unum*   330
Isse diem sine Sole ferunt. incendia lumen
Praebebant; aliquisque malo fuit usus in illo.
At Clymene postquam dixit, quaecumque fue-
* runt*
In tantis dicenda malis; lugubris & amens, 335
Et laniata sinus totum percensuit orbem :
Exanimesque artus primo, mox ossa requirens,
Reperit ossa tamen peregrinâ condita ripâ,
Incubuitque loco : nomenque in marmore lectum
Perfudit lacrimis, & aperto pectore fovit.
Nec minus Heliades fletus, &, inania morti
                                              340
Munera, dant lacrimas : & caesae pectora
* palmis*
Non auditurum miseras Phaëthonta querelas
Nocte dieque vocant : adsternunturque sepulcro.
Luna quater junctis implerat cornibus orbem:
Illae more suo (nam morem fecerat usus) 345
Plangorem dederant. è quis Phaëthusa sororum
Maxima, cum vellet terrae procumbere,
* questa est*
Diriguisse pedes : ad quam conata venire
Candida Lampetie, subitâ radice retenta est.

Tertia,

nuages, ni vapeurs, il fit entendre un coup de Tonnerre, & frappa Phaëton d'un coup de foudre qui lui ôta la vie, & le fit tomber de son Char. Ainsi fut éteint par le feu même l'Embrasement qui menaçoit l'Univers; les Chevaux renversez, aiant fait un effort pour se relever, rompirent leurs rênes & leurs freins, & se dégagerent du Chariot. On vid épars de tous côtez, les mords, le Timon, l'essieu, les rayons des Roues, & les autres parties du Char que la foudre avoit brisé. Cependant Phaeton, les cheveux en feu, tombe du haut du Ciel, & laisse après lui une longue traînée de flammes : Telle est celle qu'on apperçoit pendant un tems serein, dans ces Etoiles qui changent de place, & qui semblent tomber sur la Terre. L'Eridan, qui coule dans des lieux bien éloignez du Païs qui avoit vû naître ce Prince infortuné, le reçut dans ses ondes, & lava son visage qui étoit tout couvert d'écume.

Les Nymphes de l'Hesperie, après avoir rendu les derniers devoirs à Phaëton, mirent cette Epitaphe sur son tombeau :

Ci gît Phaëton qui conduisit autrefois le Char du Soleil son Pere: malheureux dans l'execution, la beauté d'une entreprise si noble & si hardie le justifie assez du mauvais succès qui la suivit.

Cependant le Soleil, accablé de la douleur que lui causoit le malheur qui venoit d'arriver à son Fils, se cacha, &, s'il en faut croire la Tradition, il y eut un jour entier pendant lequel il n'éclaira point le Monde. L'Embrasement servit de lumiere, & ce fut le seul avantage que l'Univers tira de cet accident. Après que Clymene eut dit tout ce que la douleur inspire dans des occasions aussi tristes, elle s'arracha les cheveux, & courut de tous côtez pour chercher le corps, où du moins les cendres de son Fils. Enfin aiant trouvé ses os ensevelis sur un rivage étranger, elle s'arrête près du Tombeau qui les tient enfermez; mouille de ses larmes le marbre où son nom étoit gravé, & tâche de l'échaufer en l'embrassant. Les Heliades de leur côté font entendre leurs pleurs, leurs gemissemens, leurs cris; se meurtrissent le sein, & donnent toutes les autres marques de la plus vive douleur (vaine & inutile consolation pour ceux qui ne sont plus !) Attachées jour & nuit au Tombeau de leur Frere, elles prononcent sans cesse le triste nom de Phaeton, qui ne peut plus entendre leurs regrets. Quatre mois s'étoient écoulez, & leur douleur, tournée en habitude, étoit encore aussi vive que le premier jour, lorsqu'enfin Phaetuse qui étoit l'aînée, voulant s'asseoir à Terre, sentir ses genoux se roidir; elle fit un cri, & la belle Lampetie, qui voulut la secourir, ne pût s'approcher d'elle, ses pieds aiant déja pris racine.

Tertia , cum crinem manibus laniare para-
  ret ,   350
Avellit frondes. haec stipite crura teneri ,
Illa dolet fieri longos sua brachia ramos.
Dumque ea mirantur ; complectitur inguina
  cortex :
Perque gradus uterum , pectusque , humeros-
  que , manusque
Ambit : & exstabant tantum ora vocantia
  matrem.   355
Quid faciat mater ? nisi , quo trahat impe-
  tus illam ,
Huc eat , atque illuc ? & , dum licet , oscu-
  la jungat ?
Non satis est. truncis avellere corpora tentat ;
Et teneros manibus ramos abrumpere : at inde
Sanguineae manant , tamquam de vulnere ,
  guttae.   360
Parce , precor , mater , quaecumque est sau-
  cia , clamat :
Parce , precor : nostrum laniatur in arbore corpus.
Jamque vale. cortex in verba novissima venit.
Inde fluunt lacrimae : stillataque sole rigescunt
De ramis electra novis : quae lucidus amnis 365
Excipit , & nuribus mittit gestanda Latinis.
Adfuit huic monstro proles Stheneleïa Cycnus ,
Qui tibi materno quamvis à sanguine junctus ,
Mente tamen , Phaëthon , propior fuit. ille
  relicto
(Nam Ligurum populos , & magnas rexerat
  urbes)   370
Imperio ripas virides , amnemque querelis
Eridanum implerat , silvamque sororibus auc-
  tam :
Cum vox est tenuata viro : canaeque capillos
Dissimulant plumae . collumque à pectore
  longum
Porrigitur , digitosque ligat junctura ruben-
  tes :   375
Penna latus vestit ; tenet os sine acumine
  rostrum :
Fit nova Cycnus avis. nec se coeloque , Jovique
Credit , ut injuste missi memor ignis ab illo.
Stagna petit , patulosque lacus : ignemque per-
  osus ,
Quae colat , elegit contraria flumina flam-
  mis.   380
Squalidus interea genitor Phaëthontis , &
  expers
Ipse sui decoris , qualis , cum deficit orbem ,
Esse solet : lucemque odit , seque ipse , diemque :

              Datque

racine. La troisiéme desesperée du malheur de ses Sœurs voulut s'arracher les cheveux ; mais elle n'arracha que des feuilles. L'une se plaint que ses jambes ne sont plus que le tronc d'un Arbre ; l'autre que ses bras en deviennent les branches. Etonnées de ce prodige, elles voient l'écorce couvrir tout leur corps ; elles n'ont déja plus que la bouche, qui n'en soit pas envelopée , & elles appellent leur Mere. Mais helas ! quel secours peut-elle leur donner ? Elle court tantôt à l'une de ses Filles, tantôt à l'autre ; elle les embrasse tandis qu'il lui est permis de les embrasser. En vain elle s'efforce de les dégager des racines qui les tiennent attachées, elle n'arrache que des branches encore tendres, & elle en voit sortir des goutes de sang. ,, Epargnez-nous , ma Mere , s'écrient-,, elles, épargnez-nous ; les efforts que vous fai-,, tes sont autant de blessures, dont vous nous ,, déchirez le corps. Adieu , ma chere Mere , ,, adieu pour la derniere fois ''. Telles furent leurs dernieres paroles ; l'écorce qui acheva de les enveloper leur ferma la bouche pour jamais. Les larmes qui coulerent de ces nouveaux Arbres s'endurcirent au Soleil & devinrent autant de grains d'ambre. L'Eridan les reçut , & c'est là qu'on les prend pour en faire l'ornement des Dames Romaines.

Cycnus Fils de Sthenelée fut témoin de ce prodige. Quoique ce Prince fût uni par le sang à Phaëton du côté de sa Mere , il l'étoit encore davantage par les liens de l'amitié. Les Peuples de Ligurie le reconnoissoient pour leur Souverain , & il étoit le maître de plusieurs Villes : Le malheur arrivé à son Ami , lui aiant fait abandonner ses Etats, il vint sur les bords de l'Eridan , & il les faisoit retentir de ses tristes regrets , ainsi que les Forêts voisines , que les Sœurs de Phaëton changées en Arbres venoient d'augmenter, lorsque tout d'un coup il sentit sa voix s'affoiblir ; ses cheveux ne sont plus que des plumes blanches , son col s'allonge, ses doigts s'attachent & s'unissent par une peau rougeâtre , des ailes lui couvrent les côtez ; un bec arrondi lui tient lieu de bouche ; il devient un Cygne ; & se ressouvenant encore de la foudre de Jupiter , qui avoit si injustement fait perir son Ami , il n'ose prendre son essor, il se contente de voler près de la Terre , & choisit pour sa demeure les Etangs & les Lacs. La haine qu'il conserve pour le feu l'oblige à habiter dans l'Element qui lui est le plus contraire.

Cependant le Soleil , que la mort de son Fils Phaëton rendoit inconsolable, ne songe qu'à s'affliger. Pâle & defiguré, tel qu'il paroît lorsqu'il est éclipsé, il hait le jour & la lumiere , ne peut

              se

Datque animum in luctus; & luctibus adji-
cit iram: —
Officiumque negat mundo. Satis, inquit, ab
aevi 385
Sors mea principiis fuit irrequieta: pigetque
Actorum sine fine mihi, sine honore, laborum.
Quilibet alter agat portantes lumina currus.
Si nemo est, omnesque Dei non posse fatentur;
Ipse agat: ut saltem, dum nostras tentat ha-
benas, 390
Orbatura patres aliquando fulmina ponat.
Tum sciet, ignipedum vires expertus equo-
rum,
Non meruisse necem, qui non bene rexerit
illos.
Talia dicentem circumstant omnia Solem
Numina: neve velit tenebras inducere re-
bus, 395
Supplice voce rogant. missos quoque Juppiter
ignes
Excusat, precibusque minas regaliter addit.
Colligit amentes, & adhuc terrore paventes,
Phoebus equos: stimuloque domans & verbe-
re, saevit:
Saevit enim, natumque objectat, & impu-
tat illis. 400

se souffrir lui-même, & livré à la douleur & à la colere, il refuse avec opiniâtreté d'éclairer le Monde. ,, Ma vie, dit-il, n'a été que trop agitée ,, depuis que l'Univers subsiste; je me lasse enfin ,, d'un travail qui ne finit point, & dont je suis ,, si mal recompensé. Qu'un autre que moi con- ,, duise desormais le Char qui porte la lumiere; si ,, personne ne veut se charger de cet emploi, & ,, si tous les Dieux sont obligez d'avoüer qu'il est ,, au-dessus de leurs forces, que Jupiter lui-même ,, l'entreprenne: du moins pendant ce tems-là, il ,, quittera la foudre, dont il ne sait se servir ,, que pour enlever les Enfans à leurs Peres. Quand ,, il saura par lui-même la peine qu'on a à con- ,, duire mes Chevaux, il verra qu'on ne doit pas ,, être puni pour ne les avoir pas bien gouvernez". Pendant que le Soleil fait ses plaintes, tous les Dieux assemblez autour de lui, le prient instamment de ne pas differer plus long tems d'éclairer le Monde, & de dissiper les ténèbres qui le couvrent. Jupiter lui-même, après lui avoir marqué le chagrin qu'il a d'avoir été obligé de se servir de sa foudre, joint ses prieres à celles des autres Dieux, & lui ordonne en Maître de lui obéir. Le Soleil rassemble ses Chevaux encore épouvantez; il les presse du foüet & de l'éguillon, il décharge sur eux sa colere, & leur reproche la mort de son Fils.

EXPLICATION DE LA II. III. & IV. FABLE.

Ovide semble s'être servi dans cette Fable de la même Tradition, que celle dont se servit Plutarque dans la suite; puisqu'il place le Tombeau de Phaëton sur les bords du Pô, ainsi que l'avanture des Heliades ses Sœurs, & la métamorphose de Cycnus Roi de Ligurie. Ces deux derniers évenemens, décrits avec tant d'élegance par Ovide, sont aisés à expliquer. Les Sœurs de Phaeton gémissent sur leur Mere auprès de son tombeau; abbatues par la douleur, elles y perdent la vie, & les Poëtes, pour honorer leurs funerailles, publient qu'elles avoient été changées en Peupliers, Arbres d'où ils font découler l'Ambre. Quelques Anciens ont cru que ce n'étoit pas des Peupliers, mais en Larices, que les Heliades avoient été changées, & nous avons dans Beger une Médaille de P. Acolcius Lariscolus qui représente ces trois Filles changées en Larices, par une allusion au nom de celui qui la fit frapper. Quoiqu'il en soit, je sai que les Auteurs allegoristes débitent plusieurs belles choses sur ce sujet; mais j'aime mieux y renvoyer les Lecteurs que de les copier. Il suffit d'avertir ici qu'Hesiode & Pindare avoient fait mention de cette Fable long-tems avant Ovide. On peut aussi expliquer la métamorphose de Cycnus Roi de Ligurie en disant que ce Prince ami de Phaëton aiant perdu la vie, ou de douleur, ou par quelqu'autre accident, on publia qu'il avoit été changé en Cygne; & l'on voit bien que c'est la ressemblance des

Noms qui y a donné lieu. Ovide dit qu'il étoit Frere de Phaëton, au lieu que Virgile ne le regarde que comme son ami (1).

Namque ferunt luctu Cycnum Phaëtontis
amati,
Populeas inter frondes umbramque sororum
Dum canit, & mæstum musa solatur amorem:
Canentem molli plumâ duxisse senectam,
Linquentem terras, & sidera voce sequentem.

Il ne faut pas confondre ce Cycnus avec deux autres personnes de même nom, dont parle Apollodore (2). L'un étoit Fils de Mars, & fut tué devant Troie, l'autre, dont Hesiode (3) décrit le combat, fut tué par Hercule. Lucien (4) raille agréablement sur toutes ces avantures. Il dit qu'étant allé sur le Pô dans le dessein d'y chercher de l'Ambre, des Peupliers & des Cygnes, on lui répondit qu'il n'y avoit sur ce Fleuve, ni Cygnes, ni Peupliers, ni Ambre. Cet Auteur ajoute, qu'aiant voulu expliquer à quelques Bateliers la Fable de Phaeton, & de ses Sœurs, ils s'étoient moquez de lui, l'assurant qu'ils n'en avoient jamais ouï parler.

(1) Æneid. X. 189. (2) Livr. III. (3) In Scuto. (4) de Cygnis.

FAB. V. *Jupiter amoureux de Califto.*

ARGUMENT.

Comme Jupiter faifoit la revûe du Monde, pour éteindre le refte du feu, il devint amoureux de Califto qu'il vit en paffant par l'Arcadie; &, pour fe faire aimer de cette Nymphe, il prit la forme de Diane.

AT pater omnipotens ingentia moenia coeli
    Circuit: &, ne quid labefactum vi-
        ribus ignis
Corruat, explorat. quae poftquam firma,
    fuique
Roboris effe videt: terras, hominumque la-
    bores
Perfpicit. Arcadiae tamen eft impenfior illi
                                        405
Cura fuae. fontesque, & nondum audentia labi
Flumina reftituit. dat terrae gramina, frondes
Arboribus; laefasque jubet revirefcere filvas.
Dum redit, itque frequens; in virgine No-
    nacrinà
Haefit, & accepti caluere fub offibus ignes. 410
Non erat hujus opus lanam mollire trahendo;
Nec pofitu variare comas. ubi fibula veftem,
                                        Vitta

CEPENDANT Jupiter; après avoir vifité tout le Ciel, pour voir fi le feu n'avoir rien endommagé, & s'il n'y avoit point quelque endroit qui menaçât ruine; voiant que tout étoit en bon état, tourna fes regards du côté de la Terre, & y defcendit pour reparer les defordres que l'Incendie y avoit caufez. Il prit un foin tout particulier de l'Arcadie; d'abord il fit couler les Fontaines & les Fleuves qui avoient été deffechez. La Terre reprit par fon ordre fon ancienne verdure, les Arbres dépouillez fe virent couverts de leur feuillage, & les Forêts defolées par le feu commencerent à pouffer des rameaux & des feuilles. Pendant qu'il porte ainfi fes pas de tous côtez, il aperçoit Califto, & conçoit pour elle un amour violent. Cette belle Nymphe ne s'appliquoit ni
                                    à filer,

Vitta coërcuerat neglectos alba capillos,

Et modo leve manu jaculum, modo sumpse-
rat arcum,

Miles erat Phoebes; nec Maenalon attigit
ulla   415

Gratior hac Triviae, sed nulla potentia longa est.

Ulterius medio spatium Sol altus habebat;

Cum subit illa nemus, quod nulla ceciderat
aetas.

Exuit hic humero pharetram, lentosque retendit

Arcus: inque solo, quod texerat herba, ja-
cebat,   420

Et pictam posita pharetram cervice premebat.

Juppiter ut vidit sessam, & custode vacantem;

Hoc certe conjux furtum mea nesciet, inquit:

Aut si rescierit; sunt ò, sunt jurgia tanti.

Protinus induitur faciem cultumque Dianae: 425

Atque ait, O comitum, virgo, pars una
mearum,

In quibus es venata jugis? de cespite virgo

Se levat: &, Salve numen, me judice, dixit,

Audiat ipse licet, majus Jove. ridet, & audit;

Et sibi praeferri se gaudet. & oscula jungit,   430

Nec moderata satis, nec sic à virgine danda.

Quà venata foret silvâ narrare parantem

Impedit amplexu: nec se sine crimine prodit.

Illa quidem contra, quantum modo femina
possit,

(Adspiceres utinam, Saturnia, mitior esses!)   435

Illa quidem pugnat: sed quae superare puella,

Quisve Jovem poterat? superum petit aethe-
ra victor

Juppiter: huic odio nemus est, & conscia silva.

Unde, pedem referens, pene est oblita phare-
tram

Tollere cum telis, &, quem suspenderat,
arcum.   440

à filer, ni à se parer: un ruban blanc attachoit ses cheveux, qu'elle ne prenoit aucun soin d'arranger, & sa robe étoit retroussée avec une simple agrafe. On la voioit toûjours avec un Arc & une flêche à la main. Compagne de Diane, elle étoit la plus cherie des Nymphes de sa suite. Mais est-il quelque bonheur qui soit durable ? Un jour un peu après midi, elle entra dans un sombre Bocage pour s'y reposer ; elle débanda son Arc, & appuyant sa tête sur son Carquois, elle se coucha sur l'herbe. Jupiter la vit seule & accablée de lassitude ; ,, Du moins, dit-il, Junon ,, ne saura point cette nouvelle infidelité ; après ,, tout, quand elle l'apprendroit, dois-je si fort ,, m'embarrasser de ses plaintes & de ses repro-,, ches" ? Aiant pris sur le champ la figure & l'habit de Diane, ,, belle Nymphe, lui dit-il, qui ,, faites l'ornement de ma Cour, de quel côté ,, avez-vous chassé aujourd'hui ?" Déesse, lui repliqua la Nymphe en se levant pour la saluer, ,, quand Jupiter même m'entendroit, je ne sau-,, rois m'empêcher de vous préferer à lui. Vous ,, êtes plus respectable que le Maître du Monde". Ce discours plut à Jupiter ; il se prit à rire de voir que par cette méprise, on le préferoit à lui-même ; il la caresse & lui donne des baisers trop peu chastes pour une Fille. Comme elle se préparoit à lui faire l'histoire de sa Chasse, il se jetta à son cou, & ne se fit connoitre que par un crime. Elle fit toute la resistance dont elle étoit capable. Helas ! si vous l'aviez vû, Junon, vous auriez été moins irritée contr'elle. Ses efforts furent inutiles ; est-il quelque Mortel, & sur tout une Fille qui puisse resister à Jupiter ? Après cette aventure, il remonte au Ciel. Calisto regarde avec indignation le Bois qui fut témoin de son malheur ; elle en sort avec précipitation, oubliant presque son Carquois, ses Fleches & son Arc, qu'elle avoit suspendus à un Arbre.

SUITE DE LA V. FABLE.

A R G U M E N T.

Les Nymphes découvrent à Diane le malheur arrivé à Califto, & cette Déeffe la chaffé de fa compagnie, parce qu'elle avoit perdu fa pudicité.

Ecce, *fuo comitata choro Dictynna per altum*
Maenalon ingrediens, & taede fuperba fera-
  rum,
Adfpicit hanc, vifamque vocat: clamata re-
  fugit,
Et timuit primò, ne Juppiter effet in illâ.
Sed poftquam pariter Nymphas incedere vi-
  dit,   445
Senfit abeffe dolos: numerumque accefifit ad
  harum.
Heu quam difficile eft, crimen non prodere
  vultu!
Vix oculos attollit humo: nec, ut ante folebat,
Juncta Deae lateri, nec toto eft agmine prima:
Sed filet; & laefi dat figna rubore pudoris. 450
Et (nifi quod virgo eft) poterat fentire Diana
Mille notis culpam. Nymphae fenfiffe feruntur.
                                    Orbe

Diane accompagnée de toutes fes Nymphes, & fiere des dépouilles des Bêtes qu'elle venoit de tuer, parut en ce moment fur le Mont Ménale, & aiant vû Califto, elle l'appella. Au lieu de s'approcher de la Déeffe, Califto, qui craignoit que ce fût encore Jupiter, prit la fuite & s'éloigna; mais s'étant raffurée en voiant les Nymphes fes compagnes, elle fe joignit à elles. Helas! qu'il eft difficile, lorsqu'on a quelque crime à fe reprocher, que notre vifage ne nous trahiffe. A peine Califto ofe-t-elle léver les yeux; elle ne marche plus à côté de la Déeffe, elle ne devance pas fes compagnes comme elle faifoit auparavant; elle garde au contraire un profond filence: la confufion qui paroiffoit fur fon vifage annonçoit l'outrage qu'elle avoir reçu. Diane, fi elle n'eût été Vierge, auroit pû le connoître

Orbe refurgebant Lunaria cornua nono;
Cum Dea venatrix, fraternis languida flam-
 mis,
Nacta nemus gelidum, de quo cum murmu-
 re labens 455
Ibat, & attritas verfabat rivus arenas.
Ut loca laudavit; fummas pede contigit undas:
His quoque laudatis, Procul eft, ait, arbi-
 ter omnis:
Nuda fuperfufis tinguamus corpora lymphis.
Parrhafis erubuit. cunctae velamina ponunt:
 460
Una moras quaerit. dubitanti veftis ademta
 eft:
Quà pofitâ nudo patuit cum corpore crimen...
Attonitae, manibusque uterum celare volenti,
I procul hinc, dixit, nec facros pollue fontes,
Cynthia: deque fuo juffit fecedere coetu. 465

tre aifément; & fes compagnes, dit-on, s'en apperçurent. Elle étoit déja dans fon neuvieme
mois, lorsque la Déeffe, pour éviter la chaleur,
entra dans un Bocage frais, où un ruiffeau couloit fur le fable avec un doux murmure. Après
avoir loué la beauté de cette aimable retraite,
Diane mit les pieds dans l'eau; puisque nous voilà feules, dit-elle, baignons-nous, l'eau eft bonne. Toutes les Nymphes commencerent alors à
fe deshabiller, & comme Califto, que le difcours
de Diane avoit fait rougir, tardoit trop à quitter
fes habits, fes compagnes la deshabillerent; & fa
nudité fit paroître fon crime. Interdite & con-
fufe, elle tâchoit en vain de fe cacher, lorsque la
Déeffe la chaffa de fa compagnie, en lui ordon-
nant de fe retirer, & de ne point prophaner le
Ruiffeau où elle fe baignoit.

FAB. VI. & VII. *Califto changée en Ourfe.*

ARGUMENT.

Junon, jaloufe de ce que Califto avoit fu plaire à Jupiter, la changea
en Ourfe. Comme Arcas fon Fils l'alloit tuer fans la connoître, Jupiter
les enleva l'un & l'autre dans le Ciel, où ils forment les Conftellations

de la grande & de la petite Ourſe. Le Corbeau, pour avoir trop jaſé, devint noir de blanc qu'il étoit autrefois.

SEnſerat hoc olim magni matrona tonantis,
Diſtuleratque graves in idonea tempora
 poenas.
Cauſſa morae nulla eſt : & jam puer Arcas
 (id ipſum
Indoluit Juno) fuerat de pellice natus.
Quo ſimul obvertit ſaevam cum lumine men-
 tem ;   470
Scilicet hoc unum reſtabat, adultera, dixit,
Ut fecunda fores : fieretque injuria partu
Nota, Jovisque mei teſtatum dedecus eſſet.
Haud impune feres : adimam tibi nempe figu-
 ram ;
Quâ tibi, quâque places noſtro, importuna,
 marito.   475
Dixit : & , adverſa prenſis à fronte capillis,
Stravit humi pronam. tendebat brachia ſupplex,
Brachia coeperunt nigris horreſcere villis,
Curvarique manus, & aduncos creſcere in
 ungues,
Officioque pedum fungi : laudataque quondam
          480
Ora Jovi, lato fieri deformia rictu.
Neve preces animos, & verba potentia flec-
 tant,
Poſſe loqui eripitur. vox iracunda, minaxque,
Plenaque terroris rauco de gutture fertur.
Mens antiqua tamen facta quoque manſit in
 urſa ;   .485
Adſiduoque ſuos gemitu teſtata dolores,
Qualescumque manus ad coelum & ſidera
 tollit :
Ingratumque Jovem, nequeat cum dicere,
 ſentit.
Ah, quoties, ſolâ non auſa quiescere ſilvâ,
Ante domum, quondamque ſuis erravit in
 agris !   490
Ah quoties per ſaxa canum latratibus acta eſt !
Venatrixque metu venantum territa fugit !
Saepe feris latuit viſis, oblita quid eſſet ;
Urſaque conſpectos in montibus horruit urſos ;
Pertimuitque lupos ; quamvis pater eſſet in
 illis.   495
Ecce Lycaoniae proles, ignara parentis,
Arcas adeſt, ter quinque ferè natalibus actis.
Dumque feras ſequitur ; dum ſaltus eligit aptos,
Nexilibusque plagis ſilvas Erymanthidas am-
 bit ;

       Incidit

IL y avoit déja du tems que Junon avoit dé-couvert l'intrigue de ſon Mari ; mais elle at-tendoir un tems propre à faire éclater ſa vengean-ce, & elle crut alors qu'il ne falloit pas la diffe-rer davantage. La naiſſance d'Arcas, dont Calis-to étoit accouchée, augmentoit encore le reſenti-ment de cette Déeſſe. ,, Falloir-il encore que ma ,, Rivale devînt feconde", dit-elle, en regardant cet Enfant d'un air ſombre & farouche ; ,, falloir. ,, il qu'elle rendît par-là ſi authentique & le cri-,, me de Jupiter , & l'outrage qu'il m'a fait ? ,, Mais je ſerai vengée ; Nymphe, vous perdrez ,, cette beauté, qui vous a rendue ſi aimable, & ,, qui plait tant à mon Epoux". Elle dit, & aiant pris ſa Rivale par les cheveux, elle la ren-verſe par terre ; les bras, que cette Nymphe in-fortunée lui tend pour la fléchir , ſe couvrent d'un poil noir & heriſſé ; ſes mains qui ſe recour-bent deviennent des ongles crochus, & lui ſer-vent de pieds ; cette bouche, dont Jupiter avoit été ſi charmé, s'entr'ouvre d'une maniere effroïa-ble , & afin qu'elle ne puiſſe toucher perſonne par ſes plaintes, l'uſage de la parole lui eſt inter-dit ; il ne lui reſte qu'une voix menaçante & ter-rible qui ſort d'un gozier enroué. Quoique ſon corps fût ainſi changé en Ourſe , elle conſerva néanmoins toute ſa Raiſon : Ses gemiſſemens con-tinuels marquoient combien elle étoit encore ſen-ſible à ſon malheur ; elle levoit au Ciel ce qui avoit été autrefois ſes mains, & ne pouvant pas donner à Jupiter le nom d'ingrat, elle ſentoit bien toute ſon ingratitude. Helas ! combien de fois, n'oſant demeurer ſeule au milieu des Forêts, vint-elle auprès de ſon Palais, & dans les Champs qui lui avoient autrefois appartenu ! Combien de fois fût-elle pourſuivie par les Chiens à travers les ro-chers ! Combien de fois, enfin , la crainte des Chaſſeurs l'obligea-t-elle de fuir, elle qui jadis ai-moit tant la chaſſe ! Ne ſe reſſouvenant point qu'elle étoit elle-même une Bête feroce , elle ſe cachoit lorsqu'elle en rencontroit , & quoiqu'elle fût Ourſe, elle ne fuïoit pas moins quand elle ap-percevoit des Ours ſur les Montagnes ; elle étoit même effraiée à la vûe des Loups , quoique ſon Pere fût alors au nombre de ces Animaux. Ce-pendant le jeune Arcas, qui ignoroit le triſte ſort de Caliſto ſa Mere, avoit atteint l'âge de quinze ans. Un jour qu'il étoit à la Chaſſe , & qu'il faiſoit une enceinte dans la Forêt d'Erymanthe,

            elle

Incidit in matrem. quae restitit Arcade vi-
so, 500
Et cognoscenti similis fuit. ille refugit;
Immotosque oculos in se sine fine tenentem
Nescius extimuit: propiusque accedere aventi
Vulnifico fuerat fixurus pectora telo:
Arcuit omnipotens. pariterque ipsosque nefas-
que 505
Sustulit; & celeri raptos per inania vento
Imposuit coelo, vicinaque sidera fecit:
Intumuit Juno, postquam inter sidera pellex
Fulsit: & ad canam descendit in aequora Te-
thyn,
Oceanumque senem; quorum reverentia mo-
vit 510
Saepe Deos: causamque viae scitantibus insit:
Quaeritis, aetheriis quare regina Deorum
Sedibus huc adsim? pro me tenet altera coelum.
Mentiar, obscurum nisi nox cum fecerit orbem,
Nuper honoratas summo, mea vulnera, coelo
515
Videritis stellas illic, ubi circulus axem
Ultimus extremum, spatioque brevissimus,
ambit.
Est vero, cur quis Junonem laedere nolit,
Offensamque tremat, quae prosim sola nocendo?
En ego quantum egi! quam vasta potentia
nostra est! 520
Esse hominem vetui: facta est Dea. sic ego poenas
Sontibus impono: sic est mea magna potestas.
Vindicet antiquam faciem, vultusque ferinos
Detrahat; Argolica quod & ante Phoronide
fecit.
Cur non & pulsa ducat Junone, meoque 525
Collocet in thalamo, socerumque Lycaona sumat?
At vos si laesae contemtus tangit alumnae,
Gurgite caeruleo septem prohibete Triones:
Sideraque in coelo, stupri mercede, recepta
Pellite; ne puro tinguatur in aequore pellex. 530
Dì maris adnuerant. habili Saturnia curru
Ingreditur liquidum pavonibus aera pictis:
Tam nuper pictis caeso pavonibus Argo;
Quam tu nuper eras, cum candidus ante fuisses,
Corve loquax, subito nigrantes versus in alas.
535
Nam fuit haec quondam niveis argentea pennis
Ales, ut aequaret totas sine labe columbas,
Nec servaturis vigili Capitolia voce
Cederet anseribus, nec amanti flumina cycno.
Lingua fuit damno: linguà faciente loquaci,
540
Cui

elle se rencontra parmi les autres Bêtes qu'il poursuivoit. Dès qu'elle apperçut son Fils, elle s'arrêta & donna quelques signes qui prouvoient qu'elle le reconnoissoit: Arças, épouvanté de voir
une Ourse qui le regardoit fixement, se mit à
fuir; & voiant qu'elle le poursuivoit, il alloit la
percer d'un coup de flèche, lorsque Jupiter arrêta
la main qui alloit commettre un parricide, & les
enlevant tous deux dans le Ciel, en forma deux
Constellations, qui sont voisines l'une de l'autre.
Junon aiant vû sa Rivale briller parmi les Astres,
entra dans une nouvelle fureur, & alla sur le
champ trouver Thetys & le vieux Océan, si
respectable même aux autres Dieux. Comme ils
lui demandoient le sujet de son arrivée: ,, Vous
,, voulez savoir, leur dit-elle, pourquoi la Reine
,, des Dieux abandonne le Ciel pour venir dans
,, votre Empire: c'est qu'une autre regne dans
,, le Ciel en ma place. N'ajoutez jamais de foi
,, à mes paroles, si lors que la nuit aura repan-
,, du ses ténébres, vous ne voiez briller deux
,, nouveaux Astres, dans le Cercle qui environ-
,, ne le Pole. Voilà le sujet de ma rage & de
,, mon desespoir. Eh! qui craindra desormais
,, d'offenser Junon? Qui pourra redouter sa cole-
,, re, puisqu'elle ne sert qu'à élever ceux dont elle
,, veut se venger? C'est donc là qu'aboutit toute
,, ma puissance! J'avois voulu degrader ma Ri-
,, vale, en lui ôtant même la figure humaine,
,, & j'en ai fair une Divinité. Est-ce ainsi que
,, je punis le crime, & que je prouve quelle est
,, mon autorité! Que son Amant lui fasse perdre
,, la figure hideuse, dont je l'avois revêtue; qu'il
,, lui rende toute sa beauté, comme il la rendit
,, autrefois à la Fille d'Inachus; qu'il me chasse
,, du Ciel pour la faire regner en ma place; il lui
,, siera bien d'être le Gendre de Lycaon. Mais
,, vous, si vous êtes sensibles à l'outrage qu'on
,, fait à une Déesse que vous avez pris soin de
,, former, ne permettez jamais que ces nouveaux
,, Astres trouvent une retraite dans votre Empi-
,, re; éloignez de vos Eaux une Adultere qui en
,, souilleroit la pureté". Après que les Dieux de
la Mer eurent accordé à Junon, ce qu'elle venoit
de leur demander, cette Déesse remonta dans le
Ciel sur son Char traîné par des Paons, dont les
plumes avoient été embellies depuis peu par les
yeux d'Argus, que Mercure avoit tué. C'est
ainsi que celles du corbeau, pour avoir trop parlé, devinrent noires. La blancheur de cet Oiseau
égaloit autrefois celle des Colombes, celle des
Oies sacrées, qui devoient un jour sauver le Capitole, & celle des Cygnes même. Sa langue fut
cause de sa disgrace, & pour avoir trop parlé il
devint

Cui color albus erat ; nunc est contrarius albo.
Pulchrior in totâ, quam Larissaea Coronis,
Non fuit Haemoniâ. placuit tibi,Delphice,certè,
Dum, vel casta fuit, vel inobservata. sed ales
Sensit adulterium Phoebeïus : utque latentem
545
Detegeret culpam non exorabilis index,
Ad dominum tendebat iter: quem garrula motis
Consequitur pennis,scitetur ut omnia; cornix.
Audit ànue viae caussâ, Non utile carpis,
Inquit, iter : ne sperne meae praesagia lin-
guae.   550

devint noir, de blanc qu'il étoit auparavant. Coronis, qui habitoit autrefois la Ville de Larisse, étoit la plus belle personne de toute la Thessalie : elle fit vos plus cheres délices, Apollon, tandis qu'elle fut chaste, ou du moins tandis qu'elle n'eut point un surveillant indiscret. Le Corbeau, qui étoit l'Oiseau d'Apollon, découvrit son intrigue, & comme un confident zélé, il alloit l'apprendre à son Maître, lorsqu'il rencontra sur son chemin la Corneille qui lui demanda le sujet de son voiage. Le Corbeau le lui aiant apris, vous vous chargez-là, lui dit-elle, d'un emploi bien délicat, ne méprisez pas l'avis que je vous donne.

EXPLICATION DE LA V. VI. & VII. FABLE.

Lycaon avoit une Fille nommée Galisto, qui aimoit fort la Chasse, & qui portoit pour habillement, suivant l'usage de ces anciens tems, la dépouille de quelques Animaux. Jupiter, second du nom, Roi d'Arcadie, ainsi que nous l'apprend Ciceron (1), en devint amoureux. Voilà tout le fondement de la Fable. Voilà, ce qui a donné lieu de dire qu'elle étoit une des compagnes de Diane ; que son Amant avoit pris la figure de cette Déesse, & que Junon jalouse de cette Intrigue avoit changé sa Rivale en Ourse. On peut ajouter avec un Auteur moderne (2), que Galisto n'a été ainsi métamorphosée que parce qu'elle avoit voué sa Virginité à Diane. L'Ours, qui aime les lieux retirez, doit passer, selon lui, pour le symbole d'une Vertu qui ne se conserve pas aisément au milieu du grand monde. Les Poëtes qui ont écrit cet évenement ont ajouté que Calisto avoit été placée dans le Ciel,

où elle forme la Constellation de l'Ourse, circonstance qui est peut-être fondée sur ce que Lycaon fut un des premiers parmi les Grecs qui l'observa. Tout le mànege de Junon, qui, jalouse de l'honneur que Jupiter avoir rendu à sa Maîtresse en la plaçant dans le Ciel, va trouver Therys pour la prier de ne point recevoir dans l'Ocean cette nouvelle Constellation, n'est qu'une circonstance astronomique qui nous apprend que l'Ourse, ainsi que les autres Etoiles du Cercle Polaire, qui est fort élevé par raport à l'Europe, ne se couche jamais; c'est-à-dire que le Cercle qu'elles décrivent n'est point coupé par l'Horison.

Ce que je viens de dire de Galisto fait assez entendre ce qu'on doit penser de son Fils Arcas, qui étant mort apparemment dans sa jeunesse, fut aussi placé dans le Ciel, où il forma la Constellation de la petite Ourse. Sur quoi on peut consulter Hygin dans son Ciel Poëtique & Astronomique.

(1) *De Nat. Deor. Libr. III.*
(2) *Cæsius ou Blasus, Cælo-Poët. Astron. in Ursa.*

F ᴀ ʙ. **VIII.** *Coronis changée en Corneille.*

A R G U M E N T.

Une autre Fille du même nom que **Coronis Maîtresse** d'**Apollon** avoit été changée en **Corneille**, pour un rapport indiscret qu'elle avoit fait à Minerve, dont elle étoit cherie, fur la Corbeille où Erichthonius étoit enfermé.

Q*Uid fuerim, quid fimque, vide; me-*
ritumque require:
Invenies nocuiffe fidem. nam tempore quodam
Pallas Erichthonium, prolem fine matre crea-
tam,
Clauferat Actaeo textà de vimine ciftà:
Virginibusque tribus, gemino de Cecrope na-
tis, 555
Hanc legem dederat, fua ne fecreta viderent.
Abdita fronde levi denfà fpeculabar ab ulmo,
Quid facerent. commiffa duae fine fraude
tuentur,
Pandrofos atque'Herfe. timidas vocat una fo-
rores
Aglauros: nodosque manu diducit. at intus 560
Infantemque vident, adporrectumque draconem.
Acta Deae refero. pro quo mihi gratia talis
Redditur, ut dicar tutelà pulfa Minervae;
Et ponar poft noctis avem. mea poena volucres
Admonuiffe poteft; ne voce pericula quae-
rant. 565
At puto, non ultro, nec quidquam tale
rogantem *Me*

CON S I D E R E Z ce que j'étois autrefois, & ce que je fuis maintenant : voulez-vous favoir le fujet de mon malheur ? j'ai été punie, pour avoir fait un raport trop fincere. Pallas avoit enfermé dans une Corbeille d'ozier Erichthonius, qui étoit venu au monde fans Mere. Elle la donna aux trois Filles de Cecrops, en leur deffendant d'y regarder. Cachée fous les feuilles d'un Ormeau; j'obfervois la conduite de ces trois Princeffes. Pandrofe & Herfé fuivoient exactement les ordres de Pallas, mais leur Sœur Aglaure, s'étant moquée de leur timidité, ouvrit la Corbeille, & elles y trouverent un Enfant, qui avoit les pieds d'un Serpent. J'allai fur le champ apprendre à la Déeffe l'infidelité de ces trois Filles; pour toute recompenfe je perdis fa protection, & la Chouette me fut préférée. Cette punition doit apprendre aux autres Oifeaux, à ne pas fe perdre par leur indifcretion. Il eft vrai que j'avois aquis
les

Me petiit. ipfâ licet hoc à Pallade quaeras:
Quamvis irata eft, non hoc irata negabit.
Nam me Phocaicâ clarus tellure Coroneus
(Nota loquor) genuit. fueramque ego regia
virgo: 570
Divitibusque procis (ne me contemne) petebar.
Forma mihi nocuit. nam dum per litora lentis
Paffibus, ut foleo, fummâ fpatiarer arenâ,
Vidit, & incaluit pelagi Deus: utque precando
Tempora cum blandis confumfit inania ver-
bis; 575
Vim parat, & fequitur. fugio, denfumque
relinquo
Litus, & in molli nequicquam laffor arenâ.
Inde Deos, hominefque voco: nec contigit ullum
Vox mea mortalem. mota eft pro virgine virgo,
Auxiliumque tulit. tendebam brachia coelo; 580
Brachia coeperunt levibus nigrefcere pennis.
Rejicere ex humeris veftem molibar; at illa
Pluma erat; inque cutem radices egerat imas.
Plangere nuda meis conabar pectora palmis:
Sed neque jam palmas, nec pectora nuda ge-
rebam. 585
Currebam: nec, ut ante, pedes retinebat arena:
Et fummâ tollebar humo. mox alta per auras
Evehor, & data fum comes inculpata Mi-
nervae.
Quid tamen hoc prodeft, fi diro facta volucris
Crimine Nyctimene noftro succeffit honori? 590

les bonnes graces de Pallas, fans les avoir briguées; elle pourra vous l'apprendre elle-même, fi vous voulez le lui demander. L'indignation qu'elle a conçue contre moi, ne l'empêchera pas de vous le dire. Tout le monde fait que j'étois Fille du fameux Coronée, qui regnoit dans la Phocide. Ma naiffance me fit rechercher en mariage par de grands Princes, (vous volez que je mérite quelque diftinction); mais ma beauté me fut funefte; comme je me promenois un jour à pas lents fur le bord de la Mer (car c'eft ma coutume de marcher toujours avec gravité;) Neptune me vit, & devint amoureux de moi. Comme il perdoit également & fon tems & toutes les douceurs qu'il me difoit, il refolut de me faire violence, & fe mit à me pourfuivre. Je pris la fuite; mais alant trouvé un Sable mouvant, je fus bien-tôt fatiguée : j'eus beau appeller les Hommes & les Dieux, perfonne ne venoit à mon fecours; heureufement une Déeffe Vierge fut touchée du malheur d'une Fille, dont la pudeur étoit en fi grand danger, & elle me fecourut. J'avois les bras élevez vers le Ciel, & je les vis fe couvrir d'un plumage noir : je m'efforçois d'ôter mes habits, mais je ne trouvai que des plumes, qui avoient pris racine dans ma peau. En vain je voulus me frapper le fein avec mes mains, je n'avois plus de mains pour le frapper, & mon fein même étoit couvert de plumes. Je m'apperçus cependant que le fable ne me retenoit plus; je coûrois, & m'élevois même de Terre, & je me vis dans un inftant au milieu des airs. Ma chafteté m'attira la protection de Minerve, qui me prit pour fa compagne: mais dequoi m'a fervi cet honneur; puifque Nyctimene changée en Oifeau pour un crime horrible, m'a enlevé la faveur de cette Déeffe?

EXPLICATION DE LA HUITIEME FABLE.

SAns nous arrêter à l'origine infame & fabuleufe de ce Prince, telle qu'on la trouve dans Ovide qui l'a copiée de Pindare, on peut dire qu'il n'a paffé pour être le Fils de Minerve, que parce qu'il étoit peut-être Fils de la Fille de Cranaus, qui portoit le nom de Minerve, & de quelque Prêtre de Vulcain; ou plutôt, comme le prétend St. Auguftin, parce que ce Prince, malfait & boeteux, fut trouvé dans un Temple confacré à ces deux Divinitez; & comme fon nom eft compofé de deux mots Grecs, qui fignifient conteftation & terre, quelques-uns ont cru, avec Strabon (1), qu'il étoit Fils de Vulcain & de la Terre, qui l'avoir conçu dans le tems que Minerve réfiftoit aux pourfuites infames de Vulcain; mais ils n'ont pas vû que ce Prince ne fut ainfi appellé, que pour avoir difputé la Couronne avec Amphictyon & la mort de Cranaus fecond Roi d'Athenes. Amphictyon l'emporta, & après fa mort Erichthonius monta fur le Trône, regna cinquante ans & mourut l'an 1501. avant J. C. ainfi qu'on peut le prouver par l'Epoque X. des Marbres de Paros. Ce Prince au refte avoit les jambes extrêmement foibles & malfaites. Pour en couvrir la difformité, on dit qu'il inventa l'ufage des Chars, qui étoient inconnus avant fon Regne.

Primus Erichthonius currus & quatuor aufus
Jungete. equos, rapidifque rotis infiftere vic-
tor (2).

Mais il n'y a pas d'apparence qu'on n'ait commencé, même dans la Grece, à fe fervir de Chars que du tems de ce Prince; fur tout après tant de Colonies venues d'Egypte, où cet ufage étoit connu dès les premiers

(1) Liv. IX. (2) Virg. Georg. Lib. III. 113.

fiecles. Ainfi il vaut mieux dire, fur l'autorité des Marbres, que je viens de citer, qu'Erichthonius fut le premier qui employa l'ufage des Chariots dans la célébration des Panarhenées, dont ce Monument le fait l'Inventeur. Les Commentateurs de ces Marbres fixent l'inftitution de cette Fête à l'an 1534 avant J. C. Mais quoi que le mot de Panathenées fe trouve dans l'Epoque, je ne faurois me perfuader que du tems d'Erichthonius cette Fête ait pu être célébrée dans toute la Gréce qui n'étoit pas alors affez réünie pour pouvoir participer aux mêmes Myfteres. Ce Prince n'inftitua cette Fête que pour la Ville d'Athenes, & on la nomma d'abord la Fête des Athenées, d'où elle paffa enfuite dans toute la Gréce. Si Meurfius avoir connu ces Marbres, il auroit parlé avec plus d'exactitude de cette Inftitution. Quoi-qu'il en foit, Erichthonius mérita après fa mort d'être placé dans le Ciel, où il forme la Conftellation du Chartier, ainfi que nous l'aprenons d'Hygin (3); ce qui a donné lieu de dire que ce Prince étoit ferpent par la moitié du corps, c'eft cette difformité de jambes, comme le dit le même Auteur: *Alii anguina crura habuiffe Erichthonium dixerunt, eumque primo tempore adolefcentiae Ludos Minervae Panathenaea feciffe, & ipfum quadrigis cucurriffe, pro quibus factis inter fydera dicitur collocatus.*

Apollodore (4) nous apprend qu'Erichthonius né dans l'Attique même étoit Fils de Cranaé Fille d'Attis, & qu'il détrôna Amphictyon & devint quatrième Roi d'Athenes. Le refte de la Fable, telle qu'on la lit dans Pindare & dans Ovide, eft une fiction, qui a rapport, felon St. Auguftin (5), fur ce que ce Prince fut expofé en naiffant dans le Temple de Minerve.

(3) Paft. Aftron. Lib. II. Fab. XIII. au mot Heniochus.
(4) Lib. II. (5) De Civit. Dei.

FAB. IX. *Nyctimene changée en Hibou; & Coronis percée d'un coup de Fleche.*

ARGUMENT.

Nyctimene aiant conçu pour son Pere Nyctée une flamme criminelle, les Dieux, pour punir son inceste, la metamorphoserent en Hibou. Et Apollon perce d'un coup de Fleche le sein de Coronis sur le raport que le Corbeau lui fit de l'infidelité de sa Maîtresse.

AN, *quae per totam res est notissima Lesbon,*
Non audita tibi est? patrium temerasse. cubile
Nyctimenen? avis illa quidem: sed conscia culpae
Conspectum lucemque fugit, tenebrisque pudorem
Celat; & à cunctis expellitur aethere toto. 595
Talia dicenti, Tibi, ait, revocamina, corvus,
Sint precor ista malo. nos vanum spernimus omen.
Nec coeptùm dimittit iter: dominoque jacentem
Cum juvene Haemonio vidisse Coronida narrat.
Laurea delapsa est, audito crimine, amanti: 600

L'HISTOIRE est trop connue dans toute la Ville de Lesbos, pour que vous n'en ayez pas ouï parler. Cette Fille conçut un amour criminel pour son Pere: Il est vrai qu'elle fut changée en Oiseau, mais le ressouvenir de son crime l'oblige encore à fuir la lumiere, & à se tenir cachée dans les ténèbres de la nuit. Tous les autres Oiseaux lui font la guerre. Tel fut le recit de la Corneille. Que l'effet de vos présages, lui dit le Corbeau, retombe sur vous; je méprise un vain augure. Il continua ensuite son chemin, pour aller dire à Apollon qu'il avoit vû sa Maîtresse entre les bras d'un jeune Thessalien. Au recit de l'infidelité de son Amante, Apollon laissa tomber sa couronne de Laurier & sa Lyre: il pâlit, &

Et pariter vultusque Deo, plectrumque, color-
que
Excidit. utque animus tumidà fervebat ab iras
Arma adsueta rapit; flexumque à cornibus
arcum
Tendit: & illa suo toties cum pectore juncta,
Indevitato trajecit pectora telo.   605
Icta dedit gemitum, tractôque à vulnere ferro,
Candida poeniceo perfudit membra cruore:
Et dixit, Potui poenas tibi, Phoebe, dediisse;
Sed peperisse prius. duo nunc moriemur in unà.
Hactenus; & pariter vitam cum sanguine
fudit.   610
Corpus inane animae frigus letale secutum est.
Poenitet heu! serò poenae crudelis amantem;
Seque, quod audierit, quod sic exarserit, odit:
Odit avem, per quam crimen caussamque do-
lendi
Scire coactus erat: nervumque, arcumque,
manumque   615
Odit, cumque manu, temeraria tela, sagittas:
Collapsamque fovet: serâque ope vincere fata
Nititur; & medicas exercet inaniter artes.
Quae postquam frustra tentata, rogumque parari
Sensit, & arsuros supremis ignibus ar-
tus;   620
Tum vero gemitus (neque enim coelestia tingui
Ora decet lacrimis) altâ de corde petitos
Edidit. haud aliter, quam cum, spectante
juvencâ,
Lactentis vituli, dextrâ libratus ab aure,
Tempora discussit claro cava malleus ictu. 625
Ut tamen ingratos in pectora fudit odores:
Et dedit amplexus, injustaque justa peregit,
Non tulit in cineres labi sua Phoebus eosdem
Semina: sed natum flammis uteroque parentis
Eripuit; géminique tulit Chironis in an-
trum.   630
Sperantemque sibi non falsae praemia linguae
Inter aves albas vetuit considere corvum.

son indignation parut sur son visage. Enflammé de colere, il prit ses Fléches, banda son Arc; & perça d'un trait le sein qui lui avoit inspiré tant d'amour. Coronis, se sentant blessée, jetta un grand soupir, & aiant arraché la fleche de la plaie, elle fut bien-tôt couverte du sang qui en couloit. Vous vous êtes vengé, Apollon, lui dit-elle, vous auriez dû attendre du moins que j'eusse mis au monde l'Enfant que je porte dans mon sein. Mon Fils & moi nous mourrons du même coup. A peine eût-elle dit ces paroles, qu'un froid mortel se répandit sur tout son corps, & son ame en sortit avec son sang. Apollon se repentit, mais trop tard, de s'être vengé si cruellement. Desesperé d'avoir ajouté foi au raport du Corbeau; & de s'être porté à cette violence, il ne regarde qu'avec horreur cet Oiseau, qui en lui revelant l'infidelité de sa Maîtresse, l'a jetté dans un état si douloureux. Il ne peut plus souffrir ni son Arc, ni ses traits; il dételle la main qui s'est servie de ces fatales fleches. Envain il embrasse sa chere Coronis, & cherche à la réchauffer; tous les remedes que son Art lui fournit, sont inutiles, & il ne sauroit vaincre ni la mort ni ses destinées. Après avoir essayé, sans succès, tous les secrets de la Medecine, voiant qu'on élevoit le bucher où devoit brûler le corps de sa Maîtresse, il commença à pousser de grands soupirs, car il n'est pas permis aux Dieux de verser des larmes; tels sont les cris & les gemissemens d'une Vache, qui voit porter le coup fatal au jeune Veau qui n'avoit pas encore quitté la mamelle. Après avoir repandu des parfums sur le corps de son Amante, après l'avoir embrassé, & lui avoir rendu tous les devoirs funebres; pour empêcher que la flamme ne consumât l'Enfant qu'elle avoit dans son sein, Il l'en retira, & le porta dans l'antre du Centaure Chiron. Le Corbeau, pour avoir revelé le mystere, fut banni du nombre des Oiseaux dont le plumage est blanc.

EXPLICATION DE LA NEUVIEME FABLE.

PArmi les Métamorphoses d'Ovide, il se trouve souvent des Histoires suivies, & des évenemens liés les uns aux autres, qu'il n'est pas difficile de developper; mais on y rencontre quelquefois des Faits isolez, sur lesquels l'Histoire ne nous a laissé aucune lumiere. Telle est la Fable de Coronis changée en Corneille, pour avoir fait un raport trop fidéle, & celle du Corbeau devenu noir de blanc qu'il étoit, pour avoir trop parlé. Je sai que les Mythologues ont tiré de ces sujets quelques traits de Morale, qu'il n'est pas bien difficile d'y appercevoir; mais comme ce n'est pas-là l'objet que je me suis proposé, j'y renvoie les Lecteurs. Je me contente de dire 1. que presque toujours la ressemblance des Noms a donné lieu aux Métamorphoses; secondement que les Avantures arrivées anciennement dans les Cours des Princes étoient le sujet de

quelques Cantiques, où le merveilleux n'étoit pas épargné. La fiction même la plus hardie a toujours été un privilege de la Poësie. Sur ces principes, on peut penser que les deux Fables qui font le sujet de cette Explication renferment l'Histoire de deux Personnes entierement inconnues, & qu'elle doit être raportée aux temps des Filles de Cecrops, avec lesquelles elle paroit avoir quelque liaison. Tout ce qu'on sait de Coroni, c'est qu'aiant eu commerce avec Apollon, ou avec quelque Prêtre de ce Dieu, elle devint Mere d'Esculape & mourut en accouchant. Comme son nom est celui d'une Nymphe & en même tems celui de la Corneille, quelques Auteurs publierent qu'Esculape son Fils étoit né de l'Oeuf d'une Corneille, & qu'il en étoit sorti sous la figure d'un Serpent, ainsi qu'on peut le voir dans les Dialogues de Lucien.

FAB. X.

F Ä ʙ. X. *Ocyroé changée en Jument.*

ARGUMENT.

Ocyroé, Fille du Centaure Chiron, voulant fe mêler de prédire l'avenir, annonçoit à fon Pere les deftinées du jeune Esculape, lorsque les Dieux la changerent en Jument.

SEmifer interea divinae ftirpis alumno
   Laetus erat ; mixtoque oneri gaudebat
    honore.
Ecce venit rutilis humeros protecta capillis 635
Filia Centauri :   quam quondam Nympha
   Chariclo,
Fluminis in rapidi ripis enixa, vocavit
Ocyroen. non haec artes contenta paternas
Addidiciffe fuit : fatorum arcana canebat.
Ergo ubi fatidicos concepit mente furores, 640
Incaluitque Deo, quem claufum pectore ha-
   bebat,
Adspicit infantem ; Totique falutifer orbi
Crefce puer, dixit : tibi fe mortalia faepe
Corpora debebunt : animas tibi reddere ademtas
Fas erit. idque femel Dis indignantibus au-
   fus,   645
Poffe dare hoc iterum flammà prohiberis avitâ:
Eque Deo corpus fies exfangue : Deusque,
Qui modo corpus eras : & bis tua fata no-
   vabis.

CEPENDANT le Centaure Chiron étoit charmé d'avoir pour éleve le Fils d'Apollon. L'honneur de cet emploi lui en adouciffoit toutes les peines. Sa Fille, avec fes beaux cheveux blonds, étoit toûjours auprès de cet Enfant. La Nymphe Chariclo, qui étoit accouchée d'elle fur les bords d'un Fleuve rapide, lui avoit donné le nom d'Ocyroé. Cette Fille, peu fatisfaite d'avoir été inftruite dans tous les fecrets de fon Pere, fe mêloit aulli de prédire l'avenir. Dans l'un de ces transports qu'infpire le Dieu dont elle étoit poffedée, elle dit un jour, en regardant le Fils d'Apollon, croiffez, jeune Nouriffon, croiffez pour le bonheur du Monde : Vous fauverez fouvent la vie aux Hommes ; vous aurez même le pouvoir d'arracher leurs ames, des bras de la Mort ; mais lorsque vous aurez une fois operé ce prodige, dont les Dieux font fi jaloux, la foudre de Jupiter votre Ayeul vous empêchera d'y réuffir une feconde fois. Privé alors des privileges de la Divinité, dont vous jouïffiez auparavant, vous ne ferez plus qu'un corps inanimé ; mais ce même corps reprendra dans la fuite tous fes avantages, & vous ferez remis au rang des Dieux ; ainfi changeront

Tu quoque, care pater, non jam mortalis,
   & aevis
Omnibus ut maneas , nascendi lege crea-
   tus,   650
Posse mori cupies tum , cum cruciabere dirae
Sanguine serpentis , per saucia membra re-
   cepto.
Teque ex aeterno patientem numina mortis
Efficient ; triplicesque Deae tua fila resolvent.
Restabat fatis aliquid : suspirat ab imis 655
Pectoribus , lacrimaeque genis labuntur obortae :
Atque ita, Praevertunt , inquit , me fata ;
   vetorque
Plura loqui ; vocisque meae praecluditur usus.
Non fuerant artes tanti, quae numinis iram
Contraxere mihi. mallem nescisse futura. 660
Jam mihi subduci facies humana videtur :
Jam cibus herba placet : jam latis currere
   campis
Impetus est : in equam, cognataque corpora,
   vertor.
Tota tamen quare ? pater est mihi nempe bi-
   formis.
Talia dicenti pars est extrema querelae 665
Intellecta parum ; confusaque verba fuere :
Mox nec verba quidem , nec equae sonus ille
   videtur :
Sed simulantis equam : parvoque in tempore
   certos
Edidit hinnitus , & brachia movit in herbas.
Tum digiti coëunt, & quinos adligat un-
   gues   670
Perpetuo. cornu levis ungula : crescit & oris,
Et colli spatium : longae pars ultima pallae
Cauda fit. utque vagi crines per colla jacebant,
In dextras abiere jubas : pariterque novata est
Et vox & facies : nomen quoque monstra de-
   dere.   675

deux fois vos deſtinées. Pour vous, mon Pere, continua-t-elle, en adreſſant la parole à Chiron, qui poſſedez maintenant le privilege de l'immortalité, vous ſouhaiterez la mort, lorſque le venin d'un Monſtre coulant dans vos veines , vous fera ſouffrir de cruelles douleurs. Les Dieux vous ſoumettront alors à la loi des autres Mortels, & les Parques couperont le fil de votre vie. Elle avoit encore pluſieurs autres choſes à ajouter au ſujet des avantures de ſon Pere, lorſqu'on la vit tout d'un coup ſoupirer & repandre des larmes. Le Deſtin, dit-elle, m'empêche de prononcer ce qui me reſtoit à dire ; & je vois que l'uſage de la parole m'eſt interdit. Ma ſcience étoit-elle donc quelque choſe de ſi important , pour m'attirer la colere céleſte ? il me ſeroit bien plus avantageux de n'avoir jamais connu l'avenir. Helas ! il me paroit que je commence à être privée de la Figure humaine ; l'herbe ſemble être la nourriture dont je dois me ſervir deſormais : un mouvement impétueux me porte à courir au milieu des champs : je me vois changée en Jument. C'étoit donc ainſi que je devois reſſembler à mon Pere : mais pourquoi faut-il que je ſois entierement metamorphoſée, puiſque Chiron, ſous la forme d'un Centaure, conſerve du moins la figure d'un Homme ? On n'entendit qu'à peine ces dernieres paroles, tant elle les prononça confuſément. Ce n'étoit plus une voix articulée , ni même des ſons qui reſſemblaſſent parfaitement aux henniſſemens d'une Jument ; quoiqu'ils commençaſſent à les imiter. Un moment après, s'étant miſe à hennir, elle alla chercher les pâturages. Une corne, quoiqu'encore fort inutile , commence à réunir les doigts de ſes mains & de ſes pieds ; ſa bouche s'agrandit , ſon col s'allonge, l'extremité de ſa robe prend la forme d'une queue de Cheval ; ſes cheveux flottant ſur ſes épaules , ſont changez en criniere. Enfin cette metamorphoſe lui fait perdre ſa voix, ſa figure, & ſon nom.

FAB. XI. *Mercure vole les Bœufs d'Apollon.*

ARGUMENT.

Mercure, aiant volé les Bœufs d'Apollon, engagea Battus, qui l'avoit vû, à n'en rien dire, & lui fit pour cela un préſent. Mais, comme il ſe défioit de ce vieux Berger, il prit une autre figure & le tenta par de nouvelles promeſſes, qui l'éblouïrent. Pour le punir de ſon infidelité, Mercure le métamorphoſa en pierre de touche.

Flebat, opemque tuam fruſtra Philyrëius
    heros,
Delphice, poſcebat. ſed nec reſcindere magni
Juſſa Jovis poteras: nec, ſi reſcindere poſſes,
Tunc aderas. Elin Meſſaniaque arva colebas.
Illud erat tempus, quo te paſtoria pellis 680
Texit; onusque fuit baculum ſilveſtre ſiniſtrae;
Alterius, diſpar ſeptenis fiſtula cannis.
Dumque amor eſt curae, dum te tua fiſtula
    mulcet,
Incuſtoditae Pylios memorantur in agros
Proceſſiſſe boves. videt has Atlantide Ma-
    jâ 685
Natus; & arte ſuâ ſilvis occultat abactas.
Senſerat hoc furtum nemo, niſi notus in illo
    Rure

CHIRON pleurant le malheur de ſa Fille imploroit en vain votre ſecours (Apollon): il n'étoit pas en votre pouvoir de changer ſa deſtinée, & quand vous l'auriez pû, vous n'étiez pas préſent à cette triſte avanture. Sous l'habit d'un Berger, la Houlette & une Flute à la main, vous gardiez les Troupeaux dans les agréables campagnes de Meſſene. On raconte que tandis que vous étiez occupé de vos amours, & que le ſon de votre Flute vous charmoit, vos Bœufs s'égarérent dans les plaines de Pyle. On ajoute que Mercure les aiant rencontrez, les avoit cachez dans une Forêt voiſine, & que perſonne ne s'étoit apperçu

I 3

Rure fenex. Battum vicinia tota vocabant.
Divitis hic faltus herbofaque pascua Nelei,
Nobiliumque greges, cuftos fervabat equa-
   rum.   690
Hunc timuit, blandàque manu feduxit: &,
   Eia,
Quisquis es, hospes, ait ,, fi forte armenta
   requiret
Haec aliquis, vidiffe nega. neu gratia facto
Nulla rependatur ; nitidam cape praemia
   vaccam.
Et dedit. acceptâ voces has reddidit hos-
   pes: 695
Tutus eas. lapis ifte prius tua furta loquatur.
Et lapidem oftendit. fimulat Jove natus abire.
Mox redit: &, verfâ pariter cum voce figu-
   râ,
Ruftice, vidifti fi quas hoc. limite, dixit,
Ire boves, fer opem, furtoque filentia de-
   me.   700
Juncta fuo pretium dabitur tibi femina tauro.
At fenior, poftquam merces geminata, Sub
   illis
Montibus, inquit, erunt. & erant fub
   montibus illis.
Rifit Atlantiades: &, Me mihi, perfide,
   prodis?
Me mihi prodis? ait. perjuraque pectora
   vertit   705
In durum filicem ; qui nunc quoque dicitur
   Index:
Inque nihil merito vetus eft infamia faxo.

apperçu de ce vol que Battus, vieux Berger, qui gardoit dans ce Canton les beaux Haras du riche Nelée. Mercure, craignant d'être découvert, fe mit à le careffet, & lui dit, en le prenant par la main, mon ami, fi quelqu'un, par hazard, vient vous demander des nouvelles de ce Troupeau, dites hardiment que vous ne l'avez point vû ; pour vous recompenfer d'avance de ce petit plaifir, je vous donne cette belle Geniffe. Vous pouvez être en fûreté, lui dit Battus en la prenant ; cette pierre, que vous voiez-là, trahira plutôt votre fecret que moi. Mercure, après cela, fit femblant de s'éloigner, & étant revenu un moment après fous une autre Figure ; bon Homme, lui dit-il, fi vous avez vû paffer par-là un Troupeau, je vous prie de m'aider à le chercher, ne favorifez pas par votre filence le Vol qu'on m'a fait : je vous donnerai une Vache & un Taureau. Le Vieillard voiant qu'on lui offroit le double de ce qu'on lui avoit donné ; je penfe, dit-il, que votre Troupeau doit être aux environs de cette Montagne : Oui, il y eft, fi je ne me trompe. Mercure, que ce discours fit rire, après lui avoir dit, ah vous me trahiffez donc, perfide que vous êtes, vous me trompez, & vous voulez m'en impofer à moi-même, le changea en cette pierre qu'on nomme pierre de touche, & qui porte encore le caractère de duplicité de ce Fourbe.

EXPLICATION DE LA X. & XI. FABLE.

ESculape, tiré du fein de fa Mere, fut confié à Chiron, qui prit foin de fon éducation. C'eft ce qui caufa la perte d'Ocyroé Fille de ce Centaure. J'aurai occafion dans la fuite de parler d'Esculape ; il fuffit dans cette Explication de faire connoître Chiron & fa Fille.

Les Centaures, ces Monftres dont le corps étoit moitié Homme & moitié Cheval, étoient les premiers Cavaliers de la Theffalie, ainfi que je le prouverai dans l'hiftoire du Combat des Centaures & des Lapithes. Chiron, un de ces Cavaliers, étoit fort renommé par fa prudence & par les connoiffances qu'il avoit acquifes dans un Lieu où les Sciences étoient fort négligées. Tous les Anciens le regardent comme l'Inventeur de la Medecine, qu'il apprit enfuite à Esculape fon Difciple. On en fait encore un excellent Muficien & un bon Aftronome, ainfi qu'on peut le voir dans Homere, dans Diodore de Sicile, & dans les autres anciens Auteurs. La plupart des Heros de ce Siecle, entre autres Jafon & Hercule, voulurent étudier fous un Maitre fi habile. On doit croire qu'un Homme fi éclairé ne négligea pas de cultiver l'efprit & les talens de fa Fille Ocyroé. Mais comme elle voulut pénétrer dans l'avenir, & pré-

dire les Avantures du jeune Esculape, on dit qu'elle fut changée en Jument : Métamorphofe, qui, felon moi, n'a d'autre fondement, que fon habileté à monter à Cheval. Car, puisqu'il eft fûr qu'on a regardé les Cavaliers de ce tems-là comme des Monftres moitié Hommes, moitié Chevaux, il n'eft pas étonnant qu'on ait changé en Jument la Fille d'un Centaure. J'ai dit que Chiron étoit un habile Aftronome. Toute l'Antiquité en convient. On croit communément que ce fut lui qui dans le Voyage des Argonautes détermina les Conftellations, pour leur faciliter la navigation. Il plaça pour cela, conformément à l'état du Ciel, les points des Solftices & des Equinoxes au 15. dégré de ces Conftellations : c'eft-à-dire, vers le milieu des Signes du Cancer & du Capricorne, d'Aries & du Scorpion. Et l'on peut regarder fon Calendrier comme un des plus anciens du Monde. On voit par ce que je viens de dire que Chiron vivoit du temps des Argonautes, c'eft-à-dire, fuivant les fuppofitions les plus exactes, vers l'an 1420. avant JESUS-CHRIST, plus de 200. ans avant la Guerre de Troie. Mais j'aurai lieu de m'étendre fur les preuves de cette Chronologie dans l'Hiftoire de l'Expedition des Argonautes.

F A B. XII.

F A B. XII. *Mercure Amoureux de Herſé.*

A R G U M E N T.

Mercure, devenu amoureux de Herſé Fille de Cecrops, voulut engager Aglaure à lui rendre ſervice auprès de ſa Sœur, & à lui permettre
l'entrée de ſon Apartement; mais elle ne voulut jamais y conſentir, à
moins qu'il ne lui promît une bonne ſomme d'Argent.

Hinc ſe ſuſtulerat paribus caducifer alis;
Munychiosque volans agros, gratam-
que Minervae
Deſpectabat humum , cultique arbuſta Ly-
cei.   710
Illà forte die caſtae de more puellae
Vertice ſuppoſito feſtas in Palladis arces
Pura coronatis portabant ſacra caniſtris.
Inde revertentes Deus adſpicit ales : iterque
Non agit in rectum , ſed in orbem curvat
eumdem.   715
Ut volucris viſis rapidiſſima milüus extis,
Dum timet, & denſi circumſtant ſacra miniſtri,
Flectitur in gyrum; nec longius audet abire :
Spemque ſuam motis avidus circumvolat alis.
Sic ſuper Actaeas agilis Cyllenius arces   720
Inclinat curſus : & easdem circinat auras.

Mercure, après avoir quitté les campagnes de Meſſene, prit ſon vol au milieu
des airs , & s'arrêta ſur la Ville d'Athenes, s'a-
muſant à conſiderer un Païs ſi cheri de Minerve,
& ſurtout les charmantes promenades du Lycée.
Ce jour-là les Filles Atheniennes, ſelon leur coutume , portoient ſur leurs têtes, dans des paniers
couronnez de fleurs, les préſens qu'elles alloient
offrir à cette Déeſſe. Mercure, qui les apperçut
dans le temps qu'elles revenoient du Temple, ſe
mit à voltiger autour d'elles , pour les voir plus
long-temps; & fit pluſieurs fois le tour de la Citadelle d'Athenes, paſſant & repaſſant continuellement ſur les mêmes lieux : comme le Milan,
qui voit les entrailles des Victimes qu'on vient
d'immoler, plane aux environs, & n'oſant s'en
approcher de trop près à cauſe des Sacrificateurs
qui les environnent , il ne s'en éloigne pourtant
pas, & les devore des yeux. Autant que l'Etoile

Quanto splendidior, quam cetera sidera, fulget
Lucifer; & quanto te, Lucifer, aurea Phoebe;
Tanto virginibus praestantior omnibus Herse
Ibat : eratque decus pompae, comitumque
    suarum.   725
Obstupuit formâ Jove natus: & aethere pendens
Non secus exarsit, quam cum balearica plum-
    bum
Funda jacit. volat illud, & incandescit eundo,
Et quos non habuit, sub nubibus invenit, ignes.
Vertit iter; coeloque petit diversa relicto : 730
Nec se dissimulat : tanta est fiducia formae.
Quae quamquam justa est; curâ tamen ad-
    juvat illam :
Permulcetque comas, chlamydemque, ut pen-
    deat apte,
Collocat : ut limbus, totumque adpareat au-
    rum :
Ut teres in dextrâ, quâ somnos ducit & ar-
    cet,   735
Virga sit : ut tersis niteant talaria plantis.
Pars secreta domûs ebore & testudine cultos
Tres habuit thalamos, quorum tu, Pandro-
    so, dextrum,
Aglauros laevum, medium possederat Herse.
Quae tenuit laevum venientem prima nota-
    vit   740
Mercurium: nomenque Dei scitarier ausa est,
Et caussam adventûs. cui sic respondit Atlantis
Plëionesque nepos: Ego sum, qui jussa per auras
Verba patris porto. pater est mihi Juppiter ipse:
Nec fingam caussas. tu tantum fida sorori 745
Esse velis, prolisque meae matertera dici.
Herse caussa viae. faveas oramus amanti.
Adspicit hunc oculis isdem, quibus abdita nuper
Viderat Aglauros flavae secreta Minervae:
Proque ministerio magni sibi ponderis au-
    rum   750
Postulat. interea tectis excedere cogit.
Vertit ad hanc torvi Dea bellica luminis or-
    bem,
Et tanto penitus traxit suspiria motu,
Ut pariter pectus, positamque in pectore
    forti
Aegida concuteret. subit, hanc arcana pro-
    fanâ   755
Detexisse manu tum, cum sine matre crea-
    tam
Lemnicolae stirpem contra data foedera vidit:
Et gratamque Deo fore jam, gratamque so-
    rori :
Et ditem sumto, quod avara poposcerit, auro.

le de Venus brille parmi les autres Astres, autant que la Lune efface par son éclat celui de cette Planette, autant la charmante Herse effaçoit par sa beauté celle de toutes ses compagnes. Seule, elle faisoit tout l'ornement de cette Ceremonie. Le Fils de Jupiter ébloui par l'éclat de cette Princesse, demeure suspendu au milieu des Airs, & comme la bale de plomb, qu'un habitant des Isles Baléares lance avec sa fronde, s'enflamme & se fond, Mercure étonné & surpris, se sentant embrasé d'un feu qui le devore, descend à Athenes & se montre sans se deguiser. Cependant, quoique rassuré par sa bonne mine & par son mérite, il ne laisse pas d'emprunter de l'art de nouveaux agrémens : il arrange ses cheveux, il fait floter sa robe de maniere qu'on puisse voir l'or dont elle est enrichie, & tenant d'un air gracieux & galant son Caducée, il a soin de montrer les ailes qu'il porte aux pieds. Dans le Palais de Cecrops, il y avoit trois Appartemens enrichis d'Yvoire & d'Ecaille. Pandrose occupoit celui qui étoit à droite, Aglaure celui qui étoit à gauche, & Herse celui du milieu. Aglaure, aiant la premiere apperçu Mercure, lui demanda son nom & le sujet qui l'amenoit. Jupiter est mon Pere, lui répondit ce Dieu, & c'est moi qui porte partout ses ordres. Je veux bien vous apprendre ce qui m'amene ici : soiez seulement fidèle à votre Sœur, & ne refusez pas une Alliance qui doit vous honorer. C'est votre Sœur Herse que je cherche, soiez favorable aux vœux d'un Amant. Aglaure, le regardant avec ces yeux avides & curieux, qui l'avoient portée à voir le dépôt que Minerve lui avoit confié, l'obligea à sortir du Palais, & lui fit entendre qu'il n'y auroit qu'une somme considerable d'Argent, qui pût l'engager à devenir la confidente de cette intrigue. Pallas, qui haïssoit cette Princesse, jetta sur elle des regards pleins d'indignation, & son cœur fut tellement ému des soupirs qu'elle poussa, que son Egide en fut ébranlé. Elle se ressouvint de la sacrilege curiosité qui avoit porté cette Fille à ouvrir, malgré ses ordres, la Corbeille où étoit le Fils de Vulcain, & ne put souffrir qu'elle fût ingrate envers Mercure, ni envers sa propre Sœur, ni qu'elle s'enrichît tout d'un coup par cette somme d'Argent que son avarice lui avoit fait demander.

EXPLI-

EXPLICATION DE LA DOUZIEME FABLE.

LEs Filles de Cecrops, premier Roi d'Athenes, aiant transgreffé l'ordre que Minerve leur avoit donné, encoururent l'indignation de cette Déeffe, qui, pour fe venger de l'indiscretion de ces jeunes Princeffes, rendit Aglaure jaloufe de fa Sœur Herfé; & celle-ci aiant voulu empêcher Mercure, qui en étoit amoureux, d'entrer dans fa chambre, ce Dieu la changea en Rocher, en la touchant avec fon Caducée. Voilà la maniere dont on écrivoit anciennement l'hiftoire des Perfonnes diftinguées ou par leur mérite ou par leur naiffance. On croyoit leur faire honneur en mêlant leurs intérêts avec ceux des Dieux. Quelque Prince, de ceux qui portoient le nom d'Apollon, car il y en a eu plufieurs, ainfi qu'on peut le voir dans le III. Li. vre *de la nature des Dieux*, devint amoureux de Herfé, dont fa Sœur conçut beaucoup de jaloufie. Sur une avanture fi ordinaire Ovide fe laiffe emporter à fon imagination & écrit cette Hiftoire avec tout l'agrément & tout le merveilleux que fon esprit fecond en fictions a pû lui fournir.

FAB. XIII. *Aglaüre changée en Pierre.*

ARGUMENT.

Pallas commande à l'Envie de rendre Aglaure jaloufe de fa Sœur Herfé. Agitée de cette paffion Aglaure empêche Mercure d'entrer dans l'Apartement de fa Sœur, & ce Dieu la change en Pierre.

PRotinus Invidiae, nigro fqualentia tabo, 760
Tecta petit. domus eft imis in vallibus antri
Abdita, fole carens, non ulli pervia vento;
Triftis, & ignavi pleniffima frigoris; & quae
Igne vacet femper, caligine femper abundet.
Huc ubi pervenit belli metuenda virago; 765
Conftitit

PALLAS donc prit le parti d'aller fur le champ dans le fejour de l'Envie. Cette trifte demeure, toujours fouillée de fang & de venin, eft dans le fond d'un Antre, où la lumiere du Soleil ne pénétra jamais: Un froid épouventable y redouble l'horreur des ténèbres, dont ce lieu eft éternellement couvert. Minerve étant arrivée près de cette Caverne, où il n'eft pas permis aux Dieux

Constitit ante domum, (neque enim succedere
    tectis
Fas habet) & postes extremâ cuspide pulsat.
Concussae patuere fores. videt intus edentem
Vipereas carnes, vitiorum alimenta suorum,
Invidiam : visâque oculos avertit. at illa 770
Surgit humo pigrâ : semesarumque relinquit
Corpora serpentum ; passuque incedit inerti.
Utque Deam vidit formâque armisque de-
    coram,
Ingemuit : vultumque ima ad suspiria duxit.
Pallor in ôre sedet : macies in corpore toto : 775
Nusquam recta acies : livent rubigine dentes :
Pectora felle virent : lingua est suffusa veneno.
Risus abest, nisi quem visi movère dolores.
Nec fruitur somno, vigilacibus excita curis :
Sed videt ingratos, intabescitque videndo, 780
Successus hominum : carpitque & carpitur unâ.
Suppliciumque suum est. quamvis tamen ode-
    rat illam,
Talibus adfata est breviter Tritonia dictis :
Infice tabe tua natarum Cecropis unam.
Sic opus est. Aglauros ea est. haud plura lo-
    cuta   785
Fugit ; & impressâ tellurem repulit hastâ.
Illa Deam obliquo fugientem lumine cernens ;
Murmura parva dedit ; successurumque Mi-
    nervae
Indoluit : baculumque capit ; quod spinea totum
Vincula cingebant : adopertaque nubibus
    atris,   790
Quâcumque ingreditur, florentia proterit arva,
Exuritque herbas, & summa cacumina carpit ;
Adflatuque suo populos, urbesque, domosque
Polluit : & tandem Tritonidâ conspicit arcem,
Ingeniis, opibusque, & festâ pace viren-
    tem :   795
Vixque tenet lacrimas ; quia nil lacrimabile
    cernit.
Sed postquam thalamos intravit Cecrope natae,
Jussa facit : pectusque manu ferrugine tinctâ
Tangit : & hamatis praecordia sentibus implet ;
Inspiratque nocens virus : piceumque per
    ossa   800
Dissipat, & medio spargit pulmone venenum.
Neve mali spatium caussae per latius errent,
Germanam ante oculos, fortunatumque sororis
Conjugium, pulchràque Deum sub imagine
    ponit.
Cunctaque magna facit, quibus irritata,
    dolore   805

        Cecropis

Dieux d'entrer, s'arrêta près de la porte, & l'aiant
frappée d'un coup de Lance, elle s'ouvrit sur le
champ. L'Envie dans le fond de son Antre, pour
entretenir sa rage & sa fureur, mangeoit des Viperes, & Minerve détourna ses regards d'un objet
si affreux & si dégoûtant. L'Envie laissa les restes de ce triste repas, se leva, & s'étant avancée
d'un pas lent & tardif vers la Déesse, elle ne pût
s'empêcher de gemir & de soupirer, en voiant
l'éclat de la beauté & celui de ses armes. Une
triste pâleur est peinte sur son visage, elle a le
corps entierément décharné, le regard sombre &
égaré, les dents noires & mal propres, le cœur
abreuvé de fiel, & la langue couverte de venin.
Toûjours livrée à des soins inquiets & chagrins,
jamais elle n'a ri qu'à la vûe de quelques maux,
jamais le sommeil ne ferma ses paupieres. Tout
ce qui arrive d'heureux dans le Monde l'afflige &
redouble sa fureur : elle met toute sa joie à se tourmenter, à tourmenter les autres, & elle est elle-
même son propre bourreau. Quelque horreur
què Pallas eût de ce Monstre, elle ne laissa pas de
lui donner ses ordres : Infecte, lui dit-elle, de ton
venin une des Filles de Cecrops ; c'est Aglaure
dont il faut me venger. D'abord qu'elle eût donné cet ordre, elle frapa la Terre de sa Lance &
partit. L'Envie regardant de travers la Déesse
qui s'éloignoit, fit entendre un murmure confus,
qui marquoit le chagrin qu'elle avoit de voir que
Minerve joüiroit du plaisir d'avoir été bien servie.
Prenant ensuite à la main un bâton couvert de
nœuds & d'épines, elle partit envelopée d'un
nuage épais & obscur. Par tout où elle passe,
les champs sont infectez : le venin qu'elle repand
fait secher l'herbe, les fleurs se fanent, tout en est
souillé, les Hommes, les Villes & les Maisons.
Arrivée près d'Athenes, cette Ville si florissante
où regnoient les Arts, la Paix & l'Abondance, elle eut bien de la peine à retenir ses larmes, parce qu'elle ne vit par tout que des sujets de joie.
Pour executer l'ordre de Minerve, elle entre dans
l'Appartement de la Fille de Cecrops, & aiant
porté sa main empoisonnée sur le cœur de cette
Princesse, elle le remplit de mille éguillons perçans, elle lui souffle un venin mortel qui penetre
ses os & ses entrailles, & afin que l'effet en fût
plus prompt, elle lui met devant les yeux l'Hymen qui va combler de gloire Hersé sa Sœur. Elle lui fait un portrait charmant du Dieu qui doit
être son Epoux ; & ne lui représente en tout cela
                                   rien

Cecropis occulto mordetur : & anxia noƈte,
Anxia luce gemit ; lentàque miserrima tabe
Liquitur, ut glacies incerto saucia sole :
Felicisque bonis non secius uritur Herses,
Quam cum spinosis ignis supponitur herbis ; 810
Quae neque dant flammas, lenique tepore
   cremantur.
Saepe mori voluit ; ne quidquam tale videret :
Saepe velut crimen rigido narrare parenti.
Denique in adverso venientem limine sedit
Exclusura Deum. cui blandimenta, preces-
   que,   -   815
Verbaque jaƈtanti mitissima, Desine, dixit :
Hinc ego me non nisi te motura repulso.
Stemus, ait, paƈto, velox Cyllenius, isto ;
Caelatasque fores virgâ patefecit. àt illi
Surgere conanti partes, quascumque se-
   dendo   820
Fleƈtimur, ignavâ nequeunt gravitate moveri.
Illa quidem reƈto pugnat se attollere trunco :
Sed genuum junƈtura riget, frigusque per
   ungues
Labitur ; & pallent amisso sanguine venae.
Utque malum latè solet immedicabile can-
   cer   825
Serpere, & illaesas vitiatis addere partes ;
Sic letalis hiems paullatim in peƈtora venit :
Vitalesque vias, & respiramina clausit.
Nec conata loqui est ; nec, si conata fuisset,
Vocis haberet iter. saxum jam colla tene-
   · bat ;   830
Oraque duruerant ; signumque exsangue sedebat.
Nec lapis albus erat. sua mens infecerat illam.

rien que de grand & de glorieux pour Herſé.
Cette image jette dans le cœur d'Aglaure une jalouſie ſecrete qui la devore. Conſumée par un
feu inviſible, elle gémit nuit & jour, elle fond
peu à peu comme la glace qui ſe trouve expoſée
aux rayons d'un Soleil peu ardent, ou comme
l'Herbe qui par un feu lent eſt reduite en cendres
ſans s'enflammer. Elle ſouhaite de mourir mille
fois plutôt que d'être témoin de ce Mariage, &
prend ſouvent la reſolution d'informer ſon Pere de
cette intrigue. Enfin elle ſe met à la porte de
l'Appartement de ſa Sœur pour empêcher Mercure
d'y entrer. Il eut beau la careſſer, la prier, la
conjurer : tout fut inutile, ceſſez, lui dit-elle un
jour, de me preſſer, vous ne m'arracherez jamais
d'ici ; je n'en ſortirai point que vous ne ſoiez parti. He bien, lui répondit Mercure, vous ſerez
ſatisfaite. En prononçant ces paroles, il ouvrit
la porte en la frappant avec ſon Caducée. Aglaure voulut ſe lever, mais elle ſe trouva immobile.
Elle s'efforça de ſe redreſſer, mais ſes genoux n'é-
toient plus flexibles ; déja ſes pieds & ſes mains
étoient glacez ; ſes veines, faute de ſang, n'avoient
plus leur couleur ordinaire ; comme la gangreine
fait un progrès inſenſible, & corrompt les parties
les plus ſaines ; ainſi un froid mortel ſe gliſſa peu
à peu dans ſon ſein & lui ôta enfin la reſpiration
& la vie. Elle ne fit aucun effort pour parler ;
elle l'auroit tenté vainement ; tous les conduits de
la voix étoient fermez ; ſon cou & ſon viſage
étoient changez en pierre ; & l'infortunée Aglaure
n'étoit plus qu'une Statue ſans vie & ſans mouvement, & dont l'éclat & la blancheur avoient
été ternis par le venin de la Jalouſie, dont cette
Princeſſe avoir été infeƈtée.

EXPLICATION DE LA TREIZIEME FABLE.

LA viſite que rend Minerve à l'Envie, qu'Ovide
décrit avec tant d'art, & qui eſt ſi bien repréſen-
tée dans cette Figure, eſt toujours la ſuite de la même
Fable. Un Hiſtorien auroît dit ſimplement qu'Aglaure fut jalouſe du bonheur de ſa Sœur. Un Poëte s'é-
leve & mêlant, ſuivant les privileges de ſon Art, l'intervention des Dieux, dans les choſes même les plus
communes, leur donne un intérêt vif & animé qui les
fait agir. Pauſanias (1), dépouillant cette Avanture
du merveilleux qui l'accompagne, dit que les Filles de
Cecrops devenues furieuſes ſe précipiterent du haut
d'une Tour. J'ajoute que ces Princeſſes n'étant pas
peut-être fort dévotes à Minerve, dont le culte ne venoir que d'être établi à Athenes, on publia, pour lui

(1) In Atticis.

donner de la reputation, que c'étoit la Déeſſe qui avoit
puni leur impiété. Ce qui confirme ma conjecture,
c'eſt que le même Pauſanias nous apprend que Pan-
droſe, troiſiéme Fille de Cecrops, eut, après ſa mort,
un Temple bâti à ſon honneur auprès de celui de Minerve, parce qu'elle avoit été fidelle à la Déeſſe, & ne
lui avoit pas desobéï comme ſes Sœurs. Il faut que
dans la flûte on ait rehabilité la memoire de Herſé &
d'Aglaure, puis qu'Herodote nous apprend que ces
deux Princeſſes eurent auſſi leurs Temples. L'Epoque
du rems où vivoient les Filles de Cecrops eſt aſſez connue par celle du Regne de leur Pere, qui eſt fixée par
les Commentateurs des Marbres de Paros vers l'an 1582.
avant JESUS-CHRIST, près de 400. ans avant la
Guerre de Troie.

FAB. XIV. *Europe enlevée par Jupiter.*

ARGUMENT.

Jupiter se change en Taureau, enleve Europe, dont il étoit amoureux, & l'emporte sur son dos, au travers de la Mer, jusques dans l'Isle de Crete.

HAs ubi verborum poenas mentisque pro-
     fanae
Cepit Atlantiades; dictas à Pallade terras
Linquit, & ingreditur jactatis aethera pen-
     nis.   835
Sevocat hunc genitor ; nec caussam fassus
     amoris,
Fide minister, ait, jussorum nate meorum,
Pelle moram, solitoque celer delabere cursu:
Quaeque tuam matrem tellus à parte sinistrà
Suspicit, (indigenae Sidonida nomine di-
     cunt)   840
Hanc pete: quodque procul montano grami-
     ne pasci
Armentum regale vides, ad litora verte.
Dixit: & expulsi jamdudum monte juvenci
Litora jussa petunt, ubi magni filia regis
Ludere,virginibus Tyriis comitata,solebat. 845
Non bene conveniunt, nec in una sede morantur,
Majestas & amor. sceptri gravitate relictà,
Ille pater rectorque Deûm; cui dextra trisulcis
            Ignibus

MERCURE, après s'être ainsi vengé d'A-
glaure, abandonna le séjour d'Athenes & retourna dans le Ciel. Dès qu'il y fut arrivé, Jupiter lui parla en secret, & lui donna ses ordres, sans toutefois lui découvrir son amour. Mon Fils, lui dit-il, qui m'avez toûjours servi avec tant de zèle & de fidelité, descendez prompte- ment sur la Terre, allez dans cette Contrée, qui voit à sa gauche les Pléiades au nombre desquel- les est votre Mere ; & que ceux qui l'habitent nomment le Païs de Sidon, & prenez soin de conduire près de la Mer le Troupeau que vous voyez paître sur cette Montagne. Il dit, & deja les Boeufs s'approchoient du rivage, où la Fille du puissant Roi de Tyr jouoit suivant sa coûtu- me avec ses compagnes. La Majesté & l'Amour ne sympatisent gueres ensemble. Le Maître & le Souverain des Dieux, dont la main est toujours   armée

Ignibus armata eʃt, qui nutu concutit orbem ;
Induitur faciem tauri: mixtusque juvencis 850
Mugit, & in teneris formoʃus obambulat herbis,
Quippe color nivis eʃt, quam nec veʃtigia duri
Calcavere pedis ; nec ʃolvit aquaticus Auʃter.
Colla toris exʃtant : armis palearia pendent
Cornua parva quidem ; ʃed quae contendere
poʃʃis 855
Facta manu, puráque magis perlucida gemmâ.
Nullae in fronte minae, nec formidabile lumen ;
Pacem vultus habet. miratur Agenore nata,
Quod tam formoʃus, quod proelia nulla mi-
netur.
Sed, quamvis mitem, metuit contingere pri-
mo : 860
Mox adit : & flores ad candida porrigit ora.
Gaudet amans : & , dum veniat ʃperata vo-
luptas,
Oʃcula dat manibus. vix ah, vix cetera differt.
Et nunc adludit, viridique exʃultat in herbâ :
Nunc latus in fulvis niveum deponit are-
nis ; 865
Paullatimque metu demto, modo pectora
praebet
Virgineâ plaudenda manu ; modo cornua ʃertis
Impedienda novis. auʃa eʃt quoque regia virgo,
Neʃcia quem premeret, tergo conʃidere tauri.
Cum Deus à terrâ, ʃiccoque à litore, ʃen-
ʃim 870
Falʃa pedum primis veʃtigia ponit in undis.
Inde abit ulterius, mediique per aequora ponti
Fert praedam. pavet haec : litusque ablata re-
lictum
Reʃpicit : & dextrâ cornum tenet ; altera dorʃo
Impoʃita eʃt : tremulae ʃinuantur flamine
veʃtes. 875

armée de la foudre, qui d'un ʃeul mouvement de tête ébranle l'Univers, abandonne ʃon ʃceptre & toute la grandeur qui l'environne, pour prendre la figure d'un Taureau ; il ʃe mêle dans le Troupeau & marche en mugiʃʃant à travers les pâturages ; il ne differoit des autres que par ʃon extrême blancheur, qui reʃʃembloit en effet à celle de la neige, ʃon cou paroiʃʃoit plein de muscles, ʃon fanon étendu avec grace, les cornes petites & polies imitoient par leur éclat celui des perles, & on auroit cru qu'un habile Ouvrier avoit pris ʃoin de les former. Son front n'avoit rien de menaçant, ni ʃes yeux rien de farouche ; il étoit doux & careʃʃant : La Fille d'Agenor admiroit ʃa beauté & ʃa douceur ; cependant elle n'oʃoit pas d'abord s'en approcher ; elle s'enhardit enfin & lui préʃenta des fleurs. L'Amant, en les mangeant, lui baiʃe les mains, & a bien de la peine à tenir les tranʃports de la paʃʃion qui l'enflamme : Tantôt il ʃe jouë & bondit ʃur l'herbe, quelquefois il ʃe couche ʃur le ʃable. Europe raʃʃurée le careʃʃe avec la main, pare ʃes cornes de guirlandes de fleurs, & ne s'imaginant pas que ce fût ʃon Amant, elle a la hardieʃʃe de monter ʃur ʃon dos. Jupiter s'étant alors avancé doucement du côté du rivage, met d'abord les pieds dans la Mer ; il s'avance enʃuite un peu plus avant, & emporte ʃa proye. Europe tremblante regarde le rivage qui s'éloigne ; elle tient d'une main une corne du Taureau, elle s'appuye de l'autre ʃur ʃon dos, & ʃes habits flottent au gré des Vents.

EXPLICATION DE LA QUATORZIEME FABLE.

LA Fable de Jupiter changé en Taureau pour enlever Europe, eʃt un évenement fort célèbre dans l'Hiʃtoire, ainʃi que nous le verrons dans la ʃuite. Pour la bien entendre, il faut ʃavoir qu'il y a eu pluʃieurs perʃonnes qui ont porté le nom de Jupiter ; mais la confuʃion qui regnoit dans l'Hiʃtoire ancienne a répandu une obʃcurité impénétrable ʃur leurs Avantures. Voʃʃius (1) a aʃʃez bien réuʃʃi à les démêler. Selon cet Auteur, l'Avanture de Niobé, Fille de Phoronée, doit regarder Jupiter Apis Roi d'Argos, qui vivoit 1770. ans avant Jesus-Christ. Celle de Danaé doit être miʃe ʃur le compte de Jupiter Pretus qui vivoit environ 1350. ans avant l'Ere Chrétienne. Celui qui enleva Ganymede eʃt Jupiter Tantale qui regnoit environ le même tems. Celui qui fut Pere d'Hercule eʃt celui qui trompa Leda ʃous la figure d'un Cygne. Enfin celui qui fait le ʃujet de cette Fable eʃt Jupiter Aʃterius Roi de Créte, dont le Regne tombe ʃur l'an-

née 1400. avant Jesus-Christ, plus de 200. ans avant la Guerre de Troie. Ce Prince, ʃi nous en croions Diodore de Sicile, étoit Fils de Teutame qui ayant épouʃé la Fille de Creteus, paʃʃa avec quelques Pelasgiens dans l'Iʃle de Créte, & en fut le premier Roi. Ce principe ainʃi ʃupoʃé, il eʃt aiʃé de dépouiller la Fable, dont il s'agit, des ornemens que le Poete y a mêlez. Aʃterius, aiant ou parler de la beauté d'Europe Fille d'Agenor Roi de Tyr, équipa un Vaiʃʃeau pour l'enlever. L'uʃage d'enlever de force les Perʃonnes qu'on ne pouvoit pas obtenir par la voye de la negotiation, étoit fort commun dans ces Siecles groʃʃiers, ainʃi que nous l'aprenons d'Herodote (2). Autre uʃage encore fort ordinaire dans ces tems-là, les Vaiʃʃeaux portoient le nom des Animaux qui étoient repréʃentez ʃur la Prouë. C'eʃt ainʃi que Virgile appelle ceux qui compoʃoient la Flotte d'Enée, le Centaure, la

(1) De Idol. Lib. I. Cap. XIV.

(2) Livr. I.

K 3

la Baleine, &c. & c'est ce que veut dire Ovide par ce vers (3):

Navis & à pictâ. casside nomen habet.

Le Vaisseau qui conduisoit Asterius avoit sans doute sur la Proüe la figure d'un Taureau ; ce qui fit dire à ceux qui écrivirent cet évenement que Jupiter amoureux, oubliant sa grandeur & sa Majesté, s'étoit revêtu, pour enlever sa Maîtresse, de la figure de cet Animal. Palephate (4), & après lui, Tzetzès (5) prétendent que ce qui a donné lieu à cette Fable c'est que le Général des Troupes d'Asterius se nommoit *Taurus*; mais je m'arrête à la premiere explication, qui est plus ancienne & mieux-fondée. Celle de Bochart (6) paroitroit fort ingenieuse, si l'on pouvoit toujours compter sur des Etymologies tirées des Langues, qui ne subsistent plus aujourd'hui. Ce savant Auteur croit que ce qui a donné lieu à la Fable dont il s'agit, est la double signification du mot *Alpha*, ou *Ilpha*, qui dans le Phenicien veut dire ou un Vaisseau ou un Taureau, & que les Grecs, qui lisoient les Annales de ce Peuple, ont pris dans le dernier sens.

Quoiqu'il en soit, Europe fut conduite dans l'Ile de Crête, où aiant épousé Asterius, elle en eut trois Fils, Minos premier du nom, Rhadamanthe & Sarpedon,

Princes dont les Histoires mêlées de Fable seront expliquées dans la suite. Europe fut fort considerée pendant son Regne, & après sa mort on l'honora comme une Divinité. On établit en sa memoire, une Fête qu'Hesychius nomme *Hellotie*, Ελλωτίας, & comme dans les Apothéoses on changeoit les noms de ceux qu'on mettoit au rang des Dieux, on apella Europe Ελλωτις, nom que l'Auteur du grand Etymologicon traduit par celui de *Vierge*. Mais quelle apparence qu'on ait donné cette qualité à la Mere de trois Princes? ainsi il vaut mieux dire avec Bochart (7) que ce mot vient du Phenicien *Hallots*, qui, selon ce savant Auteur, veut dire *Louange*, *Epithalame*, & qu'on a voulu marquer par-là qu'on avoit celebré son arrivée dans l'Isle de Crête & son Mariage, par des Vers & des Chansons ; ce qui apparemment se renouvelloit tous les ans pendant sa vie, & fut continué après sa mort dans la Fête qu'on institua en son honneur, & qui fut nommée *Hellotie* ou *l'Epithalame*. Ce nom même, si nous en croyons Stephanus (8), fut donné à la Ville Gortys, où cette Fête avoit été instituée. Si l'on n'aime mieux dire toutefois, que cette Fête qu'on celebroit à Corinthe en l'honneur de Minérve, qui étoit nommée *Parthenos*, la *Vierge*; étant passée dans la suite en Crête, y fut celebrée en celui d'Europe; & cette conjecture n'est pas sans fondement ; les mêmes Fêtes aiant souvent changé d'objet, lors que les Colonies les porterent dans les Païs étrangers.

(3) *Ep. Herold.* On peut voir ce que j'ai dit plus au long sur le sujet des Dieux Pataïques dans mon Il. Tome *de l'Explication des Fables.* (4) *Choses Incroïab.* (5) *In Alça.* (6) *Chan.* Lib. II. Cap. III.

(7) *Loco cit.* (8) *De Urbibus*, *verbo* Ελλωτις.

FIN DU SECOND LIVRE.

P. OVIDII

P. OVIDII NASONIS
METAMORPHOSEON
LIBER TERTIUS.

F A B. I. *Cadmus va chercher fa Sœur Europe.*

A R G U M E N T.

Jupiter aiant enlevé Europe , Agenor fon Pere ordonna à fon Fils de l'aller chercher & de ne rentrer jamais dans la Phenicie qu'il ne l'eût retrouvée. Cadmus , après avoir parcouru une partie de la Grece, alla confulter l'Oracle , qui lui aprit qu'il devoit fonder une Ville dans l'endroit où il verroit une Geniſſe s'arrêter , & nommer ce Païs-là Béótie.

Amque Deus poſitâ
fallacis imagine
tauri ,
Se confeſſus erat ;
Dictaeaque rura
tenebat.
Cum pater ignarus
Cadmo perquirere
raptam
    Imperat :

E grand Jupiter étoit déja arrivé dans l'Iſle de Cre- te , déja ce Dieu avoit quitté la figure de Tau- reau, il s'étoit fait con- noitre à Europe , lorſ- qu'Agenor , Pere en même temps tendre & denaturé , ordonna à Cadmus fon Fils de l'aller chercher , & de ne
        rentrer

Imperat : & poenam, si non invenerit, addit
Exsilium, facto pius & sceleratus eodem. 5
Orbe pererrato (quis enim deprendere possit
Furta Jovis?) profugus patriamque, iramm-
que parentis
Vitat Agenorides; Phoebique oracula supplex
Consulit : &, quae sit tellus habitanda, re-
quirit.
Bos tibi, Phoebus ait, solis occurret in arvis, 10
Nullum passa jugum, curvique immunis aratri.
Hac duce carpe vias, &, quâ requieverit
herbâ,
Moenia fac condas; Boeotiaque illa vocato.
Vix bene Castalio Cadmus descenderat antro :
Incustoditam lente videt ire juvencam, 15
Nullum servitii signum cervice gerentem.
Subsequitur, pressoque legit vestigia gressu;
Auctoremque viae Phoebum taciturnus adorat.
Jam vada Cephisi, Panopesque evaserat arva;
Bos stetit; &, tollens spatiosam cornibus
altis 20
Ad coelum frontem, mugitibus impulit auras.
Atque ita, respiciens comites sua terga se-
quentes,
Procubuit, teneraque latus submisit in herbâ.
Cadmus agit grates, peregrinaeque oscula terrae
Figit : & ignotos montes, agrosque salutat. 25
Sacra Jovi facturus : jubet ire ministros,
Et petere è vivis libandas fontibus undas.
Silva vetus stabat, nullâ violata securi;
Est specus in medio, virgis ac vimine densus,
Efficiens humilem lapidum compagibus ar-
cum; 30
Uberibus fecundus aquis. (hoc conditus antro
Martius anguis erat, cristis praesignis & auro;
Igne micant oculi; corpus tumet omne ve-
neno;
Tresque vibrant linguae; triplici stant ordi-
ne dentes.)

rentrer jamais dans la Phénicie qu'il ne l'eût retrouvée. Cadmus, après avoir vainement cherché sa Sœur, (car qui pourroit découvrir ce que
Jupiter prend soin de cacher?) évita par un ban-
nissement volontaire les effets de la colere de son
Pere. Errant dans une Terre étrangere, il alla
consulter l'Oracle d'Apollon, pour savoir dans
quel Païs il iroit fixer sa demeure : *Vous trouve-*
rez, lui dit l'Oracle, *dans un champ desert, une*
Genisse qui n'a point encore porté le joug ni traîné la
charuë, suivez-la, & bâtissez une Ville dans le pâ-
turage où elle s'arrêtera : vous donnerez à ce Païs le
nom de Béotie. A peine Cadmus étoit-il sorti de
l'Antre d'Apollon, qu'il vit une Vache que personne ne gardoit, & qui marchoit fort lentement;
il n'apperçut sur son cou aucune marque qui pût
faire juger qu'elle eût porté le joug; il la suivit,
& marchant sur ses traces, il adoroit dans un
respectueux silence le Dieu qui lui servoit de Guide. Il avoit déja passé le Fleuve Cephisse & traversé les campagnes de Panope; lors que la Genisse s'arrêta, & aiant levé la tête, elle remplit
l'air de mugissemens : elle regarda ensuite ceux
qui l'avoient suivie & se coucha sur l'herbe. Cadmus rendit graces à Apollon de cet heureux présage, & aiant baisé cette Terre étrangere, & a-
dressé ses vœux aux Montagnes & aux Plaines du
Païs, il résolut d'offrir un Sacrifice à Jupiter, &
ordonna à ses compagnons d'aller puiser de l'Eau.
Il y avoit dans le voisinage une antique Forêt que
le fer n'avoit jamais entamée, au milieu de laquelle étoit un Antre couvert de ronces & d'épines, dont l'entrée faite en arcade étoit fort basse;
il en sortoit de l'eau en abondance. Là étoit la
retraite du Dragon de Mars; ce Monstre étoit
horrible; sa tête étoit couverte d'écailles jaunissan-
tes qui brilloient comme de l'or; le feu sortoit de
ses yeux enflamez, & son corps paroissoit enflé
du venin qu'il renfermoit. Il avoit dans la gueule trois rangs de dents extrêmement aiguës, &
trois langues qu'il remuoit avec une rapidité in-
croyable.

EXPLICATION DE LA PREMIERE FABLE.

CEtte Estampe, qui représente Jupiter traversant
la Mer sous la figure d'un Taureau, & se decou-
vrant ensuite à Europe, vient d'être suffisamment expliquée. Mais comme il y a dans l'Histoire des traits
particuliers qui conviennent à cette circonstance de la
Fable, il est bon de les rapporter ici. Solin nous apprend qu'Europe arriva dans l'Isle de Créte par l'Embouchure de la Riviere qui passoit à Gortys, *Gorty-*
nam Lethaeus amnis praeterfluit, quo Eutopam Tauti
dorso Gortynii ferunt vectitatam. Les Grecs qui aimoient extrêmement les Fables, aiant remarqué sur
cette Riviere des Platanes toujours verds, publierent
que ce fut sous un de ces Arbres, que Jupiter consom-
ma son Mariage avec Europe; ce qui donna lieu dans
la suite aux Habitans de Gortys, de fraper une Medaille, qu'on trouve aujourdhui dans le Cabinet du

Roi, où l'on voit d'un côté Europe assise tristement
sous un Arbre moitié Platane & moitié Palmier, au pied
duquel est un Aigle à qui elle tourne le dos. Et pour
qu'on ne puisse pas douter que c'est cet évenement qui
fait le sujet de cette Medaille, la même Princesse y est
représentée de l'autre côté assise sur un Taureau avec
une bordure de feuilles de Laurier & la legende
ΓΟΡΤΙΝΙΩΝ.

Apollodore nous a conservé la Genéalogie d'Europe (1). Libye, selon cet Auteur, eut deux Enfans
de Neptune, Belus & Agenor. Ce dernier épousa
Thelepassa, dont il eut trois Fils, Cadmus, Phenix
& Cilix, & une Fille nommée Europe. Cependant il
y a des Historiens, selon le même Auteur, qui assu-
rent que cette Princesse étoit Fille de Phenix, & petite-
Fille d'Agenor.

(1) Liv. III.   N'oublions

N'oublions pas de dire ici que plusieurs Auteurs ont cru que cette Princesse avoir donné son nom à l'Europe; mais le savant Bochart croit, avec plus de raison, que cette Partie du Monde fut ainsi appellée à cause de la blancheur de ses Habitans.   On pourroit cependant penser qu'Europe aiant été ainsi nommée à cause de son extrême blancheur, on auroit donné son nom à cette Partie du Monde dont les Habitans sont blancs. Il faut bien au reste que cette Princesse ait été extrêmement blanche, quoique née dans un Climat fort chaud, puisque les Poëtes inventerent à ce sujet la Fable qui dit que la jeune Angelo, Fille de Jupiter & de Junon, avoir derobé le fard de sa Mere pour le donner à Europe, qui s'en servit si heureusement, · qu'elle devint d'une extrême blancheur, comme nous l'apprend le Scholiaste de Théocrite.

F A B. II. *Cadmus tue le Dragon de Mars, & en séme les dents qui font converties en Hommes armez.*

ARGUMENT.

Cadmus, pour rendre graces aux Dieux de l'accomplissement de l'Oracle, envoya ses Compagnons puiser de l'eau à la Fontaine de Mars, où ils furent devorez par le Dragon qui la gardoit.   Y étant allé lui-même il tua le Dragon ; sema ses dents par le conseil de Minerve, & il en sortit des Hommes armez, qui s'entretuerent tous, à l'exception de cinq, qui servirent à peupler la Ville de Thèbes.

Quem postquam Tyriâ lucum de gente profecti   35
Infausto tetigere gradu; demissaque in undas
Urna dedit sonitum; longum caput extulit antro
Caeruleus serpens; horrendaque sibila misit.
Effluxere urnae manibus; sanguisque relinquit
Corpus, & attonitos subitus tremor occupat artus.   40
Ille volubilibus squamosos nexibus orbes
Torquet, & immensos saltu sinuatur in arcus:

DE's que les Compagnons de Cadmus furent entrez dans ce sombre séjour, & qu'ils se furent mis en état de puiser de l'eau, le bruit qu'ils firent reveilla ce Dragon, qui sortant la tête de l'Antre, fit entendre des sifflemens horribles. Une subite frayeur se saisit de leur esprit, leur sang glaça, & ils laisserent tomber les Urnes qu'ils avoient à la main. Le Dragon cependant se plioit & se reblioit en mille manieres éfrayantes, & fai-

Tom. I.   Ac   L   soit

Ac mediâ plus parte leves erectus in auras
Despicit omne nemus: tantoque est corpore,
  quanto,
Si totum spectes, geminas qui separat Arctos. 45
Nec mora: Phoenicas (sive illi tela parabant,
Sive fugam; sive ipse timor prohibebat utrum-
  'que)
Occupat ; hos morsu, longis complexibus illos;
Hos necat adflatos funesti tabe veneni.
Fecerat exiguas jam Sol altissimus umbras: 50
Quae mora sit sociis miratur Agenore natus;
Vestigatque viros. tegimen derepta leoni
Pellis erat : telum splendenti lancea ferro,
Et jaculum; teloque animus praestantior omni.
Ut nemus intravit, letataque corpora vidit, 55
Victoremque supra spatiosi corporis hostem
Tristia sanguineâ lambentem vulnera linguâ;
Aut ultor vestrae, fidissima corpora, mortis,
Aut comes , inquit , ero. dixit : dextrâque
  molarem
Sustulit ; & magnum magno conamine misit. 60
Illius impulsu cum turribus ardua celsis
Moenia mota forent ; serpens sine vulnere
  mansit,
Loricaeque modo squamis defensus, & atrae
Duritiâ pellis , validos cute repulit ictus.
At non duritiâ jaculum quoque vincit
  eâdem; 65
Quod medio lentae fixum curvamine spinae
Constitit ; & toto descendit in ilia ferro.
Ille, dolore ferox, caput in sua terga retorsit:
Vulneraque adspexit, fixumque hastile mo-
  mordit.
Idque, ubi vi multâ partem labefecit in om-
  nem, 70
Vix tergo eripuit. ferrum tamen ossibus haeret.
Tum vero, postquam solitas accessit ad iras
Plaga recens, plenis tumuerunt guttura venis:
Spumaque pestiferos circumfluit albida rictus:
Terraque rasa sonat squamis; quique halitus
  exit 75
Ore niger Stygio, vitiatas inficit auras.
Ipse modo immensum spiris facientibus orbem
Cingitur : interdum longâ trabe rectior exit.
Impete nunc vasto, ceu concitus imbribus amnis,
Fertur, & obstantes proturbat pectore silvas. 80
Cedit Agenorides paullum: spolioque leonis
Sustinet incursus; instantiaque ora retardat
Cuspide praetentâ. furit ille, & inania duro
Vulnera dat ferro : frangitque in acumine
  dentes.

Jamque

soit en bondissant des cercles d'une grandeur énor-me ; il lançoit quelquefois en l'air la moitié de son corps, & plus élevé alors que les Arbres de la Forêt, il jettoit ses regards de tous côtez ; on au-roit cru à le voir que son corps étoit aussi grand que celui du Dragon céleste, qui occupe l'espa-ce qui est entre les Constellations des deux Ourses. Soit que ces infortunez Pheniciens se fussent mis en état de se défendre, ou qu'ils voulussent pren-dre la fuite, ou qu'enfin la crainte les eût rendus immobiles, il se jette à l'instant sur eux, déchire les uns avec ses dents, étouffe les autres en s'en-tortillant autour d'eux, ou les tuë de son souffle empoisonné. Le Soleil étoit déja au milieu de sa carriere, lorsque Cadmus, étonné de ne point voir revenir ses Compagnons, se mit en devoir de les aller chercher. S'étant couvert de la peau d'un Lion, il prit sa Lance & son Javelot, qui étoient ses armes ordinaires; mais son courage & sa valeur le rendoient encore plus redoutable que ses armes. Dès qu'il fut entré dans le Bois, & qu'il eut vu cet affreux Dragon couché sur les corps de ses fi-dèles Compagnons , suçant leur sang & leurs playes : Chers Amis, dit-il, ou votre mort sera vengée , ou je périrai comme vous. Il dit, & aiant pris une pierre d'une grosseur énorme, il la jetta sur ce Monstre avec tant d'impetuosité que les Murailles & les Tours même les plus fortes en auroient été ébranlées; le Serpent n'en fut cepen-dant point blessé ; ses écailles ainsi qu'une forte cuirasse rendirent le coup inutile ; mais quelque dure que fût sa peau, elle ne pût resister au Jave-lot qu'il lui lança & qui étant entré par l'épine du dos pénétra jusques dans le fond de ses entrail-les. La douleur rendit ce Dragon furieux, il re-plia sa tête sur son dos , il regarda sa blessure, mordit de rage ce Javelot & s'efforça de l'arracher; mais il n'en pût tirer qu'une partie , & le fer de-meura dans son corps. La douleur de sa plaie redoublant alors sa rage, les veines de son cou pa-rurent enflées du venin qui y couloit en abondan-ce , une écume blanchâtre sortoit de sa gueule empoisonnée ; la Terre retentissoit du bruit de ses écailles, & l'air étoit infecté du souffle qu'il ex-haloit. Tantôt il se recourbe en mille plis, tan-tôt il s'étend, & ressemble à une grande poutre ; quelquefois faisant un nouvel effort , il s'élance avec le même bruit & la même impetuosité qu'un Torrent grossi par les pluyes & renverse les Ar-bres qui se trouvent à sa rencontre. Cadmus l'é-vite avec adresse, soutient ses attaques avec la peau de Lion, & l'empêche de s'approcher, en lui pré-sentant la pointe de sa Lance. Ce mouvement rédouble la rage du Monstre ; il s'efforce vaine-ment

Jamque venenifero sanguis manare palato 85
Coeperat; & virides adspergine tinxerat herbas:
Sed leve vulnus erat: quia se retrahebat ab ictu;
Laesaque colla dabat retrò; plagamque sedere
Cedendo arcebat, nec longius ire sinebat:
Donec Agenorides conjectum in gutture fer-
rum 90
Usque sequens pressit, dum retro quercus eunti
Obstitit; & fixa est pariter cum robore cervix.
Pondere serpentis curvata est arbor, & imae
Parte flagellari gemuit sua robora caudae.
Dum spatium victor victi considerat hostis: 95
Vox subito audita est: (neque erat cognoscere
promtum
Unde; sed audita est) Quid, Agenore nate,
peremtum
Serpentem spectas? & tu spectabere serpens.
Ille diu pavidus, pariter cum mente colorem
Perdiderat; gelidoque comae terrore rige-
bant. 100
Ecce viri fautrix, superas delapsa per auras,
Pallas adest: motaeque jubet supponere terrae
Vipereos dentes, populi incrementa futuri.
Paret: &, ut presso sulcum patefecit aratro,
Spargit humi jussos, mortalia semina, den-
tes. 105
Inde (fide majus) glebae coepere moveri;
Primaque de sulcis acies adparuit hastae.
Tegmina mox capitum picto nutantia cono:
Mox humeri pectusque,onerataque brachia telis
Existunt:crescitque seges clypeata virorum. 110
Sic, ubi tolluntur festis aulaea theatris,
Surgere signa solent;primumque ostendere vul-
tum,
Cetera paullatim: placidoque educta tenore
Tota patent; imoque pedes in margine ponunt.
Territus hoste novo Cadmus capere arma pa-
rabat: 115
Ne cape,de populo,quem terra creaverat,unus
Exclamat; nec te civilibus insere bellis.
Atque ita terrigenis rigido de fratribus unum
Cominus ense ferit: jaculo cadit eminus ipse.
Hic quoque,qui leto dederat,non longius illo 120
Vivit, & exspirat, modo quas acceperat, auras.
Exemploque pari furit omnis turba: suoque,
Marte cadunt subiti per mutua vulnera fratres.
Jamque brevis spatium vitae sortita juventus
Sanguineam trepido plangebat pectore ma-
trem, 125
Quinque superstitibus: quorum fuit unus E-
chion.

ment de mordre le fer qui l'arrête, & les nouvelles blessures qu'il se fait lui font vomir un sang
venimeux qui souille la Terre. Cependant, comme il empêchoit en se retirant & en se retournant
de diverses manieres, que la Lance qu'il tenoit a-
vec ses dents n'entrât plus avant dans sa gueule, il
n'en étoit encore blessé que légérement; mais Cadmus le pressant toûjours de plus en plus le suivit
enfin jusqu'à ce qu'il fut arrêté par un gros Chêne, & lui enfonça sa Lance si avant qu'il perça le
Dragon & l'Arbre même. Le Monstre tombe &
fait plier par sa chute l'Arbre qui l'avoit arrêté; il
s'en falut peu même qu'il ne le renversât avec sa
queue. Pendant que le Heros considéroit la grandeur énorme du Serpent qu'il venoit de vaincre,
il entendit une voix inconnue qui lui disoit, *Pour-*
quoi, Fils d'Agenor, contemples-tu ainsi ce Serpent,
on te verra un jour sous la même figure. Cette menace le remplit d'épouvante, il en est troublé, il
pâlit, un froid mortel le glace & ses cheveux se
herissent sur sa tête. Alors Pallas qui le protegeoit
descendit du Ciel, & lui ordonna de semer les
dents de ce Dragon, l'assûrant qu'il en naîtroit
un nouveau Peuple. Il obéit, il laboure la Terre & y jette les dents du Monstre. Quelque tems
après, (qui le croiroit!) les mottes de Terre
commencerent à se mouvoir; il en vit d'abord
sortir des fers de Lances, puis des Casques ornez
de plumes, ensuite il apperçut les épaules, la poitrine & les bras armez de ces nouveaux Hommes:
enfin il vit croître insensiblement cette étrange
moisson de combattans. Ainsi sortent les Figures
d'une décoration qu'on déploye sur un Théatre,
on en voit d'abord paroître les têtes, ensuite le
reste du corps, & enfin les pieds qui touchent à
terre. A la vûë de ces nouveaux Ennemis, Cadmus étonné se disposoit à prendre ses armes, lors
qu'un de ces Enfans de la Terre lui dit de s'arrêter & de ne point prendre parti dans cette Guerre
civile. En finissant ces paroles, il perça d'un
coup d'épée un de ses Freres, & tomba mort lui-
même d'un coup de javelot qu'un autre lui lança; celui qui l'avoir tué ne lui survécut pas
long-tems; il perdit bien-tôt une vie qu'il venoit
de recevoir. Une égale fureur commença alors
à animer toute la Troupe; ces Freres infortunez
s'entretuerent les uns les autres, & souillerent de
leur sang la Terre qui les avoit formez. Il n'en
resta que cinq. Echion qui étoit du nombre, aiant

Is sua jecit humi, monitu Tritonidis, arma;
Fraternaeque fidem pacis petiitque, deditque.
Hos operis comites habuit Sidonius hospes;
Cum posuit jussam Phoebeis sortibus ur-
    bem.   130

mis les armes bas, par l'ordre de Pallas, fit la paix avec ses Freres, & ils se donnerent une foi mutuelle. Ils devinrent les compagnons de Cadmus, qui les emplôia à bâtir la Ville que l'Oracle d'Apollon lui avoit ordonné de fonder.

EXPLICATION DE LA SECONDE FABLE.

AGenor aiant perdu sa Fille, la fit chercher de tous côtez, & ordonna à ses Enfans de s'embarquer, & de ne point revenir sans l'avoir trouvée. Ces Princes, ou n'aiant pu apprendre ce qu'elle étoit devenuë, ou n'aiant pû la retirer des mains du Roi de Crete, n'oserent retourner en Phenicie, & s'établirent en differens Païs ; Cadmus fixa son sejour dans la Béotie, Cilix dans la Cilicie, à laquelle il donna son nom, & Phenix dans l'Afrique, ainsi que nous l'apprend Hygin (1). Si nous voulons nous en rapporter à ce que dit Conon dans Photius (2), le véritable sujet du Voyage de Cadmus étoit l'esperance qu'il avoit de conquerir quelques Etats en Europe, & d'y établir sa Colonie ; l'Enlevement de sa Sœur n'étant que le prétexte de son éloignement. Quoiqu'il en soit, ce Prince aiant parcouru une partie de la Grece, s'établit enfin dans la Béotie, où il fit bâtir la fameuse Ville de Thèbes sur le modéle de celle d'Egypte, dont il étoit originaire, ou, pour parler plus juste, il fit bâtir une Citadelle qui fut appellée de son nom Cadmée, & jetta les fondemens de la Ville de Thèbes bâtie par ses Successeurs, & environnée de Murailles par Amphion. L'Epoque 7. des Marbres de Paros nous apprend ce que je viens de dire, on y lit que Cadmus Fils d'Agenor aiant consulté l'Oracle alla s'établir dans la Béotie, où il bâtit la Citadelle nommée Cadmée, pendant qu'Amphictyon regnoit à Athenes. *Cadmus Agenoris Filius Thebas advenit secundum Oraculum , & Cadmeam condidit. . . . . regnante Athenis Amphictyone.* Sur quoi on peut consulter les Commentateurs de ces Marbres.

La Fable dit qu'aiant envoyé ses Compagnons pour puiser de l'eau à la Fontaine de Mars, ils furent devorez par le Dragon qui la gardoit ; que Cadmus, après l'avoir tué, sema ses Dents, d'où sortirent des Hommes armez ; qu'il jetta une pierre parmi eux , ce qui les troubla si fort qu'ils s'entretuerent tous, à la reserve de cinq, qui aiant fait alliance avec le Heros l'aiderent à bâtir la Citadelle dont je viens de parler.

Ceux qui ne veulent pas aprofondir ces sortes de matieres, se contentent de dire après Palefate (3) & quelques autres, que ce Dragon étoit un Roi du Païs, nommé Draco, Fils de Mars, que ses dents mysterieuses étoient ses Sujets, qui se rallierent après sa défaite, que Cadmus les fit tous perir, excepté Echonius, Edéus, Hyperenor, Pelore & Echion, qui se rangerent de son parti ; ou bien avec Heraclite, que Cadmus tua en effet un Serpent qui causoit beaucoup de desordres dans la Béotie ; ce qui étoit assez ordinaire dans les Païs où l'on alloit établir quelque Colonie ; mais le fameux Bochart (4) & après lui Mr. Le Clerc dans ses Remarques sur Hesiode, croient que la Fable vient de ce qu'un même mot Phenicien signifie *les Dents d'un Serpent*, ou bien *des Javelots garnis d'airain* ; & celui qui signifie le nombre de *cinq*, signifie aussi *armé*.

Ainsi les Grecs qui écrivoient l'Histoire de leur Fondateur sur les Annales Phéniciennes , au lieu de dire que Cadmus, arrivant dans le Païs, avoit armé ses Soldats de Javelots garnis d'airain, de Casques & de Cuirasses , ce qui étoit alors tout-à-fait nouveau dans la Grece, ils aimerent mieux dire à l'aide de l'équivoque, & cela étoit bien plus de leur goût , qu'il avoit cinq Compagnons nez des dents d'un Serpent ; car le savant Auteur que j'ai cité prétend que la même phrase Phenicienne pouvoit signifier également une troupe d'Hommes armez de Javelots d'airain, & une troupe d'Homme nez des dents d'un Serpent. Certainement cette explication est très-ingenieuse , & l'on peut la confirmer par un trait d'Histoire qui lui ressemble fort. Psammitichus , dit Herodote (5), aiant été relegué dans des Marais , fit consulter l'Oracle de Latone , où il apprit qu'il seroit rétabli par des Hommes d'airain sortis de la Mer , ce qui lui parut d'abord une Chimere. Cependant quelques années après, des Soldats Ioniens qui avoient été obligez de relâcher en Egypte parurent sur le rivage avec leurs armes & leurs Cuirasses d'airain. Ceux qui les apperçurent raporterent au Roi que des Hommes armez de Cuirasses pilloient la Campagne. Ce Prince comprit alors le sens de l'Oracle, & aiant fait alliance avec eux, il remonta sur le trône. Ces Hommes d'airain sortis de la Mer, & ces autres sortis de la Terre, ne sont autres que des Soldats qui aiderent Cadmus & Psammitichus à rétablir leurs affaires : & ce que fut Cadmus qui porta en Grece , ou qui inventa l'usage des Cuirasses & des Javelots. Cependant je crois que, dans un si grand raffinement, on peut penser que ces Hommes sortis de la Terre & des dents d'un Dragon étoient des gens du Païs , que Cadmus trouva le moyen de mettre dans ses intérêts , & que l'aiant aidé à se défaire de ses ennemis, lui servirent dans la suite à bâtir la Citadelle, qui le mit à couvert des insultes de ces ennemis. Ainsi lorsqu'Apollodore dit que, pour expier le meurtre du Dragon, Cadmus fut obligé de servir Mars pendant un an , & que l'année d'alors en auroit huit ; c'est qu'apparemment ce Heros rendit des services importans à ses nouveaux Alliez, avant que d'en recevoir de leur part (6).

On s'accoûtumé en lisant les Poëtes de trouver des Dragons pour Gardiens des choses les plus précieuses ; telles que la Toison d'or, les Pommes des Hesperides, la Fontaine de Mars &c. La plupart des Mythologues prétendent que c'étoit des Hommes de ce nom qui avoient gardé ces précieux Trésors ; mais cette idée est une nouvelle Fable qu'on a ajoutée aux anciennes. Il vaut mieux penser que le Dragon étant un Animal aussi redoutable que clairvoyant, dont le nom même semble être derivé de celui de δέρχειν, *perspicere*, il n'est pas étonnant qu'on l'ait préposé à la garde des choses les plus précieuses.

(1) Fab. 178.   (2) Nar. 37.   (3) Li. ib.   (4) Chan. Liv. I. Ch. 19.

(5) Lib. II.   (6) Apollod. Lib. III.

F A B. III. *Diane dans le Bain avec ses Nymphes.*

A R G U M E N T.

Diane fatiguée de la Chaffe se baigne avec ses Nymphes dans la Vallée de Gargaphie, où Actéon la voit par hazard.

J Am ſtabant Thebae: poteras jam, Cadme,
    videri
  Exſilio felix: ſoceri tibi Marſque Venuſque
Contigerant. huc adde genus de conjuge tantâ,
Tot natos, nataſque, &, pignora cara, nepotes.
Hos quoque jam juvenes. ſed, ſcilicet, ulti-
    ma ſemper   135
Exſpectanda dies homini: dicique beatus
Ante obitum nemo ſupremaque funera debet.
  Prima nepos inter tot res tibi, Cadme, ſe-
    cundas
Cauſſa fuit luctus, alienaque cornua fronti
Addita, voſque canes ſatiatae ſanguine he-
    rili.   140
At bene ſi quaeras; Fortunae crimen in illo,
Non ſcelus invenies. quod enim ſcelus error
    habebat?
Mons erat, infectus variarum caede ferarum:
Jamque dies. rerum medias contraxerat um-
    bras;
Et Sol ex aequo metâ diſtabat utràque; 145.
    .   Cum

L A Ville de Thèbes étoit déja floriſſante; vo-
    tre exil, Cadmus, étoit la ſource de votre
bonheur; vous étiez devenu le Gendre de Mars
& de Venus. Outre une alliance ſi illuſtre, votre Epouſe vous avoit donné un grand nombre
d'Enfans, & vos Petits-Fils croiſſoient ſous vos
yeux; mais il faut attendre le dernier jour de la
vie de l'homme pour juger de ſon bonheur; perſonne avant la mort ne peut ſe dire parfaitement
heureux. Dans le ſein même de la felicité, votre Petit-Fils fut la premiere cauſe de vos malheurs; il fut changé en Cerf & devoré par ſes
propres Chiens. Si l'on veut ſavoir la cauſe de
cette triſte avanture, le hazard fit toute ſa faute;
l'erreur devoit-elle le rendre criminel? Il avoit
déjà tué pluſieurs Bêtes ſauvages ſur le Mont Cytheron, & le Soleil étoit au milieu de ſa courſe;

L 3   lorſqu'il

Cum juvenis placido per devia luftra vagantes
Participes operum compellat Hyantius ore:
Lina madent, comites, ferrumque cruore fe-
　　rarum,
Fortunamque dies habuit fatis. altera lucem
Cum croceis evecta rotis Aurora reducet, 150
Propofitum repetamus opus. nunc Phoebus
　　utràque
Diftat idem terrà; finditque vaporibus arva.
Siftite opus praefens, nodofaque tollite lina.
Juffa viri faciunt, intermittuntque laborem.
Vallis erat piceis & acutà denfa cupreffu; 155
Nomine Gargaphie, fuccinctae facra Dianae:
Cujus in extremo eft antrum nemorale receffu,
Arte laboratum nullà: fimulaverat artem
Ingenio Natura fuo: nam pumice vivo,
Et levibus tophis nativum duxerat arcum. 160
Fons fonat à dextrà, tenui perlucidus undà,
Margine gramineo patulos incinctus hiatus.
Hic Dea filvarum, venatu feffa, folebat
Virgineos artus liquido perfundere rore.
Quo poftquam fubiit; Nympharum tradidit
　　uni 165
Armigerae jaculum, pharetramque, arcufque
　　retentos.
Altera depofitae fubjecit brachia pallae.
Vincla duae pedibus demunt. nam doctior illis
Ifmenis Crocale, fparfos per colla capillos
Colligit in nodum; quamvis erat ipfa folu-
　　tis. 170
Excipiunt laticem Nepheleque, Hyaleque,
　　Rhanifque;
Et Pfecas, & Phiale; funduntque capacibus
　　urnis.
Dumque ibi perluitur folità Titania lymphà;
Ecce nepos Cadmi, dilatà parte laborum,
Per nemus ignotum non certis paffibus er-
　　rans, 175
Pervenit in lucum: fic illum fata ferebant.
Qui fimul intravit rorantia fontibus antra;
Sicut erant, vifo nudae fua pectora Nymphae
Percuffere viro: fubitifque ululatibus omne
Implevere nemus:circumfufaeque Dianam 180
Corporibus texere fuis. tamen altior illis
Ipfa Dea eft; colloque tenus fupereminet om-
　　nes.
Qui color infectis adverfi Solis ab ictu
Nubibus effe folet, aut purpureae Aurorae;
Is fuit in vultu vifae fine vefte Dia-
　　nae. 185

lorsqu'il rappella fes Compagnons qui couroient
encore au-travers les Bois; Nos Filets & nos Javelots, leur-dit il, font reints du fang d'un grand
nombre d'Animaux que nous avons pris; nous
devons être contents de notre Chaffe: Demain,
lorsque l'Aurore ramenera le jour, nous recom-
mencerons la Chaffe; la chaleur exceffive nous
invite au repos; pliez les toiles & ne vous fatiguez pas davantage. On lui obéit & l'on ne fon-
gea qu'à fe repofer. Près de là étoit la Vallée de
Gargaphis: ce lieu ombragé de Pins & de Cy-
près étoit confacré à Diane. Dans le fond étoit
un Antre fombre & obfcur; quoiqu'il eût été
formé par la feule Nature, on l'auroit pris aifément pour un ouvrage de l'Art. L'on y voioit
une Voute de rocailles & de pierres ponces; à la
droite de cette Arcade couloit avec un doux murmure une Fontaine d'eau claire, entre deux rives
couvertes d'herbe & de gazon. La Déeffe des
Forêts, quand elle étoit fatiguée de la Chaffe,
venoit ordinairement fe baigner dans ce charmant
Ruiffeau. Ce jour-là, lorsqu'elle y fut arrivée,
elle donna à celle de fes Nymphes qui avoit, accoûtumé de porter fes armes, fon Arc, fes Fleches & fon Carquois: Une autre la deshabilla.
Il y en eut deux qui lui défirent fa chauffure,
pendant que Crocalé, Fille du Fleuve Ifmene, qui
étoit la plus adroite de toutes, lui attachoit fes
cheveux qui flottoient fur fon fein; Nyphé,
Hyale, Rhanis, Pfecas & Phiale puifoient de l'eau
dans des Urnes, qu'elles repandoient fur la Déeffe.
Cependant Acteon, qui, après avoir interrompu
fa Chaffe, fe promenoit dans le Bois fans tenir de
route certaine, fut conduit par fon mauvais deftin
dans le lieu où cette Déeffe fe baignoit; il ne fut
pas plutôt arrivé près de la Fontaine, que les
Nymphes, fe voiant expofées nues aux regards d'un
homme, frappent leurs poitrines, rempliffent la
Forêt de cris & fe rangent autour de Diane pour
la cacher; mais la Déeffe, plus grande qu'elles, les
paffoit encore de toute la tête. Telle qu'eft la
couleur des Nuées, lorsque le Soleil leur étant oppofé les frappe de fes rayons, ou celle de la naif-
fante Aurore; telle fut la rougeur qui parut alors
fur le vifage de Diane, lorsqu'elle fe vit en l'état
où elle étoit en préfence d'un homme.

EXPLI-

EXPLICATION DE LA TROISIEME FABLE.

L'Intervention des Dieux a fait dans tous les temps le sublime & le merveilleux de la Poesie ; & il faut avouer que le merveilleux & le sublime y ont été peu menagez. Il y a peu d'évenemens dans les Ouvrages des Poetes, qui ne soient conduits par quelque Divinité. S'ils avoient pensé sur le sujet aussi sagement qu' Horace (1) *nec Deus intersit, nisi dignus vindice nodus*, ils auroient souvent moins degradé leurs Dieux, qu'ils n'ont fait. Il est vrai que les Mythologues prétendent prouver par le mélange des Dieux & des Hommes, que les Poëtes ont voulu nous marquer la providence de ces mêmes Dieux, qui veilloient sur toutes nos actions ; mais quelle providence ! une providence inquiete, chagrine & vindicative. Je pourrois rapporter une infinité d'exemples qui rendroient cette proposition entierement évidente ; mais sans sortir de la Fable, qui fait le sujet de cette Explication ; Ovide ne nous represente-t-il pas Diane se vengeant de la maniere du monde la plus cruelle de l'indiscretion d'un jeune Prince, qui l'avoit vûe dans le Bain ? Je parlerai de cet évenement dans le Tableau suivant. Il faut dans celui-ci dire quelque chose de cette Diane qui en fait le sujet.

Ciceron (2) nomme plusieurs Déesses qui ont porté ce nom. La premiere étoit Fille de Jupiter & de Proserpine ; la seconde de Jupiter troisieme & de Larone ; la troisieme étoit Fille d'Upis & de Glauce, & celle-ci porte souvent, parmi les Grecs, le nom de son Pere. Strabon (3) parle d'une autre Diane nommée Britomartis qui étoit Fille d'Eubalus & qui aimoit fort la Chasse. Cet Auteur ajoute que comme elle fuyoit Minos, qui en étoit amoureux, elle se jetta dans la Mer, & fut prise dans les Filets de quelque Pêcheur ; ce qui, selon Vossius, lui fit donner le nom de *Dictinna* ; mais j'aime mieux croire qu'elle prit ce nom du Mont Dicté, ou, comme le prétend Solin, parce qu'il signifie une Vierge douce & humaine (4).

Ces Auteurs n'ont apparemment entendu parler que des Dianes de la Grece. L'Egypte en reconnoissoit de plus anciennes, & si l'on veut remonter à l'origine de cette Divinité, c'étoit la Lune elle-même qui étoit honorée sous le Symbole de Diane. Ainsi l'Isis des Egyptiens est la premiere de toutes les Divinités, qui ont représenté cette Planete. Je n'entrerai pas plus avant dans cette Mythologie, qui a été traitée à fond par Vossius (5), & dont on trouve toutes les images dans le Pere Montfaucon (6) ; mais je dois ajouter ici que l'avanture qui fait le sujet de notre Fable peut être mise sur le compte de la Diane Britomartis qui aimoit fort la Chasse, ou plutôt c'est elle qu'Ovide a eu en vûe dans l'Episode qu'il mêle à l'Histoire d'Acteon.

(1) *Art. poët. vs.* 191.　(2) *De Nat. Deorum,* Lib. III.

(3) *Lib.* X.　(4) Voyez Casaubon sur Solin. .(5) *De Orig. Idolol.* (6) *Ant. expl.* Tom. I. pag. 247. & suiv.

SUITE DE LA III. FABLE. *Acteon changé en Cerf.*

ARGUMENT.

Acteon, Petit-Fils de Cadmus, est metamorphosé en Cerf, & dechiré par ses Chiens, pour avoir vû Diane lors qu'elle se baignoit avec ses Nymphes.

Quæ

QUae quamquam comitum turbâ stipata
    suarum ;
In latus obliquum tamen adstitit; oraque retro
Flexit : & ut vellet promptas habuisse sagittas,
Quas habuit, sic hausit aquas : vultumque
    virilem
Perfudit spargensque comas ultricibus un-
    dis,   190
'Addidit haec cladis praenuntia verba fu-
    turae :
Nunc tibi me posito visam velamine narres,
Si poteris narrare, licet. nec plura minata,
Dat sparso capiti vivacis cornua cervi :
Dat spatium collo : summasque cacuminat
    aures :   195
Cum pedibusque manus, cum longis brachia
    mutat
Cruribus : & velat maculoso vellere corpus.
Additus & pavor est. fugit Autonoeius heros :
Et se tam celerem cursu miratur in ipso.
Ut vero solitis sua cornua vidit in undis, 200
Me miserum ! dicturus erat : vox nulla se-
    cuta est.
Ingemuit ; vox illa fuit ; lacrimaeque per ora
Non sua fluxerunt. mens tantum pristina
    mansit.
Quid faciat ? repetatne domum, regalia tecta ?
An lateat silvis ? timor hoc, pudor impedit
    illud.   205
Dum dubitat ; videre canes : primusque Me-
    lampus,
Ichnobatesque sagax latratu signa dedere,
Gnosius Ichnobates, Spartanâ gente Melampus.'
Inde ruunt alii rapidâ velocius aurâ,
Pamphagus, & Dorceus, & Oribasus ; Ar-
    cades omnes :   210
Nebrophonosque valens, & trux cum Laela-
    pe Theron,
Et pedibus Pterelas, & naribus utilis Agre,
Hylaeusque fero nuper percussus ab apro,
Deque lupo concepta Nape, pecudesque secuta
Poemenis, & natis comitata Harpyja duo-
    bus,   215
Et substricta gerens Sicyonius ilia Ladon :
Et Dromas, & Canace, Sticteque, & Ti-
    gris, & Alce,
Et niveis Leucon, & villis Asbolus atris ;
Praevalidusque Lacon, & cursu fortis Aello,
Et Thous, & Cyprio velox cum fratre Ly-
    cisce :   220
Et nigram medio frontem distinctus ab albo

Harpalos

QUoi que Diane fût entourée de ses Nymphes, elle ne laissa pas de détourner les
yeux & de se cacher le visage. Au défaut de ses
fleches, dont elle auroit bien voulu alors pouvoir
se servir, elle prit de l'eau avec la main, & l'a-
iant jettée sur la tête d'Acteon, elle prononça ces
paroles, qui étoient le présage de son malheur:
Vas maintenant, si tu le peux, te vanter d'avoir
vû Diane dans le Bain. Elle n'en dit pas davantage, & dans le moment la tête de ce Prince se
couvre d'un bois de Cerf, son cou & ses oreilles
s'allongent, ses mains se changent en pieds, ses
bras deviennent des jambes longues & menuës, &
tout son corps est couvert d'un poil tacheté. Une
secrete timidité dont son cœur est saisi, l'obligeant
de prendre la fuite, il est étonné de voir qu'il
court avec tant de vitesse. Dès qu'il eut apperçu
sa tête dans un Ruisseau : Ah ! malheureux que
je suis ! auroit-il voulu dire ; mais il ne trouva
point de paroles pour s'exprimer ; au défaut de la
voix, ses soupirs & ses larmes marquerent toute
sa douleur ; car il avoir encore conservé toute sa
connoissance. Que fera-t-il maintenant ? retour-
nera-t-il dans le Palais de son Pere, ou se tiendra-
t-il caché dans le fond des Forêts ? Il demeure
partagé entre la crainte & la honte. Tandis qu'il
deliberoit, ses Chiens l'apperçûrent, Melampe
excellent Chien de Crête & Ichnobate qui étoit
venu de Sparte, marquerent en aboyant qu'ils
étoient sur les voies ; les autres les suivirent avec
une vitesse qui égaloit celle du Vent ; Pampha-
gue, Dorcée, Oribase, tous Chiens d'Arcadie,
le robuste Nebrophon, Theron aussi furieux que
Lélaps, le leger Pterelas, Agré qui avoit le nés
excellent, Hylée qu'un Sanglier avoit blessé depuis peu, Napé engendré d'un Loup, Pœmenis
qui gardoit autrefois les Troupeaux, Harpye avec
ses deux petits, Ladon excellent Basset de Sycio-
ne, Dromas, Canace, Sticté, Tigris, Alcé, le
blanc Leucon, le noir Asbole. Lacon le plus fort,
& Aëllo le plus vite de toute la Meute, Thoüs,
Lyciscas avec Cyprius, le noir Harpale qui avoit

une

Harpalos & Melaneus, hirſutaque corpore
Lachne :
Et patre Dictaeo, ſed matre Laconide nati,
Labros, & Agriodos, & acutae vocis Hylactor:
Quasque referre mora eſt. ea turba cupidine
praedae 225
Per rupes, ſcopulosque, adituque carentia ſaxa,
Quà viâ difficilis, quâque eſt via nulla, feruntur.
Ille fugit, per quae fuerat loca ſaepe ſecutus.
Heu famulos fugit ipſe ſuos! clamare libebat,
Actaeon ego ſum : dominum cognoſcite ves-
trum. 230
Verba animo deſunt : reſonat latratibus aether.
Prima Melanchaetes in tergo vulnera fecit :
Proxima Theridamas; Oreſitrophos haeſit in
armᴏ.
Tardius exierant, ſed per compendia montis
Anticipata via eſt. · dominum retinentibus
illis 235
. Cetera turba coït, confertque in corpore dentes.
Jam loca vulneribus deſunt. gemit ille, ſo-
numque,
Et, ſi non hominis, quem non tamen edere
poſſit
Cervus, habet : moeſtisque replet juga notâ
querelis:.
Et genibus ſupplex pronis, ſimilisque rogan-
ti, 240
Circumfert tacitos, tamquam ſua brachia,
vultus.
At comites rapidum ſolitis hortatibus agmen
Ignari inſtigant, oculisque Actaeona quaerunt;
Et velut abſentem certatim Actaeona clamant.
Ad nomen caput ille refert : ut abeſſe que-
runtur, 245
Nec capere oblata ſegnem ſpectacula praedae.
Vellet abeſſe quidem; ſed adeſt: velletque vi-
dere,
Non etiam ſentire, canum fera facta ſuorum.
Undique circumſtant : merſisque in corpore
roſtris
Dilacerant falſi dominum ſub imagine cer-
vi. 250
[Nec niſi finitâ per plurima vulnera vitâ
Ira pharetratae fertur ſatiata Dianae.]

une marque blanche ſur le front, Melanée, Lach-né au poil heriſſé, Labros & Agriode qui ve-noient d'un Chien de Crête & d'une Chienne de Laconie, Hylactor à la voix perçante, & tous les autres qu'il ſeroit trop long de nommer, tous animez du deſir de prendre la proie, le ſuivirent avec ardeur à travers les Montagnes & les Rochers, & dans les lieux même les plus inacceſſibles, & où il n'y avoit nulle voie marquée. Le malheu-reux Acteoh fuit dans les lieux où il avoir chaſſé tant de fois : Helas, il fuit ſes gens ; il auroit bien voulu leur crier; je ſuis Acteon, reconnoiſ-ſez votre Maître! mais il n'a plus l'uſage de la pa-role pour ſe faire entendre. Cependant l'air re-tentit de tous côtez du bruit des Chiens qui a-boient. Melanchete lui donna le premier coup de dent, Theridamas le bleſſa presque au même en-droit, & Oreſitrophe le mordit à l'épaule ; ces trois Chiens étoient partis les derniers; mais com-me ils avoient ruſé, ils l'avoient coupé à travers la Montagne. Dès qu'ils l'eurent arrêté, toute la Meute ſe jetta ſur lui, & il en fut ſi maltrai-té, qu'il ne reſtoit plus ſur tout ſon corps de pla-ce à de nouvelles bleſſures. Acteon gemit, & fait entendre une espece de voix moins articulée à la verité que celle d'un Homme, mais plus diſtinc-te cependant que celle d'un Cerf. Les Monta-gnes voiſines, où il avoit tant de fois chaſſé, re-tentiſſent de ſes cris & de ſes plaintes ; il tombe ſur ſes genoux, & comme s'il eût voulu deman-der la vie à ſes compagnons, ne pouvant leur tendre les bras, il les regarde triſtement. Cepen-dant ils animent les Chiens contre leur Maître, qu'ils cherchent en vain & qu'ils appellent com-me s'il étoit éloigné. Il leve la tête en s'enten-dant nommer. Cependant ils ſe plaignent de ce qu'il eſt abſent, & qu'il ne ſe trouve pas à la mort du Cerf. Il y eſt malheureuſement pour lui, il voudroit bien aſſiſter aux abois, mais il ne voudroit pas y être lui-même, ni ſe voir ainſi environné de Chiens, qui le déchirent impi-toyablement ſans le connoître. . La colere de Dia-ne ne fut enfin aſſouvie que lorsqu'il eut perdu la vie par une infinité de bleſſures.

SUITE DE L'EXPLICATION DE LA TROISIEME FABLE.

LA Famille de Cadmus établie dans la Grece fut extrémement malheureuſe, & comme en écrivant l'Hiſtoire des Princes, on y mêloit toujours les Dieux, on publia que Junon jalouſe d'Europe avoit porté ſa vangeance ſur ſon Frere Cadmus & ſur ſes Enfans. Ovide nous fournira pluſieurs exemples de cette van-geance ; mais nous devons nous arrêter ici à ce qui regarde Acteon. Ce Prince étoit Fils d'Autonoë Fille de Cadmus & de ce fameux Ariſtée, qui, pour avoir enſeigné aux Hommes la culture des Oliviers & plu-ſieurs autres Arts utiles, mérita d'être mis au rang des Dieux. Pauſanias (1) dit qu'Acteon étant à la Chaſſe dans le Territoire de Megare, trouva Diane qui

(1) *In Att.* M

qui fe baignoir avec fes Nymphes. La nouveauté du fpectacle le fit approcher: Pour punir fa temerité, la Déeffe le métamorphofa en Cerf, & il fut devoré par fes propres Chiens. Cet événement eft parfaitement bien repréfenté dans une Antique du Cabinet Maffei. Diane y eft diftinguée par le Croiffant qu'elle porte fur la tête. On la voit jetter de l'eau fur le malheureux Acteon, dont la tête paroit déjà celle d'un Cerf, conformément à Ovide qui fait ainfi commencer la métamorphofe. Ce qu'il y a de fingulier c'eft qu'Acteon paroit habillé en Guerrier, & non pas en Chaffeur, mais il eft repréfenté de même dans une autre Antique du Cabinet de Brandebourg, & il y a bien de l'apparence que dans les tems heroïques l'habillement de Chaffe n'étoit pas différent de celui de Guerre. Pour ce qui regarde le fond de cette Fable, il y a des Auteurs qui prétendent qu'Acteon fut veritablement devoré par fes Chiens qui étoient devenus enragez; d'autres difent feulement que ce Prince s'étant ruiné par les dépenfes qu'il fit pour avoir des Chiens, on publia qu'il en avoit été devoré. Diodore de Sicile (2), après Euripide (3), femble avoir plus approché de la verité, lors qu'il dit qu'Acteon

(2) Lib. IV. (3) In Bacchis.

avoir marqué quelque mépris pour Diane, & avoit voulu manger des viandes qui lui avoient été offertes en facrifice. La punition qu'en prend la Déeffe eft une Epifode affez ordinaire aux Poëtes dans ces fortes d'occafions. L'orgueil & l'impieté attirerent tous les malheurs de la Famille de Cadmus, & le Prince lui-même ne fut chaffé de fes Etats, comme je le dirai dans la fuite, que pour s'être oppofé aux Cérémonies que les Grecs avoient mélées dans le Culte de Bacchus, qui s'étoit introduit de fon tems dans la Grece.

Apollodore nous apprend qu'Acteon avoit été l'Eleve de Chiron, & qu'il mourut fur le Mont-Citheron pour avoir vû Diane dans le Bain, quoi qu'Acufilaüs prétende que c'eft pour avoir eu trop de tendreffe pour Sémelé. Cet Auteur ajoute que les Chiens qui l'avoient devoré moururent de trifteffe. Il nous a même confervé les noms de ces Chiens; mais ils font extrémement corrompus. Il eft vrai cependant qu'Ovide a tiré ces noms des Auteurs Grecs. L'un s'appelle le Gourmant, l'autre la Tempête, l'Abboyeur, le Loup, le noir, le Tigre, ainfi des autres, dont on peut voir la fignification dans les Commentateurs.

F A B. IV. *Junon fous la figure de Beroé.*

A R G U M E N T.

Junon jaloufe de **Semelé, va la trouver** fous la figure de Beroé, & lui infpirant de la défiance contre Jupiter, l'oblige de demander à ce Dieu qu'il vienne la vifiter, avec tout l'appareil de grandeur & de majefté avec lequel il s'approche de fon Epoufe. Jupiter étant venu la voir avec fa
foudre

foudre à la main, met le Palais en feu, & Semelé perit dant cet embrafement.

Rumor in ambiguo eft : aliis violentior
    aequo
Vifa Dea eft : alii laudant, dignamque feverà
Virginitate vocant. pars invenit utraque
    cauffas.   255
Sola Jovis conjux non tam culpetne probetne
Eloquitur, quam clade domus ab Agenore
    ductae
Gaudet : & à Tyrià collectum pellice trans-
    fert
In generis focios odium. fubit ecce priori
Cauffa recens ; gravidamque dolet de femine
    magni   260
Effe Jovis Semelen. tum linguam ad jurgia
    folvit.
Effeci quid enim toties per jurgia? dixit.
Ipfa petenda mihi eft : ipfam, fi maxima Juno
Rite vocor, perdam ; fi me gemmantia dex-
    trà
Sceptra tenere decet ; fi fum reginâ, Jovis-
    que.   265
Et foror & conjux. certe foror : at puto, fur-
    to. eft
Contenta: & thalami brevis eft injuria noftri.
Concipit ; id deerat : manifeftaque crimina
    pleno
Fert utero : & mater, quod vix mihi con-
    tigit uni,
De Jove vult fieri. tanta eft fiducia for-
    mae.   270
Fallat eam faxo : nec fum Saturnia ; fi non
Ab Jove merfa fuo Stygias penetrarit in un-
    das.
Surgit ab his folio ; fulvàque recondita nube
Limen adit Semeles. nec nubès ante removit,
Quam fimulavit anum : pofuitque ad tempo-
    ra canos :   275
Sulcavitque cutem rugis : & curva trementi
Membra tulit paffu : vocem quoque fecit ani-
    lem.
Ipfaque fit Beroë, Semeles Epidauria nutrix.
Ergo ubi, captato fermone, diuque loquendo,
Ad nomen venere Jovis ; fufpirat : &, Op-
    tem   280
Juppiter ut fit, ait : metuo tamen omnia. multi
Nomine Divorum thalamos fubiere pudicos.
Nec tamen effe Jovis fatis eft : det pignus
    amoris ;

On parla beaucoup de cette vengeance : elle parut aux uns trop cruelle ; d'autres la louerent & la trouverent digne d'une Déefle auffi chafte que Diane. Chacun appuyoit fon fentiment de bonnes raifons. Junon, fans fe mettre en peine ni d'approuver, ni de blâmer cette action, fut la feule qui fe rejouit du malheur arrivé à la Famille de Cadmus. La haine qu'elle avoit conçue contre Europe, lui faifoit haïr toute fa pofterité. Un nouveau fujet de jaloufie venoit encore d'augmenter fon defespoir. Elle voioit avec chagrin que Semelé, Maîtreffe de Jupiter, étoit enceinte. Pourquoi me plaindre tant de fois, dit-elle ; à quoi m'ont fervi tous mes emportemens ? C'eft à ma Rivale qu'il faut m'en prendre ; c'eft elle qui doit perir : oui, elle perira, fi je fuis encore Junon, fi je porte à fi jufte titre le Sceptre celefte, fi je fuis Reine, la Sœur & l'Epoufe de Jupiter ; du moins je fuis encore fa Sœur. Mais peut-être que cette Belle s'en eft tenue à une fimple galanterie, & qu'elle n'a pas deshonoré mon lit : non, en vain je me flatte, il ne me manquoit plus que cet affront, l'état où elle eft prouve trop fon crime, & ce qui jufqu'ici n'eft arivé qu'à moi, elle veut donner des Enfans à Jupiter. Puis que c'eft fa beauté qui la rend vaine ; ce feront ces mêmes charmes qui la feront perir : que l'on ne me regarde plus comme la Fille de Saturne, fi la Foudre de fon Amant ne la précipite dans le fond du Tartare. Après ce difcours, la Déefle fe leve de deffus fon trône, fe couvre d'un nuage & defcend au Palais de Semelé. Avant que de fortir du nuage qui la cachoit, elle prit la forme d'une vieille Femme ; elle couvrit fa tête de cheveux blancs, rendit fa peau toute ridée, marcha d'un pas chancellant, & emprunta une voix caffée : on l'auroit prife en cet état pour Beroé, Nourrice de Semelé. Après avoir entretenu long-tems cette Princeffe, de chofes indifférentes, elle fit adroitement tomber la converfation fur Jupiter ; Plut au Ciel, dit-elle, que ce foit Jupiter lui-même qui vous aime ! mais je crains tout pour vous : combien de jeunes

Si modo verus is. est : quantusque, & qua-
lis ab altâ
Junone excipitur : tantus, talisque rogato 285
Det tibi complexus : suaque ante insignia sumat.
Talibus ignaram Juno Cadmeïda dictis
Formârat, rogat illa Jovem sine nomine mu-
nus.
Cui Deus, Elige, ait : nullam patiere repulsam.
Quoque magis credas; Stygii quoque conscia
sunto 290
Numina torrentis. timor & Deus ille Deo-
rum.
Læta malo, nimiumque potens, peritúraque
amantis
Obsequio Semele, Qualem Saturnia, dixit,
Te solet amplecti, Veneris cum fœdus initis,
Da mihi te talem. voluit Deus orâ loquen-
tis 295
Opprimere. exierat jam vox properata sub
auras.

Personnes ont été trompées par de simples Mortels, qui avoient emprunté le nom de quelque Dieu! S'il est vrai que Jupiter soit votre Amant, qu'il vous en donne des marques certaines, qu'il le fasse connoître; qu'il vienne vous voir, avec la même Majesté qui l'accompagne, lorsqu'il s'approche de Junon; qu'il prenne, pour vous rassûrer, tout l'appareil de sa grandeur. La Fille de Cadmus persuadée par ce discours, dont elle ne pénétroit pas la malignité, demanda à Jupiter une grace, sans la lui spécifier. Vous pouvez demander, lui dit ce Dieu, tout ce que vous voudrez, vous ne serez point refusée, & afin que vous n'en doutiez pas, j'en jure par le Styx, ce Dieu si redoutable aux autres Dieux, dont il est le Souverain. Semelé, au comble de sa joïe, ne savoit pas combien sa demande lui seroit fatale. Quand vous viendrez me voir, lui dit-elle, paroissez, avec toute la Majesté dont vous êtes revêtu, lors qu'en qualité d'Epoux vous approchez de Junon. Jupiter voulut lui fermer la bouche pour l'empêcher d'achever sa demande; mais il n'en étoit plus tems.

EXPLICATION DE LA QUATRIEME FABLE.

Euripide (1), Orphée (2), & Ovide après eux, racontent que Jupiter étant amoureux de Semelé Fille de Cadmus, Junon, qui en fut jalouse, prit la figure de Beroé Nourrice de sa Rivale, pour lui inspirer cette défiance qui la perdit. Jupiter, qui la vint voir avec ses Foudres, l'ayant reduite en cendres. Quelque galanterie qu'eut cette Princesse avec un Prince nommé Jupiter, & qui eut une fin tragique, donna lieu à cette Fable, sans qu'on puisse en rien dire de plus particulier. Pausanias nous aprend seulement dans ses Laconiques, que Cadmus, irrité contre sa Fille, l'exposa sur la Mer avec son Fils, & qu'ils s'arrêtent sur les rivages d'Oreate ancienne Ville de Laconie, où l'on trouva Semelé morte dans une espece de cofre, & on l'enterra avec beaucoup de magnificence. Quoi qu'il en soit, l'Enfant dont elle accoucha, & que Jupiter retira de son sein, pour le porter dans sa cuisse, fut nommé Bacchus, mais il faut bien distinguer le petit-fils de Cadmus, de l'ancien Bacchus d'Egypte, dont nous parlerons dans une autre occasion.

Semelé fut mise après sa mort au rang des Dieux sous le nom de Thyoné, ainsi que le dit Apollodore

(3), qui nous aprend que Bacchus son Fils étant descendu aux Enfers l'en avoit retirée, & étoit monté avec elle dans le Ciel, où, selon Nonnus, elle conversoit avec Diâne & Minerve, & mangeoit avec Jupiter, Mercure, Mars & Venus. L'Auteur, que nous avons sous le nom d'Orphée, donne à Semelé le nom de Déesse, & de Reine de tout le Monde, Πασιβασιλεια. Cependant il ne paroit pas que son Culte ait été fort en vogue, & nous n'en voyons aucune trace dans l'Antiquité, si ce n'est peut-être dans une pierre gravée & publiée par Beger (4), où on lit cette Inscription, dont le sens est, *les Démons tremblent au nom de Semelé.* Je ne sai au reste ce que veut dire Philostrate lors qu'il avance que Semelé ayant été brûlée à l'arrivée de Jupiter, son Image étoit montée au Ciel, mais qu'elle étoit fort obscure. J'ai dit que Semelé avoir été nommée Thyoné, lorsqu'elle fut mise au rang des Dieux; sur quoi il est bon de remarquer en passant, que lors que quelqu'un étoit ainsi déifié, on changeoit ordinairement son nom : Ino, devenue Déesse de la Mer, fut nommée Leucothoé, Melicerte prit le nom de Palémon, Circé celui de Marica, Romulus celui de Quiris, ainsi des autres.

(1) *In Bacchis.* (2) *Hym. in Dionys.*   (3) Lib. III. (4) *Spicil.* 48.

FAB. V. *Semelé brûlée par la Foudre de Jupiter.*

ARGUMENT.

Semelé visitée par Jupiter, comme il le lui avoit promis, brûle, pour ainsi dire, entre ses bras, & ne pouvant suporter des feux si violens, elle meurt. Naissance de Bacchus, son éducation & sa nourriture. La dispute de Jupiter & de Junon est decidée par Tiresias, qui avoit été Homme & Femme.

INgemuit: *neque enim non haec optasse,*
  neque ille
Non jurasse potest. ergo moestissimus altum
Aethera conscendit; nutuque sequentia traxit
Nubila: quis nimbos, immixtaque fulgura
  ventis   300
Addidit, & tonitrus, & inevitabile fulmen.
Quà tamen usque potest, vires sibi demere
  tentat.
Nec, quo centimanum dejecerat igne Typhoea,
Nunc armatur eo: nimium feritatis in illo.
Est aliud levius fulmen; cui dextra Cyclo-
  pum   305
Saevitiae, flammaeque minus, minus addi-
  dit irae:

                                    Tela

TOut-puissant qu'est Jupiter, il n'étoit pas en son pouvoir de faire que Semelé n'eût point souhaité cette faveur, ou qu'il n'eût point juré de lui accorder tout ce qu'elle lui demanderoit. Enfin accablé de douleur & de tristesse, & poussant un profond soupir, il remonta au Ciel, où il rassembla les Nuages, la Pluye, le Tonnerre, les Eclairs & sa Foudre dont les coups sont toûjours assûrez. Il tâcha, autant qu'il pût, de diminuer la force de cette redoutable Foudre; il n'eut garde de prendre celle dont il avoir foudroyé Typhée; elle lui parut trop terrible; il en est d'une autre espece, auxquelles les Cyclopes qui les forgent donnent moins d'ardeur, moins de feu, moins de vivacité: ce sont celles que les Dieux nom-

M 3

Tela secunda vocant Superi. capit illa; do-
   mumque
Intrat Agenoream. corpus mortale tumultus
Non tulit aetherios; donisque jugalibus arsit.
Imperfectus adhuc infans genetricis ab al-
   vo   310
Eripitur, patrioque tener (si credere dignum)
Insuitur femori; maternaque tempora complet.
Furtim illum primis Ino matertera cunis
Educat. inde datum Nymphae Niseides antris
Occuluere suis; lactisque alimenta dedere. 315
Dumque ea per terras fatali lege geruntur;
Tutaque bis geniti sunt incunabula Bacchi;
Forte Jovem memorant, diffusum nectare,
   curas
Seposuisse graves, vacuaque agitasse remissos
Cum Junone jocos: &, Major vestra pro-
   fecto est,   320
Quam quae contingat maribus, dixisse, vo-
   luptas.
Illa negat. placuit; quae sit sententia docti,
Quaerere, Tiresiae. Venus huic erat utraque
   nota.
Nam duo magnorum viridi coëuntia silvà
Corpora serpentum baculi violaverat ictu: 325
Deque viro factus (mirabile) femina, septem
Egerat autumnos. octavo rursus eosdem
Vidit: &, Est vestrae si tanta potentia plagae,
Dixit, ut auctoris sortem in contraria mutet:
Nunc quoque vos feriam. percussis anguibus
   isdem   330
Forma prior rediit, genitivaque rursus imago.
Arbiter hic igitur sumtus de lite jocosà,
Dicta Jovis firmat. gravius Saturnia justo,
Nec pro materià fertur doluisse: suique
Judicis aeternà damnavit lumina nocte. 335
At pater omnipotens (neque enim licet irrita
   cuiquam
Facta Dei fecisse Deo) pro lumine ademto
Scire futura dedit: poenamque levavit honore.

nomment Foudres de la seconde espece. Il en prit une de celles-ci, & descendit avec toute sa majesté dans le Palais de Semelé. Une simple Mortelle pouvoit-elle resister à tout cet éclat? Aussi Semelé fut-elle reduite en cendres. Jupiter eut cependant le tems de retirer l'Enfant dont elle étoit enceinte, &, si on doit le croire, il l'enferma dans sa cuisse, pour l'y laisser le tems qu'il auroit dû être dans le sein de sa Mere. Lorsque cet Enfant fut né pour la seconde fois, Ino sa Tante l'éleva en secret; puis elle le donna aux Nymphes de Nisa, qui le cacherent dans leur Antre, & prirent soin de son éducation.

Pendant que les affaires de la Terre étoient ainsi menagées par cette fatale Destinée qui en regle tous les événemens, & que les jours du jeune Bacchus étoient en sûreté; on raconte que Jupiter aiant un jour noyé dans le Nectar les soins qui l'occupoient, & que Junon étant aussi de bonne humeur, il lia avec elle une conversation badine & agréable. Oui, lui dit-il, je soutiens que les Femmes ont plus de plaisir que les Hommes dans le commerce de l'Amour. Junon lui répondit qu'elle n'étoit point de son sentiment; il fallut prendre un Juge, & ils convinrent de s'en rapporter à Tiresias qui avoir goûté les plaisirs de l'Amour sous les deux Sexes; car aiant un jour trouvé dans un Bois deux Serpens accouplez, & les aiant frappez avec son bâton, chose admirable! il fut sur le champ metamorphosé en Femme: aiant trouvé, au bout de sept ans, les deux mêmes Serpens, il faut que j'éprouve, leur dit-il, si les blessures qu'on vous fait ont le pouvoir de faire changer de Sexe; il les toucha encore de son bâton, & reprit sa premiere figure. Telle est l'histoire de ce Tiresias, qui fut pris pour Juge dans une affaire aussi peu serieuse: il fut de l'avis de Jupiter. Junon, piquée de cette décision au delà de ce qu'on peut dire, & de ce que la chose méritoit, punit son Juge, en le privant de l'usage des yeux; mais Jupiter, pour le dédommager de cette perte, (car un Dieu ne peut détruire l'ouvrage d'un autre Dieu) lui donna le pouvoir de pénétrer dans l'avenir, reparant ainsi, par cet avantage, le mal que Junon lui avoit fait.

EXPLICATION DE LA CINQUIEME FABLE.

CEtte Image faite d'après les idées des Poëtes & des Mythologues ne demande point d'autre explication, après ce que nous venons de dire. Car, quoi que tous les Anciens soient d'accord que Jupiter, aiant visité Semelé avec ses Foudres, l'avoir reduite en cendres elle & son Palais, nous ne trouvons aucun Monument ancien qui nous represente cet évenement. On voit seulement sur un Vase, publié par Mr. Spon, où Mercure qui presente le petit Bacchus nouveau-né à une Nymphe que cet Auteur croit être Leucothoé.

F A B. VI. *Narcisse aimé d'Echo.*

A R G U M E N T.

La Nymphe Echo, cherchant à amuser Junon, pour donner le tems aux Maîtresses de Jupiter de s'évader, fut changée en voix, & souffrit dans la suite tous les mépris de Narcisse dont elle étoit amoureuse.

Ille per Aönias, famâ celeberrimus, urbes
Irreprehensa dabat populo responsa.peten-
  ti.   340
Prima fide vocisque ratae tentamina sumsit
Caerula Liriope : quam quondam flumine
  curvo
Implicuit ; clausaeque suis Cephisos in undis
Vim tulit. enixa est utero pulcherrima pleno
Infantem, Nymphis jam nunc qui posset ama-
  ri ;   345
Narcissumque vocat. de quo consultus, an esset
Tempora maturae visurus longa senectae :
Fatidicus vates, Si se non viderit, inquit.
Vana diu visa est vox auguris. exitus illam,
Resque probat, letique genus, novitasque fu-
  roris.   350
Jamque ter ad quinos unum Cephisus annum
Addiderat : poteratque puer, juvenisque videri.
Multi illum juvenes, multae cupiere puellae.
Sed fuit in tenerâ tam dira superbia formâ ;
                               Nulli

TIRESIAS s'étoit déja rendu célèbre dans toute la Béotie par les Oracles qu'il rendoit aux Peuples qui venoient le consulter. La belle Liriope fut la premiere qui éprouva la certitude de ses Réponses. Le fleuve Cephise, qui en avoit été amoureux, l'aiant enfermée un jour dans cette espece de Labyrinthe que forment ses Eaux, lui fit violence, & la rendit Mere d'un Fils qui étoit si beau qu'il devint même dès sa plus tendre enfance l'objet de l'amour de toutes les Nymphes, qui le virent. Il fut nommé Narcisse. Sa Mere étant allée consulter Tiresias sur la destinée de cet Enfant, lui demanda s'il parviendroit à une longue vieillesse ; & elle aprit qu'il vivroit fort long tems, s'il ne se voioit pas lui-même. Cette réponse parut frivole, & on la crut telle pendant long tems ; mais enfin l'évenement, la maniere dont Narcisse perdit la vie, & la singularité de sa passion n'en firent que trop connoître la verité. Narcisse avoit déja atteint l'âge de seize ans : à la beauté d'un Enfant il joignoit les graces d'un jeune Homme, & l'on ne pouvoit le voir sans l'aimer :

Nulli illum juvenes, nullae tetigere puellae. 355
Adſpicit hunc, trepidos agitantem in retia
cervos,
Vocalis Nymphe; quae nec reticére loquenti,
Nec prior ipſa loqui didicit, reſonabilis Echo.
Corpus adhuc Echo, non vox erat: & ta-
men uſum
Garrula non alium, quam nunc habet, oris
habebat; 360
Reddere de multis ut verba noviſſima poſſet.
Fecerat hoc Juno. quia, cum deprendere poſſet
Sub Jove ſaepe ſuo Nymphas in monte jacen-
tes,
Illa Deam longo prudens ſermone tenebat,
Dum fugérent Nymphae. poſtquam Saturnia
ſenſit; 365
Hujus, ait, linguae, quà ſum deluſa, poteſtas
Párva tibi dabitur, vociſque breviſſimus uſus.
Reque minas firmat. tamen haec in fine loquendi
Ingeminat voces: audîtaque verba reportat.
Ergo ubi Narciſſum, per devia luſtra vagan-
tem, 370
Vidit, & incaluit, ſequitur veſtigia furtim.
Quoque magis ſequitur; flammâ propiore ca-
leſcit.
Non aliter; quam cum ſummis circumlita
taedis
Admotam rapiunt vivacia ſulfura flammam.
O quoties voluit blandis accédere dictis, 375
Et molles adhibere preces! natura repugnat;
Nec ſinit incipiát. ſed, quod ſinit illa, parata eſt
Exſpectare ſonos, ad quos ſua verba remittat.
Forte puer, comitum ſeductus ab agmine ſido,
Dixerat, Ecquis adeſt? & , Adeſt, reſpon-
derat Echo. 380
Hic ſtupet: utque aciem partes dimiſit in om-
nes;
Voce, Veni. clamat magnâ. vocat illa vo-
cantem.
Reſpicit: & nullo rurſus veniente, Quid, inquit,
Me fugis? & totidem, quot dixit, verba recepit.
Perſtat: & alternae deceptus imagine vocis; 385
Huc coëamus, ait: nullique libentius umquam
Reſponſura ſono, Coeamus, retulit Echo:
Et verbis favet ipſa ſuis: egreſſaque ſilvis
Ibat, ut injiceret ſperato brachia collo.
Ille fugit: fugienſque, Manus complexibus
auſer: 390
Ante, ait, emoriar, quam ſit tibi copia noſtri.
Retulit illa nihil, niſi, Sit tibi copia noſtri.
Spreta latet ſilvis: pudibundaque frondibus ora
Protegit: & ſolis ex illo vivit in antris.

Sed

mer: mais ſa beauté le rendoit ſi fier, & lui inſ-
piroit tant d'orgueil, qu'il mépriſoit également
& les Nymphes & les jeunes gens qui cherchoient
à lui plaire. Cette Nymphe qui aime tant à parler, & qui ne ſauroit jamais parler la premiere,
ni ſe taire quand les autres parlent, Echo l'aperçut un jour à la Chaſſe. Semblable aux autres
Nymphes, elle n'étoit pas une ſimple voix, comme elle l'eſt aujourd'hui; elle étoit cependant dès-
lors également cauſeuſe, & avoit le défaut de ne
repeter que les dernieres paroles qu'elle entendoit.
C'étoit ainſi que Junon l'avoit punie. Lorſque
cette Déeſſe cherchoit à ſurprendre Jupiter avec
quelqu'une de ſes Maîtreſſes, Echo l'amuſoit à
deſſein par de longs diſcours, afin de leur donner
le tems de s'évader. Junon s'étant apperçue de
cet artifice: Je ferai en ſorte, lui dit-elle, que cette langue, dont vous abuſez pour me tromper,
vous ſera d'un très-petit uſage: l'effet ſuivit de
près la menace, & Echo, depuis ce tems-là, ne
repete plus que les dernieres paroles qu'elle entend.
Aiant rencontré un jour Narciſſe à la Chaſſe, elle en devint éperdûment amoureuſe, & ſe mit à
le ſuivre, ſans cependant ſe laiſſer voir. Tel que
le ſouffre qui s'enflamme à l'approche d'une torche alumée, ſon cœur s'embraſe à meſure qu'elle
ſuit les pas de ſon Amant. Combien de fois for-
ma-t-elle la reſolution de lui découvrir ſon amour,
& d'emploier les larmes & les paroles les plus
touchantes pour le rendre ſenſible! Mais la ſitua-
tion où la colere de Junon l'a miſe ne lui permet
pas de commencer: tout ce qu'elle peut faire,
c'eſt de lui répondre s'il commence lui-même.
Narciſſe s'étant égaré & ne voiant aucun de ſes
gens, ſe mit à crier, y a-t-il quelqu'un près de
moi, Echo répondit, moi; cette voix l'étonne,
il jette les yeux de tous côtez ſans rien appercevoir; approchez donc, dit-il, d'un ton élevé:
Echo repete les mêmes paroles, approchez donc;
il regarde encore avec plus d'attention, & comme perſonne ne venoit, pourquoi me fuiez-vous
donc, dit-il? me fuiez-vous donc, lui répondit
Echo. Comme cette voix continuoit à l'entretenir dans la même erreur, joignons-nous, dit-il,
Echo, qui ne pouvoir répondre à rien de plus
touchant pour elle, dit, joignons-nous. Sur cela,
elle ſe mit à le ſuivre hors du Bois, dont il étoit
ſorti, eſperant enfin de ſe jetter à ſon cou. Narciſſe cherchant à ſe debarraſſer d'elle; ne croiez
pas, lui dit-il, que je vous aime; La Nymphe repeta ces derniers mots, je vous aime.

Honteuſe

Sed tamen haeret amor; crescitque dolore re-
pulsae.   395
Attenuant vigiles corpus miserabile curae:
Adducitque cutem macies; & in aëra succus
Corporis omnis abit. vox tantum, atque ossa
    supersunt.
Vox manet. ossa ferunt lapidis traxisse figuram
[Inde latet silvis: nulloque in monte vide-
    tur ;   400
Omnibus auditur. sonus est, qui vivit in illâ.]
Sic hanc, sic alias, undis aut montibus ortas,
Luserat hic Nymphas; sic coetus ante viriles.
Inde manus aliquis despectus. ad aethera tol-
    lens,
Sic amet iste, licet, sic non potiatur amato, 405
Dixerat. adsensit precibus Rhamnusia justis.
    Fons erat illimis, nitidis argenteus undis,
Quem neque pastores, neque pastae monte ca-
  . pellae
Contigerant, aliudve pecus: quem nulla vo-
    lucris,
Nec fera turbarat, nec lapsus ab arbore ra-
    mus.   410
Gramen erat circa, quod proximus humor a-
    lebat :
Silvaque, sole lacum passura tepescere nullo.
Hic puer, & studio venandi lassus & aestu,
Procubuit; faciemque loci, fontemque secutus
Dumque sitim sedare cupit, sitis altera cre-
    vit.   415

Honteuse & confuse des refus de son Amant,
Echo se retira dans le fond des Bois, & alla se
cacher dans les lieux les plus épais. Depuis ce
tems-là elle n'habite plus que les Antres & les Rochers. Là, consumée par le feu de son amour,
& devorée par le chagrin que les refus de Narc
cisse lui avoient causé, elle tomba dans une langueur mortelle, & devint si maigre & si défaite,
qu'il ne lui resta que les os & la voix : ses os même furent changez en rochers, & elle n'a plus
que cette voix qu'on entend dans le fond des Forêts & des Cavernes où elle se tient cachée.

Toutes les autres Nymphes qui avoient voulu
plaire à Narcisse, avoient essuié les mêmes mépris que la belle Echo. Puisse-t-il, lui dit un
jour une aimable Personne qui ne pouvoit plus
supporter ses dédains, puisse-t-il lui-même éprouver toutes les rigueurs de l'Amour, & ne posseder jamais l'objet de sa tendresse ! La Déesse Ne-
mesis écouta une priere si juste, & l'exauça. Dans
une Vallée charmante étoit une Fontaine dont
l'eau extrêmement claire n'avoir jamais été troublée ni par les Bergers ni par les Troupeaux : Environnée d'un gazon toûjours verd, l'ombre des
Arbres la défendoit contre l'ardeur du Soleil. In-
vité par la beauté d'un lieu si charmant, Narcisse, que la Chasse & la chaleur avoient extrêmement fatigué, vint un jour s'y reposer. Comme
il vouloit y éteindre sa soif, il fut attaqué tout
d'un coup d'une autre espece de soif bien plus
dangereuse.

EXPLICATION DE LA SIXIÊME FABLE.

POur expliquer la Fable d'Echo, je ne sai si je n'aurois pas plutôt fait de recourir à la Physique qu'à
l'Histoire. Car quand il seroit vrai, comme le dit
Ovide, que cette Nymphe étoit la Confidente de Jupiter, & qu'elle amusoit Junon pendant qu'il faisoit
l'amour, quand nous saurions encore que cette Nymphe devint amoureuse de Narcisse dont les mépris la
reduisirent enfin à se retirer dans le fond des Antres
& des Rochers, où dessechée entierement par l'ardeur
de sa passion, elle ne conserve plus que la voix ; on
n'en seroit guere plus avancé. Ainsi il vaut mieux dire que les Poetes qui animoient tout, avoient inventé
cette Fable, pour expliquer ce Phenoméne d'une maniere ingenieuse. Car dans les Poëtes, comme le remarque fort bien Mr. Despreaux:

Tout prend un corps, une ame, un esprit, un visage,

Chaque Vertu devient une Divinité,
Minerve est la Prudence & Venus la Beauté.
Echo n'est plus un Son qui dans l'air retentisse,
C'est une Nymphe en pleurs qui se plaint de Narcisse, &c.

Pour soutenir l'explication physique, on dit qu'Echo
étoit Fille de l'Air & de la Langue. Et si l'on a ajoûté que le Dieu Pan en avoit été amoureux, c'est
qu'apparemment il avoit recherché la cause de ce phe-
nomene.

Si toutefois on veut que l'Histoire entre pour quelque chose dans cette Fable, on peut dire que ce qui
y a donné lieu c'est que quelque Nymphe s'étant éga-
rée dans les Bois, ceux qui la cherchoient, n'aïant entendu que la voix de l'Echo, qui répondoit à leurs
demandes, publierent que la Nymphe avoit été changée en voix.

F A B. VII. *Narciſſe changé en Fleur.*

ARGUMENT.

Narciſſe devenu amoureux de ſa propre image, qu'il avoit vûe dans une Fontaine, & s'étant laiſſé mourir de langueur, les Dieux le changerent en une Fleur, qui porte encore ſon nom.

DUmque bibit, viſae correptus imagine
    formae,
Spem ſine corpore amat : corpus putat eſſe,
    quod umbra eſt.
Adſtupet ipſe ſibi, vultuque immotus eodem
Haeret, ut è Pario formatum marmore ſig-
    num.
Spectat humi poſitus geminum, ſua lumina,
    ſidus,   420
Et dignos Baccho, dignos & Apolline crines,
Impubesque genas, & eburnea colla, decusque
Oris, & in niveo mixtum candore ruborem;
Cunctaque miratur, quibus eſt mirabilis; ipſe
Se crepit imprudens; &, qui probat, ille pro-
    batur.   425
Dumque petit, petitur : pariterque incendit,
    & ardet.
                     Irrita

NARCISSE, frapé de ſon image qu'il vit dans le fond de l'Eau, en fut enchanté & en devint amoureux. Inſenſé, il s'imagine que l'objet de ſa paſſion eſt quelque choſe de réel; & ce n'eſt qu'une vaine repréſentation de lui-même. Il s'admire & demeure attaché ſur cette image. Fanché ſur cette Fontaine, il regarde ſes yeux, qui paroiſſent brillans comme deux Aſtres; ſes cheveux, auſſi beaux que ceux de Bacchus & d'Apollon; ſes joues, où étoit peinte toute la fleur de la jeuneſſe; ſon cou plus blanc que l'Ivoire; ſa bouche & ſon teint, où les lys ſe confondoient avec les roſes : il admire enfin tout ce qui eſt admirable en lui. Amant, il eſt lui-même l'objet aimé; c'eſt lui-même qu'il loue, & qu'il delire de poſſeder, & il eſt conſumé d'un feu qu'il allume. Ah, combien de vains & d'inutiles bai-
                         ſers

Irrita fallaci quoties dedit oscula fonti !
In medias quoties, visum captantia collum,
Brachia mersit aquas; nec se deprendit in illis !
Quid videat, nescit; sed, quod videt, uritur
    illo :   430
Atque oculos idem, qui decipit, incitat error.
Credule, quid frustra simulacra fugacia captas?
Quod petis, est nusquam : quod amas, aver-
    tere, perdes.
Ista repercussae, quam cernis, imaginis umbra est.
Nil habet ista sui. tecumque venitque, ma-
    netque :   435
Tecum discedat; si tu discedere possis.
Non illum Cereris, non illum cura quietis
Abstrahere inde potest. sed opacâ fusus in herbâ
Spectat inexpleto mendacem lumine formam :
Perque oculos perit ipse suos; paullumque le-
    vatus,   440
Ad circumstantes tendens sua brachia silvas,
Ecquis, io silvae, crudelius, inquit, amavit ?
Scitis enim, & multis latebra opportuna
    fuistis.
Ecquèm, cum vestrae tot agantur secula vitae,
Qui sic tabuerit, longo meministis in aevo? 445
Et placet, & video : sed quod videoque, pla-
    cetque,
Non tamen invenio. tantus tenet error aman-
    tem.
Quoque magis doleam ; nec nos mare separat
    ingens,
Nec via, nec montes, nec clausis moenia portis.
Exiguâ prohibemur aquâ. cupit ipse teneri : 450
Nam quoties liquidis porreximus oscula lym-
    phis ;
Hic toties ad me resupino nititur ore.
Posse putes tangi. minimum est, quod aman-
    tibus obstat.
Quisquis es, huc exi. quid me, puer unice,
    fallis ?
Quove petitus abis ? certe nec forma, nec
    aetas   455
Est mea, quam fugias; & amarunt me quo-
    que Nymphae.
Spem mihi nescio quam vultu promittis amico :
Cumque ego porrexi tibi brachia, porrigis ultro :
Cum risi, adrides. lacrimas quoque saepe notavi
Me lacrimante, tuas. nictu quoque signa re-
    mittis :   460
Et, quantum motu formosi suspicor oris,
Verba refers, aures non pervenientia nostras.
In te ego sum, sensi : nec me mea fallit imago.

TOM. I.   Uror

fers donna-t-il à l'Eau de cette seduisante Fontaine?
combien de fois s'y plongea-t-il les bras pour se jetter à son coû, qu'il ne retrouve plus lors qu'il
croit l'embrasser. Infortuné, il ne connoit point
l'objet charmant qu'il contemple, & cependant il
l'aime avec une passion extrême, & cherit l'erreur
qui l'enchante. Insensé, pourquoi courez-vous
après un vain Fantôme qui vous fuit ? Votre passion est une chimere : Eloignez-vous de cette fatale Fontaine, & cette image que vous regardez
avec tant de complaisance disparoîtra; ce que vous
voiez est une ombre qui n'a rien de réel, qui paroît lorsque vous vous présentez, & qui se feroit
plus si vous pouviez vous éloigner de cette Fontaine. Mais rien ne peut l'en arracher; ni le soin
de prendre quelque noûrriture, ni les charmes du
sommeil : couché sur l'herbe, il voit sans se lasser
cette trompeuse beauté qui l'a seduit, & il ternit
l'éclat de ses yeux à force de les contempler : Seulement il se leve quelquefois deux à deux,
& les bras étendus, il parle ainsi aux Arbres d'a-
lentour : ,, Vous qui avez été tant de fois témoins
,, des ardeurs les plus vives, & qui avez si souvent
,, servi d'asyle aux Amans, en avez-vous vû d'aussi
,, malheureux que moi, & l'Amour en traita-t-il ja-
,, mais quelqu'un avec autant de cruauté? Vous avez
,, vû plusieurs siecles s'écouler ; mais vous n'avez
,, jamais vû d'Amant souffrir dès peines plus rudes.
,, L'objet de ma tendresse me charme; je le vois &
,, cependant je ne puis point le trouver : tant est
,, grande l'erreur qui me seduit. Ce qui met le com-
,, ble à ma douleur, c'est que sans en être separé par
,, de vastes Mers, par des chemins inaccessibles, ou
,, par des Montagnes, ou par des Forêts, l'eau d'u-
,, ne Fontaine, qui seule m'éloigne de lui, s'oppose
,, à mon bonheur, & ce qui me jette dans le der-
,, nier desespoir, c'est qu'il me paroît que celui que
,, j'aime répond à ma passion. En effet, toutes les
,, fois que j'ai approché ma bouche de cette Fontai-
,, ne, il s'est avancé pour me baiser ; mais helas, les
,, moindres obstacles sont funestes aux Amans! Qui
,, que vous soiez, sortez du fond de l'Eau, puis-
,, que vous êtes tendrement aimé : Pourquoi vous
,, jouez-vous ainsi de moi, en vous éloignant lors-
,, que je m'approche de vous ? Ma jeunesse & ma
,, beauté ne doivent pas vous engager à me fuir.
,, J'ai inspiré de la tendresse à un grand nombre de
,, belles Nymphes. Mais il y a de l'ingratitude à
,, me plaindre ; l'air gracieux dont vous me regar-
,, dez me donne de l'esperance, & je vois que lors-
,, que je vous tends les bras, vous me tendez les
,, vôtres. J'ai souvent remarqué que mes larmes
,, ont été suivies de celles que vous avez repandues;
,, Vous me rendez toûjours caresse pour caresse ; lors
,, que je ris, vous riez ; & autant que j'en puis ju-
,, ger par le mouvement de vos lèvres, lorsque je
,, vous parle, vous me répondez, quoi que je n'en-
,, tende pas vos paroles. Mais pourquoi demeurer
,, plus long-tems dans mon erreur, c'est mon image

N 2   ,, que

Uror amore mei. flammas moveoque feroque.

Quid faciam ? roger, anne rogem ? quid
deinde rogabo ?   465

Quod cupio mecum est, inopem me copia fecit.

O utinam nostro secedere corpore possem !

Votum in amante novum; vellem, quod ama-
mus, abesset.

Jamque dolor vires adimit: nec tempora vitae

Longa meae superant: primoque extinguor in
aevo.   470

Nec mihi mors gravis est, positura morte do-
lores.

Hic, qui diligitur, vellem diuturnior esset.

Nunc duo concordes animâ moriemur in unâ.

Dixit, & ad faciem rediit male sanus eamdem;

Et lacrimis turbavit aquas: obscuraque mo-
to   475

Reddita forma lacu est. quam cum vidisset
abire,

Quo fugis ? o remane; nec me, crudelis, a-
mantem

Desere, clamavit. liceat, quod tangere non est,

Adspicere : & misero praebere alimenta furori.

Dumque dolet, summâ vestem deduxit ab
orâ,   480

Nudaque marmoreis percussit pectora palmis.

Pectora traxerunt tenuem percussa ruborem,

Non aliter, quam poma solent; quae candi-
da parte,

Parte rubent: aut ut variis solet uva racemis

Ducere purpureum, nondum matura, colo-
rem.   485

Quae simul adspexit liquefactâ rursus in undâ;

Non tulit ulterius; sed, ut intabescere flavae

Igne levi cerae, matutinaeve pruinae

Sole tepente solent, sic attenuatus amore.

Liquitur;& caeco paullatim carpitur igni.   490

Et neque jam color est mixto candore rubori;

Nec vigor, & vires, & quae modo visa pla-
cebant,

Nec corpus remanet, quondam quod amave-
rat Echo.

Quae tamen ut vidit, quamvis irata memor-
que,

Indoluit: quotiesque puer miserabilis, Eheu,   495

Dixerat; haec resonis iterabat vocibus, Eheu.

Cumque suos manibus percusserat ille lacertos,

Haec quoque reddebat sonitum plangoris eum-
dem.

Ultima vox solitam fuit haec spectantis in un-
dam :

Heu

,,que je vois, je ne saurois pas y être trompé; c'est
,,moi-même que j'aime. J'allume le feu qui me
,,dévore, quel parti faut-il que je prenne ? Dois-
,,je prier, ou attendre qu'on me prie ? Mais enfin
,,qu'ai-je à demander ? je possede tout ce que je
,,desire, & malgré tout cela, je sens qu'il me man-
,,que quelque chose pour être heureux. Que ne
,,suis-je separé de moi-même ! Je souhaiterois l'ê-
,,tre, quelque étrange que paroisse ce souhait à un
,,Amant. Mais la douleur commence à m'aba-
,,tre; je sens mes forces diminuer, & je vois que
,,je vais perir à la fleur de mon âge : la mort ce-
,,pendant n'a rien d'affreux pour moi, puisqu'elle
,,doit terminer mes tourmens; je souhaiterois seu-
,,lement que l'objet de ma passion pût me survi-
,,vre; mais je vois bien qu'un même coup va nous
,,frapper tous les deux, & qu'en mourant nous ne
,,perdrons qu'une seule vie". Toûjours seduit de la
même erreur, Narcisse se retourna encore une fois
vers son ombre; il répandit des pleurs, & ses larmes en troublant l'eau ternirent son image. Comme il crut la voir s'éloigner, ,,Pourquoi me fuiez-
vous, dit-il, demeurez, je vous en conjure, n'a-
,,bandonnez pas ainsi une Personne qui vous ado-
,,re : S'il ne m'est pas permis de vous approcher,
,,ne vous derobez pas du moins à mes regards, le
,,plaisir de vous voir est le seul qui reste à un A-
,,mant infortuné". Pendant qu'il se plaignoit ainsi,
il dechira sa robe & se frappa la poitrine. Elle
parut alors de la couleur de ces belles Pommes,
qui sont rouges d'un côté pendant que l'autre est
d'une blancheur éclatante, ou de celle des Raisins
qui ne sont pas encore entierement mûrs. Un
moment après, lorsque l'eau s'étant éclaircie,
il vit les marques des coups qu'il venoit de se donner, il ne lui fut pas possible de supporter l'excès
de sa douleur; l'ardeur de son amour le consume
peu à peu, ainsi qu'on voit la cire se fondre lorsqu'on l'approche du feu, ou la rosée se dissiper
aux premiers rayons du Soleil. On ne voit plus
sur son visage les lys & les roses qu'on y voioit
auparavant; il n'a plus ni cette vigueur ni cet air
de jeunesse & de beauté qui l'avoient tant charmé;
en un mot, ce n'est plus le beau Narcisse, qui
avoit donné tant d'amour à Echo. Cependant
cette Nymphe l'aiant vû dans un état si déplora-
ble, oublia tous ses mépris & parut sensible à son
malheur; toutes les fois qu'elle l'entendoit soûpi-
rer, elle repetoit fidellement tous ses soupirs ; si
les coups, dont il se meurtrissoit le sein, retentis-
soient dans l'air, elle faisoit entendre le même
bruit. Enfin regardant son image pour la derniere
fois,

Heu frustra dilecte puer ! totidemque re-
misit 500
Verba lacus: dictoque Vale, Vale inquit &
Echo.
Ille caput viridi fessum submisit in herbâ.
Lumina nox claudit, domini mirantia formam.
Tum quoque se, postquam est infernâ sede re-
ceptus,
In Stygiâ spectabat aquâ. planxere sorores 505
Naïdes : & sectos fratri posuere capillos.
Planxere & Dryades. plangentibus adsonat
Echo.
Jamque rogum, quassasque faces, feretrum-
que parabant :
Nusquam corpus erat. croceum pro corpore
florem
Inveniunt, foliis medium cingentibus albis. 510

fois, Narcisse lui dit, Helas, objet vainement aimé ! Echo repeta *objet vainement aimé*; Adieu, lui
dit-il, *Adieu*, répondit la Nymphe. En même
tems il laissa pencher sa tête sur l'herbe, & la mort
lui ferma pour jamais les yeux, qui étoient encore épris de sa beauté. Cette étrange folie l'accompagna jusques dans les Enfers, où il se regardoit
encore dans les eaux du Styx. Les Naïades ses
Sœurs le pleurerent amérément, & s'étant cou-
pées les cheveux, elles les consacrerent sur son
tombeau. Les Dryades firent retentir l'air de leurs
tristes gemissemens, & Echo répondit à leurs
plaintes. Déja on préparoit le bucher, déja les
torches étoient allumées, & l'on portoit le lit fu-
nèbre sur lequel on devoir le faire brûler ; mais
on cherchoit vainement son corps; il n'étoit plus,
& l'on ne trouva à sa place qu'une Fleur jaune
qui avoit dans le milieu des feuilles blanches.

EXPLICATION DE LA SEPTIEME FABLE.

L'Histoire de Narcisse, si bien écrite par notre Poete, est un de ces Faits singuliers, qui ne nous apprennent rien d'important. Ovide dit qu'il étoit Fils
du Fleuve Cephise & de la Nymphe Liriope, & Pausanias rapporte qu'il étoit Thespien d'origine. Voilà
tout ce qu'on en peut savoir : car la consultation de
Tiresias sur les Avantures de Narcisse, n'est qu'un Episode de l'invention du Poëte. Le meilleur est de regarder cette Fable comme une Leçon utile qui nous
developpe les funestes effets de l'Amour propre. Mais
qui est-ce qui n'est pas capable de faire les reflexions
qui en naissent si naturellement? Chacun peut penser,
sans que je le dise, qu'il ne faut pas se regarder avec
trop de complaisance, que nos bonnes qualitez doivent nous être cachées, & qu'il ne faut pas être le
premier à admirer, encore moins à publier ses perfections. Peut-être qu'on pensera même que le peu de
réalité qu'on trouve dans les plaisirs, que nous cher-
chons avec tant d'empressement, ressemble à ce vain
phantôme dont se jeune Insensé étoit amoureux, & qui
le jetta enfin dans cette triste langueur qui lui causa la
mort. Je sai que la plûpart de ceux qui pensent avan-
tageusement d'eux-mêmes, ne voudront pas se reconnoitre dans la folle ardeur que Narcisse eut pour lui-
même; mais quand la metaphore seroit un peu forte,
la leçon n'en seroit pas moins instructive.
On ne sait rien au reste de ce jeune Homme, ainsi
que je viens de le dire, que ce qu'en rapporte (1)
qui dit que Narcisse, ayant perdu sa Sœur qu'il aimoit tendrement, qui lui ressembloit beaucoup & qui alloit toujours à la Chasse avec lui, crut, en se voyant un jour
dans une Fontaine, que c'étoit l'ombre de cette chere
Sœur, & qu'il en mourut de regret. Cette Fontaine
au reste étoit, selon le même Auteur, dans le Païs des
Thespiens près d'un Village nommé *Donacon.* Narcisse, selon les Poëtes, fut changé en cette Fleur qui
depuis ce tems-là a toujours porté son nom : ce que
Pausanias regarde comme une vaine fiction, puisque,
selon le témoignage de Pamphus, Proserpine, qui fut
enlevée long-tems avant que Narcisse vint au monde, cueilloit le Narcisse parmi les autres Fleurs qui se
trouvoient dans les campagnes d'Enna, & cette Fleur
lui fut toujours consacrée. On peut ajouter encore, pour
confirmer ce que dit Pausanias, que le Narcisse, selon
Sophocle, étoit une Fleur destinée pour faire des Guirlandes aux Eumenides, dont le culte est sans doute
plus ancien que celui qui fut établi de cette Fable.
Anciennement ceux qui sacrifioient à ces Déesses étoient
couronnez de Narcisse, parce que cette Fleur vient
ordinairement autour des sepulcres. Comme le nom
de Narcisse vient d'un mot Grec qui veut dire *être en-*
gourdi, stupide, sans sentiment, on a imaginé que ce
(1) *In Bœot.*

jeune Homme, à force de se regarder dans une Fontaine, s'étoit devenu comme immobile, avoit perdu tout
sentiment, s'étoit desseché & étoit mort enfin: de-là cette langueur, cette diminution sensible d'embonpoint,
cette foiblesse, & toutes les circonstances de cette Fable si bien décrites par Ovide. Peut-être même qu'on
ne lui a donné qu'après sa mort le nom de Narcisse.
On peut lire au reste dans Dioscoride (1) la description de la Fleur de Narcisse, qui ne ressemble pas mal
à ce que nous appellons Oeillets notre Dame. Comme Ovide, en rapportant que c'étoit Tiresias qui a-
voit prédit les Avantures de Narcisse, raconte une Fable sur le sujet de ce fameux Devin, il est bon de la
faire connoitre un peu plus particulierement. Tiresias, si nous en croions Apollodore, étoit Fils d'Eve-
re & de Cariclo. Adonné dès sa jeunesse à la science
des Augures, il y réussit si bien, qu'il s'acquit la reputation de le plus grand Devin de son tems. On le
consultoit de toutes parts & on ajoutoit beaucoup de
foi à ses prédictions. Il fut sur tout très-célèbre dans
la seconde Guerre de Thebes, qu'on nomme ordinairement la Guerre des Epigones. Après la prise de cette Ville, il conseilla aux Thebains de se retirer dans
un coin de la Béotie; ce qu'ils firent : mais il ne fut
pas prévoir que cette retraite lui seroit fatale. En passant près de la Fontaine de Tilphouse, il voulut s'y desalterer, & soit qu'il fût échaufé, ou que l'eau eût quelque mauvaise qualité, il mourut peu de jours après.
Comme ce Devin avoit vécu fort long-tems, & que
sur la fin de ses jours il étoit devenu aveugle, on publia sur son sujet deux Fables fort singulieres; l'une,
qu'il avoit perdu l'usage de la vûe, ou pour avoir vû
Minerve dans le Bain, ainsi que le raporte Pherecyde, ou pour avoir jugé le different dont parle Ovide, d'une maniere qui piqua si fort Junon, qu'elle
le rendit aveugle. On ajouta que Jupiter, pour le dédommager de la perte de ses yeux, lui avoit revelé
l'avenir. La seconde Fable, que notre Poete a tirée
d'Hesiode (3), étoit que Tiresias avoir changé deux
fois de sexe en frappant de sa baguette deux Serpens
qui frayoient. Ces deux fictions n'ont sans doute d'autre fondement qu'un Traité que Tiresias avoit composé sur les prérogatives des deux Sexes, ou
plûtôt parce que ce Devin, qui se piquoit d'être grand
Astrologue, enseignoit non seulement que les Astres
étoient animez, opinion assez commune en ce tems-là,
mais aussi qu'ils étoient de différens Sexes. On sait
au juste le temps auquel vivoit Tiresias, puis qu'il étoit
à Thebes pendant la Guerre des Epigones, qui arriva
environ 1200 ans avant l'Ere Chrétienne, 10 ou 15
ans avant le Siege de Troie.

. (2) *Liv.* IV. *Chap.* CLX. (3) *Theogonie.*

N 3 F A B. VIII.

F A B. **VIII. IX.** & **X.** *Triomphe de Bacchus, & Penthée déchiré par sa Mere.*

A R G U M E N T.

Penthée se moque de toutes les prédictions de Tiresias, & défend à ses gens d'honorer Bacchus, qui venoit d'arriver en triomphe dans la Grèce, & leur ordonne même de l'amener captif. Bacchus, sous la forme d'Acetès, l'un de ses Compagnons, soufre cette indignité, & lui raconte toutes les merveilles que ce Dieu avoit operées. Un tel recit ne sert qu'à enflamer la colere de Penthée, qui va sur le Mont Citheron pour troubler les Orgies qu'on y celebroit; mais il y est dechiré par sa propre Mere & les autres Bacchantes.

*C*Ognita res meritam vati per Achaïdas
    urbes
Attulerat famam: nomenque erat auguris ingens.
Spernit Echionides tamen hunc, ex omnibus unus
Contemtor Superûm, Pentheus: praesagaque ridet
Verba senis; tenebrasque & cladem lucis ademtae   **515**
Objicit. ille movens albentia tempora canis,
Quam felix esses, si tu quoque luminis hujus
    Orbus,

*C*ETTE Histoire, qui devint bien-tôt publique, rendît le nom de Tiresias célèbre dans toute la Grèce, & lui donna une grande reputation; il n'y eut que l'impie Penthée qui continua de mépriser les prédictions de ce Devin; il lui reprochoit même son aveuglement, & le sujet qui lui avoit attiré cette punition. ,, Vous seriez trop heureux, *lui-dit* TIRESIAS, si vous aviez ,, comme moi perdu l'usage de vos yeux, & ,, que vous ne fussiez pas en état de voir les ,, Fêtes

Orbus, ait, fieres, ne Bacchia sacra videres!
Jamque dies aderit, jamque haud procul au-
    guror esse;
Quâ novus huc veniat, proles Semeleia, Li-
    ber.   520
Quem nisi templorum fueris dignatus honore;
Mille lacer spargère locis: & sanguine silvas
Foedabis, matremque tuam, matrisque sorores.
Evenient. neque enim dignabere numen honore:
Meque sub his tenebris nimium vidisse que-
    reris.   525
Talia dicentem proturbat Echione natus.
Dicta fides sequitur; responsaque vatis aguntur.
Liber adest: festisque fremunt ululatibus agri:
Turbâ ruunt: mixtaeque viris matresque nu-
    rusque,
Vulgusque, proceresque, ignota ad sacra fe-
    runtur.   530
Quis furor, anguigenae, proles Mavortia,
    vestras
Attonuit mentes? Pentheus ait. aerane tantum
Aere repulsa valent? & :adunco tibia cornu?
Et magicae fraudes? ut quos non belliger ensis,
Non tuba terruerint, non strictis agmina te-
    lis: 535
Femineae voces, & mota insania vino,
Obscaenique greges, & inania tympana vincant?
Vosne, senes, mirer? qui longa per aequora vecti
Hac Tyron, hac profugos posuistis sede Penates;
Nunc sinitis sine Marte capi? vosne, acrior
    aetas,   540
O juvenes, propiorque meae; quos arma tenere,
Non thyrsos; galeâque tegi, non fronde decebat?
Este, precor, memores, quâ sitis stirpe creati;
Illiusque animos, qui multos perdidit unus,
Sumite serpentis. pro fontibus ille lacuque 545
Interiit: at vos pro famâ vincite vestrâ.
Ille dedit leto fortes: vos pellite molles,
Et patrium revocate decus. si fata vetabant
Stare diu Thebas; utinam tormenta virique
Moenia diruerent: ferrumque ignisque so-
    narent!   550
Essemus miseri sine crimine: sorsque querenda,
Non celanda foret: lacrimaeque pudore carerent.
At nunc à puero Thebae capientur inermi:
Quem neque bella juvant, nec tela, nec usus
    equorum;
Sed madidus myrrhâ crinis, mollesque coro-
    nae,   555
Purpuraque, & pictis intextum vestibus aurum.
Quem quidem ego actutum (modo vos absis-
    tite) cogam
                                              Ad-

,, Fêtes de Bacchus. Un jour viendra, & ce jour
,, n'est pas éloigné, que ce Dieu paroîtra dans ces
,, lieux. Si vous lui refusez le culte qui lui est dû,
,, vous serez mis en pieces & vos membres épars
,, de tous côtez souilleront de leur sang, les Forêts,
,, votre Mere même &, vos Tantes; l'effet sera un
,, fûr garant de ma prédiction; vous serez puni pour
,, n'avoir pas honoré Bacchus, & vous trouverez
,, alors que, malgré cet aveuglement que vous me
,, reprochez, je n'ai vû que trop clairement dans
,, l'avenir ". Penthée, outré de ces paroles, chassa
Tiresias de sa présence: l'évenement confirma bien-
tôt la prédiction. Bacchus arrive & les champs
retentissent du bruit & des hurlemens qui accompagnent la célébration de ses Fêtes. Tout
le monde y court en foule, les Hommes & les
Femmes, le Peuple & les Grands; tous s'empres-
sent de voir des mysteres jusqu'alors inconnus.
,, Genereux Enfans de Mars, leur crie PENTHE'E,
,, quelle fureur vous possede? Le tumulte confus des
,, Instrumens d'Airain & des Flutes; de vains en-
,, chantemens, doivent-ils donc vous faire perdre la
,, Raison? Jamais ni le bruit des armes, ni la vûe
,, des dards & des flêches ne vous ont effraiez; les
,, Bataillons armez vous ont toûjours trouvez invin-
,, cibles; vous laisserez-vous vaincre par des Fem-
,, mes, par une troupe d'Hommes effeminez, que
,, l'yvresse rend insensez, & qui font retentir l'air du
,, son de leurs Tambours? Etes-vous ces sages Vieil-
,, lards, qui avez traversé tant de Mers pour venir
,, avec vos Dieux Pénates vous établir dans cette
,, Contrée & y bâtir une nouvelle Tyr? Aujourd'hui
,, vous vous laissez vaincre sans combatre. Et vous,
,, florissante Jeunesse, qui êtes comme moi dans la
,, vigueur de votre âge, vous, à qui les armes sie-
,, roient mieux que les Thyrses & les Couronnes,
,, souvenez-vous du sang dont vous sortez; armez-
,, vous du courage de cet affreux Dragon qui fit pe-
,, rir tant de monde, & qui perit lui-même en
,, combatant pour garder l'Antre & la Fontaine de
,, Mars; combatez du moins pour votre propre
,, gloire. Ce Monstre donna la mort à de genereux
,, Soldats, vous n'avez aujourd'hui que des lâches à
,, vaincre; encore un coup, ne ternissez pas la gloi-
,, re de vos Ancêtres. Que si les Destins ont reso-
,, lu la ruine de Thèbes, qu'elle tombe sous l'effort
,, de ses ennemis; que pour la détruire on employe
,, les Machines de Guerre, le Fer & le Feu; du
,, moins, s'il nous arrive d'être vaincus, nous se-
,, rons malheureux sans être coupables, & nos lar-
,, mes pourront couler sans honte. Mais aujourd'-
,, hui cette Ville va devenir la conquête d'un En-
,, fant foible & desarmé, d'un jeune Effeminé qui
,, n'aime ni la Guerre ni les Combats, ni à manier
,, des Chevaux & qu'on ne voit jamais que parfumé,
,, couronné de Lierre & vêtu d'une Robe d'or & de
,, pourpre. Pourvû que vous ne vous opposiez pas
,, à mon dessein, je le forcerai bien d'avouer l'im-
                                            ,, posture

Adfumtumque patrem, commentaque facra
fateri.
An fatis Acrifio eft animi, contemnere vanum
Numen, & Argolicas venienti claudere por-
tas;   560
Penthea terrebit cum totis advena Thebis?
Ite citi, (famulis hoc imperat) ite, ducemque
Attrahite huc vinctum. juffis mora fegnis ab-
efto.
Hunc Avus, hunc Athamas, hunc cetera
turba fuorum
Corripiunt dictis: fruftraque inhibere labo-
rant.   565
Acrior admonitu eft; irritaturque retenta,
Et crefcit rabies: remoraminaque ipfa noce-
bant.
Sic ego torrentem, quà nil obftabat eunti,
Lenius, & modico ftrepitu decurrere vidi.
At, quàcumque trabes obftructaque faxa te-
nebant,   570
Spumeus, & fervens, & ab objice faevior ibat.
Ecce cruentati redeunt; &, Bacchus ubi effet,
Quaerenti domino, Bacchum vidiffe negarunt.
Hunc, dixere, tamen comitem, famulumque
facrorum
Cepimus: & tradunt manibus poft terga li-
gatis,   575
Sacra Dei quondam Tyrrhenà gente fecutum.
Adfpicit hunc oculis Pentheus, quos ira tre-
mendos
Fecerat: &, quamquam poenae vix tempo-
ra differt,
O periture, tuàque aliis documenta dature
Morte, ait, ede tuum nomen, nomenque pa-
rentum,   580
Et patriam; morisque novi cur facra fre-
quentes.
Ille metu vacuus, Nomen mihi, dixit, A-
coetes:
Patria, Maeonia eft: humili de plebe parentes.
Non mihi, quae duri colerent, pater, arva
juvenci,
Lanigerosve greges, non ulla armenta reli-
quit.   585
Pauper & ipfe fuit: linoque folebat & hamo
Decipere, & calamo falientes ducere pifces.
Ars illi fua cenfus erat. cum traderet artem;
Accipe, quas habeo, ftudii fucceffor & heres,
Dixit, opes: moriensque mihi nihil ille reli-
quit,   590
Praeter aquas. unum hoc poffum adpellare pa-
ternum.   Mox

„ pofture de fon origine & de fes myfteres. A-
„ crife n'a-t-il pas eu affez de courage pour mépri-
„ fer ce Dieu imaginaire, & pour lui refufer l'en-
„ trée d'Argos? Faut-il donc que cet Etranger fas
„ fe trembler aujourd'hui Penthée & toute la Ville
„ de Thèbes? Allez, dit-il à fes Officiers, allez,
„ que rien ne vous arrête, qu'on le faififfe & qu'on
„ me l'ameine ici chargé de fers". Son Grand-
Pere Cadmus, fon Oncle Athamas, & toute fa
Cour tenterent en vain de le détourner de cette
entreprife. Toutes leurs remontrances ne fervirent
qu'à l'aigrir; fa rage redouble à mefure qu'on
veut en arrêter les effets; & les moindres obfta-
cles le rendent plus furieux: Semblable à un
Torrent qui coule avec moins de rapidité, lors
que rien ne l'arrête; s'il trouve quelque obftacle
à fon cours, il s'enfle, fe couvre d'écume & entraîne tout ce qu'il rencontre avec un bruit &
une rapidité épouvantables. Sur ces entrefaites,
ceux que Perithée avoit envoiez reviennent tous
couverts de fang: il leur demande où eft Bacchus? Nous ne l'avons point vû, lui repondent-
ils; mais voici un de fes Compagnons que nous
vous amenons; c'eft un Etranger qui a quitté
la Tofcane fa Patrie, pour fuivre ce Dieu, dont
il eft le Miniftre.

Penthée le regarde d'un œil rempli de rage & de
courroux, & ne differe fa vengeance qu'avec peine. Tu periras, lui dit-il, malheureux, & ta
mort fervira d'Exemple à tes Complices. A-
prenez-moi quel eft fon nom & celui de fes Parens:
quel eft ton Païs, & les raifons qui t'ont engagé
à devenir le Miniftre de cette nouvelle Divinité?
Acetès eft mon nom, lui répondit hardiment le
Captif; je fuis Méonien d'origine, & mes Parens
font peu illuftres; mon Pere ne m'a laiffé ni He-
ritages ni Troupeaux; pauvre lui-même comme
moi, il gagnoit fa vie à la Pêche: Voilà, me
dit-il, en m'aprenant le métier qu'il avoit exercé
toute fa vie, voilà toutes mes richeffes, c'eft tout
le bien que je poffede; ainfi il ne me laiffa en
mourant que l'Eau pour mon partage: c'eft le
feul bien que j'ai herité de lui. Pour ne pas
demeurer éternellement attaché à des Rochers,
j'appris à conduire un Vaiffeau, & devenu Pilote je fûs obferver les Conftellations de la Chevre Amalthée, les Pleiades, les Hyades & la
grande Ourfe. Je me rendis habile dans la connoiffance des Vents & des Ports, où les Vaiffeaux peuvent être en fûreté. Comme j'allois
un jour à Delos, je relâchai à l'Ifle de Naxe,
où je pris heureufement terre. Le lendemain,
dès que l'Aurore commença à paroître, je me
levai, & aiant ordonné aux Matelots d'aller
faire de l'eau, je leur montrai le lieu où il y
en avoit. Pendant ce tems-là je montai fur
une

Mox·ego, ne scopulis haererem semper in ìsdem,
Addidici regimen, dextrà moderante, carinae
Flectere : & Oleniae sidus pluviale capellae,
Taygetenque, Hyadasque oculis Arctonque no-
    tavi,   595
Ventorumque domos, & portus puppibus aptos,
Forte petens Delon, Diae telluris ad oras
Adplicor, & dextris adducor litora remis :
Doque leves saltus : udaeque, innitor arenae.
Nox ubi consumta est ; Aurora rubescere
    primum   600
Coeperat : exsurgo, laticesque inferre recentes
Admoneo; monstroque viam, quae ducat ad
    undas.
Ipse, quid aura mihi tumulo promittat ab alto,
Prospicio : comitesque voco, repetoque carinam.
Adsumus en, inquit, sociorum primus Ophel-
    · tes :   605
Utque putat, praedam deserto nactus in· agro,
Virginea puerum ducit per litora formà.
Ille, mero somnoque gravis, titubare videtur;
Vixque sequi. Specto cultum, faciemque, gra-
    dumque :
Nil ibi, quod posset credi mortale, videbam. 610
Et sensi, & dixi sociis, Quod numen in isto
Corpore sit dubito : sed corpore numen in isto est.
Quisque es, ò faveas, nostrisque laboribus ad-
    sis.
His quoque des veniam. Pro nobis mitte pre-
    cari
Dictys ait : quo non alius conscendere sum-
  · · mas   615
Ocior antennas, prensoque rudente relabi.
Hoc Libys, hoc flavus, prorae tutela, Me-
    lanthus,
Hoc probat Alcimedon : & , qui requiemque
    modumque
Voce dabat remis, animorum hortator Epopeus :
Hoc omnes alii. praedae tam caeca cupido
    est.   620
Non tamen hanc sacro violari pondere pinum
Perpetiar, dixi : pars hic mihi maxima juris.
Inque aditu obsisto. furit audacissimus omni
De numero Lycabas : qui Thusca pulsus ab urbe
Exsilium, dirà poenam pro caede, luebat. 625
Is mihi, dum resto, juvenili guttura pugno
Rupit : & excussum misisset in aequora; si non
Haesissem, quamvis amens, in fune retentus.
    Impia turba probant factum. tum denique
    Bacchus,
(Bacchus enim fuerat) veluti clamore solu-
    tus   630

une éminence pour obferver le Vent, & j'appel-
lai mes Compagnons pour revenir à bord. Nous
voici, dit Opheltes, en me préfentant un Enfant
d'une beauté charmante, qu'il avoit trouvé endormi dans un lieu defert ; ce jeune Enfant encore aſſoupi, & presque ivre ne marchoit qu'en
chancelant, & avoit bien de la peine à les fuivre.
J'examinai avec attention fon air, fa demarche,
fa beauté, & il ne me parut rien en tout cela que
de divin ; je dis à mes Compagnons que je ne
favois pas à la verité quelle Divinité étoit cachée
fous cet exterieur, mais que j'étois perfuadé que
c'étoit un Dieu. Qui que vous foiez, lui dis-je,
en lui adreſſant la parole, foiez nous favorable,
aidez-nous à fupporter les travaux de la Navigation, & daignez pardonner à ceux qui vous ont
ôté la liberté. Dictys, le plus adroit de mes
Matelots, foit pour monter fur le haut des Mâts,
foit pour en defcendre, me dit qu'il me difpen-
foit de faire des vœux pour lui ; Libys, le blond
Melanthe qui gouvernoit la proue, Alcimedon,
& Epopée qui veilloit fur les Rameurs ; en un
mot, tous les autres me tinrent le même difcours;
tant la prife qu'ils venoient de faire les aveugloit.
Vous avez beau faire, leur dis-je, je ne fouffrirai
jamais que notre Vaiſſeau foit fouillé par un fa-
crilege ; j'ai ici plus de droit qu'aucun de vous.
Sur cela je me mis en état d'empêcher qu'on ne
fît entrer de force cet Enfant dans le Navire. Le
plus infolent & le plus emporté de toute la troupe, Lycabas, qui avoit été banni de la Toscane
pour un aſſaſſinat, me donna un fi grand coup
à la gorge, que j'en fus tout étourdi, & je ferois
immanquablement tombé dans la Mer, fi je ne
me fuſſe retenu à un câble.

  Tout l'Equipage approuva l'infolence de Lycabas; mais Bacchus, car c'étoit lui-même qu'on
avoir amené, s'étant reveillé au bruit que faifoient

    O   les

Sit sopor, aque mero redeant in pectora sensus,
Quid facitis? quis clamor, ait? quâ, di-
cite, nautae,
Huc ope perveni? quo me deferre paratis?
Pone metum, Proreus, & quos contingere portus
Ede velis, dixit. terrâ sistère petitâ. 635
Naxon, ait Liber, cursus advertite vestros.
Illa mihi domus est; vobis erit hospita tellus.
Per mare fallaces, perque omnia numina jurant
Sic fore: meque jubent pictae dare vela carinae.
Dextera Naxos erat. dextrâ mihi lintea dan-
ti, 640
Quid facis, ô demens? quis te furor, in-
quit, Acoete,
Pro se quisque, tenet? laevam pete. maxima nutu
Pars mihi significat; pars, quid velit, aure
susurrat.
Obstupui: Capiatque alius moderamina, dixi;
Meque ministerio scelerisque artisque remo-
vi. 645
Increpor à cunctis; totumque immurmurat
agmen.
E quibus Aethalion, Te scilicet omnis in uno
Nostra salus posita est? ait. & subit ipse
meumque
Explet opus: Naxoque petit diversa relictâ.
Tum Deus illudens, tamquam modo de-
nique fraudem 650
Senserit, è puppi pontum prospectat aduncâ.
Et flenti similis, Non haec mihi litora, nautae,
Promisistis, ait: non haec mihi terra rogata est.
Quo merui poenam facto? quae gloria vestra est;
Si puerum juvenes, si multi fallitis unum? 655
Jamdudum flebam. lacrimas manus impia
nostras
Ridet: & impellit properantibus aequora remis.
Per tibi nunc ipsum (nec enim praesentior illo
Est Deus) adjuro, tam me tibi vera referre,
Quam veri majora fide. stetit aequore pup-
pis 660
Haud aliter, quam si siccum navale teneret.
Illi admirantes remorum in verbere perstant.
Velaque deducunt; geminâque ope currere ten-
tant.
Impediunt hederae remos, nexuque recurvo
Serpunt; & gravidis distringunt vela corym-
bis. 665
Ipse, racemiferis frontem circumdatus uvis,
Pampineis agitat velatam frondibus hastam.
Quem circa tigres, simulacraque inania lyncum,
Pictarumque jacent fera corpora pantherarum.
Exsiluere viri; sive hoc insania fecit, 670
Sive

les Matelots, leur dit en se tournant de leur côté, que faires-vous-là, quelle est la cause de votre emportement? Apprenez-moi, je vous prie, par quelle avanture j'ai été conduit dans ce Vaisseau; où prétendez-vous me mener? Ne craignez rien, lui dit celui qui étoit à la proüe, apprenez-nous seulement dans quel lieu vous voulez débarquer; nous vous y conduirons. A Naxe, répondit Bacchus, prenez votre route de ce côté-là: c'est le lieu de ma demeure, & vous y serez bien reçus. Les perfides jurerent par la Mer & par toutes les Divinitez qu'elle renferme, qu'ils l'y conduiroient, & me presserent de mettre les voiles au vent pour cingler du côté de cette Isle. Elle étoit à droite du chemin que nous tenions, & comme je voulus y tourner la proüe du Navire, que faites-vous, Acete, me dirent tous mes compagnons, quelle fureur vous aveugle? Tournez à gauche. Les uns me faisoient signe de la main, les autres me disoient à l'oreille le dessein qu'ils avoient formé. Effrayé de leur résolution, j'offris le Gouvernail à qui voudroit le prendre, & je resolus de n'être point le complice de leur crime ni de leur perfidie. Tout le monde se mit alors à murmurer contre moi & à me faire des reproches; Eh quoi, me dit Ethalion, vous croyez sans doute que notre salut dépend de vous seul? En me tenant ce discours, il se mit à ma place, & aiant pris le Gouvernail il laissa l'Isle de Naxe & tint une autre route.

Alors Bacchus, pour mieux insulter les Matelots, & comme si en effet il ne venoit que de s'appercevoir de leur infidelité, monta sur la pouppe, & regardant la Mer, laissa couler quelques larmes: Ce n'est point-là, leur dit-il, ce que vous m'avez promis; ce n'est point de ce côté-là que vous deviez me mener; par quel endroit ai-je donc merité que vous me manquiez de parole? Il vous est en verité bien glorieux de tromper un Enfant qui se trouve seul en votre pouvoir: Pour moi je ne cessois de pleurer, pendant que ces scelerats rioient de mes larmes, & continuoient toûjours leur route. Je vous jure par Bacchus lui-mémé (car je ne connois point de Divinité plus favorable,) que ce que je vais vous raconter est très-véritable, quoiqu'il paroisse au-dessus de 'toute croiance. Le Vaisseau s'arrêta en pleine Mer, comme s'il eût été sur la Terre. Les Matelots étonnez ramerent avec plus d'ardeur & tendirent toutes les voiles, esperans qu'ils obligeroient par-là le Vaisseau de marcher; mais des feuilles de Lierre couvrirent à l'instant les rames, & s'étant étendues aussi sur les voiles les empêcherent de jouer. Bacchus lui-même parut en ce moment couronné de raisins tenant à la main son Thyrse. Il étoit environné de Tigres, de Lynx & de Pantheres; on crut même voir des Hommes autour de lui; soit que cela fût

Sive timor: primusque Medon nigrescere pinnis
Corpore depresso, & spinae curvamina flecti
Incipit. huic Lycabas, In quae miracula, dixit,
Verteris? & lati rictus, & panda loquenti
Naris erat, squammamque cutis durata tra-
　　hebat. 675
At Libys, obstantes dum vult obvertere remos,
In spatium resilire manus breve vidit; & illas
Jam non esse manus; jam pinnas posse vocari.
Alter ad intortos cupiens dare brachia funes,
Brachia non habuit; truncoque repandus in
　　undas 680
Corpore desiluit. falcata novissima cauda est,
Qualia dividuae sinuantur cornua Lunae.
Undique dant saltus : multaque adspergine
　　rorant:
Emerguntque iterum: redeuntque sub aequora
　　rursus:
Inque chori ludunt speciem: lascivaque jac-
　　tant 685
Corpora ; & acceptum patulis mare naribus
　　efflant.
De modo viginti (tot enim ratis illa ferebat)
Restabam solus. pavidum, gelidumque tre-
　　menti
Corpore, vixque meum firmat Deus, Excu-
　　te, dicens,
Corde metum, Diamque tene. delatus in il-
　　lam, 690
Accensis aris, Baccheia sacra frequento.
Praebuimus longis Pentheus ambagibus aures,
Inquit: ut ira morâ vires absumere posset.
Praecipitem famuli rapite hunc : cruciataque
　　diris
Corpora tormentis Stygiae demittite nocti. 695
Protinus abstractus solidis Tyrrhenus Acoetes
Clauditur in tectis: & dum crudelia jussae
Instrumenta necis, ferrumque ignisque paran-
　　tur;
Sponte suâ patuisse fores, lapsasque lacertis
Sponte suâ, fama est, nullo solvente, cate-
　　nas. 700
　　Perstat Echionides: nec jam jubet ire, sed
　　ipse
Vadit, ubi, electus facienda ad sacra, Cithaeron
Cantibus & clarâ bacchantum voce sonabat.
Ut fremit acer equus, cum bellicus aere canoro
Signa dedit tubicen, pugnaeque adsumit amo-
　　rem: 705
Penthea sic ictus longis ululatibus aether
Movit: & audito clangore recanduit ira.

fût vrai en effet, ou que le trouble & la frayeur
où nous étions nous le fit croire ; étonnez d'un
spectacle si surprenant, nous le fumes encore bien
davantage, lors que nous vîmes le corps de Medon, un de nos compagnons, se retrecir, diminuer, & son dos couvert de nageoires noirâ-
tres nous présenter la figure d'un Poisson. Quel
est donc ce prodige, lui cria Lycabas ? Mais à
peine avoir-il achevé ce peu de paroles, que sa
bouche se fendit, ses narines s'élargirent & sa
peau se couvrit d'écailles. Libys, voulant alors
pousser les rames qui étoient comme immobiles,
s'apperçut que ses mains se racourcissoient, ou
plutôt qu'elles n'étoient déja plus que de petites
nageoires. Un autre, s'efforçant de débarrasser
les cordages, se trouva sans bras, & tomba dans
l'Eau avec une quëue fendue en forme d'un Croissant, semblable à celui que présente la Lune. On
vit alors ces infortunez Matelots bondir de tous
côtez, & faire rejaillir l'Eau, quelquefois s'enfoncer, puis revenir, & s'élever en sautant sur la
surface de la Mer ; quelquefois jouër tous ensemble, se replier en cent manieres différentes, &
souffler avec leurs larges narines l'onde qu'ils a-
voient avalée. En un mot ; de vingt que nous
étions, car il y en avoit autant dans le Vaisseau,
j'étois resté seul dans ma forme ordinaire ; mais si
tremblant & si interdit qu'à peine Bacchus pût-il
me rassurer. Ne craignez rien, me dit-il, pre-
néz la route de Naxe. Dès que j'y fus arrivé,
j'allumai du feu sur les Autels de ce Dieu & j'y
célébrai ses mysteres. J'ai écouté, lui dit alors
Penthée, le long recit de tes avantures, pour voir
si le tems diminueroit ma colere. Qu'on se sai-
sisse de cet Imposteur, qu'on l'ôte de devant mes
yeux, & qu'on le fasse expirer dans les tourmens.
Acetes fut sur le champ mis dans les cachots ;
mais pendant qu'on préparoit les Instrumens de
son supplice, on raconte que les portes de la Prison s'ouvrirent d'elles-mêmes, & que les chaines,
dont il étoit chargé, tomberent sans que personne les eût brisées. La fureur de Penthée s'augmente encore par ce nouveau prodige ; il ne veut plus
donner ses ordres à ses Officiers, il veut les executer lui-même, & il part sur le champ pour aller sur le Mont Cytheron, qui retentissoit de tous
côtez du bruit confus des Bacchantes. Tel qu'on
voit un Cheval qui entend le son des Trompettes, s'animer au combat, Penthée fremit de rage
& de desespoir en entendant les hurlemens des Mé-
nades : leurs cris allument de plus en plus le feu
de sa colere.

ARGUMENT.

Penthée dechiré par sa Mere & les autres Bacchantes.

MOnte fere medio est, cingentibus ultima
      silvis,
Purus ab arboribus, spectabilis undique cam-
    pus.
Hic oculis illum cernentem sacra profanis 710
Prima videt, prima est insano concita motu,
Prima suum misso violavit Penthea thyrso
Mater: Iò, geminae, clamavit, adeste so-
    rores.
Ille aper, in nostris errat qui maximus agris,
Ille mihi feriendus aper. ruit omnis in u-
    num   715
Turba furens. cunctae coëunt, cunctaeque se-
    quuntur
Jam trepidum, jam verba minus violenta
    loquentem,
Jam se damnantem, jam se peccasse fatentem.
Saucius ille tamen, Fer opem, matertera,
    dixit,

AU milieu de cette Montagne est une plaine
environnée d'Arbres. Penthée s'arrêta en
cet endroit, & pendant qu'il regardoit avec indignation & avec mépris, les ceremonies de la Fête, sa Meré l'apperçut la premiere & lui lança
son Thyrse, criant à ses Sœurs, venez promptement à mon secours; voici l'affreux Sanglier qui
ravage nos campagnes; il faut le massacrer. Dans
ce moment toute la troupe des Bacchantes se jette avec fureur sur ce Prince infortuné, qui n'a
plus alors cet air orgueilleux & menaçant qu'on
lui voioit auparavant. Saisi de crainte & de frayeur il avouë sa faute & se condamne lui-même.
Ma Tante, ma chere Tante, dit-il à Autonoé,
en lui tendant les bras, ayez compassion d'un
malheureux que l'on traite avec tant d'inhumanité:

Auto-   té:

Autonoë : moveant animos Actaeonis um-
brae.   720
Illa quid Actaeon nescit ; dextramque pre-
canti
Abstulit : Inoô lacerata est altera raptu.
Non habet infelix quae matri brachia tendat;
Trunca sed ostendens disjectis corpora mem-
bris ;
Adspice , mater· ait. visis· ululavit· Aga-
ve ;   725
Collaque jactavit, movitque per aëra·crinem:
Avulsumque caput digitis complexa cruentis
Clamat ,· Iô comites, opus haec·victoria nos-
trum est.
Non citius frondes autumno frigore·tactas,
Jamque male haerentes altâ rapit arbore ven-
tus ,   730
Quam sunt membra viri manibus direpta
nefandis.
Talibus exemplis monitae nova sacra fre-
· quentant ,
Turaque dant , sanctasque colunt Ismenides
· aras.

té : Il vous en conjure par les Manes d'Actéon.
Autonoé, qui, dans la fureur dont elle est transportée, a oublié le nom de son Fils, lui arrache un
bras , pendant que sa Mere lui arrache l'autre.
Alors ce Prince infortuné adresse ainsi la parole à
sa Mere Agavé, en lui montrant son corps sanglant & mutilé : Voiez, ma Mere, le triste état
où je suis : ne serez-vous point touchée du malheur de votre Fils ? Agavé, que ce spectacle ne
fait qu'irriter, se mit à faire des hurlemens épouvantables , à branler la tête d'une maniere effra-
yante , & prenant son Fils à la gorge, elle lui arrache la tête qu'elle montre aux autres Bacchantes,
en criant de toute sa force, courage, mes Compagnes, cette victoire est mon ouvrage. Alors
toutes les Menades se jettent sur ce malheureux &
le déchirent en mille pieces. On voioit tomber
ses membres l'un après l'autre, avec la même rapidité que les feuilles des Arbres, lors que frap-
pées par les premiers froids de l'Automne , elles
sont emportées par le Vent. Les Dames de Thebes, qu'un évenement si tragique avoit rempli de
crainte & de frayeur, redoublerent leur zèle pour
Bacchus , & on vit alors plus que jamais fumer
ses Autels de l'Encens qu'on y brûloit.

EXPLICATION DE LA VIII. IX. & X. FABLE.

OVide, dans cette Fable, a étrangement défiguré
l'Histoire de Bacchus. Les Auteurs Grecs qu'il a sui-
vis, avoient accoûtumé de publier que les Dieux étoient
originaires de leur Païs, mais ils se contredisent si gros-
sierement qu'il ne faut faire que la plus legere attention pour s'en appercevoir. Car , si Bacchus est Fils
de Semelé & né à Thebes dans la Béotie, par quelle
avanture est-il nourri & élevé sur le Mont Nisa dans
l'Arabie ? Si Cadmus est son grand-Pere, comment-
a-t-il pû voir son Culte établi de son vivant ? Pourquoi s'y est-il opposé , & a mieux aimé perdre ses
Etats que de voir rendre à son petit-Fils des honneurs
qui devoient tant le flater ? Ce qui a trompé les Poëtes Grecs & Ovide après eux, c'est que ce fut Cadmus lui-même qui porta dans la Grece les mysteres de
ce Dieu , & voyant que le Peuple y avoit ajouté des
Cérémonies infames, dont l'usage n'étoit pas connu
dans les Païs, où ils avoient pris leur origine, employa tout ce qui dépendoit de lui pour les abolir,
& fut enfin obligé de ceder à la force, & de se retirer dans l'Illyrie.
    Disons quelque chose de plus raisonable sur cette
Divinité & sur ses Mysteres. Ciceron (1) compte
cinq Bacchus. Le premier étoit Fils de Jupiter & de
Proserpine : le second , Fils du Nil, est celui qu'on
dit avoir bâti la Ville de Nisa : Le troisieme eut pour
Pere, Caprius, on dit que celui-ci fut Roi de l'Asie
& que ce fut en son honeur qu'on institua la Fête
nommée Sabazie ; Le quatrieme étoit Fils de Jupiter
& de la Lune, à qui l'on croit que se font les Cérémonies sacrées, qu'on appelle Orphiques ; Le cinquieme , Fils de Nisus & de Thione, fut l'Instituteur des
Trieterides. Diodore de Sicile (2) ne reconnoit que
trois Bacchus ; l'Indien surnommé le barbu , qui fit
la conquête des Indes ; le second , Fils de Jupiter &
de Gerès , qu'on représentoit avec des cornes ; le
troisieme, Fils de Jupiter & de Semelé, étoit nommé
le Thebain. Mais l'opinion la plus raisonnable sur ce

sujet est celle d'Hérodote (3), de Diodore (4), & de Plutarque (5), qui nous apprend que le véritable Bacchus
& le plus ancien de tous étoit né en Egypte, & s'e
nommoit Osiris. Le culte de cette Divinité, établi anciennement parmi les Egyptiens, passa dans la Grece
& y fut fort alteré. Si nous en croyons Diodore, c'est
Orphée qui le fit connoitre dans ce Païs , & qui y
ajouta plusieurs Cérémonies de sa façon. Il tâcha même de le rendre méconnoissable, dans le dessein qu'il
avoit d'honorer la Famille des Cadméens qui l'avoient
fort bien reçu. Ainsi il mit sur le compte du petit-Fils
de Cadmus, des mysteres qui avoient été instituez en
l'honeur d'Osiris peu connu alors dans la Grece.
    Ce n'est pas ici le lieu de parler de cette ancienne
Divinité d'Egypte ni de rechercher quel a été cet Osiris. Je
sai que plusieurs Savans ont eu sur ce sujet des sentimens fort singuliers. Vossius (6)
prouve fort au long que l'ancien Bacchus ou Osiris
est le même que Moïse, & il fait sur ce sujet un paral-
lèle fort ingenieux, auquel le Pere Thomassin & Mr.
Huet (7) ont ajouté plusieurs preuves qui le rendent
très-vraisemblable. Le savant Bochart (8) prétend
que le premier de tous les Bacchus est Assyrien d'origine, & ce qu'il dit sur ce sujet mérite d'être consulté. Pour moi je suis persuadé que l'Histoire d'Osiris,
chargée des Avantures & des Conquêtes de Moïse, est le
véritable fonds de celle de Bacchus ; que les cérémonies
de cette ancienne Divinité d'Egypte sont passées dans
la Grece long temps avant qu'on y eut entendu parler de leur Heros ; mais que Semelé aiant eu un Fils
qui fut appellé, ou du moins surnommé Bacchus, qui
fit quelques conquêtes & quelques actions semblables
à l'ancien, on les a confondus dans la suite, & pour
faire honeur à la Famille de Cadmus, on a mis son
petit-Fils au nombre des demi-Dieux ; on lui a rendu
tout le Culte qui s'étoit long tems auparavant établi
parmi eux à l'honeur de l'ancien Bacchus ; & l'on a
char-

(1) De nat. Deor. Libr. III. (2) Libr. I.

(3) Lib. II. (4) Lib. I. (5) Traité d'Osiris. (6) De Idololat.
(7) Démonstr. Evangel. (8) Chan. Libr. I.

chargé son Histoire des Avantures d'Osiris & des autres Bacchus. En effet ceux qui connoissent le genie des Grecs savent bien qu'ils chargeoient tous leurs Heros des dépouilles de ceux dos Nations Orientales, dont ils avoient reçu la connoissance par les Colonies qui en étoient venues; ils ajouterent même à l'Histoire de ce Dieu plusieurs Fables de leur invention. Diodore dit que comme Semelé étoit accouchée à sept mois du jeune Bacchus, on avoit publié que Jupiter l'avoir enfermé dans sa cuisse, pour l'y porter jusqu'à son terme. Mais n'en déplaise à Diodore, c'est une équivoque qui a donné lieu à cette Fable. Le même mot Grec Μηρός, signifie également la cuisse ou l'antre d'une Montagne; ainsi, au lieu de dire que Bacchus avoit été nourri sur le Mont Nisa, comme les Egyptiens le racontoient, on publia qu'il avoit été porté dans la cuisse de Jupiter. Le savant Bochart prétend même avoir trouvé l'origine de cette Fable, dans cette expression si ordinaire dans l'Ecriture Sainte, où, pour nous apprendre qu'une personne est d'une autre, les Auteurs facrez se servent de cette phrase, natus ex femore.

Je voudrois pouvoir traiter plus au long une matiere sur laquelle il y a tant de choses à dire; mais il faudroit pour cela entrer dans des discussions, qu'on ne s'atend pas de trouver dans un Ouvrage qui doit être à la portée de tout le monde. Ceux qui voudront en apprendre davantage pou on consulter les Auteurs que j'ai citez, & voir, dans le premier Volume de l'Antiquité expliquée par le Pere Montfaucon, toutes les Figures qui représentent cette Divinité, & découvrir par-là plusieurs circonstances remarquables sur son Histoire & sur son Culte. Comme la Figure qu'on vient de voir à la tête de cette Fable, n'est faite que sur la description d'Ovide, ils trouveront, dans le Recueil de ce savant Benedictin, des Triomphes Antiques, où ce même Dieu est représenté sur un Char tiré par deux Tigres ou deux Pantheres. Il y en a même un, où deux Centaures conduisent le Char de Bacchus, & plusieurs autres dont il est inutile de parler.

Comme Bacchus s'étoit attiré l'amour des Peuples où il avoit voyagé, qu'il s'étoit appliqué à cultiver la Vigne, & qu'il avoit appris à ses Sujets plusieurs Arts ou utiles ou nécessaires, il fut honoré comme une grande Divinité, & son Culte s'étendit fort loin. On institua plusieurs Fêtes à son honeur, dont on peut voir les cérémonies dans Meursius, dans Fasoldus, dans Castellanus, & dans les autres Auteurs qui ont traité ce sujet. La plus grande de ces Fêtes, & qui est celle qui donne lieu à l'Histoire tragique de Penthée dont je vais expliquer la Fable, se célébroit tous les trois ans, & on la nommoit Trieterica. Dans cette Fête tumultueuse, les Bacchantes faisoient porter sur un Char traîné par des Tigres ou des Pantheres, la Figure de Bacchus, avec la représentation obscene du Phallus. Ces Femmes couronnées de pampre, avec leurs Thyrses à la main, couroient autour de ce Char, ainsi qu'on le voir dans plusieurs Figures antiques, & dans plusieurs bas-reliefs, où les Mysteres de Bacchus sont représentez. Ces Menades faisoient re-

tentir l'air du bruit de plusieurs Tambours & d'autres Instrumens d'airain, criant Euohé Bache! & nommant ce Dieu Bromius, Lyæus, Euan, Leneus, Sabazius &c. Les Grecs aiant reçu cette Fête si connue dans les Indes & dans l'Egypte, y ajouterent des cérémonies particulieres, & plusieurs infamies qui revolterent toujours ceux qui avoient conservé quelque ombre de modestie & de pudeur. Ces Fêtes furent souvent proscrites; mais la licence trouva toujours le moyen de les rétablir. Les Dames les plus distinguées, les Princesses, & les Reines même se faisoient initier dans ces Mysteres, d'où la pudeur étoit entierement bannie. On ne sauroit lire, sans en convenir, ce que les premiers Apologistes de la Religion Chrétienne ont reproché sur ce sujet aux Payens, qui, malgré les allegories que les Philosophes Platoniciens avoient imaginées pour en diminuer l'horreur, étoient obligez d'avouer que la licence avoit introduit dans ces Mysteres bien des choses qu'il faloit retrancher. Car ces Mysteres qui étoient les mêmes que ceux d'Isis, que les Colonies avoient apporté dans la Grece, comme tous les Savans en conviennent, n'étoient pas dans leur origine aussi licentieux qu'ils le furent dans la suite.

Nous voyons que dans ces tems de barbarie on se servoit du prétexte de ces Fêtes pour commettre les plus grands crimes. Les Dames de Thrace voulant se venger du mépris d'Orphée choisirent le jour qu'elles célébroient ces Mysteres, pour aller sur le Mont Cytheron, où elles le déchirerent impitoyablement. Progné, voulant délivrer sa Sœur des mains de Terée, alla avec les autres Bacchantes rompre les portes de sa Prison, & la conduisit au Palais, où elles massacrerent le jeune Itys, & le firent manger au Roi; & dans la Fable qui fait le sujet de cette Explication, nous voions les Bacchantes de Thebes monter sur le Mont-Cytheron pour mettre en pieces l'infortuné Penthée.

Cette Histoire, de la maniere que la raconte Ovide, est exactement vraye & toute l'Antiquité en convient. Ce jeune Prince, Fils d'Echion & d'Agave Fille de Cadmus, ayant succedé aux Etats de son grand-Pere, voulut comme lui corriger aux abus qui s'étoient glissez dans les Mysteres de Bacchus, & alla lui-même sur le Mont Cytheron pour châtier les Bacchantes qui y célébroient les Orgies. Ces Femmes insensées, parmi lesquelles étoient sa Mere & ses Tantes, le mirent en pieces (9). Pausanias (10) cependant dit que ce Prince étoit un impie; mais c'est qu'on regardoit comme tels tous ceux qui entreprenoient de faire quelque changement dans les Mysteres de la Religion. Le même Auteur raconte (11) que ce Prince étant monté sur un Arbre pour voir les cérémonies secretes des Orgies, fut découvert par les Bacchantes, qui punirent sa curiosité de la maniere que je viens de le dire. L'Oracle, continue-t-il, ordonna aux Corinthiens d'aller chercher un Arbre & de lui rendre les honeurs divins. On voioit encore de son tems à Athenes (12) la Figure de Penthée qui étoit déchirée par les Bacchantes.

(9) Apolog. Libr. III.   (10) In Bœot.   (11) In Corinth.
(12) In Athen.

P. OVIDII

P. OVIDII NASONIS
METAMORPHOSEON
LIBER QUARTUS.

F A B. I, II, III, & IV. *Dercete changée en Poiſſon ; Semiramis. en Colombe , & Naïs en Poiſſon. Pyrame & Thisbé.*

ARGUMENT.

Les Filles de Minyas, au lieu de célébrer la Fête de Bacchus, travaillent pendant ce tems-là & racontent pluſieurs Hiſtoires pour ſe déſennuïer; entr'autres celles de Dercete, de Semiramis & de Naïs. Pyrame & Thisbé s'étant donné rendez-vous hors des Murs de Babylone, Thisbé, qui y arriva la premiere, fut obligée de ſe cacher dans un Antre, à la vûe d'une Lionne, & laiſſa tomber ſon Echarpe. Pyrame qui vit cette Echarpe enſanglantée crut que Thisbé étoit morte & ſe tua de deſespoir. Thisbé,

étant

étant sortie quelque tems après & voyant son Amant sans vie, se perça le sein de la même Epée.

T non Alcithoë Mi-
nyeias orgia censet
Accipienda Dei : sed
adhuc temeraria
Bacchum
Progeniem negat esse
Jovis : sociasque
sorores
Impietatis habet. festum celebrare sacerdos,
Immunes operum dominas, famulasque suo-
rum,   5
Pectora pelle tegi, crinales solvere vittas,
Serta comâ, manibus frondentes sumerè thyrsos,
Jusserat : & saevam laesi fore numinis iram
Vaticinatus erat. parent matresque nurusque;
Telasque, calathosque, infectaque pensa re-
ponunt :   10
Turaque dant : Bacchumque vocant, Bro-
miumque, Lyaeumque,
Ignigenamque, satumque iterum, solumque
bimatrem.
Additur his Nyseus, indetonsusque Thyoneus,
Et cum Lenaeo genialis consitor uvae,
Nycteliusque, Eleleusque parens, & Iacchus,
& Evan :   15
Et quae praeterea per Grajas plurima gentes
Nomina, Liber, habes. tibi enim consumta
juventas.
Tu puer aeternus, tu formosissimus alto
Conspiceris coelo : tibi, cum sine cornibus ad-
stas,
Virgineum caput est : Oriens tibi victus, ad
usque   20
Decolor extremo quà tinguitur India Gange.
Penthea tu, venerande, bipenniferumque Ly-
curgum
Sacrilegos mactas : Tyrrhenaque mittis in
aequor
Corpora. tu bijugum pictis insignia frenis
Colla premis Lyncum : Bacchae Satyrique se-
quuntur :   25
Quique senex ferulâ titubantes ebrius artus
Sustinet ; & pando non fortiter haeret asello.
Quacumque ingrederis; clamor juvenilis, & una
Femineae voces, impulsaque tympana palmis,
Concavaque aera sonant, longoque foramine
buxus.   30
Pacatus mitisque, rogant Ismenides, adsis :
Jussaque sacra colunt. solae Minyeides intus,
Intem-

ALGRE' tous ces pro-
diges, Alcithoë Fille de
Minyas ne peut se re-
soudre de se trouver à
la célébration des Or-
gyes ; Elle nie même
hardiment que Bacchus
soit Fils de Jupiter, & ses Sœurs deviennent les
complices de son impieté. Cependant le grand
Prêtre indique le jour de la Fête, & ordonne, sous
peine d'encourir l'indignation de ce Dieu, aux
Dames Thebaines & à leurs Esclaves de s'abstenir
de toutes sortes d'Ouvrages, de se couvrir de
peaux de Pantheres, de laisser leurs cheveux épars
& negligez, de se couronner de fleurs, & de porter leurs Thyrses. Tout le monde à cet ordre ; les Femmes quittent leurs ouvrages, font
brûler l'Encens sur les Autels de Bacchus, & dans
les Hymnes qu'elles chantent à son honeur, elles lui donnent les noms mysterieux de Bromius &
de Lycus ; elles l'appellent le divin Enfant qui fut
engendré du Feu, qui eût deux Meres, & qui
nâquit deux fois ; elles ajoutent à tous ces titres
celui de Nyseus, de Thyonée, de Lenée, de
Nyctelius, de Pere Elélée, d'Iacchus, d'Evan,
& tous les autres que la Grece a inventez à son
honeur. Elles lui attribuent la gloire d'avoir le
premier planté la Vigne. Vous êtes, lui disent-
elles, cet Enfant éternel dont la jeunesse dure
toûjours, vous êtes le plus beau & le plus aimable des Dieux de l'Olympe ; quand vous paroissez
sans les cornes que vous avez accoûtumé de porter, vous avez tout l'éclat & toute la beauté
d'une jeune Fille ; vainqueur de l'Orient vous avez
poussé vos conquêtes jusqu'à l'extremité de l'Inde
& sur les rives du Gange ; Penthée & Lycurgue
ont été punis de leur impieté, c'est vous qui avez
précipité dans les ondes les parjures Matelots de
Toscane. Les cruels Lynx traînent votre Char,
& vous êtes sans cesse accompagné de Bacchantes, de Satyres & du vieux Silene, qui presque
toûjours ivre chancelle sur son Ane, & à bien de
la peine à se soutenir. La joie des jeunes Gens,
les cris d'allegresse des Femmes, le bruit des Tambours, des Fluttes & des Trompettes, vous accompagnent dans tous les Lieux où vous daignez
aller. Aujourd'hui les Dames Thebaines implo-
rent votre secours, & vous conjurent de leur être
favorable, par le zèle & l'empressement qu'elles ont
de célébrer vos mysteres. Les Filles seules de Minias
propha-

Intempestivà turbantes festa Minervà,
Aut ducunt lanas, aut stamina pollice ver-
sant,
Aut haerent telae, famulasque laboribus ur-
guent. 35
E quibus una levi deducens pollice filum,
Dum cessant aliae, commentaque sacra fre-
quentant;
Nos quoque, quas Pallas, melior Dea, de-
tinet, inquit,
Utile opus manuum vario sermone levemus:
Perque vices aliquid, quod tempora longa vi-
deri 40
Non sinat, in medium vacuas referamus ad
aures.
Dicta probant, primamque jubent narrare
sorores.
Illa, quid è multis referat (nam plurima norat)
Cogitat; & dubia est, de te, Babylonia, narret,
Derceti, quam versâ squamis velantibus ar-
tus 45
Stagna Palaestini credunt celebrasse figurâ:
An magis ut sumtis illius Filia pennis
Extremos albis in turribus egerit annos.
Naïs an ut cantu, nimiumque potentibus herbis,
Verterit in tacitos juvenilia corpora pisces: 50
Donec idem passa est. an, quae poma alba ferebat,
Ut nunc nigra ferat contactu sanguinis arbor:
Haec placet: hanc, quoniam vulgaris fabula
non est,
Talibus orsa modis, lanâ sua fila sequente.
Pyramus & Thisbe, juvenum pulcherrimus
alter, 55
Altera, quas Oriens habuit, praelata puellis,
Contiguas tenuere domos: ubi dicitur altam
Coctilibus muris cinxisse Semiramis urbem.
Notitiam, primosque gradus vicinia fecit;
Tempore crevit amor, taedae quoque jure
coïssent; 60
Sed vetuere patres, quod non potuere vetare.
Ex aequo captis ardebant mentibus ambo.
Conscius omnis abest. nutu signisque loquuntur.
Quoque magis tegitur, tectus magis aestuat ignis.
Fissus erat tenui rimâ, quam duxerat olim, 65
Cum fieret paries domui communis utrique.
Id vitium nulli per secula longa notatum,
(Quid non sentit amor?) primi sensistis a-
mantes,
Et voci fecistis iter: tutaeque per illud
Murmure blanditiae minimo transire sole-
bant. 70

TOM. I. Saepe,

prophanerent cette Fête, & continuant à filer ou à faire de la toile, elles ne donnerent aucun repos à leurs Esclaves. Pendant que tout le monde, dit l'une de ces Filles, est aujourd'hui dans l'oisiveté, & qu'on ne songe qu'à offrir de l'Encens à une Divinité imaginaire, nous qui travaillons sous les auspices de Minerve, tâchons d'adoucir notre travail par quelques discours amusans; contons tour à tour quelque Histoire qui puisse nous faire paroitre le tems moins long. Ses Sœurs louèrent son dessein & la prierent de commencer la conversation. Comme cette Fille savoit une infinité d'Histoires, elle hésita un peu de tems pour se déterminer sur le choix. Elle ne savoir d'abord si elle devoir parler de Dercette qui fut changée en Poisson, & qui depuis sa metamorphose habite dans les Etangs de la Syrie; ou de Semiramis sa Fille, qui sous la forme d'une Colombe, a fixé son séjour sur les hautes Tours de Babylone; ou des Enchantemens de Naïs, qui par la douceur de sa voix, ou par la vertu de quelques Plantes, changeoit en Poissons les jeunes gens qui s'attachoient à elle, & qui éprouva enfin elle-même une pareille métamorphose; ou enfin de l'Avanture qui fit changer de couleur le fruit du Meurier, qui devint rouge de blanc qu'il étoit, lorsqu'il fut souillé du sang de deux Amans malheureux: comme cette Histoire étoit moins connue que les autres, elle se détermina à la raconter, & elle la commença ainsi, en continuant de filer.

Pyrame & Thisbé, l'un, le jeune Homme le plus accompli, l'autre la plus aimable Fille de tout l'Orient, avoient leurs maisons proches l'une de l'autre, dans cette Ville fameuse que Semiramis fit autrefois entourer de hautes murailles. Le voisinage leur donna bien-tôt lieu de se connoitre, & de s'aimer, & leur amour s'accrut avec le tems: L'Hymen auroit dû couronner leur tendresse; mais leurs parens s'y opposerent, & leur défendirent ce qu'il n'étoit pas en leur pouvoir de défendre. Leurs cœurs étoient également enflamez, mais comme ils n'osoient se confier à personne, ils employoient pour se parler le langage des yeux, ces signes si expressifs pour des Amans: cette contrainte augmentoit encore le feu dont ils brûloient. Dans le mur, qui separoit leurs deux Maisons, étoit une fente aussi ancienne que le mur même. Personne ne s'en étoit apperçu jusqu'alors; mais qu'est-ce qui échappe à l'Amour? Tendres Amans, vous l'apperçutes les premiers, &

P vous

Saepe , ut conftiterant , hinc Thisbe, Pyra-
    mus illinc;

Inque vicem fuerat captatus anhelitus oris;

Invide , dicebant , paries , quid amantibus
    obftas?

Quantum erat , ut fineres nos toto corpore
    jungi!

Aut hoc fi nimium, vel ad ofcula danda pa-
    teres!   75

Nec fumus ingrati. tibi nos debere fatemur,
Quod datus eft verbis ad amicas tranfitus
    aures.

Talia diverfa nequicquam fede locuti;

Sub noctem dixere Vale: partique dedere

Ofcula quisque fuae, non pervenientia con-
    tra.   80

Poftera nocturnos Aurora removerat ignes,

Solque pruinofas radiis ficcaverat herbas:

Ad folitum coïere locum. tum murmure parvo

Multa prius quefti, ftatuunt, ut nocte filenti

Fallere cuftodes, foribusque excedere tentent; 85

Cumque domo exierint, urbis quoque clauftra
    relinquant:

Neve fit errandum lato fpatiantibus arvo,

Conveniant ad bufta Nini: lateantque fub
    umbrâ

Arboris. arbor ibi, niveis uberrima pomis,

Ardua morus, erat, gelido contermina fonti. 90

Pacta placent: & lux, tardè decedere vifa,

Praecipitatur aquis, & aquis nox furgit ab
    isdem.

Callida per tenebras, verfato cardine, Thisbe

Egreditur, fallitque fuos: adopertaque vultum

Pervenit ad tumulum; dictâque fub arbore
    fedit.   95

Audacem faciebat amor. venit ecce recenti

Caede leaena boum fpumantes oblita rictus,

Depofitura fitim vicini fontis in undâ.

Quam procul ad Lunae radios Babylonia
    Thisbe

Vidit: & obfcurum trepido pede fugit in an-
    trum.   100

Dumque fugit, tergo velamina lapfa relinquit.

Ut lea faeva fitim multâ compefcuit undâ,

Dum redit in filvas, inventos forte fine ipfâ

Ore cruentato tenues laniavit amictus.

Serius egreffus veftigia vidit in alto   105

Pulvere certa ferae, totoque expalluit ore

Pyramus. ut vero veftem quoque fanguine
    tinctam

Reperit; Una duos nox, inquit, perdet a-
    mantes:

E qui-

vous la fites fervir à vos entretiens. Là, Pyrame
& Thisbé exprimoient fans contrainte leurs plus
tendres fentimens. Souvent , après avoir long-
tems foupiré ils s'écrioient l'un & l'autre ; Muraille, jaloufe de notre bonheur, pourquoi mets-tu
obftacle à nos amours? Qu'il s'en faut peu , que
nous ne foyions heureux! S'il ne nous eft pas permis d'esperer un bonheur parfait, que ne permets-
tu du moins que nous puiffions nous donner quelques baifers: nous ne fommes pourtant point in-
grats pour le bien que tu nous procures ; nous te
devons , & nous l'avouons avec joie , le plaifir
que nous avons à nous entretenir. Lorfqu'ils s'é-
toient ainfi parlez tout le jour , le foir ils fe difoient adieu, & baifoient chacun de leur côté la
muraille, comme fi leurs baifers euffent pû la pé-
netrer. Un matin, dès que l'aurore eût ramené
le jour, ils ne manquerent pas l'un & l'autre de
venir à ce même endroit, & après s'être plaints
de leur trifte deftinée , & de la dure contrainte
où ils étoient reduits, ils refolurent, dès que la
nuit feroit venuë, de tromper leurs Gardes, de
fortir de leurs Maifons & de la Ville; & de peur
de s'égarer, ils prirent pour le lieu du rendez-vous
le tombeau de Ninus, & un Meurier blanc qui
étoit auprès, fur le bord d'une Fontaine. Ce parti fut reçu avec joie de part & d'autre, & ce jour
leur parut plus long qu'à l'ordinaire ; il fit enfin
place à la nuit. Thisbé à qui l'amour donnoit
du courage, jugeant que les ténèbres pourroient
favorifer fon évafion, fe couvrit d'un Voile, fort
de la Maifon, fans qu'on s'en apperçut, traverfe
la Ville & étant arrivée la première au tombeau
de Ninus, elle s'affied fous l'Arbre dont ils étoient
convenus. Un moment après une Lionne, la
gueule encore teinte du fang des bêtes qu'elle venoit de devorer , fe rendit à la Fontaine voifine
pour étancher fa foif. Thisbé, qui l'apperçut à
la clarté de la Lune, prit auffi-tôt la fuite & alla
fe cacher toute tremblante dans un Antre prochain.
En fuiant, elle laiffa tomber fon Voile. La Lionne, après avoir bu, vit en rentrant dans le Bois
cette Echarpe, qu'elle déchira & la remplit de
fang. Pyrame, qui fortit plus tard de la Ville,
aiant remarqué en paffant les traces de quelque
animal, une pâleur mortelle fe répandit fur fon
vifage, & aiant trouvé un moment après le Voile
enfanglanté; une même nuit, dit-il, fera complice de la mort de deux Amans: j'avouë que j'ai
                                  bien

E quibus illa fuit longà dignissima vitâ;
Nostra nocens anima est. ego te, miseranda,
  peremi,   110
In loca plena metûs qui jussi nocte venires;
Nec prior huc veni. nostrum divellite corpus,
Et scelerata fero consumite viscera morsu,
O quicumque sub hac habitatis rupe, leones.
Sed timidi est optare necem. velamina This-
  bes   115
Tollit, & ad pactae secum fert arboris umbram.
Utque dedit notae lacrimas, dedit oscula vesti:
Accipe nunc, inquit, nostri quoque sanguinis
  haustus,
Quoque erat accinctus, demittit in ilia ferrum,
Nec mora; ferventi moriens è vulnere tra-
  xit.   120
Ut jacuit resupinus humi; cruor emicat alte;
Non aliter, quam cum vitiato fistula plumbo
Scinditur, & tenues stridente foramine longè
Ejaculatur aquas; atque ictibus atra rumpit.
Arborei foetus adspergine caedis in atram 125
Vertuntur faciem : madefactaque sanguine
  radix
Poeniceo tinguit pendentia mora colore.
Ecce, metu nondum posito, ne fallat aman-
  tem,
Illa redit: juvenemque oculis, animoque re-
  quirit:
Quantaque vitarit narrare pericula gestit. 130
Utque locum, & versam cognovit in arbore
  formam;
(Sic facit incertam pomi color) haeret, an
  haec sit.
Dum dubitat, tremebunda videt pulsare cruen-
  tum
Membra solum, retroque pedem tulit: ora-
  que buxo
Pallidiora gerens, exhorruit, aequoris in-
  star,   135
Quod tremit, exiguà cum summum stringi-
  tur aurâ.
Sed postquam remorata suos cognovit amores;
Percutit indignos claro plangore lacertos:
Et laniata comas, amplexaque corpus amatum,
Vulnera supplevit lacrimis, fletumque cruo-
  ri   140
Miscuit: & gelidis in vultibus oscula figens,
Pyrame, clamavit, quis te mihi casus ademit?
Pyrame, responde. tua te, carissime, Thisbe
Nominat. exaudi, vultusque attolle jacentes.
Ad nomen Thisbes oculos, jam morte grava-
  tos,   145

bien merité de perdre la vie , mais l'infortunée Thisbé devoit jouïr plus long tems de la lumiere du jour. Je suis le seul coupable, & puisque je vous ai engagée, chere Amante, à venir pendant la nuit dans un lieu si plain de danger, je devois y arriver le premier. Lions cruels, qui habitez dans les Antres de ces Rochers, approchez, venez déchirer ce lâche cœur; venez l'arracher ce cœur perfide; mais il n'appartient qu'aux ames foibles de souhaiter la mort. Il dit, & relevant le Voile de l'infortunée. Thisbé , il l'aporte sous le Meurier, l'arrose de ses larmes, & après l'avoir baisé lui adresse ainsi la parole: Tu dois aussi être teint de mon sang; il est juste qu'il soit mêlé avec celui de mon Amante. En disant cela, il se perça le sein de son Epée & l'aiant retirée de sa blessure, il tomba à terre. Son sang sortit alors à gros bouillons & rejaillit avec la même force que l'Eau qui sort impétueusement d'un tuyau qui s'est rompu. Le Meurier, sous lequel il venoit de se tuer, fut teint de son sang , & le fruit dont il étoit chargé changea de couleur & devint d'un noir pourpré. Cependant Thisbé, qui n'étoit pas entierement remise de sa frayeur, sort de l'Antre, où elle s'étoit cachée, de peur de donner de l'inquietude à son Amant , si elle y faisoit un plus long sejour ; elle le cherche des yeux , brûlant d'envie de lui raconter le peril dont elle s'étoit garantie. Elle reconnut le lieu du rendez-vous; mais l'Arbre qui venoit de changer de couleur la fit douter quelque tems, si c'étoit celui sous lequel ils devoient se trouver. Comme elle étoit dans cette incertitude, elle voit à terre un Corps palpitant. Ce spectacle la trouble, elle recule de quelques pas, elle pâlit, elle se sent saisi d'une horreur secrete & d'un frissonnement semblable à celui qu'on apperçoit sur la Mer, lorsqu'un doux Zephire en agite la surface. Mais lors qu'enfin elle reconnut son Amant, elle se livra toute entiere à sa douleur, fit retentir l'air de ses cris, s'arracha les cheveux, se meurtrit le sein, & s'étant jettée sur le corps de Pyrame, elle arrosa sa plaie de ses larmes, mêlant ainsi ses pleurs avec le sang de son Amant. Cher Pyrame, lui dit-elle, en l'embrassant tendrement ! par quel funeste accident faut-il que je vous perde aujourd'hui ? repondez, cher Amant, c'est votre Thisbé qui vous parle, reconnoissez sa voix, qu'un de vos regards me fasse du moins connoitre que vous m'entendez. Au nom de Thisbé, Pyrame ouvre ses yeux mou-

Pyramus erexit, visáque recondidit illâ.
Quae postquam vestemque suam cognovit, &
enfe
Vidit ebur vacuum; Tûa te manus, inquit,
amorque
Perdidit, infelix. est & mihi fortis in unum
Hoc manus: est & amor, dabit hic in vul-
nera vires.   150
Persequàr exstinctum: letique miserrima dicar
Caussa, comesque tui: quique à me morte revelli
Heu solâ poteras, poteris nec morte revelli.
Hoc tamen amborum verbis estote rogati,
O multum miseri, meus illiusque, paren-
tes,   155
Ut, quos certus amor, quos hora novissima
junxit,
Componi tumulo non invideatis eodem.
At tû, quae ramis arbor miserabile corpus
Nunc tegis unius, mox es tectura duorum;
Signa tene caedis: pullosque, & luctibus ap-
tos   160
Semper habe foetus, gemini monumenta cruo-
ris.
Dixit: & aptato pectus mucrone sub imum
Incubuit ferro, quod adhuc à caede tepebat.
Vota tamen tetigere Deos, tetigere parentes;
Nam color in pomo est, ubi permaturuit,
ater: 165
Quodque rogis superest, unâ requiescit in urnâ.

rans & les referme après l'avoir vûe. Ce fut dans ce moment que Thisbé apperçut son Voile, & l'épée de Pyrame hors de son fourreau. Ah! trop malheureux Amant, s'écria-t-elle, c'est ta main, c'est ton amour qui t'ont ravi le jour; n'ai-je pas autant d'amour, n'ai-je pas une main pour m'arracher la vie! l'Amour seul me donnera assez de force pour te suivre. Si j'ai été la cause de ta mort, j'aurai du moins la consolation de t'accompagner dans l'horreur du trépas : la mort seule pouvoit nous séparer : non, elle n'en aura pas le pouvoir. Peres malheureux de deux Amans infortunez, que l'amour le plus tendre & la mort ont réunis, ne refusez pas la dernière grace que nous vous demandons : souffrez que le même tombeau renferme nos deux corps: & toi, Arbre funeste, qui couvres le corps de mon Amant, & qui vas maintenant aussi couvrir le mien, porte les marques de notre infortune, que ton fruit noir & lugubre annonce à jamais que tu as été teint du sang de deux Amans malheureux. A peine eut-elle achevé ces plaintes, qu'elle prit l'Epée encore fumante du sang de Pyrame; Elle l'appuia sur son sein & se laissa tomber dessus. Les Dieux & leurs Parens même furent également touchez de leur malheur. L'Arbre même, témoin de cette triste avanture, y parut sensible & depuis ce funeste moment ses fruits noircissent toûjours en meurissant. Enfin les cendres de ces deux Amans, qu'on retira du Bucher, furent enfermées dans une même urne.

EXPLICATION DE LA I, II, III, & IV. FABLE.

DE la maniere dont parle Ovide dans le III. & IV. Livre, on voit bien que l'établissement du culte de Bacchus dans la Grece, trouva de grandes oppositions, & que les Ministres de ces Fêtes, pour les faire recevoir, publierent plusieurs merveilles; & ce sont ces prétendus prodiges qu'il faut expliquer ici.

I. Bacchus, aiant été trouvé par quelques Toscans, fut mis dans leur Vaisseau pour être vendu comme un Esclave, mais ce Dieu s'étant reveillé, & aiant vû qu'on ne le conduisoit pas à Naxe, comme on lui avoit promis, les changea en Dauphins. Cette Fable, si nous en croyons Bochart, n'a d'autre fondement que quelques avantures arrivées à des Marchands Tyrséniens, dont le Vaisseau portoit à la proue la figure d'un Dauphin, ou plutôt celle du Poisson que l'on nomme *Tursio*, le Marsoin. Ces Marchands firent naufrage auprès de l'Isle de Naxe, qui étoit consacrée à Bacchus, dont apparemment ils avoient meprisé les mystéres; c'en fut assez pour publier que c'étoit ce Dieu lui-même qui les avoit fait perir.

II. Les Mineïdes affectant de travailler pendant que l'on célébroit les Fêtes de Bacchus, furent changées en Chauve-Souris. Cela veut dire sans doute, que ces Filles, dont on fit une exacte recherche, étant sorties secretement de Thebes, on publia leur metamorphose. Quoi qu'il en soit, ces prétendus chatimens de Penthée, des Mariniers, des Mineïdes, & de Lycurgue, firent passer Bacchus pour une Divinité fort vindicative, & les Prêtres ne manquerent pas de faire valoir ces Histoires, pour rendre son Culte plus respectable.

III. Ovide, qui a trouvé le secret de lier avec tant d'art des Fables qui n'avoient entre elles aucune liaison, fait raconter aux Mineïdes plusieurs Histoires, qui demandent quelques éclaircissemens. Voici le fondement de celle de Dercette qui fut changée en Poisson. Dercette, si nous en croyons Diodore (1), Pline, Herodore, Althenagore; & parmi les Modernes, Vossius & Selden, aiant offensé Venus, cette Déesse la rendit amoureuse d'un jeune Homme dont elle eut une Fille. Desesperée d'une avanture qui la deshonoroit, elle fit mourir son Amant, exposa son Enfant, & alla ensuite se jetter dans un Etang, où elle perit. Les Syriens firent bâtir un Temple près du lieu où Elle s'étoit précipitée, où ils l'honorerent comme une Déesse, & publierent qu'elle avoit été métamorphosée en Poisson. Ils la représenterent sous la figure d'une Femme qui de la ceinture en bas, se termine en Poisson. Les Syriens s'abstinrent depuis de manger du Poisson de cet Etang, & même de tout autre : ils lui en offroient dans les Sacrifices, & on en voyoit de dorez dans les Temples de cette Déesse. Il y a quelques Auteurs qui croient que Dercette étoit une Princesse très-cruelle, qui avoit défendu aux Syriens l'usage du Poisson; mais si cela étoit, l'auroit-on adoré après sa mort? Il vaut mieux dire qu'elle s'étoit attirée par ses bienfaits l'amitié & l'estime de son Peuple. Au reste, si nous en croyons Selden, qui a fait un excellent Traité sur les Divinitez de Syrie, la fable de Dercette ou Atergatis vient de celle de Dagon, Dieu des Philistins, qui étoit représenté

(1) Lib. II.

fenté fous la figure d'un Poiſſon, & le nom d'Atergatis eſt compoſé d'*Adir Dagon*, grand Poiſſon : ce qui
pourroit bien avoir donné lieu à la métamorphoſe. Ce
même Auteur croit que la Fable de Dercette eſt la même que celle de Venus, d'Aſtarte, de Minerve, de
Junon, d'Iſis & de la Lune, que c'eſt la Mylitte des
Aſſyriens, & l'Alilac des Arabes.

Les Antiquaires prennent pour Dercette une Figure
du Cabinet de Mr. de la Chauſſe, qui repréſente une
Déeſſe, tenant d'une main un Cupidon qui tend ſon
Arc, pendant qu'elle en regarde un autre qui tient un
Flambeau élevé en l'air ; mais la fleur de Lotus, qu'elle porte ſur la tête, la fait reconnoître pour une Divinité d'Egypte. N'oublions pas de rapporter ici ce que
Lucien (2) dit de Dercette. *Quelques uns croient,*
dit-il, *que le Temple qui eſt dans la Ville ſacrée,*
eſt l'Ouvrage de Semiramis, qui le conſacra, non pas
à Junon, comme on le croit, mais à ſa Mere Der-
cette. J'ai vû, continue-t-il, *dans la Phenicie une*
Image de cette Déeſſe, qui eſt fort extraordinaire ;
c'eſt une Femme qui de la ceinture en bas ſe termi-
ne en Poiſſon ; mais celle qui eſt dans la Sainte Ci-
té (3), *a toute la forme d'une Femme.*

Il paroit par ce que nous venons de dire, que la
jeune Princeſſe, qui fut expoſée par Dercette, étoit la
fameuſe Semiramis & ſa Fille. Diodore (4) raconte
que quelques Bergers l'aiant trouvée, la porterent chez
Simma Femme d'un Maitre des Troupeaux du Roi,
qui l'éleva avec beaucoup de ſoin, & lui donna le nom
de Semiramis ; qui en Langue Syriaque ſignifie une
Colombe. Delà aparemment eſt venue la Fable qui
dit qu'elle avoit été nourrie par des Colombes, & qu'elle fut dans la ſuite métamorphoſée en Colombe. Cet
Oiſeau fut toujours en grande veneration parmi les
Aſſyriens. Les Interpretes de l'Ecriture ſainte diſent
que le paſſage du Prophete Jeremie, *facta eſt terra*
eorum in deſolationem a facie Columbæ, fait alluſion
à l'Hiſtoire de cette Princeſſe, & des Colombes qui la
repréſentoient ; ainſi que cet autre verſet, où il eſt dit,
fugite à fatie gladii Columbæ. Je ne m'étendrai pas
davantage ſur l'Hiſtoire de cette fameuſe Reine, ſur

laquelle les Anciens paroiſſent ſi fort ſe contredire,
qu'on n'en ſauroit rien tirer d'aſſuré. Ceux qui voudront voir cette Hiſtoire bien approfondie, pourront
lire, dans le troiſieme Tome des *Memoires de L'Aca-*
demie des belles Lettres, les recherches de Mr. l'Abbé Sevin ſur l'Hiſtoire d'Aſſyrie. Je me contente de
dire ici que ce qui peut avoir donné lieu à ſa métamorphoſe, c'eſt que Ninias ſon Fils, voulant la faire
perir ſans irriter ſes Sujets publia qu'elle s'étoit envo-
lée ſous la figure d'une Colombe.

IV. La triſte cataſtrophe de Pyrame & de Thiſbé,
que je vais expliquer, eſt un de ces évenemens tragiques, que les paſſions ne cauſent que trop ſouvent
dans le Monde. On croit que ces deux Amants, dont
les Parens ne s'aimoient pas, ſe donnerent rendez-vous
ſous un Murier, qui étoit hors de la Ville. Thiſbé y
arriva la premiere & aiant été obligée de ſe cacher à la
vûe d'un Lion, ſon Echarpe, qu'elle laiſſa tomber, fut
enſanglantée ; ce qui aiant fait croire à Pyrame, qui
arriva un moment après, qu'elle avoit été devotée, il
ſe tua de regret. Thiſbé étant revenue ſur ſes pas, &
aiant bien jugé en voyant ſon Echarpe, que ſon Amant
ne s'étoit tué que parcequ'il l'avoit crue morte, ſe perça le ſein du même glaive. Au reſte je n'ai trouvé cet
évenement que dans Ovide & dans Hygin (5) & ces
deux Auteurs conviennent qu'il eſt arrivé près de Babylone. Il ſeroit aſſez inutile d'en ſavoir davantage là-
deſſus. On voit bien que c'eſt une Leçon aux Enfans
de ne point prendre d'engagement précipité, ſurtout
lorſque les interêts des Familles peuvent y former des
obſtacles ; aux parens de ne pas toujours conſulter ou
leur reſſentiment ou leur interêt, & de ſe prêter quelquefois à des inclinations qui ne deviennent criminelles que par leur entêtement. Malheureuſement notre
Poëte corrompt par des peintures trop vives, & par
des images trop licencieuſes, la morale qu'on pourroit
tirer des Fables. Il n'entreprend guères de développer
le cœur, qu'il ne le montre du côté foible, & ſes Métamorphoſes peuvent être régardées comme le triomphe de toutes les paſſions. Qu'on me pardonne une
reflexion, que les Fables que je vais expliquer dans la
ſuite ne juſtifient que trop.

(1) *De Dea Syr.* (3) C'étoit ſans doute la Ville d'*Hierapolis.*
(4) Lib. II.

(5) Fab. 242.

FAB. V.

FAB. V. *Mars & Venus.*

ARGUMENT.

Venus piquée contre le Soleil, de ce qu'il avoit découvert son commerce avec Mars, le rendit toûjours malheureux dans ses Amours.

DEsierat: mediumque fuit breve tempus;
    & orsa est
Dicere Leuconoë, vocem tenuere sorores.
Hunc quoque, siderea qui temperat omnia luce,
Cepit amor Solem. Solis referemus amores. 170
Primus adulterium Veneris cum Marte putatur
Hic vidisse Deus. videt hic Deus omnia primus.
Indoluit facto: Junonigenaeque marito
Furta tori, furtique locum monstravit. at illi
Et mens, & quod opus fabrilis dextra tene-
    bat,   175
Excidit. extemplo graciles ex aere catenas,
Retiaque, & laqueos, quae lumina fallere
    possint,
Elimat. non illud opus tenuissima vincant
Stamina, non summo quae pendet aranea
    tigno.

                                        Utque

UN moment après qu'Alcithoé eut fini son
Histoire, Leucothoé prit la parole & ses
Sœurs se mirent en devoir de l'écouter. Le Soleil, dit-elle, ce Dieu qui répand par tout la lumiere, n'a pas été exempt lui-même des foiblesses de l'Amour. Je vais vous en conter les avantures. Comme rien ne peut lui être caché, ce
fut lui qui aiant découvert le commerce de Mars
& de Venus, en avertit l'Epoux de la Déesse, &
lui montra le lieu où les deux Amans avoient
accoûtumé de se rendre. A cette nouvelle, Vulcain fut si consterné que l'ouvrage auquel il tra-
vailloit, & le marteau lui tomberent des mains.
Pour les surprendre il se mit sur le champ à faire
un Filet d'Airain (1), si mince & si délié, qu'il
en étoit imperceptible. Les toiles les plus fines,
celles même des Araignées, sont grossieres en com-
                                        paraison.

(1) Comme Ovide explique d'une maniere fort générale le méchanisme
de ce Filet de Vulcain, les Commentateurs ont paru fort embarrassez à le comprendre, & ceux qui ont peint ou gravé le sujet s'en sont tirez chacun suivant l'idée sous laquelle ils l'avoient conçu. Ferrante Palavicino dans ses
Oeuvres choisies, a fait un petit Traité pour expliquer de quelle maniere le
Filet avoit pu se tendre; mais outre que la chose est trop peu serieuse pour
s'y arrêter, j'ai cru devoir me servir des termes généraux pour traduire un
Poëte, qui ne donne aucune idée particuliere de ce méchanisme.

Utque leves tactus, momentaque parva se-
   quantur,   180
Efficit: & lecto circumdata collocat apte.
Ut venere torum conjux & adulter in unum;
Arte viri, vinclisque nova ratione paratis,
In mediis ambo deprensi amplexibus haerent.
Lemnius extemplo valvas patefecit ebur-
   nas: 185
Admisitque Deos. illi jacuere ligati
Turpiter. atque aliquis de Dis non tristibus
   optet.
Sic fieri turpis. Superi risere: diuque
Haec fuit in toto notissima fabula coelo.
   Exigit indicii memorem Cythereïa poe-
   nam: 190
Inque vices illum, tectos qui laesit amores,
Laedit amore pari. quid nunc, Hyperione
   nate,
Forma, calorque tibi, radiataque lumina
   prosunt?
Nempe tuis omnes qui terras ignibus uris,
Ureris igne novo: quique omnia cernere de-
   bes;   195
Leucotheen spectas: & virgine figis in una,
Quos mundo debes, oculos. modo surgis Eöo
Temperius coelo: modo serius incidis undis;
Spectandique mora brumales porrigis horas.
Deficis interdum: vitiùmque in lumina men-
   tis   200
Transit; & obscurus mortalia pectora terres.
Nec, tibi quod Lunae terris propioris imago
Obstiterit, palles. facit hunc amor iste colorem.
Diligis hanc unam: nec te Clymeneve, Rho-
   dosve,
Nec tenet Aeaëae genetrix pulcherrima Cir-
   ces,   205
Quaeque tuos Clytie, quamvis despecta, pe-
   tebat
Concubitus; ipsoque illo grave vulnus habebat
Tempore. Leucothee multarum oblivia fecit.
Gentis odoriferae quam formosissima partu
Edidit Eurynome; sed postquam filia cre-
   vit,   210
Quam mater cunctas, tam matrem filia vincit.
Rexit Achaemenias urbes pater Orchamus:
   isque
Septimus à prisci numeratur origine Beli.
Axe sub Hesperio sunt pascua Solis equorum:
Ambrosiam pro gramine habent. ea fessa diur-
   nis   215
Membra ministeriis nutrit, reparatque labori.

                 Dumque

paraison. Il usa en le faisant d'un artifice si singulier, & si nouveau, que le moindre mouvement, un rien pouvoit le faire jouër : Après cela il le tendit autour du Lit de Venus, & dès que Mars y fut entré avec elle, ils s'y trouverent pris. Vulcain content du succès de son entreprise, alla ouvrir sur le champ les portes de la chambre, & donna ces deux Amans en spectacle à tous les Dieux, qui les virent dans le plus grand desordre. Les Dieux rirent beaucoup de cette avanture, qui fit long tems l'entretien de tout l'Olympe: il y en eût cependant parmi ceux qui étoient les moins severes, qui auroient souhaité d'être deshonorez à ce prix. Venus, qui en fut extrêmement piquée, resolut de se venger de celui qui avoit découvert cette intrigue. Comme l'Amour avoit fait son crime, elle voulut en faire sentir toutes les foiblesses à Apollon. Flambeau du jour, à quoi vous sert maintenant, cette beauté, cet éclat & ces rayons de lumiere dont vous êtes environné? Vous qui repandez partout la chaleur, vous brûlez, vous même d'un feu qui vous dévore; vous, qui devez vos regards à l'Univers, vous les arrêtez maintenant sur la seule Leucothoé. On vous voit lever plus marin & vous rendre plus tard qu'à l'ordinaire dans le sejour de Thetis. Pour contempler cette Beauté plus à loisir, vous rendez les jours mêmes de l'Hyver beaucoup plus longs qu'ils ne doivent l'être. Quelquefois même tout votre éclat vous abandonne, le trouble de votre ame passe jusqu'à la lumiere, qui nous éclaire, & les ténebres qui vous environnent alors, épouvantent toute la terre. Lorsque vous vous éclipsez, ce n'est pas la Lune qui nous prive de votre lumiere c'est l'Amour qui vous fait pâlir. Vous n'aimez plus que la seule Leucothoé; vous ne vous souvenez plus ni de Clymene, ni de Rhodos, ni de la charmante Mere de Circé. Vous avez toûjours la même indifference pour Clytie, qui, malgré vos mépris, vous aime avec tendresse dans le tems même que vous soupirez pour une autre. La seule Leucothoé vous fait oublier toutes vos autres Amours. Cette charmante Fille devoit le jour à Eurynome la plus belle personne de l'Arabie. Seule elle effaçoit la beauté de sa Mere, comme sa Mere effaçoit celle des autres Femmes de son tems. Orchame son Pere gouvernoit la Perse, dont il étoit le septieme Roi depuis Belus.

   Les pâturages des Chevaux du Soleil sont vers le couchant, c'est là que nourris d'Ambroisie au lieu d'herbe, ils se délassent des fatigues du jour, & qu'ils reprennent de nouvelles forces. Une nuit,

Dumque ibi quadrupedes coeleſtia pabula car-
*　　punt ;*
Noxque vicem peragit ; thalamos .Deus in-
*　trat amatos*
Verſus in Eurynomes faciem genetricis: & inter
Bis ſex Leucotheën famulas ad lumina cer-
*　　nit　　　　　　　　　　　　　　　　220*
Levia verſato ducentem ſtamina fuſo.
Ergo ubi ,ceu mater ,caræ dedit oſcula natæ ;
Res , ait, arcana eſt : famulæ , diſcedite : neve
Adripite arbitrium matri , ſecreta loquenti.
Paruerunt : thalamoque , Deus , ſine teſte
*　　reliſto ,　　　　　　　　　　　　　225*
Ille ego ſum, dixit, qui longum metior annum,
Omnia qui video ; per quem videt omnia tellus :
Mundi oculus. mihi, crede , places. pavet
*　illa : metuque ,*
Et colus , & fuſus digitis cecidere remiſſis.
Ipſe timor decuit. nec longius ille moratus , 230
In veram rediit faciem ſolitumque nitorem.

nuit, tandis qu'ils ſe rafraîchiſſoient , le Soleil
étant entré dans l'Appartement de ſon Amante,
ſous la figure de ſa Mere Eurynome, il la trouva
qui filoit au Flambeau environnée de. douze Eſ-
claves. J'ai quelque choſe de ſecret à vous com-
muniquer, ma Fille, lui dit-il , en la baiſant, que
vos Femmes ſe retirent , afin que je puiſſe vous
parler en liberté. Elles obéirent : alors ce Dieu,
ſans perdre de tems. C'eſt moi , lui dit-il , qui
par mon cours regle les Saiſons & les Années ;
c'eſt moi qui vois tout & qui éclaire tout : je
ſuis la Lumiere du Monde : je vous aime. A ce
diſcours, Leucothoé tremblante & étonnée pâlit
& laiſſe tomber ſon Fuſeau & ſa Quenoüille. La
crainte lui donnoit de nouvelles graces, le Soleil,
profitant de cet heureux moment, reprit ſa véritable forme.

EXPLICATION DE LA CINQUIEME FABLE.

Quelque envie qu'on ait eu dans le dernier Siecle
de juſtifier la Théologie des Poëtes , il eſt bien
difficile de ne pas convenir qu'elle préſente ſouvent des idées bien dangereuſes pour les mœurs. Quand
ils ne nous propoſent que les foibleſſes des Hommes,
on peut en tirer des leçons utiles ; mais lorſqu'ils décrivent, avec tant de ſoin & avec des reflexions peu
ſerieuſes, les crimes des Dieux , que peut-on en con-
clure , ſi ce n'eſt qu'il eſt permis de ſuivre ſes penchans,
puis que les Dieux eux-mêmes s'y ſont laiſſez
entraïner ? Je ſai que les Philoſophes ont tourné à l'allegorie l'adultere de Mars & de Venus, qui fait le ſujet de la Fable que j'explique. Ils ont dit avec Plutarque (1) que ceux qui naiſſent pendant la conjonction
des deux Planetes, qui portent le nom de Mars & de
Venus, ſont ſenſibles à l'amour ; mais que ſi le Soleil
n'en eſt pas alors éloigné, leurs intrigues ſeront bien-
tôt découvertes. Mais ceux qui liſoient cette Fable
dans l'Odyſſée d'Homere (2) & dans Ovide , ſaiſiſ-
ſoient-ils d'abord ces idées aſtronomiques ? Ou plutôt
ne concluoient-ils pas que, puis que les Dieux s'étoient
laiſſez entraïner aux penchans les plus doux , il étoit
permis aux Hommes de s'y livrer ſans ſcrupule. Qu'on
diſe tant qu'on voudra qu'Homere la met dans la bouche d'un Pheacien, c'eſt-à-dire d'un Homme corrompu
par les plaiſirs & par la moleſſe, l'exemple n'en eſt pas
moins dangereux. Quel ſpectacle plus licentieux, que
de voir Mars & Venus attachez dans les Filets de Vulcain, & les autres Dieux rire de cette avanture, & ſouhaiter même d'être deshonorez à ce prix-là ?
Ce qu'il y avoit encore de dangereux dans ces ſortes
d'Exemples, c'eſt qu'on y apprenoit à conſerver le reſſentiment des injures. On dit en effet, que Venus fut
ſi piquée contre le Soleil qui avoit découvert ſon intrigue, qu'elle s'en vengea ſur lui & ſur toute ſa poſterité. Delà, la triſte cataſtrophe de Leucothoé ; delà les

crimes & les malheurs de Circé, de Paſiphaé, de Medée & des autres Princeſſes qui rapportoient leur origine au Soleil. Au reſte les idées laſcives qui reſul-
toient de cette Fable, paſſoient des Livres où elle étoit
expoſée, dans les Monumens qui la repréſentoient, &
l'Antiquité nous en a conſervé deux qu'on trouve dans
Baſlori (3) , & quoi qu'ils n'aient rien de fort immo-
deſte, on voit les Déeſſes elles-mêmes , témoins d'un
ſpectacle ſi dangereux, quoi qu'Homere eût dit que la
modeſtie les avoit empêchées de s'y trouver.
Au reſte, comme cette Fable pouvoit avoir quelque
fondement dans l'Hiſtoire, il eſt bon de rapporter ici
ce qu'en dit Palæphate (4). Le Soleil, Fils de Vulcain Roi d'Egypte, voulant faire obſerver à la rigueur
la Loi de ſon Pere contre les Adulteres , & aiant été
informé qu'une Dame de la Cour avoit commerce avec
un Courtiſan, entra la nuit dans ſon Apartement &
l'aiant ſurpriſe, la fit punir ſeverement. C'eſt, ajoute
cet Auteur, l'équivoque du nom de Sol qui donna lieu
à la Fable qu'Homere propoſa dans la ſuite d'une maniere à la faire méconnoître. Libanius déplorant la
ruine & l'incendie du Temple d'Apollon , qui étoit
dans le Fauxbourg d'Antioche , ſe plaint de l'ingratitude de Vulcain, le Dieu du Feu, envers Apollon, qui
lui avoit autrefois donné un avis. Le Rheteur s'arrête là ſans s'expliquer davantage ſur cet avis , mais St.
Jean Chryſoſtome (5), pour mettre au jour tout le ridicule de cette plainte, dit que l'avis qu'Apollon avoit
donné à Vulcain, regardoit la découverte de l'adultere
de ſa Femme avec Mars. Remarquons ici en paſſant,
que ſi Libanius attribue à Apollon ce qu'Homere, O-
vide & les Marbres attribuent au Soleil, il eſt en cela
l'opinion qui confondoit ſouvent ces deux Divinitez,
quoi qu'on le trouve ſouvent diſtinguées l'une de l'autre , ſurtout dans les ceremonies de leur Culte.

(3) Adm. antiq. Roman. (4) In fragm.
(5) Diſcours ſur St. Babilas.

(1) Traité de la man. de lire les Poëtes.
(2) Livr. VIII.

F A B. **VI.** *Leucothoé changée en Arbre, & Clytie en Heliotrope.*

ARGUMENT.

Apollon, chagrin de voir Leucothoé, qu'il aimoit, enterrée toute vive par son Pere, la changea en l'Arbre qui porte l'Encens. Clytie, outrée du mépris que ce Dieu lui témoignoit, se laissa mourir de langueur
& fut changée en Heliotrope.

AT *virgo, quamvis inopino territa visu,*
    Victa nitore Dei, positâ vim passa que-
        relâ est.
Invidit Clytie, (neque enim moderatus in illâ
Solis amor fuerat) stimulataque pellicis irâ 235
Vulgat adulterium: diffamatumque parenti
Indicat. ille ferox immansuetusque precantem,
Tendentemque manus ad lumina Solis, &, Ille
Vim tulit invitae, dicentem, defodit altâ
Crudus humo: tumulumque super gravis ad-
        dit arenae.   240
Dissipat hunc radiis Hyperione natus: iterque
Dat tibi, quo possis defossos promere vultus.
Nec tu jam poteras enectum pondere terrae

T O M. I.   *Tollere,*

LEUCOTHOÉ, quoi qu'étonnée de l'éclat
    qui l'environnoit, fut charmée de la beau-
té d'Apollon, & se laissa vaincre sans beaucoup
de resistance. Clytie, qui aimoit toûjours le Soleil, en eut de la jalousie, & pour se venger de sa
Rivale, elle alla découvrir son crime à Orchame.
A cette nouvelle le Roi, transporté de fureur,
ordonne qu'on l'enterre toute vive, & que l'on
jette sur son corps un monceau de sable. En vain
l'infortunée Leucothoé levoit les mains vers son
Amant; en vain, elle juroit qu'il lui avoit fait
violence; cet ordre cruel & inhumain fut executé. Le Soleil par la force de ses rayons fit d'a-
bord entrouvrir la terre qui vous couvroit,
charmante Nymphe, pour vous laisser la liberté
de

Q

Tollere, Nympha, caput: corpusque exfangue
    jacebas.
Nil illo fertur volucrum moderator equo-
    rum   **245**
Poſt Phaethonteos vidiſſe dolentius ignes.
Ille quidem gelidos radiorum viribus artus,
Si queat, in vivum tentet revocare calorem.
Sed, quoniam tantis fatum conatibus obſtat.
Nectare odorato ſpargit corpusque locum-
    que,   **250**
Multaque praequeſtus, Tanges tamen aethe-
    ra, dixit.
Protinus imbutum coeleſti nectare corpus
Deliciut, terramque ſuo madefecit odore:
Virgaque per glebas ſenſim radicibus actis
Turea ſurrexit; tumulumque cacumine ru-
    pit.   **255**
At Clytien (quamvis amor excuſare dolorem,
Indiciumque dolor poterat) non amplius auctor
Lucis adit: Venerisque modum ſibi fecit in illà.
Tabuit ex illo, dementer amoribus uſa
Nympharum impatiens; & ſub Jove, nocte
    dieque,   **260**
Sedit humo nudâ, nudis incomta capillis.
Perque novem luces, expers undaeque cibique,
Rore mero, lacrimisque ſuis jejunia pavit:
Nec ſe movit humo. tantum ſpectabat euntis
Ora Dei. vultusque ſuos flectebat ad il-
    lum.   **265**
Membra ferunt haeſiſſe ſolo: partemque coloris
Luridus exſangues pallor convertit in herbas.
Eſt in parte rubor: violaeque ſimillimus ora
Flos tegit. illa ſuum, quamvis radice tenetur,
Vertitur ad Solem: mutataque ſervat amo-
    rem.   **270**

de reſpirer, mais vous ne pouviez plus alors pro-
fiter de cette faveur : la mort avoit fermé vos
yeux pour jamais. Depuis le malheur de Phaeton,
le Soleil n'avoit point ſenti de douleur plus vive.
Il tâcha de réchauffer par ſa chaleur le corps glacé
de ſon Amante : tous ſes efforts furent vains, le
Deſtin les rendit inutiles. Il ſe plaignit, il gemir,
& aïant arroſé de Nectar le corps de Leucothoé,
& la terre qui l'environnoit : du moins, dit-il,
j'aurai la conſolation de voir que vous voüs éle-
verez vers le Ciel. En effet le corps amolli par
la vertu de cette divine Eſſence, pouſſa des branches hors de Terre, & forma enfin l'Arbre qui
porte l'Encens.

Comme l'Amour avoit été cauſe de l'indiscretion de Clytie, il auroit pu lui ſervir d'excuſe;
cependant dès ce jour-là Apollon ne la regarda
qu'avec indifference, & n'eut plus aucun commerce avec elle. Ses mépris la jetterent dans un
affreux deſespoir, & reduire dans l'état le plus
triſte, la compagnie des Nymphes lui parut in-
ſuportable : Couchée nuit & jour ſur la Terre
ſans habits, les cheveux épars, elle n'eut pendant
neuf joûrs, pour toute nourriture que ſes larmes
& la roſée du Ciel. Elle ne ſe leva point pendant
tout ce tems-là, ſeulement elle tournoit les yeux
vers le Soleil, & l'accompagnoit de ſes regards
pendent toute ſa courſe. On raconte que ſon
corps demeura enfin attaché à la Terre, qu'une
couleur livide parut ſur la tige qui en ſortit, &
qu'à la place de ſon Viſage, on ne vit plus qu'u-
ne Fleur couleur de ſouci, mêlée d'un rouge vio-
let. Quoiqu'attachée à la Terre par ſes racines,
elle ne laiſſa pas de ſe tourner du côté du Soleil,
& malgré ſon changement, elle marque toûjours
l'amour qu'elle a pour lui.

EXPLICATION DE LA SIXIÉME FABLE.

L A Fable de Leucothoé enterrée toute vive par ſon
Pere Orchame, & celle de Clytie ſa Rivale métamorphoſée en Tourne-Sol, ne renferment rien
d'hiſtorique; dumoins je n'ai rien découvert de ſaris-
faiſant ſur ce ſujet. J'ai bien poſé pour principe, & je
crois l'avoir ſuffiſamment prouvé (1), que les Fables
étoient ordinairement fondées ſur l'Hiſtoire, mais je
n'ai pas desavoüé qu'on y ait quelquefois renfermé la
Morale & la Phyſique. Ainſi ce qu'on peu dire ſur
celle dont il s'agit ici, c'eſt que Leucothoé n'a paſſé
pour être la Fille d'Orchame Roi de Perſe, que parceque ce Prince fut le premier qui fit planter dans ſon
Royaume l'Arbre qui porte l'Encens, & qu'on appelloit
Leucothoé. On a ajoûté que cette prétenduë Princeſſe
aimoit Apollon, parce que l'Encens eſt une Drogue A-
romatique fort en uſage dans la Medécine, dont ce

Dieu étoit l'Inventeur; & on y a joint la jalouſie de
Clitie, parceque le Tourne-Sol eſt une Plante, qui ſelon les Naturaliſtes, fait mourir l'Arbre qui porte l'Encens. Je dois avoüer cependant que Pline, qui donne
à l'Heliotrope pluſieurs proprietez, ne parle point de
celle-ci. Je ſuis fâché de n'avoir rien à dire de plus particulier ſur cette Fable; car il me paroit bien ſurprenant
que pour nous apprendre qu'Orchame a planté l'Arbre
qui porte l'Encens, on ait dit qu'il avoit enterré ſa Fille
toute vive, pour la punir d'avoir été ſenſible au Soleil
ſon Amant; & que ſa Rivale Clitie, pour avoir revelé
cette intrigue ait été métamorphoſée en Tourne-Sol.
Mais Il vaut encore mieux ſe contenter de cette explication, que de hazarder des conjectures qu'il ſeroit difficile de rendre un peu probables. Je n'ai rien trouvé dans
l'Antiquité de cét Orchame, dont parle ici notre Poëte, qui dit qu'il étoit le ſeptiéme deſcendant de Belus
& qu'il regnoit ſur les Perſes Achemenides.

(1) Expli̇t. des Fables, Tom. I.

F A B. VII, VIII, IX, X, XI, & XII. *Salmacis & Herma-phrodite.· Les Minéïdes changées en Chauve-souris.*

A R G U M E N T.

La Nymphe Salmacis, aiant vû le jeune Hermaphrodite dans le Bain, se jetta dans l'eau & le tenant embrassé, il implore le secours de Mercure son Pere & de Venus sa Mere. Bacchus, pour punir les Filles de Minyas du mépris qu'elles avoient fait de ses Fêtes, les changea en Chauve-souris, & leurs Ouvrages en Lierre & en feuilles de Vigne.

Dixerat: & factum mirabile ceperat au-
res.
Pars fieri potuisse negant: pars omnia veros
Posse Deos memorat: sed non & Bacchus in
illis.
Poscitur Alcithoë, postquam siluere sorores:
Quae radio stantis percurrens stamina te-
lae, 275
Vulgatos taceo, dixit, pastoris amores
Daphnidis Idaei, quem Nymphe pellicis irà
Contulit in saxum. tantus dolor urit amantes.
 Nec loquor, ut quondam naturae jure no-
vato
Ambiguus fuerit modo vir, modo femina,
Scython. 280

CE que Leucothoé venoit de raconter jetta
ses Sœurs dans l'admiration ; les unes disoient que la chose n'étoit pas possible; les autres
soutenoient que les Dieux peuvent tout, mais elles s'accordoient toutes à nier que Bacchus fût une
Divinité. Alcithoé n'avoit encore rien dit ; on
la pria de conter aussi quelque Histoire , & on
l'y invita par un grand silence. Je ne vous parlerai pas, dit-elle en continuant son Ouvrage, de
l'avanture du Berger Daphnis qui gardoit les Troupeaux sur le Mont Ida , & qu'une Nymphe jalouse de sa Rivale changea en Rocher , tant l'A-
mour inspire de fureur quand il est méprisé.
Cette Histoire est trop connuë. Je ne dirai
rien non plus de Scython , qui avoit succes-

Te quoque, nunc adamas, quondam fidif-
fime parvo,
Celmi, Jovi: largoque fatos Curetas ab im-
bri.
Et Crocon in parvos verfum cum Smila-
ce flores,
Praetereo: dulcique animos novitate tenebo.
Unde fit infamis ; quare male fortibus
undis   285
Salmacis enervet, tactosque remolliat artus ;
Difcite. cauffa latet: vis eft notiffima fontis.
Mercurio puerum divà Cythereide natum
Naides Idaeis enutrivere fub antris ;
Cujus erat facies, in quà materque pater-
que   290
Cognofci poffent: nomen quoque traxit ab illis.
Is tria cum primum fecit quinquennia; montes
Deferuit patrios: Idàque altrice relictà.
Ignotis errare locis, ignota videre
Flumina gaudebat ; ftudio minuente labo-
rem.   295
Ille etiam Lycias urbes, Lyciaeque propinquos
Caras adit. videt hìc ftagnum lucentis ad imum
Usque folum lymphae. non illic canna paluftris,
Nec fteriles ulvae, nec acutà cufpide junci ;
Perfpicuus liquor eft. ftagni tamen ultima
vivo   300
Cefpite cinguntur, femperque virentibus herbis.
Nympha colit: fed nec venatibus apta, nec arcus
Flectere quae foleat, nec quae contendere curfu;
Solaque Naiadum celeri non nota Dianae.
Saepe fuas illi fama eft dixiffe forores: 305
Salmaci,vel jaculum, vel pictas fume pharetras;
Et tua cum duris venatibus otia mifce.
Nec jaculum fumit, nec pictas illa pharetras;
Nec fua cum duris venatibus otia mifcet.
Sed modo fonte fuo formofos perluit artus: 310
Saepe Cytoriaco deducit pectine crines;
Et quid fe deceat ? fpectatas confulit undas.
Nunc perlucenti circumdata corpus amictu,
Mollibus aut foliis, aut mollibus incubat herbis.
Saepe legit flores. & tunc quoque forte le-
gebat,   315
Cum puerum vidit: vifumque optavit habere.
Nec tamen ante adiit, etfi properabat adire,
Quam fe compofuit, quam circumfpexit
amictus,
Et finxit vultum; & meruit formofa videri.
Tunc fic orfa loqui: Puer ò digniffime
credi   320
Effe Deus ; feu tu Deus es, potes effe Cupido:

Sive

fivement les deux Sexes. Je pafferai fous filence
l'Hiftoire de Celme fi fidelle à Jupiter pendant
fon enfance, & qui depuis, par fon indifcretion
fut changée en Diamant; je ne m'arrêterai pas à
celle des Curetes, qui devoient leur Naiffance à
la Pluie qui les forma. Je n'ai pas deffein non
plus de vous entretenir de Crocus ni de Smilax
changez l'un & l'autre en Fleurs, mais je veux
vous amufer par quelque agréable nouveauté.

Vous ignorez peut-être pourquoi la Fontaine
Salmacis eft devenue fi infame & pourquoi fes
eaux rendent les Hommes mols & effeminez, en
voici la raifon; pour le fait, il eft hors de doute.
Les Naiades éleverent autrefois dans les antres du
Mont Ida un Enfant qui étoit né de Mercure &
de Venus: Son vifage avoit, avec les traits de fon
Pere, la beauté & les graces de fa Mere : il fut
nommé Hermaphrodite, du nom de Mercure &
de celui de Venus. Quand il fut arrivé à l'âge
de quinze ans: il abandonna, pour aller voiage-,
les lieux où il avoit été élevé. Il aimoit à voir
de nouvelles Terres, de nouveaux Fleuves, &
fa curiofité lui faifoit compter pour rien toutes fes
fatigues : Il avoit déja vifité les Villes de la Lycie, il étoit arrivé dans la Carie, qui en eft voifine ; lorfqu'il s'arrêta près d'une Fontaine dont
l'eau étoit fi belle & fi claire qu'on en voioit aifément le fond; rien n'en troubloit la pureté ; il
n'y avoit ni Joncs, ni Rofeaux, ni Algues : un Gazon
toûjours verd formoit, autour du baffin de
cette Fontaine, une charmante bordure. La
Nymphe, qui l'habitoit, n'aimoit ni la Courfe,
ni la Chaffe, ni à tirer de l'Arc : Elle étoit la
feule de toutes les Naiades, que Diane ne connût
point, fon nom étoit Salmacis. Ses Sœurs lui
difoient fouvent : Salmacis, armez-vous d'un Javelot, prenez un Carquois, partagez votre tems
entre les exercices de la Chaffe & le repos ; leurs
difcours étoient inutiles, une indolente oifiveté
faifoit toutes fes delices. Elle n'avoir d'autre plaifir qu'à fe baigner, qu'à prendre foin d'orner fes
cheveux, & à confulter dans le cryftal de l'onde
quels ajuftemens lui fiéroient le mieux. Quelquefois couverte d'un Voîle transparent, elle demeuroit couchée nonchalamment fur l'herbe &
fur le gazon ; fouvent elle s'amufoit à cueillir des
Fleurs; c'eft à quoi elle s'occupoit lorfqu'elle apperçut le jeune Hermaphrodite. Dès qu'elle l'eut
vû, elle en devint éperdûment amoureufe : Quelque envie qu'elle eût de l'aborder, elle voulut auparavant s'ajufter, voir fi fa Robe avoit bonne
grace, & compofer de maniere fon vifage & fes
regards, qu'elle pût paroître à fes yeux auffi belle
qu'elle pouvoit l'être. Alors elle lui adreffa ainfi
la parole : Jeune Etranger, qui que vous foiez,
on vous prendroit pour un Dieu, & fi cela eft,
vous ne pouvez certainement être que l'Amour.

Si

Sive es mortalis, qui te genuere beati,
Et frater felix, & fortunata profecto
Si qua tibi soror est, & quae dedit ubera
   nutrix.
Sed longè cunctis, longeque potentior illis, 325
Si qua tibi sponsa est, si quam dignabere taedâ.
Haec tibi sive aliqua est; mea sit furtiva vo-
   luptas :
Seu nulla est; ego sim : thalamumque inea-
   mus eumdem.
Nais ab his tacuit : pueri rubor ora notavit
Nescia quid sit amor : sed & erubuisse dece-
   bat.   330
His color apricâ pendentibus arbore pomis,
Aut ebori tincto est, aut sub candore rubenti,
Cum frustra resonant aera auxiliaria, Lunae.
Poscenti Nymphae sine fine sororia saltem
Oscula, jamque manus ad eburnea colla fe-
   renti,   335
Desinis? an fugio, tecumque, ait, ista re-
   linquo ?
Salmacis extimuit? Locaque haec tibi libera
   trado,
Hospes, ait : simulatque gradu discedere verso.
Tum quoque respiciens, fruticumque recondi-
   ta silvâ
Delituit : flexumque genu submisit. at ille, 340
Ut puer, & vacuis ut inobservatus in herbis,
Huc it; & hinc illuc : & in alludentibus undis
Summa pedum, taloque tenus vestigia tinguit.
Nec mora, temperie blandarum captus
   aquarum,
Mollia de tenero velamina corpore ponit. 345
Tum vero obstupuit; nudaeque cupidine formae
Salmacis exarsit. flagrant quoque lumina Nym-
   phes.
Non aliter, quam cum puro nitidissimus orbe
Oppositâ speculi refertur imagine Phoebus.
Vixque moram patitur: vix jam sua gaudia
   differt.   350
Jam cupit amplecti : jam se male continet
   amens.
Ille, cavis velox adplauso corpore palmis,
Desilit in latices : alternaque brachia ducens
In liquidis translucet aquis : ut eburnea si quis
Signa tegat claro, vel candida lilia, vitro. 355
Vicimus, en meus est, exclamat Nais : &,
   omni
Veste procul jactâ, mediis immittitur undis :
Pugnacemque tenet : luctantiaque oscula carpit:
Subjectatque manus : invitaque pectora tangit :

                              Et

Si vous êtes un simple Mortel, quel bonheur pour vos Parens d'avoir un Fils aussi accompli que votre Frere, que votre Sœur, si vous en avez une, sont heureux! quelle felicité pour celle qui a pris soin de vous nourrir! Mais le comble du bonheur est reservé pour celle qui doit être un jour votre Epouse. Si elle est déja choisie, du moins soiez-lui infidelle pour quelque tems. Si vous n'avez encore jetté les yeux sur personne, je vous offre ma main. Salmacis se tut. Hermaphrodite, qui ne savoit point encore ce que c'étoit que l'amour, rougit à ce discours, & la rougeur lui donna un nouvel agrément: La couleur de son visage parut semblable à celle d'une Pomme vermeille, ou à celle de l'yvoire qu'on a teint en rouge, ou enfin à celle de la Lune qui s'éclipse. Du moins, continua Salmacis, donnez-moi des baisers tels que vous les donneriez à votre Sœur, & sur cela elle voulut se jetter à son col. Moderez vos transports, lui dit Hermaphrodite, si vous ne voulez que la fuite ne me dérobe pour jamais à vos yeux. Non, reprit Salmacis, que cette menace avoit épouvantée, demeurez, vous êtes le maître de ces Lieux, je vous céde la place. Après ces paroles, elle fit semblant de s'éloigner, & elle alla se cacher derriere une touffe d'Arbres pour le voir sans en être vûe. Alors le jeune Homme, se croiant seul & sans témoins, se promena autour de la Fontaine, il y met les pieds, & la fraicheur de l'Eau l'invitant à se baigner il se deshabille. Cette vûe redouble la passion de la Nymphe, ses yeux brillent comme les rayons du Soleil qu'une glace reflechit, & retient à peine ses transports. Hermaphrodite se jetta dans l'eau, & pendant qu'il nageoit, son corps paroissoit semblable à une belle Figure d'Yvoire, ou à un Lys qu'on voit à travers d'un crystal. Enfin je triomphe, s'écria Salmacis, en quittant sa Robe & se jettant dans l'eau. Elle s'approche de lui; l'arrête malgré sa resistance, & lui dérobe

             Q 3   quelques

Et nunc hac juveni, nunc circumfunditur
    illac.   360
Denique nitentem contra, elabique volentem
Implicat, ut serpens, quam regia sustinet ales;
Sublimemque rapit : pendens caput illa, pedesque
Adligat, & caudâ spatiantes implicat alas.
Utve solent hederae longos intexere truncos : 365
Utque sub aequoribus deprensum polypus hostem
Continet, ex omni dimissis parte flagellis.
Perstat Atlantiades ; sperataque gaudia
    Nymphae
Denegat. illa premit ; commissaque corpore toto
Sicut inhaerebat, Pugnes licet, improbe,
    dixit,   370
Non tamen effugies. ita Dì jubeatis, & istum
Nulla dies à me, nec me seducat ab isto.
Vota suos habuere Deos. nam mixta duorum
Corpora junguntur : faciesque inducitur illis
Una. velut si quis conductâ cortice ramos 375
Crescendo jungi, pariterque adolescere cernat,
Sic ubi complexu coïerunt membra tenaci,
Nec duo sunt, & forma duplex, nec femina
    dici,
Nec puer ut possint ; neutrumque, & utrum-
    que videntur :
Ergo ubi se liquidas, quo vir descenderat,
    undas   380
Semimarem fecisse videt, mollitaque in illis
Membra ; manus tendens, sed jam non vo-
    ce virili,
Hermaphroditus ait, Naso date munera vestro,
Et pater & genetrix, amborum nomen habenti :
Quisquis in hos fontes vir venerit, exeat
    inde   385
Semivir : & tactis subito mollescat in undis.
Motus uterque parens nati rata vota biformis
Fecit, & incerto fontem medicamine tinxit.
Finis erat dictis ; & adhuc Minyeia proles
Urguet opus, spernitque Deum, festumque
    profanat :   390
Tympana cum subito non adparentia raucis
Obstrepuere sonis : & adunco tibia cornu,
Tinnulaque aera sonant. redolent myrrhaeque,
    crocique :
Resque fide major, coepere virescere telae,
Inque hederae faciem pendens frondescere ves-
    tis.   395
Pars abit in vites : & quae modo fila fuerunt,
Palmite mutantur. de stamine pampinus exit :
Purpura fulgorem pictis adcommodat uvis.
Jamque dies exactus erat, tempusque subibat,
                                        Quod

quelques baisers. Tel qu'on voit le Serpent enlevé par un Aigle, le serrer & s'entortiller autour
de ses ailes & de ses griffes ; le Lierre s'attacher à
un Arbre, ou le Polype à la proie qu'il découvre
sur les eaux ; telle est la Nymphe Salmacis auprès
de l'indifferent Hermaphrodite. En vain il fait
tous ses efforts pour se dégager ; en vain il se refuse à la tendresse de la Nymphe ; elle le presse de
plus en plus, le prie, le sollicite ; un cruel mépris est toute la recompense de ses emportemens.
Du moins, lui dit-elle, tu ne m'échapperas pas ;
grands Dieux, faites que rien ne me separe de ce
perfide ! Les Dieux exaucerent sa priere, & leurs
deux corps se confondirent en un sous le même
visage. Tels qu'on void deux rameaux attachez
l'un à l'autre, se joindre en croissant, & se cacher
sous la même écorce, leurs deux corps parurent
n'en faire plus qu'un ; on ne pouvoit pas même
dire si c'étoit celui d'un Homme ou celui d'une
Femme ; ils étoient & n'étoient pas l'un & l'autre. Hermaphrodite, voiant qu'il venoit de changer de Sexe, & que son corps étoit moitié Homme & moitié Femme, adressa ainsi la parole à
Mercure & à Venus, mais d'un ton qui n'avoit
plus cette vigueur mâle, avec laquelle il parloit
auparavant : O mon Pere ! O ma Mere ! ne refusez pas à votre Fils la grace qu'il vous demande ; que tous ceux qui viendront se baigner dans
cette Fontaine, éprouvent le même changement
que moi. Sa priere fut écoutée ; Mercure &
Venus repandirent dans la Fontaine une essence,
qui lui communiqua la vertu de faire changer de
Sexe.

La Conversation des Mineïdes étoit finie, &
elles marquoient encore, en continuant leur travail, le mépris qu'elles faisoient de Bacchus & de
ses Fêtes ; lorsque tout d'un coup elles entendirent un bruit confus de Tambours, de Flutes &
de Trompettes, qui les étonna d'autant plus
qu'elles ne virent personne. Une odeur de Myr-
rhe & de Saffran se répandit dans leur Chambre,
&, ce qui paroit incroiable, leur Toile se couvrit de verdure, & poussa des pampres & des
feuilles de Lierre. Le Fil qu'elles venoient d'emploier, se convertit en Ceps chargez de Raisins,
& ces Raisins prirent la couleur de pourpre qui
étoit répandu sur l'Ouvrage. Déja l'on étoit à ce
                                        tems

Quod tu nec tenebras , nec possis dicere lu-
cem ;   400
Sed cum luce tamen dubiae confinia noctis.

Tecta repente quati , pinguesque ardere vi-
dentur
Lampades, & rutilis collucere ignibus aedes :
Falsaque saevarum simulacra ululare ferarum.
Fumida jamdudum latitant per tecta soro-
res ;   405
Diversaeque locis ignes ac lumina vitant.

Dumque petunt latebras ; parvos membrana
. per artus
Porrigitur , tenuique inducit brachia pennâ.
Nec quâ perdiderint veterem ratione figuram
Scire sinunt tenebrae. non illas pluma leva-
vit :   410
Sustinuere tamen se perlucentibus alis.

Conataeque loqui , minimam pro corpore vocem
Emittunt: peraguntque levi stridore querelas.

Tectaque , non silvas , celebrant : lucemque
perosae
Nocte volant : seroque trahunt à vespere no-
men.   415

tems de la journée, où les ténèbres qui commencent à se répandre , & la lumiere qui disparoît
font douter s'il est jour ou nuit ; lorsqu'un bruit
épouventable ébranla toute la Maison. Elle parut tout à coup remplie de Flambeaux allumez
& de mille autres Feux qui brilloient de tous côtez ; on entendit des hurlemens afreux , comme
si toute la Maison eût été remplie de Bêtes feroces. Les Mineides effraïées allerent se cacher pour
se mettre à couvert du feu & de la lumiere ; mais
pendant qu'elles cherchent les endroits les plus secrets de la Maison , une membrane extrémement
déliée couvre leur corps , & des ailes fort minces
s'étendent sur leurs bras : l'obscurité qui regne
dans les lieux où elles se sont cachées , les empêche de s'appercevoir qu'elles viennent de changer
de figure ; cependant elles s'élevent en l'air , où ,
sans avoir de plumes , elles se soutiennent avec
des Ailes composées d'une peau mince & trans-
parente. Elles veulent parler ; mais elles ne forment qu'un son foible & proportionné à la peti-
tesse de leur corps, une espece de murmure plaintif est toute la voix qui leur reste pour exprimer
leurs regrets. Le séjour des Maisons leur plait
encore , & elles n'aiment point les Forêts comme
les autres Oiseaux ; ennemies de la lumiere qu'elles
fuyent , elles ne volent que la nuit , ce qui leur
a fait donner le nom de Chauve-souris.

EXPLICATION DE LA VII, VIII, IX, X, XI. & XII. FABLE.

VII. IL arrive quelquefois qu'Ovide , pour donner , une espece de suite à ses Métamorphoses , en raporte plusieurs qui sont aussi inconnuës que peu cu-rieuses ; comme sont celles que racontent les Mineïdes. Il seroit inutile de s'y arrêter long-tems ; car que peut-on dire sur un Berger que ces mépris pour une Nymphe con-vertissent en Rocher, sinon qu'on a voulu par là nous marquer son insensibilité , ou bien que sa Femme lui donna un philtre qui le rendît stupide, comme le pré-tendent quelques Mythologues, sans nous donner au-cune raison de cette conjecture.

VIII. On a publié de même que Scython changea de Sexe, parceque la Thrace, qui prit le nom d'une fameuse Magicienne nommée *Thracia*, s'appelloit auparavant *Scy-thon*; ainsi, comme elle perdit un nom, dont la prononcia-tion est du genre masculin, pour en prendre un femi-nin, quelque faux bel Esprit dit que Scython avoit chan-gé de Sexe.

IX. Pour ce qui regarde la Métamorphose de Cel-me, Pline dit que c'étoit un jeune Homme fort moderé & fort sage , & sur lequel les passions ne faisoient aucune impression , & que c'est pour cela qu'on l'a changé en Diamant. Il y a cependant des Auteurs qui prétendent que Celme, pour avoir revelé que Jupiter, dont il avoir été le Pere nourricier étoit mortel, fut enfermé dans une Tour impénétrable, & que pour cela il fut appellé le Diamant. D'autres enfin prétendent qu'il fut toujours fidèle à Jupiter, & que ce Dieu pour le recompenser , le com-bla de biens & de richesses.

X. Pour expliquer la Fable de Crocus & de Smilax, on dit que ces deux Epoux furent changez en Fleurs, pour avoir mené une vie chaste & innocente.

XI. Comme notre Poete, à l'occasion de Celme, parle des Curetes qui éleverent Jupiter, il est bon de s'éten-dre un peu sur leur sujet. Si nous en croions Denis d'Ha-licarnasse, (1) les Curetes étoient d'anciens Habitans de l'Isle de Crete : selon le P. Dom Pezron (2) c'étoient les Prêtres & les Astrologues des Princes Titans, & sur étoient fort adonnez aux Sciences speculatives, & sur

(1) Lib. II.   (2) Ant. de la Langue des Celtes.

tout à l'Astrologie, comme il paroit par l'Histoire de Pro-methée & d'Atlas deux grands Astrologues de ce tems-là. Ils consultoient à tout moment les Augures & avoient recours pour cela aux Curetes. En un mot, ceux-ci é-toient aux Titans ce que les Druïdes étoient parmi les Gau-lois, les Mages chez les Perses, & les Saliens chez les Sabins. On les employoit aussi très-souvent à l'éducation des En-fans des Princes, où ils réussissoient fort bien , leur ap-prennant la Medecine, l'Astrologie, la Religion & la Guerre, où ils alloient eux-mêmes, & où pour se dis-tinguer des autres, ils avoient des armes particulieres, dont ils faisoient un certain bruit cadencé, frappant a-droitement de leurs Lances contre leurs Boucliers (3), dansans & sautans avec beaucoup de contorsions pour s'animer au Combat, & pour y exciter les autres, ce qui leur fit donner le nom de Curetes & de Coryban-tes. C'est au bruit de cette Symphonie qu'ils éleverent le jeune Jupiter, pour empêcher qu'il ne fût reconnu. La Danse, dont ils furent Inventeurs, fut appellée Dac-tyle; & c'est peut-être à cause de cela qu'on les nomma eux-mêmes Dactyles; quoi que plusieurs Auteurs anciens prétendent que ce nom voulant dire le doigt, ils pri-rent ce nom parce qu'ils étoient au nombre de dix, comme les doigts de la main.

Nous apprenons deux choses d'Apollodore (4); l'u-ne que les Curetes furent tuez par Jupiter pour avoir caché Epaphus, l'autre qu'ils avoient decouvert à Mi-nos l'endroit où étoit son Fils Glaucus. Au reste la Fa-ble qui les fait naître de la Pluie & de la Terre , n'a d'autre fondement, sinon que les Curetes étoient de la race de Titans , & qu'ils descendoient d'Ourane & de Titée, dont les noms sont les mêmes que ceux du Ciel & de la Terre, comme nous l'avons dit. Ils se ren-dirent très-fameux dans la suite, inventerent plusieurs Arts nécessaires à la vie (5), & ne contribuerent pas peu à polir l'esprit & les mœurs des Habitans de l'Is-le de Crete. Ce sont au reste ces mêmes Dactyles I-déens, si nous en croions les Anciens, qui inventerent
l'Art

(3) *Apollod.* Lib. I.   (4) Lib. II.   (5) *Diod. de Sic. loco cit.*

l'Art de diffoudre le Fer. Les Forêts du Mont Ida ayant été embrafées, foit par le Tonnerre ou par quelque autre accident, on vit couler une grande quantité de Fer que le feu avoit fondu, ce qui donna lieu à l'établiffement des Forges. Les Marbres de Paros (6) n'oublient pas cet événement, & le placent fous le Regne de Minos premier du nom, Pandion premier étant Roi d'Athenes, c'eft-à-dire vers l'an du Monde 2700. 1300. avant J. C. Mais je croi que cet Art étoit connu long-tems auparavant, du moins parmi les Scythes & les autres Peuples, où Promethée, ou plutôt Magog & Tubalcain l'avoient apporté.

Si l'on veut s'inftruire plus à fond de ce qui regarde les Curettes, il faut lire ce qu'en raporte Strabon (7), cet Auteur aiant recueilli avec foin ce que plufieurs Anciens, dont les Ouvrages ne fubfiftent plus, avoient dit fur ce fujet. On peut confulter auffi la favante Differtation de M. Aftori fur les Cabires, où cet habile Antiquaire prouve que les Corybantes, les Curettes, les Daêtyles & les Telchiniens étoient les mêmes.

XII. Pour expliquer la Fable de Salmacis & d'Hermaphrodite qui n'a paffé pour être le Fils de Mercure & de Venus, que parce que fon nom eft compofé de ces deux Divinitez, les Mythologues ont debité bien des

(6) Epa. II. (7) Libr. V II.

rêveries. Voici, en peu de mots, ce qui peut y avoir donné lieu. Il y avoit dans la Carie, près de la Ville d'Halicarnaffe, ainfi que nous l'apprenons de Vitruve (8) une Fontaine qui fervit à humanifer quelques Barbares, qui aiant été chaffez par la Colonie que les Argiens établirent dans cette Ville, furent obligez d'y venir puifer de l'eau, & ce commerce avec les Grecs les rendit non feulement très-polis mais les fit donner dans le luxe de cette Nation voluptueufe, & c'eft ce qui donna à cette Fontaine la reputation de faire changer de fexe. On pourroit penfer encore que l'eau de cette Fontaine amolliffoit le courage, & rendoit effeminez ceux qui en buvoient, comme il y en a d'autres qui rendent ftupides ou furieux. Lylio Giraldi (9) prétend que la Fable tire fon origine de ce que cette Fontaine étant enfermée de murailles, il s'y paffoit de tems en tems des avantures qui lui donnerent cette reputation; mais, comme cet Auteur ne prouve point fa conjecture, il vaut mieux raporter la reflexion de Strabon (10) qui dit qu'il ne fait pas pourquoi cette Fontaine étoit en fi mauvaife reputation, puifque la molleffe vient moins de l'air ou de l'eau, que des richeffes & du luxe. Cette Fable eft écrite par notre Poëte d'une maniere qui n'expofe que trop vivement les effets de la volupté.

(8) Libr. II. Cap. VIII. (9) Sim. V. (10) Libr. IV.

F A B. XIII. & XIV. Junon envoyé Tifiphone au Palais d'Athamas. Ino & Melicerte changez en Dieux Marins. Les Compagnes d'Ino changées en Rochers & en Oifeaux.

A R G U M E N T.

Junon, ayant envoyé Tifiphone dans le Palais d'Athamas, y caufa tant
de

de trouble & de defordre, que ce Prince devenu furieux écrafa contre une muraille le jeune Learque fon Fils, & pourfuivant enfuite fa Femme Ino, elle fe précipita dans la Mer avec Melicerte fon autre Fils, & Neptune, à la priere de Venus, les changea en Dieux Marins. Les Dames de Thebes, qui accompagnoient Ino, fur le point de fe précipiter dans la Mer, furent changées en Rochers & en Oifeaux.

TUm vero totis Bacchi memorabile Thebis
   Numen erat; magnasque novi mater-
      tera vires
Narrat ubique Dei: de totque fororibus expers
Una doloris erat, nifi quem fecere forores.
Adfpicit hanc natis, thalamoque Athaman-
   tis habentem   420
Sublimes animos, & alumno numine, Juno;
Nec tulit: & fecum, Potuit de pellice natus
Vertere Maeonios, pelagoque immergere, nau-
   tas,
Et laceranda fuae nati dare vifcera matri,
Et triplices operire novis Minyeidas alis: 425
Nil poterit Juno, nifi inultos flere dolores?
Idque mihi fatis eft? haec una potentia noftra
   eft?
Ipfe docet quid agam; (fas eft & ab hofte
   ..doceri)
Quidque furor valeat, Penthea caede fatisque
Ac fuper oftendit. cur non ftimuletur, eat-
   que   430
Per cognata fuis exempla furoribus Ino?
Eft via declivis, funeftâ nubila taxo:
Ducit ad infernas per muta filentia fedes.
Styx nebulas exhalat iners: umbraeque recentes
Defcendunt illac, fimulacraque functa fepul-
   cris.   435
Pallor Hiemsque tenent late loca fenta: no-
   vique,
Quâ fit iter, manes, Stygiam quod ducit ad
   urbem,
Ignorant: ubi fit nigri fera regia Ditis.
Mille capax aditus, & apertas undique portas
Urbs habet.   utque fretum de totâ flumina
   terrâ,   440
Sic omnes animas locus accipit ille; nec ulli
Exiguus populo eft, turbamve accedere fentit.
Errant exfangues fine corpore & offibus um-
   brae:
Parsque forum celebrant, pars imi tecta ty-
   ranni;
Pars alias artes, antiquae imitamina vi-
   tae.   445
Suftinet ire illuc, coelefti fede relictâ,

TOM. I.   (Tantum

CEs prodiges avoient infpiré aux Thebains un grand refpect pour Bacchus, Ino fa Tante les racontoit par tout. Seule de toutes les Filles de Cadmus, elle n'avoit eu d'autre fujet de chagrin, que les malheurs arrivez à fes Sœurs. Junon jaloufe de la profperité de cette Princeffe, qu'elle voyoit fi fiere d'être la Femme d'Athamas, d'être Mere de plufieurs Enfans, & d'avoir eû la gloire d'élever Bacchus; Junon, dis-je, ne peut retenir plus long tems fon courroux. Eh quoi! dit-elle, le Fils d'une Maîtreffe de Jupiter aura pû précipiter fous les ondes, & changer en Dauphins des Matelots qui le méprifoient; porter une Mere à déchirer fon propre Fils, & métamorphofer en Chauve-Souris les Filles de Minyas, & tout le pouvoir de Junon fe bornera à repandre d'inutiles larmes? Eft-ce ainfi qu'elle doit fe venger? Sont-ce là des effets dignes de fon reffentiment? Non, il m'aprend de quelle forte je dois punir l'offenfe qu'on m'a faite; il eft permis de prendre des Leçons même des fes Ennemi. Le meurtre de Penthée me fait affez connoitre ce que peut la fureur. Pourquoi Ino, n'en reffentira-t-elle pas les mêmes effets que fes Sœurs? Il eft un chemin ombragé d'Ifs qui conduit aux Enfer par des lieux dont le filence redouble l'horreur; les eaux dormantes du Styx y forment continuellement des nuages & des brouillards; c'eft par-là que les ombres de ceux qui ont reçu les honneurs funebres, defcendent dans les Enfers. La Pâleur, le Froid, la Crainte & les Manes habitent ce trifte fejour. Mille routes differentes conduifent au Palais de Pluton, qui eft ouvert de tous côtez. Semblable à l'Océan qui reçoit tous les Fleuves qui coulent fur la Terre, l'Empire de ce Dieu raffemble toutes les Ames; & malgré la foule de celles qui y arrivent, il paroit toûjours, vuide & defert. Vous y voiez errer de toutes parts les Ombres depouillées de leurs corps. Les unes fréquentent le Barreau; les autres s'empreffent de faire leur cour à Pluton, d'autres enfin s'appliquent aux mêmes Exercices qui les avoient occupées pendant leur vie. Junon pleine de rage & de fureur abandonne le fejour celefte pour def-

R

(Tantum odiis iraeque dabat) Saturnia Juno.
Quo simul intravit, sacroque à corpore pressum
Ingemuit limen; tria Cerberus extulit ora:
Et tres latratus simul edidit. illa sorores 450
Nocte vocat genitas, grave & implacabile
numen.
(Carceris ante fores clausas adamante sedebant:
Deque suis atros pectebant crinibus angues.)
Quam simul agnorunt inter caliginis umbras;
Surrexere Deae. sedes scelerata vocatur. 455
Viscera praebebat Tityos lanianda; novemque
Jugeribus distentus erat. tibi, Tantale, nullae
Deprenduntur aquae; quaeque imminet, effu-
git arbos.
Aut petis, aut urges ruiturum, Sisyphe, saxum.
Volvitur Ixion, & se sequiturque fugitque. 460
Molirique suis letum patruelibus ausae,
Adsiduae repetunt, quas perdant, Belides undas.
Quos omnes acie postquam Saturnia torvâ
Vidit, & ante omnes Ixiona; rursus ab illo
Sisyphon adspiciens; Cur hic & fratribus, in-
quit, 465
Perpetuas patitur poenas; Athamanta superbum
Regia dives habet: qui me cum conjuge semper
Sprevit? & exponit caussas odiique viaeque;
Quidque velit. quod vellet, erat, ne regia Cadmi
Staret; & in facinus traherent Athamanta
Sorores; 470
Imperium, promissa, preces confundit in unum;
Sollicitatque Deas. Sic haec Junone locutâ,
Tisiphone canos, ut erat, turbata capillos
Movit: & obstantes rejecit ab ore colubras.
Atque ita, Non longis opus est ambagibus,
insit. 475
Facta puta, quaecumque jubes. inamabile reg-
num
Desere; teque refer coeli melioris ad auras.
Laeta redit Juno: quam coelum intrare
parantem
Roratis lustravit aquis Thaumantias Iris.
Nec mora; Tisiphone madefactam sanguine
sumit 480
Importuna facem: fluidoque cruore rubentem
Induitur pallam: tortoque incingitur angue,
Egrediturque domo. Luctus comitantur eun-
tem,
Et Pavor, & Terror, trepidoque Insania vultu.
Limine constiterat: postes tremuisse ferun-
tur 485
Aeolii; pallorque fores infecit acernas:
Solque locum fugit. monstris exterrita conjux.

    Territus

descendre dans cette triste demeure. Dès qu'elle y fut arrivée, la porte par où elle passa fit entendre un bruit extraordinaire. Cerbere ouvrit
ses trois gueules & aboya trois fois. D'abord elle
appella les Furies. Ces cruelles & inexorables
Filles de la Nuit étoient assises près de la porte de
cette tenebreuse Prison; & peignoient leurs cheveux entortillez de Serpens. Dès que les Déesses
eurent apperçu Junon à travers l'obscurité, elles
se leverent : La Prison qu'elles gardent est le sejour des Ombres criminelles : C'est-là que Titye,
dont le vaste corps occupe l'espace de neuf arpens,
est dechiré par un cruel Vautour; que Tantale
court après l'onde qui le fuit, & tâche vainement
de cüeillir le fruit d'un Arbre qui s'éloigne; que Sisyphe roule un Rocher qui retombe sans cesse;
qu'Ixion tourne éternellement autour d'une roüe
à laquelle il est attaché. C'est-là enfin que les
Danaïdes, qui ne roügirent point de donner la
mort à leurs Maris, tâchent vainement de remplir un Tonneau qui se vuide à mesure qu'elles y
portent de l'eau. Junon aiant regardé d'un œil
farouche, ces malheureux, sur tout Ixion, pourquoi dit-elle, en s'adressant aux Furies & arrêtant
ses regards sur Sisyphe, celui-ci est-il le seul de ses
Freres qui soit condamné à des tourmens éternels,
pendant que le superbe Athamas & sa Femme, qui
ont toûjours fait gloire de me mépriser, habitent
un Palais magnifique? Elle aprit ensuite aux Furies le sujet qu'elle avoit de les haïr, les motifs qui
l'avoient engagée à descendre aux Enfers, & ce
qu'elle attendoit de leur secours. Je veux, dit-
elle, que la Maison d'Athamas soit reduite en poudre, & que vous l'engagiez lui-même dans un
crime qui y porte le trouble & l'horreur. Elle accompagne cet ordre de prieres & de promesses &
n'oublie rien de ce qui peut les engager à l'executer. Junon avoit achevé de parler, lorsque Tisiphone sécouant ses cheveux blancs & herissés &
repoussant sur ses épaules les Serpens qui les environnoient, un plus long discours seroit inutile, dit-elle
à la Déesse, vous serez obéïe; abandonnez ce triste
sejour & retournez dans le Ciel. Junon part, com-
blée de joie, & prête à rentrer dans l'Olympe,
Iris repand sur elle une céleste rosée qui la purifie.
La cruelle Tisiphone prend sur le champ sa Torche & sa Robe ensanglantées, se ceint avec un
Serpent & sort du Royaume tenebreux. La crainte, l'horreur, la tristesse, & la fureur au visage effa-
ré, lui servent de compagnes. Elle s'arrête à l'entrée du Palais d'Athamas, fait trembler les Porti-
ques qui le soutiennent, & souille les portes du
venin qu'elle exhale. Le Soleil épouvanté se cache
           & refuse

Territus est Athamas : tectoque exire parabant :
Obstitit infelix, aditumque obsedit, Erinnys :
Nexaque vipereis distendens brachia nodis, 490
Caesariem excussit. motae sonuere colubrae.
Parsque jacens humeris ; pars circum tempo-
 ra lapsae
Sibila dant, saniemque vomunt, linguasque
 coruscant.
Inde duos mediis abrumpit crinibus angues ;
Pestiferàque manu raptos immisit. at illi 495
Inoosque sinus Athamanteosque pererrant ;
Inspirantque graves animas : nec vulnera
 membris
Ulla ferunt. mens est, quae diros sentiat ictus.
Attulerat secum liquidi quoque monstra veneni,
Oris Cerberei spumas, & virus Echidnae ; 500
Erroresque vagos, caecaeque oblivia mentis,
Et scelus, & lacrimas, rabiemque, & cae-
 dis amorem ;
Omnia trita simul : quae sanguine mixta recenti
Coxerat aere cavo, viridi versata cicutâ.
Dumque pavent illi ; vertit furiale vene-
 num   505
Pectus in amborum : praecordiaque intima
 movit,
Tum face jactatâ per eumdem saepius orbem,
Consequitur motos velociter ignibus ignes.
Sic victrix, jussique potens, ad inania magni
Regna redit Ditis : sumtumque recingitur
 anguem.   510
Protinus Aeolides mediâ furibundus in aulâ
Clamat, Iò, comites, his retia tendite silvis :
Hic modo cum geminâ visa est mihi prole leaena.
Utque ferae, sequitur vestigia conjugis amens :
Deque sinu matris ridentem, & parva Lear-
 chum   515
Brachia tendentem, rapit, & bis terque per
 auras
More rotat fundae : rigidoque infantia saxo
Discutit ossa ferox. tum denique concita mater,
(Seu dolor hoc fecit, seu sparsi caussa veneni ;)
Exululat : passisque fugit male sana capillis. 520
Teque ferens parvum nudis, Melicerta, la-
 certis,
Evöe, Bacche, sonat. Bacchi sub nomine Juno
Risit : &, Hos usus praestet tibi, dixit, alumnus.
Imminet aequoribus scopulus. pars ima cavatur
Fluctibus, & tectas defendit ab imbribus un-
 das :   525
Summa riget, frontemque in apertum porri-
 git aequor.
Occupat hunc (vires insania fecerat) Ino :

& refuse sa lumiere. Athamas & son Epouse effraïez par tant de prodiges voulurent sortir ; mais
la cruelle Furie s'étant mise à la porte, étendit ses
bras & secouant les Serpens qui étoient dans ses
cheveux leur en ferma le passage. Les Serpens agitez
se repandent également sur ses épaules & autour
de son visage, & tirant leurs langues qu'ils font
briller comme des dards, ils vomissent un noir
venin & font entendre d'horribles sifflemens. Tisiphone en arrache deux qu'elle jette contre Ino
& Athamas. Ces deux Serpens pénétrent d'abord
jusqu'au fond de leur cœur & y portent un mortel Poison : Leur corps n'en fut point endommagé,
leur ame en ressentit seule les funestes effets. La
Furie avoit encore apporté avec elle un Poison
subtil composé de l'écume du Cerbere & du venin
de l'Hydre. Elle avoit mêlé dans cette composition tout ce qui peut inspirer la rage, l'oubli, le
crime, les larmes, la fureur & l'amour du meurtre & du carnage. Après avoir pétri tous ces
poisons & les avoir détrempez avec du sang qui
venoit d'être repandu, elle y mêla de la Ciguë &
les fit cuire dans un bassin d'Airain. Elle verse
ensuite sur ces deux Epoux que la frayeur avoit
rendu immobiles ce fatal venin, qui pénétre à l'instant jusqu'au fond de leurs entrailles. Elle secoue
la Torche qu'elle porte à la main, tourne plusieurs
fois autour d'eux avec rapidité, & fiere de sa victoire & d'avoir si bien executé les ordres de la
Déesse ; elle délie le Serpent qui lui avoit servi de
Ceinture & s'en retourne dans le sombre Royaume de Pluton. Elle n'est pas plûtôt partie qu'A-
thamas, saisi d'une fureur subite, court au milieu
de son Palais, criant de toute sa force, courage,
Compagnons, tendez les Filets dans cette Forêt ;
je viens d'appercevoir une Lionne avec ses deux
Lionceaux. Après ce discours, il se mit à poursuivre la Reine qu'il prend pour une Bête féroce :
il arrache d'entre ses bras le jeune Learque son Fils,
qui riant de l'emportement de son Pere, lui tendoit les bras, & l'aiant fait pirouetter deux ou trois
fois il le jette contre une muraille où il est écrasé. Ino
saisie d'une pareille fureur, soit que ce fût l'effet
de la douleur que lui causoit la mort de son Fils
ou du poison fatal que Tisiphone avoit repandu
sur elle, pousse d'horibles cris, fuit toute écheve-
lée, & hors d'elle même portant entre ses bras le
jeune Melicerte, en criant Evohe Bacchus ! Junon
sourit lors qu'elle entendit prononcer le nom de ce
Dieu ; que ton Nourrisson, lui dit-elle, te prête
son secours pour t'entretenir dans la fureur qui te
possede. Sur le bord de la Mer est un Rocher
escarpé, dont le fond sert de retraite aux eaux
qui l'ont creusé ; le haut est herissé de pointes &
s'étend fort avant dans la Mer ; Ino à qui la fu-

Seque super pontum, nullo tardata timore,
Mittit, onusque suum. percussa recanduit unda.
At Venus immeritae neptis miserata labo-
res,   530
Sic patruo blandita suo est : O numen aquarum,
Proxima cui coelo cessit, Neptune, potestas ;
Magna quidem posco : sed tu miserere meorum,
Jactari quos cernis in Ionio immenso :
Et Dìs adde tuis. aliqua & mihi gratia pon-
to est.   535
Si tamen in dio quondam concreta profundo
Spuma fui, Grajumque manet mihi nomen
ab illà.
Adnuit oranti Neptunus ; & abstulit illis,
Quod mortale fuit, majestatemque verendam
Imposuit ; nomenque simul faciemque nova-
vit :   .   540
Leucotheëque Deum cum matre, Palaemona
dixit.
Sidoniae comites, quantum valuere, secutae
Signa pedum, primo videre novissima saxo :
Nec dubium de morte ratae, Cadmeïda palmis
Deplanxere domum, scissae cum veste capil-
los.   545
Utque parum justae, nimiumque in pellice saevae
Invidiam fecere Deae. convicia Juno
Non tulit : &,Faciam vos ipsas maxima,dixit,
Saevitiae monumenta meae. res dicta secuta est.
Nam quae praecipue fuerat pia, Persequar,
inquit,   550
In freta reginam. saltumque datura, moveri
Haud usquam potuit: scopuloque adfixa cohaesit.
Altera, dum solito tentat plangore ferire
Pectora, tentatos sentit riguisse lacertos.
Illa, manus ut forte tetenderat in maris
undas,   555
Saxea facta manus in easdem porrigit undas.
Hujus, ut adreptum laniabat vertice crinem,
Duratos subito digitos in crine videres.
Quo quaeque in gestu deprenditur, haesit in illo.
Pars volucres factae; quae nunc quoque gur-
gite in illo   560
Aequora destringunt sumtis Ismenides alis.

teur donnoit de nouvelles forces, monte sur ce
Rocher & se précipite dans l'onde avec son Fils
les flots qui la reçoivent se couvrent d'écume &
l'engloutissent : Venus, penetrée du malheur de
sa petite-Fille, tâcha d'adoucir Neptune en sa faveur, & lui parla ainsi : Souverain Maître de la
Mer, grand Dieu qui avez eû en partage le second Empire du Monde, soyez sensible au malheur d'une Famille qui m'appartient; prenez soin
de ces Infortunés que vous voyez flotter au milieu des ondes; mettez les au nombre de vos Divinités; la grace que je vous demande est d'un
grand prix; mais j'espere de l'obtenir; je vous ai
déja d'autres obligations qui ne sont pas moins
considerables, puisque c'est à la Mer que je dois
mon nom & ma naissance. Neptune accorda à
Venus la grace qu'elle venoit de lui demander, &
aiant depouillé Ino & Melicerte de ce qu'ils a-
voient de mortel, il changea leur nom & leur visage & les revêtit de l'auguste Majesté des Dieux :
Ino prit le nom de Leucothoé, & Melicerte celui de Palemon. Les Dames Thebaines cherchent
avec empressement, Ino, qui s'étoit rendue sur le
bord de la Mer, & marchant sur ses traces, elles arrivent enfin sur le Rocher, d'où elles ne doutent plus
qu'elle ne se soit précipitée. Dans l'affliction que
leur cause une avanture si tragique, elles déchirent leurs habits, s'arrachent les cheveux, & de-
plorans les malheurs de l'infortunée Maison de
Cadmus, elles s'en prennent à Junon, & lui re-
prochent son injustice & sa cruauté. La Déesse,
se sentant piquée de leurs plaintes; vous allez être
vous-mêmes, leur dit-elle, les Exemples les plus
terribles de cette cruauté que vous me reprochez.
L'effet suivit de près la ménace. Celle qui avoir
été la plus attachée à Ino, prête à se jetter dans
la Mer, devient immobile, & se trouve prise au
Rocher. · Une autre tandis qu'elle se meurtrit le
sein, sent ses bras devenir roides & inflexibles.
Une troisième avoir les bras tendus vers la Mer;
ses bras demeurent dans la même situation. Une
derniere s'arrachoit les cheveux avec les mains; ses
mains & ses cheveux sont changez en Rocher.
Toutes enfin éprouvent le même changement &
demeurent dans la même attitude où elles s'étoient
trouvées au moment de leur metamorphose. Les
autres Compagnes de la Reine, changées en Oiseaux, voltigent depuis ce tems-là dans ce même
endroit, & y touchent l'onde du bout de leurs
ailes.

EXPLICATION DE LA XIII. & XIV. FABLE.

L Es Poetes, pour soutenir ce qu'ils avoient avancé
sur la source des malheurs arrivez dans la Famille
de Cadmus, font jouër à Junon un rolle bien indigne de la Mere des Dieux. Comme Athamas avoit
épousé Ino Fille de Cadmus, la jalouse Junon descend
aux enfers pour mettre les Furies dans les interêts, &
Tisiphone va dans le Palais d'Athamas, où elle cause
des desordres inouis.
Je ne m'étendrai pas ici sur ce que la Mythologie a
publié des Furies. J'ai traité ce sujet fort au long dans

une Dissertation, qu'on trouvera dans les *Memoires*
de l'Academie des belles Lettres. Il suffit de dire ici
que l'Antiquité a reconnu trois Furies, Tisiphone, Me-
gere & Alecto, que ces trois Déesses, qui se tenoient
à la porté du Tartare, étoient regardées comme les
Ministres de la vengeance des Dieux, & qu'elles pu-
nissoient également les vivans & les morts, suivant
l'ordre qu'elles en recevoient.
Pour revenir maintenant à ce qui regarde Athamas
& sa Famille, il est sûr que ce qu'en raporte Ovide est
très-

très-hiftorique , & qu'il ne faut en retrancher que le merveilleux. Athamas (r), Fils d'Eolus & arriere-petit-Fils de Deucalion , aiant épousé , après la mort de Themifto fa premiere Femme , Ino Fille de Cadmus, la repudia peu de tems après, pour époufer Nephelé dont il eut Phrixus & Hellé; mais cette Princeffe aiant auffi été repudiée à fon tour , il reprit Ino, & en eut Learque & Melicerte. Ino ne pouvant fuporter les Enfans de Nephelé, qui étant nez les premiers devoient fucceder à la Couronne, chercha tous les moiens de les faire perir. Comme la Ville de Thebes fe trouvoit alors affligée d'une cruelle Famine , qu'on dit qu'elle avoit caufée , en faifant empoifonner le Grain avant que de le femer , ainfi que le rapporte Hygin (2), elle fit confulter Apollon, & aiant gagné les Prêtres, l'Oracle répondit que, pour faire ceffer ce fleau, il falloit immoler aux Dieux irritez, les Enfans de Nephelé. Phrixus, averti par fon Gouverneur des mauvais deffeins de fa Marâtre, fit équiper fecretement un Vaiffeau, & aiant enlevé les tréfors de fon Pere, il s'embarqua avec fa Sœur Hellé, & arriva dans la Colchide, où il trouva une favorable retraite chez Eta fon parent. La jeune Hellé, s'étant trouvée incommodée & étant montée fur le tillac du Vaiffeau pour vomir, tomba dans la Mer & fe noya , ou mourut de fatigue fur l'Hellefpont à qui on affure qu'elle donna fon nom, ainfi que nous le dirons plus au long en expliquant la Fable de la Toifon d'or. Cependant Athamas, aiant découvert les entreprifes de fa Femme, fe laiffa tellement emporter à la colere qu'il tua Learque qu'Ino aimoit tendrement , & la chercha elle-même pour l'immoler à fa vengeance. Cette malheureufe Princeffe, pour éviter la fureur du Roi, fortit du Palais avec autre Fils Melicerte, & fe voyant pourfuivie, elle monta fur un Rocher & fe précipita dans la Mer. On dit, pour confoler les reftes de cette deplorable Famille, que les Dieux avoient changé Ino & Melicerte en Divinitez de la Mer, fous les noms de *Leucothoé* & de *Palemon*. On leur rendit les honneurs divins , & leur culte paffa dans differens Pais. Melicerte fut fort honoré dans l'Ifle de Tenedos, où

(1) Voyez *Diod. Herod,* & *Apollod.* Lib. III. *Paufanias in Bœot.* &c. (2) *Hygin.* Cap. I.

l'on porta la Superftition jufqu'à lui offrir des Enfans en facrifice. Glaucus établit même , en l'honneur de cette nouvelle Divinité, les Jeux Ifthmiques , qui furent long-tems celébrez à Corinthe, & qui aiant été interrompus dans la fuite furent rétablis par Thefée, en l'honneur de Neptune. Leucothoé fut auffi honorée à Rome, où elle y avoit un Temple (3) où les Romains, principalement les Femmes , alloient offrir leurs vœux pour les Enfans de leurs Freres , n'ofant prier la Déeffe pour les leurs , parce qu'elle avoit été trop malheureufe en Enfans. C'eft-ce que veut dire Ovide (4) par ces Vers:

Non tamen hanc pro ftirpe fua pia mater adoret ;
Ipfa parum felix vifa fuiffe parens.

Il n'étoit pas permis aux Femmes efclaves d'entrer dans ce Temple , & on les battoit impitoiablement lors qu'on les y trouvoit.

Comme les Peuples qui recevoient le culte des Divinitez étrangeres , en changeoient fouvent les noms, Ino, que les Grecs nommoient *Leucothoé*, fut appellée *Matuta* par les Romains, & Melicerte, que les premiers honoroient fous le nom de Palemon, fut reconnu à Rome fous celui de *Portumnus*. On ne trouve aucune Figure de ce Dieu; mais Boiffart nous en a confervé une de Matuta, au bas de laquelle on trouve ces mots, *Matuta Lug*. Ovide ajoute à la Fable que je viens d'expliquer , que Junon , craignant que les compagnes d'Ino ne reçuffent la même grace de Neptune, les changea toutes en Rochers ou en Oifeaux : Circonftance, qui nous apprend que quelques-unes des Dames qui accompagnoient la Reine, échaperent aux pourfuites d'Athamas, pendant que les autres perirent avec elle.

Athamas, ne pouvant fouffrir le fejour de Thebes, & n'aiant plus d'Enfans, donna fon Royaume à Coronus & à Haliarte Néveux de fon Frere Sifyphe, & s'étant retiré dans la Theffalie, y bâtit la Ville d'Arus, mais Phrixus étant revenu dans fa fuite, ou plutôt fon Fils Presbon, ainfi que le raporte Paufanias, ces deux Princes lui rendirent la Couronne.

(3) *Cicer. Plutarque,* &c. (4) *Faft.* Libr. VI.

FAB. XV. *Cadmus & Hermione changez en Serpens.*

$\mathcal{A}RGUMENT.$

Tant de malheurs arrivez coup fur coup, obligerent enfin Cadmus &
Hermione fa Femme à abandonner le féjour de Thebes, pour fe retirer
dans l'Illyrie, où ils furent metamorphofez en Serpens.

NEfcit *Agenorides natam parvumque ne-*
    potem
Aequoris effe Deos. luctu ferieque malorum
Victus, & oftentis, quae plurima viderat, exit
Conditor urbe fuá; tamquam Fortuna loco-
    rum,   565
Non fua fe premeret: longique erratibus actus
Contigit Illyricos profugá cum conjuge fines.
Jamque malis annisque graves, dum prima
    retractant
Fata domûs, releguntque fuos fermone labores;
Num facer ille meá trajectus cufpide fer-
    pens,   570
Cadmus ait, fuerit; tum, cum Sidone profectus
Vipereos fparfi per humum, nova femina, dentes?
Quem fi cura Deùm tam certá vindicat irá,
Ipfe precor ferpens in longam porrigar alvum.
Dixit: &, ut ferpens, in longam tenditur
    alvum;   575
                Dura-

CADMUS, qui ignoroit que fa Fille & fon
Petit-Fils euffent été reçus au nombre des
Divinités de la Mer, cedant enfin à la douleur
que lui caufoient les malheurs qu'il avoit vû arriver à fa Famille, abandonna le féjour de la Ville
qu'il venoit de bâtir; perfuadé que tous ces des-
aftres, étoient moins attachez à fa propre perfonne, qu'au lieu qu'il avoit choifi pour la conftrui-
re. Après avoir erré long-tems en differens Païs,
il arriva enfin dans l'Illyrie avec Hermione fon E-
poufe, qui l'avoit toûjours accompagné. Acca-
blez l'un & l'autre autant par leurs difgraces que
par le poids des années, ils s'entretenoient un jour
des calamités de leur Maifon, & racontoient les
triftes avantures qui leur étoient arrivées. Le Dragon, dit Cadmus, que je tuai d'un coup de Javelot,
lorfque j'entrai dans la Grece, & dont je femai
les dents, n'étoit-il pas confacré à quelque Divinité? N'eft-ce pas lui qui nous a attiré tous les
malheurs, dont nous avons été affligez? Si les Dieux
vengeurs marquent par tant de maux qu'ils veulent me punir de ce crime, je les prie de me changer moi-même en Serpent. A peine a-t-il fait
cette priere, qu'il s'apperçoit que fon corps en
                       prend

Durataeque cuti fquamas increfcere fentit,
Nigraque caeruleis variari corpora guttis:
In pectufque cadit pronus: commiffaque in unum
Paullatim tereti finuantur acumine crura.
Brachia jam reftant: quae reftant, brachia
 tendit: 580
Et lacrimis per adhuc humana fluentibus ora,
Accede, ò conjux, accede, miferrima, dixit:
Dumquè aliquid fupereft de me; me tange,
 manumque
Accipe, dum manus eft; dum non totum oc-
 cupat anguis.
Ille quidem vult plura loqui: fed lingua
 repente 585
In partes eft fiffa duas. nec verba volenti
Sufficiunt: quotiesque aliquos parat edere queftus;
Sibilat. hanc illi vocem Natura relinquit.
Nuda manu feriens, exclamat, pectora, conjux,
Cadme, mane: teque his, infelix, exue
 monftris. 590
Cadme, quid hoc? ubi pes? ubi funt humeri-
 que manusque?
Et color, & facies, &; dum loquor, omnia?
 cur non
Me quoque, coeleftes, in eamdem vertitis an-
 guem?
Dixerat. ille fuae lambebat conjugis ora:
Inque finus caros, veluti cognofceret, ibat; 595
Et dabat amplexus; adfuetaque colla petebat.
Quisquis adeft (aderant comites) terretur. at
 illos
Lubrica permulcent criftati colla dracones,
Et fubito duo funt; junctoque volumine ferpunt;
Donec in adpofiti nemoris fubiere latebras. 600
Nunc quoque nec fugiunt hominem, nec vul-
 nere laedunt:
Quidque prius fuerint, placidi meminere dra-
 cones.

prend la figure, & que fa peau en s'endurciffant devient noire & fe couvre d'écailles & de petites taches: Auffitôt il tombe fur le ventre, & fes jambes qui fe joignent, ne forment plus qu'une longue queüe. Comme fes bras n'avoient point encore éprouvé le même changement, il les tend à Hermione: Approchez, lui dit-il, en verfant un torrent de larmes, approchez, chere Epoufe, trifte compagne de mes malheurs; embraffez moi tandis que vous le pouvez encore, & avant que tout mon corps foit changé en Serpent, prenez cette main qui me refte. Il vouloit continuer de parler, mais fa langue s'étant fendue, il ne prononça plus aucune parole diftincte, & n'exprima fes plaintes que par des fifflemens: c'eft la feule voix que la Nature lui ait accordée. Cher Cadmus, s'écria Hermione, en fe meurtriffant le fein, Epoux infortuné, faites tous vos efforts pour refifter à cet Enchantement: Quel prodige? Que font devenus vos pieds, vos mains, vos bras, tout votre corps enfin qu'eft-il devenu? Grands Dieux, pourquoi ne me faites vous pas auffi éprouver le même changement? Pendant qu'elle formoit ces triftes plaintes, & que fon Epoux continuoit de la careffer & de la baifer, elle fut tout d'un coup metamorphofée en Serpent. Ce prodige remplit d'étonnement tous les Compagnons de Cadmus, qui furent témoins de ce fpectacle. Les deux Serpens, la tête levée, après les avoir careffez, ramperent quelque tems l'un près de l'autre, & entrerent dans un Antre de la Forêt voifine. Depuis ce tems-là, ces Serpens, ne fuient point la compagnie des Hommes, & ne leur font aucun mal; doux & paifibles, ils fe reffouviennent encore de ce qu'ils furent autrefois.

EXPLICATION DE LA XV. FABLE.

APrès que Cadmus eut regné long-tems dans fa Capitale avec fa chere Hermione, il fe forma contre lui une Conjuration. Chaffé du Thrône & Penthée fon petit-Fils aiant pris la Couronne, il fut obligé de fe retirer avec fa Femme & fon Fils Polydore en Illyrie, où il mena une vie fort cachée, quoi qu'Apollodore dife, (1) qu'il commanda l'Armée des Illyriens, qui le choifirent enfuite pour leur Roi. Quoi qu'il en foit, on publia après fa mort, qu'il avoit été changé en Serpent, comme Ovide, & Plaute nous l'apprennent. .... & noftrae autorem gentis, cum Venetis filia angues repfiffe Tellus Epitotica vidit (2). Voici vraifemblablement ce qui peut avoir donné lieu à cette métamorphofe. Les Pheniciens s'appelloient anciennement Achiviens ou Heviens, nom, qu'ils garderent encore après s'être établis dans

(1) Libr. III. (2) Plaute, Amphitr.

la Grece. Or *chiva* en Hebreu veut dire un *Serpent*, & c'eft fans doute ce qui a donné lieu aux Grecs, qui n'avoient rien de meilleur à dire de la vie obfcure & de la mort de leurs Heros, de publier, à l'aide de ce mot, que Cadmus & Hermione avoient été changez en Serpens: pour rendre la chofe plus authentique, ils firent élever en Illyrie des Serpens de pierre, comme des Monumens du changement furnaturel de leur Fondateur. Ainfi toutes ces idées de Dragons & de Serpens, qu'on trouve repandues dans les Poetes qui parlent de ce Prince, tirent de là leur origine.

Ce qu'Aulugelle rapporte des Illyriens me fait hazarder une autre conjecture. Selon cet Auteur, les anciens Habitans de l'Illyrie avoient deux paupieres à chaque œil, & leurs regards étoient fi dangereux, qu'ils ôtoient la vie à ceux fur qui ils tomboient. Cette opinion, quoi que fauffe, avoir fans doute porté les Grecs
 à ap-

à appeller les Illyriens, des Serpens, des Bafilics, & par conféquent, lorsque Cadmus fe fut retiré parmi eux ; on dût dire qu'il étoit devenu un Illyrien, un Dragon, un Serpent ; expreffion métaphorique, qui dans la fuite fut prife à la lettre. Quoi qu'il en foit, tous les Anciens conviennent avec Apollodore (3) & Paufanias (4) que ce Prince fut obligé de fe retirer en Illyric, où aiant donné du fecours aux Encheliens qui faifoient la Guerre aux Illyriens, ceux-ci furent défaits, & pour faire la Paix avec les Encheliens, lui defererent la Couronne. Cadmus regna long-tems en Illyric, & fon Fils Illyrus lui fucceda. Si on en croit Chriftodoras, cité par Paufanias, notre Heros bâtit, dans le Pais des Encheliens, la Ville de Nygnis.

Après la retraite de Cadmus, Polydore fut declaré Roi de Thebes. Ce Prince époufa Nyctéis, dont il eut Labdacus, qui lui fucceda. Laïus regna après la mort de Labdacus fon Pere ; mais comme il étoit encore Enfant, la Regence fut donnée à Lycus Frere de Nyctée. Laïus fut Pere d'Oedipe dont nous parlerons dans la fuite. C'eft ainfi qu'Apollodore (5) range la Succeffion des Defcendans de Cadmus.

Il eft bon d'avertir que nos Savans modernes ne croient pas que Cadmus fut Fils d'Agenor. Fondez

(3) Libr. III.   (4) In Baot.   (5) Libr. III.

fur l'autorité d'Euhemore, ils prétendent (6) qu'il n'étoit qu'un des Officiers du Roi de Tyr, & Hermione une Chanteufe qu'il avoit débauchée, & que ce n'eft que pour lui faire honneur que les Grecs ont dit qu'il étoit Fils de ce Prince. D'autres prétendent même que Cadmus n'eft pas un Nom propre, mais appellatif, & qu'il fignifie *Conducteur*, parce qu'en effet il fortit de Phenicie, non pas pour aller chercher Europe, mais pour conduire une Colonie dans la Grece. Bochart ajoute qu'il n'a été appellé Cadmus, que parce qu'il fortit de l'Orient de Phenicie, Païs que l'Ecriture fainte appelle *Cadmonin*, qui veut dire *Oriental*, & du côté du Mont Hermon, d'où vraifemblablement on a fait le nom d'*Hermione*, qu'on a dit dans la fuite être Fille de Mars. Comme Cadmus fut un Prince très-illuftre, qu'il laiffa une longue pofterité, & que les Grecs croioient même lui devoir l'ufage des lettres, les Poëtes embellirent fon Hiftoire de tout le merveilleux dont ils purent s'avifer. Ils publierent même, ainfi que nous l'apprenons d'Apollodore, & de Paufanias, que les Dieux abandonnerent le Ciel. Lorfqu'il époufa Hermione, pour fe trouver à la célébration de fon Mariage.

(6) *Eufebe, Prep. Evang.*

ARGUMENT.

Perfée, Fils de Jupiter & de Danaé, aiant tué Meduse, emporta fa
tête

tête dans l'Afrique, & le fang qui en découla y forma cette quantité de Serpens, dont cette Partie du Monde a été depuis infectée. Atlas, Roi de ce Païs, effraïé du fouvenir d'un Oracle, qui lui avoit prédit, qu'un Fils de Jupiter viendroit un jour le détrôner, refolut de tuer Perfée, mais celui-ci le prévint, lui ôta la vie, & les Dieux le changerent en cette Montagne qui porte encore fon nom.

SEd tamen ambobus verfae folatia formae
   Magna nepos fuerat: quem debellata co-
   lebat
India: quem pofitis celebrabat Achaïa tem-
   plis.   605
Solus Abantiades, ab origine cretus eâdem,
Acrifius fupereft, qui moenibus arceat urbis
Argolicae; contraque Deum ferat arma; ge-
   nusque
Non putet effe Jovis: neque enim Jovis effe
   putabat
Perfea; quem pluvio Danaë conceperat au-
   ro.   610
Mox tamen Acrifium, (tanta eft praefentia
   veri)
Tam violaffe Deum, quam non agnôffe nepotem,
Poeniret. impofitus jam coelo eft alter: at alter
Viperei referens fpolium memorabile monftri
Aëra carpebat tenerum ftridentibus alis. 615
Cumque fuper Libycas victor penderet arenas;
Gorgonei capitis guttae cecidere cruentae:
Quas humus exceptas varios animavit in
   angues;
Unde frequens illa eft, infeftaque terra colubris.
Inde per immenfum ventis difcordibus ac-
   tus.   . . 620
Nunc huc, nunc illuc, exemplo nubis aquofae,
Fertur, & ex alto feductus aethere longè
Defpectat terras; totumque fupervolat orbem.
Ter gelidas Arctos, ter Cancri brachia vidit:
Saepe fub occafus, faepe eft ablatus in ortus. 625
Jamque cadente die veritus fe credere nocti
Conftitit Hefperio, regnis Atlantis, in orbe;
Exiguamque petit requiem, dum Lucifer ignes
Evocet Aurorae, currus Aurora diurnos.
Hic hominum cunctos ingenti corpore prae-
   ftans   630
Japetionides Atlas fuit. ultima tellus
Rege fub hoc, & pontus erat, qui Solis anhelis
Aequora fubdit equis, & feffos excipit axes.
Mille greges illi, totidemque armenta per
   herbas
Errabant: & humum vicinia nulla pre-
   mebant.   635

TOM. I.   Arbo-

AU milieu de tant de malheurs, Cadmus & Hermione trouvoient encore un grand fujet de confolation dans Bacchus leur Petit-Fils. Honnoté dans les Indes, qu'il venoit de fubjuguer, & adoré dans toute la Grece, il n'y avoit que le feul Acrife, qui, quoique forti de la même Famille, refufoit avec opiniâtreté, de recevoir dans Argos le culte & les myfteres de ce Dieu. Il ne pouvoit fe perfuader que Bacchus fut Fils de Jupiter, non plus que Perfée, que Danaé fa Fille avoit conçu du même Dieu changé en pluie d'or. Mais il fe repentit bientôt (tant la force de la Verité a de pouvoir fur nous!) d'avoir manqué de refpect pour Bacchus, & de n'avoir pas rendu juftice à la naiffance de fon Petit-Fils. L'un étoit déja au nombre des Immortels; l'autre chargé des dépouilles d'un Monftre redoutable, dont il venoit de triompher; voloit au milieu des airs. Il voïoit déja les fables arides de la Libye, lors que le fang qui couloit de la tête de la Gorgone, étant tombé fur la Terre, forma cette grande quantité de Serpens & d'Infectes venimeux, dont le Païs eft fi rempli depuis ce tems-là.

Perfée voloit au milieu des airs où il étoit emporté comme un Nuage, qui eft pouffé par les Vents. Il voïoit au-deffous de lui le Globe de la Terre, dont il étoit feparé par un efpace immenfe, & parcouroit ainfi tout l'Univers. Trois fois il approcha du Pole du Nort, & trois fois du Signe de l'Ecreviffe. Il alla des lieux où le Soleil fe leve; jufqu'à ceux où il fe couche. Le jour étant prêt à finir, ce Heros, ne voulant pas s'expofer à être furpris par les ténèbres de la nuit, s'arrêta dans le Roïaume d'Atlas, pour s'y repofer jufqu'au tems, où l'Etoile du matin annonce le retour de l'Aurore. Là regnoit le Fils de Japer, Atlas, qui furpaffoit tous les autres Hommes par l'énormité de fa taille; fon Empire s'étendoit fur les dernieres Regions du Monde, & fur cette vafte Mer où les chevaux du Soleil, après avoir fourni leur carriere, vont fe délaffer des fatigues du jour. Mille Troupeaux de toutes fortes de Bêtail paifoient tranquillement dans cette agréable Contrée,

S   dont

Arboreae frondes , auro radiante virentes,
Ex auro ramos , ex auro poma tegebant.
Hospes , ait Perseus illi , seu gloria tangit
Te generis magni: generis mihi Juppiter auctor:
Sive es mirator rerum,mirabere nostras. 640
Hospitium requiemque peto. memor illi vetustae.
Sortis erat: (Themis hanc dederat Parnasia
    sortem)
Tempus, Atla, veniet, tua quo spoliabitur auro
Arbor: & hunc praedae titulum Jove natus
    habebit.
Id metuens , solidis pomaria clauserat At-
    las   645
Moenibus, & vasto dederat servanda draconi:
Arcebatque suis externos finibus omnes.
Huic quoque, Vade procul, ne longè gloria
    rerum ,
Quas mentiris, ait, longè tibi Juppiter absit.
Vimque minis addit : foribusque expellere
    tentat   650
Cunctantem , & placidis miscentem fortia
    dictis.
Viribus inferior, (quis enim par esset Atlanti
Viribus ?) At quoniam parvi tibi gratia
    nostra est ;
Accipe munus, ait. laevaque à parte Medusae
Ipse retroversus squalentia prodidit ora. 655
Quantus erat, mons factus Atlas. jam bar-
    ba comaeque
In silvas abeunt : juga sunt humerique manus-
    que.
Quod caput ante fuit, summo est in monte
    cacumen.
Ossa lapis fiunt. tum partes auctus in omnes
Crevit in immensum, (sic Dì statuistis) &
    omne   660
Cum tot sideribus coelum requievit in illo.

dont ce Prince étoit seul le Maître : Ses Jardins remplis d'Arbres, dont les feuilles , les branches, & les fruits étoient d'or, jettoient un éclat surprenant. Prince , lui dit Persée, en l'abordant , si vous êtes touché de la splendeur de la naissance, je reconnois Jupiter pour mon Pere ; si vous êtes sensible aux belles actions j'ai lieu d'esperer que vous serez content, lorsque vous apprendrez l'Histoire de ma Vie. Je ne vous demande pour cette nuit que ce que les droits de l'hospitalité me permettent de vous demander. Atlas se ressouvint alors d'un ancien Oracle que Themis avoit autrefois rendu sur le Parnasse. La Déesse lui avoit prédit qu'un jour les précieux fruits de ses Arbres seroient enlevez & que cette conquête étoit reservée à un Fils de Jupiter. Pour les mettre à couvert, il avoit fait environner ses Jardins de fortes murailles, & les avoit mis sous la garde d'un affreux Dragon; à toutes ces précautions il avoit encore ajouté celle de ne recevoir aucun Etranger dans ses Etats. Dès qu'il vit arriver Persée il lui parla de la maniere du monde la plus rebutante : Retirez-vous d'ici, lui dit-il ; ne comptez pas sur l'éclat imaginaire de vos prétendues belles actions, ni sur les secours de Jupiter, dont vous vous vantez d'être le Fils. Il ajouta même la violence aux menaces, & se mit en devoir de le chasser. Persée voiant enfin que les paroles douces & polies qu'il avoit employées jusqu'alors ne le flechissoient point , lui répondit avec beaucoup de fermeté. Cependant se voiant le plus foible ; (car qui pouvoit égaler la force d'Atlas?) lui parla ainsi : Puisque vous faites si peu d'état de moi & de la priere que je vous ai faite, recevez la recompense que vous meritez. Il dit ; & aiant détourné les regards, il lui présenta la tête de Meduse. A cet objet l'énorme Atlas est changé en Montagne; sa barbe & ses cheveux deviennent les Arbres qui la couvrent ; ses bras & ses épaules en forment les éminences ; sa tête en fait la pointe, & ses os, les rochers qu'on y voit : Son vaste corps s'accrut tellement dans cette metamorphose, qu'il devint capable de soutenir le Ciel & les Etoiles.

EXPLICATION DE LA XVI. & XVII. FABLE.

LA Fable de Persée, qui coupe la tête à Meduse, demande , pour être raportée à l'Histoire, une Explication un peu étendue. Jupiter , dit-on, étant devenu amoureux de la belle Danaé, Fille d'Acrise Roi d'Argos, se changea en pluie d'or, pour entrer dans la Tour d'airain, où son Pere l'avoit enfermée. L'origine de cette Fable vient de ce qu'Acrise, épouvanté de la prédiction d'un Oracle, qui lui avoit appris qu'il seroit tué un jour par l'Enfant qui naîtroit de Danaé, avoit fait enfermer cette Princesse dans une Tour, qui avoit des portes d'airain : ou même, si nous en croions quelques Auteurs , dans une espece de Chambre souterraine, couverte de lames de ce métail, que Pausanias appelle *thalamum aneum subterraneum* (1). Cet Auteur ajoute qu'elle subsista jusqu'au tems de Perilaus Tyran d'Argos, qui la fit détruire. Cette précaution cependant lui fut inutile. Praetus

(1) *In Corinth.*

son Frere, amoureux de sa Niéce, tâcha de corrompre la fidelité de ses Gardes. La précieuse pluie de l'or qu'il leur donna , les eut bientôt gagnez, & il fut introduit dans la Tour. On cacha ce commerce à Atrise ; mais Danaé étant accouchée de Persée, ce Prince le fit exposer avec sa Mere, sur la Mer, dans une méchante Barque, qui aborda près de Seriphe, où regnoit Polydecte. Ce Prince la reçut favorablement, & prit soin de l'éducation du jeune Persée ; mais étant dans la suite devenu amoureux de Danaé , pour éloigner Persée, il tâcha de lui inspirer le desir d'acquerir de la gloire, & lui conseilla d'aller faire la Guerre aux Gorgones.

Comme c'est dans cette Guerre qu'il tua Meduse, il est bon de vous faire connoitre son Histoire. Je serois trop long si j'entreprenois de ramasser toutes les fictions que les Poetes ont imaginées sur ce sujet. Contentons-nous, de rapporter ce qu'en dit Hesiode. Le
                                     plus

plus ancien de ceux qui en ont parlé: „Phorcus, *dit-* „ *il*, (2) eut de Ceto deux Filles, Pephrédo & Enyo, „ qui vinrent au Monde avec des cheveux blancs; & „ c'eſt pour cela que les Dieux leur ont donné le nom „ de vieilles. Il en eut auſſi les Gorgones, qui demeu- „ rerent au fond de l'Océan à l'extremité du Monde, „ près du Séjour de la Nuit, là-même, où les Heſ- „ perides font entendre les doux accens de leurs voix. „ Les noms de ces Gorgones font Stheno, Euryalé, „ & Meduſe, ſi célèbre par ſes malheurs; elle étoit „ mortelle, au lieu que les deux Sœurs n'étoient ſu- „ jettes ni à la vieilleſſe ni à la mort. Le Dieu de la „ Mer fut ſenſible aux charmes de Meduſe, & ſur le „ tendre gazon d'une Prairie, au milieu des fleurs que „ le Printemps fait éclore, il lui donna des marques „ de ſon amour (3); elle périt enſuite d'une maniere „ funeſte. Perſée lui coupa la tête, & du ſang qui en „ ſortit, nâquirent le Héros Chryſaor & le cheval Pe- „ gaſe. Chryſaor tira ſon nom d'une épée d'or qu'il „ tenoit à la main au moment de ſa naiſſance. Dans „ la ſuite il devint amoureux de Callirhoé Fille de l'O- „ cean, & en eut Geryon, ce fameux Géant à trois „ têtes. Pegaſe fut ainſi nommé, parce qu'il étoit né „ près des ſources de l'Ocean; il quitta la Terre auſſi- „ tôt, & s'envola vers le ſéjour des Immortels. C'eſt- „ là qu'il habite, dans le Palais même de Jupiter, dont „ il porte les éclairs & le tonnerre".

Pour expliquer cette Fable, que les Poëtes qui ont ſuivi Heſiode ont ornée de nouvelles fictions, les Hiſtoriens ont avancé bien des conjectures qui ne paroiſſent guère bien fondées. Diodore (4) prétend que les Gorgones étoient des Femmes guerrieres, qui habitoient la Libye, près du Lac Tritonide. Les Amazones leurs voiſines, aiant eu quelque démélé avec elles, leur déclarerent la Guerre, ſous la conduite de Myrine leur Reine. La quérelle fut décidée dans une Bataille rangée, dans laquelle les Amazones tuerent trois mille Gorgones, & obligerent les autres à ſe cacher dans les Bois. Ce même Auteur ajoute que dans la ſuite les Gorgones ſe rétablirent de cette grande perte, & que leur domination dura juſqu'au tems où Meduſe leur Reine fut tuée par Perſée. Ce que Pauſanias nous apprend ſur ce ſujet a beaucoup de raport avec la narration de Diodore. Cet Auteur dit (5) qu'après la mort de Phorbas, Meduſe ſa Fille regna ſur les Peuples qui habitoient le Lac Tritonide. Cette Princeſſe avoit une fort grande paſſion pour la Chaſſe & pour les Combats; & deſoloit toutes les Terres des Peuples voiſins. Mais enfin Perſée, qui s'étoit enfui du Peloponneſe, & qui avoit amené avec lui des Troupes choiſies, la ſurprit une nuit, défit le Camp volant qui lui ſervoit d'eſcorte, & la tua lui-même dans la mêlée. Le lendemain il voulut la voir; & toute morte qu'elle étoit, elle lui parut d'une beauté ſi ſurprenante, qu'il lui coupa la tête, & l'emporta dans la Grece, pour la donner en ſpectacle au Peuple, qui ne pouvoit la regarder ſans être frapé d'étonnement.

Il paroit que ces deux Auteurs ont regardé les Gorgones comme des Heroïnes; pluſieurs autres au contraire les ont priſes pour des Monſtres. C'étoit, ſelon eux, des Femmes ſauvages, d'une figure bizarre qui habitoient les Antres & les Forêts; & qui ſe jettant ſur les paſſans, faiſoient des ravages horribles. C'eſt ainſi qu'ont penſé ſur les Gorgones, Proclus de Carthage, Alexandre de Mynde, Athenée, Xenophon de Lampſaque, Pline & Solin qui l'a copié. On peut voir les paſſages de ces Auteurs citez avec ſoin dans la ſavante Diſſertation de Mr. l'Abbé Maſſieu (6).

Palephate & Fulgence paroiſſent perſuadez que les Gorgones étoient des Filles opulentes, qui poſſedoient de grands biens, & les faiſoient valoir avec beaucoup d'induſtrie. Phorcus, leur Pere, leur laiſſa en mourant trois Iſles qu'elles partagerent entre elles, & une

ſtatue d'or de Minerve qu'elles dépoſerent dans un Tréſor qui leur appartenoit en commun. Elles n'avoient toutes trois qu'un ſeul Miniſtre, Homme fidéle & éclairé, dont elles ſe ſervoient pour l'adminiſtration de leurs Biens; & qui par cette raiſon paſſoit ſouvent d'une Iſle à l'autre, & c'eſt ce qui a donné lieu de dire, qu'elles n'avoient à elles trois, qu'un œil, qu'elles ſe prêtoient alternativement. En ce tems-là, Perſée, fugitif d'Argos, couroit les Mers, & piloit les Côtes. Il entendit parler de cette Statuë d'or, & forma auſſitôt le deſſein de l'enlever. Il ſurprit & arrêta le Miniſtre des Gorgones, dans un trajet où l'intérêt de ſes Maitreſſes l'avoit engagé. Ce qui a encore donné lieu aux Poëtes de feindre, qu'il leur avoit volé leur œil, dans le tems que l'une le donnoit à l'autre. Elles furent inconſolables de la perte d'un Homme qui leur étoit ſi néceſſaire. Perſée leur fit dire, qu'il le leur rendroit, ſi elles vouloient lui livrer la Gorgone: & en cas de refus, les menaça de la mort. Meduſe ne voulut jamais entendre à cette demande; mais Stheno & Euryalé, plus ſuſceptibles des impreſſions de la crainte, y conſentirent. C'eſt pour cela que Perſée tua Meduſe, & rendit aux deux autres Sœurs leur Miniſtre. Ce Heros mit en pièces la Gorgone, c'eſt-à-dire, la Statue de Minerve; & en attacha la tête à la proüe de ſon Vaiſſeau, auquel il donna auſſitôt le nom de Gorgone. Comme la vûe de cette dépouïlle, & l'éclat qu'avoient fait les Expeditions de Perſée, répandoient partout la terreur, & tenoient devant lui les Hommes dans une eſpece d'inaction, on s'aviſa de dire qu'avec la tête de Meduſe il changeoit ſes Enne-mis en Rochers. Perſée favoriſoit lui-même ces bruits, qui ne contribuoient pas peu à la rapidité de ſes conquêtes. Etant allé enſuite dans l'Iſle de Scriphe, Polydecte, qui en étoit Roi s'enfuit avec ſes Sujets. Perſée ne trouvant dans ſa Ville que des pierres, fit publier qu'il en avoit petrifié tous les Habitans, & menaça du même ſort tous ceux qui entreprendroient de lui reſiſter.

Enfin, il y a des Hiſtoriens qui prétendent que les Gorgones étoient de belles Filles, qui faiſoient ſur les Spectateurs des impreſſions ſi ſurprenantes, qu'on diſoit qu'elles les changeoient en Rochers. C'eſt l'opinion d'Ammonius Serénus, que Servius nous a conſervée dans ſes Notes ſur le ſixième de l'Eneïde.

Les Auteurs modernes ne varient pas moins ſur cette Fable que les anciens. Voſſius (7) croit qu'elle tire ſon origine de la relation du fameux Hannon dans les Iſles Orcades, & Mr. le Clerc (8), prétend que par cette conquête de Perſée, on a voulu nous conſerver le ſouvenir d'un Voïage que les Phéniciens firent autrefois en Afrique, d'où ils emmenerent un grand nombre de Chevaux. Il eſt perſuadé que le nom de Perſée, qui fut donné au Chef de cette Expedition, vient du mot Phenicien *Pharſcha*, qui veut dire *Cavalier*; ce qui s'accorde avec le Cheval Pegaſe ſur lequel les Poëtes le font monter; *Pag-ſous* dans la même Langue voulant dire un Cheval bridé, comme Bochart, dont il a emprunté ſa conjecture, l'avoit avancé (9); & il concilue que les Gorgones étoient les Cavales de ce Païs, que les Pheniciens enleverent; ce qu'il confirme par les paroles même d'Hannon, qui dit que les Femmes de cette partie de l'Afrique, d'où il venoit de voiager, étoient toutes veluës, & qu'elles devenoient fecondes ſans la participation de leurs Maris: ce qui convient aux Jumens, ſelon la créance populaire, dont parle Virgile dans les Georgiques, qui dit qu'elles conçoivent en ſe tournant du côté du Zephire. Hannon ajoutoit qu'il avoit pris deux de ces Monſtres, & que les aïant tuez, en avoir fait prendre les peaux pour les attacher, comme une choſe merveilleuſe, dans le Temple de Junon, où elles demeurerent long-tems ſuspendues. On peut appuier la conjecture que Mr. le Clerc tire de la relation d'Hannon; ſur ce qu'on a donné aux Iſles que les Gorgones habitoient, le nom

de

(1) *Theog.* vſ. 270. &c. (3) Ovide dit que c'étoit dans le Temple de Minerve. (4) Lib. I. (5) In *Corinth.* (6) *Mémoires de l'Acad. des Inſcript. & Belles Lettres*, Tom. III.

(7) Sur *Pomp. Mela.* (8) Notes ſur *Heſiode.* (9) *Hierozoïcon*, Libr. I. Cap. VI.

de Gorgades, pour faire allusion, sans doute, à la viteſſe, & à la legereté de ces Monſtres.

Je ſuis étonné que ce ſavant Homme n'ait pas ap-
puyé ſon ſentiment , ſur un paſſage d'Alexandre de
Mynde, cité par Athenée (10) où il eſt dit qu'il nais-
ſoit dans la Libye un Animal , que les Nomades appelloient *Gorgone* , qui reſſembloit à une Brebis , &
dont le ſouſſe étoit ſi empoiſonné qu'elle tuoit ſur le
champ tous ceux qui l'approchoient. Une longue criniere lui tomboit ſur les yeux, & elle étoit ſi peſante,
qu'elle avoit bien de la peine à l'écarter pour voir les
objets qui étoient autour d'elle. Mais quand elle s'en
étoit débarraſſée , elle faiſoit mourir tout ce qu'elle
voioit. Cet Auteur ajoute que quelques Soldats de
Marius en firent une triſte experience dans le tems de
la Guerre que ce Général faiſoit à Jugurtha: Car aiant
rencontré une de ces Gorgones , & aiant voulu la
tuer, elle les prévint & les fit mourir par ſes regards.
Enfin quelques Cavaliers Nomades, aiant fait une enceinte, la tuerent de loin à coups de fleches.

. Après tant d'opinions ſi différentes, concluons que
cette Fable, quoiqu'également célebre dans les Poëtes
& dans les Hiſtoriens, eſt auſſi impenétrable que les
routes du Labyrinthe , & qu'il faudroit avoir le Fil
d'Ariane pour en ſortir heureuſement. En effet, que
peut-on dire d'aſſuré ſur les Gorgones , puiſque ce
que les Anciens nous en ont aprìs eſt plein de contra-
dictions. Tâchons cependant d'expliquer les circonſtances les plus conſidérables de cette Fable , & pour
commencer par le Cheval Pegaſe, qui nâquit du ſang
de Meduſe, ainſi que Chryſaor, on peut ſort bien dire
que c'étoient deux bons Vaiſſeaux à voiles qui étoient
dans le Port de l'Iſle qu'habitoit Meduſe, & dont Perſée ſe ſervit , après avoir ôté la vie à cette Princeſſe.
Ces deux Vaiſſeaux portoient peut-être ſur la proue la
figure de deux Chevaux ailez; & voilà l'origine de la
Fable. Lors qu'on a dit que les Dieux avoient armé
ce jeune Heros, que Mercure lui avoit donné ſes ailes;
& une Epée recourbée comme une Faucille, que Minerve lui avoit prêté ſon Bouclier, & Pluton ſon Caſque (11), on a voulu nous marquer, & la difficulté
de l'entrepriſe, & les précautions que ce Heros avoit
priſes pour l'exécuter ; les ailes de Mercure en mon-
trent ſa rapidité; le Bouclier de Minerve, les ſûretez
qu'il prit, & le Caſque de Pluton, le ſecret qu'il gar-
da dans cette Expédition. Lorſque les Poëtes ont
avancé que le Corail étoit ſorti en Afrique du ſang de
Meduſe, c'eſt que par la défaite des Gorgones la Navigation devint plus aiſée , ainſi que la pêche du Corail. Les Monſtres & les Serpens ſortis du même ſang,
nous apprennent auſſi d'une maniere enveloppée, que
notre Heros aiant été un des premiers qui voiagea en

Afrique , y trouva cette grande quantité de Monſtres
& de Serpens, dont cette partie du Monde étoit anciennement remplie. Pour ce qui regarde l'Egide de
Minerve, dans laquelle, ſelon les Poëtes, cette Déeſſe
porta toûjours la tête de Meduſe avec ſes Serpens; c'eſt
une fiction qui eſt même ſort mal ſoutenue ; le nom
d'Egide eſt certainement Grec d'origine, & comme il
eſt formé de celui d'une Chevre, il y a bien de l'apparence que le Bouclier de l'ancienne Mineꝛᵥᵉ d'Afrique , c'eſt-à-dire de celle qu'on publioit être née aux
environs du Lac Tritonide, étoit couvert de la peau
de cet Animal, ſuivant l'uſage de ces tems-là. La tête de Meduſe n'eſt pas même toûjours accompagnée de
ſes Serpens, dans les Egides qui nous reſtent; & il s'y
trouve quelquefois des Meduſes très-belles & très-gra-
cieuſes: ainſi qu'on peut le voir dans Beger. Feu Mr.
Foucault avoit, parmi ſes Antiques, une Meduſe, d'u-
ne beauté ſinguliere; elle paroit aſſiſe ſur des Rochers,
la tête appuyée ſur la main gauche, & les Serpens qui
commencent à entortiller ſes beaux cheveux, ſemblent
lui cauſer une douleur mortelle. La Meduſe du Chevalier Maffei , qui eſt l'ouvrage du Graveur Solon,
n'eſt pas moins belle; mais ſes cheveux ſont entierement
changez en Serpens. Toutes ces circonſtances, dont
Heſiode n'avoir point parlé , ſont tirées de la Fable
d'Ovide qui dit que Neptune aiant prophané avec Meduſe le Temple de Minerve, cette Déeſſe en fut ſi piquée qu'elle changea en Serpens les cheveux qui a-
voient fait la principale beauté de cette Princeſſe.

Si l'on me demande maintenant où étoient les Iſles
qu'habitoient les Gorgones, je répondrai que ſur cet
Article, ainſi que ſur les autres, il y a une grande di-
verſité d'opinions dans les anciens Auteurs. Le tout
bien examiné, je crois que c'étoient les Gorgades, qui
ſont dans l'Océan Ethiopique, aſſez près de la Terre
ferme, & dont la principale s'appelloit *Cerne* , comme Diodore & Palephate le diſent. Il eſt ſûr qu'anciennement on connoiſſoit très-peu l'Océan, avant la
Navigation d'Hannon (12). Ce Voïageur même,
qui y entra le premier, ne s'éloigna pas beaucoup des
Côtes; & par conſéquent les Gorgades, dont il parle,
en devoient être aſſez proche. Ainſi je panche ſort à
croire que ces Iſles étoient les mêmes que celles du Cap
Vert, d'où Perſée entra dans la Mauritanie, comme
je dois l'expliquer dans la Fable ſuivante.

Enfin , ſi l'on a ajouté que les Gorgones avoient
des cheveux entortillez de Serpens, des dents de Sanglier, des ailes d'une grandeur extraordinaire , des griffes d'airain, & tout le corps couvert d'écuilles, c'eſt
pour nous marquer par ces expreſſions figurées, qu'elles alloient elles-mêmes à la Guerre, armées de Dards
& de Javelots garnis d'airain, avec de bonnes Cuiraſſes,
& que leurs Vaiſſeaux étoient bons Voiliers.

---

(10) Libr. III. (11) *Pauſanias* dans ſes *Laconiques* dit que ce furent les Nymphes qui donnerent à ce Heros le Caſque & les Talo-
nieres.

(12) Voyez *Voſſius* ſur *Mela* pag. 309.

F A B. XVIII.

ARGUMENT.

Perſée, après la Victoire qu'il venoit de remporter ſur Atlas & que celui-ci eut été metamorphoſé en Montagne, fut en Ethiopie, où il arriva dans le moment qu'Andromede étoit expoſée à un Monſtre. Perſée tua ce Monſtre & cacha ſous le ſable la tête de la Gorgone, & la couvrit de feuilles & de Plantes marines qui devinrent du Corail. Il rend graces aux Dieux de ſa Victoire, épouſe Andromede, & pendant les Noces il raconte la maniere dont il avoit tué Meduſe & pourquoi Minerve avoit changé ſes Cheveux en Serpens.

Clauſerat Hippotades aeterno carcere
    ventos:
Admonitorque operum coelo clariſſimus alto ·
Lucifer ortus erat. pennis ligat ille reſumtis
Parte ab utrâque pedes; teloque adcingitur
    unco: 665
Et liquidum motis talaribus aëra findit.
Gentibus innumeris circumque infraque re-
    lictis,
Aethiopum populos, Cephëia, conſpicit, arva.
Illic immeritam maternae pendere linguae
Andromedan poenas immitis juſſerat Am-
    mon.   670

Les Vents renfermez dans les ſombres Cavernes d'Eole laiſſoient regner le Calme dans l'Univers, & l'Etoile du matin qui brilloit dans le Ciel, invitoit déja les Hommes au travail, lorsque Perſée aiant attaché ſes ailes à ſes pieds, & s'étant armé d'un Javelot recourbé, s'élança d'un vol rapide au milieu des airs. Après avoir parcouru de vaſtes Contrées, il fixa ſes regards ſur les Peuples d'Ethiopie, où regnoit Cephée. C'étoit dans le moment, qu'Andromede, pour expier le crime de ſa Mere, alloit perir par l'ordre injuſte de Jupiter Ammon. Notre Heros,

Quam

Quam simul ad duras religatam brachia cautes
Vidit Abantiades; nisi quod levis aura capillos
Moverat; & trepido manabant lumina fletus,
Marmoreum ratus esset opus. trahit inscius
*   ignes:*
Et stupet: & visae correptus imagine for-
*   mae,*   675
Pene suas quatere est oblitus in aëre pennas.
Ut stetit, O, dixit, non istis digna catenis,
Sed quibus inter se cupidi jungantur amantes;
Pande requirenti nomen terraeque tuumque;
Et cur vincla geras. primò silet illa: nec au-
*   det*   680
Adpellare virum virgo: manibusque modestos
Celasset vultus; si non religata fuisset.
Lumina, quod potuit, lacrimis implevit obortis.
Saepius instanti, sua ne delicta fateri
Nolle videretur, nomen terraeque suumque, 685
Quantaque maternae fuerit fiducia formae,
Indicat. &, nondum memoratis omnibus unda
Insonuit: veniensque immenso bellua ponto
Eminet: & latum sub pectore possidet aequor.
Conclamat virgo: genitor lugubris, &
*   amens*   690
Mater adest; ambo miseri, sed justius illa.
Nec secum auxilium, sed dignos tempore fletus,
Plangoremque ferunt: vinctoque in corpore ad-
*   haerent.*
Cum sic hospes ait. Lacrimarum longa manere
Tempora vos poterunt: ad opem brevis hora
*   ferenda est;*   695
Hanc ego si peterem Perseus Jove natus, & illà,
Quam clausam implevit fecundo Juppiter auro,
Gorgonis anguicomae Perseus superator, & aliis
Aetheriis ausus jactatis ire per auras;
Praeferrer cunctis certe gener. addere tan-
*   tis*   700
Dotibus & meritum (faveant modo numina)
*   tento.*
Ut mea sit, servata meà virtute, paciscor.
Accipiunt legem, (quis enim dubitaret?) &
*   orant,*
Promittuntque super regnum dotale, parentes.
Ecce velut navis, praefixo concita rostro, 705
Sulcat aquas, juvenum sudantibus acta lacertis;
Sic fera, dimotis impulsu pectoris undis,
Tantum aberat scopulis, quantum Balearica
*   torto*
Funda potest plumbo medii transmittere coeli:
Cum subito juvenis, pedibus tellure repul-
*   sà,*   710
Arduus in nubes abiit. ut in aequore summo
*   Umbra*

appercevant cette jeune Princesse attachée à un Rocher, l'auroit prise pour une statue de marbre, s'il n'avoit vû en même tems, ses cheveux flotter au gré des Vents, & ses yeux repandre des larmes. Il prend de l'amour sans s'en appercevoir, il s'étonne & frappé de l'éclat de cette beauté, il s'arrête & oublie presque de remuer ses ailes pour se soutenir. Ce ne sont point là, dit-il, belle Princesse, les chaines que vous devez porter; vous ne devez sentir le poids que de celles qui unissent le cœur des Amans: Aprenez-moi, je vous prie, votre nom, quel Païs vous donna la naissance, & pour quel sujer vous êtes ainsi chargée de fers. Andromede se tut d'abord; la pudeur lui défendoit de parler à un Homme, & si ses mains n'avoient pas été enchaînées elle s'en seroit servie pour se couvrir le visage: Ses larmes qui coulerent en abondance furent les seuls interpretes de ses malheurs. Cependant, comme il la sollicitoit instamment de lui répondre, & qu'elle craignoit qu'il ne la crût coupable de quelque crime, elle lui apprit son nom, son Païs & l'excès de vanité qui avoir rendu sa Mere coupable, en comparant sa beauté à celle des Nereïdes. Elle parloit encore, lorsque les flots agitez firent entendre un grand bruit, & que l'on vit sortir de la Mer un Monstre dont le vaste corps occupoit un espace immense. A cet aspect Andromede jetta un grand cri. Son Pere & sa Mere, également malheureux, mais non pas également coupables, étoient présens à ce triste spectacle, & l'on voioit la douleur, & la consternation peintes sur leur visage. Dans l'impuissance de la secourir, ils se contentent de gemir, & de répandre des larmes & de l'embrasser: Vous n'aurez que trop de tems, leur dit Persée, pour pleurer vos malheurs, mais vous n'avez pas un moment à perdre si vous voulez secourir votre Fille. Si je venois vous la demander pour Epouse, vous ne la refuseriez peut-être pas au Fils de Jupiter & de Danaé, au vainqueur de la Gorgone, à un Mortel qui a osé prendre son essor au milieu des airs; mais je veux ajoûter à tous ces titres, celui de l'avoir méritée, en lui conservant la vie. Cephée & la Reine sa Femme, acceptent avec joie cette proposition, ils le conjurent d'exécuter sa promesse, & offrent leur Roïaume pour la Dot de leur Fille. Tel qu'on voit un Vaisseau, lorsqu'il est vigoureusement agité par les Rameurs, fendre les flots & les couvrir d'écume, tel on vit alors le Monstre s'avancer du côté du Rocher. Déja il n'en étoit éloigné que de l'espace que peut parcourir une balle poussée par une fronde, lorsque le Heros, aiant frapé la Terre d'un coup de pied, s'éleva au milieu des airs. Son ombre que l'eau reflechissoit

Umbra viri visa est, visam fera saevit in
   umbram.
Utque Jovis praepes, vacuo cum vidit in arvo
Praebentem Phoebo liventia terga draconem,
Occupat aversum : neu saeva retorqueat
   ora ;   715
Squamigeris avidos figit cervicibus ungues.
Sic celeri fisso praeceps per inane volatu
Terga ferae pressit ; dextroque frementis in
   armo
Inachides ferrum curvo tenus abdidit hamo.
Vulnere laesa gravi modo se sublimis in au-
   ras   720
Attollit : modo subdit aquis : modo more fe-
   rocis
Versat apri, quem turba canum circumsona
   terret.
Ille avidos morsus velocibus effugit alis :
Quàque patent, nunc terga cavis super obsita
   conchis,
Nunc laterum costas, nunc quâ tenuissima
   cauda   725
Desinit in piscem, falcato verberat ense.
Belluaa poeniceo mixtos cum sanguine fluctus
Ore vomit. maduere graves adspergine pennae.
Nec bibulis ultra Perseus talaribus ausus
Credere, conspexit scopulum : qui vertice
   summo   730
Stantibus exit aquis; operitur ab aequore moto.
Nixus eo, rupisque tenens juga prima sinistrà.
Ter quater exegit repetita per ilia ferrum.
Litora cum plausu clamor superasque Deorum
Implevere domos. gaudent, generumque sa-
   lutant,   735
Auxiliumque, domus servatoremque fatentur
Cassiope, Cepheusque pater. resoluta catenis
Incedit virgo, pretiumque & caussa laboris.
Ipse manus haustâ victrices abluit undâ :
Anguiferumque caput durâ ne laedat are-
   nâ,   740
Mollit humum foliis : natasque sub aequore
   virgas
Sternit, & imponit Phorcynidos ora Medusae.
Virga recens, bibulâque etiamnum viva medullà,
Vim rapuit monstri, tactuque induruit hujus :
Percepitque novum ramis & fronde rigo-
   rem.   745
At pelagi Nymphae factum mirabile tentant.
Pluribus in virgis, & idem contingere gaudent :
Seminaque ex illis iterant jactata per undas.
Nunc quoque curaliis eadem natura remansit,

         Duritiem

chissoit invita le Monstre, & il tourna contre elle toute sa rage. Comme l'Aigle qui voit dans
la plaine un Serpent , fond sur lui avec précipitation , l'enleve & de peur d'en être blessé, lui
presse la tête avec ses Serres ; Persée tombe du
milieu des airs sur le dos du Dragon , & lui enfonce dans l'épaule droite son épée jusqu'à la garde. La Bête se sentant blessé s'éleve en bondissant sur la surface de la Mer, & s'y replonge ensuite ; s'agitant comme un Sanglier que poursuit
une Meute de Chiens. Le jeune Guerrier qui le
voit prêt à se jetter sur lui , évite adroitement sa
rencontre , sans discontinuer de le fraper. Les
flots de sang & d'eau qu'il vomit , rejaillissant
sur Persée , mouillent ses ailes & le mettent hors
d'état de pouvoir se soutenir en l'air. Heureusement, dans le temps qu'il n'ose plus s'exposer à
voler, il apperçoit un Rocher, que la Mer laisse
à découvert, lorsqu'elle est calme ; il s'y appuye
de la main gauche , pendant que de la droite il
lui enfonce trois ou quatre fois son épée dans le
ventre. On entendit alors tout le rivage retentir
de cris d'allegresse, qui furent portez jusques dans
les Cieux. Cassiopée & Céphée, au comble de
leur joie, reconnoissent Persée pour leur Liberateur & pour leur Gendre. La belle Andromede
qui les accompagne devient le prix du Vainqueur,
comme elle a été le motif d'une entreprise si pleine
de dangers. Persée, après avoir lavé ses mains
victorieuses, cacha sous le sable la tête de Meduse, & de peur qu'elle ne fût endommagée, il
eut soin de la couvrir de feuilles & de ces plantes
tendres & molles qui croissent dans la Mer. Leurs
branches encore pleines de seve attirerent le venin
de la Gorgone qui les petrifia. Les Nymphes
de la Mer, étonnées d'un prodige si surprenant,
voulurent faire la même épreuve sur d'autres Plantes, & elles eurent le plaisir d'y réussir. Elles en
jetterent après cela une grande quantité dans la
Mer, qui furent changées en Corail. Telle est
encore aujourd'hui la nature de ce Végetal ; Plan-

te

Duritiem tacto capiant ut ab aëre; quod-
que   750
Vimen in aequore erat, fiat super aequora
    saxum.
Dìs tribus ille focos totidem de cespite ponit;
Laevum Mercurio, dextrum tibi,bellica virgo;
Ara Jovis media est. mactatur vacca Miner-
    vae,
Alipedi vitulus; taurus tibi, summe Deo-
    rum.   755
Protinus Andromedan, & tanti praemia facti
Indotata rapit. taedas Hymenaeus Amorque
Praecutiunt: largis satiantur odoribus ignes:
Sertaque dependent tectis: lotique, lyraeque,
Tibiaque, & cantus, animi felicia laeti 760
Argumenta, sonant: reseratis aurea valvis
Atria tota patent, pulchroque instructa paratu
Cephenis proceres ineunt convivia regis.
Postquam epulis functi generosi munere Bacchi
Diffudere animos: cultusque habitusque loco-
    rum   765
Quaerit Abantiades; quaerenti protinus unus
[Narrat Lyncides, moresque, habitusque vi-
    rorum.]
Quae simul edocuit, Nunc, ò fortissime, dixit,
Fare precor,Perseu, quantà virtute, quibusque
Artibus abstuleris crinita draconibus ora. 770
Narrat Agenorides,gelido sub Atlante jacentem
Esse locum, solidae tutum munimine molis:
Cujus in introïtu geminas habitasse sorores
Phorcydas, unius partitas luminis usum:
Id se sollerti furtim, dum traditur, astu 775
Supposità cepisse manu: perque abdita longe,
Deviaque, & silvis horrentia saxa fragosis
Gorgoneas tetigisse domos:passimque per agros,
Perque vias vidisse hominum simulacra, fe-
    rarumque,
In silicem ex ipsis visa conversa Medusa: 780
Se tamen horrendae clypei,quod laeva gerebat,
Aere repercusso formam adspexisse Medusae:
Dumque gravis somnus colubrasque ipsamque
    tenebat,
Eripuisse caput collo, pennisque fugacem
Pegason, & fratrem matris de sanguine
    natos.   785
Addidit & longi non falsa pericula cursus:
Quae freta, quas terras sub se vidisset ab alto:
Et quae jactatis tetigisset sidera pennis.
Ante expectatum tacuit tamen. excipit unus
E numero procerum, quaerens, cur sola so-
    rorum   790
                              Gesserit

te tendre & molle dans l'eau, il se durcit & se
petrifie dès qu'il est exposé à l'air.

Après cet heureux succès, Persée éleva trois
Autels de gazon, l'un à gauche pour Mercure,
l'autre à droite pour Pallas,& le troisieme au mi-
lieu pour Jupiter. Il immola une Genisse à la
Déesse de la Guerre, un Veau à Mercure, & un
Taureau au souverain des Dieux.

Après avoir offert ces sacrifices, il donna la
main à Andromede qui étoit le prix de sa Victoire.
L'Amour & l'Hymen les accompagnoient avec
leurs torches allumées; des précieuses Cassolettes
répandoient de tous côtez l'agréable odeur des parfums; les Maisons étoient ornées de Guirlandes
& de Couronnes de Fleurs; le son des Flutes &
des Lyres mêlé avec les voix, faisoit entendre un
agréable Concert, & annonçoit par tout l'allegresse publique. La Maison Roiale toute brillante
d'or & ornée des plus beaux meubles étoit ouverte à tout le Monde, & les Seigneurs de la
Cour s'y rendirent pour assister au Festin que le
Roi avoit fait préparer. A la fin du repas, dans
le tems que le vin inspiroit la joie à tous les convives, Persée fit tomber la conversation sur les
mœurs & sur les coûtumes du Pais. Après que
Cephée l'eût entierement satisfait sur ce sujet, il
le pria à son tour de lui apprendre par quelle heureuse avanture il avoit coupé la tête de Meduse,
& quel artifice il avoit employé pour y réussir.
Dans le Roiaume d'Atlas, dit Fersée, étoit un
lieu fortifié de hautes murailles, dont la garde
étoit confiée aux deux Filles de Phorcys, qui se
tenoient à la porte. Elles n'avoient qu'un œil,
dont elles se servoient tour à tour, pendant qu'u-
ne d'elles le prêtoit à sa Sœur, je glissai ma main
adroitement & je m'en saisis. Maître du passage,
j'allai par des routes détournées, & par des chemins obscurs & remplis de Bois & de Rochers,
jusqu'au Palais des Gorgones. L'horreur de ces
lieux étoit augmentée par les figures d'Hommes
& de Bêtes feroces, que l'aspect de Meduse avoit
pétrifiées. Pour me garantir de cet enchantement
je ne la vis que par le moien du Bouclier, qui
me reflechit son image, comme auroit pû faire
une glace. Le sommeil avoit alors assoupi les
yeux de Meduse & ceux des Serpens qui formoient
sa chevelure. Je profitai de ce moment pour lui
couper la tête. Le sang qui en coula donna la
naissance au Cheval Pegase, qui prit d'abord son
essor dans les airs, & à Chrysaor son Frere. Persée leur raconta ensuite tous les autres dangers
qu'il avoit couru, & leur parla des Mers & des
Terres qu'il avoit découvertes durant un si long
Voïage. Il leur nomma les Astres & les Constellations desquelles il s'étoit approché, & il finit
son discours plutôt qu'on ne l'auroit souhaité.
Un des principaux de la Compagnie lui de-
                                        manda

Gesserit alternis immixtos crinibus angues.

Hospes ait, Quoniam scitaris digna re-
latu,

Accipe quaesiti caussam. clarissima formâ,

Multorumque fuit spes invidiosa procorum

Illa : nec in totâ conspectior ulla capillis 795

Pars fuit. inveni, qui se vidisse referret.

Hanc pelagi rector templo vitiasse Minervae

Dicitur. aversa est, & castos aegide vultus

Nata Jovis texit. neve hoc impune fuisset,

Gorgoneum turpes crinem mutavit in hy-
dros. 800

Nunc quoque, ut attonitos formidine terreat
hostes,

Pectore in adverso, quos fecit, sustinet an-
gues.

manda alors, pourquoi des trois Gorgones il n'y avoit que Meduse qui eût les cheveux entortillez de Serpens. Comme vous me demandez, lui répondit Ferſée, une Hiſtoire qui eſt digne de votre curioſité & de celle de toute l'Aſſemblée, je vais vous la raconter. Meduſe étoit la plus aimable perſonne de ſon tems, & elle avoit inſpiré de la tendreſſe à un grand nombre d'Amans. Quoiqu'elle fût parfaitement belle, elle n'avoit rien de plus beau ni de plus charmant que ſes cheveux; leur beauté ſurpaſſoit tout ce qu'on peut s'imaginer: c'eſt le témoignage que m'en ont rendu ceux qui l'avoient vûe. Neptune, qui en étoit amoureux, prophana avec elle le Temple de Minerve, qui fut obligée de ſe couvrir les yeux de ſon Egide. Pour punir Meduſe, elle changea ſes cheveux en Serpens, & depuis ce tems-là cette Déeſſe, pour épouvanter ſes ennemis, porte ſur ſon Egide la tête monſtrueuſe de cette Gorgone.

EXPLICATION DE LA XVIII. & XIX. FABLE.

APrès la défaite des Gorgones, Ferſée paſſa par la Mauritanie, où regnoit le fameux Atlas. Ce Prince, qui avoit été averti par un Oracle de ſe donner de garde d'un Fils de Jupiter, lui refuſa les droits de l'hoſpitalité, & Perſée, lui aiant montré la tête de Meduſe, le pétrifia, ou, pour parler plus juſte, le fit perir dans les Montagnes qui depuis ont porté ſon nom. Il enleva les Pommes d'or du Jardin des Heſperides, qui étoient gardées par un Dragon, que Junon leur avoir donné; c'eſt-à-dire qu'il pilla les Tréſors de ce Prince de Mauritanie; puis qu'il y a bien de l'apparence que ces Pommes d'or étoient ou les Mines que ce Prince avoit trouvées dans les Montagnes, & qu'il faiſoit garder par des Hommes armez & des Dogues, ou quelques Brebis, qui étoient ſi belles en ce Païs-là, qu'on pouvoir les appeller des Brebis d'or, ou des Oranges & des Citrons, dont les Jardins de cette Contrée, qu'on appelloit Tingitane, & qui ſont ſi fameux dans tous les Poëtes, étoient remplis. Perſée fit perir Atlas dans le fond de ces Montagnes qui portent ſon nom & celui de ſon Aieul; ce qui donna lieu à la Fable qu'il avoit été changé en Montagne. Mais nous parlerons plus au long, dans l'Hiſtoire d'Hercule, d'Atlas, & des Heſperides.

Après le Volage de Mauritanie, Perſée paſſant par l'Ethiopie delivra Andromede du Monſtre qui alloit la dévorer. Caſſiopée ſa Mere aiant preferé ſa beauté à celle des Nereïdes, l'Oracle d'Ammon avoit ordonné que ſa Fille ſeroit expoſée, ſur un Rocher, à un Monſtre que Neptune devoir faire ſortir de la Mer, ainſi que nous l'apprenons d'Ovide, d'Apollodore, de Lu-

crece, de Philoſtrate, & de pluſieurs autres Auteurs anciens. Le fondement de cette Fable vient de ce qu'Andromede avoit été fiancée à un Prince fier & brutal, à condition qu'il laiſſeroit la liberté du Commerce dans le Païs de Cephée (1). Perſée, qui apprit cette circonſtance, donna la chaſſe à ce Corſaire & le tua: ce qui fut repréſenté ſous l'image, d'un combat avec un Monſtre. Phinée, Oncle d'Andromede, n'aiant pû faire perir ce Corſaire, fut obligé de céder ſes prétentions à notre Heros; & comme la crainte que lui inſpira la valeur de Perſée, le retint dans l'inaction, on publia qu'il l'avoir petrifié.

Comme les anciennes Fictions ſont toujours fort obſcures, il eſt permis à chacun de les interpréter à ſa mode; ainſi on ne ſera pas étonné lors qu'on lira dans d'autres Auteurs, que Phinée étoit lui-même le Monſtre, dont il eſt parlé dans cette Fable, ou bien que le Monſtre lui-même étoit le nom du Vaiſſeau ſur lequel le Corſaire dont nous avons parlé devoit emmener Andromede. Ce Vaiſſeau s'appelloit peut-être la Baleine, comme d'autres étoient nommez le Centaure, la Chimere, &c. & cette conjecture n'eſt pas ſans fondement. L'Antiquité nous a conſervé cette Hiſtoire dans un Monument (2), où l'on voit Perſée retirer Andromede du Rocher ſur lequel elle avoit été expoſée. Cette Princeſſe y paroit vêtue d'une maniere fort modeſte, au lieu qu'Ovide, qui ne cherchoit qu'à remplir l'imagination d'idées obſcenes, la fait expoſer toute nue.

(1) *Vossius, de Idol.* Lib. I. Cap. 30.
(2) *Admir. Ant. Rom.*

FIN DU QUATRIEME LIVRE.

P. OVIDII NASONIS
METAMORPHOSEON
LIBER QUINTUS.

F A B. I. *Combat de Phinée & de ses Compagnons*
contre Persée.

ARGUMENT.

Phinée, à qui Andromede avoit été promise en Mariage, étant entré
avec ses Amis, dans la Salle du Festin, dans le tems que Persée racontoit

ses

ſes Avantures, il y eût un combat fort opiniâtre, dans lequel le Heros donna des preuves éclatantes de valeur.

Umque ea Cephenum
medio Danäcius he-
ros
Agmine commemorat;
fremitu regalia tur-
bae
Atria complentur: nec
conjugialia feſta

Qui canat, eſt clamor; ſed qui fera nuntiet
arma.
Inque repentinos convivia verſa tumultus 5
Adſimulare freto poſſis: quod ſaeva quietum
Ventorum rabies motis exaſperat undis.
Primus in his Phineus, belli temerarius auctor,
Fraxineam quatiens aeratae cuſpidis haſtam;
En,ait,en adſum praereptae conjugis ultor. 10
Nec mihi te pennae,nec falſum verſus in aurum
Juppiter, eripient. conanti mittere Cepheus,
Quid facis? exclamat: quae te, germane fu-
rentem
Mens agit in facinus? meritisne haec gratia
tantis
Redditur? hac vitam ſervatae dote rependis? 15
Quam tibi non Perſeus, verum ſi quaeris,
ademit:
Sed grave Nereïdum numen, ſed. corniger
Ammon;
Sed quae viſceribus veniebat bellua ponto
Exſaturanda meis. illo tibi tempore rapta eſt,
Quo peritura fuit. niſi ſi, crudelis, id ipſum 20
Exigis, ut pereat: luctuque levabere noſtro.
Scilicet haud ſatis eſt, quod, te ſpectante, re-
vincta eſt;
Et nullam quod opem patruus ſponſusve tu-
liſti:
Inſuper, à quoquam quod ſit ſervata, dolebis;
Praemiaque eripies? quae ſi tibi magna vi-
dentur; 25
Ex illis ſcopulis, ubi erant adfixa, petiſſes:
Nunc ſine, qui petiit, per quem non orba ſe-
nectus,
Ferre, quod & meritis & voce eſt pactus:
eumque
Non tibi, ſed certae praelatum intelligę morti.
Ille nihil contra: ſed & hunc,& Perſea vultu 30
Alterno ſpectans, petat hunc ignorat, an illum.
Cunctatuſque brevi, contortam viribus haſtam,
Quantas ira dabat, nequicquam in Perſea miſit,
Ut ſtetit illa toro; ſtratis tum denique Perſeus.

TOM. I. Exſiluit:

ERSE'E racontoit en-core ſes avantures en préſence de Cephée & de ſa Cour, lorſqu'on entendit le Palais re-tentir d'un bruit bien différent de celui qui accompagne ordinaire-ment la pompe de l'Hy-menée. La Salle du Feſ-tin changea de face; la confuſion & le deſordre prirent la place de la douce tranquillité qui y re-gnoit auparavant; & l'on commença dans ce moment à n'y reſpirer que la Guerre & les Com-bats. La Fête, qui d'abord avoit été ſi paiſible, pouvoir alors être comparée à la Mer, dont le calme eſt troublé par un Vent impetueux. Phi-née, Chef de l'Entrepriſe, étant entré le premier, le Javelot à la main, adreſſa ainſi la parole à Per-ſée: ,,Tu vois un Rival, qui vient venger l'af-,, front que tu lui as fait, en lui enlevant ſon ,, Epouſe. Tes Ailes, ni ce prétendu Jupiter que ,, tu feins s'être changé en Pluie d'or pour te don-,, ner le jour, ne te déroberont pas au châtiment ,, que tu merites". Il étoit prêt à lui lancer ſon Javelot, lors que Cephée s'écria: ,,Qu'allez-vous ,, faire, mon Frere; quelle fureur peut vous in-,, ſpirer un deſſein ſi criminel? Eſt-ce ainſi que ,, nous devons reconnoitre le ſervice important ,, que Perſée vient de nous rendre? Eſt-ce là, la ,, recompenſe que vous lui reſervez pour avoir ,, ſauvé Andromede? Non, ce n'eſt point ce ,, Prince qui vous l'a enlevée; ce ſont les Ne-,, reïdes en courroux; c'eſt le cruel Oracle d'Am-,, mon; c'eſt ce Monſtre affreux, qui en la de-,, vorant alloit me déchirer le cœur: Elle vous ,, fut ravie au moment qu'elle fut condamnée à ,, périr. Barbare, auriez-vous aſſez de cruauté ,, pour ſouhaiter qu'elle eût perdu la vie, & nos ,, larmes ſeroient-elles pour vous un ſujet de con-,, ſolation? Peu content de l'avoir vûe enchaînée, ,, ſans avoir fait aucun effort pour la ſécourir; ,, quoique vous ſoiez ſon Oncle, & qu'elle vous ,, eût été promiſe en Mariage; vous enviez en-,, core à un autre la gloire de l'avoir délivrée, & ,, vous venez lui enlever le prix de ſa victoire. Si ,, vous euſſiez fait un ſi grand cas de la conquê-,, te d'Andromede, vous auriez été la tirer du ,, Rocher, où elle étoit attachée. Souffrez donc ,, que celui qui lui a ſauvé la vie, qui a garanti ,, ma vieilleſſe du malheur de me voir privé d'u-,, ne Fille ſi chere, reçoive la recompenſe qu'il a ,, ſi juſtement méritée, & que je lui ai promiſe. ,, Le ſeul motif qui m'engage à vous préferer vo-,, tre Rival, c'eſt parce qu'il a délivré Androme-,, de du plus grand de tous les dangers". Phi-née ne répondit rien à ce diſcours; mais regar-dant tantôt ſon Frere, tantôt Perſée, il ne ſavoit encore auquel des deux il devoit porter les pre-miers coups. Enfin, après avoir heſité quelque tems, il lança avec fureur ſon Javelot contre le Prince Grec, qui heureuſement n'en fut point

T 2 bleſſé.

Exiluit: teloque ferox inimica remiſſo 35
Pectora rupiſſet; niſi poſt altaria Phineus
Iſſet: & (indignum) ſcelerato profuit ara.
Fronte tamen Rhoeti non irrita cuſpis adhaeſit.
Qui poſtquam cecidit, ferrumque ex oſſe re-
    vulſum eſt,
Palpitat, & poſitas adſpergit ſanguine men-
    ſas. 40
Tum verò indomitas ardeſcit vulgus in iras:
Telaque conjiciunt. & ſunt, qui Cephea dicant
Cum genero debere mori. ſed limine tecti
Exierat Cepheus; teſtatus jusque, fidemque,
Hoſpitiique Deos, eà, ſe prohibente, moveri. 45
Bellica Pallas adeſt; & protegit aegide fratrem:
Datque animos. erat Indus Athis, quem, flu-
    mine Gange
Edita, Limnate vitreis peperiſſe ſub antris
Creditur, egregius formâ: quam divite cultu
Augebat, bis adhuc octonis integer annis; 50
Indutus chlamydem Tyriam, quam limbus
    obibat
Aureus: ornabant aurata monilia collum;
Et madidos myrrhâ curvum crinale capillos.
Ille quidem jaculo quamvis diſtantia miſſo
Figere doctus erat; ſed tendere doctior arcus. 55
Tum quoque lenta manu flectentem cornua
    Perſeus
Stipite, qui mediâ poſitus fumabat in aulâ,
Perculit; & fractis confudit in oſſibus ora.
Hunc ubi laudatos jactantem in ſanguine
    vultus
Aſſyrius vidit Lycabas; junctiſſimus illi 60
Et comes, & veri non diſſimulator amoris;
Poſtquam exhalantem ſub acerbo vulnere vitam
Deploravit Athin; quos ille tetenderat, arcus
Adripit: &, Mecum tibi ſint certamina, dixit;
Nec longum pueri fato laetabere; quo plus 65
Invidiae, quam laudis, habès. haec omnia
    nondum
Dixerat: emicuit nervo penetrabile telum:
Vitatumque, tamen ſinuoſâ veſte pependit.
Vertit in hunc harpen, ſpectatam caede Me-
    duſae,
Acriſioniades, adigitque in pectus. at ille 70
Jam moriens, oculis ſub nocte natantibus atrâ,
Circumſpexit Athin: ſeque adclinavit in illum:
Et tulit ad manes junctae ſolatia mortis.
Ecce Syenites, genitus Methione, Phorbas,
Et Libys Amphimedon, avidi committere
    pugnam, 75
Sanguine, quo tellus latè madefacta tepebat,
Conciderant lapſi: ſurgentibus obſtitit enſis,
    Alterius

bleſſé. Perſée arracha le Javelot de la Chaiſe ſur laquelle il étoit aſſis, & il en auroit tué Phinée, s'il ne ſe fût mis à couvert derriere un Autel. Le coup cependant ne fut pas perdu; Rhetée en ſit frappé au milieu du front, & tomba à la renver-ſe. Dès qu'on eût retiré le Javelot de la plaie, ce malheureux fit de ſi grands efforts, que ſon ſang en rejaillit ſur la table du Feſtin. Les Com-pagnons de Phinée, animez d'une nouvelle fureur, firent voler mille traits, il y en eût même quel-ques uns qui dirent hautement que Cephée ne devoit pas être plus épargné que ſon Gendre: mais ce Prince s'étoit déja retiré, après avoir pris à té-moin les Dieux garants de l'Hoſpitalité, qu'il n'étoit nullement coupable du deſordre qui venoit d'arriver. La Guerriere Pallas étant venue dans ces entrefaites au ſecours de ſon Frere Perſée, le couvrit de ſon Egide, & ranima ſon courage & ſa valeur. Dans le parti de Phinée étoit un In-dien nommé Athis, âgé de ſeize ans, que la Nym-phe Limniate, Fille du Gange, avoit enfanté ſous les eaux. La beauté de ce jeune Homme é-toit encore rehauſſée par la magnificence de ſes ha-bits: il portoit une Veſte couleur de pourpre, brodée d'une frange d'or, avec un Collier de mê-me métal: ſes cheveux friſez & parfumez étoient relevez avec grace par un ornement de tête, qui ſe recourboit en arriere. Quoi que le jeune Indien fût extrêmement a droit à lancer de loin le Jave-lot, il étoit encore plus habile à tirer de l'Arc; mais dans le tems qu'il ſe diſpoſoit à attaquer Per-ſée, ce Heros prit ſur l'Autel un tiſon allumé & lui en écraſa le viſage. L'Aſſyrien Lycabas, Com-pagnon d'Athis, & qui ne faiſoit pas myſtere de l'inclination qu'il avoit pour lui, le voiant rendre les derniers ſoupirs; après avoir plaint ſon triſte ſort, prit l'Arc de ſon Ami, & adreſſant la pa-role à Perſée: ,, Tu ne te rejouiras pas long tems, ,, lui dit-il, de l'indigne victoire que tu viens de ,, remporter ſur un jeune Homme, à peine ſorti ,, de l'Enfance: Tu trouveras en moi un Enne-,, mi plus rédoutable". Il n'avoit pas encore a-chevé de parler, que la flêche étoit déja partie; mais Perſée, qui s'étoit détourné, n'aiant reçu le coup que dans ſes habits, court ſur Lycabas, & lui paſſa au travers du corps l'Epée, dont il avoit coupé la tête de Meduſe. Le fier Aſſyrien prêt à expirer jette encore des regards languiſſans ſur Athis, ſe laiſſe tomber près de lui, & expire, content de porter dans les Enfers la triſte conſola-tion d'être mort auprès de ſon Ami. Cependant Phorbas & le Libyen Amphimedon, brûlans du deſir de ſe trouver dans la mêlée, tombent l'un & l'autre au milieu de la Salle, que le ſang, qui y couloit de tous côtez, avoit rendu extrême-ment gliſſante; & dans le tems qu'ils font un effort pour ſe relever, un même coup d'Epée qui

Alterius costis, jugulo Phorbantis adactus.

At non Actoriden Erithon, cui lata bipennis
Telum erat, hamato Perseus petit ense: sed
altis   80
Exstantem signis, multaeque in pondere massae,
Ingentem manibus tollit cratera duabus;
Infregitque viro. rutilum vomit ille cruorem:
Et resupinus humum moribundo vertice pulsat.
Inde Semiramio Polydaemona sanguine cre-
tum,   85
Caucasiumque Abarin, Sperchionidenque Ly-
cetum,
Intonsumque comas Elycen, Phlegiamque, Cly-
tumque
Sternit: & adstructos morientum calcat acervos.
Nec Phineus ausus concurrere cominus hosti,
Intorquet jaculum: quod detulit error in
Idan,   90
Expertem frustra belli, & neutra arma secutum.
Ille tuens oculis immitem Phinea torvis,
Quandoquidem in partes, ait, attrahor, ac-
cipe, Phineu,
Quem fecisti hostem; pensaque hoc vulnere vul-
nus.
Jamque remissurus tractum de corpore te-
lum,   95
Sanguine defectos cecidit collapsus in artus.
Hic quoque Cephenum post regem primus
Odites
Ense jacet Clymeni: Protenora perculit Hyp-
seus:
Hypsea Lyncides. fuit & grandaevus in illis
Emathion, aequi cultor, timidusque Deo-
rum: 100
Quem quoniam prohibent anni bellare, loquendo
Pugnat, & incessit, scelerataque devovet arma.
Huic Chromis amplexo tremulis altaria palmis
Demetit ense caput; quod protinus incidit arae:
Atque ibi semanimi verba exsecrantia lin-
guà   105
Edidit, & medios animam exspiravit in ignes.
Hinc gemini fratres, Broteasque & caestibus
Ammon
Invicti, vinci si possent caestibus enses,
Phineâ cecidere manu: Cererisque sacerdos
Ampycus, albenti velatus tempora vittâ. 110
Tu quoque, Iäpetide, non hos adhibendus in
usus;
Sed qui, pacis opus, citharam cum voce moveres,
Jussus eras celebrare dapes, festumque canendo.
Cui procul adstanti, plectrumque imbelle tenenti,
Pettalus, Iridens, Stygiis cane cetera, dixit, 115
     Manibus:

qui perce la gorge à l'un & entre dans le flanc de l'autre, les fait retomber. Erithe, Fils d'Actor, qui portoit pour toutes armes, une Hache d'une grandeur demesurée, s'étant avancé du côté de Persée, ce Prince, au lieu de le recevoir avec son Epée, prend des deux mains un grand Bassin, qu'il lui jette à la tête, & l'étend sur le carreau, où il vomit son ame avec son sang. Polydemon qui descendoit de Semiramis, Abaris, qui étoit venu des environs du Mont Caucase, Lycete, Elis, avec sa longue chevelure, Phlegias, Clyton; tous expirent sous les coups de Persée. Le carnage étoit si grand que l'on ne marchoit partout que sur des monceaux de Corps. Phinée, qui n'osoit approcher son Ennemi, lui lança de loin un Javelot, dont Ida, qui n'avoit point encore pris de parti dans cette querelle, fut malheureusement blessé. Celui-ci regardant Phinée avec des yeux pleins de courroux, ,, Puis que tu m'o- ,, bliges, lui dit-il, de me déclarer, défens-toi ,, maintenant de ce nouvel Ennemi que tu viens ,, de t'attirer, & paye de ton sang celui que tu ,, m'as fait verser''. En achevant ce peu de paroles, il voulut arracher le dard de la playe; mais le sang en sortit avec tant d'abondance qu'il tomba mort avant que de le jetter. Odite, qui tenoit le premier rang après le Roi, fut tué par Clymene; Protenor, par Hypsée, Hypsée périt lui-même par les mains de Lyncide. Emathion, Homme aussi respectable par son âge, que par sa probité, n'étant pas en état de combatre, & déréstant l'injuste procedé de Phinée, alloit partout dans la mêlée, & tâchoit par ses discours & par sa douceur d'appaiser le tumulte. Chromis, peu touché de ses remontrances, le saisit, dans le tems que de ses mains tremblantes, il cherchoit à embrasser l'Autel, & lui coupa la tête. L'infortuné Vieillard, prononçant quelques imprécations contre ce barbare, rendit l'ame au milieu du feu sacré. Broteas & Ammon, Freres jumeaux, tous deux invincibles au combat du Ceste, (mais que peut le Ceste contre l'Epée?) tombent l'un & l'autre sous les coups de Phinée, ainsi qu'Ampyque Prêtre de Cerès, que ses habits sacrez ne sauverent pas. Vous pêtites aussi sous les mêmes coups, infortuné Fils de Japet, qui ne deviez pas être exposé au danger, puisque vous n'aviez été appellé à cette solemnité que pour y chanter au son de votre Lyre, la Paix & la Concorde. Petale, le voiant avec son Lut à la main, ,, vas'', lui dit-il, en

     lui

Manibus : & laevo mucronem tempore figit.
Concidit, & digitis morientibus ille retentat
Fila lyrae : casuque canit miserabile carmen.
Non sinit hunc impune ferox cecidisse Lycormas:
Raptaque de dextro robusta repagula posti 120
Ossibus illidit mediae cervicis. at ille
Procubuit terrae, mactati more juvenci.
Demere tentabat laevi quoque robora posti
Cinyphius Pelates. tentanti dextera fixa est
Cuspide Marmaridae Corythi ; lignoque co-
    haesit.   125
Haerenti latus hausit Abas : nec corruit ille ;
Sed retinente manum moriens è poste pependit.
Sternitur & Melaneus, Perseïa castra secutus,
Et Nasamoniaci Dorylas ditissimus agri ;
Dives agri Dorylas : quo non possederat al-
    ter   130
Latius, aut totidem tollebat farris acervos.
Hujus in obliquo missum stetit inguine ferrum:
Letifer ille locus. quem postquam vulneris
    auctor
Singultantem animam, & versantem lumina
    vidit
Bactrius Halcyoneus, Hoc, quod premis, in-
    quit, habeto   135
De tot agris terrae: corpusque exsangue reliquit.
Torquet in hunc hastam calido de vulnere rap-
    tam
Ultor Abantiades: media quae nare recepta
Cervice exacta est, in partesque eminet ambas.
Dumque manum Fortuna juvat, Clytiumque,
    Claninque,   140
Matre satos una, diverso vulnere fudit.
Nam Clytii per utrumque gravi librata la-
    certo
Fraxinus acta femur : jaculum Clanis ore mo-
    mordit.
Occidit & Celadon Mendesius: occidit Astreus,
Matre Palaestina, dubio genitore creatus. 145
Aethionque sagax quondam ventura videre ;
Nunc ave deceptus falsa : regisque Thoactes
Armiger, & caeso genitore infamis Agyrtes.
Plus tamen exhausto superest : namque omni-
    bus unum
Opprimere est animus. conjurata undique pu-
    gnant   150
Agmina pro causa, meritum impugnante fi-
    demque.
Hac pro parte socer frustra pius, & nova
    conjux ,
Cum genetrice , favent , ululatuque atria
    complent.

       Sed

lui enfonçant son Epée dans la temple gauche,
,, vas finir chez les morts, l'Air que tu viens de
,, commencer". Ce malheureux tomba avec sa
Lyre, continuant encore de jouer un Air lugubre,
qui par hazard se trouva convenir à l'état où il
étoit. Lycormas, pour venger la mort du Mu-
sicien, saisit une des barres de fer, qui servoit à
fermer la porte, & en aiant donné un grand coup
sur la tête de Petale, il l'étendit roide mort, comme un Taureau qu'on immole. Dans le tems
que Petale veut arracher l'autre barre, Coryte lui
aiant percé la main d'un coup de Javelot, le laisse
attaché contre la porte , & Abas lui donne un
coup d'Epée dans le côté, dont il meurt sur le
champ, & demeure suspendu en l'air. Melanée,
qui avoit pris les intérêts de Persée, & Dorylas,
le plus riche de tous les Nasamones, périrent dans
le combat. Le dernier reçut un coup mortel dans
l'aine. Alcyonée, qui l'avoit blessé, le voiant
prêt à rendre les derniers soupirs, lui dit en l'insultant, ,, Tous les grands biens que tu possedois
,, se trouvent maintenant reduits à l'espace que
,, ton corps occupe". Dans ce moment Persée
arrache le Javelot de la blessure de Dorylas, & l'enfonce avec tant de furie dans le visage d'Alcyonée,
qu'il le fait sortir de l'autre côté de la tête. La
fortune continuant à le favoriser, il ôte la vie aux
deux Freres Clytie & Clanis : le premier meurt
d'un coup de trait, qui lui traverse les deux cuisses, l'autre d'un coup de flèche qui lui entre par
la bouche. Celadon, de la Ville de Mendes ;
Astrée Fils d'une Femme de Palestine , dont on
ne connoissoit pas le Mari ; Ethion, qui , quoiqu'habile à prédire l'avenir, ne prévit pas ce qui
lui devoir arriver ce jour-là ; Thoaëte Ecuyer de
Cephée , & le Parricide Agyrse perdirent la vie
dans cette sanglante journée. Il y avoit déja beaucoup de sang répandu, cependant il en restoit encore beaucoup plus à répandre. Tout le monde
s'acharnoit contre Persée ; on n'en vouloit qu'à
lui, & le Parti, qui seul avoit pour lui l'Equité
& la Justice, étoit celui qu'on vouloir opprimer.
En vain son Beau-Pere, sa Belle Mere & son E-
pouse se déclarent pour lui, & font retentir toute

       la

Sed fonus armorum superat, gemitusque ca-
dentum:
Pollutosque femel multo Bellona Penates 155
Sanguine perfundit; renovataque proelia mifcet.
Circueunt unum Phineus, & mille fecuti
Phinea. tela volant hibernà grandine plura
Praeter utrumque latus, praeterque & lu-
men & aures:
Adplicat hinc humeros ad magnae faxa co-
. lumnae: 160
Tutaque terga gerens, adverfaque in agmina
verfus,
Suftinet inftantes. inftabant parte finiftrà
Chaonius Molpeus, dextrà Nabathaeus Ethe-
mon.
Tigris ut, auditis diverfà valle duorum
Exftimulata fame mugitibus armentorum, 165
Nefcit utro potius ruat: & ruere ardet utroque:
Sic dubius Perfeus, dextrà laevàne feratur,
Molpea trajecti fubmovit vulnere cruris;
Contentusque-fuga eft. neque enim dat tem-
pus Ethemon:
Sed furit: &, cupiens alto dare vulnera
collo, 170
Non circumfpectis exactum viribus enfem
Fregit: & extremà percuffae parte columnae
Lamina diffiluit; dominique in gutture fixa eft.
Non tamen ad letum cauffas fatis illa valentes
Plaga dedit. trepidum Perfeus, & inermia
fruftra 175
Brachia tendentem Cyllenide confodit harpe.

la Salle de leurs cris; le bruit des armes joint aux
triftes gemiffemens des mourans empêche de les
entendre. Bellone, qui n'eft point raffafiée du
fang qu'elle a fait verfer, renouvelle le combat.
Les Amis de Phinée fe réuniffent autour de lui, &
tous de concert n'ont en bute que le feul Perfée.
Les traits qui volent autour de lui forment un orage femblable à la grêle qui tombe en Hiver. Pour
parer une partie de ces coups, il fe range contre
une Colomne, fe préfente en face à fes Ennemis,
& foutient courageufement tous leurs efforts. Molpée l'attaque d'un côté, pendant qu'Ethemon le
preffe de l'autre. Comme un Tigre affamé qui
entend dans les Vallées voifines les cris de deux
Troupeaux, héfite fur lequel il doit fe jetter, &
voudroit fondre fur tous les deux à la fois; Perfée
ne fait s'il doit attaquer l'Ennemi qui eft à fa droite, ou celui qui eft à fa gauche. Enfin il fe dé-
barraffe de Molpée en lui perçant la cuiffe, & fe
contente de l'avoir mis hors de combat, parce
qu'Ethemon le preffe vivement. La fureur avec
laquelle il attaque ce jeune Heros lui devient funefte; car voulant lui décharger un coup de fon
Cimeterre fur la tête, il frappe fi rudement la
Colomne, que la lame s'étant rompue vint lui
percer la gorge. Cependant le coup n'étoit pas
mortel, mais Perfée s'étant jetté fur lui, lui paffa
fon Epée au travers du corps, dans le tems qu'il
tendoit les bras pour lui demander la vie.

EXPLICATION DE LA PREMIERE FABLE.

PHinée, Frere de Cephée Pere d'Andromede, jaloux de ce que fon Rival lui enlevoit fa Maitreffe
& fa Nièce, refolut de troubler la folemnité de
leur Mariage. Il raffembla fes Amis, entra dans
la Salle du Feftin, & y porta l'horreur & le carnage.
Perfée, avec fes Amis, le mit à la raifon, & pour
honorer fa victoire, on publia que la Tête de Medufe avoit petrifié Phinée & fes Compagnons: Métaphore hardie, qui nous apprend que la valeur d'un Prince, qui avoit fû vaincre les Gorgones, jettoit tant de
terreur dans l'efprit de fes Ennemis, qu'ils n'ofoient
le regarder; ils fe contentoient de lui dreffer des Em-
buches. Ovide, qui ne manioit guères un fujet fans
l'épuifer, décrit le combat de Phinée contre Perfée
avec tant de particularitez, qu'il fembleroit que cet E-
venement fe feroit paffé fous fes yeux.
Quelques circonftances qu'on trouve dans le recit de
ce Combat, & d'autres preuves encore m'ont porté à
croire que la Scène de cet Evenement ne s'étoit pas
paffée dans l'Ethiopie, mais fur les côtes de l'Afie.
En effet Jofephe (1) & Strabon (2) prétendent que
c'étoit près de la Ville de Joppe ou Japha qu'arriva
cet Evenement. Le premier de ces deux Auteurs dit
que l'on voîoit même de fon temps, fur un Rocher;
les marques des chaines dont la belle Andromede avoit
été attachée. Pomponius Mela (3) dit que Cephée,
Pere d'Andromede, avoit été Roi de Joppe, & qu'on
y honoroit d'une maniere fort religieufe la memoire
de ce Prince, & de fon Frere Phinée. Cet Auteur
ajoute même qu'on y montroit les os du Monftre qui

devoir dévorer Andromede: Eft Joppa, ante Dilu-
vium (ut ferunt) condita: ubi Cephea regnaffe eo fig-
no Arcola affirmant, quod titulum ejus, fratrifque
Phinei, veteres quadam Ara cum religione plurima
retinent. Quinetiam rei celebratae carminibus ac fa-
bulis, fervataque a Perfeo Andromedae, clarum vefti-
gium, bellua marinae offa immania oftentant. Pline (4)
affure auffi qu'on voîoit en cet endroit, fur un Rocher,
les marques des Chaines d'Andromede; il ajoute que
Scaurus porta de Joppe à Rome les os du Monftre
dont nous venons de parler, & comme il nomme cette Baleine une Déeffe, Dea Cetes, Voffius a cru qu'il
vouloit parler du Dieu Dagon, honoré chez les Syriens fous la figure d'un Monftre marin. Cette idée a
fait croire à quelques Auteurs que l'Hiftoire du Monftre
qui devoit devorer Andromede, renfermoit celle de
Jonas. Quoi qu'il en foit, Ovide femble confirmer
mes conjectures, lorfque, dans la defcription du combat de Phinée, il nomme plufieurs Soldats Syriens ou
Affyriens; Athys Indus & chlamide Tyria indutus,
Affyrius Lycabas, Polydaemon Prince du fang de
Semiramis, & enfin Aftrée dont la Mere étoit de Pa-
leftine, Matre Palaeftina (5). Si nous avions la Chronologie entiere de Mr. le Chev. Newton, dont l'Abregé vient d'être imprimé à Paris (6) à la fuite de l'Histoire des Juifs de Prideaux, nous y verrions
fans doute des preuves de ce fentiment, puifqu'il eft
dit, dans cet Abrégé, que Cephée avoir obtenu d'Ammon Roi de Libye, la Ville de Joppe, & que ce fut
de cette Ville que Perfée enleva Andromede.

(1) De Bell. Jud. Lib. IV. (2) Libr. X
(*) Libr. I. Cap. XI.
(4) Libr. IX. (5) Voyez Ovide Met. Liv. IV.
(6) Chez Caveller le Fils, 1725.

Fab. II.

F A B. II. *Phinée changé en Rocher avec tous ses*
Adhérens; de même que Pretus.

A R G U M E N T.

Persée, voïant qu'il étoit prêt à succomber sous le nombre de ses Ennemis leur présenta la tête de Meduse, & changea Phinée en Rocher,
avec tous ceux qui avoient pris les armes pour lui. Après cette Victoire,
Persée retourna avec Andromede dans son Païs, où il convertit Pretus en
pierre; & sans se souvenir de l'injure que son Ayeul Acrise lui avoit faite,
il le rétablit dans son Royaume.

VErum ubi virtutem turbae succumbere
    vidit,
Auxilium, Perseus, quoniam sic cogitis ipsi,
Dixit, ab hoste petam: vultus avertite vestros,
Si quis amicus adest: & Gorgonis extulit
    ora.   180
Quaere alium, tua quem moveant miracula,
    dixit
Thescelus: utque manu jaculum fatale pa-
    rabat
Mittere, in hoc haesit signum de marmore gestu.
Proximus huic Ampyx animi plenissima magni
    Pectora

PERSE'E voiant enfin que toute sa valeur seroit inutile contre tant de monde. ,,Puis-
,, que vous m'y contraignez, *dit-il*, en leur mon-
,, trant la tête de Meduse, je vais appeller à mon
,, secours l'Ennemi que j'ai vaincu : Vous qui
,, combattez pour moi détournez les yeux''.
Thescele, peu effrayé de cette vûe. ,, Cherche
,, ailleurs quelqu'un,, *dit-il à Perse*, qui soit
,, épouvanté d'un tel prodige''; mais comme il
levoit en même tems la main pour lui lancer un
trait, il demeura dans la même posture, ainsi
qu'une Statue de Marbre. Ampyx, qui étoit près
                                  de

Pectora Lyncidae gladio petit : inque peten-
do   185
Dextera diriguit, nec citra mota, nec ultra.
At Nileus, qui se genitum septemplice Nilo
Ementitus erat, clypeo quoque flumina septem
Argento partim, partim caelaverat auro,
Adspice, ait, Perseu, nostrae primordia
gentis :   190
Magna feres tacitas solatia mortis ad umbras,
A tanto cecidisse viro. pars ultima vocis
In medio suppressa sono est : adapertaque velle
Ora loqui credas ; nec sunt ea pervia verbis.
Increpat hos, Vitioque animi, non crinibus,
inquit,   195
Gorgoneis torpetis, Eryx : incurrite mecum ;
Et prosternite humi juvenem magica arma
moventem.
Incursurus erat ; tenuit vestigia tellus :
Immotusque silex, armataque mansit imago.
Hi tamen ex merito poenam subiere, sed
unus   200
Miles erat Persei, pro quo dum pugnat,
Aconteus,
Gorgone conspectâ saxo concrevit oborto.
Quem ratus Astyages etiamnum vivere, longo
Ense ferit : sonuit tinnitibus ensis acutis.
Dum stupet Astyages ; naturam traxit ean-
dem :   205
Marmoreoque manet vultus mirantis in ore.
Nomina longa mora est mediâ de plebe virorum
Dicere. bis centum restabant corpora pugnae :
Gorgone bis centum riguerunt corpora visâ.
Poenitet injusti nunc denique Phinea belli. 210
Sed quid agat ? simulacra videt diversa
figuris ;
Agnoscitque suos : & nomine quemque vocatos
Poscit opem : credensque parùm, sibi proxima
tangit
Corpora : marmor erant. avertitur ; atque
ita supplex,
Confessasque manus, obliquaque brachia ten-
dens,   215
Vincis, ait, Perseu : remove fera monstra ;
tuaeque
Saxificos vultus, quaecumque ea, tolle Me-
dusae.
Tolle, precor. non nos odium, regnive cupido
Compulit ad bellum : pro conjuge movimus
arma.
Caussa fuit meritis melior tua, tempore nos-
tra.   220

de lui voulant aussi frapper Lyncée, la main qu'il
avoit tendue, demeura immobile. Nilée, qui
se vantoit faussement d'être le Fils du Nil, & qui,
pour soûtenir cette chimere, portoit sur son Bouclier les sept Embouchures de ce Fleuve, gravées
en Or & en Argent, adressa ainsi la parole à Persée : ,, Tu vois quelle est la noblesse de mon O-
,, rigine : Tu auras du moins dans le séjour des
,, ombres, la consolation d'avoir perdu la vie par
,, les mains d'un Homme distingué par sa nâis-
,, sance". Il auroit continué cet insolent discours ; mais il perdit pour jamais l'usage de la parole, & sa bouche demeura entr'ouverte. Eryx,
qui vit ses deux Compagnons dans cet état, leur
dit en les insultant : ,, Courage, Amis, suivez-
,, moi : ce n'est point la tête de la Gorgone,
,, c'est la crainte qui vous rend immobiles : at-
,, taquons de concert un temeraire, qui n'a pour
,, toutes armes que de vains Enchantemens". Il
dit, & voulant se jetter sur Persée ; il se trouva
tout d'un coup arrêté dans la posture d'un Homme qui est prêt à combatre. Du moins tous ces
perfides meritoient un pareil châtiment. Mais le
malheureux Acontée, qui étoit dans le parti de
Persée, aiant jetté les yeux sur la tête de Meduse
fut aussi converti en Pierre ; Astyage, qui le
croioit encore en vie, lui donna de son Epée un
coup qui retentit comme lors qu'on frappe sur du
marbre. Surpris de ce prodige, il est lui-même
changé en Rocher sous la figure d'un Homme qui
conserve encore toutes les marques de son étonnement. On seroit trop long si on vouloir nommer tous ceux qui furent punis de cette sorte. Il
restoit encore deux cens combatans, la vue de
cette fatale tête les petrifia tous. Phinée commença enfin alors à se repentir d'avoir excité une querelle aussi injuste que temeraire ; mais quel parti
lui reste-t-il à prendre ? Il ne voit de tous côtez
que des statues de pierre dans differentes attitudes ;
il y reconnoit encore ses Amis ; il les appelle par
leurs noms, il leur demande du secours ; ne voulant pas même s'en rapporter au témoignage de
ses yeux, il touche ceux qui étoient les plus proches de lui, & il sent qu'il ne touche que du
marbre ; il détourne la vûe de la fatale tête, &
tendant les bras à Persée il lui parle ainsi : ,, La
,, Victoire est à vous : cachez, je vous prie, ce
,, Monstre qui nous desole, dérobez à nos re-
,, gards la Gorgone, de grace, éloignez-la : Ce
,, n'est point la haine, ni l'envie de regner qui
,, m'ont engagé à vous déclarer la Guerre : L'a-
,, mour seul d'Andromede m'y a forcé. Je conviens
,, que vous avez pour vous le mérite de l'avoir
,, délivrée du Monstre qui alloit la dévorer ; le
V   ,, droit

Non ceffiffe piget. nihil, ò fortiffime, praeter
Hanc animam concede mihi : tua cetera funto.
Talia dicenti, neque cum, quem voce rogabat,
Refpicere audenti , Quod, ait , timidiffime
   Phineu,
Et poffum tribuiffe , & magnum munus
   inerti eft ,   225
(Pone metum) tribuam : nullo violabere ferro :
Quin etiam manfura dabo monumenta per
   aevum ;
Inque domo foceri femper fpectabere noftri :
Ut mea fe fponfi foletur imagine conjux.
Dixit : & in partem Phorcynida tranftulit
   illam,   230
Ad quàm fe trepido Phineus obverterat ore.
Tum quoque conanti fua flectere lumina cervix
Diriguit , faxoque oculorum induruit humor.
Sed tamen os timidum vultusque in marmore
   fupplex,
Submiffaeque manus , faciesque obnoxia man-
   fit.   235
Victor Abantiades patrios cum conjuge muros
Intrat ; & immeritae vindex ultorque parentis
Aggreditur Proetum. nam fratre per arma
   fugato
Acrifioneas Proetus poffederat arces.
Sed nec ope armorum , nec ; quam male ce-
   perat , arce   240
Torva colubriferi fuperavit lumina monftri.

      (1) J'ai été obligé d'abandonner le Texte Latin où il y a *immeritæ parentis* & qui doit en ce cas-là s'entendre de Danaé Mere de Perfée : & J'ai préféré les Manufcrits où il y a *immeriti parentis* puis que c'é- toit Acrife qui avoit expofé fa Mer fa Fille & fon Petit-Fils. Je ne Vois pas ce qui a engagé Mr. Burman à fuivre l'autre Leçon. L'Hiftoire ne raporte rien qui puiffe nous faire foupçonner que Da- naé eût rendu quelque mauvais office à fon Fils.

,, droit que j'avois fur elle étoit fondé fur ce
,, qu'elle m'étoit deftinée depuis long-tems ; mal
,, enfin je n'ai plus de peine à vous la céder ;
,, jouïffez en paix de votre conquête , genereux
,, Perfée , je ne vous demande que la vie ".
Ainfi parloit Phinée fans ofer regarder fon Rival.
,, Prince lâche & fans cœur , lui répond Perfée ,
,, je fuis le maître de t'accorder ce que tu deman-
,, des , & la vie eft : le préfent , dont les Ames
,, comme la tienne font le plus de cas : ne crains
,, rien, tu feras deformais à couvert de toute in-
,, fulte , & tu auras même l'avantage de demeu-
,, rer pendant plufieurs fiecles dans le Palais de
,, ton Beau-Pere : Andromede pourra fe confoler
,, à la vûe du digne Epoux qui lui étoit deftiné ".
Il dit ; & aiant préfenté la Gorgone à Phinée,
qui cherchoit à en éviter la vûe, fa tête devint
roide, dans le tems même qu'il la détournoit, &
fes yeux fe petrifierent : Sa timidité parut encore,
après ce changement , fur fon vifage & fur fes
yeux , & il demeura dans la pofture d'un fupliant,
les bras étendus ; comme un Homme qui demande la vie. Après cette Victoire, Perfée retourna
dans fon Pars avec fa chere Andromede ; & quoiqu'il n'eût pas de grandes obligations à fon Grand-
Pere (1) il refolut cependant de le venger de Pretus, qui l'avoit chaffé de fes Etats. La force des
Armes & les Citadelles dont il s'étoit emparé, furent à cet ufurpateur un vain fecours contre la Tête de Medufe.

EXPLICATION DE LA SECONDE FABLE.

LA reputation fait fans doute une grande partie de
la valeur ; mais il faut être Poete pour dire qu'elle pétrifie les Ennemis. Voilà pourtant la métaphore dont on s'eft fervi pour peindre l'Heroïfme de
Perfée. La terreur qu'avoit répandu par tout le bruit
de fa Victoire fur les Gorgones, avoir tellement con-
fterné tous fes Ennemis , qu'on publia qu'il les avoit
tous convertis en Rochers, en leur montrant la tête de
Medufe ; c'eft-à-dire, au rabais du Merveilleux, que le
bruit de cette conquête étouffa toutes les conjurations,
qu'on avoit formées contre lui , pendant fon abfence.
C'eft en effet ce qui arriva à fon retour dans l'Ifle de
Seriphe, où Polydecte, qui avoit époufé Danaé , fut
obligé de fe cacher jufqu'à ce qu'enfin Perfée, l'aiant
trouvé dans fa retraite, le fit perir.
   Quoique cette Explication foit fort naturelle, cependant Bochart, après Euftathius, prétend que l'origine
de toutes ces metamorphofes en Pierres & en Rochers,
dont il eft parlé dans cette Fable, vient de ce que l'Ifle
de Seriphe, où regnoit Polydecte, a été ainfi appellée
à caufe des Rochers dont elle eft remplie : ce qui la
fait nommer par Tacite *Saxum Seriphium*. Perfée,
après s'être vangé de Polydecte, alla avec fon Epoufe
& fa Mere à Argos, où il rétablit fon Grand-Pere A-
crife , & fit mourir Pretus qui l'avoit détrôné. La
Guerre des deux Freres avoit été fort fanglante, Acrife avoit d'abord eu l'avantage , & avoit obligé Pretus
de fe retirer en Lycie, où Jobas , qui le reçut, lui fit
époufer Stenobée fa Fille , & lui donna des Troupes,

avec lefquelles il s'empara de Tyrinthe, que les Cyclopes fermerent de murailles : il fe rendit enfuite maître
d'Argos, d'où Perfée le chaffa. Mais après avoir ainfi
rétabli fon Aïeul fur le trône , il le tua par malheur
d'un coup de palet, dans les Jeux qu'on célebroit pour
les Funerailles de Polydecte. Ainfi fut accompli l'O-
racle , dont la prédiction avoit tant inquieté le Roi
d'Argos , & l'avoit engagé à prendre des précautions
fi injuftes.
   Perfée , après tant de voiages & de conquêtes ,
regna affez paifiblement le refte de fes jours ; mais ne
pouvant fouffrir le féjour d'Argos, où il avoit tué fon
Grand-Pere , il fit bâtir la Ville de Mycenes , où il
transfera le Siège Royal, laiffant à fon Coufin Mega-
penthe la Ville d'Argos. Quelque obligation que celui-
ci eût à Perfée , il le tua cependant pour vanger la
mort de fon Pere. Abas, Fils de Lyncée , tua Mega-
penthe, & les Succeffeurs de Perfée regnerent à Mycenes près de cent quatre-vingts-ans. Après fa mort,
Perfée fut honoré comme un demi-Dieu. On forma
de ce Prince & de toute la Famille de fa Femme, les
Conftellations qu'on nomme la Caffiopée, l'Andromede & Perfée, il n'y eut pas même jufqu'à un Monftre
qui ne fût placé dans le Ciel, où il forma le Signe de
la Baleine. Quoique ce Heros fût fort illuftre par fes
belles actions, on crut cependant encherir fur les élo-
ges qu'on lui donnoit , & qu'il méritoit fi juftement,
en y mêlant tout le merveilleux que nous venons d'expliquer.

F A B. III.

FAB. III. IV. & V. *Minerve visite les Muses, qui lui racontent diverses Avantures.*

ARGUMENT.

Polydecte, ne voulant pas croire que ce fût cette tête de Meduse qui faisoit par tout tant de bruit, fut converti en pierre. Minerve quitte son Frere Persée, & va sur le Mont Helicon pour visiter les Muses. Celles-ci l'entretiennent de leurs avantures à la Cour de Pyrenée, qui les trouva si charmantes, qu'il en devint amoureux. De sorte que pour éviter sa violence, elles prirent aussi-tôt des ailes, & se sauverent en volant. Pyrenée qui les voulut suivre, s'imaginant qu'il pourroit voler comme elles, tomba du haut de la Tour, & se tua sur le carreau. On lui conte aussi l'Histoire des neuf Pierides, qui sont changées en Pies, pour avoir eu la témérité dieffe de faire un défi aux Muses.

TE tamen, ô parvae rector, Polydecta,
    Seriphi,
Nec juvenis virtus, per tot spectata labores,
Nec mala mollierant : sed inexorabile durus
Exerces odium : nec iniquâ finis in ira
    est.   245
Detrectas etiam laudes : fictamque Medusae
Arguis esse necem. Dabimus tibi pignora
    veri;
Parcite luminibus, Perseus ait : oraque regis
Ore Medusaeo silicem sine sanguine fecit.

Ni la bravoure de ce jeune Heros qui venoit de se signaler par tant de belles actions, ni les dangers qu'il avoit courus, n'avoient pas encore adouci en sa faveur le cœur de Polydecte, qui regnoit sur la petite Ile de Seriphe. Comme on ne voit guères une colere injuste s'éteindre, ce Prince conservoit toûjours contre Persée cette haine implacable qui l'avoit porté à l'éloigner de sa Cour; il cherchoit toutes les occasions de rabaisser sa gloire, & traitoit de chimere le Triomphe qu'il se vantoit d'avoir remporté sur Meduse : je vais enfin vous convaincre, lui dit un jour Persée, de la vérité de cette avanture; & après avoir averti ceux qui étoient autour de lui de fermer les yeux, il lui montra la tête de Meduse, qui le changea en une statue inanimée.

Hactenus aurigenae comitem Tritonia fra-
tri   250
Se dedit. inde cavâ circumdata nube Seriphon
Deserit, à dextrâ Cythno Gyaroque relictis.
Quâque super pontum via visa brevissima,
Thebas,
Virgineumque Helicona petit; quo monte potita
Constitit; & doctas sic est adfata sorores: 255
Fama novi fontis nostras pervenit ad aures;
Dura Medusaei quam praepetis ungula rupit.
Is mihi caussa viae. volui mirabile monstrum
Cernere: vidi ipsum materno sanguine nasci.
Excipit Uranie: Quaecumque est caussa vi-
dendi   260
Has tibi, Diva, domos, animo gratissima
nostro es.
Vera tamen fama est: & Pegasus hujus origo
Fontis. & ad latices deducit Pallada sacros.
Quae mirata diu factas pedis ictibus undas,
Silvarum lucos circumspicit antiquarum; 265
Antraque, & innumeris distinctas floribus
herbas;
Felicesque vocat pariter studiique locique
Mnemonidas. quam sic adfata est una sororum:
O, nisi te virtus opera ad majora tulisset,
In partem ventura chori Tritonia nostri, 270
Vera refers; meritoque probas artesque locum-
que:
Et gratam sortem, tutae modo simus: habe-
mus.
Sed (vetitum est adeo sceleri nihil) omnia
terrent
Virgineas mentes: dirusque ante ora Pyreneus
Vertitur: & nondum me totâ mente rece-
pi.   275
Daulia Threïcio Phoceaque milite rura
Ceperat ille ferox, injustaque regna tenebat.
Templa petebamus Parnasia. vidit euntes:
Nostraque fallaci veneratus numina cultu;
Mnemonides; (cognôrat enim) consistite,
dixit: 280
Nec dubitate, precor, tecto grave sidus, &
imbrem
(Imber erat) vitare meo: subiere minores
Saepe casas Superi. dictis & tempore motae
Adnuimusque viro, primasque intravimus
aedes.
Desierant imbres; victoque Aquilonibus Au-
stro,   285
Fusca repurgato fugiebant nubila coelo.
Impetus ire fuit. claudit sua tecta Pyreneus;
Vimque parat: quam nos sumtis effugimus alis.
    Ipse

Pallas, qui jusques-là n'avoir point abandonné son Frere Persée s'enveloppa d'un nuage, &
aiant quitté l'Ile de Seriphe, & laissé à sa droite
celles de Cythne & de Gyare, alla à Thèbes, &
de là sur l'Helicon, où elle s'arrêta, & parla ainsi
aux Muses. On m'a fait l'Histoire d'une Fontaine, qu'un coup de pied du Cheval Pegase a fait
sortir de cette Montagne : Les merveilles qu'on
m'en a racontées m'ont engagé à venir ici; comme j'étois présente, lorsque Pegase nâquit du
sang de Meduse, j'ai été bien aise de voir aussi
ce nouveau prodige. Quel que soit le sujet qui
vous amene, dit Uranie à la Déesse, nous sommes très-sensibles à l'honneur que vous nous faites. Il est certain que c'est Pegase lui-même qui
a fait sortir ces eaux, dont on vous a parlé; &
sur cela elle la conduisit à la Fontaine, que la
Déesse admira pendant un assez long espace de
tems : Elle se promena ensuite dans les antiques
Forêts de l'Helicon, en visita les Antres & les
Cavernes, & fut agréablement surprise de voir
par tout les fleurs mêlées avec l'herbe & le gazon.
Elle loua les Muses sur leurs savantes occupations,
& leur dit qu'elles étoient fort heureuses d'habiter
un séjour si charmant. Si vous n'aviez été
,, destinée à des emplois plus nobles & plus éle-
,, vez, lui dit alors une des neuf Muses, nous ose-
,, rions nous flater, grande Déesse, que vous auriez
,, daigné augmenter notre nombre en nous ho-
,, norant de votre présence. Il est vrai, & vous
,, nous rendez justice en le croïant, que nos ex-
,, ercices dans un lieu aussi agréable, doivent nous
,, rendre heureuses : Nous croirions l'être en effet,
,, si nous trouvions ici toute sorte de sûreté, mais
,, comme le crime ose violer les azyles les plus sa-
,, crez, des Filles chastes ont toûjours quelque
,, sujet de crainte ; nous nous ressouvenons en
,, tremblant de l'insolence de Pyrenée, & nous
,, ne sommes pas encore bien remises de la fraieur
,, que nous fit ce Tyran, qui, avec les Troupes
,, qu'il avoit amenées de Thrace, s'étoit emparé
,, de la Daulie, & de la Phocide. Un jour, que
,, nous allions sur le Parnasse, nous le rencontra-
,, mes en chemin : Comme il nous connoissoit,
,, il nous fit beaucoup d'accueil, & nous rendit
,, tous les hommages qui étoient dûs à des Dées-
,, ses : Muses, nous dit-il, venez vous reposer.
,, dans mon Palais pendant le mauvais tems, (il
,, pleuvoit en effet) les Dieux n'ont pas dédaigné
,, d'entrer quelquefois dans des Maisons moins
,, magnifiques. Ces offres obligeantes & l'orage
,, nous engagerent à demeurer, & nous nous
,, mîmes à couvert à l'entrée de son Palais. Dès
,, que la pluie eut cessé, & que le beau
,, tems fut revenu; comme nous voulions con-
,, tinuer notre route le Tyran fit fermer les por-
,, tes, & voulut nous faire violence. Heu-
,, reusement

Ipse fecuturo fimilis ftetit arduus arce:
Quàque via eft vobis, erit & mihi, dixit,
    eàdem; 290
Seque jacit vecors è fummae culmine turris:
Et cadit in vultus, difcuffique offibus oris
Tundit humum moriens, fcelerato fanguine
    tinctam.
Mufa loquebatur. pennae fonuere per auras:
Voxque falutantum ramis veniebat ab·al-
    tis. 295
Sufpicit; & linguae quaerit, tam certa lo-
    quentes,
Unde fonent: hominemque putat Jove nata
    locutum.
Ales erant, numeroque novem, fua fata que-
    rentes,
Inftiterant ramis imitantes omnia picae.
Miranti fic orfa Deae Dea: Nuper &
    iftae 300
Auxerunt volucrem victae certamine turbam.
Pieros has genuit Pellaeis dives in arvis.
Paeonis Euippe mater fuit. illa potentem
Lucinam novies, novies paritura, vocavit.
Intumuit numero ftolidàrum turba foro-
    rum; 305
Perque tot Haemonias, & per tot Achaïdas
    urbes·
Huc venit, & tali committunt proelia voce:
Definite indoctum vanà dulcedine vulgus
Fallere; nobifcum, fi qua eft fiducia vocis,
Theffiades certate Deae. nec voce, nec ar-
    te 310
Vincemur; totidemque fumus. vel cedite vic-
    tae
Fonte Medufaeo, & Hyanteà Aganippe:
Vel nos Emathiis ad Paeonas usque nivofos
Cedamus campis. dirimant certamina Nym-
    phae.
Turpe quidem contendere erat; fed cedere vi-
    fum· 315
Turpius. electae jurant per flumina Nymphae,
Factaque de vivo preffere fedilia faxo.
Tunc, fine forte prior, quae fe certare pro-
    feffa eft,
Bella canit Superùm: falfoque in honore Gi-
    ·gantes
Ponit, & extenuat magnorum facta Deo-
    rum, 320
Emiffumque imà de fede Typhoëa terrae
Coelitibus feciffe metum; cunctosque dediffe
Terga fugae: donec feffos Aegyptia tellus
Ceperit, & feptem difcretus in oftia Nilus.
    Huc

reufement les ailes que nous prîmes nous garantirent des mains de ce brutal. Comme il
nous vit au milieu des airs, il monta fur le
haut d'une Tour, en difant qu'il alloit nous
fuivre par la même route. Il crut en effet voler comme nous, mais il fe précipita du haut
en bas de la Tour, & la terre demeura fouillée
du fang de ce fcélerat, qui y fut écrafé".

Cette Mufe parloit encore, lorsqu'on entéh-
dit en l'air un battement d'aîles, & une voix qui
fembloit venir des Arbres voifins & faluer Miñer-
ve. La Déeffe en fut étonnée, & levant les yeux
pour voir ce que c'étoit, elle demanda d'où pouvoit partir ce fon qui reffembloit à une voix humaine. C'étoient les cris de neuf Pies; de ces
Oifeaux qui rediſent tout ce qu'ils entendent, &
qui alors fe plaignoient du malheur qui leur étoit
arrivé. La Mufe pour tirer Minerve de l'étonnement où elle étoit, lui conta l'Hiftoire qui donna
lieu à cette avanture. „ Il n'y a pas long-tems,
„ lui dit-elle, qu'il paroît dans le Monde de cet-
„ te forte d'Oifeaux, & ils ne le font que depuis
„ le defavantage qu'ils eurent dans une difpute.
„ Pierus Roi de Macedoine eut neuf Filles de la
„ Reine Evippé fon Epoufe. Cette Princeffe ac-
„ coucha neuf fois; neuf fois elle eut befoin d'im-
„ plorer le fecours de Lucine. Ces Princeffes fe
„ volant en fi grand nombre, en devinrent info-
„ lentes: Elles traverferent toute la Theffalie &
„ une partie de la Grece pour venir ici nous fai-
„ re un défi, & pour difputer avec nous du prix
„ de la voix. Ceffez enfin, *nous dirent-elles,*
„ d'abufer par vos chants le Vulgaire ignorant;
„ c'eft avec nous, fi vous l'ofez, qu'il faut com-
„ battre. Le nombre eft égal entre nous; mais
„ nous fommes bien affurées que nous ne vous
„ cederons point ni le mérite de la voix ni la de-
„ licateffe du Chant. Si vous êtes vaincües, il
„ faut nous ceder la Fontaine Hippocrene & cel-
„ le d'Aganippe; fi vous remportez la victoire,
„ nous vous abandonnerons les charmantes Val-
„ lées de la Theffalie, & nous nous retirerons
„ fur les Montagnes de la Thrace: Voilà les con-
„ ditions du combat; les Nymphes de cette con-
„ trée feront nos Juges. Il nous parut honteux
„ de recevoir un tel défi, mais il l'auroit été en-
„ core davantage, de ne pas l'accepter: C'étoit
„ avouer notre défaite. Les Nymphes que nous
„ prîmes pour Arbîtres de ce different, après a-
„ voir juré par les Divinitez des Fleuves qu'el-
„ les rendroient juftice au mérite, s'affirent fur
„ un Rocher. Alors, fans avoir tiré au fort,
„ celle des Filles de Pictus, qui avoit porté la
„ parole pour les autres, chanta la Guerre des
„ Géants, au defavantage des Dieux, dont elle
„ s'efforça de diminuer les belles actions. Elle
„ dit que Typhée forti du fein de la Terre avoit
„ tellement épouvanté les Dieux, qu'ils avoient
„ été contraints de prendre la fuite & de fe reti-
„ rer en Egypte : Que ce redoutable Géant
    V 3 „ les

Huc quoque terrigenam veniſſe Typhoëa nar-
rat, 325
Et ſe mentitis Superos celaſſe figuris :
Duxque gregis, dixit, fit Juppiter; unde
recurvis
Nunc quoque formatus Libys eſt cum cornibus
Ammon.
Delius in corvo, proles Semeleïa capro,
Fele ſoror Phoebi, niveâ Saturnia vaccâ, 330
Piſce Venus latuit, Cyllenius Ibidis alis.
Hactenus ad citharam vocalia moverat
ora :
Poſcimur Aonides : ſed forſitan otia non ſint,
Nec noſtris praebere vacet tibi cantibus au-
rem.
Ne dubita, veſtrumque mihi refer ordine car-
men, 335
Pallas ait : nemorisque levi conſedit in umbrâ.
Muſa refert : Dedimus ſummam certaminis
uni.
Surgit, & immiſſos hederâ collecta capillos
Calliope querulas praetentat pollice chordas :
Atque haec percuſſis ſubjungit carmina ner-
vis. 340

,, les y aiant pourſuivis, les avoit obligez à ſe
,, cacher ſous la figure de differens Animaux;
,, que Jupiter ſe métamorphoſa en Belier, & que
,, c'eſt pour cela que Jupiter Ammon, qu'on re-
,, vere dans la Libye, porte des cornes de Be-
,, lier; qu'Apollon prit la figure d'un Corbeau,
,, Bacchus celle d'un Bouc, Diane celle d'une
,, Chatte, Venus celle d'un Poiſſon, Mercure
,, celle d'un Ibis.

,, C'eſt ainſi que la Fille de Picus, accordant
,, ſa Lyre avec ſa voix, chanta l'Hiſtoire de ce
,, combat. Notre tour vint enſuite; mais peut-
,, être, grande Déeſſe, que vous n'avez pas le
,, loiſir de demeurer ici plus long-tems, ni d'é-
,, couter nos Chanſons". Non, non, *leur dit-*
elle, en s'aſſeiant à l'ombre, je veux ſavoir auſſi
ce que vous avez chanté. La Muſe conti-
nua ainſi : ,, Calliope notre Sœur fut choiſie ſeu-
,, le pour répondre aux Filles de Pierus. Elle ſe
,, leva, & après avoir lié ſes cheveux avec des
,, feuilles de Lierre, & préludé quelque tems ſur
,, ſon Luth, elle exécuta l'Hiſtoire de l'Enleve-
,, ment de Proſerpine.

EXPLICATION DE LA III, IV, & V. FABLE.

L'Avanture des Muſes qui ſe retirent chez Pyrenée, & qui ſont obligées de demander aux Dieux des Ailes pour ſe ſauver, eſt, ſelon Plutarque une métaphore, qui nous apprend que ce Tyran qui regnoit dans la Phocide, n'aimoit pas les belles Lettres : Comme il avoit fait démolir les Colleges & les Académies où elles étoient enſeignées, on dit, pour le rendre odieux, qu'il avoit voulu faire violence aux Muſes, que les Dieux, pour les en garantir, leur avoient donné des ailes, & qu'il avoit perdu la vie en les pourſuivant. Ovide eſt le ſeul que je ſache qui ait parlé de ce Tyran qui n'eſt connu que par une Avanture ſi deshonorante. C'eſt ſans doute ſur cette Hiſtoire que l'Antiquité s'eſt fondée pour donner des ailes aux Muſes comme nous les voions repréſentées dans un Monument rapporté par le R. Pere Montfaucon. Le défi que firent les Pierides aux Muſes eſt encore une Avanture que je n'ai trouvée dans aucun Poete plus ancien qu'Ovide. On dit pour l'expliquer que Pierus étoit un fort mauvais Poete, dont les Ouvrages étoient pleins d'Hiſtoires peu avantageuſes aux Dieux. Plutarque même nous apprend (1) qu'il en avoit compoſé un qui deshonoroit les Muſes. Voilà l'origine du combat que décrit notre Poete. On publia que ſes Filles c'eſt-à-dire, ſes Ouvrages avoient été changez en Pies, parce qu'ils étoient pleins d'un verbiage également ennuyeux & dégoûtant. Certainement il y a bien de l'apparence que l'Hiſtoire de Typhée qui contraint les Dieux de ſe cacher en E-gypte ſous la figure de differents Animaux, & qui eſt ici racontée par une des Filles de Pierus, étoit un Poë-me que cet Auteur avoit compoſé un qui deshonoroit que je ne veuille pas entreprendre d'entrer dans un grand détail ſur l'Article des Muſes, que Lylio Giral-di (2) a traité fort au long, ſans l'épuiſer, & dont on peut voir toutes les Images dans le premier Tome de

l'Antiquité expliquée, je ne puis cependant m'empê-cher d'en dire ici quelque choſe, pour la ſatisfaction de ceux qui n'ont pas ces Ouvrages.
Il y a peu de ſujets dans la Mythologie ſur lesquels on ait autant varié que ſur celui qui regarde les Muſes. Varron n'en admettoit que trois. Les autres Anciens croient qu'il y en a eu neuf. L'un rapporte qu'elles étoient Filles de Pierus; l'autre dit que Jupiter étoit leur Pere. Muſée prétend qu'elles étoient Filles du Ciel, pluſieurs autres leur donnent la Terre pour Me-re. St. Auguſtin rapporte, d'après Varron, que dans une Ville, qu'on croit être celle de Sicyone, on avoit employé trois habiles Ouvriers à faire chacun les trois ſtatues des Muſes, dans le deſſein de conſacrer celles qui ſeroient les plus belles, mais qu'on les trouva ſi bien faites, qu'on les prit toutes neuf pour les conſa-crer dans le Temple d'Apollon. D'ailleurs comme les Muſes, ajoutoit Varron, déſignent le Chant, qui ne ſe fait que de trois ſortes, ou par la voix, ou par les in-ſtrumens de bouche, ou par ceux qu'on touche des mains, il ne doit y avoir que trois Muſes. Pauſa-nias (3) nous a conſervé les noms des trois Statuaires dont parloit Varron, & il les appelle Chephiſidore, Strongylione & Olympheoſthene.
Diodore de Sicile (4) donne aux Muſes une Origine plus ancienne. Si nous en croions cet Auteur, ces Déeſſes, ſi fameuſes parmi les Grecs, étoient d'habiles Chanteuſes qu'Oſiris menoit avec lui dans ſes Conquê-tes, & auxquelles il avoit donné pour Chef Apollon l'un de ſes Généraux. Voilà peut-être ce qui a fait donner à ce Dieu le nom de *Muſagette*, ou *Conducteur des Muſes*, auſſi bien qu'à Hercule, qui avoit auſſi été un des Généraux d'Oſiris. Mr. le Clerc (5) croit que la Fable des Muſes vient des Concerts que Jupiter avoit établis en Crete. Si on l'en croit, ils étoient compoſez de neuf Filles qui for-
molent

(1) Dans ſon Livre *de la Muſique.*
(2) *Synt. de Muſis.*

(3) *In Baot.* (4) *Libr. IV.* (5) Notes ſur *Héſiode.*

moient fon Academie Roiale de Mufique ; il ajoute que ce Dieu n'a paffé pour le Pere des Mufes , que parce qu'il eft le premier parmi les Grecs qui à l'imitation de Jubal , avoit un concert reglé , & qu'on n'a donné à ces Chanteufes *Mnemofyne* ou la *Memoire* pour Mere , que parce que c'eft elle qui fournit la matiere des Vers & des Poemes.

On ne varie pas moins fur le nom des Mufes que fur leur origine. Diodore dit qu'il vient de *Mifin* , qui fignifie , *enfeigner des chofes relevées.* Mr. le Clerc dérive ce nom de *Motta, inventer;* Mr. Huet le fait venir du nom de *Moife.* Les autres Etymologies qu'en donnent Platon & Suidas , en tirant ce mot de celui d'*Inquifitio*, approchent affez de celles que je viens de rapporter. Mais comme les Mufes furent célebres & fort honorées dans la Macedoine, qu'on appelloit anciennement Pierie long-tems avant que leur culte fût connu fur le Mont Parnaffe & fur l'Helicon , il eft très-vraifemblable que c'eft dans cette Province qu'elles ont pris leur origine. Ce fentiment eft très-conforme à ce que je viens de lire dans l'Abrégé Chronologique de Mr. le Chevalier Newton , où il eft rapporté que Sejac, qui après fa mort fut furnommé Ofiris, & que l'on a auffi confondu avec Bacchus , avoit marié une des Chanteufes, qui l'avoient fuivi dans fes Expeditions à Olagrius Roi de Thrace, & que de ce Mariage nâquit Orphée. Cet Auteur ajoute que les Muficiennes de ce Conquérant devinrent célebres dans la Thrace, fous le nom de Mufes , & que les Filles de Pierus, Thracien d'origine, exact après leur Mufique & imitant leurs Concerts, prirent le nom de Mufes.

Comme les anciens Auteurs & les Monumens confondent fouvent les noms des neuf Mufes, & les Symboles qui les reprefentent , il eft bon de rapporter ici la maniere la plus ordinaire de les nommer & de les peindre. Clio, la premiere des Mufes, qui prend fon nom de la *gloire* ou de la *tenommée*, tient une Guitarre d'une main & de l'autre un Plectre, qui tient lieu d'Archet. Elle eft, à ce qu'on croit, Inventrice de la Guitarre. Euterpe, ainfi appellée parce qu'elle rejouit, a un masque à fon côté gauche , & une maffue à la main droite. Elle a inventé la Tragédie; ce qui figni-

fie le masque qu'elle porte. Sa double face qu'on trouve dans une Medaille, ne s'obferve pas ailleurs. Elle tient la maffue d'Hercule , peut-être parce que la Tragédie reprefente les Heros, entre lesquels Herculе eft le plus illuftre : D'autres affurent que la maffue marque Thalie , par la raifon que nous dirons plus bas : ils croient auffi que c'eft Thalie qui a la double Tête. Spon, qui a publié un beau marbre qui reprefente les Mufes, les a quelquefois confondues. Thalie, ou *la floriffante*, qui a inventé la Comédie, tient auffi une marque de la main droite. Les Médailles la reprefentent appuiée contre une Colonne. Melpomene, ou *l'attraiante*, eft diftinguée par le *Barbiton.* Terpfichoré , c'eft-à-dire la *divertiffante*, eft diftinguée par des Flutes qu'elle tient, tant fur les Médailles que dans les autres Monumens. Erato, ou *l'aimable*, n'eft pas aifée à diftinguer. Polyhymnie ou Polymnie , ainfi appellée de la *multiplicité des Chanfons*, & non pas de la fidelité de la memoire , comme quelques Auteurs l'ont pretendu , fe trouve fur quelques Médailles. On la peint avec une Lyre, comme Inventrice de l'Harmonie; c'eft le Barbiton qu'Horace lui donne. Uranie, la *célefte*, eft l'Inventrice de l'Aftronomie, & tient un Globe à la main. Dans les Médailles ce Globe eft pofé fur un trépié. Calliope , ainfi appellée de la *douceur de fa voix* , tient un Volume comme Inventrice du Poëme Heroïque.

Je ne rapporterai pas ici les differens noms qu'on donnoit aux Mufes, puifqu'on en peut voir une lifte fort exacte dans Lylio Giraldi. Je finis par une reflexion qui mérite ici fa place. Voffius a eu de la peine à comprendre comment les Anciens ont pu croire que les Mufes étoient des Déeffes guerrieres. Mais puifqu'elles étoient confacrées à Apollon & à Bacchus, qui, felon Diodore, avoient paffé leur vie à faire la guerre, pourquoi ne regarderoit-on pas comme des Guerrieres, les Femmes qui les accompagnoient dans leurs Conquêtes? D'ailleurs les Mufes ont été fouvent confondues avec les Bacchantes, & il eft fûr, felon Plutarque (6) qu'on leur faifoit des Sacrifices dans la Grece, avant que de donner Bataille.

(6) *Apophth. Lacon.*

F ᴀ ʙ. VI.

FAB. VI. *Pluton devient amoureux de Proserpine.*

ARGUMENT.

Pendant que Pluton se promene dans la Sicile, Venus prie son Fils de lui percer le cœur d'une de ses flêches.

PRima Ceres unco glebam dimovit aratro :
    Prima dedit fruges, alimentaque mitia
      terris :
Prima dedit' leges. Cereris sumus omnia
  munus.
Illa canenda mihi est. utinam modo dicere
  possem
Carmina digna Deae! certe Dea carmine
  digna est.   345
Vasta giganteis ingesta est insula membris
Trinacris; & magnis subjectum molibus urguet
Aëtherias ausum sperare Typhoëa sedes.
Nititur ille quidem, pugnaque resurgere saepe :
Dextra sed Ausonio manus est subjecta Pe_
  loro :   350
Laeva, Pachyne, tibi; Lilibaeo crura pre_
  muntur :
Degravat Aetna caput : sub quà resupinus
  arenas
Ejectat, flammamque fero vomit ore Typhoeus.
Saepe remoliri luctatur pondera terrae;

                 Oppidaque,

„ CEres fut la premiere qui enseigna l'art de
„ labourer la Terre, c'est à elle qu'est dûe la
„ production des Fruits, du blé & de tout ce qui
„ sert de nourriture aux hommes. Elle est la pre_
„ miere qui leur ait donné des Loix & tous les
„ biens que nous possedons, sont des présens de cet_
„ te Déesse. Ce sont donc ses louanges, que je
„ dois célebrer aujourd'hui; & comme elle est ve_
„ ritablement digne de nos Vers & de nos Chansons,
„ je souhaiterois pouvoir trouver des Chansons & des
„ Vers qui fussent dignes d'elles. La célèbre Ile
„ de Sicile fut le lieu où les Géans trouverent leur
„ tombeau : C'est-là que Typhée, qui ôsa attaquer
„ les Dieux dans l'Olympe méme, est enseveli sous
„ les vastes masses de plusieurs Montagnes. Sa main
„ droite est sous le Promontoire de Pelore, la gau_
„ che sous celui de Pachyne, & celui de Lilibée
„ couvre ses jambes, & le Mont Etna sa tête.
„ C'est-là qu'il vomit des torrents de feu & de sable;
„ là il fait sans cesse de vains efforts pour se relever,
„ & tâche de se délivrer du pesant fardeau qui l'acca_
„ ble. Les frequentes secousses qu'il donne à la Terre;

                 „ la

Oppidaque, & magnos evolvere corpore mon-
　　tes.　　　　　　　　　　　　355
Inde tremit tellus: & Rex pavet ipse filen-
　　tum,
Ne pateat, latoque folum retegatur hiatu;
Immissusque dies trepidantes terreat umbras.
Hanc metuens cladem tenebrosâ sede tyrannus
Exierat: curruque atrorum vectus equo-
　　rum　　　　　　　　　　　　360
Ambibat Siculae cautus fundamina terrae.
Postquam exploratum satis est loca nulla la-
　　bare;
Depositique metus: videt hunc Erycina va-
　　gantem
Monte suo residens, natumque amplexa vo-
　　lucrem;
Arma, manusque meae, mea, nate, poten-
　　tia, dixit,　　　　　　　　　365
Illa, quibus superas omnes, cape tela, Cupido,
Inque Dei pectus celeres molire sagittas,
Cui triplicis cessit fortuna novissima regni.
Tu Superos, ipsumque Jovem, tu numina
　　ponti
Victa domas, ipsumque, regit qui numina
　　ponti.　　　　　　　　　　　370
Tartara quid cessant? cur non matrisque
　　tuumque
Imperium profers? agitur pars tertia mundi.
Et tamen in coelo, quae jam patientia nostra est,
Spernimur: ac mecum vires tenuantur Amoris.
Pallada nonne vides, jaculatricemque Dia-
　　nam　　　　　　　　　　　　375
Abscessisse mihi? Cereris quoque filia virgo,
Si patiemur, erit: nam spes adfectat easdem.
At tu, pro socio si qua est mea gratia regno,
Junge Deam patruo. dixit Venus. ille pharetram
Solvit: & arbitrio matris de mille sagit-
　　tis　　　　　　　　　　　　380
Unam seposuit. sed quâ nec acutior ulla,
Nec minus incerta est, nec quae magis au-
　　diat arcum.
Oppositoque genu curvavit flexile cornu:
Inque cor hamatâ percussit arundine Ditem.

la font trembler, & portent la terreur jusques
dans le Roiaume de Pluton. Ce Dieu craignant qu'il ne s'y fît enfin quelque ouverture,
& que les Ombres épouvantées ne revissent la
lumiere du jour; pour prévenir ce desordre,
fortit de son Palais ténébreux, & étant monté
sur son Char trainé par des Chevaux noirs, il
visita les fondemens de la Sicile. Enfin après
avoir reconnu que tout étoit en bon état, &
ne craignant plus rien pour son Empire, il alla sur le Mont Eryx. Venus qui l'apperçut
parla ainsi à Cupidon: C'est vous, mon Fils,
lui dit-elle, en l'embrassant, qui seul me rendez
puissante & redoutable: prenez ces flèches qui
vous font triompher de tous les cœurs, & per-
cez celui du Dieu terrible qui eut l'Enfer en
partage. Vous êtes le vainqueur de tous les
Dieux, & de Jupiter lui-même; ceux de la Mer
& celui qui les gouverne ne sont point à l'abri
de vos coups; pourquoi ceux des Enfers en seroient ils à couvert? Pourquoi n'étendez vous
pas votre Domination & celle de votre Mere,
jusques dans ces demeures sombres? Elles sont
la troisieme partie de l'Empire du Monde.
Vous voïez que notre bonté nous fait déjà me-
priser dans le Ciel, & qu'à mesure que le Regne de l'Amour s'y affoiblit, mon pouvoir di-
minue. Ignorez-vous que la fiere Pallas &
Diane m'ont échapé; si nous n'y prenons garde, la Fille de Cerès va aussi se dérober à nos
traits: elle affecte d'avoir les mêmes inclinations que ces deux Déesses. Si vous êtes sensible à l'intérêt de notre gloire, faites en forte
que Pluton en soit amoureux, & qu'elle de-
vienne l'Epouse de son Oncle". Ainsi parla
Venus, & l'Amour aïant pris son Carquois &
choisi au gré de sa Mere, la flèche la plus perçante, & celle dont les coups sont les plus assûrez,
il banda son Arc & blessa le cœur de Pluton.

EXPLICATION DE LA SIXIEME FABLE.

L'Histoire naturelle étoit autrefois souvent expliquée par des suppositions fabuleuses. Une cause sur-naturelle étoit le dénouement ordinaire des Phenomè-nes qu'on avoit de la peine à développer. On voioit sortir à differentes reprises des Volcans du Mont Etna, & souvent la Terre agitée par les flammes qui cherchoient une issue, éprouvoit de violentes secous-ses. Au lieu d'en chercher la source dans le soufre & le bitume dont les Cavernes de cette Montagne font

remplies, on publia que le Géant Typhée, ou, selon d'autres, Encelade, vaincu des Dieux, y avoit été en-seveli, & que les mouvemens qu'il se donnoit pour se délivrer d'un fardeau si pesant, causoient ces feux & ces tremblemens de Terre.

Une Fable en amenoit une autre: On feignit que Pluton, craignant que des mouvemens si violens n'en-trouvrissent la Terre, & que le jour ne pénétrât pas dans son Royaume, vint un jour en Sicile pour exami-

examiner, fi les fondemens de la Terre n'étoient point ébranlez. On ajouta qu'après avoir vû que tout étoit en bon ordre, il avoit été fe promener fur le Mont Eryx, que Venus, piquée de ce que ce Dieu étoit Infenfible à l'Amour, & voïant que le Maitre d'un Empire qui contenoit la troifieme partie du Monde, s'étoit fouftrait à fon pouvoir, engagea fon Fils Cupidon à le percer d'une de fes flêches, qui ne manquent jamais d'infpirer de la tendreffe ; que ce Dieu aiant ponctuellement obéï à fa Mere, Pluton étoit devenu amoureux de Proferpine fa Nièce, & l'avoit enlevée. Comme cet événement eft un des plus confiderables de l'Hiftoire fabuleufe, on ne doit pas être étonné qu'Ovide l'ait préparé avec tant d'appareil. Nous examinerons dans l'Explication de la Fable fuivante, ce qui peut y avoir donné lieu.

F A B. VII. *L'Enlevement de Proferpine.*

A R G U M E N T.

Pluton enleve Proferpine, & convertit en Fontaine la Nymphe Cyane, qui vouloit s'oppofer à cet enlevement. Cerès, occupée à chercher fa Fille, métamorphofe Stelle en Lezard, parce qu'il s'étoit moqué d'elle.

Haud procul Hennaeis lacus eft à moenibus altae,   385
Nomine Pergus, aquae. non illo plura Cayftros
Carmina Cygnorum labentibus audit in undis.
Silva coronat aquas, cingens latus omne;
    fuisque

Frondi-

PRE's des Murs d'Enna eft un Lac fort profond, que l'on nomme le Lac de Pergus. Il eft rempli de Cygnes comme le Cayftre, & fes bords retentiffent fans ceffe de leurs chants mélodieux. Environné de tous côtez d'Arbres qui le mettent à couvert des rayons du Soleil, & y .entre-

Frondibus, ut velo, Phoebeos fubmovet ictus.
Frigora dant rami, Tyrios humus humida
   flores. 390
Perpetuum ver eft. quo dum Proferpina luco
Ludit, & aut violas, aut candida lilia carpit ;
Dumque puellari ftudio calathosque finumque
Implet, & aequales certat fuperare legendo ;
Pene fimul vifa eft ; dilectaque, raptaque
   Diti : 395
Usque adeo properatur amor. Dea territa
   moefto
Et matrem, & comites, fed matrem faepius, ore
Clamat. &, ut fummâ veftem laniarat ab orâ,
Collecti flores tunicis cecidere remiffis.
Tantaque fimplicitas puerilibus adfuit an-
   nis : 400
Hae quoque virgineum movit jactura dolorem.
Raptor agit currus, & nomine quemque vocatos
Exhortatur equos. quorum per colla jubasque
Excutit obfcurâ tinctas ferrugine habenas.
Perque lacus altos, & olentia fulfure fertur 405
Stagna Palicorum, ruptâ ferventia terrâ :
Et quâ Bacchiadae, bimari gens orta Corintho,
Inter inaequales pofuerunt moenia portus.
Eft medium Cyanes, & Pifaeae Arethufae ;
Quod coit anguftis inclufum cornibus, ae-
   quor. 410
Hic fuit, à cujus ftagnum quoque nomine
   dictum eft,
Inter Sicelidas Cyane celeberrima Nymphas ;
Gurgite quae medio fummâ tenus exftitit alvo ;
Agnovitque Deum : Nec longius ibitis, inquit.
Non potes invitae Cereris gener effe. ro-
   ganda ; 415
Non rapienda fuit. quod fi componere magnis
Parva mihi fas eft ; & me dilexit Anapis.
Exorata tamen, nec, ut haec, exterrita nupfi.
Dixit : &, in partes diverfas brachia tendens,
Obftitit. haud ultra tenuit Saturnius iram: 420
Terribilesque hortatus equos, in gurgitis ima
Contortum valido fceptrum regale lacerto.
Condidit. icta viam tellus in Tartara fecit :
Et pronos currus medio cratere recepit.
At Cyane, raptamque Deam, contemtaque
   fontis 425
Jura fui moerens, inconfolabile vulnus
Mente gerit tacitâ ; lacrimisque abfumitur
   omnis :
Et, quarum fuerat magnum modo numen,
   in illas
Extenuatur aquas. molliri membra videres :

entretiennent une fraicheur agréable ; la Terre y
eft par tout couverte des plus belles fleurs, &
l'on y voit regner un Printems éternel. C'étoit
dans ce fejour charmant que Proferpine s'amufoit
à cueillir des Fleurs, & à mêler les Lys avec les
Violettes. Elle prenoit un plaifir fingulier à remplir fa Corbeille, à faire des Bouquets qu'elle
portoit fur fon fein, & à difputer avec fes Compagnes à qui cueilliroit les plus belles Fleurs.
Pluton la voit, en devient amoureux, & l'enleve.
Proferpine épouvantée, appelle plufieurs fois à fon
fecours, fa Mere & fes Compagnes ; mais plus
fouvent encore fa Mere que les Nymphes de fa
fuite. Comme fa Robe s'étoit déchirée, toutes
les Fleurs qu'elle avoit ramaffées tomberent ; fa
jeuneffe & fon innocence la rendirent fenfible à
cette perte. Cependant Pluton preffe fes Chevaux, & pour les animer encore davantage, il
les appelle par leurs noms, & leur lâche la bride
fur le col. Après avoir traverfé de grands Lacs,
& en particulier celui de Palices, dont les eaux
bouillantes exhalent une odeur de foufre, il prend
fon chemin par cette Ville, qui fut bâtie autrefois entre deux Portes d'une grandeur inégale, par
les deux Fils de Bacchias venus de Corinthe (1).
Entre Cyane & Arethufe eft un endroit où la Mer
eft enfermée par des rochers, qui l'environnent de
tous côtez ; Cyane, une des plus belles Nymphes
de la Sicile, habitoit près de là dans un Etang auquel elle donna fon nom. Cette Nymphe étant
fortie du fond de l'Eau, & aiant reconnu Pluton,
lui parla ainfi : ,, Vous n'irez pas plus loin, lui
,, dit-elle ; vous n'avez pas dû pretendre devenir
,, le Gendre de Cérès malgré elle ; il falloir lui
,, demander fa Fille & non pas l'enlever. S'il m'é-
,, toit permis de faire quelque comparaifon de ce
,, qui m'eft arrivé avec la maniere dont vous en
,, ufez avec cette jeune Princeffe, je vous dirois
,, que je fus autrefois aimée d'Anape ; mais ce fut
,, par fes foins & par fes empreffemens qu'il tâcha
,, de me plaire : la crainte ni la violence n'affifté-
,, rent point à notre Hymenée ". En tenant ce
Difcours, la Nymphe voulut empêcher Pluton
de paffer outre. Mais ce Dieu irrité de ce nouvel obftacle, pouffa fes chevaux avec vigueur &
d'un coup de Trident, qu'il enfonça jusques dans
le fond de l'Eau, il s'ouvrir un chemin, qui le
conduifit dans fon Empire. Cyane pénétrée de
depit de l'Enlevement de Proferpine, & du mépris que Pluton avoit marqué pour elle, en fouil-
lant ainfi fes Eaux, conferva dans le fond de fon
cœur une fi grande douleur & un chagrin fi cui-
fant, qu'elle ne ceffa plus depuis ce moment de
repandre des larmes, jusqu'à ce qu'enfin elle fut
changée en ces mêmes Eaux, dont elle avoir été
la Divinité tutelaire. On vit infenfiblement toutes

(1) Les Enfans de Bacchias chaffez de Corinthe à caufe du meurtre
d'Actéon, fe retirerent en Sicile & y bâtirent la Ville de Syracufe,
dont parle ici Ovide.

X 2

Ossa pati flexus ; ungues posuisse rigorem : 436
Primaque de totâ tenuissima quaeque liques-
  cunt ;
Caerulei crines , digitique , & crura , pedesque :
Nam brevis in gelidas membris exilibus undas
Transitus est. post haec tergumque , humeri-
  que , latusque ,
Pectoraque in tenues abeunt evanida rivos 435
Denique pro vivo vitiatas sanguine venas
Lympha subit : restatque nihil , quod prendere
  possis.
Interea pavidae nequicquam filia matri
Omnibus est terris , omni quaesita profundo.
Illam non rutilis veniens Aurora capillis 440
Cessantem vidit , non Hesperus ; illa duabus
Flammiferà pinus manibus succendit ab Aetnà ;
Perque pruinosas tulit irrequieta tenebras.
Rursus , ut alma dies hebetarat sidera , natam
Solis ad occasum ; Solis quaerebat ab ortu. 445
Fessa labore sitim collegerat : oraque nulli
Colluerant fontes : cum tectam stramine vidit
Forte casam ; parvasque fores pulsavit : at inde
Prodit anus ; Divamque videt ; lymphamque
  roganti ,
Dulce dedit , tostâ quòd coxerat ante polen-
  tâ.   450
Dum bibit illa datum ; duri puer oris & audax
Constitit ante Deam : risitque , avidamque vo-
  cavit.
Offensa est : neque adhuc epotâ parte loquentem
Cum liquido mixtâ perfudit Diva polentâ.
Combibit os maculas ; & , quà modo brachia
  gessit ,   455
Crura gerit : cauda est mutatis addita mem-
  bris :
Inque brevem formam , ne sit vis magna no-
  cendi ,
Contrahitur : parvâque minor mensura lacer-
  tâ est.
Mirantem , flentemque , & tangere monstra
  parantem
Fugit anum ; latebramque petit , aptumque
  colori   460
Nomen habet : variis stellatus corpora guttis.

tes les parties de son corps s'amolir, ses os devenir flexibles., & ses ongles cesser d'être durs. En
un mot, ses beaux cheveux, ses doigts, ses pieds,
ses jambes, tout devint liquide : car plus les parties du corps sont deliées & delicates, plus aussi
se convertissent-elles aisément en cette liqueur.
Après cela ses épaules, son dos, ses côtes, sa poitrine furent changez en autant de petits ruisseaux.
Enfin l'eau prit dans ses veines la place du sang
qui y couloir auparavant, & il ne resta rien dans
toute sa personne, qui n'eût la fluidité de cet E-
lement.

Cerès accablée de la plus vive douleur chercha
sa Fille par Mer & par Terre. Après qu'elle eut
couru depuis le lever de l'Aurore jusqu'à la fin du
jour, elle prit deux flambeaux qu'elle alluma sur
le Mont Etna, & continua ainsi de la chercher.
Le lendemain lorsque l'Astre du jour eut fait dis-
paroître les Etoiles, elle parcourut toute la Terre,
depuis les lieux où le Soleil se leve, jusqu'à ceux
où il se couche. Un jour qu'elle étoit accablée de
lassitude, ne trouvant point de Fontaine pour
éteindre sa soif, elle alla frapper à la porte d'une
Cabane couverte de chaume, qu'elle avoit apperçue de loin. Il en sortit une vieille Femme, à
qui la Déesse demanda à boire ; celle-ci lui presenta un breuvage assez agréable qu'elle venoit de
preparer. Pendant qu'elle buvoit, un petit Gar-
çon hardi & effronté, qui la vit avaller ce bru-
vage avec beaucoup d'avidité, se prit à rire, &
dit qu'elle étoit bien gourmande. La Déesse piquée de cette raillerie, jetta à cet Enfant ce qui
restoit dans le vase. Son visage parut d'abord
marqué de petites taches, ses bras furent changez en cuisses, une longue queue lui sortit de
l'extremité du corps, tous ses membres prirent
une autre forme ; mais il devint extremement
petit sous cette métamorphose, afin qu'il fût
moins en état de faire du mal : En un mot, il
fut changé en Lezard. La bonne Femme étonnée de ce prodige se mit à pleurer, & comme
elle vouloir s'approcher, le Lezard se mit à fuir
& se cacha dans un trou. Comme le corps de
cette espece de Lezard est moucheté & rempli de
taches, qui ressemblent à de petites Etoiles, il
porte le nom de *Stellio.*

EXPLICATION DE LA SEPTIEME FABLE.

L'Enlevement de Proserpine est un évenement si obscur, qu'il n'est pas étonnant que les Anciens &
les Modernes se soient jettez pour l'expliquer dans
des partis si opposez les uns aux autres. Il y a des
Auteurs qui ont entierement ramené cette Fable à la
Physique, d'autres ont cru qu'elle renfermoit quelque
ancienne Victoire, qu'il n'étoit pas impossible de développer, malgré toutes les fictions poëtiques qu'on y

a mêlées dans la suite. Je n'ai pas dessein de rapporter
ici tous leurs sentimens. On peut consulter sur cela les
Mythologues qui en ont parlé fort au long ; mais comme le savant Dom Pezron & Mr. le Clerc sont ceux
qui paroissent avoir le plus approché de la vérité, je
vais dire en peu de mots ce qu'ils ont pensé de cette
Fable, & je rapporterai ensuite ce que j'en pense moi-
même.

Dom

Dom Pezron (1) dit que, dans le partage du Monde entre les Princes Titans, Pluton, ou Adès, avoit eu pour son lot l'Occident, & qu'il avoit conduit sa Colonie dans le fond de l'Espagne, où il s'étoit appliqué à faire travailler aux Mines d'Or & d'Argent, qui y étoient fort communes, sur tout du côté de Gades; comme on peut le voir dans Strabon, dans Diodore de Sicile, & sur tout dans Aristote, qui parle beaucoup des richesses de cette contrée. La situation du Roiaume de ce Prince, qui étoit un Païs fort bas par rapport à la Grèce, & que l'Antiquité croioit être couvert d'éternelles ténèbres, fit dire que Pluton avoit eu l'Enfer pour son partage; mais rien ne donna tant de cours à cette idée que les Mines auxquelles il faisoit continuellement travailler. Les Mines sont, pour ainsi dire, dans le centre de la Terre, & il faut descendre pour les fouiller jusque dans les sombres demeures des Manes. C'est ce que Pline (2) dit si élegamment, *in sede Manium opes quærimus; nos ad infestos agunt.* Le fameux *Tartare*, ce Fleuve si connu dans l'Empire de Pluton, étoit sans doute le *Tartesse* qui couloit dans le fond de l'Espagne; le Fleuve *Lethé* est le *Guadalethe*, qui est dans le même Païs, & le nom du Lac *Averne* vient du mot *Ahatona* qui veut dire, celui qui est aux extremitez.

Pluton, continue cet Auteur, quoique retiré dans le fond de l'Espagne, apprit des nouvelles de la beauté de Proserpine Fille de Gerès, Reine de Sicile, & resolut de l'enlever selon une coûtume fort ordinaire de ce tems-là: Peut-être même que l'aiant demandée en Mariage, cette jeune Princesse ne voulut point quitter sa Mere, pour aller dans un Climat qu'on regardoit comme le bout du Monde. D'autres Princesses avoient été apparemment du même goût; & c'est ce qui a fait dire aux Poètes que ce Dieu s'étoit plaint hautement, que, quoiqu'il fût Frere de Jupiter & le plus riche Prince du Monde, personne ne vouloit l'épouser.

> *Dux Erebi quondam tumidas exarsit in iras,*
> *Prælia moturus superis, quod solus egeret*
> *Connubiis, stetilesque diu consumeret annos* (3).

Mr. le Clerc (4), qui a parfaitement bien expliqué cette Fable, pretend que ce ne fut pas Pluton qui enleva Proserpine, mais Aidonée Roi d'Epire, ou *Orcus* Roi des Molosses. Comme Aidonée faisoit travailler aux Mines, & que, pour aller dans son Païs, il falloit passer un Fleuve nommé l'Acheron, on a souvent confondu ce Prince avec Pluton, & l'on ne peut pas douter même que son Histoire n'ait fort servi à embellir celle du Dieu des Enfers; l'Epire qui étoit un Païs fort bas par rapport au reste de la Grèce, étoit prise pour l'Enfer. On sait que l'on a regardé les Voïages que Thesée, & après lui Hercule, firent en Epire, comme des Voïages faits aux Enfers.

Cela supposé, cet Auteur prouve que Gerès ou Dio, regnoit en Sicile, dans le même tems qu'Aidonée gouvernoit l'Epire. Le Regne de cette Princesse fut recommandable par le soin qu'elle prit d'enseigner à son Peuple l'art de cultiver la Terre, & de semer du Blé. Elle établit aussi plusieurs Loix concernant la Police (5) & la propriété des Terres, afin que chacun pût recueillir, sans être troublé, le Blé qu'il avoit semé (6), c'est ce qui a fait toûjours regarder cette Reine comme la Déesse du Blé & de la Terre. Il est bon de remarquer toutefois que Cerès n'apprit l'Agriculture qu'aux Grecs; les Egyptiens, les Chaldéens & plusieurs autres Peuples, l'exercerent long-tems auparavant. Il y a même bien de l'apparence que cet Art n'avoir pas été inconnu dans la Sicile & la Grèce jusqu'au tems de Gerès, & que cette fameuse Reine ne fit que le perfectionner.

Gerès faisoit son séjour ordinaire dans un lieu délicieux de la Sicile nommé *Enna*, comme nous l'apprenons de Ciceron (7) & de Diodore de Sicile (8). *Enna*,

felon Mr. Bochart (9) veut-dire *Fontaine agréable*, ce qui convient fort à la description que ces Auteurs que je viens de citer font de cette charmante Campagne, dans laquelle étoit située la Ville de ce nom. La Fille unique de Gerès, Proserpine, que d'autres nomment Coré, ou *Pherephata*, qui veut dire *Fruit abondant*, se promenoit un jour à l'écart dans ces agréables Prairies, où, selon Strabon (10), Ciceron & Ovide, elle cueilloit des Fleurs, avec quelques Filles de sa Cour, des Corsaires l'enléverent, & l'aiant conduite sur un Char au bord de la Mer, ils s'embarquerent pour aller dans l'Epire. On publia que Pluton lui-mê. me l'avoit enlevée, parce qu'on attribue au Chef ce qui se fait par ses ordres, ainsi que le dit Pausanias dans cette occasion (11). Comme ceux qui ravirent cette Princesse s'étoient cachez pour l'épier dans les Cavernes du Mont Etna, on dit que Pluton étoit sorti par-là de l'Enfer: cette Montagne, qui vomit sans cesse des feux & des flames, a toûjours été regardée par les Poëtes comme un soupirail de l'Enfer. Cerès, informée du malheur arrivé à sa Fille, l'alla chercher par toute la Grèce, & après bien des fatigues, elle s'arrêta dans un Bourg de l'Attique nommé Eleusis, où elle apprit que le Vaisseau qui la portoit, étoit allé du côté de l'Occident. Elle se plaignit hautement de cette injure à la Cour de Jupiter; mais elle ne pût obtenir d'autre satisfaction, sinon que la jeune Reine auroit quelquefois la liberté d'aller voir sa Mere, & de passer quelque tems avec elle: ce qui sans doute a donné lieu de feindre que Jupiter avoit accordé à Gerès que sa Fille seroit six mois en Enfer & six mois sur la Terre avec elle. La Reine de Sicile fut appaisée; on lui avoit persuadé que le Mariage convenoit à sa Fille, quoiqu'il y eût un peu de différence d'age entre elle & son Oncle.

Quelque ingenieuse que soit cette Explication, je ne saurois me persuader que l'Enlevement de Proserpine puisse être mis sur le compte d'Aidonée Roi d'Epire, puisque ce Prince ne vivoit que du tems de Thesée & de Pirithoüs, c'est-à-dire environ cinquante ans avant la Guerre de Troye, & que le Prince Titan qui porta le nom de Pluton, regnoit plusieurs Siecles auparavant: Y a-t-il apparence que Gerès n'ait enseigné à la Sicile & à la Grèce, l'art de cultiver la Terre, que du tems d'Hercule & de Thesée? Vivoit-on alors de gland & d'herbes sauvages? Et dès le tems des Lycaons & des Phoronées, la Grèce n'avoit-elle pas appris à substituer une nourriture plus solide, à celle qui lui étoit commune avec les Bêtes?

Je sai bien que Mr. le Clerc distingue deux Aidonées, l'un contemporain de Thesée, & l'autre d'Abraham ou d'Isaac, qu'il dit que ce fut du tems du plus ancien que Proserpine fut enlevée; mais outre que ces deux Rois d'Epire se ressembloient trop pour être differens l'un de l'autre, il sera vrai de dire que ce n'est plus qu'une question de nom, & qu'il appelle Aidonée le Prince que d'autres nomment Pluton.

Quoiqu'il en soit, il y a bien de l'apparence que ces deux explications ne sont elles-mêmes que de nouvelles Fables. Peut-on s'imaginer que Cerès, en cherchant sa Fille, qu'on lui avoit enlevée, se soit faite adorer par les Athéniens? Qu'Erchthée ait reçu des Fêtes, qu'elle avoit-elle-même établies de son vivant, & que Triptoleme, dont le Pere regnoit alors à Eleusis, ait été le Prêtre des Mystères d'une Femme qui ne pouvoir pas retrouver sa Fille? Je sai bien que plusieurs Chronologues & en particulier, le célebre Chevalier Newton, fondez sur l'autorité des Auteurs Grecs, tâchent de fixer le tems où vivoit Cerès, qu'ils marquent l'Epoque de son Voïage de Sicile à Athenes, qu'ils parlent de l'année de sa mort & du culte qu'on lui rendit peu de tems après. Mais malgré ces autoritez, je suis persuadé qu'il ne faut point chercher dans la Grèce d'autre Cerès que l'Isis des Egyptiens, ni d'autres Mystères que ceux de cette Déesse. On sait à n'en point douter que presque tous les Dieux des Grecs, & leur culte leur

(1) *Ant. de la Langue des Celtes.* (2) Lib. XXXIII. Cap. I. (3) *Claudianus de raptu Proserp.* (4) Tome VI. de sa *Bibliot. Universelle.* (5) PORPHYRE, Libr. IV. *de Abstinentia.* (6) *Virgile.* (7) *Verrina* III. (8) Libr. V.

(9) *Chan. Libr. I. Cap. XXVIII.* (10) Libr. VII. (11) *In Corinth.*

leur étoient venus des Païs d'Orient, & fur tout d'E-
gypte, avec les Colonies qui avoient peuplé la Grèce
en differents tems; & s'il y en a quelques-uns dont la
transmigration foit certaine, ce font Bacchus ou Ofiris, & Cerès ou Ifis: Voici donc ce qui a donné lieu
à cette Fable. La Grèce fut affligée d'une grande famine fous le Regne d'Erechthée, comme Diodore de Sicile nous l'apprend (12). Ovide même fait une belle &
longue defcription de cette famine. Les Athéniens
dont le terroir étoit peu fertile, en furent encore plus
incommodez que leurs voifins; Erechthée prit le parti
d'envoïer chercher des Bleds en Egypte, & ceux qu'il
avoit envoïez apporterent, avec les Grains qu'on leur
vendit, le culte & les Ceremonies de la Divinité qui
préfidoit à l'Agriculture.

Le mal qu'on venoit de fouffrir, & la crainte qu'on
eut de retomber dans la même difette, firent recevoir
fans contradiction les Myftères d'une Déeffe qu'on
croioit pouvoir les en garantir. Triptoleme reçut en
même tems ce culte dans Eleufis; il voulut même être
le premier Prêtre de Gerès ou Ifis; & fe trouvant dans
l'abondance, il eut foin en fecourant fes voifins de
leur enfeigner des Myftères qu'il venoit lui-même d'apprendre. La Sicile avoit reçu quelque tems avant les
Myftères de cette Divinité, & voilà pourquoi on publia que Cerès étoit venue de Sicile à Athenes. On
ajouta que fa Fille avoir été enlevée, parce que les
Bleds & les Fruits, que fon nom défigne, comme nous

(12) Libr. I.

l'avons déjà dit, avoient ceffé pendant quelque tems de
fournir des alimens. On ajouta que Pluton l'avoit em-
mené dans les Enfers parce que ces mêmes Fruits
étoient demeurez pendant ce tems-là comme enfevelis
dans le centre de la Terre; on dit enfin que Jupiter a-
voit partagé le different entre Cerès & Pluton, parce
qu'on revit alors la Terre couverte de nouvelles Moiffons. Voilà le fondement de cette Fable; l'introduction des Myftères de Cerès dans la Grèce. Quelque
Poëte fameux, dont le nom fe trouve effacé dans la
XIV. Epoque des Marbres d'Arondel, célébra cet événement dans un Poëme, ainfi qu'il eft rapporté dans
cette Epoque. Et il eft bon de remarquer; 1. que ce
Poëme, qu'Ovide avoit fans doute lû, fut compofé
dix ans après l'arrivée de Cerès; 2. que l'Auteur de la
chronique de ces Marbres, traite de Fable l'enlevement
de Proferpine, la recherche que Cerès fit de fa Fille,
& les autres circonftances qu'on a mêlées dans cet événement: ce qui veut dire fans doute que le Poete dont
il s'agit en cet endroit, avoit extremement defiguré
l'Hiftoire de la tranflation du culte de Cerès dans l'Attique. Si cependant il fe trouve des Savans qui veuil-
lent foutenir leur Gerès, on peut penfer pour les fatisfaire que cette Reine de Sicile aiant perdu fa Fille, &
étant allée dans l'Attique pour la chercher apprit à
Triptoleme les Myftères d'Ifis; & que les Grecs l'aiant
mife elle-même dans la fuite au nombre des Dieux, fon
Culte fut confondu avec celui d'Ifis.

FAB. VIII. & IX. *Afcalaphe changé en Hibou, & les Sirenes
converties en Oifeaux.*

ARGUMENT.

Cerès, aiant cherché inutilement fa Fille par toute la Terre, decouvre
par

par le moien de la Nymphe Arethuse que Pluton l'avoit enlevée & obtient de Jupiter, que Proserpine lui seroit rendue, si elle n'avoit rien mangé depuis qu'elle étoit arrivée dans le Roiaume de Pluton; mais Ascalaphe aiant dit qu'elle avoit mis dans la bouche quelques grains de Grenade, Jupiter, suivant l'Arrêt des Parques, établit qu'elle demeureroit chaque année, six mois avec Pluton & six mois avec sa Mere; Proserpine irritée de ce procedé changea Ascalaphe en Hibou. Comme les Sirenes s'étoient trouvées en la compagnie de Proserpine lors qu'elle fut enlevée, les Dieux leur donnerent des ailes pour l'aller chercher par toute la Terre.

Quas Dea per terras, & quas errave-
  rit undas,
Dicere longa mora est. Quaerenti defuit orbis.
Sicaniam repetit. dumque omnia lustrat eundo;
Venit & ad Cyanen: ea, ni mutata fuisset, 465
Omnia narrasset. sed & os & lingua volenti
Dicere non aderant: nec, quo loqueretur,
  habebat.
Signa tamen manifesta dedit: notamque parenti,
Illo forte loco delapsam gurgite sacro,
Persephones zonam summis ostendit in un-
  dis.   470
Quam simul agnovit, tamquam tum denique
  raptam
Scisset, inornatos laniavit Diva capillos:
Et repetita suis percussit pectora palmis.
Nec scit adhuc ubi sit: terras tamen incre-
  pat omnes;
Ingratasque vocat, nec frugum munere dig-
  nas.   475
Trinacriam ante alias, in quâ vestigia damni
Reperit. ergo illic saevâ vertentia glebas
Fregit aratra manu: parilique irata colonos
Ruricolasque boves leto dedit: arvaque jussit
Fallere depositum: vitiataque semina fecit. 480
Fertilitas terrae; latum vulgata per orbem;
Cassa jacet: primis segetes moriuntur in herbis:
Et modo sol nimius, nimius modo corripit
  imber.
Sideraque; ventique nocent: avidaeque volu-
  cres
Semina jacta legunt: lolium, tribulique fa-
  tigant   485
Triticeas messes, & inexpugnabile gramen.
Cum caput Eleis Alphëias extulit undis:
Rorantesque comas à fronte removit ad aures:
Atque ait: O toto quaesita virginis orbe,
Et frugum genetrix, immensos siste labo-
  res: 490
Neve tibi fidae violenta irascere terrae.
Terra nihil meruit: patuitque invita rapinae.
                                    Nec

JE ne finirois point, si je voulois vous faire une exacte énumeration des Terres & des Mers que parcourut l'infortunée Cerès en cherchant sa Fille. Le Monde entier ne lui en apprit aucune nouvelle. De retour en Sicile, elle alla, en s'informant encore dans tous les Lieux où elle passoit près du Lac où habitoit autrefois Cyane. Si cette Nymphe n'avoir pas été changée en Eau, elle auroit été en état de lui apprendre l'avanture de sa Fille; mais quelque envie qu'elle en eut, elle n'avoit plus alors l'usage de la parole. Elle s'expliqua cependant par quelques lignes, & fit voir à cette Mere affligée la ceinture de Proserpine qui flottoit encore sur l'Eau. La Déesse, qui la reconnut, ressentit alors toute la douleur dont elle avoit été saisie au moment qu'elle avoit appris l'Enlevement de sa Fille. Elle s'arracha les cheveux, se meurtrit le sein; & quoiqu'elle ne sut point dans quel lieu elle étoit, toute la Terre lui parut alors mériter sa colere: Elle la crut indigne des presens dont elle avoit soin de l'enrichir tous les ans. Mais de tous les Païs de l'Univers, il n'y en eut point contre lequel son courroux éclatât davantage, que contre l'ingrate Sicile, où elle venoir de découvrir les premiers indices du malheur de Proserpine. Elle mit en pieces toutes les charrues, fit mourir sans distinction les Bœufs & les Laboureurs qui les conduisoient: La Terre fut condamnée à une éternelle sterilité; & les Grains qu'on y avoit semez se corrompirent. Cette Ile, si célèbre par sa fertilité, commença alors à languir, & l'heureuse abondance en fut bannie: Les Bleds, à peine sortis de Terre, sechent & se fanent: tantôt c'est une chaleur excessive qui les brûle; quelquefois c'est une pluie trop abondante qui les inonde: Les Vents, les Orages; tout leur est nuisible. Les Oiseaux viennent manger le Grain à mesure qu'on le seme, & ce qui échape à leur voracité, est étouffé sous l'Yvroie & les autres mauvaises Herbes. Touchée de toutes ces calamitez, Arethuse sort du fond des Eaux, & alant écarté de dessus son visage ses cheveux mouillez, elle parle ainsi à Cerès: ,, Grande Déesse, lui dit-elle, ,, que l'Univers revere comme la source féconde ,, de tous les biens qui servent à la nourriture de ,, ses Habitans, après avoir cherché votre Fille ,, inutilement par toute la Terre, il est tems de ,, terminer de si longues courses: Ne portez pas ,, plus loin contre cette même Terre, les marques de votre indignation; ce n'est point elle ,, qui est coupable, & c'est contre son gré qu'el-
                                    ,, le

Nec sum pro patriâ supplex : huc hospita veni.
Pisa mihi patria est : & ab Elide ducimus
ortum.
Sicaniam peregrina colo : sed gratior omni 495
Haec mihi terra solo est. hos nunc Arethusa
penates,
Hanc habeo sedem ; quam tu , mitissima ,
serva.
Mota loco cur sim. , tantique per aequoris
undas
Advehar Ortygiam , veniet narratibus hora
Tempestiva meis : cum tu curisque levata, 500
Et vultûs melioris eris. mihi pervia tellus
Praebet iter ; subterque imas ablata cavernas
Hic caput attollo : desuetaque sidera cerno.
Ergo, dum Stygio sub terris gurgite labor,
Visa tua est oculis illic Proserpina nostris. 505
Illa quidem tristis,nec adhuc interrita vultu;
Sed regina tamen,sed opaci maxima mundi;
Sed tamen inferni pollens matrona tyranni.
Mater ad auditas stupuit, ceu saxea, voces:
Attonitaeque diu similis fuit. utque dolore 510
Pulsa gravi gravis est amentia ; curribus
auras
Exit in aetherias : ibi toto nubila vultu
Ante Jovem passis stetit invidiosa capillis.
Proque meo supplex venio tibi, Juppiter, in-
quit,
Sanguine, proque tuo. si nulla est gratia ma-
tris ; 515
Nata patrem moveat : neu sit tibi cura, pre-
camur ,
Vilior illius , quod nostro est edita partu.
En quaesita diu tandem mihi nata reperta est :
Si reperire vocas, amittere certius ; aut si
Scire ubi sit , reperire vocas. quod rapta ,
feremus ; 520
Dummodo reddat eam. neque enim praedone
marito
Filia digna tua est ; si jam mea filia digna est.
Juppiter excepit : Commune est pignus onusque
Nata mihi tecum : sed , si modo nomina rebus
Addere vera placet , non hoc injuria fac-
tum , 525
Verum amor est : neque erit nobis gener ille
pudori.
Tu modo , Diva , velis. ut desint cetera
quantum est ,
Esse Jovis fratrem ! quid quod nec cetera
desunt ,
Nec cedit nisi forte mihi : sed tanta cupido
Si tibi discidii ; repetat Proserpina coelum : 530
Lege

„ le s'est ouverte pour donner passage au Ravis-
„ seur de votre Fille. Ce n'est point l'intérêt de
„ ma Patrie, qui m'engage à vous prier de vous
„ appaiser : Pise est le lieu de ma naissance, &
„ je tire mon origine de l'Elide : quoiqu'Etran-
„ gére en Sicile, cette île est le Païs du Mon-
„ de qui a pour moi le plus de charmes ; j'ai pris
„ le parti d'y fixer ma demeure ; de grace ne la
„ troublez point : Il n'est pas tems à présent de
„ vous raconter par quelle avanture j'ai traversé
„ tant de Mers pour venir ici, j'aurai soin de vous
„ en instruire lors que votre douleur sera dissipée
„ & que vous serez plus tranquile. Il suffit que
„ vous sachiez présentement que la Terre m'ou-
„ vre un passage , & qu'après avoir traversé ses
„ Antres les plus profonds , je parois dans cet
„ endroit. Comme le lieu où je passe est voisin
„ du Styx, j'ai vû Proserpine votre Fille. Elle
„ porte encore sur son visage toutes les marques
„ de la plus vive douleur; cependant elle est Rei-
„ ne, Epouse de Pluton; elle regne sur le vaste
„ Empire des Ombres". A ce discours Cerès
saisie d'étonnement , demeure quelque tems immobile; passant ensuite de la douleur à la rage &
à la fureur, elle monte sur son Char , traverse
l'immense étenduë des Airs, & se-presente devant
Jupiter, le visage baigné de larmes, les cheveux
épars & avec toutes les autres marques du plus affreux desespoir. „ Soûverain des Dieux, lui dit-
„ elle, c'est l'intérêt de votre Sang & du mien
„ qui m'ameine ici. Si le malheur d'une Mere
„ desolée ne vous touche point, soiez du moins
„ sensible à celui de votre Fille : pour être née
„ de la plus infortunée de toutes les Femmes, el-
„ le ne doit pas vous être moins chere. Après
„ l'avoir cherchée long-tems, je l'ai enfin retrou-
„ vée; si toutefois c'est l'avoir retrouvée que d'ê-
„ tre encore plus certaine que je ne l'étois de l'a-
„ voir perduë pour jamais. Je pourrois me con-
„ soler encore du sanglant affront qu'on m'a fait,
„ si elle m'étoit renduë : car enfin votre Fille ,
„ (helas ! je n'ose dire qu'elle est la mienne) n'est
„ pas destinée à être l'Epouse d'un Ravisseur?
„ Comme votre Fille, repartit Jupiter, est le ga-
„ ge mutuel de notre tendresse, je dois partager,
„ avec vous, l'affliction que vous cause le mal-
„ heur qui lui est arrivé; cependant, s'il faut ne
„ rien vous déguiser, je ne vois pas qu'il y ait
„ un affront pour vous dans la conduite de Plu-
„ ton. C'est un crime de l'Amour, & nous ne
„ devons pas rougir ni vous ni moi de l'avoir
„ pour Gendre, pourvû toutefois que vous veuil-
„ liez bien y consentir. Car enfin, quand il n'au-
„ roit pas toutes les brillantes qualitez des autres
„ Dieux, n'est-ce pas assez qu'il soit le Frere de
„ Jupiter ; mais il possede comme nous tous ces
„ avantages; & je ne vois pas qu'il me soit infe-
„ rieur en rien, si ce n'est peut-être dans la dif-
„ ference que le partage du Monde a mise entre
„ nous. Si malgré tout cela, vous souhaitez que
„ Proserpine vous soit renduë, j'y consens; elle
„ revien-

Lege tamen certâ; si nullos contigit illic
Ore cibos : nam sic Parcarum foedere cautum
est.
Dixerat. at Cereri certum est educere natam.
Non ita fata sinunt : quoniam jejunia virgo
Solverat : &, cultis dum simplex errat in
hortis, 535
Poeniceum curvâ decerpserat arbore pomum :
Sumtaque pallenti septem de cortice grana
Presserat ore suo : solusque ex omnibus illud
Viderat Ascalaphus : quem quondam dicitur
Orphne,
Inter Avernales haud ignotissima Nym-
phas, 540
Ex Acheronte suo furvis peperisse sub antris.
Vidit : & indicio reditum crudelis ademit.
Ingemuit regina Erebi ; testemque profanam
Fecit avem : sparsumque caput Phlegethonti-
de lymphâ
In rostrum, & plumas, & grandia lumina
vertit. 545
Ille sibi ablatus fulvis amicitur ab alis ;
Inque caput crescit ; longosque reflectitur un-
gues ;
Vixque movet natas per inertia brachia pen-
nas :
Foedaque fit volucris, venturi nuntia luctus,
Ignavus bubo, dirum mortalibus omen. 550
Hic tamen indicio poenam linguâque videri
Commeruisse potest. vobis, Acheloïdes, unde
Pluma pedesque avium, cum virginis ora
geratis?
An quia, cum legeret vernos Proserpina flores,
In comitum numero mixtae, Sirenes, era-
tis? 555
Quam postquam toto frustra quaesistis in orbe ;
Protinus ut vestram sentirent aequora curam,
Posse super fluctus alarum insistere remis
Optastis : facilesque Deos habuistis, & artus
Vidistis vestros subitis flavescere pennis. 560
Ne tamen ille canor, mulcendas natus ad
aures,
Tantaque dos oris linguae deperderet usum,
Virginei vultus, & vox humana remansit.

,, reviendra dans l'Olympe ; pourvû toutefois
,, qu'elle n'ait rien mangé depuis qu'elle est en-
,, trée dans les Enfers ; c'est ainsi, que les Par-
,, ques l'ont reglé''. Ce discours n'ébranla point
Cerès ; elle persista dans la resolution de retirer
sa Fille des mains de Pluton ; mais le Destin y
avoit formé un obstacle invincible : Proserpine
n'avoir pas gardé cette rigoureuse abstinence qui
auroit été necessaire pour sa liberté. Un jour,
comme elle se promenoit dans les Jardins du Palais de Pluton, elle avoit cueilli une Grenade
dont elle avoit mangé sept grains : personne ne
s'en étoit apperçu qu'Ascalaphe, qu'Orphné,
une des plus célèbres Nymphes des Enfers avoit
autrefois conçû du Fleuve Acheron, & l'avoir
mis au monde dans les sombres Cavernes de ces
tristes lieux. Il étoit le seul qui eut vû Proserpine, lorsqu'elle mangea de cette fatale Grenade.
Par le rapport qu'il en fit à Pluton, il mit obstacle à son retour dans le Ciel. Elle en fut mor-
tellement affligée, & pour punir l'indiscret Ascalaphe, elle le changea en Oiseau de mauvais
augure. En jettant sur lui de l'Eau du Phlegeton, elle en forma une espece de Monstre, qui
n'a que le bec, des plumes & de grands yeux :
de tout son corps il ne lui resta que des ailes jau-
nâtres, une grosse tête, & des ongles crochus :
ses ailes mêmes, il ne le remue, qu'avec peine
& fort lentement. Pour tout dire en un mot,
il fut changé en Hibou, Oiseau qui n'annonce
que des malheurs.

Il est vrai que l'indiscretion d'Ascalaphe méritoit bien un tel châtiment, mais apprenez-
moi, Sirenes, Filles d'Achelous, par quelle
raison vous avez des ailes & des pieds comme
des Oiseaux, pendant que par le visage & par
la voix, vous ressemblez encore aux autres
Filles ? Est-ce à cause que vous accompagniez
Proserpine, lorsqu'elle fut enlevée par Pluton,
dans le tems qu'elle cueilloit des fleurs ? Après
l'avoir inutilement cherchée par toute la Terre, vous priâtes les Dieux de vouloir bien
vous donner des ailes, afin de vous mettre en
état de la chercher aussi sur la Mer. Vos vœux
furent écoutez, & dans le moment votre corps
fut couvert de plumes ; mais vous ne fûtes
point pour cela privées de cette voix qui fait
le charme le plus doux des oreilles : vous la
conservez encore avec tout l'éclat de votre
beauté.

EXPLICATION DE LA VIII. & IX. FABLE.

DANS le Traité que fit Cerès avec Pluton, Jupiter lui accorda le retour de sa Fille, à condition qu'elle n'eût rien mangé, depuis son arrivée dans les Enfers. Ascalaphe aiant rapporté qu'il l'avoit vûë manger six pepins d'une Grenade, qu'elle avoit cueillie dans les Jardins de l'Enfer ; l'Arrêt fut changé & Jupiter déclara que Proserpine demeureroit six mois en Enfer & six mois chez sa Mere ; ou, comme le dit Apollodore (1), neuf mois avec Cerès & trois mois avec Pluton. Cette Princesse pour se venger de l'indiscretion d'Ascalaphe le metamorphosa en Hibou. Ascalaphe étoit un courtisan de Pluton, qui aiant conseillé à son Maître l'enlévement de Proserpine, fit tout ce qu'il put pour rendre inutiles les negotiations de Cerès, & pour empêcher que sa Fille ne lui fût rendüe. Proserpine le fit mourir dans la suite; & voilà ce qui a donné lieu à la Fable: les conseils pernicieux qu'il avoit donnez à son Maître furent cachez sous la Fable de ces grains de Grenade. Sa métamorphose en Hibou n'est qu'une Métaphore, qui nous represente un Homme haïssable, si vous n'aimez mieux dire toutefois qu'on n'a débité cette Fable que pour nous marquer qu'il se tenoit toujours caché dans les Mines de Pluton, dont il étoit l'Intendant, & où même il perit. Il y a apparence qu'il fut écrasé par la chûte de quelque Rocher ce qui fit dire aux Poëtes que Proserpine l'avoit couvert d'une grosse pierre, ainsi qu'on peut le voir dans Apollodore (1), qui dit que ce fut Cerès qui l'avoir puni elle-même de la sorte. Le nom d'Ascalaphe veut dire *celui qui brise des pierres;* & ce nom ne lui fut donné apparemment, que pour marquer son emploi. Quelques Auteurs prétendent qu'il fut métamorphosé en un certain Lezard, que les Grecs nomment *Ascalabos;* & c'est sans doute la ressemblance des noms qui leur a donné lieu de le dire.

Notre Poëte ajoute que la Nymphe Cyane, aiant voulu faire des reproches à Pluton, sur la violence dont

(1) Libr. I.

il usoit à l'égard de Proserpine, ce Dieu l'avoir changée en Fontaine. Circonstance qui n'a, je crois d'autre fondement, sinon que ce fut près de cette Fontaine, qui coule aux environs de Syracuse, que les Emissaires de Pluton s'embarquerent.. Ce que le même Poëte ajoute d'une Fille nommée Menthe, que Proserpine changea en une Plante qui porte encore son nom, & que les Grecs appellent *Hedyosmos* à cause de sa bonne odeur, veut dire apparemment que cette Reine, n'aïant pû souffrir une Rivale qui partageoit le cœur de son Mari, la fit perir. La ressemblance des noms fit inventer la métamorphose à ceux qui écrivirent l'Histoire de cette Cour.

Il est aussi parlé dans le même endroit des Sirenes, qui accompagnoient Proserpine dans le tems qu'elle fut enlevée. Mais pour n'être pas obligé de repeter la même chose, je n'expliquerai cette Fable, que lorsqu'il s'agira des avantures d'Ulysse. Il suffira de dire maintenant que si Ovide a feint que les Sirenes qui accompagnoient Proserpine, dans le tems qu'elle fut enlevée obtinrent des Dieux de devenir Oiseaux pour l'aller chercher; c'est qu'aparement les Sirenes qui habitoient sur les Côtes d'Italie, assez près de la Sicile, aiant apris le malheur qui étoit arrivé à cette Princesse, firent équiper un Vaisseau à voiles pour la chercher.

F A B. X. *Arethuse changée en Fontaine.*

ARGUMENT.

Après que le jugement de Jupiter eut appaisé Cerès, cette Déesse alla trouver Arethuse, pour apprendre l'Histoire de ses Amours: La Nymphe lui raconta qu'Alphée qui l'aimoit, l'aiant pou　　　jour, elle implora le secours de Diane, qui l'avoit changée en Fontaine, & la Terre

Terre s'étant entr'ouverte pour lui donner paſſage, elle alla reſortir dans la Sicile, où le Fleuve Alphée, mêlant ſes Eaux avec les ſiennes, l'avoit accompagnée.

A T medius fratriſque ſui moeſtaeque ſororis
Juppiter ex aequo volventem dividit
annum. 565
Nunc Deà, regnorum numen commune duo-
rum,
Cum matre eſt totidem, totidem cum conjuge
menſes.
Vertitur exemplo facies, & mentis, & oris;
Nam, modò quae poterat Diti quoque moeſta
videri;
Laeta Deae frons eſt: ut Sol, qui tectus a-
quoſis 570
Nubibus ante fuit, victis ubi nubibus exit.
Exigit alma Ceres, natà ſecura receptà,
Quae tibi cáuſſa viae: cur ſis, Aréthuſa,
ſacer fons.
Conticuere undae: quarum Dea ſuſtulit alto
Fonte caput: virideſque manu ſiccata capil-
los 575
Fluminis Eléi veteres narravit amoreṣ.
Pars egò Nympharum, quae ſunt in Achäi-
de, dixit.
Una fui: nec me ſtudioſius altera ſaltus
Legit, nec poſuit ſtudioſius altera caſſes.
Sed, quamvis formae numquam mihi fama
perita eſt, 580
Quamvis fortis eram; formoſae nomen ha-
bebam:
Nec mea me facies nimium laudata juvabat.
Quáque aliae gaudere ſolent, ego ruſtica dote
Corporis erubui; crimenque placere putavi.
Laſſa revertebar (memini) Stymphalide ſil-
và. 585
Aeſtus erat: magnumque labor geminaverat
aeſtum;
Invenio ſine vortice aquas, ſine murmure
euntes,
Perſpicuas imo; per quas numerabilis alte
Calculus omnis erat; quas tu vix ire putares.
Cana ſalicta dabant, nutritaque populus un-
dà, 590
Sponte ſua natas ripis declivibus umbras.
Acceſſi; primumque pedis veſtigia tinxi;
Poplite deinde tenus: neque eo contenta, re-
cingor:
Molliaque impono ſalici velamina curvae:
Nudaque mergor aquis. quas dum ſerioque,
trahoque, 595

Tom. I. Mille

JU P I T E R, pour accommoder le différent qui étoit entre Pluton & Cerès, ordonna que Proſerpine demeureroit chaque année, ſix mois avec ſon Mari, & ſix mois avec ſa Mere. Ce jugement aïant remis le calme dans le cœur & ſur le viſage de Cerès, cette Déeſſe, qui juſques-là avoit paru triſte à l'Enfer même, reprit cet air vif & ſerein, qu'on voit dans le Soleil, lorſqu'il a diſſipé le nuage qui terniſſoit ſon éclat; contente du ſort de ſa Fille, & n'aïant plus aucun ſujet de chagrin, elle voulut s'informer des avantures d'Aréthuſe, & ſavoir ce qui l'avoit engagée à quitter le Païs de ſa naiſſance. A l'arrivée de la Déeſſe les Eaux de la Fontaine ſe calmerent & la Nymphe, en étant ſortie, & aïant eſſuïé ſes cheveux avec ſa main, lui raconta l'Hiſtoire de ſes Amours avec le Fleuve Alphée. „ J'étois autrefois, lui dit-elle, au nombre des „ Nymphes de la Grece, & il n'y en avoit point „ dans tout le Païs, qui aimât plus la Chaſſe, „ ni qui fût tendre des Filets avec autant d'a- „ dreſſe que moi: quoique contente de paſſer „ pour une Fille courageuſe, je n'euſſe jamais „ aſpiré au plaiſir de paſſer pour belle; on ne „ laiſſoit pas de me trouver des appas. Les loüan- „ ges qu'on donne à la beauté, & qui plaiſent „ tant aux perſonnes qui ſe piquent d'être belles, „ ne me touchoient point: j'étois même aſſez ſim- „ ple pour en rougir, & je regardois comme un „ crime l'avantage de plaire. Un jour, com- „ me je revenois de la Forêt de Stymphale, fort „ fatiguée de la Chaſſe & de la chaleur, je paſ- „ ſai près d'un Ruiſſeau, dont l'eau étoit ſi bel- „ le & ſi claire, qu'on auroit pû compter tous „ les cailloux qui étoient dans le fond; & cou- „ loit ſi lentement, qu'à peine s'en appercevoit- „ on. De vieux Saules & de grands Peupliers, „ que l'eau du Ruiſſeau entretenoit toûjours „ verds, formoient ſur ſes bords un ombrage „ charmant. Je mis d'abord dans l'Eau la poin- „ te des pieds; puis j'y entrai juſqu'aux genoux, „ enfin aïant attaché ma Robe aux branches „ d'un Saule, je m'y jettai toute nuë. Pendant

Y 2 „ que

Mille modis labens, excussaque brachia jacto;
Nescio quod medio sensi sub gurgite murmur:
Territaque insisto propioris margine ripae.
Quo properas, Arethusa? suis Alpheus ab undis,
Quo properas? iterum rauco mihi dixerat
   ore.   600
Sicut eram, fugio sine vestibus. altera vestes
Ripa meas habuit. tanto magis instat, & ardet:
Et quia nuda fui, sum visa paratior illi.
Sic ego currebam; sic me ferus ille premebat:
Ut fugere accipitrem pennâ trepidante colum-
   bae,   605
Ut solet accipiter trepidas agitare columbas.
Usque sub Orchomènon, Psophidaque, Cylle-
   nenque,
Maenaliosque sinus, gelidumque Eriman-
   thon, & Elin
Currere sustinui. nec me velocior ille.
Sed tolerare diu cursus ego, viribus impar, 610
Non poteram: longi patiens erat ille laboris.
Per tamen & campos, per opertos arbore
   montes,
Saxa quoque, & rupes, & quâ via nulla,
   cucurri.
Sol erat à tergo: vidi praecedere longam
Ante pedes umbram; nisi si timor illa vide-
   bat.   615
Sed certè sonitumque pedum terrebar; & ingens
Crinales vittas adflabat anhelitus oris.
Fessa labore fugae, Fer opem, deprendimur,
   inquam,
Armigerae, Dictynna, tuae: cui saepe dedisti
Ferre tuos arcus, inclusaque tela pharetrâ. 620
Mota Dea est; spississque ferens è nubibus
   unam
Me super injecit. lustrat caligine tectam
Amnis; & ignarus circum cava nubila
   quaerit.
Bisque locum, quo me Dea texerat, inscius
   ambit:
Et bis, Io Arethusa, Io Arethusa, voca-
   vit.   625
Quid mihi tunc animi miserae fuit? anne
   quod agnae est;
Siqua lupos audit circum stabula alta fre-
   mentes?
Aut lepori, qui vepre latens hostilia cernit
Ora canum, nullosque audet dare corpore
   motus?
Non tamen abscedit.: neque enim vestigia
   cernit   630
Longius ire pedum. servat nubemque locumque.
        Occupat

que je nageois & que j'agitois l'eau en badi-
nant, j'entendis dans le fond du Ruisseau un
bruit qui m'effraïa, & je gagnai promtement
le rivage le plus proche. Où fuïez-vous, belle Arethuse, s'écria alors Alphée, où fuïez-
vous? Mes habits étoient malheureusement à
l'autre bord, & je fus obligée de courir dans
l'état ou j'étois. Alphée, qui me poursuivoit,
se flata par-là d'une conquête plus facile. Cependant je fuïois de toute ma force, & il
couroit après moi avec toute la vigueur dont
il étoit capable. Figurez-vous tous les efforts
que fait le Milan pour atteindre la timide Colombe, & tous les mouvemens qu'elle se donne pour l'éviter: c'est l'image de la situation
où je me trouvois. Je courus jusqu'aux environs de la Ville d'Orchomène; je passai près
de Psophis; je traversai les Montagnes de Cyllene, de Ménale & d'Erimanthe, & j'arrivai
dans l'Elide. Il est vrai qu'Alphée ne couroit
pas plus vite que moi; mais comme il étoit
plus fort & plus robuste, il pouvoir courir
plus long-tems, & je me trouvois extrêmement lasse. Je ne laissai pas cependant d'emploïer ce qui me restoit de force, & je mar-
chai à travers les Champs, les Bois, les Montagnes, les Rochers, les Lieux escarpez, &
même en des endroits, où il n'y avoir nulle
ronce. Comme j'avois le Soleil à dos, j'apperçus l'ombre d'Alphée qui me devançoit de
beaucoup. Je crûs d'abord que c'étoit l'effet
de la fraïeur dont j'étois saisie; la chose étoit
pourtant près-veritable; j'entendis le bruit qu'il
faisoit en courant, & son haleine agitoit déjà
mes cheveux. Enfin n'en pouvant plus, j'im-
plorai la protection de Diane: Déesse, lui di-
je, je suis perdue, si vous ne venez à mon secours: n'abandonnez pas dans un besoin si
pressant une Nymphe, qui fidèle à vous accompagner, a souvent eû l'honneur de porter
votre Carquois, vos Flèches & votre Arc.
Ma priere toucha la Déesse, & elle me couvrit à l'instant d'un nuage épais. Alphée, qui
me vit ainsi disparoitre, me chercha autour
de ce nuage; il passa deux fois près de moi,
sans savoir que j'étois si près de lui. Aretha-
se, Arethuse, s'écrioit-il, où êtes-vous? Figurez-vous l'état où je me trouvois. J'étois
comme la Brebis qui entend le Loup heurler
autour de la Bergerie, ou comme le timide
Lievre, qui caché dans un Buisson, sans oser
se remuer, voit les Chiens qui le cherchent,
prêts à se jetter sur lui. Alphée, ne voïant
aucune trace qui pût lui faire juger que j'eusse
été plus loin, demeura autour du nuage qui
me cachoit, & y tenoit les yeux attachez.

        Alors

Occupat obseßos sudor mihi frigidus artus;

Caeruleaeque cadunt toto de corpore guttae.

Quàque pedem movi, manat lacus: éque
capillis

Ros cadit: & cirius, quam nunc tibi facta
renarro, 635

In laticem mutor. sed enim cognoscit ama-
tas

Amnis aquas, positoque viri, quod sumserat, ore,

Vertitur in proprias, ut se mihi misceat,
undas.

Delia rumpit humum. caecis ego mersa cavernis

Advehor Ortygiam: quae me, cognomine
Divae 640

Grata meae, superas eduxit prima sub auras.

,, Alors une sueur froide commença à se répan-
,, dre sur tout mon corps ; l'eau en dégoutoit
,, de tous côtez ; je me sentois environnée d'eau,
,, il en tomboit même de mes cheveux. Enfin,
,, en moins de tems que je ne suis à vous le
,, raconter, je fus changée en Fontaine. Le Dieu
,, du Fleuve, qui s'apperçut de ce changement,
,, reconnut son Amante sous cette métamorpho-
,, se, & aïant quitté la figure dont il s'étoit re-
,, vêtu, il reprit celle d'un Fleuve, & mêla ses
,, ondes avec les miennes. Diane alors entr'ou-
,, vrit la Terre qui me donna un passage à tra-
,, vers les Antres les plus profonds par où j'arri-
,, vai à Ortygie (1), où je commençai à pa-
,, roître pour la première fois. Ce lieu me sera
,, toûjours précieux, par le surnom qu'il porte
,, de la Déeße qui m'a sauvée.

(1) Quoi que l'Ile de Delos ait anciennement porté le nom d'Ortygie, ce n'est pourtant point de Delos dont il s'agit ici, comme l'a
cru Mr. du Ryer ; Arethuse n'y parut jamais ; mais d'une Presqu'Ile
de la Sicile qui renfermoit le Palais des anciens Rois de Syracuse, &
qui se nommoit Ortygie. C'est près de là qu'étoit la Fontaine Arethuse, & qu'elle racontoit les avantures à Cerès ; dont les malheurs
avoient eu la Sicile pour témoin. L'on voit encore aujourd'hui la
même Fontaine dans le Port de Syracuse à un Mille de la Ville, elle
est entourée de la Mer dont on la distingue par la douceur de ses
eaux.

EXPLICATION DE LA X. FABLE.

LA Fable de la Fontaine Arethuse & des Amours
du Fleuve Alphée son Amant, qui traversoit tant
de Païs pour aller voir sa Maitresse, n'est fondée, suivant le fameux Bochart (1), que sur une équivoque de la Langue des premiers Habitans de la Sicile. Les Phéniciens, qui allerent s'y établir, aïant
trouvé cette Fontaine environnée de Saules, la nom-
merent Alphaga qui veut dire la Fontaine des Saules,
d'autres lui donnerent le nom d'Arith qui veut dire
un Ruisseau. Les Grecs, qui arriverent quelques Siecles après, n'entendant pas la signification de ces
deux mots, & se ressouvenant de leur Fleuve Alphée,
qui coule dans l'Elide, s'imaginerent que, puisque
le Fleuve & la Fontaine avoient à peu près le même
nom, il falloit que l'Alphée traversât la Mer pour venir en Sicile. L'idée parut ingenieuse à quelque bel
Esprit de ce tems-là, & il composa sur ce sujet le

(1) CHAR. Libr. I. Cap. XVIII.

Roman des Amours du Dieu du Fleuve avec la Nymphe Arethuse. Presque tous les anciens Historiens
ont été la dupe de cette Fable, puisqu'ils ont dit
fort serieusement que le Fleuve Alphée traversoit la
Mer, & alloit couler ensuite dans la Sicile près de la
Fontaine Arethuse. Il falloit même que cette Fable
fût bien accreditée, puisque l'Oracle de Delphes or-
donnant à Archias de conduire une Colonie de Corinthiens à Syracuse ; la Prêtresse s'expliqua en ces
termes : Allez dans cette Ile où le Fleuve Alphée
mêle ses eaux avec la Belle Arethuse. Pausanias (2),
qui regarde comme une Fable l'Histoire des Amours
d'Alphée & d'Arethuse, entraîné par l'autorité d'un
Oracle si précis, n'ose nier que ce Fleuve traverse la
Mer, quoiqu'il ne voie pas bien comment cela peut ar-
tiver.

(2) In Eliac.

FAB. XI. *Lyncus changé en Lynx.*

ARGUMENT.

Cerès, aïant ordonné à Triptoleme d'aller par tout le Monde enſeigner l'art de cultiver la Terre, ce Prince s'arrêta dans la Scythie, à la Cour de Lyncus, qui jaloux de la reputation que Triptoleme alloit acquerir, voulut le faire mourir ; mais dans le tems qu'il ſe dispoſoit à commettre une action ſi barbare, Cerès le changea en Lynx.

HÀc Arethuſa tenus, geminos Dea fer-
    tilis angues
Curribus admovit ; frenisque coërcuit ora:
Et medium coeli terræque per aëra vecta eſt:
Atque levem currum Tritonida miſit in ar-
    cem   **645**
Triptolemo ; partimque rudi data ſemina.
    juſſit
Spargere humo, partim poſt tempora longa
    recultæ.
Jam ſuper Europen ſublimis, & Aſida, terras
Vectus erat Juvenis;Scythicas advertitur oras.
              Rex

APRE's qu'Arethuſe eut fini ſon Hiſtoire, Cerès attela deux Dragons à ſon Char, & tenant le milieu entre le Ciel & la Terre, elle alla jusqu'à la Ville d'Athènes, où elle le donna à Triptoleme, avec ordre d'aller par tout enſemencer les Terres, ſoit qu'il les trouvât en friche, ſoit qu'après un ſi long-tems, on les eût enfin labourées. Après qu'il eût parcouru l'Europe & l'Aſie, il alla dans la Scythie, où regnoit Lyn-
                     cus.

Rex ibi Lyncus erat. regis subit ille pena-
   tes. 650
Quà veniat, caussamque viae, nomenque ro-
   gatus,
Et Patriam. Patria est clarae mihi, dixit,
   Athenae;
Triptolemus nomen. veni nec puppe per undas,
Nec pede per terras: patuit mihi pervius aether.
Dona fero Cereris; latos quae sparsa per
   agros, 655
Frugiferas messes, alimentaque mitia reddant.
Barbarus invidit: tantique ut muneris auctor
Ipse sit; hospitio recipit: somnoque gravatum
Adgreditur ferro. conantem figere pectus
Lyrica Ceres fecit: rursusque per aëra mi-
   sit. 660
Mopsopium juvenem sacros agitare jugales.
Finierat dictos è nobis maxima cantus.
At Nymphae vicisse Deas, Helicona colentes,
Concordi dixere sono. convicia victae
Cum jacerent, Quoniam, dixit, certamine
   vobis 665
Supplicium meruisse parum est, maledictaque
   culpae
Additis, & non est patientia libera nobis;
Ibimus in poenas: &, quo vocat ira, se-
   quemur.
Rident Emathides; spernuntque minacia
   verba;
Conataeque loqui, & magno clamore proter-
   vas 670
Intentare manus, pennas exire per ungues
Adspexere suos, operiri brachia plumis:
Alteraque alterius rigido concrescere rostro
Ora vident, volucresque novas accedere
   silvis.
Dumque volunt plangi; per brachia mota
   levatae 675
Aëre pendebant, nemorum convicia, picae.
Nunc quoque in alitibus facundia prisca re-
   mansit,
Raucaque garrulitas, studiumque immane
   loquendi.

cus. Etant entré dans son Palais, ce Prince lui demanda d'où il venoit, & quel étoit le sujet de son voïage; il s'informa de son nom & de celui de sa Patrie. ,, Athènes me donna la naissance, ,, lui répondit son hôte, & Triptoleme est mon ,, nom, je ne suis venu ici ni par Mer ni par ,, Terre; l'Air m'a ouvert la route qui m'a con- ,, duit dans vos Etats. Je porte par tout le ,, Monde les précieux dons de Cerès. Cachez ,, pendant quelque tems dans le sein de la Ter- ,, re, ils produiront de fertiles Moissons". Le Tyran, jaloux de l'honneur que recevroit cet Etranger, & esperant de pouvoir s'attribuer cette gloire, voulut pendant la nuit lui ôter la vie; mais dans le tems qu'il alloit lui percer le sein il fut converti en Lynx par Cerès, qui aïant ordonné à Triptoleme de remonter sur son Char, il continua de répandre par tout les bienfaits de la Déesse. Tel fut le récit de cel-le des Muses qui avoit chanté devant Minerve. Les Nymphes de l'Hélicon, qui avoient été prises pour Juges de ce combat, prononcerent toutes de concert que les Déesses du Parnasse avoient remporté la victoire. Comme les Fil-les de Pierus piquées de ce jugement, nous disoient beaucoup d'injures, n'est-ce donc pas assez, leur repliquames-nous, que le défi que vous nous avez fait, vous ait attiré la honte d'être vaincues? faut-il encore que vous noir rendiez plus coupables par ce nouvel outrage? Vous voulez pousser notre patience à bout; mais vous pouvez vous assurer que nous sui-vrons les mouvemens de notre ressentiment, & que vous recevrez le châtiment que mérite vôtre temerité. Ces Filles insolentes ne firent que rire de notre colere & de nos menaces; elles se mirent en devoir de nous répondre; el-les voulurent même nous frapper; mais leurs mains & leurs bras se couvrirent à l'instant de plumes; leur bouche prit la figure d'un bec allongé, & ces insolentes Filles devinrent une nouvelle espece d'oiseau, qui eut ainsi que les autres, les bois pour partage. Elles voulurent se plaindre & se frapper le sein, mais leurs bras, qui étoient des ailes, les aïant enlevées en l'air, elles allerent se percher sur les Arbres voisins. Ainsi furent changées en Pies les Fil-les de Pierus, qui conservant toûjours la mê-me envie de parler, font retentir de leurs cris importuns, & de leur voix enrouée les Forêts, dont elles sont la honte & l'opprobre.

EXPLICATION DE LA XI. FABLE.

CErès, en cherchant sa Fille, alla dans la Grèce, & se trouvant extrémement fatiguée se reposa près de la Ville d'Eleusis, où les Principaux du Païs la vinrent voir; entre autres Triptoleme & une bonne Femme nommée Baube, qui lui offrit sa Maison, & lui donna pour la rafraichir un Breuvage composé de miel & de vin, que Cerès but avec beaucoup d'avidi-té. Un jeune Enfant qui la regardoit s'étant mis à rire, en fut puni sur le champ, & comme il s'appelloit peut-être Stellio, on ne doit pas chercher fon de-ment que la ressemblance des noms, à la Fable qui dit qu'il fut changé en Lezard.

Comme le fameux Triptoleme, Fils de Celeus & de Neera fut un de ceux qui fit le plus d'accueil à Cerès, on publia que cette Déesse lui avoir appris l'A-griculture, & l'avoir envoié sur un Char, traîné par

des

des Dragons ailez, porter par tout le Monde un Art si nécessaire aux Hommes. On ajouta qu'elle l'avoit nourri de son propre lait : expression forte, qui nous apprend le soin qu'elle avoit pris de former ce jeune Prince. On alla même jusqu'à dire que Cerès le mettoit pendant la nuit dans le feu pour le purifier, & qu'elle l'en retiroit tous les matins : Expressions métaphoriques qui nous aprennent que ce Prince, pour être initié dans les Mystères d'Isis passa par toutes les expiations que l'on emploioit dans cette occasion. Toutes ces Fables si mysterieuses, ainsi que l'arrivée de Cerès dans l'Attique, qui nous est si bien représentée sur un Tombeau de Marbre que possede aujourd'hui Mr. de Boze Secretaire perpetuel de l'Academie des Belles Lettres, & qu'il a si ingenieusement expliqué, dans une Dissertation imprimée au IV. Tome des *Mémoires* de cette Academie, toutes ces Fables, dis-je , n'ont d'autre fondement que l'introduction du Culte de Cerès dans la Grèce & surtout dans l'Attique, comme je l'ai déja prouvé. Triptoleme qui regnoit dans le même tems à Eleusis, alla, comme nous l'aprenons de Philochorus, sur un Vaisseau, porter des Bleds dans differens Païs, où il enseigna en même tems les mysteres de Cerès, dont il étoit Prêtre lui-même. Avant que de partir, il avoit semé du Bled dans un champ de l'Attique nommé *Ravia*, ainsi que nous l'aprenons de la X. Epoque des Marbres d'Arondel. Voilà sans doute la clef & le dénoûement de toutes ces Fables. Car certainement il s'agit du tems auquel le culte de Cerès, si ancien alors en Egypte, fut reçu dans la Grèce, & non pas de l'Agriculture qui y étoit connuë long-tems auparavant, comme je l'ai déja dit ; à moins qu'on ne veuille l'entendre d'une nouvelle maniere de labourer la Terre, que les Grecs apprirent dans leur Voïage d'Egypte, & qu'ils mirent en usage en ce tems-là. Les Marbres que je viens de citer fixent cette Epoque sous le Regne d'Erechthée, c'est-à-dire suivant les Commentateurs de ces Marbres 1426. ans avant J. C., 280 ou environ avant la Guerre de Troye (1).

Ce seroit ici le lieu de parler des Mystères de Cerès & des Fêtes qu'Erechthée, Triptoléme & Mopsus établirent dans la Grèce ; mais comme cet Article nous

meneroit trop loin, on peut consulter Meursius (2) & Mr. le Clerc (3) qui l'ont traité avec beaucoup d'exactitude.

Les Dangers que courut Triptoleme dans ses Voïages ont sans doute donné lieu à la Fable de Lyncus, dont on a marqué la cruauté en le changeant en Loup Cervier. Triptoleme échapa heureusement des mains de ce Tyran, qui jaloux de sa reputation, vouloit le faire mourir. La Fable qui dit que Triptoleme étoit monté sur un Char tiré par des Dragons ailez, est tirée d'une équivoque de la Langue Phénicienne, dont les mots emploiez dans cette Histoire signifioient également des Dragons ailez, ou un Vaisseau garni de pointes de fer, comme le dit Bochart (4), & après lui Mr. le Clerc. Cependant je serois de l'avis de Philocorus cité par Eusebe, qui rapporte que ce Vaisseau fut pris pour un Dragon volant, parce qu'il portoit sur la proue la figure d'un Dragon.

Quoique je sois persuadé que les Fables que je viens d'expliquer, n'aient d'autre fondement que l'introduction du culte de Cerès dans la Grèce, il est bon cependant de rapporter ici ce que nous apprenons d'un fragment de Stobée (5), où il est dit qu'Erechthée, qui étoit en guerre contre les Eleusiens, apprit de l'Oracle qu'il seroit victorieux s'il immoloit sa Fille Proserpine, ce qui peut avoir donné lieu à la Fable.

Un autre fragment d'Homere cité par Pausanias (6) nous apprend les noms des premiers Grecs qui furent initiez dans les Mystères de Cerès. C'étoient, selon ce Poete, Geleus, Triptoleme, Eumolpe & Dioclès. St. Clement d'Alexandrie (7) les nomme Bauboo, Dysaule, Eubuleus, Eumolpe & Triptoleme. Je soupçonnerois assez que ce fut Eumolpe lui-même ou Musée son Pere qui composa, en l'honneur de Cerès, le Poëme dont nous avons parlé ; & c'est le sentiment de Strabon & de Pausanias. Cet Eumolpe étant Ierophante des Mystères Eleusiens, se trouva avoir rant de credit qu'il fit la Guerre à Erechthée. Les deux Chefs furent tuez dans le combat, & il fut établi que les Erechthides seroient Rois d'Athènes & que les Eumolpides se contenteroient de la dignité d'Ierophante.

(2) *Gracia feriata Eleusinia.* (3) Tome VI. de la *Biblioth. Univers.* (4) *Hieroz.* Lib. III. Cap. XIV. (5) *Serm.* XXXVIII. (6) *In Corinth.* (7) *In Prot.*

(1) Voiez la XIII, la XIV, & la XV, Epoque des Marbres d'Arondel.

FIN DU CINQUIEME LIVRE.

P. OVIDII

P. OVIDII NASONIS
METAMORPHOSEON
LIBER SEXTUS.

FAB. I, II, III, & IV. *Arachné changée en Araignée.*

ARGUMENT.

Minerve aïant loué le chant des Mufes & approuvé la vengeance, qu'elles avoient tirée de leurs Rivales, vint trouver Arachné fous la figure
d'une vieille Femme. Cette Fille fait un défi à la Déeffe, qui l'aïant ac-
cepté repréfente fur la toile plufieurs Hiftoires; Arachné en aïant fait autant de fon côté; Minerve outrée de voir qu'elle la furpaffoit par la delicateffe de fon ouvrage, lui donna trois ou quatre coups de navette fur la
tête, dont cette habile Ouvriere conçût tant de chagrin, qu'elle fe pendit
de defespoir. La Déeffe touchée de compaffion la changea en Araignée.

*Raebuerat dictis Tri-
tonia talibus aurem;
Carminaque Aöni-
dum, juftamque
probaverat iram.
Tum fecum, Lau-
dare parum eft;
laudemur & ipfae:*

INERVE, après avoir
écouté le Discours des
Mufes, donna beau-
coup d'Eloges à leur
chant; & approuva la
maniere dont elles s'é-
toient vengées de leurs
Rivales. Mais c'eft peu,
dit-elle, enfuite en elle-
même, de louer les au-
tres, il faut que je mérite auffi à mon tour
d'être

Numina nec ſperni ſine pœnâ noſtrà ſinamus.
Mæoniaeque animum fatis intendit Arach-
   nes :   5
Quam ſibi lanificae non cedere laudibus artis
Audierat. non illa loco, nec origine gentis
Clara, ſed arte, fuit. pater huic Colophơ-
nius Idmon
Phocaico bibulas tinguebat murice lanas.
Occiderat mater : ſed & hæc de plebe, ſuơ-
   que   10
Aequa viro fuerat. Lydas tamen illa per urbes
Quaeſierat ſtudio nomen memorabile; quamvis
Orta domo parvâ, parvis habitabat Hypaepis.
Hujus ut adſpicerent opus admirabile, ſaepe
Deſeruere ſui Nymphae vineta Tymoli : 15
Deſeruere ſuas Nymphae Pactolides undas.
Nec factas ſolum veſtes ſpectare juvabat ;
Tum quoque, cum fierent ; tantus decor ad-
   fuit arti.
Sive rudem primos lanam glomerabat in orbes :
Seu digitis ſubigebat opus; repetitaque lon-
   go   20
Vellera mollibat nebulas aequantia tractu;
Sive levi teretem verſabat pollice fuſum;
Seu pingebat acu; ſcires à Pallade doctam.
Quod tamen ipſa negat : tantâque offenſa
   magiſtrâ,
Certet, ait, mecum; nihil eſt quod victa
   recuſem.   25
Pallas anum ſimulat: falſosque in tempora canos
Addit, & infirmos baculo quoque ſuſtinet artus.
Tum ſic orſa loqui : Non omnia grandior aetas,
Quae fugiamus, habet. ſeris venit uſus ab
   annis.
Conſilium ne ſperne meum. tibi fama peta-
   tur   30
Inter mortales faciendae maxima lanae.
Cede Deae : veniamque tuis temeraria dictis
Supplice voce roga. veniam dabit illa roganti.
Adſpicit hanc torvis, inceptaque fila relinquit;
Vixque manum retinens, confeſſaque vulti-
   bus iram,   35
Talibus obſcuram reſecuta eſt Pallada dictis:
Mentis inops, longâque venis confecta ſe-
   nectâ :
Et nimium vixiſſe diu nocet. audiat iſtas,
Si qua tibi nurus, ſi qua eſt tibi filia, voces,
Conſili ſatis eſt in me mihi. neve monendo 40
Profeciſſe putes; eadem ſententia nobis.
Cur non ipſa venit; cur haec certamina vitat?
Tum Dea, Venit, ait; formamque remo-
   vit anilem;

Palla-

d'être louée, & que je ne ſouffre pas qu'on mé-
priſe impunément ma Divinité. Elle penſoit
alors à la vaine préſomption d'Arachné, qu'on
lui avoit dit s'être vantée de la ſurpaſſer dans
l'Art de faire des Ouvrages de laine. Cette Fille
n'étoit point illuſtre par ſa naiſſance, ni par le
rang que tenoient ſes parens; ſon induſtrie ſeule
& ſon habileté l'avoient renduë célèbre. Idmon
ſon Père étoit un ſimple Teinturier en laines dans
la Ville de Colophon; & ſa Mere, qui étoit
morte, n'avoit pas été de meilleure maiſon que
ſon Mari. Cependant leur Fille s'étoit acquiſe
beaucoup de reputation dans toutes les Villes de
la Lydie, par la beauté de ſes Ouvrages. Quoiqu'elle fût, comme je l'ai dit, d'une baſſe naiſſance, & qu'elle fît ſon ſejour ordinaire dans la
petite Ville d'Hypépe, cependant elle attiroit la
curioſité des Nymphes du Tymole & de celles du
Pactole, qui abandonnoient ſouvent leurs char-
mans vignobles & les eaux de ce Fleuve, pour
venir admirer elles-mêmes la beauté de ſes Ouvrages. On n'avoit pas ſeulement un plaiſir infini à voir ſes Chef-d'œuvres lorſqu'ils étoient
achevez; on étoit charmé de voir avec quelle
grace & avec quelle induſtrie, elle les executoit.
Soit qu'elle dévidât ſes laines, ou qu'elle traçât
avec l'éguille les premiers traits, ou qu'elle y mît
les délicates nuances, qui imitoient parfaitement
les differentes couleurs des Nuages, on auroit dit
que c'étoit Minerve elle-même qui l'avoir inſtrui-
te. On peut ajouter qu'elle avoit autant de grace à filer qu'à travailler à l'Eguille. Elle ne vouloit point cependant reconnoître qu'elle fût redevable de ſon induſtrie à la Déeſſe des beaux Arts.
Elle auroit été piquée qu'on eût eu cette penſée.
,, Elle peut venir, diſoit-elle, diſputer avec moi
,, à qui ſera la plus habile, je ne refuſe point le
,, combat, & je veux bien, ſi je ſuis vaincuë,
,, me ſoumettre à toute ſorte de peines". Piquée d'un diſcours ſi inſolent, Minerve aïant
pris la figure d'une vieille Femme, ſe couvrit la
tête de cheveux blancs, & s'appuiant ſur un bâton, elle parla ainſi à Arachné : ,, Il ne faut pas
,, s'imaginer que la vieilleſſe doive nous rendre
,, mépriſable. Les années donnent de l'expe-
,, rience, & vous ne devez pas negliger les con-
,, ſeils que j'ai à vous donner. Contentez-vous
,, de la reputation que vous avez de ſurpaſſer par
,, votre habileté toutes les Femmes du Monde;
,, mais ne cherchez pas à vous égaler à une
,, Déeſſe, que vous devez au contraire ſatisfaire
,, ſur quelques paroles offenſantes qui vous ſont
,, échappées; elle eſt prête à vous pardonner ſi
,, vous en marquez quelque repentir". Ce diſcours offenſa tellement Arachné, qu'aïant quité
de dépit ſon ouvrage, elle jetta ſur cette bonne
Femme un œil plein de courroux, & eut bien
de la peine à s'empêcher de la frapper. ,, Vieille
,, inſenſée, lui dit-elle avec une émotion qui
,, marquoit toute ſa colere, il paroit en verité
,, que les années vous ont renduë bien ſage, le
,, poids de la vieilleſſe vous eſt d'une grande uti-
,, lité! allez, allez donner vos conſeils à votre
,, Fille ou à votre Bru, ſi vous en avez une;
,, pour moi, je vous aſſûre que je n'en ai pas
                       ,, beſoin :

Palladaque exhibuit. venerantur numina
Nymphae,
Mygdonidesque nurus. sola est non territa
virgo.   45
Sed tamen erubuit; subitusque invita notavit
Ora rubor : rursusque evanuit. ut solet aër
Purpureus fieri, cum primum Aurora movetur;
Et breve post tempus candescere Solis ab ictu.
Perstat in incepto, stolidaeque cupidine pal-
mae   50
In sua fata ruit. neque enim Jove nata recusat:
Nec monet ulterius, nec jam certamina differt.
Haud mora: consistunt diversis partibus am-
bae,
Et gracili geminas intendunt stamine telas.
Tela jugo vincta est : stamen secernit arun-
do: 55
Inseritur medium radiis subtemen acutis;
Quod digiti expediunt, atque inter stamina
ductum
Percusso feriunt insecti pectine dentes.
Utraque festinant : cinctaeque ad pectora vestes
Brachia docta movent , studio fallente labo-
rem.   60
Illic & Tyrium quae purpura sensit aënum
Texitur, & tenues parvi discriminis umbrae:
Qualis ab imbre solet percussus solibus arcus
Inficere ingenti longum curvamine coelum:
In quo diversi niteant cum mille colores, 65
Transitus ipse tamen spectantia lumina fallit.
Usque adeo quod tangit idem est : tamen ul-
· tima distant.
Illic & lentum filis immittitur aurum,
Et vetus in tela deducitur argumentum.
Cecropia Pallas scopulum Mavortis in arce 70
Pingit, & antiquam de terrae nomine litem.
Bis sex coelestes, medio Jove, sedibus altis
Augusta gravitate sedent. sua quemque Deo-
· rum
Inscribit facies. Jovis est regalis imago.
Stare Deum pelagi, longoque ferire tridente 75
Aspera saxa facit , medioque e vulnere saxi
Exsiluisse ferum; quo pignore vindicet urbem.
At sibi dat clypeum, dat acutae cuspidis ha-
stam:
Dat galeam capiti: defenditur aegide pectus.
Percussamque sua simulat de cuspide terram 80
Prodere cum baccis foetum canentis olivae;
Mirarique Deos. operi victoria finis.
Ut tamen exemplis intelligat aemula laudis,
Quod pretium speret pro tam furialibus ausis;

,, besoin : je ne prens conseil de personne , &
,, vos remontrances ne me feront pas changer de
,, sentiment : Pourquoi Minerve ne se presente-
,, t-elle pas elle-même; pourquoi refuse-t-elle le
,, défi que je lui fais"? Elle l'accepte, lui dit la
Déesse , en quitant la Figure sous laquelle elle
s'étoit cachée , & se montrant avec les marques
de sa Divinité: Toutes les Nymphes, & les autres Dames qui étoient presentes lui rendirent
leurs respects; Arachné demeura intrepide: Seulement une petite rougeur parut , malgré elle,
sur son visage; mais elle ne dura pas long-tems.
On la vit changer de couleur comme l'air qui
rougit lorsque l'Aurore se leve , & qui blanchit
dès que le Soleil commence à paroître. Ferme
dans sa resolution , & se flatrant vainement de
surpasser Minerve, Arachné court à sa perte. La
Déesse ne songe plus à lui donner d'inutiles conseils; elle accepte le défi, & veut sur le champ
se mettre en état de disputer la victoire. Les
voilà l'une & l'autre qui préparent leurs Ouvrages, disposent leurs Toiles, & les mettent sur le
Metier. Déja la Navette roule avec une agilité
incroiable, & à chaque fois qu'elle passe à travers
les fils , elles ont soin de les resserrer avec cette
espece de peigne d'yvoire dont on se sert dans cette sorte d'ouvrages. Elles travaillent l'une & l'autre, avec une adresse & une legereté admirables,
& l'envie qu'Elles ont de se surpasser , les empêche de ressentir la peine, que leur donne une ge-
nante application. L'union des plus belles couleurs formoit sur leur Toile un mélange si agréable des bruns & des clairs , & les nuances en
étoient si délicates & si deliées, qu'on auroit pû
les comparer à celles de l'Arc-en-Ciel. Imaginez-vous l'effet des raïons du Soleil, lorsqu'ils sont
reflechis par les petites goutes d'eau qui leur sont
opposées ; on y voit à la verité differentes couleurs ; mais il n'est pas possible de discerner de
quelle maniere elles sont terminées: Dans le point
de leur union, elles paroissent les mêmes ;
cependant on y observe je ne sai quoi , qui les
rend différentes. Telle étoit la délicatesse de leurs
Ouvrages ; l'or y étoit mêlé avec la soye d'une
maniere tout-à-fait ingenieuse. Cependant, pour
les rendre encore plus parfaits , elles y tracerent
chacune d'anciennes Histoires. Minerve représenta dans le sien cette Roche antique , qu'on
voïoit dans la Citadelle d'Athènes, avec l'Histoire du différent qu'elle eut avec Neptune , au
sujet du nom qu'on devoit donner à cette Ville.
On y voïoit les douze Grands Dieux assis sur leurs
Trônes, avec cette Majesté qui les accompagne ,
& Jupiter au milieu. Chacun de ces Dieux y
étoit représenté au naturel; mais Jupiter avoir un
air de grandeur qui annonçoit le Maître du Monde. Neptune debout, frappoit la Terre de son
Trident, & en faisoit sortir un Cheval: ce qui
sembloit l'autoriser à donner un nom à la Ville.
Minerve s'étoit représentée avec son Bouclier, son
Casque, la Pique & son Egide sur laquelle étoit
la redoutable Tête de Meduse. Elle frappoit la
Terre d'un coup de Lance, & l'on en voïoit sortir un Olivier, chargé de feuilles & de fruits : à

Quattuor in partes certamina quattuor addit, 85
Clara colore suo, brevibus distincta sigillis.
Threiciam Rhodopen habet angulus unus, &
Haemon;
Nunc gelidos montes, mortalia corpora quon-
dam;
Nomina summorum sibi qui tribuère Deo-
rum.
Altera Pygmaeae fatum miserabile matris 90
Pars habet. hanc Juno victam certamine
jussit
Esse gruem; populisque suis indicere bellum.
Pingit & Antigonen, ausam contendere
quondam
Cum magni consorte Jovis; quam regia
Juno
In volucrem vertit: nec profuit Ilion illi, 95
Laomedonve pater, sumtis quin candida
pennis
Ipsa sibi plaudat crepitante ciconia rostro.
   Qui superest solus Cinyran habet angulus
orbum:
Isque gradus templi, natarum membra sua-
rum,
Amplectens, saxoque jacens, lacrimare vi-
detur. 100
Circuit extremas oleis pacalibus oras.
Is modus est; operique suâ facit arbore finem.
Maeonis elusam designat imagine tauri
Europen: verum taurum, freta vera puta-
res.
Ipsa videbatur terras spectare relictas, 105
Et comites clamare suas, tactumque vereri
Adsilientis aquae; timidasque reducere plan-
tas.
Fecit & Asterien aquilâ luctante teneri:
Fecit olorinis Ledan recubare sub alis:
Addidit, ut Satyri celatus imagine pul-
chram 110
Juppiter implerit gemino Nycteida foetu:
Amphitryon fuerit, cum te Tirynthia cepit;
Aureus ut Danaen, Asopida luserit igneus;
Mnemosynen pastor: varius Deoida serpens.
Te quoque mutatum torvo, Neptune, ju-
venco 115
Virgine in Aeoliâ posuit. tu visus Enipeus
Gignis Aloidas, aries Bisaltida fallis.
Et te, flava comas, frugum mitissima Ma-
ter,
Sensit equum; te sensit avem crinita colubris

Mater

ce prodige, les Dieux paroissoient remplis d'admiration & lui accordoient la victoire; & c'est par-là qu'elle avoit terminé son ouvrage. Cependant pour faire encore mieux comprendre à sa Rivale le châtiment qu'elle devoit attendre de sa temerité, elle traça en petit, mais pourtant d'une manière fort distincte, dans les quatre coins de son Ouvrage, l'Histoire de quatre autres sortes de Combats. Dans l'un, on voioit l'avanture d'Hemus Roi de Thrace & de Rhodope son Epouse, qui furent changez en Rochers, pour avoir eu l'audace de porter les noms de Jupiter & de Junon. Dans l'autre étoit l'Histoire de Pygas, Reine des Pygmées, que Junon, pour la punir de sa présomption, changea en Grüe, afin qu'elle fît elle-même, une Guerre impitoïable à son Peuple. On voioit dans le troisiéme Antigone, qui avoit eu l'audace de se comparer à l'Epouse de Jupiter. Cette Déesse la métamorphosa en Cigogne; la Ville d'Ilion, ni Laomedon son Pere, ne l'empêcherent point d'être revêtüe de plumes blanches; dont elle avoit encore la vanité de s'aplaudir. Enfin on voioit, dans le quatriéme coin, l'infortuné Cinyras seul & les larmes aux yeux, embrassant les marches d'un Temple. C'étoient ses propres Filles, que les Dieux avoient ainsi métamorphosées. Minerve forma ensuite la bordure de son Ouvrage de branches d'Olivier, entrelacées, les unes dans les autres. Tel étoit le dessein de ce chef-d'œuvre, que la Déesse avoit voulu finir, en y emploiant l'Arbre qui lui étoit consacré.

Arachné de son côté, représenta, sur sa Toile, Europe seduite par Jupiter sous la figure d'un Taureau. L'ouvrage étoit si fini, que vous auriez cru y voir en effet un véritable Taureau, & une vraie Mer, dans laquelle il nageoit. Europe y paroissoit les yeux tournez vers le rivage qu'elle venoit de quitter. Elle sembloit appeller ses Compagnes à son secours; & retirer ses pieds de peur qu'ils ne fussent mouillez. Elle y avoit aussi dessiné Asterie se debatant contre l'Aigle, dont Jupiter avoit pris la figure, & Leda avec le Cigne qui la caressoit. Les autres Avantures de ce même Dieu y étoient représentées aussi avec beaucoup de délicatesse. On l'y voioit sous la forme d'un Satyre avec la belle Antiopé, dont il eut deux Enfans jumeaux: peint en Amphitryon il se faisoit voir à Alcmene; en pluye d'or il entroit dans la Tour de Danae; sous la figure d'un Berger, il cherchoit à plaire à Mnemosyne; changé en Feu, il alloit tromper Egine, & en Serpent il seduisoit Deolis. Arachné avoit aussi représenté Neptune métamorphosé en Taureau, dans l'Aventure qu'il eut avec une des Filles d'Eole; sous la forme du Fleuve Enipe, dans ses Amours avec Iphimedie, dont il eut les deux Aloïdes; sous celle d'un Belier, lorsqu'il cherchoit à plaire à Bisaltis; sous celle d'un Cheval pour tromper Cerés: il étoit peint en Oiseau

dans

Mater equi volucris: sensit Delphina Me-
lantho. 120
Omnibus his faciemque suam, faciemque lo-
corum
Reddidit. est illic agrestis imagine Phoebus.
Utque modo accipitris pennas, modo terga
leonis
Gesserit: ut pastor Macareïda luserit Issen.
Liber ut Erigonen falsâ deceperit uvâ: 125
Ut Saturnus equo geminum Chirona crearit
Ultima pars telae, tenui circumdata limbo,
Nexilibus flores hederis habet intertextos.
Non illud Pallas, non illud carpere livor
Possit opus. doluit successu flava virago: 130
Et rupit pictas, coelestia crimina, vestes.
Utque Cytoriaco radium de monte tenebat;
Ter quater Idmoniae frontem percussit A-
rachnes.
Non tulit infelix: laqueoque animosa ligavit
Guttura. pendentem Pallas miserata leva-
vit; 135
Atque ita, Vive quidem, pende tamen, im-
proba, dixit:
Lexque eadem poenae, ne sis secura futuri,
Dicta tuo generi, serisque nepotibus esto.
Post ea discedens succis Hecateïdos herbae
Spargit. & extemplo tristi medicamine
tactae 140
Defluxere comae: cumque his & naris &
auris.
Fitque caput minimum, totoque in corpore
parva est.
In latere exiles digiti pro cruribus haerent.
Cetera venter habet. de quo tamen illa re-
mittit
Stamen; & antiquas exercet aranea te-
las. 145

dans l'intrigue qu'il eut avec Meduse, & en Dauphin dans celle de Melanthe. Toutes les Maîtresses de ces Dieux étoient peintes si au naturel,
qu'à leur habillement & à l'air de leur visage, il
étoit aisé de les reconnoitre, aussi bien que le
Païs, où elles avoient pris naissance: On voroit
aussi dans le même Ouvrage Apollon changé en
Paisan, en Epervier, en Lion, & en Berger.
Ce fut sous cette derniere métamorphose qu'il se
fit aimer d'Issé Fille de Macharée. Enfin Bacchus y paroissoit sous la forme d'une Grape de
Raisin en faveur d'Erigone, & Saturne, sous celle
d'un Cheval pour tromper Phillyre dont il eut le
Centaure Chiron. Des feuilles de Lierre entre-
lassées les unes dans les autres, avec beaucoup d'art,
formoient la bordure de cette belle Tapisserie.

Elle étoit si bien executée, que Minerve ne
pût y trouver aucun défaut; l'Envie elle-même
n'auroit pû y en appercevoir. La Déesse en fut
si piquée, qu'elle déchira de dépit un Ouvrage,
où les crimes des Dieux n'étoient que trop bien
représentez. Elle donna même trois ou quatre
coups de Navette sur la tête d'Arachné, ce qui la
jetta dans un si grand desespoir, qu'elle alla se
pendre sur le champ. Minerve, par je ne sai
quel reste de pitié, la soutenant en l'air, de peur
qu'elle n'achevât de s'étrangler lui parla ainsi:
» Tu vivras, insolente Arachné, mais tu demeu-
» reras toûjours ainsi suspenduë: telle sera ta pu-
» nition & celle de toute ta posterité". Minerve, en partant, l'arrosa du suc d'une Herbe empoisonnée, qui lui fit d'abord tomber les cheveux, le nés & les oreilles: sa tête & son corps
diminuerent: des pates minces & deliées prirent
la place de ses bras & de ses jambes, & le reste
du corps ne presenta plus qu'un gros ventre.
C'est de-là qu'elle tire le fil, dont elle continuë
depuis ce tems-là à faire sa Toile.

EXPLICATION DE LA I, II, III, & IV. FABLE.

I. LA Fable d'Arachné qui défie Minerve, est une de
ces fictions ingenieuses, qui nous apprennent
que cette Fille étoit la plus habile de son tems dans
les Ouvrages de laine & de soye. Pline (1) dit qu'A-
rachné Fille d'Idmon, Lydien de naissance & de
basse extraction, inventa l'art de faire de la Toile &
des Filets, ce qu'on attribuoit aussi à Minerve. Cette
concurrence est sans doute le fondement du défi dont
parle notre Poëte: C'est même une maniere de s'exprimer assez naturelle, de dire, quand on excelle dans
quelque chose, qu'on défie les autres de nous surpasser. Cependant, comme Arachné se pendit de desespoir, suivant le témoignage du même Pline, il faut
qu'elle ait eu quelque sujet de chagrin, que nous ignorons: la conformité de son nom & de sa profession,

avec l'Araignée qui est presque toûjours penduë à son
ouvrage a sans doute donné lieu à la métamorphose,
encore plus peut-être la ressemblance du mot Hebreu
arag, qui veut dire filet, & que l'Ecriture Sainte em-
ploïe en parlant des Araignées & de leur toile.

II. L'Histoire de cette espece de Combat entre Minerve & Arachné donne lieu à Ovide de débiter plusieurs Fables, qu'il feint avoir été representées dans
leurs Ouvrages. La plus considerable est celle du différent de Neptune, & de Minerve, au sujet du nom
que ces deux Divinitez vouloient donner à la Ville
d'Athènes. St. Augustin (2), après Varron dit que
ce qui a donné lieu à la Fable, c'est que Cecrops, en
bâtissant les murs d'Athènes, trouva un Olivier & une
Fontaine, que l'on consulta là-dessus l'Oracle de Delphes,

(1) Lib. XI. Cap. XXIV.

(2) Lib. XXXIII. Cap. I.

Z 3

phes, qui dit, que Minerve & Neptune avoir droit de nommer la nouvelle Ville, & que le Peuple & le Senat affemblez deciderent en faveur de la Déeffe. Selon quelques Auteurs cette Fable n'eft fondée que fur le changement que fit Cranaus, en faifant porter à fa Capitale le nom d'Athènes fa Fille, au lieu de celui de Poffidonie qu'elle portoit auparavant, & qui étoit le nom de Neptune; & comme l'Aréopage autorifa ce changement, on feignit que Neptune avoit été vaincu par le jugement des Dieux.

Le Pere Tournemine Jefuite me paroit être celui qui a le mieux penetré le fens de cette Fable. Voici ce qu'il en dit dans les Mémoires de Trevoux, du mois de Janvier 1708. Les anciens Peuples de l'Attique, pofterité de Cethin, gens fauvages & feroces, n'habitoient que les Antres, & ne s'occupoient que de la chaffe. Les Pelasges, qui fe rendirent maitres de leur Païs, leur apprirent la Navigation, & en firent des Pirates. Cecrops originaire de Saïs en Egypte, y conduifit une Colonie, abolit les mœurs barbares de ce Peuple, leur apprit la culture de la Terre & des Oliviers, pour lesquels le terrain fe trouva propre. Il leur enfeigna auffi à honorer Minerve, qui s'appelloit Athena, Déeffe qui étoit fort reverée à Saïs, & à qui l'Olivier étoit confacré. Les Athéniens regarderent depuis cette Déeffe comme la Protectrice de leur Ville, & lui firent porter fon nom, Athènes devint fameufe par l'excellence de fon Huile : Le profit qu'on en retira fit former fe deffein de détourner le Peuple de la Piraterie, pour l'appliquer uniquement à cultiver la Terre. Pour y réuffir, on compofa une Fable (c'étoit la maniere de propofer quelque chofe au Peuple) dans laquelle on fuppofa Neptune vaincu par Minerve, qui, au jugement même des douze grands Dieux, avoit trouvé quelque chofe de plus utile que Neptune. Cette Fable fut compofée dans l'ancienne Langue du Païs, qui étoit la Phrygienne, mêlée de beaucoup de mots Phéniciens; & comme dans ces deux Langues le même mot fignifie un Cheval & un Navire, ceux qui interpretérent cette Fable, prirent ce mot dans la premiere fignification, & parlerent d'un Cheval, au lieu d'un Vaiffeau, qui étoit l'emblême de la Fable, dont le but étoit de détourner le Peuple de la Piraterie; fans cette méprife, ajoute ce favant Jefuite, auroit-on donné le nom d'Ippius à Neptune, & auroit-on fait un Cavalier du Dieu de la Mer? ou, pour le dire en un mot avec Voffius, ce fut un différend des Matelots qui reconnoiffoient Neptune pour leur chef, & du Peuple qui s'attachoit au Senat, gouverné par Minerve, qui donna lieu à cette Fable. Le Peuple, au jugement de l'Aréopage, l'emporta, & la vie champêtre fut préferée à celle des Pirates; ce qui fit dire que Minerve avoir vaincu Neptune.

III.. Arachné de fon côté traça dans fa toile plufieurs métamorphofes des Dieux, qui ne nous apprennant rien de fort particulier, doivent s'expliquer par le principe que je vais établir, & qui fervira de clef pour mille autres fictions femblables.

Anciennement les Hommes & les Rois eux-mêmes étoient fort peu polis. Le defaut d'éducation & encore plus celui des principes d'une bonne Morale, les avoient rendus également groffiers & feroces. Lorsqu'ils avoient demandé quelque Princeffe en mariage, & qu'on la leur refufoit, ils armoient pour l'enlever. Les Drapeaux militaires ou les Vaiffeaux portoient des Figures qui faifoient reconnoitre leur Maitre, & ces Enfeignes étoient ou des Animaux, ou des Oifeaux, ou quelque Monftre d'une figure bizarre & inconnuë. Cette obfervation n'a pas befoin de preuve, on trouve ces repréfentations fur les Monumens, fur les Medailles & fur les Monnoies. Ceux qui déerivoient ces fortes d'Expeditions, fi l'on dire qu'un tel Prince avoir enlevé fur fon Vaiffeau ou pris par la force des armes quelque Princeffe, dont il étoit amoureux, on publioit qu'il s'étoit changé en Taureau, en Lion, en Aigle, &c. Si l'on ajoute à cela que les Rois portoient autrefois le nom de Jupiter, d'Apollon, ou de

Neptune; que les Prêtres de ces Dieux ont fouvent fait réuffir des avantures galantes en prenant auffi eux-mêmes le nom des Dieux qu'ils fervoient; on ne fera plus en peine de favoir ce.que les Poëtes ont voulu dire en nous parlant des metamorphofes des Dieux, & en donnant à ces mêmes Dieux un fi grand nombre d'Enfans. Palephate (3) donne une autre explication à ces metamorphofes, mais qui dans le fond n'eft pas differente de celle que je viens de rapporter. Cet Auteur prétend que l'origine de ces changemens vient de ce qu'autrefois on faifoit graver fur les Monnoies la figure de differens Animaux, & que cet argent donné aux Maitreffes qu'on vouloir feduire, fit dire dans la fuite que les Amans eux-mêmes avoient pris ces differentes Figures.

IV. Parmi les Fables qu'Arachné & Minerve repréfentent dans leurs Ouvrages, celle de Pygas nous donne occafion de nous étendre un peu fur les Pygmées dont elle étoit Reine. Homere eft le premier qui ait fait mention de ce petit peuple. Ce Poëte (4) parlant du tumulte & du bruit que faifoient les Trofens prêts à combatte, s'exprime ainfi : ,, Les Trofens s'avance-,, rent avec un bruit confus & des cris perçans comme ,, des Oifeaux: & tels que les Grües fous la voute du ,, Ciel, lorsque fuiant l'Hiver & les pluïes du Septen-,, trion, elles volent avec de grands cris vers le riva-,, ge de l'Océan, & portent la terreur & la mort aux ,, Pygmées, fur lesquels elles fondent du milieu des ,, airs". Homere a été fuivi par presque tous les autres Poëtes parmi lesquels il fuffit de nommer Hefiode, Virgile, Ovide, State & Claudien. Ce qu'il y a de particulier dans cette Fable, c'eft que les Hiftoriens, les Géographes & les Naturaliftes en ont parlé comme les Poëtes. Chacun d'eux s'eft efforcé de chercher le Païs des Pygmées, & d'en raconter l'Hiftoire. Quelques-uns, parmi lesquels eft Ariftote, les ont placez dans l'Ethiopie. Pline, Solin, & Philoftrate, dans les Indes vers les fources du Gange; d'autres enfin dans la Scythic fur les bords du Danube : Tous ne leur ont donné qu'une coudée, c'eft-à-dire un pied & demi de hauteur ou environ; comme fi la Nature qui garde une efpece de proportion fi bien entenduë dans tous fes Ouvrages, s'étoit démentie dans cette occafion : Tous conviennent auffi que les Pygmées faifoient la Guerre aux Grües, détruifoient leurs œufs & leurs couvées, & qu'ils avoient fouvent beaucoup de defavantages dans les combats qu'ils leur livroient.

Les Modernes ont eu fur les Pygmées des fentimens fort finguliers. Olaüs Magnus regarde les Samoyedes & les Lapons comme les véritables Pygmées d'Homere. Gesner & quelques autres ont cru que quelques petits Hommes qu'on a trouvez dans la Luzace & dans la Thuringe, avoient donné lieu à cette Fable. Albert le Grand s'eft imaginé que les Pygmées étoient les Singes qu'on trouve en Afrique, & qui reffemblent affez à de petits Hommes. Paracelfe les range dans la Categorie des Nymphes, des Sylphes & des Salamandres. Bartholin & le Jefuite Schottus adoptent fur ce fujet presque toutes les Fables des Anciens. Mais perfonne n'a eu fur les Pygmées un fentiment plus fingulier que Von der Hart favant Allemand qui a fait un Traité affez étendu fur ce fujet (5). Si on l'en croit, cette Fable tire fon origine de la Guerre de deux Villes de la Grece, Pagée & Geranée, dont les noms ont tant de rapport avec les Pygmées & les Grües.

,, Homere, dit-il, aïant fait allufion à cette Guer-,, re, en a tranfporté la Scène dans l'Ethiopie, & a ,, enveloppé l'Hiftoire fous le Symbole des Grues & ,, des Pygmées. Si Ovide, & Ant. Liberalis", con-,, tinuë notre Allemand, ont ajouté au recit d'Home-,, re que les Pygmées furent gouvernez par une Fem-,, me; c'eft que les Pagéens tomberent fous la domi-,, nation des Geraniens, plus foibles & moins puis-

,, fans

(3) De Incred. (4) Iliad. Lib III.
(5) Hermanni Von der Hart difecta Mythologia Græcorum de Pygmæis. Lipfiæ 1714.

„ fais que les vaincus. Si Elien dit que les Pygmées
„ rendirent les honneurs divins à leur nouvelle Reine,
„ c'est parce que les Pagéens furent obligez de ramper
„ devant leur Maître. Si on a publié que Pygas avoit
„ été changée en Grue , & obligée de s'envoler-pour
„ éviter la punition qu'elle méritoit, c'est qu'enfin les
„ Pagéens secouerent le joug, & obligerent les Gera-
„ niens à se retirer dans les Montagnes où leur Ville
„ étoit situ- ée.

„ Les Geraniens , c'est toûjours le savant Allemand
„ qui parle , fiers de leur derniere Victoire , mépri-
„ serent leurs voisins, sur tout la Ville de Corinthe ,
„ qui, comme la plus puissante, prit dans l'Histoire
„ de cette Guerre le nom de Junon ou la Maitresse
„ Héa. Voilà ce qui fit dire à Ovide que la Reine
„ des Pygmées avoit préferé sa beauté à celle de cet-
„ te Déesse. Les Corinthiens aïant défait entierement
„ les Geraniens & les Pagéens, pour se vanger d'une
„ maniere éclatante de l'audace de leurs Ennemis
„ composerent une Satire, dans laquelle ils les com-
„ paroient aux Grües & aux Pygmées". Tout cela
paroit fort ingenieux , mais malheureusement on ne
trouve dans l'Antiquité aucun vestige ni de cette
Guerre , ni de cette Satire Corinthienne , & c'est-là
l'endroit foible du Systeme de cet Auteur , qui est
amené avec un grand appareil d'érudition. Avant
que d'établir mon sentiment sur ce sujet, il est bon de
suposer un principe dont les Savans conviennent assez.
C'est que les Grecs ne connoissoient que très-impar-
faitement les Histoires des Pais étrangers , & qu'aux
prodiges qu'on leur en racontoit , ils en ajoutoient
encore d'autres de leur façon. Si on leur disoit que
dans certain Pais il y avoit des Hommes d'une taille
extraordinaire , ils en faisoient des Géans capables
d'escalader le Ciel, si on leur parloit de quelques petits
Peuples, ils en formoient des Pygmées. Ce principe
ainsi établi , je crois que les Pechiniens dont parle
Ptolomée (6) sont les veritables Pygmées des Poëtes.
Il y a toute sorte d'apparence que c'est la ressemblance
du nom & la petite taille de ce Peuple, qui ont donné lieu aux Grecs de les appeller des Pygmées , du
mot πυγμὴ, le poignet, ou plûtôt de celui de πυγὼς
qui signifie une coudée , & qui a tant de rapport au
nom des Pechiniens , que l'analogie ne sauroit être
plus parfaite. Mais ce n'est pas sur ce seul rapport
que je prétens fonder mon opinion , & je veux faire
voir que tout ce qu'on a publié des Pygmées convient
aux Pechiniens de Ptolomée. 1. Tous les Anciens
conviennent qu'il y avoit dans l'Ethiopie des Hommes
d'une taille fort médiocre , comme on peut le voir

(6) Geogr. Lib. IV. Cap. VIII.

dans Herodote,·dans Ctesias cité par Photius,& dans
la plupart des Voïageurs. 2. Il est sûr qu'il faut chercher les Pygmées d'Homere dans le Pais où les Grues
se retiroient en Hiver. Or il est constant par le témoignage d'Herodote, d'Aristote, d'Elien, de Nonnus & de plusieurs autres Anciens , que ces Oiseaux
alloient dans cette saison vers les Marais qui sont près
des sources du Nil. C'étoit-là precisément , selon
Ptolomée , qu'habitoient les Pechiniens , c'est-à-dire
entre la Mer rouge & l'Océan sur le Golphe Avalite,
près du Mont Garbate & du Fleuve Astoboras, qu'on
croioit être un bras du Nil. Ce même Auteur place
dans le même Pais les Troglodytes qu'on a souvent
confondus avec les Pygmées. Enfin c'est-là que Mr.
de l'Isle , célèbre Géographe, met les Bakkes , qui
sont des Peuples d'une très-petite taille. Voilà donc
les veritables Pygmées d'Homere , qui chassoient les
Grues , pour conserver leur moisson qu'elles détrui-
soient; tout ce que les Poëtes ont ajouté dans la suite
sur le desavantage des Pygmées que les Grües enle-
voient en l'air , que ces petits hommes qui n'avoient
qu'un pied de hauteur , pede non altior uno (7) alloient à cette Guerre , montez sur des Chevres ou sur
des Beliers , comme le raconte Pline , ainsi de mille
autres Fables qu'il est inutile de rapporter : tout cela
doit être regardé comme des exagerations & des hyperboles, dont le ridicule saute aux yeux. Les Poëtes
ont fait les Géans trop grands & les Pygmées trop
petits. Donnons-leur la taille des plus petits hommes du
Nord, c'est-à-dire trois ou quatre pieds de haut , &
nous pourrons nous vanter d'avoir fort approché de
la verité.

Pour ce qui regarde la Fable de Pygas changée en
Grue , je crois en avoir trouvé le fondement dans ce
que rapporte Ant. Liberalis (8) sur la foi de Bœus
dont il cite la Théogonie. Ce Poëte, dont l'Ouvrage est perdu, disoit qu'il y avoit parmi les Pygmées,
c'est-à-dire sans doute parmi les Pechiniens, une Princesse fort belle, nommée Oenoé, qui maltraitoit fort
son peuple. Cette Reine aïant épousé Nicodamas,
elle en eut un Fils, nommé Mopsus, que ses Sujets
enleverent pour l'élever à leur maniere. La cruauté de
cette Reine qui pour se venger de cette insulte fit la
Guerre à son Peuple : & peut-être plus que tout cela,
le nom de Geran qu'elle portoit suivant Elien (9)
ont donné lieu à la Fable qui dit qu'elle fut changée
en Grüe , & l'on voit assez que la ressemblance des
noms en est le fondement : γέρανος en Grec voulant
dire une Grüe.

(7) Juvenal. Sat. VI. (8) Met. Lib. X.
(9) Hist. Anim. Lib. XV. Cap. XII.

FAB. V.

FAB. V. *Punition de Niobé.*

ARGUMENT.

Latone piquée des mépris que Niobé affectoit d'avoir pour elle, engagea Apollon & Diane de faire mourir tous les Enfans de cette orgueilleuse Reine ; ce qui la jetta dans un si grand desespoir, qu'elle perdit
toute sorte de sentiment & fut changée en Rocher.

Lydia tota fremit : Phrygiaeque per op-
    pida facti
Rumor it, & magnum sermonibus occupat
    orbem.
Ante suos Niobe thalamos cognoverat illam,
Tum cum Maeoniam virgo Sipylumque co-
    lebat.
Nec tamen admonita est poenà popularis A-
    rachnes,   150
Cedere Coelitibus, verbisque minoribus uti.
Multa dabant animos. sed enim nec conju-
    gis artes,
Nec genus amborum, magnique potentia
    regni,
Sic placuere illi, (quamvis ea cuncta place-
    bant,)
Ut sua progenies : & felicissima matrum 155
Dicta foret Niobe ; si non sibi visa fuisset.
                    Nam

TOUTE la Lydie fut consternée du malheur
    qui venoit d'arriver à Arachné ; la nouvel-
le en fût même portée dans la Phrygie, d'où elle
se répandit bien-tôt dans le reste du Monde.
Niobé,   avant son mariage, & dans le tems
qu'elle demeuroit à Sipyle, avoit fort connu cette Fille ; cependant cette triste Avanture, qu'elle regardoit comme le châtiment d'une personne
du commun, ne la toucha point : Elle n'en ra-
batit rien ni de sa fierté, ni du mépris qu'elle
affectoit dans ces discours, d'avoir pour les Dieux.
Tout contribuoit à nourrir son orgueil ; mais la
puissance de son Mari, le Sang illustre, dont
ils tiroient l'un & l'autre leur origine, & l'éclat
de la Couronne la rendoient moins fiere,
quoi qu'elle fût fort sensible à tous ces avantages, que le grand nombre de ses Enfans.
On auroit pû dire, en effet, qu'elle étoit la
plus heureuse de toutes les Femmes, si elle
n'eût point cru elle-même qu'elle l'étoit.
                    Un

Nam sata Tiresia, venturi praescia, Manto
Per medias fuerat, divino concita motu,
Vaticinata vias: Ismenides, ite frequentes:
Et date Latonae, Latonigenisque duobus, 160
Cum prece tura piâ; lauroque innectite cri-
   nem.
Ore meo Latona jubet. paretur: & omnes
Thebaides jussis sua tempora frondibus ornant:
Turaque dant sanctis, & verba precantia,
   flammis.
Ecce venit comitum Niobe celeberrima tur-
   bâ, 165
Vestibus intexto Phrygiis spectabilis auro:
Et, quantum ira sinit, formosa: movens-
   que decoro
Cum capite immissos humerum per utrumque
   capillos.
Constitit: utque oculos circumtulit alta su-
   perbos;
Quis furor auditos, inquit, praeponere vi-
   sis 170
Coelestes? aut cur colitur Latona per aras;
Numen adhuc sine ture meum est? mihi
   Tantalus auctor.
Cui licuit soli Superorum tangere mensas.
Pleiadum soror est genetrix mihi: maximus
   Atlas
Est avus, aetherium qui fert cervicibus
   axem: 175
Juppiter alter avus. socero quoque glorior illo.
Me gentes metuunt Phrygiae: me regia Cadmi
Sub dominâ est: fidibusque mei commissa ma-
   riti
Moenia cum populis à mêque viroque regun-
   tur.
In quamcumque domus adverto lumina par-
   tem, 180
Immensae spectantur opes. accedit eodem
Digna Deae facies. huc natas adjice septem,
Et totidem juvenes; & mox generosque nu-
   rusque.
Quaerite nunc, habeat quam nostra superbia
   caussam:
Nescio quoque audete satam Titanida
   Caeo 185
Latonam praeferre mihi; cui maxima quon-
   dam
Exiguam sedem pariturae terra negavit.
Nec coelo, nec humo, nec aquis Dea vestra
   recepta est.
Exsul erat mundi; donec miserata vagantem,

Un jour Manto, Fille de Tiresias, poussée d'u-
ne inspiration divine, crioit, en courant dans
les Rues de Thèbes, ,, Dames Thebaines cou-
,, ronnez-vous de Laurier, & allez offrir de l'En-
,, cens & des prieres à Latone & à ses deux En-
,, fans : C'est cette Déesse elle-même qui vous
,, l'ordonne par ma bouché. On obéit, déjà
toutes les Femmes de la Ville, avec des Couronnes sur la tête, s'empressoient à l'envi d'allumer à l'honneur de ces Divinités, le feu sacré,
& de joindre leurs vœux à la flamme qui s'élevoit sur leurs Autels. Cependant Niobé, vêtue
à la Phrygienne d'une Robe toute éclatante d'or,
arrive avec un grand Cortège. Quoique péne-
trée de dépit & de colere, elle ne laissoit pas
encore de paroître belle, & on voïoit flôter avec
grace ses cheveux sur ses épaules. Elle s'arrête,
& aïant jetté de tous côtez des regards pleins de
fierté, ,, Par quel aveugle emportement, dit-
,, elle, préferez-vous des Dieux prétendus à ceux
,, que vous avez devant les yeux, & pourquoi
,, avez-vous la témerité d'offrir des Sacrifices à
,, Latone, pendant que Vous n'avez point encore
,, fait fumer l'Encens sur mes Autels? Ignorez-
,, vous que je suis Fille de ce Tantale, qui a eu
,, seul l'honneur de manger à la Table des Dieux ?
,, J'ai une des Pleiades pour Mere; le grand
,, Atlas, qui soutient le Ciel sur ses épaules est
,, mon Aïeul, & Jupiter lui-même est en mê-
,, me tems & mon Aïeul & mon Beau-Pere.
,, Les Peuples de la Phrygie me rendent les res-
,, pects qui me sont dûs. Le Palais de Cadmus
,, & cette Ville célèbre, dont les murailles fu-
,, rent élevées au son de la Lyre d'Amphion, re-
,, connoissent mon Mari & moi pour Souve-
,, rains. De quelque côté que je jette les yeux,
,, je ne voïs que l'abondance & d'immenses ri-
,, chesses. Je puis me flater encore d'avoir l'air
,, de Majesté qu'on attribue aux Déesses elles-
,, mêmes. Ajoutez à tant d'avantages, celui
,, d'avoir sept Fils & sept Filles. Jugez après
,, cela si j'ai tort de trouver mauvais qu'on me
,, préfere la Fille du Géant Coé, Latone, qui
,, ne pût trouver dans le Monde entier une re-
,, traite pour accoucher; errante & fugitive, le
,, Ciel, la Terre & l'Eau lui refuserent un Azyle,

Hospita tu terris erras, ego, dixit, in un-
dis, 190
Instabilemque locum Delos dedit. illa duobus
Facta parens : uteri pars est haec septima
nostri.
Sum felix. quis enim neget hoc ? felixque
manebo.
Hoc quoque quis dubitet ? tutam me copia
fecit.
Major sum, quam cui possit Fortuna noce-
re. 195
Multaque ut eripiat; multo mihi plura re-
linquet.
Excessere metum mea jam bona. fingite demi
Huic aliquid populo natorum posse meorum;
Non tamen ad numerum redigar spoliata duo-
rum
Latonae. turbâ quo quantum distat ab or-
bâ ? 200
Ite sacris, properate sacris; laurumque ca-
pillis
Ponite. deponunt ; infectaque sacra relin-
quunt :
Quodque licet, tacito venerantur murmure
numen.
Indignata Dea est : summoque in vertice
Cynthi,
Talibus est dictis geminâ cum prole locuta. 205
En ego vestra parens, vobis animosa creatis,
Et nisi Junoni, nulli cessura Dearum,
An Dea sim, dubitor : perque omnia secula
cultis
Arceor, ô nati, nisi vos succurritis, aris.
Nec dolor hic solus. diro convicia facto 210
Tantalis adjecit : vosque est postponere natis
Ausa suis : & me. (quod in ipsam recidat)
orbam
Dixit ; & exhibuit linguam scelerata pater-
nam.
Adjectura preces erat his Latona relatis :
Desine, Phoebus ait, (poenae mora longa)
querelas. 215
Dixit idem Phoebe. celerique per aëra lapsu
Contigerant tecti Cadmeïda nubibus arcem.
Planus erat, lateque patens prope moenia
campus,
Adsiduis pulsatus equis; ubi turba rotarum,
Duraque mollierat subjectas ungula gle-
bas. 220
Pars ibi de septem genitis Amphione fortes
Conscendunt in equos, Tyrioque rubentia fuco

Terga

jusques à ce qu'enfin l'Ile de Delos, qui flo-
roit au milieu de la Mer, se fût arrêtée pour
la recevoir, & c'est là qu'elle mit au Monde
ces deux Enfans dont elle est si fiere, pendant
que j'en ai quatorze. Enfin je me vois la
Princesse du Monde la plus heureuse; & puis
que l'abondance & les richesses assûrent mon
bonheur, peut-on douter de sa durée ? Je me
vois, au dessus des revers de la Fortune : quelque bien qu'elle m'ôte, il m'en restera encore assez; & je ne vois pas que j'aie rien à
craindre de ses coups; car enfin, quand il ar-
riveroit que de ce grand nombre d'Enfans, la
mort m'en enlevât quelqu'un, j'en aurois encore plus que Latone, & le nombre de ceux
qui me resteroient me donneroient encore un
grand avantage sur elle. Qu'on interrompe
donc ces Sacrifices; qu'on jette ces Couronnes de Laurier, & qu'on m'obéïsse sans dife-
rer". Tout le monde obéit; la Cérémonie
fut interrompue, & on se contenta d'adorer en
secret la Divinité de Latone. La Déesse, piquée
de l'orgueilleuse fierté de Niobé, se transporte
sur le Cynthe, & parle ainsi à ses deux Enfans.
" Fiere de me voir votre Mere, dans tout l'O-
lympe je ne le cedois qu'à la seule Junon; cependant aujourd'hui j'ai lieu de douter même
si je suis encore Déesse : je me vois honteu-
ment chassée de ces Temples, où j'ai été ho-
notée depuis tant de Siecles : oui j'en suis bannie pour jamais, si vous ne venez à mon secours. Ce n'est pas tout : à l'impieté la Fille
de Tantale, dont la langue sacrilege rappelle le souvenir de celle de son Pere a ajouté
les reproches les plus sanglans : elle a eû l'insolence de vous préférer ses Enfans, & de dire qu'on devoit presque me regarder comme
une Mere sterile : puisse tomber sur elle un
reproche si injuste"! A ce discours, Latone
vouloir joindre les prieres & les larmes, lorsqu'A-
pollon lui dit, c'est assez; d'inutiles plaintes
ne feroient que retarder votre vengeance. Diane
lui tint le même discours ; & s'étant en même
tems couverts l'un & l'autre d'un Nuage, ils fen-
dirent l'air d'un vol rapide & allerent à Thèbes.
Hors de la Ville étoit une belle Plaine, où
l'on avoit coûtume de s'exercer aux courses de
Chevaux. C'étoit-là que s'étoient rendus une
partie des Enfans de Niobé, qui montez sur de
superbes Coursiers, dont les mords étoient d'or;

& les

Terga premunt; auroque graves moderantur
   habenas.
E quibus Ismenos, qui matri sarcina quon-
   ·dam
Prima suae fuerat, dum certum flectit in
   orbem   225
Quadrupedes cursus, spumantiaque ora coër-
   cet;
Hei mihi! conclamat; medioque in pectore
   fixus
Tela gerit, frenisque manu moriente remissis
In latus à dextro paullatim defluit armo.
Proximus, audito sonitu per inane pharet-
   trae,   230
Frena dabat Sipylus: veluti cum praescius
   imbris
Nube fugit visâ, pendentiaque undique rector
Carbasa deducit, ne quà levis effluat aura.
Frena dabat. dantem non evitabile télum
Consequitur: summáque tremens cervice sa-
   gitta   235
Haesit; & exstabat nudum de gutture fer-
   rum.
Ille, ut erat pronus, per colla admissa ju-
   basque
Volvitur; & calido tellurem sanguine foedat.
Phaedimus infelix, & aviti nominis heres
Tantalus, ut solito finem imposuere labo-
   ri;   240
Transierant ad opus nitidae juvenile palae-
   strae:
Et jam contulerant arto luctantia nexu
Pectora pectoribus; cum tento concita cornu,
Sicut erant juncti, trajecit utrumque sagitta.
Ingemuere simul; simul incurvata dolore 245
Membra solo posuere: simul suprema jacentes
Lumina versârunt; animam simul exhalârunt.
Adspicit Alphenor, laniataque pectora plan-
   gens
Advolat, ut gelidos complexibus adlevet ar-
   tus:
Inque pio cadit officio. nam Delius illi 250
Intima fatifero rumpit praecordia ferro.
Quod simul eductum, pars est pulmonis in
   hamis
Eruta: cumque animâ cruor est effusus in
   auras.
At non intonsum simplex Damasichthona
   vulnus
Adficit. ictus erat, quà crus esse incipit, &
   quà   255
Mollia nervosus facit internodia poples.

    Tom. I.   Dumque

& les housses de la plus belle écarlate, leur faisoient faire l'exercice. Pendant qu'Ismene l'aîné
de tous manioit un Cheval, un coup de flèche,
dont il se sent blessé lui fait jetter un grand cri:
il abandonne les rênes, & se laissant glisser doucement sur l'épaule droite du Cheval, il tombe
mort sur le sable. Sipyle, qui étoit le second,
aïant entendu en l'air le bruit d'une flèche, pique son Cheval & se met à courir. Tel qu'un
Pilote, qui voit l'orage prêt à tomber, tâche en
pliant toutes les Voiles, à se garantir de la fureur des Vents; ce jeune Prince court de toute
sa force; mais c'est vainement qu'il fuit; le trait
lui traverse la tête, & lui sort par le gosier.
Comme en courant il se penchoit sur le cou du
Cheval, il passe par-dessus, & va souiller la Terre de son sang. L'infortuné Phedime, & Tantale qui portoit le nom de son Aïeul, après avoir
fini leur course, étoient descendus sur l'arène pour
s'exercer à la Lute; mais comme ils se tenoient
l'un l'autre étroitement embrassez, une même
flèche les perce tous deux de part en part; ils
gemissent, tombent & expirent en même tems.
Alphenor, qui leur voit rendre les derniers soupirs, accablé de la plus vive douleur, se jette sur
eux, les embrasse tendrement & tâche de les ré-
chaufer; mais, tandis qu'il leur rend ce chari-
table devoir, il tombe lui-même d'un coup,
dont Apollon lui perce le sein. La flèche qu'on
retira de la plaie entraîna une partie de ses poû-
mons, & son ame sortit avec son sang. Le jeune Damasichthon reçût deux blessures, l'une au

Dumque manu tentat trahere exitiabile telum,
Altera per jugulum pennis tenus acta sagitta est.
Expulit hanc sanguis : seque ejaculatus in altum
Emicat, & longe terebratâ prosilit aurâ. 260
Ultimus Ilioneus non profectura precando
Brachia sustulerat : Dique ô communiter omnes,
Dixerat, (ignarus non omnes esse rogandos)
Parcite. motus erat, cum jam revocabile telum.
Non fuit, arcitenens. minimo tamen occidit ille 265
Vulnere; non alte percusso corde sagittâ.
Fama mali, populique dolor, lacrimaeque suorum,
Tam subitae matrem certam fecere ruinae,
Mirantem potuisse; irascentemque, quod ausi
Hoc essent Superi, quod tantum juris haberent. 270
Nam pater Amphion, ferro per pectus adacto,
Finierat moriens pariter cum luce dolorem.
Heu quantum haec Niobe Niobe distabat ab illâ,
Quae modo Latöis populum submoverat aris,
Et mediam tulerat gressus resupina per urbem, 275
Invidiosa suis; at nunc miseranda vel hosti;
Corporibus gelidis incumbit; & ordine nullo
Oscula dispensat natos suprema per omnes.
A quibus ad coelum liventia brachia tendens,
Pascere, crudelis, nostro, Latona, dolore; 280
Pascere, ait; satiaque meo tua pectora luctu:
[Corque ferum satia, dixit: per funera septem]
Efferor: exsulta; victrixque inimica triumpha.
Cur autem victrix? miserae mihi plura supersunt,
Quam tibi felici. post tot quoque funera vinco. 285
Dixerat, insonuit contento nervus ab arcu:
Qui, praeter Nioben unam, conterruit omnes.
Illa malo est audax. stabant cum vestibus atris
Ante toros fratrum demisso crine sorores.
E quibus una, trahens haerentia viscere tela, 290
Imposito fratri, moribunda relanguit ore.
Altera, solari miseram conata parentem,
Conticuit subito; duplicataque vulnere caeco est.

[Oraque

genou; & pendant qu'il s'efforçoit d'en tirer la flèche, il reçut un autre coup, qui lui perça la gorge. Le sang qui couloit en abondance de sa blessure en fit sortir la flèche & la poussa même assez loin. Il ne restoit de tous les Fils de Niobé qu'Ilionée qui étoit le plus jeune; il levoit en vain les bras vers le Ciel, & imploroit le secours de tous les Dieux. Helas! il ne savoit pas qu'Apollon étoit le seul qu'il falloit apaiser. Ce Dieu fut touché à la verité de la priere de ce jeune Prince; mais le coup étoit parti, sa mort eut néanmoins quelque chose de plus doux que celle de ses Freres; la flèche ne lui aiant qu'effleuré le cœur. Le bruit de ce funeste accident, les gemissemens du Peuple & les larmes des Princes annoncerent bien-tôt à Niobé la triste nouvelle du malheur de ses Enfans. Elle s'étonna d'abord du pouvoir des Dieux ; puis elle fut outrée qu'ils eussent osé s'attaquer ainsi à elle. Amphion son Epoux, pour finir en même tems sa vie & ses malheurs, s'étoit déjà percé le sein d'un coup d'épée. Oh! que Niobé, dans ce triste état, étoit differente de cette fiere Niobé, qui traînée sur un superbe Char, alloit arracher le Peuple des Autels & des Temples de Latone! Son sort étoit alors envié de tout le monde ; maintenant elle fait compassion à ses Ennemis même. Elle s'aproche de ses Enfans, elle les embrasse; levant ensuite les bras & les yeux vers le Ciel : ,, Repais-toi de ma douleur, cruelle Latone, disoit-elle, goûte le barbare plaisir de me voir accablée de douleur & de desespoir: Ton lâche cœur doit enfin être rassasié. Je succombe sous le poids de mon affliction & tu peux te glorifier d'un triomphe complet. Mais je me trompe, il ne l'est point encore : dans le malheur le plus afreux qui puisse arriver à une Mere, il me reste encore plus d'Enfans qu'à toi, qui te vantes tant d'être heureuse. Après en avoir perdu sept, je l'emporte encore sur toi par le nombre de ceux qui me restent". A peine avoit-elle achevé de parler, que l'on entendit le bruit que fait un Arc, lors qu'il lance une Flèche. Toute l'assemblée en fut troublée; la seule Niobé, que ses desastres avoient rendue encore plus audacieuse n'en fut point émue. Pendant que ses Filles, en habits de deuil & les cheveux épars, pleuroient auprès des Lits funèbres, où étoient les jeunes Princes, l'une d'elles se sentit blessée au sein d'un coup de flèche, & tomba morte sur le corps d'un de ses Freres. Une autre consoloit sa Mere, lorsqu'elle perdit tout d'un coup l'usage de la parole & la vie, sans qu'on eût vû le trait qui l'avoit frappée; [& ne ferma

[*Oraque non preffit , nifi poftquam fpiritus exit.*]

Hæc fruftra fugiens collabitur; illa forori 295
Immoritur : latet hæc ; illam trepidare videres.

Sexque datis leto , diverfaque vulnera paffis,
Ultima reftabat : quam toto corpore mater,
Totà vefte tegens , Unam , minimamque relinque ;
De multis minimam pofco , clamavit , & unam. 300
Dumque rogat ; pro quâ rogat , occidit. orba refedit

Exanimes inter natos , natasque , virumque :
Diriguitque malis. nullos movet aura capillos.
In vultu color eft fine fanguine : lumina moeftis
Stant immota genis : nihil eft in imagine vivi. 305
Ipfa quoque interius cum duro lingua palato
Congelat , & venae defiftunt poffe moveri.
Nec flecti cervix , nec brachia reddere geftus,
Nec pes ire poteft. intra quoque vifcera faxum eft.

Flet tamen , & validi circumdata turbine venti 310
In patriam rapta eft. ubi fixa cacumine montis
Liquitur , & lacrimas etiamnum marmora manant.

ferma la bouche que dans l'inftant qu'elle expira ;] l'une tombe en fuiant, l'autre meurt fur le corps de fa Sœur : celle-ci cherche vainement à fe cacher : celle-là paroît interdite & tremblante. Il y en a déjà fix de mortes , toutes d'une maniere différente ; & il n'en reftoit plus qu'une que fa Mere couvroit de fon corps & avec fes habits. ,, Laiffe-m'en une du moins , *dit-elle à Latone* ; de tant de Filles je ne t'en demande qu'une, ,, & c'eft la plus jeune de toutes que je te de-,, mande ". Mais , tandis qu'elle faifoit cette priere , elle la vit expirer entre fes bras. L'infortunée Niobé fe voïant privée de fon Epoux & de fes Enfans , demeure affife auprès de leurs corps , la douleur la rend immobile ; fes cheveux même ne font plus agitez par le Vent ; une pâleur mortelle paroît fur fon vifage ; fes yeux font fixes & fans mouvement ; fa langue colée dans fa bouche , fes veines livides ; elle ne peut plus lever ni la tête ni les bras ; enfin elle ne donne aucun figne de vie : elle n'eft plus en effet qu'une Roche inanimée. Cependant elle pleure , & c'eft la feule marque de fenfibilité qu'elle donne. Un Tourbillon de Vent l'emporte dans fa Patrie fur le fommet d'une Montagne , où elle continue de repandre des larmes , qu'on voit couler d'un morceau de Marbre.

EXPLICATION DE LA V. FABLE.

TOus les Hiftoriens anciens conviennent avec Diodore de Sicile , & Apollodore que Niobé étoit Fille de Tantale & Sœur de Pelops ; car il ne faut pas confondre celle dont il s'agit dans cette Fable avec une autre Niobé qui étoit Fille de Phoronée & qu'Homere dit avoir été la premiere mortelle qui ait été aimée de Jupiter. Pelops , aiant abandonné la Phrygie pour fe retirer dans cette partie de la Grece qui a depuis porté fon nom , emmena fa Sœur avec lui. Comme il cherchoit à s'affurer fa nouvelle domination par quelque alliance , qui pût le foutenir contre les efforts de fes Ennemis , il la donna en mariage à Amphion , Prince auffi puiffant qu'il étoit éloquent, & qui venoit d'enfermer de murailles la Ville de Thèbes. La dot de Niobé fut apparemment emploiée à bâtir une Ville dans la Beotie ; ou du moins ce fut une condition du mariage , puifque Paufanias nous apprend que ce fut alors que Pelops en jetta les fondemens. Le même Paufanias parle en plus d'un endroit de l'alliance d'Amphion avec la Maifon de Pelops , & il dit pofitivement dans fes Beotiques , que ce Prince aiant fait alliance avec Tantale , avoit appris des Phrygiens le mode Lydien , & ajouté trois nouvelles cordes aux quatre que la Lyre avoit auparavant.

Il y a grande apparence que Niobé fut le fceau de la paix qui fut faite entre Amphion & Pelops. Ce dernier s'étoit brouillé avec le Roi de Thebes en recevant dans fes Etats Laïus , qu'Amphion & Zethus en avoient chaffé , ainfi que le rapporte Apollo-

dore (1) , quoiqu'il en foit ce Mariage fut d'abord fort heureux par la fecondité de Niobé , qui eut un grand nombre d'Enfans. Homere lui en donne douze , fix Garçons & fix Filles. Herodote lui en donne que deux Garçons & trois Filles. Diodore de Sicile quatorze , fept de chaque Sexe. Apollodore (2) fur l'autorité d'Hefiode , p end qu'elle eut dix Garçons & autant de Filles. Cependant cet Auteur n'en nomme que quatorze , dont voici les noms , Sipyle , Minytus , Ismene , Damafichthon , Agenor , Phedime & Tantale , & autant de Filles : Ethodée , ou , felon d'autres , Thera , Cleodoxe , Aftyoche , Phthia , Pelopie , Aftycratie , & Ogygie.

Fiere de fa fecondité , Niobé meprifoit Latone , qui pour fe vanger engagea Apollon & Diane à faire perir tous fes Enfans, de la maniere que le raconte Ovide après les autres Poetes anciens , & comme on peut le voir dans Plutarque au Livre de la Superftition. Cet Epifode ingenieufement inventé , renferme une Hiftoire auffi tragique que veritable. La Pefte qui ravagea la Ville de Thèbes , fit perir tous les Enfans de Niobé , & parce qu'on attribuoit les maladies contagieufes à la chaleur immoderée du Soleil , on publia que c'étoit Apollon qui les avoit tuez à coups de flêches. Lorfque les Femmes en mouroient , on attribuoit leur mort à Diane. Ce que j'avance ici fur le fond de cette Fable eft autorifé par l'antiquité. Homere (3) dit que

(1) Lib. III. (2) Lib. III.
(3) *Iliade*, II. Verf. 205.

Aa 3

que Laodamie, & la Mere d'Andromaque avoient été tuées par Diane. Valerius Flaccus (4) raporte les plaintes de Clyte Femme de Cyfique fur la mort de fa Mere, à qui la même Déeffe avoit ôté la vie.

> · · · · *Triviaeque potentis*
> *Occidit arcana genitrix abfumpta fagittà.*

Le Scholiafte de Pindare (5) remarque après Pherecyde, qu'Apollon envoia Diane fa Sœur, pour faire mourir Coronis & plufieurs autres Femmes, pendant qu'il alloit lui-même ôter la vie à Ifchis, après cela il n'eft pas étonnant de voir Penelope, dans Homere, prier Diane de la faire mourir. Si ces témoignages ne fuffifoient pas pour prouver cette tradition, j'y joindrois l'autorité de Strabon (6) & d'Euftathe, qui difent la même chofe; & ce dernier remarque fort judicieufement que les Poëtes qui attribuoient à ces deux Divinitez les morts fubites, & celles que la Pefte caufoit, mettoient toûjours celles des hommes fur le compte d'Apollon, & celles des Femmes fur celui de Diane (7). Homere s'eft à la verité écarté de cette regle, en difant que Diane avoit fait mourir Orion (8). Mais comme il avoit voulu attenter à l'honneur de cette Déeffe, il n'eft pas étonnant qu'elle ait voulu le punir elle-même; ce qui pourtant eft fi fort contre l'ufage ordinaire, qu'il y a des Auteurs au rapport d'Euftathe, qui croient que cet endroit d'Homere eft fuppofé (9).

Rien n'étoit mieux imaginé que ce Syfteme, puis qu'on a raifon d'attribuer les maladies contagieufes aux exhalaifons de la Terre, & à la chaleur immoderée du Soleil; auffi Homere remarque ingenieufement que la Pefte furvint dans le Camp des Grecs, dès que ce Dieu irrité eut lancé fes fléches, c'eft-à-dire, dès que fes raions trop chauds eurent corrompu l'air, c'eft ce qui a fait dire à Servius (10) *Apolline offenfo peftilentiam creari femper*; *illudque Homerum oftendere, cùm eum armatum inducit fagittis, & inde Apollinem dici fecundum aliquos* επὶ τῦ ἀπόλλυοθαι. Car il eft bon de remarquer en paffant que les fléches étoient le Symbole d'Apollon irrité, comme la Lyre fignifioit qu'il étoit appaifé, comme l'obferve le même Auteur: *Lyram quæ nobis cæleftis harmonia imaginem monftrat. . . . . Sagittas quibus infernus Deus & noxius judicatur.* Et dans un autre endroit il dit: *Cytharam tenens, mitis eft*; auffi ne manquoit-on jamais dans ces fortes de maladies épidémiques d'implorer le fecours de cette Divinité, & de lui offrir des Sacrifices, comme Horace & Paufanias nous l'apprennent. On avoit même grand foin alors de mettre fur les portes de fa maifon des branches de Laurier dans l'efperance que ce Dieu épargneroit des lieux qui étoient fous la protection d'une perfonne qu'il avoit cherie, ce qu'on peut voir dans Diogene Lacrce & dans l'Auteur du Grand Etymologicon.

Ovide fait mourir les Enfans de Niobé dans un Cirque, où ces jeunes Princes s'exercoient à manier des Chevaux; mais Paufanias (11) dit avec plus de vraifemblance qu'il moururent fur le Mont Citheron, où ils étoient allé chaffer, & que les Filles moururent à Thebes. Si on ajoute, à l'autorité d'Homere (12) que ces Enfans infortunez demeurerent neuf jours fans fepulture, parce que les Dieux avoient changé en pierres tous les Thebains, & que les Dieux eux-mêmes leur rendirent les devoirs funèbres, le dixième jour; c'eft que comme ils étoient morts de la Pefte, perfonne n'ofoit les enterrer, & tout le monde avoit paru infenfible au malheur de la Reine. Figure vive des calamitez qui accompagnent ce fleau, où chacun craignant fa mort prefque affurée ne fonge qu'à fa propre confervation, & neglige les devoirs les plus effentiels, cependant comme les Prêtres, après que la

violence du mal fut un peu paffée, fe mirent en état de les enfevelir, on publia que c'étoient les Dieux eux-mêmes qui leur avoient rendu ce devoir. On ajoute, qu'Ismenus l'aîné de ces Princes, ne pouvant fupporter la douleur que lui caufoit un mal fi violent fe jetta dans un Fleuve de la Beotie, qu'on appelloit alors le pied de Cadmus, & qui depuis cet évenement porta le nom de ce jeune Prince.

Niobé, ne pouvant plus fouffrir le féjour de Thebes après la mort de fes Enfans & de fon Mari, qui s'étoit tué de defespoir, retourna dans la Lydie & finit fes jours près du Mont Sipyle, fur lequel, felon le rapport de Paufanias (13) on voïoit une Roche qui regardée de loin reffembloit à une Femme accablée de douleur & d'affliction, quoique de près elle ne reffemblât à rien moins qu'à cela; comme l'affure le même Auteur, qui y avoit voïagé. Voilà ce qui a fait dire à Ovide, qu'un tourbillon de Vent avoit emporté cette Princeffe infortunée fur cette Montagne, & qu'elle avoit été changée en Rocher. Circonftance qui nous apprend, comme le dit Ciceron (14), que Niobé avoit gardé un profond filence dans fon affliction, & qu'elle étoit devenue comme immobile & muette: ce qui eft le caractère des grandes douleurs. Sophocle dans fon Antigone, dit que cette Princeffe ne fut pas d'abord changée en pierre; que les Dieux dans la fuite lui accorderent cette grace à fa priere. Le même Poëte dans fon Electre, dit que Niobé verfe des larmes fur un Tombeau de Pierre.

Ovide a cru fans doute que l'Hiftoire feroit plus touchante, en difant que tous les Enfans de Niobé avoient été la victime de la vengeance de Latone. Cependant Paufanias (15) rapporte que Mélibée ou Chloris & Amyclé deux de fes Filles appaiferent Diane, qui leur conferva fa vie; c'eft-à-dire, qu'elles guerirent de la Pefte. La premiere de ces deux Princeffes epoufa Neleus, Pere de Neftor, ainfi que le rapporte Apollodore au Livre premier. Mais le même Paufanias protefte qu'il aime mieux fe ranger au fentiment d'Homere, qui dit, dans fon Iliade que tous les Enfans de Niobé perirent par les mains d'Apollon & de Diane. Je ne dois pas oublier de rapporter auffi ce qui fit donner à Mélibée le furnom de Chloris; c'eft que ne s'étant jamais remife de la fraieur que lui avoit caufé la mort de fes Freres & de fes Sœurs, elle demeura toûjours extremement pâle; ainfi que le raconte le même Paufanias, dans fes Corinthiaques.

L'Hiftoire, que je viens d'expliquer, arriva environ cent vint ans avant la Guerre de Troie. Ce qu'il feroit aifé de prouver par la Généalogie de Neftor, Fils de Chloris; encore plus par celle de Laius, Pere d'Oedipe, qui fucceda à Amphion & Zethus au Roiaume de Thèbes, comme je le dirai, lorfque j'expliquerai la Fable d'Amphion.

Telle eft la verité de cet évenement fi célèbre dans les anciens Poetes. Admirons la fertile imagination d'Ovide qui le raconte fi bien, tranfportons-nous avec lui auprès de Thèbes, pour voir ces jeunes Princes montez fur de fuperbes Chevaux faire leurs exercices. Apollon & Diane qui prenant la defenfe de leur Mere outragée les percent impitoïablement à coups de fléches. Les Sœurs de ces Princes infortunez, accourent fur les rempars au bruit de ce funefte accident, & tombent fous les coups invifibles de Diane. Enfin la Mere arrive, qui outrée de douleur & de defespoir arrofe de fes larmes les corps de fes Enfans, & eft enfin changée en Rocher. Et on avouera que la Fable donne de grands ornemens à la Verité, la découverte de cette même verité donne encore plus de plaifir à l'efprit, que ces vains ornemens n'en donnent à l'imagination.

Un monument antique rapporté par le Pere Montfaucon, nous a confervé l'Hiftoire de cet évenement, felon la Tradition qu'Ovide a fuivie. Les Enfans de Niobé paroiffent en effet s'être crevez à une courfe

de

(4) Lib. III. (5) Sur la troifième Pythique. (6) Lib. XIV. (7) Sur le fecond Livre de l'Iliade. (8) Odyff. V. Vers 125. (9) Sur le cinquième Livre de l'Odyff. (10) Sur le troifième Livre de l'Enéide. (11) In Bœot. (12) Iliade, Livre XXIV.

(13) In Attich. (14) Tufc. Quæft. Lib. III. (15) Dans fes Attiques.

de chevaux. Je joins à cette Explication deux Epigrammes de l'Anthologie, qui regardent cette Princesse.

Sur la Statue de Niobé,

Anthol. Liv. IV.

Ἐκ ζωῆς με θεοὶ τεῦξαν λίθον. ἐκ δὲ λίθοιο
Ζωὴν Πραξιτέλης ἔμπαλιν εἰργάσατο.

Sur Niobé changée en pierre,

Anthol. Liv. III.

Ὁ Τύμβ⊙- οὗτ⊙-, ἔνδον ὀυκ ἔχει νεκρὸν
Ὁ νεκρὸς οὗτ⊙-, ἐκτὸς οὐκ ἔχει τάφον
Ἀλλ' αὐτὸς αὑτοῦ νεκρός ἐτι, ἢ τάφος.

De vivante que j'étois, les Dieux me rendirent pierre: de pierre Praxitèle m'a rendue vivante.

La feconde Epigramme n'eſt qu'un jeu de mots, dont le fens eſt que ce Sepulchre ne renferme rien; & qu'il eſt lui-même la Mort & le Tombeau.

FAB. VI. *Païſans Lyciens changez en Grenouilles.*

ARGUMENT.

Latone fatiguée d'une longue marche, & encore plus du poids de ſes deux Enfans, qu'elle portoit entre ſes bras, arriva près d'un Etang, où elle voulut ſe deſalterer. Quelques Païſans, qui y travailloient l'aïant repouſſée, & aïant troublé l'Eau pour l'empêcher de boire, la Déeſſe indignée les changea en Grenouilles.

TUm vero tanti manifeſtam numinis iram
 Femina virque timent: cultuque impenſius omnes
Magna gemelliparæ venerantur numina Divæ. 315
     Utque

UN châtiment ſi terrible jetta la terreur dans l'eſprit de tout le monde; les Hommes & les Femmes s'empreſſerent à l'envi, à honorer Larone, & l'on vit redoubler avec un nouveau zèle les marques du Culte qu'on avoit accoûtumé de lui rendre.
          Comme

Utque fit, à facto propiore priora renarrant.
E quibus unus ait : Lyciae quoque fertilis
　　agris
Haud impune Deam veteres sprevere coloni.
Res obscura quidem est ignobilitate virorum;
Mira tamen. vidi praesens stagnumque lo-
　　cumque　　　　　　　　　　　　　　320
Prodigio notum. nam me jam grandior aevo,
Impatiensque viae genitor deducere lectos
Jusserat inde boves; gentisque illius eunti
Ipse ducem dederat. cum quo dum pascua lu-
　　stro,
Ecce lacus medio sacrorum nigra favillà 325
Ara vetus stabat, tremulis circumdata cannis.
Restitit; & pavido, Faveas mihi, murmu-
　　re dixit
Dux meus: & simili, Faveas, ego mur-
　　mure dixi.
Naïadum, Faunine foret tamen ara rogabam,
Indigenaene Dei; cum talia reddidit ho-
　　spes.　　　　　　　　　　　　　　330
Non hac, ò juvenis, montanum numen in
　　arà est.
Illa suam vocat hanc, cui quondam regia
　　Juno
Orbe interdixit: quam vix erratica Delos
Orantem accepit, tum cum levis insula nabat.
Illic, incumbens cum Palladis arbore pal-
　　mae,　　　　　　　　　　　　　　335
Edidit invità geminos Latona novercà.
Hinc quoque Junonem fugisse puerpera fertur:
Inque suo portâsse sinu, duo numina, natos.
Jamque Chimaeriferae, cum Sol gravis ure-
　　ret arva,
Finibus in Lyciae, longo Dea fessa labo-
　　re,　　　　　　　　　　　　　　340
Sidereo siccata sitim collegit ab aestu:
Uberaque ebiberant avidi lactantia nati.
Forte lacum melioris aquae prospexit in imis
Vallibus: agrestes illic fruticosa legebant
Vimina cum juncis, gratamque paludibus
　　ulvam.　　　　　　　　　　　　345
Accessit, positoque genu Titania terram
Pressit; ut hauriret gelidos potura liquores.
Rustica turba vetant. Dea sic adfata vetantes:
Quid prohibetis aquis? usus communis aqua-
　　rum.
Nec Solem proprium Natura, nec aëra fe-
　　cit,　　　　　　　　　　　　　　350
Nec tenues undas. ad publica munera veni.
Quae tamen ut detis supplex peto. non ego
　　nostros
　　　　　　　　　　　　　Abluere

Comme il arrive qu'un évenement qui vient de nous frapper, nous rappelle le souvenir de quelque autre Histoire, qui y a du rapport, un Thebain raconta à ce sujet comment quelques Lyciens avoient éprouvé autrefois, la vengeance de cette même Déesse. ,, L'Avanture, dit-il, n'est pas célèbre, par la qualité des ,, Personnes à qui elle arriva; mais elle ,, n'en est pas moins étonnante. J'ai vû le ,, Lieu & l'Etang même que ce Prodige a ren- ,, du fameux. Mon Pere étant fort vieux & ,, hors d'état de voïager, m'envoïa autrefois dans ,, ces Quartiers-là pour y acheter des Bœufs, & ,, me donna pour Guide un Homme du Païs. ,, Comme nous en parcourions tous les Pâtura- ,, ges, & que nous passions sur le bord d'un ,, Lac, j'apperçus un Autel antique noirci de ,, fumée & environné de roseaux. Mon Guide ,, s'arrêta, & saluant l'Autel, soiez-moi propice, ,, dit-il d'une voix basse & tremblante. Après ,, que j'eûs aussi de mon côté fait la même prie- ,, re, je demandai au Lycien, si cet Autel étoit ,, consacré aux Naïades, ou aux Faunes, ou à ,, quelqu'autre Divinité du Païs. Ce n'est pas, ,, me dit-il, aux Dieux de ces Montagnes que ,, cet Autel est élevé; c'est à la Déesse que Ju- ,, non bannit autrefois de l'Univers entier, & à ,, laquelle l'Ile de Delos, qui flotoit pour lors, ,, prêta un azyle: elle y accoucha sous un Oli- ,, vier, de deux Enfans, malgré toutes les per- ,, secutions de sa Rivale, qui peu touchée de ,, l'état où elle étoit, l'obligea encore de sortir ,, de cette Ile, & d'emporter avec elle ces deux ,, Enfans qu'elle venoit de mettre au Monde. ,, Un jour, qu'il faisoit fort chaud, après avoir ,, long-tems marché, elle arriva enfin dans la ,, Lycie, Païs, que la Chimere a rendu si célè- ,, bre. Accablée de soif & de lassitude, le sein ,, épuisé par ses deux Enfans, elle apperçut dans ,, le fond d'une Vallée, un Etang, dont l'eau ,, paroissoit claire, & elle s'en approcha pour ,, s'y desalterer. Il y avoir dedans quelques Paï- ,, sans, qui en arrachoient les Roseaux & les au- ,, tres Herbes marécageuses. Elle s'étoit déjà ,, mise sur ses genoux pour boire plus à son aise, ,, lors que ces brutaux la repoussérent: Pour- ,, quoi voulez-vous m'empêcher de boire, leur ,, dit-elle, l'usage de l'eau est commun à tout le ,, Monde, aussi bien que celui de l'air & de la ,, lumiere, que la Nature ne refuse à personne. ,, Cependant je veux bien vous prier de m'en ,, donner la permission. Ce n'est point pour
　　　　　　　　　　　　　　　　　　,, me

Abluerè hic artus, laſſataque membra paꞌa-
bam:

Sed relevare ſitim. caret os humore loquentis;
Et fauces arent; vixque eſt via vocis in il-
lis.   355

Hauſtus aquae mihi nectar erit: vitamque
fatebor

Accepiſſe ſimul. vitam dederitis in undà.

Hi quoque vos moveant, qui noſtro brachia
tendunt

Parva ſinu. & caſu tendebant brachia nati.

Quem non blanda Deae potuiſſent verba mo-
vere?   360

Hi tamen orantem perſtant prohibere: mi-
nàsque,

Ni procul abſcedat, conviciaque inſuper ad-
dunt.

Nec ſatis hoc. ipſos etiam pedibusque manuque

Turbavère lacus: imoque è gurgite mollem

Huc illuc limum ſaltu movère maligno. 365

Diſtulit ira ſitim. neque enim jam filia Coei

Supplicat indignis; nec dicere ſuſtinet ultra

Verba minora Deà. tollensque ad ſidera palmas,

Aeternum ſtagno, dixit, vivatis in iſto.

Eveniunt optata Deae. juvat iſſe ſub un-
das;   370

Et modo tota cavà ſummergere membra pa-
lude:

Nunc proferre caput; ſummo modo gurgite
nare:

Saepe ſuper ripam ſtagni conſidere: ſaepè

In gelidos reſilire lacus. & nunc quoque turpes

Litibus exercent linguas: pulſoque pudo-
re,   375

Quamvis ſint ſub aquà, ſub aquà maledicere
tentant.

Vox quoque jam rauca eſt; inflataque colla
tumeſcunt:

Ipſaque dilatant patulos convicia rictus.

Terga caput tangunt; colla intercepta videntur:

Spina viret: venter, pars maxima corporis,
albet: 380

Limoſoque novae ſaliunt in gurgite ranae.

,, me baigner que je ſuis venüe; c'eſt pour
,, étancher ma ſoif: A peine puis-je parler,
,, tant elle eſt ardente; mon gozier eſt deſſé-
,, ché: l'Eau de votre Etang ſera pour moi plus
,, délicieuſe que le Nectar des Dieux, & ſi vous
,, voulez bien m'en laiſſer boire, je vous de-
,, vrai la vie. Si vous n'êtes pas touchez du
,, ſort d'une Mere qui eſt dans un état ſi deplo-
,, rable, ſoïez du moins ſenſibles au malheur de
,, ces deux jeunes Enfans, qui vous tendent les
,, bras. Ils les tendoient en effet. Qui auroit
,, pû n'être pas attendri à une priere ſi touchan-
,, te? Cependant ils s'obſtinerent à la refuſer; ils
,, ajouterent à ce refus quelques injures, & ils
,, menacerent même de la maltraiter, ſi elle ne
,, s'éloignoit. Pour pouſſer encore plus loin leur
,, inſolente brutalité, ils troublerent l'eau avec
,, les pieds & les mains, afin que la boue qu'ils
,, firent ſortir du fond, l'empêchât de boire.
,, La colere, dont la Déeſſe ſe ſentit alors émue,
,, lui fit oublier ſa ſoif, & ſans ſonger davan-
,, tage à flechir ces brutaux, elle leur parla en
,, Déeſſe. Eh bien, leur dit-elle, en levant les
,, mains vers le Ciel, vous demeurerez à jamais
,, dans cet Etang. L'effet ſuivit de près la me-
,, nace. On vit d'abord ces Païſans s'enfoncer
,, dans la boue, quelquefois en ſortir la tête,
,, & nager ſur la ſurface de l'eau; quelquefois
,, ils venoient ſe repoſer ſur le bord & ſe teplon-
,, geoient quelques momens après. Comme ils
,, continuoient toûjours de criailler, & de dire
,, des injures à la Déeſſe, leur voix s'enroua,
,, leur gorge s'enfla, leur bouche s'élargit, &
,, leurs épaules ſe joignirent, deſorte que le col
,, diſparut entierement: leur dos devint d'une
,, couleur verdâtre; le ventre ſeul, qui eſt ex-
,, trémement gros par rapport aux autres parties
,, de leur corps, conſerva une eſpece de blan-
,, cheur; enfin ils furent changez en Grenouil-
,, les, & on les vit ſauter & barboter dans la
,, boue de cet Etang.

EXPLICATION DE LA VI. FABLE.

LA Fable de ces Païſans Lyciens qui furent changez en Grenouilles ne préſente aucun fait qui
puiſſe nous intereſſer; elle ſemble même n'être qu'une
Satyre des mœurs groſſieres & ruſtiques des gens de la
Campagne. Mais comme leur metamorphoſe eſt at-
tribuée à la vengeance de Latone, & qu'on voioit
près de l'Etang où cette Avanture étoit arrivée un Autel conſacré à cette Déeſſe, je dois rapporter ici en
peu de mots, ce que l'Antiquité en avoit publié. Jupiter, après avoir debauché Latone, voulut auſſi ſe
faire

faire aimer d'Afterie, mais elle fe deroba à fes pourfuites, & fuivant la maniere de parler de ce tems-là,
elle fut changée en Caille. Comme elle vouloit tra-
verfer la Mer, Jupiter la changea en Pierre. Larone
touchée du malheur de fa Sœur, pria Jupiter de s'a-
doucir en fa faveur, & ce Dieu la fit fortir du fond
des flots, & en forma une Ile, qui fut d'abord confa-
crée à Neptune & à Doris. Quelque tems après, lorfque Junon jaloufe de Larone, la faifoit pourfuivre par
le Serpent Python, & que toute la Terre lui refufoit
un azyle pour accoucher, fa Sœur, qui étoit alors
une Ile flotante, s'approcha du rivage & la reçut. Latone arrivée fous un Arbre accoucha d'abord de Diane, qui l'aida enfuite à mettre au monde Apollon.
Et voilà, pour le dire en paffant, la raifon pour laquelle Diane quoique vierge, eft invoquée par les Femmes en travail d'Enfant. Dès que Diane & Apollon
furent nez, ils fixerent l'Ile en l'attachant à celles de
Mycone & de Gyare, ce qu'il y a de vrai dans cette
Fable, c'eft que l'Ile Ortygie *, qui avoit pris ce
nom des Cailles qui s'y arrétoient en paffant la Mer,
& qui fut nommée Delos, c'eft-à-dire manifeftation ,
parce qu'après avoir été long-tems cachée fous les
Flots, elle parut enfin, étoit fort fujette aux tremblemens de Terre, ce qui fit publier, qu'elle étoit

(*) 'Ogvk, veut dire une Caille.

flottante fur la Mer. L'Oracle d'Apollon aiant defen-
du qu'on y enterrât les morts, & aïant ordonné qu'on
y offrit des facrifices pour la purifier, elle devint plus
calme & moins agitée par les tremblemens. Voilà le
fondement de toutes les Fables qu'on en a publiées.
Virgile, dans le troifiéme de l'Eneïde (1) parle ainfi
de cette Ile.

Sacra mari, colitur medio gratiffima tellus
Nereïdum matri, & Neptuno Ægæo:
Quam pius Arcîtenens, oras & littora circum
Errantem, Mycone celfa Gyaroque revinxit.

Si l'on vouloit s'inftruire plus à fond de ce qui regarde l'Ile de Delos & l'Oracle qui y étoit établi, il faudroit lire Meurfius qui a très-bien traité ce fujet (2).
Pour revenir maintenant à la fable qui fait le fujet de
cette explication , elle eft fans doute fondée, fur ce
que l'antiquité aïant feint que Junon avoit encore
pourfuivi fa Rivale, elle avoir été obligée de fuir avec
fes deux Enfans, & que s'étant trouvée offenfée de la
brutalité de quelques Païfans qui lui avoient refufé à
boire, elle les avoit contraints à fe cacher dans leurs
marais, ce qui avoit donné lieu à leurs metamorphofes.

(1) Verf. 73.　(2) Meurfii Delos.

F A B. VII, & VIII. *Marfyas écorché par Apollon.*

ARGUMENT.

Marfyas aïant fait un défi à Apollon, ce Dieu après l'avoir vaincu,
l'écor=

l'écorcha vif. Les larmes qui furent repandues à sa mort formèrent le fleuve qui porte son nom.

Sic ubi nescio quis Lyciâ de gente virorum
Retulit exitium; Satyri reminiscitur alter:
Quem Tritoniacâ Latoüs arundine victum
Adfecit poenâ. Quid me mihi detrahis? in-
    quit.   385
Ah piget: ah non est, clamabat, tibia tanti!
Clamanti cutis est summos derepta per artus:
Nec quidquam, nisi vulnus erat. cruor undi-
    que manat:
Detectique patent nervi: trepidaeque sine ullâ
Pelle micant venae.salientia viscera possis,390
Et perlucentes numerare in pectore fibras..
Illum ruricolae, silvarum numina, Fauni,
Et Satyri fratres, & tunc quoque clarus
    Olympus,
Et Nymphae flêrunt: & quisquis montibus
    illis
Lanigerosque greges, armentaque bucera pa-
    vit.   395
Fertilis immaduit, madefactaque terra ca-
    ducas
Concepit lacrimas, ac venis perbibit imis.
Quas ubi fecit aquam, vacuas emisit in auras.
Inde petens rapidum ripis declivibus aequor,
Marsya nomen habet, Phrygiae liquidissimus
    amnis.   400
Talibus extemplo redit ad praesentia dictis:
Vulgus; & extinctum cum stirpe Amphiona
    lugent.
Mater in invidiâ est. tamen hanc quoque
    dicitur unus
Flesse Pelops: humeroque suas ad pectora post-
    quam
Deduxit vestes, ebur ostendisse sinistro. 405
Concolor hic humerus, nascendi tempore,
    dextro,
Corporeusque fuit. manibus mox caesa paternis
Membra ferunt junxisse Deos, aliisque repertis,
Qui locus est juguli medius, summique lacerti,
Defuit. impositum est non comparentis in u-
    sum   410
Partis ebur: factoque Pelops fuit integer illo.

LORS que le Lycien dont je viens de parler, eût raconté cette Histoire, il y eut une Personne de la Compagnie, qui se ressouvint de l'Aventure de Marsyas, qui avoit été vaincu par Apollon, dans le defi, qu'il lui avoit fait de jouer mieux de la flute que lui. Le Fils de Latone en tira une vengeance éclatante. Dans le tems qu'on l'écorchoit tout vif, l'infortuné Marsyas s'écrioit: ,, Helas! pourquoi me dechi-
,, rez-vous de la sorte? Je me repens de ma te-
,, merité, Ah! faut-il que cette malheureuse
,, Flute me coûte si cher"? Tandis qu'il faisoit retentir l'air de ses tristes plaintes, on l'écorchoit depuis ses pieds jusqu'à la tête. Déjà son corps n'étoit plus qu'une plaïe; le sang en ruisseloit de tous côtez; on voïoit tous ses nerfs, ses veines, ses intestins, & l'on auroit pû aisément compter jusqu'aux moindres fibres de son corps. Les Faunes & les Satyres des Forêts voisines, & Olympe, (1) qui étoit alors si célèbre, les Nymphes & les Bergers de la Campagne, tous versèrent des pleurs à cette mort. La Terre reçut toutes les larmes dans son sein, &. l'on en vit sortir ce Fleuve rapide, qui porte encore le nom de Marsyas. C'est de toute la Phrygie le Fleuve dont les eaux sont les plus claires. Le recit de ces anciennes Histoires rappella le souvenir de ce qui venoit d'arriver. On plaignit le malheur d'Amphion & de ses Enfans, mais l'orgueil de Niobé ne causa que de l'indignation. Il n'y eut que Pelops son Frere, à qui cette mort fit verser des larmes. Dans l'excès de sa douleur, il dechira ses habits & laissa voir son Epaule d'yvoire. Il ne l'avoir pas apportée en naissant; mais son Pere l'aiant égorgé, pour le faire servir dans un Banquet, qu'il donnoit aux Dieux, ils avoient ramassé soigneusement tous les membres pour les rejoindre, & comme ils n'avoient point retrouvé l'épaule gauche, ils lui en avoient remis à la place une d'yvoire (2).

(1) Cet Olympe étoit Disciple de Marsias.
(2) Les Poëtes disent que c'étoit Cerès qui avoit mangé cette épaule, avant qu'on eût recouru la nature du mets qu'on avoit servi...

EXPLICATION DE LA VII, & VIII. FABLE.

MArsyas étoit Fils de ce Hyagnis (1) qui fut l'inventeur d'une sorte de Flute & du mode Phrygien, & dont il est fait mention dans la dixiéme

(1) Hygin dit qu'il étoit Fils d'Oeagrius, & Apollod. Liv. 1, le fait Fils d'Olympus.

TOM. I.

Epoque des Marbres de Paros. Alexandre, Auteur ancien d'une Histoire de Phrygie, parle aussi du même Hyagnis. Mais celui qui nous donne le plus de lumiere sur ce sujet est Apulée: Voici ce qu'il en dit, Hyagnis fuit, ut fando accepimus, Marsyae tibicinis pater

Bb 2

pater & magister, rudibus adhuc muscæ seculis, salus ante alios cantus canere: nondum quidem tam flexanimo sono, nec tam pluriformi modo , nec tam multiforatili tibiâ. quippe adhuc ars ista repertu novo commodum oriebatur . . . . . prorsus igitur ante Hyagnim nihil aliud plerique callebant quam Virgilianus Opilio seu Subsequa

Stridenti miserum stipula disperdere carmen , &c.

Ce passage que j'ai abregé nous aprend, que Hyagnis fut l'inventeur d'une sorte de Flute, assez grossiere à la verité, mais beaucoup plus parfaite que ces Roseaux dont se servoit avant lui, 2 qu'il fut le Pere & le Maitre de Marsyas, qu'Ovide dit avoir été vaincu par Apollon qui l'écorcha vif. Cette Fable, si nous en croions Tite-Live & Quinte-Curce, n'est qu'une Allegorie, & c'est le Fleuve Marsyas qui y a donné lieu. Comme il tombe d'un lieu fort élevé, il fait aux environs de Celene, Ville de Phrygie, un bruit fort desagreable, mais son cours venant ensuite à être si uni, qu'on ne l'entend presque pas couler, on a publié que la vengeance d'Apollon l'avoir rendu docile. Mais il y a beaucoup plus d'aparence que le fonds de l'Histoire est veritable. Hyagnis son Pere qui fait le sujet d'une des Epoques des Marbres de Paros est fort connu ainsi que son Fils, qui avoit apris de lui l'art de jouer de la Flute. Fier de cet avantage, dans un tems où les Arts étoient encore fort grossiers, Marsyas fit quelque defi, peut-être à un Prêtre d'Apollon,

ou à quelque Prince qui portoit le nom de ce Dieu, & il fut puni de la maniere que le raconte Ovide. Herodote semble en convenir, lorsqu'il dit qu'on voioit encore de son tems dans la Ville de Celene , la peau de ce malheureux. Strabon, Pausanias & Aulu-Gelle croient aussi que cette avanture est veritable. Suidas ajoute que Marsyas se voiant vaincu se precipita dans le Fleuve qui coule près de Celene, qui depuis a porté son nom. Strabon prétend que Marsyas avoit volé à Minerve cette Flute, qui lui fut si malheureuse , & qu'il avoit par là encouru l'indignation de cette Déesse. Le fait est fondé sur ce qu'on voioit une Statue de Minerve qui tenoit un Fouet à la main pour punir Marsyas, ainsi que le rapporte Pausanias. Cette Déesse, au rapport d'Apollodore (2) aïant vu en se regardant dans les eaux du Fleuve Meandre, que lorsqu'elle jouoit de la Flute, ses joues s'enfloient d'une maniere ridicule, & aïant jugé par là que les Dieux avoient eu raison de se moquer d'elle, la jetta de dépit & Marsyas l'aïant trouvée quelque tems après, aprit si bien à en jouer qu'il defia Apollon , comme nous venons de le raconter. Le Pere Montfaucon (3) a ramassé après Beger & Maffei plusieurs Antiques, où l'on voit Marsyas écorché & Apollon auprès de lui. Finissons en remarquant qu'il y a une faute dans Hygin Fab. 165. lors qu'il dit que Marsyas étoit Fils d'Oeagrius & qu'il faut y lire Hyagnis. Le tems où a vécu Hyagnis est marqué dans les Marbres, & les Commentateurs le fixent à l'an 1534 avant J. C.

(2) *Lib. I.*　　(3) *Ant. Expl. Tom. I.*

FAB. IX. *Mariage de Terée & de Progné.*

ARGUMENT.

Progné aïant époufé Terée Roi de Thrace, le pria d'aller à Athenes pour lui amener fa Sœur Philomele. Terée, étant devenu amoureux de cette jeune Princeffe, lui fit violence, & après lui avoir coupé la langue, la laiffa enfermée dans un vieux Château, qui étoit au milieu des Bois. Philomele trouve le moïen de faire favoir fa difgrace à fa Sœur, par un canevas fur lequel elle avoit tracé l'Hiftoire de fes malheurs & qu'elle lui envoia par un de fes Gardes.

Finitimi proceres coëunt : urbefque propin-
    quae
Oravere fuos ire ad folatia reges,
Argofque, & Sparte, Pelopeïadefque Mycenae,
Et nondum torvae Calydon invifa Dia-
    nae,   415
Orchomenofque ferax, & nobilis aere Corin-
    thos,
Mefseneque ferox, Patraeque, humilefque
    Cleonae,
Et Nélea Pylos, neque adhuc Pittheïa Troezen.
                                    Quae-

Tous les Princes voifins prirent part à l'affliction de Pelops, & toutes les Villes de la Grèce engagerent leurs Rois à aller euxmêmes en perfonne le vifiter. Argos, Sparte, Mycene & Calydon, qui ne s'étoit pas encore attirée l'indignation de Diane, Orchomene, Corinthe célèbre par le Metal précieux qui porte fon nom. L'indomptable Meffene, Cleone, Pylos, Trefene ; en un mot

Quaeque urbes aliae bimari clauduntur ab
Isthmo,
Exteriusque sitae bimari spectantur ab Isth-
mo.   420
Credere quis possit? solae cessatis Athenae.
Obstitit officio bellum, subvectaque pontò
Barbara Mopsopios terrebant agmina muros.
Threicius Tereus haec auxiliaribus armis
Fuderat; & clarum vincendo nomen habe-
bat.   425
Quem sibi Pandion opibusque virisque poten-
tem,
Et genus à magno ducentem forte Gradivo,
Connubio Procnes junxit. non pronuba Juno,
Non Hymenaeus adest, non illi Gratia lecto.
Eumenides tenuere faces de funere rap-
tas: 430
Eumenides stravere torum: tectoque profanus
Incubuit bulo, thalamique in culmine sedit.
Hac ave sunt juncti Procne Tereusque; pa-
rentes
Hac ave sunt facti. gratata est scilicet illis
Thracia: Disque ipsi grates egere: diem-
que,.   435
Quàque data est claro Pandione nata tyran-
no,
Quàque erat ortus Itys, festam jussere vo-
cari.
Usque adeo latet utilitas. Jam tempora Titan
Quinque per autumnos repetiti duxerat anni:
Cum blandita viro Procne, Si gratia, di-
xit,   440
Ulla mea est, vel me visendae mitte sorori;
Vel soror huc veniat. redituram tempore parvo
Promittes socero. magni mihi muneris instar
Germanam vidisse dabis. jubet ille carinas
In freta deduci; veloque & remige portus   445
Cecropios intrat; Piraeaque litora tangit.
Ut primum soceri data copia, dextera dextrae
Jungitur; & fausto committitur omine ser-
mo.
Coeperat, adventûs caussam, mandata re-
ferre
Conjugis; & celeres missae spondere recur-
sus: 450
Ecce venit magno dives Philomela paratu;
Divitior formâ. quales audire solemus
Naïdas & Dryadas mediis incedere silvis:
Si modo des illi cultus, similesque paratus.
Non secus exarsit conspectâ virgine Te-
reus;   455
Quam

mot, toutes les Villes, qui sont au delà & en
deçà de l'Isthme de Corinthe, lui envoierent des
Députez; & ce qu'on aura de la peine à croire,
la seule Ville d'Athènes se dispensa de ce devoir;
mais la Guerre, à laquelle elle étoit alors occupée, lui servoit d'excuse. Une Flotte de Barbares qui la tenoient bloquée, jettoit par tout la
terreur & l'épouvante. Terée Roi de Thrace,
qui étoit venu à son secours, chassa les Ennemis
& acquit beaucoup de gloire par la Victoire qu'il
remporta sur eux. Pandion, Roi d'Athènes, ébloui
de l'éclat de la puissance de ce Prince, de ses richesses, & de la noblesse de son extraction qu'il
rapportoit au Dieu Mars, lui fit épouser sa Fille Progné. Junon ni le Dieu Hyménée n'assiste-
rent point à ce Mariage, & les Graces ne prési-
detent point au Lit Nuptial; les Furies seules l'é-
clairérent avec leurs Torches funèbres, seules,
elles prirent soin de le préparer. Un Hibou vint
se placer sur la chambre où les deux Epoux devoient coucher, & leur Hymen s'accomplit sous
les funestes augures de cet Oiseau, qui se trouva
encore à la naissance de leur premier Enfant. Cependant on fit dans toute la Thrace des réjouïs-
sances publiques, à l'occasion de ce Mariage; on
en rendit graces aux Dieux; on établit même
que le jour de la naissance de la Reine, & celui, auquel Itys son Fils étoit venu au monde,
fussent à l'avenir des jours de Fête: tant les Hommes connoissent peu leur véritable avantage. Il
y avoir déja cinq ans que le Mariage étoit accompli, lorsque Progné tint ce Discours à son
Epoux. ,, Prince, lui dit-elle, s'il est vrai que
,, j'ai sû vous plaire, ne me refusez pas la per-
,, mission que je vous demande d'aller voir ma
,, Sœur, ou du moins souffrez qu'elle vienne à
,, votre Cour. Si vous voulez bien aller vous-
,, même la chercher, vous pourrez assûrer mon
,, Pere qu'elle ne sera pas long-tems absente;
,, vous ne sauriez me faire un plus grand plaisir
,, que de me procurer la satisfaction d'embrasser
,, une Sœur qui m'est si chere ". Terée ordonne à l'instant qu'on prépare des Vaisseaux; il
s'embarque & arrive heureusement au Port de Pi-
rée. Après avoir salué son Beau-Pere, il lui ex-
pose le sujet de son Voiage; lui dit que la Reine son Epouse avoit une grande envie de voir sa
Sœur, & lui promet de la ramener dans peu de
tems: Pendant cet entretien, Philomele entra
dans la Salle: elle portoit un habit somptueux,
mais sa beauté effaçoit l'éclat de toute sa parure.
A sa démarche & à l'air de Majesté qui brilloit
dans toute sa Personne, on l'auroit prise pour
une Nayade ou pour une Dryade. Quand ces
Divinitez champêtres seroient aussi magnifique-
ment habillées, qu'elle l'étoit, elles ne seroient pas si belles (1). Comme on voit les
Moissons dans le tems de leur maturité, & l'Herbe

_____

(1) Les Manuscrits, & les Imprimez varient beaucoup sur ce Vers:
Mr. Burman l'a laissé ainsi dans le texte; *Si modo des illi cultus, simi-*
lesque paratus: & alors il faudroit le traduire en disant ,, Philomele
,, auroit égalé la beauté des Nayades & des Dryades, si elle avoit eu
,, leur parure". Mais comme le Poëte la fait paroître avec des habits
somptueux, j'ai préféré là manière dont les autres savans lisent ce Vers:
Si modo des illi &c. Le sens m'en paroit plus beau. Les Nayades &
les Dryades ne seroient pas si belles, quand même elles seroient aussi
bien parées. La louange est plus sine & plus délicate.

Quam si quis canis ignem supponat aristis:
Aut frondem, positasque crèmet foenilibus her-
   bas.
Digna quidem facies. sed & hunc innata libido
Exstimulat: pronumque genus regionibus illis
In Venerem est. flagrat vitio gentisque suo-
   que. 460
Impetus est illi, comitum corrumpere curam,
Nutricisque fidem: nec non ingentibus ipsam
Sollicitare datis: totumque impendere regnum:
Aut rapere, & saevo raptam defendere bello.
Et nihil est, quod non effreno captus amore 465
Ausit: nec capiunt inclusas pectora flammas.
Jamque moras malè fert; cupidoque revertitur
   ore
Ad mandata Procnes & agit sua vota sub illis.
Facundum faciebat amor. quotiesque rogabat
Ulterius justo; Procnen ita velle ferebat. 470
Addidit & lacrimas; tamquam mandasset &
   illas:
Prò Superi, quantum mortalia pectora caecae
Noctis habent! ipso sceleris molimine Tereus
Creditur esse pius: laudemque à crimine sumit.
Quid: quod idem Philomela cupit? patrios-
   que lacertis 475
Blanda tenens humeros, ut eat visura sororem,
Perque suam, contraque suam, petit usque,
   salutem.
Spectat eam Tereus, praecontrectatque videndo:
Osculaque, & collo circumdata brachia cernens;
Omnia pro stimulis, facibusque, ciboque fu-
   roris 480
Accipit. & quoties amplectitur illa parentem;
Esse parens vellet: neque enim minus impius
   esset.
Vincitur ambarum genitor prece. gaudet,
   agitque
Illa patri grates: & successisse duabus
Id putat infelix; quod erit lugubre duabus. 485
Jam labor exiguus Phoebo restabat: equique
Pulsabant pedibus spatium declivis Olympi.
Regales epulae mensis, & Bacchus in auro
Ponitur. hinc placido dantur sua corpora somno.
At rex Odrysius, quamvis secessit, in illâ 490
Aestuat: & repetens faciem, motusque, ma-
   nusque;
Qualia vult fingit, quae nondum vidit: &
   ignes
Ipse suos nutrit, curâ removente soporem.
Lux erat: &, generi dextram complexus
   euntis,

Pan-

be sèche s'embraser, lors qu'on y met le feu; Terée à la vûe de Philomele sentir naitre dans son cœur une violente flame. Cette Princesse étoit à la verité assez belle pour inspirer une forte passion; mais le temperament du Roi, & le penchant qu'ont tous les Thraces à l'Amour en redoublerent si fort la violence, qu'il ne mit plus dès ce moment des bornes à ses desirs. Il songea d'abord aux moiens de tromper la vigilance des Femmes de la Princesse & de corrompre la fidelité de sa Nourrice. Resolu, pour rendre Philomele sensible, de sacrifier toutes les richesses de son Roiaume, il forma le dessein de la tenter elle-même par des présens magnifiques; & si tout cela ne réüssissoit point, de l'enlever & de conserver sa conquête par la force des armes. Pour satisfaire sa passion, il n'est point d'attentat qu'il ne soit prêt de commettre. Il n'est plus le maitre de ses transports; il laisse appercevoir l'amour qui le dévore; tous les retardemens qu'on apporte au Voiage l'impatientent; il presse le départ de la Princesse, & il couvre son impatience sous le specieux prétexte du plaisir que doit avoir Progné en la voiant. L'Amour le rendoit éloquent, & quand il paroissoit plus pressant qu'il n'auroit dû l'être, il se justifioit en disant qu'il suivoit les intentions de la Reine. Quelquefois même il répandoit des larmes; comme si effectivement elles eussent coulé par l'ordre de son Epouse. Grands Dieux! que les Hommes sont aveugles! Terée médite un crime affreux, & il est regardé comme un Homme qui n'agit que par des principes de probité & de bienséance: il en reçoit des Eloges. Philomele elle-même paroit souhaiter ce funeste départ: elle se jette au cou de son Pere, pour le prier de permettre ce Voiage: elle l'en conjure par sa propre vie & c'étoit contre cette même vie qu'elle prioit. Les innocentes caresses qu'elle fait à son Pere, les baisers qu'elle lui donne; tout allume la passion de Terée & sert à l'entretenir. Lors qu'il la voit embrasser Pandion, il voudroit être ce Pere heureux. Cependant sa passion n'en seroit que plus criminelle. Enfin le Roi cède à l'empressement que ses deux Filles ont de se voir, & Philomele, au comble de sa joie, lui en rend graces, & regarde comme un bonheur pour elle & pour sa Sœur, ce qui devoir être funeste à l'une & à l'autre. Le Soleil approchoit de la fin de sa carriere, lors qu'on servit un Festin où l'abondance & le choix des mets le disputoient à la delicatesse des vins qu'on servit dans des vases d'or, & le repas fini on se retira pour aller jouir des douceurs du repos. Le Roi de Thrace quoi qu'éloigné de la Princesse, ressent toute la violence de sa passion. Philomele est toûjours presente à son Esprit; ses yeux, ses mains, & tous ses agrémens l'occupent sans cesse. Son imagination qui lui représente encore mille beautez qu'il n'a pas vûes, sert encore à allumer le feu qui le devore; dans le trouble où il est, ses yeux se refusent aux charmes du sommeil. Le lendemain,

main,

Pandion comitem lacrimis commendat obor-
　tis : 495
Hanc ego, care gener, quoniam pia cauſſa coëgit,
　[*Et voluere ambae, voluiſti tu quoque, Tereu,*]
Do tibi : perque fidem, cognataque pectora
　ſupplex,
Per Superos oro, patrio tuearis amore :
Et mihi ſollicitae lenimen dulce ſenectae 500
Quamprimum (omnis erit nobis mora longa)
　remittas.
Tu quoque quamprimum, (ſatis eſt procul
　eſſe ſororem)
Si pietas ulla eſt, ad me, Philomela, redito.
Mandabat ; pariterque ſuae dabat oſcula natae :
Et lacrimae mites inter mandata · cade-
　bant. 505
Utque fide pignus dextras utriusque popoſcit ;
Inter ſeque datas junxit ; natamque nepotemque
Abſentes memori pro ſe jubet ore ſalutent :
Supremumque vale, pleno ſingultibus ore,
Vix dixit : timuitque ſuae praeſagia men-
　tis. 510
Ut ſemel impoſita eſt pictae Philomela carinae ;
Admotumque fretum remis, tellusque repulſa :
Vicimus, exclamat : mecum mea vota feruntur.
Exſultatque animo, vix & ſua gaudia differt
Barbarus : & nusquam lumen detorquet ab
　illà. 515
Non aliter, quam cum pedibus praedator
　obuncis
Depoſuit nido leporem Jovis ales in alto :
Nulla fuga eſt capto : ſpectat ſua praemia
　raptor.
Jamque iter effectum ; jamque in ſua litora feſſis
Puppibus exierant : cum rex Pandione na-
　tam 520
In ſtabula alta trahit, ſilvis obſcura vetuſtis ;
Atque ibi pallentem, trepidamque, & cuncta
　timentem,
Et jam cum lacrimis, ubi ſit germana, rogan-
　tem,
Includit : faſſusque nefas, & virginem, &
　unam
Vi ſuperat ; fruſtra clamato ſaepe parente, 525
Saepe ſorore ſuà ; magnis ſuper omnia Divis.
Illa tremit, velut agna pavens, quae ſaucia cani
Ore excuſſa lupi, nondum ſibi tuta videtur :
Utque columba, ſuo madefactis ſanguine plu-
　mis,
Horret adhuc, avidosque timet, quibus hae-
　ſerat, ungues. 530
Mox

main, dès que le jour parut, Pandion, embraſ-
ſant ſon Gendre, lui dit, „ les yeux baignez de
„ larmes ; puiſque mes deux Filles ont tant ſouhai-
„ té ce voiage, que vous paroiſſez le ſouhaiter
„ auſſi, Terée, & qu'il n'a pour objet que l'inno-
„ cente amitié de deux Sœurs, je veux bien vous
„ confier Philomele : au nom des Dieux traitez-la
„ comme votre Fille ; aiez pour elle la tendreſſe
„ d'un Pere ; je vous en conjure par notre alliance,
„ & par l'amitié qui eſt entre nous ; renvoiez-la
„ moi au plutôt : helas ! quelque prompt que ſoit
„ ſon retour il ne le ſera jamais au gré de mes de-
„ ſirs. Et vous ma Fille, dès que vous aurez de-
„ meuré quelques jours avec votre Sœur, ne man-
„ quez pas de revenir : Vous devez cette marque
„ de tendreſſe à un Pere qui vous cherit : C'eſt
„ bien aſſez pour moi d'être privé de votre Sœur ".
Pendant ce diſcours, Pandion embraſſoit ſa Fille
& mouilloit ſon viſage de ſes larmes. Aïant enſuite demandé à Terée & à Philomele, leur main
pour gage de l'aſſurance qu'ils lui devoient donner, il les laiſſa partir, en les priant de ſaluer
de ſa part Progné & ſon Petit-Fils. Enfin par
un ſecret preſſentiment que ce voiage lui ſeroit
funeſte, il ne peut leur dire le dernier adieu qu'a-
vec beaucoup de ſoupirs & de ſanglots. Dès que
Philomele fut partie, & que le Vaiſſeau fut éloigné du Port : me voilà enfin victorieux, s'écria
Terée ; l'objet de ma tendreſſe eſt en ma puiſſance. Le Barbare ſe voiant ainſi au comble de
ſes deſirs, ne met plus de bornes à ſa joie, & ne
differe ſon bonheur qu'avec peine. Semblable
à l'Oiſeau de Jupiter, qui dévore de ſes regards
le timide Lievre qu'il a enlevé & porté dans ſon
nid, Terée tient ſans ceſſe ſes yeux attachés ſur
Philomele. Lorsqu'on fut arrivé ſur les côtes de
Thrace, & qu'on fut debarqué, Terée conduiſit
la Princeſſe dans un vieux Château qui étoit au
milieu des Bois. Ce fut là où l'Infortunée Philomele pâle & tremblante demandant les larmes
aux yeux où étoit ſa Sœur, & craignant tout dans
un lieu ſi ſauvage, fut enfermée par le Tyran, qui
lui decouvrir alors ſon execrable deſſein, & comme elle étoit ſeule & ſans ſecours il lui fit violence. En vain elle implora l'aſſiſtance de ſon
Pere & de ſa Sœur ; en vain elle appella les Dieux
à ſon aide. Après un ſi cruel affront, elle demeure interdite, tremblante, immobile, ainſi
que la timide Brebis, qui aiant été bleſſée par un
Loup, quoi qu'elle ſe voie hors de ſa gueule, ne
croit pas encore être en ſûreté, ou telle que la
foible Colombe, qui voiant ſes plumes teintes
de ſon ſang, redoute encore les griffes de l'Oiſeau
qui

Mox ubi mens rediit ; passos laniata capillos,
[Lugenti similis , caesis plangore lacertis,]
Intendens palmas, Prò diris , Barbare , factis,
Prò crudelis , ait ! nec te mandata parentis
Cum lacrimis movere piis , nec cura soro-
ris , 535
Nec mea virginitas , nec conjugialia jura ?
Omnia turbasti. pellex ego facta sororis :
Tu geminus conjux. non haec mihi debita
poena.
Quin animam hanc (ne quod facinus tibi ,
perfide , restet)
Eripis ? atque utinam fecisses ante nefandos
540
Concubitus ! vacuas habuissem criminis um-
bras.
Si tamen haec Superi cernunt ? si numina
Divùm
Sunt aliquid ; si non perierunt omnia mecum ,
Quandocumque mihi poenas dabis. ipsa , pu-
dore
Projecto, tua facta loquar. si copia detur, 545
In populos veniam : si silvis clausa tenebor ,
Implebo silvas , & conscia saxa querelis.
Audiat h'aec aether , & si Deus ullus in illo. est.
Talibus ira feri postquam commota tyranni ,
Nec minor hac ira metus est ; caussâ stimulatus
utràque , 550
Quo fuit accinctus , vaginâ liberat ensem :
Arreptamque comâ, flexis post terga lacertis ,
Vincla pati cogit. jugulum Philomela parabat
Spemque suae mortis viso conceperat ense.
Ille indignanti , & nomen patris usque vocanti,
555
Luctantique loqui compressam forcipe linguam
Abstulit ense fero. radix micat ultima linguae.
Ipsa jacet , terraeque tremens immurmurat
atrae.
Utque salire solet mutilatae cauda colubrae,
Palpitat , & moriens dominae vestigia quae-
rit. 560
Hoc quoque post facinus (vix ausim credere)
fertur
Saepe suâ lacerum repetisse libidine corpus.
Sustinet ad Procnen post talia facta reverti.
Conjuge quae viso germanam quaerit : at ille
Dat gemitus fictos , commentaque funera
narrat. 565
Et lacrimae fecere fidem. velamina Procne
Deripit ex humeris , auro fulgentia lato :
Induiturque atras vestes : & inane sepulcrum
Constituit : falsisque piacula manibus infert :

TOM. I. C c Et

qui l'a laissée échaper. Après qu'elle se fut un
peu remise de sa fraîcur, elle se laissa aller à touß
les transports d'ù plus affreux desespoir : élle s'arracha les cheveux, se meurtrit le sein & laissa couler un torrent de larmes. ,, Barbare ,, s'écria-t-
,, elle , en levant les mains au Ciel, que viens-
,, tu de faire ? Quel execrable crime as-tu com-
,, mis , cruel , quoi , ni les larmes de mon Pere ,
,, ni ses prieres , ni l'interêt de ma Sœur , ni les
,, respectables droits du Mariage , ni l'innocence
,, d'une Fille qui s'étoit confiée , rien n'a pû te
,, toucher , t'émouvoir ; tu as violé, inhumain ,
,, tout ce qu'il y a de plus sacré dans le Monde.
,, Malheureuse que je suis , me voilà donc la Ri-
,, vale de l'infortunée Progné , & toi tu te trou-
,, ves le Mari des deux Sœurs. Helas ! Je n'a-
,, vois pas mérité un traitement si cruel. Pour-
,, quoi laisses-tu ton crime imparfait , perfide ,
,, que ne m'ôtes-tu cette vie , que tu viens de
,, me rendre insupportable ; ou plutôt que ne
,, me l'as-tu arrachée , avant que de commettre
,, ce crime detestable : du moins j'aurois eû la
,, consolation de descendre innocente dans les
,, Enfers. Ah , si les Dieux ont vû une action
,, si noire ; s'il est encore des Dieux ; si tout n'est
,, pas anéanti avec mon honneur , ne crois pas
,, échaper à leur vengeance ni à la miénné. J'i-
,, rai moi-même , publier ton crime , si je me
,, vois jamais en liberté, la pudeur ne m'empê-
,, chera pas de le divulguer ; toute la terre l'ap-
,, prendra par ma bouche , & si je demeure en-
,, fermée au milieu de ce Bois, je ferai retentir
,, les Arbres & les Rochers de mes cris & de
,, mes plaintes. Du moins le Ciel & les Dieux,
,, s'il en est quelqu'un qui l'habite, m'entendront
,, & me vengeront ". Ces reproches allumerent
la colere du Tyran , le lâche appréhenda les effets
des menaces de Philomele, & de la crainte il passa bientôt à la fureur. Emporté par ces deux
passions , il tira son Epée , & aiant pris cette
infortunée Princesse par les cheveux , il lui lia les
bras. A la vûe de cette épée Philomele conçut
l'esperance de voir bientôt terminer sa vie & ses
malheurs & elle lui tendit la gorge ; mais dans le
tems qu'elle appelloit son Pere à son secours , &
qu'elle s'efforçoit de crier , il lui tira avec des tenailles
la langue de la bouche , & la lui coupa avec son
Epée jusqu'à la racine. Sa langue en tombant à
terre sembloit encore murmurer & se plaindre ; &
comme la queue d'une couleuvre qui a été separée
du reste du corps ; elle palpitoit & faisoit divers
mouvemens, comme si elle eût cherché à se rejoindre. On assure , mais oseroit-on le croire ? qu'a-
près une action si barbare , le brutal assouvit encore plusieurs fois sa passion. Après tant de for-
faits , il eut encore l'assurance de se présenter devant son Epouse. Sitôt qu'elle l'apperçut , elle
lui demanda des nouvelles de sa Sœur : le scelerat
poussant de feints soupirs , lui dit qu'elle étoit
morte , & les larmes qu'il eut l'art de répandre,
appuierent son imposture. Progné quittant alors
les habits magnifiques , dont elle étoit parée se
vêtit de deuil, dressa un vain Monument , & rendit
à sa Sœur quoi qu'encore en vie , tous les devoirs
qu'on rend aux Morts. Elle la pleura ; mais he-

las !

Et luget non ſic lugendae fata ſororis. 570
Signa Deus bis ſex acto luſtraverat anno.
Quid faciat Philomela? fugam cuſtodia claudit:
Structa rigent ſolido ſtabulorum moenia ſaxo:
Os mutum facti caret indice. grande dolori
Ingenium eſt: miſerisque venit ſollertia re-
   bus. 575
Stamina barbaricâ ſuſpendit callida telâ:
Purpureasque notas filis intexuit albis,
Indicium ſceleris: perfectaque tradidit uni:
Utque ferat dominae geſtu rogat. ille rogata
Pertulit ad Procnen: nec ſcit quid tradat in.
   illis. 580
Evolvit veſtes ſaevi matrona tyranni:
Germanaeque ſuae carmen miſerabile legit:
Et (mirum potuiſſe) ſilet: dolor ora re-
    preſſit:
Verbaque quaerenti ſatis indignantia linguae
Defuerunt: nec flere vacat. ſed faſque ne-
    faſque 585
Confuſura ruit: poenaeque in imagine tota eſt.

las! ſes larmes devoient couler pour un ſujet plus terrible que la mort. Un an s'étoit paſſé, ſans que Philomele eût trouvé le moien d'informer ſa Sœur du malheur qui lui étoit arrivé. Il lui étoit impoſſible de ſe dérober à la vigilance de ſes Gardes : les murailles de ſa priſon étoient trop hautes pour pouvoir eſperer d'en ſortir: Elle n'avoir plus de langue pour s'exprimer; mais la douleur eſt ingenieuſe; elle fournit des expediens aux malheureux. Philomele traça ſur un canevas l'Hiſtoire de ſes malheurs, & par le mélange de fils rouges avec des blancs, elle fit comprendre à Progné l'attentat de Terée, & l'état, où il l'avoir reduite. Dès que l'ouvrage fut achevé, elle le donna à un de ſes Gardes, lui faiſant entendre par ſignes, qu'il le falloir rendre à la Reine. Celui-ci, ſans penetrer le deſſein de Philomele, alla le porter à Progné, qui en le conſiderant y apprit la deplorable Hiſtoire de ſa Sœur. Cette triſte decouverte la jetta dans la plus grande conſternation, c'eſt l'effet des grandes douleurs: Interdite & muette, elle ne peut trouver de termes pour exprimer ſon deſeſpoir. Au lieu de s'amuſer à répandre d'inutiles larmes, elle n'eſt occupée que de ſa vengeance, & tout lui paroit permis, pour punir le Tyran.

EXPLICATION DE LA IX. FABLE.

LEs Auteurs les plus graves, Strabon, Pauſanias & pluſieurs autres conviennent que cet Evenement eſt hiſtorique, & il n'y a rien à retrancher à la narration d'Ovide que les ornemens de la Poëſie: la funeſte paſſion qui la cauſe donne ſouvent des Scenes auſſi tragiques que celle-là. Pandion Second du nom, Roi d'Athènes, avoit deux Filles extremement belles, il donna Progné l'aînée à Terée, Roi de Thrace, eſperant d'en tirer quelque ſecours dans la guerre qu'il avoit contre les Thebains; mais la brutalité de ſon Gendre lui cauſa dans la ſuite tant de chagrin, qu'il en mourut. En effet quelques années après ſon Mariage, Terée à la

ſollicitation de ſa Femme, retourna à Athènes pour prier ſon Beau-Pere, de permettre à Philomele, ſon autre Fille, de venir demeurer quelque tems avec ſa Sœur, qui mouroit d'envie de la voir. Pandion lui aiant permis de l'emmener, ce brutal l'enferma dans un vieux Palais, qui étoit au milieu des Bois, lui fit violence, & lui coupa la langue, pour la mettre hors d'état d'apprendre à ſa Sœur le malheur qui lui étoit arrivé. L'affliction eſt ingenieuſe: Philomele trouva le moien d'écrire ſur la toile avec une éguille de tapiſſerie, & apprit ainſi à ſa Sœur l'état où elle étoit.

FAB. X. *Progné pour se venger, fait manger à Terée son propre Fils.*

ARGUMENT.

Progné delivre Philomele de sa prison & la conduit à la Cour de Terée. Pendant qu'elle rouloit ces projets de vengeance, son Fils Itys étant arrivé dans l'Appartement où elle étoit, elle lui coupa la gorge, & le fit servir dans le Festin qu'elle donna à son Mari : obligée de s'enfuir , elle fut changée en Hirondelle , Philomele en Rossignol, & Terée en Hupe.

TEmpus erat, quo sacra solent Trieté-
    rica Bacchi
Sithoniae celebrare nurus. nox conscia sacris.
Nocte sonat Rhodope tinnitibus aeris acuti:
Nocte suâ est egressa domo regina: Deique 590
Ritibus instruitur ; furialiaque accipit arma:
Vite caput tegitur : lateri cervina sinistro
Vellera dependent : humero levis incubat hasta.
Concita per silvas, turbâ comitante suarum,
Terribilis Procne , furiisque agitata dolo-
    ris ,   595
Bacche, tuas simulat. venit ad stabula avia
    tandem :
Exululatque, Evoëque sonat, portasque re-
    fringit :

C'E'TOIT alors le tems de l'année où les Femmes de Thrace, célèbroient à l'honneur de Bacchus ces Fêtes , qui se renouvellent tous les trois ans : La nuit qui étoit consacrée à ces mysteres, étant arrivée, dans le tems que le Mont Rhodope retentissoit du bruit des Tambours & des Instrumens d'airain, la Reine sortit du Palais avec tous les ornemens des autres Bacchantes : Couronnée de Pampres, le Thyrse à la main , elle portoit sur l'épaule gauche une peau de Panthere. Suivie d'une grande troupe de Dames, elle couroit au milieu des Forêts, comme si elle eût été agitée de la fureur qu'inspirent les Fêtes de Bacchus, quoi qu'en effet, elle ne fût transportée, que par l'excès de sa douleur. Enfin étant arrivée près du Château, où Philomele étoit enfermée, elle remplit l'air de ses cris, & après avoir fait retentir de tous côtez le nom mysterieux d'*Evoé*, elle en brisa les portes, retira sa Sœur

Germanamque rapit : raptaeque insignia
 Bacchi
Induit : & vultus hederarum frondibus abdit :
Attonitamque trahens intra sua limina du-
 cit.   600
Ut sensit tetigisse domum Philomela nefan-
 dam,
Horruit infelix ; totoque expalluit ore.
Nacta locum Procne, sacrorum pignora demit,
Oraque develat miserae pudibunda sorori ;
Amplexuque petit. sed non attollere con-
 tra   605
Sustinet haec oculos; pellex sibi visa sororis :
Dejectoque in humum vultu, jurare volenti,
Testarique Deos, per vim sibi dedecus illud
Illatum, pro voce manus fuit. ardet, & iram
Non capit ipsa suam Procne: fletumque so-
 roris   610
Corripiens, Non est lacrimis hic, inquit,
 agendum,
Sed ferro; sed si quid habes, quod vincere
 ferrum
Possit. in omne nefas ego me, germana, paravi.
Aut ego, cum facibus regalia tecta cremaro,
Artificem mediis immittam Terea flam-
 mis :.   615
Aut linguam, aut oculos, aut quae tibi mem-
 bra pudorem
Abstulerunt, ferro rapiam : aut per vulnera
 mille
Sontem animam expellam. magnum, quod-
 cumque paravi.
Quid sit, adhuc dubito. peragit dum talia
 Procne ;
Ad matrem veniebat Itys. quid possit, ab
 illo   620
Admonita est: oculisque tuens immitibus,
 Ah quam
Es similis patri! dixit. nec plura locuta,
Triste parat facinus; tacitàque exaestuat irà.
Ut tamen accessit natus, matrique salutem
Attulit, & parvis adduxit colla lacertis, 625
Mixtaque blanditiis puerilibus oscula junxit ;
Mota quidem est genetrix; infractaque con-
 stitit ira :
Invitique oculi lacrimis maduere coactis.
Sed simul ex nimià matrem pietate labare
Sensit : ab hoc iterum est ad vultus versa so-
 roris ;   630
Inque vicem spectans ambos, Cur admovet,
 inquit,
          Alter

de ce funeste lieu, & après l'avoir vêtuë comme une Bacchante, & lui avoir caché une partie du visage avèc des feuilles de Lierre ; elle la conduisit encore toute interdite au Palais de son Mari.

Philomele sur le point d'entrer dans un lieu, où étoit son plus cruel ennemi, pâlit & se sent saisie d'une secrette horreur. Cependant sa Sœur la conduit dans un Appartement, lui fait quitter ses habits de Bacchante, lui ôte la Couronne qui lui cachoit le Visage, & l'embrasse avèc toutes les marques de la plus tendre amitié. Triste & tremblante, l'infortunée Fille de Pandion n'ose regarder sa Sœur, que l'inceste de Terée lui fait regarder comme sa Rivale. Les yeux colez sur la terre, elle veut prendre les Dieux à témoins de la violence qu'on lui a faite, & ses mains, qu'elle leve vers le Ciel, deviennent au defaut de la langue, les interprètes de son innocence. Progné, voiant que sa Sœur versoit un torrent de larmes, n'est plus Maîtresse de sa colere, & de ses emportemens. ,, Il n'est point tems de pleu-
,, rer, *lui dit-elle*, il faut songer à nous venger:
,, le fer, & s'il est encore quelque chose de plus
,, terrible, c'est ce que nous devons emploier :
,, non, ma chère Sœur, il n'est point de for-
,, fait qui ne soit permis pour punir ce Tyran.
,, Ou le feu que je mettrai au Palais, brûlera le
,, perfide Terée ; ou je lui arracherai la langue,
,, les yeux, enfin tout ce qui a servi à son cri-
,, me ; ou je le percerai de mille coups, pour
,, contraindre son ame criminelle à sortir de son
,, lâche corps: Je ne sai encore à quoi ma fu-
,, reur me déterminera ; mais je suis prête à tout
,, entreprendre". Pendant que Progné parloit ainsi à sa Sœur, elle apperçut son Fils Itys qui venoit à elle. Cette vûë la determina tout d'un coup. ,, Malheureux, *lui dit-elle*, en le regardant
,, avec des yeux pleins de fureur, que tu ressem-
,, bles à ton Pere". Après ce peu de paroles la colere lui ferma la bouche, & la rage & le desespoir lui inspirerent le crime le plus horrible. Cependant le jeune Prince approche de sa Mere, & après l'avoir saluée, se jette à son cou, la baise & lui fait mille caresses. Progné en est touchée, sa colere se rallentit & elle ne peut s'empêcher de répandre quelques larmes. Mais s'appercevant qu'elle s'attendrissoit, elle détourna les yeux de dessus son Fils, & se mit à regarder sa Sœur : puis le considerant l'un après l'autre,
,, Helas! *dit-elle*, pourquoi faut-il que cet En-
           ,, fant

Alter blanditias; raptâ filet altera linguâ?
Quam vocat hic matrem, cur non vocat illa
    sororem?
Cui fis nupta vide, Pandione nata, marito.
Degeneras. fcelus eft pietas in conjuge Te-
    reo.   635
Nec mora; traxit Ityn : veluti Gangetica
    cervae
Lactentem foetum per filvas tigris opacas.
Utque domus altae partem tenuere remotam;
Tendentemque manus, & jam fua fata vi-
    dentem,
Eia, & jam, mater, clamantem, & colla
    petentem   640
Enfe ferit Procne, lateri quà pectus adhaeret.
Nec vultum avertit. fatis illi ad fata vel
    unum
Vulnus erat : jugulum ferro Philomela re-
    folvit.
Vivaque adhuc, animaeque aliquid retinen-
    tia membra
Dilaniant. pars inde cavis exfultat aenis: 645
Pars verubus ftridet : manant penetralia tabo.
His adhibet conjux ignarum Terea menfis:
Et patrii moris facrum mentita, quod uni
Fas fit adire viro, comites famulosque removit.
Inde, fedens folio, Tereus, fublimis avito, 650
Vefcitur; inque fuam fua vifcera congerit al-
    vum.
Tantaque nox animi eft, Ityn huc arceffite,
    dixit.
Diffimulare nequit crudelia gaudia Procne:
Jamque fuae cupiens exfiftere nuntia cladis;
Intus habes, quod pofcis, ait. circumfpicit
    ille,   655
Atque ubi fit quaerit; quaerenti, iterumque
    vocanti,
Sicut erat fparfis furiali caede capillis,
Profiluit : Ityosque caput Philomela cruentum
Mifit in ora patri : nec tempore maluit ullo
Poffe loqui, & meritis teftari gaudia dic-
    tis.   660
Thracius ingenti menfas clamore repellit,
Vipereasque ciet Stygia de valle forores:
Et modo, fi poffit, referato pectore diras
Egerere inde dapes, demerfaque vifcera geftit:
Flet modo, feque vocat buftum miferabile
    nati :   665
Nunc fequitur nudo genitas Pandione ferro.
Corpora Cecropidum pennis pendere putares;
Pendebant pennis. quarum petit altera filvas:
                    Altera

» fant me careffe d'une manière fi touchante,
» & que ma Sœur foit privée pour jamais de
» l'ufage de la parole? Pourquoi, tandis que mon
» Fils m'appelle fa Mere, Philomele ne peut-elle
» m'appeller fa Sœur? Mais tu t'attendris, dé-
» plorable Fille de Pandion, vois quel eft ton
» Epoux; la pitié paffe chez lui pour un crime".
A ces mots, femblable à une Tigreffe, qui, pour
devorer un jeune Fan l'entraîne dans le fond d'un
Bois, Progné prend fon Fils & l'emporte dans le
lieu le plus retiré du Palais. Là, cette Mere
barbare, fans être touchée des careffes de cet Enfant, qui, comme s'il eût prévu le danger où il
étoit, lui tendoit les bras, & l'appelloit fouvent
fa Mere, fa chere Mere, elle lui enfonça un
Poignard dans le fein, fans avoir même détourné les yeux d'un fpectacle fi horrible. Quoique
ce feul coup fuffit pour ôter la vie à ce jeune
Prince, cependant Philomele lui coupa la gorge & le dechira en mille pieces, que ces deux
Furies ramafferent, en firent bouillir une partie,
& rôtir l'autre. Progné fit avertir enfuite Terée
que le Feftin étoit prêt, & feignant que c'étoit
la coûtume dans fon Païs, que pendant les Fêtes de Bacchus, le Mari mangeât feul avec fa
Femme, elle lui commanda à tout le monde de fe
retirer. Le Roi s'étant mis à Table avec elle,
porta les mains fur le deteftable mêts qu'on lui
avoit préparé, fe nourriffant ainfi de fon propre
fang & de fa propre fubftance. Un moment
après aïant ordonné qu'on lui fit venir fon Fils,
la cruelle Progné charmée d'avoir cette occafion
de lui apprendre elle-même le crime qu'elle venoir de commettre » tu as avec toi, lui dit-elle, avec
» une joie qu'elle ne pouvoit plus diffimuler, tu
» as celui que tu demandes". Terée tourne la
tête pour voir où étoit le jeune Prince, & dans
le tems qu'il l'appelle, Philomele encore toute
fanglante & les cheveux épars, entre dans la Salle, & lui jette la tête de cet Enfant. Jamais
elle ne fouhaita tant de pouvoir parler que dans
cette occafion, pour être en état de marquer au
Tyran toute la fatisfaction qu'elle avoit de s'être
fi bien vengée. A la vûe d'un fpectacle fi horrible, Terée fait un grand cri, renverfe la Table, & appelle à fon fecours toutes les Furies de
l'Enfer. Il voudroit pouvoir s'ouvrir l'eftomac
pour rejetter le deteftable mêts qu'il venoit de
manger; il verfe un torrent de larmes, & dans
l'excès de fa douleur, il repete plufieurs fois qu'il
eft devenu le trifte tombeau de fon Fils. Un
moment après, il met l'épée à la main & cherche Philomele & Progné, mais elles s'étoient déjà
éloignées, & elles fuïoient avec tant de legereté,
qu'on auroit dit qu'elles avoient des aîles. Elles
en avoient en effet. Philomele, changée en Rof-
fignol, s'envola dans les Bois, & Progné deve-
                     nuë

Altera tecta subit. neque adhuc de pectore
   caedis
Effluxere notae; signataque sanguine pluma
   est.   670
Ille dolore suo, poenaeque cupidine velox,
Vertitur in volucrem: cui stant in vertice
   cristae:
Prominet immodicum pro longâ cuspide
   rostrum.
Nomen Epops volucri: facies armata. videtur.
Hic dolor ante diem, longaeque extrema senectae   675
Tempora, Tartareas Pandiona misit ad umbras.

nut Hirondelle, s'arrêta sur le toit du Palais. Leurs plumes teintes d'une couleur qui ressemble à du sang, conservent encore les marques de leur cruauté. Térée dans l'excès de la plus vive douleur, & souhaitant avec passion de pouvoir se venger, fut aussi changé en Oiseau. Sa tête parut avec une crête, qui avoir la forme d'un Casque, &, sa bouche devint un bec semblable à une Javeline. Cet Oiseau ainsi armé se nomme la Hupe. La nouvelle de cette deplorable Avanture, étant arrivée peu de tems après à Athènes, Pandion en fut si affligé, qu'il en mourut de regret, quoi qu'il ne fut pas encore fort avancé en âge.

EXPLICATION DE LA X. FABLE.

PROgné aïant appris l'état de sa Sœur se mit en devoir de venger l'honneur de Philomele, & la Fête des Bacchanales lui en fournit bien-tôt l'occasion. Dans le tems qu'on la célébroit, la Reine sortit une nuit avec une troupe de Bacchantes, alla tirer Philomele de sa prison, l'emmena au Palais, tua en sa presence le jeune Itys son Fils, le mit en pieces; & l'aiant fait cuire, le fit servir dans le Festin qu'elle donnoit à son Mari. Philomele paroissant à la fin du repas jetta sur la Table la tête de cet Enfant. Le Roi outré de rage & de fureur, mit l'épée à la main pour tuer sa femme & sa Belle-Sœur; mais ces deux Princesses étant montées sur un vaisseau, qu'elles avoient fait preparer à ce dessein, arriverent à Athènes, avant qu'il eût pu les atteindre.

Comme il étoit ordinaire dans ces anciens tems de mêler du surnaturel dans toutes les avantures des personnes un peu distinguées, & qu'il suffisoit que quelqu'un eût échapé à quelque danger, pour dire que les Dieux lui avoient donné des ailes, on publia que Progné avoir été changée en Hirondelle, Philomele en Rossignol, Itys en Faisan ou en Chardonneret, & Terée en Hupe. Les Mythologues trouvent des raisons convenables à ces Metamorphoses; on a voulu disent-ils, par ces changemens Symboliques peindre le caractère de ces différentes personnes. Comme la Hupe est un Oiseau qui aime le fumier & l'ordure, on a voulu nous marquer par là les mœurs impures de Terée; & comme le vol de cet oiseau est fort lent, on fait voir en même tems qu'il ne put point attraper les deux Princesses, son vaisseau étant moins bon voilier que le leur. Le Rossignol qui se cache dans les Bois & les Broussailles, semble y vouloir cacher sa honte & ses malheurs, & l'Hirondelle, qui frequente les Maisons, nous marque l'inquietude de Progné qui cherche vainement son Fils qu'elle a inhumainement massacré. Tout cela est fort ingenieux, mais malheureusement d'autres Auteurs très-anciens ont detruit toutes ces belles reflexions; en effet Anacreon & après lui Apollodore disent que Philomele fut changée en Hirondelle, & Progné en Rossignol. Quoiqu'il en soit on prétend que cet évenement n'est pas arrivé dans la Thrace, mais à Daulis, Ville de Phocide, où Terée étoit venu demeurer. Ce qui peut être vrai, en disant que ce Prince voulant servir Pandion son Beau-Pere, qui étoit en guerre avec les Thebains, étoit venu avec sa Cour dans la Phocide, pour être plus en état de le secourir.

On peut fixer l'Epoque de cet Evenement vers l'an 1440 avant l'Ere Chrétienne, sous le Régne de Pandion Second, Huitiéme Roi d'Athènes. Eusche le fait remonter un peu plus haut, puis qu'il croit que Progné & Philomele étoient Filles de Pandion Premier du nom, Cinquiéme Roi d'Athènes qui succeda à Erichthonius. Au reste il y a apparence que Terée perit en poursuivant sa femme & sa Sœur, puisque Pausanias nous aprend (1) qu'on voioit son tombeau près d'Athènes. Le même Auteur, après avoir suivi la tradition, qui portoit que Borée, Roi de Thrace, avoir enlevé Orithye, Fille de Pandion, ajoute qu'en faveur de cette alliance, Borée avoit secouru les Arbeniens & fait couler à fond des Vaisseaux Barbares, dont les courses les incommodoient.

Je n'autois plus rien à ajouter à cette explication, si je n'avois trouvé dans Homere (2) une tradition bien differente de celle des Poëtes & des Historiens qui sont venus après lui. Voici la maniere dont cet ancien Poëte la raconte dans l'endroit où il parle des sujets de chagrin de Penelope. ,,Cette Princesse, dit-il, faisoit entendre ses regrets, comme la plaintive Philo- ,, mele Fille de Pandare, toujours cachée entre les ,, branches & les feuilles des Arbres, dès que le Prin- ,, tems est venu fait entendre sa voix, & déplore son ,, cher Itcyle qu'elle a tué par une cruelle méprise, & ,, dans ses plaintes continuelles, elle varie ses tristes ,, accens". Il paroit par cette comparaison qu'Homere n'a connu ni Progné ni Terée & qu'il a suivi la tradition que je vais rapporter. Pandare, Fils de Merops avoit trois Filles, Mérope, Cleothere, & Ædon, celle-ci avoit l'aînée fut mariée à Zethus, Frere d'Amphion, dont elle n'eut qu'un Fils nommé Itcyle. Jalouse de la nombreuse famille de Niobé, sa Belle-Sœur, elle résolut de tuer l'aîné de ses Neveux, & comme son Fils étoit élevé avec son Cousin & qu'il couchoit avec lui, elle l'avertit de changer de place la nuit qu'elle vouloir commettre ce Crime. Le jeune Itcyle oublia cet ordre, & sa Mere le tua au lieu de son Neveu. Homere dans le livre suivant (3) revient à la même Histoire, & ajoute qu'après que les Dieux eurent rendu Orphelines les deux Sœurs d'Ædon, Merope & Cleothere, en faisant mourir leur Pere & leur Mere, celles furent enlevées par les Harpyes, qui les livrerent aux Furies dans le tems qu'elles alloient être mariées.

(1) In Attic. (2) Odyss. Lib. XIX.
(3) Odyss. Lib. XX.

FAB. XI. *Enlevement d'Orithye.*

ARGUMENT.

Borée n'aïant pu obtenir d'Erechthée Roi d'Athènes, sa Fille Orithye en mariage, l'enleva, & l'aïant emportée dans la Thrace où il regnoit, en eut deux Enfans, Calaïs & Zethes, qui dans la suite eurent des aîles comme leur Pere.

Sceptra loci, rerumque capit moderamen
  Erechtheus;
Justitiâ dubium, validisne potentior armis.
Quattuor ille quidem juvenes, totidemque
  creàrat
Femineae sortis: sed erat par forma dua-
  rum.   680
E quibus Aeolides Cephalus te conjuge felix,
Procri fuit: Boreae Tereus Thracesque no-
  cebant:
Dilectâque diu caruit Deus Orithyiâ,
Dum rogat, & precibus mavult, quam vi-
  ribus, uti.
Ast ubi blanditiis agitur nihil, horridus
  irâ,   685
Quae solita est illi, nimiumque domestica, ventos;
Et merito, dixit: quid enim mea tela reliqui,
              Saevi-

ERECHTHÉE son Fils fut l'Heritier de son Roiaume, illustre par ses vertus, il étoit difficile de decider, si l'amour de la Justice l'emportoit en lui sur la valeur, ou la valeur sur l'amour de la Justice. Ce Prince eut quatre Fils & quatre Filles, dont il y en avoit deux qui étoient également belles. Cephale, Fils d'Eole épousa celle qui s'appelloit Procris; Orithye fut pendant long-tems l'objet de la tendresse de Borée. La Thrace où il regnoit & le souvenir de Terée mirent obstacle à son bonheur, tant qu'il aima mieux le devoir à ses assiduitez, & à ses soins qu'à la force & à la violence. S'appercevant enfin que tous ses soins étoient inutiles, il se laissa transporter à cette fureur qui lui est si naturelle. ,, N'est-ce pas avec raison, *dit-il*, qu'on me ,, méprise. Au lieu d'être venu dans cette Cour
              ,, avec

Saevitiam, & vires, iramque, animosque
minaces,
Admovique preces; quarum me dedecet usus?
Apta mihi vis est. vi tristia nubila pel-
lo : 690
Vi freta concutio, nodosaque robora verto,
Induroque nives, & terras grandine pulso.
Idem ego , cum fratres coelo sum nactus
aperto,
(Nam mihi campus is est) tanto molimine
luctor ;
Ut medius nostris concursibus intonet ae-
ther ; 695
Exsiliantque cavis elisi nubibus ignes.
Idem ego, cum subii convexa foramina terrae,
Supposuique ferox imis mea terga cavernis ;
Sollicito manes , totumque tremoribus or-
bem.
Hac ope debueram thalamos petiisse : socer-
que 700
Non orandus erat, sed vi faciendus, Erech-
theus.
Haec Boreas, aut his non inferiora locutus;
Excussit pennas. quarum jactatibus omnis
Adflata est tellus ; latumque perhorruit ae-
quor.
Pulvereamque trahens per summa cacumina
pallam, 705
Verrit humum : pavidamque metu caligine
tectus
Orithyian amans fulvis amplectitur alis.
Dum volat ; arserunt agitati fortius ignes.
Nec prius aerii cursus suppressit habenas,
Quam Ciconum tenuit populos; sua moenia,
raptor. 710
Illic & gelidi conjux Actaea tyranni,
Et genetrix facta est; partus enixa gemellos ;
Cetera qui matris, pennas genitoris habe-
rent.
Non tamen has una memorant cum corpore
natas :
Barbaque dum rutilis aberat submissa capil-
lis ; 715
Implumes Calaïsque puer , Zethesque , fue-
runt.
Mox pariter ritu pennae coepere volucrum
Cingere utrumque latus ; pariter flavescere
malae.
Ergo, ubi concessit tempus puerile juventae,
Vellera cum Minyis nitido radiantia villo 720
Per mare non motum primâ petiere carinâ.

,, avec cet air de courroux, & de violence, avec
,, ces souffles impetueux & menaçans, qui doi-
,, vent toûjours m'accompagner, je me suis amu-
,, fé à prier & à pousser d'indignes soupirs? Sont-
,, ce donc-là les armes qui doivent m'assurer la
,, victoire? Non, rien ne me sied mieux que
,, la fureur & l'emportement. C'est par-là que
,, je chasse les nuages, que je dissipe les Brouil-
,, lards, que je fais soulever les flots, que je
,, renverse les plus grands Arbres, que j'endurcis
,, la Neige, &·que je fais tomber la Grêle.
,, Lorsque je rencontre dans l'air, qui est mon
,, véritable champ de Bataille, les autres Vents
,, mes Freres, je sai les heurter avec tant de fu-
,, rie que tout le Ciel en retentit, & que les
,, Nuées pressées les unes contre les autres font
,, entendre le bruit effraiant du Tonnerre, &
,, lancent ces Foudres & ces Feux qui portent
,, l'épouvante dans tout l'Univers. Quand je
,, puis m'ouvrir un passage dans les Antres de la
,, Terre, je fais trembler les Enfers & tout le
,, Monde avec eux. Voilà le cortege qui devoit
,, m'accompagner, lorsque je suis venu à Athè-
,, nes demander Orithye en mariage. Au lieu
,, de prier Erechthée de me l'accorder, il falloit
,, l'y contraindre". Après que Borée eut tenu
ce discours , ou quelque autre qui n'étoit pas
moins violent, il secoua ses aîles, dont le mouvement porta par tout l'agitation & le trouble,
& mit la Mer en fureur; s'étant ensuite couvert
d'un nuage obscur, & aïant balaïé la Terre, &
fait soulever de tous côtez des Tourbillons de
poussiere, il prit Orithye entre ses Bras & l'enleva. La violence du mouvement avec lequel
il emportoit sa conquête, augmenta encore son
amour, & il vola sans relâche, jusqu'à ce qu'il
fut arrivé dans la Thrace, qui est le Païs où il
habite. Orithye devenue Reine de ces climats
glacez, mit au monde deux Freres jumeaux,
qui auroient entierement ressemblé à leur Mere,
s'ils n'avoient eu des aîles comme leur Pere. On
croit même qu'ils ne les porterent pas en naissant, & qu'elles ne parurent qu'avec l'âge de pu-
berté. Quelque tems après Zethes & Calais,
c'étoient le nom de ces deux Princes, prirent le
parti des armes, & s'étant embarqué sur le Vaisseau des Argonautes, qui fut le premier qui osa
voguer sur les flots de la Mer, ils accompagne-
rent Jason à la conquête de la Toison d'or.

. EXPLI·

EXPLICATION DE LA XI. FABLE.

SI on veut s'en rapporter à l'autorité de Platon, la Fable de l'enlevement d'Orithye par Borée, n'est qu'une Allegorie qui nous cache l'avanture arrivée à cette Princesse, que le vent fit tomber dans la Mer, où elle se noia. Cependant nous aprenons des Anciens parmi lesquels il ne faut pas oublier Apollodore (1) & Pausanias (2) que cette Histoire est veritable, & que Borée Roi de Thrace enleva cette Princesse, qui étoit une des Filles d'Erechthée, Roi d'Athènes & Sœur de Procris, dans le tems qu'elle passoit le Fleuve Ilissus, & la conduisit dans ses Etats, où elle accoucha de deux Enfans Jumeaux, Calaïs & Zethus. Ces deux Princes dans le Voiage des Argonautes delivrerent le vieux Phinée, Roi de Bithynie, de la persecution des Harpyes, qui venoient enlever sur sa table les viandes qu'on lui servoit ainsi que nous le dirons plus au long, en expliquant les Fables que les Poëtes ont debitées sur cette fameuse Expedition. (3) Le même Pausanias que je viens de citer, dit en expliquant les sujets qui étoient gravez sur l'Arche de Sypsele (4), qu'on y voioit Borée qui enlevoit Orithye. Comme le Regne d'Erechthée tombe, suivant le Calcul des Commentateurs des Marbres, vers l'an 1416. avant l'Ere Chrétienne, on peut voir à peu près le tems où est arrivé l'avanture, que je viens d'expliquer : on peut encore en fixer l'Epoque par la Conquête des Argonautes qui arriva dans la jeunesse des Enfans de Borée & d'Orithye, ainsi que je le dirai dans le Livre suivant.

(1) Lib. III. (2) *In Atticis.*

(3) Voiez les *Expl.* du Liv. VII. (4) *In Corinth.*

FIN DU SIXIEME LIVRE.

P. OVIDII NASONIS
METAMORPHOSEON
LIBER SEPTIMUS.

F A B. I. *Jason enleve la Toison d'or.*

ARGUMENT.

Les Argonautes, après plusieurs Avantures, arriverent enfin dans la Colchide, où Jason, avec le secours de Medée, qui étoit devenue amoureuse de lui, dompte les Taureaux qui jettoient le feu par les narines, enleve la Toison d'or, après avoir endormi le Dragon qui la gardoit, & retourne victorieux avec Medée dans la Thessalie.

*Amque fretum Mi-
nyae Pagasaeà puppe
secabant,
Perpetuàque trahens
inopem sub nocte se-
nectam
Phineus visus erat;
juvenesque Aquilone
creati
Virgineas volucres miseri senis ore fugàrant;*
Mul-

EJA le Navire Argo avoit porté les Thessaliens dans differentes Mers. Déjà ils avoient vû Phinée, ce Prince infortuné qui traînoit une vieillesse triste & languissante, depuis qu'il avoir perdu l'usage de la vûe. Déjà les Enfans de Borée avoient chassé les Harpies, qui le tourmentoient avec tant de cruauté; lors qu'enfin après

Multaque perpeſſi claro ſub Iaſone, tandem 5
Contigerant. rapidas limoſi Phaſidos undas.

Dumque adeunt regem, Phryxeaque vellera
  poſcunt;
Lexque datur numeris magnorum horrenda
  laborum;
Concipit interea validos Aeetias ignes:
Et luctata diu, poſtquam ratione furorem 10
Vincere non poterat; Fruſtra, Medea, re-
  pugnas;
Neſcio quis Deus obſtat, ait. mirumque,
  niſi hoc eſt,
Aut aliquid certè ſimile huic, quòd amare
  vocatur.
Nam cur juſſa patris nimium mihi dura
  videntur?
Sunt quoque dura nimis. cur quem modo
  denique vidi, 15
Ne pereat, timeo? quæ tanti cauſſa timoris?
Excute virgineo conceptas pectore flammas,
Si potes, infelix. ſi poſſem, ſanior eſſem.
Sed trahit invitam nova vis; aliudque Cupido,
Mens aliud ſuadet. video meliora, probo-
  que: 20
Deteriora ſequor. quid in hoſpite, regia virgo,
Ureris? & thalamos alieni concipis orbis?
Hæc quoque terra poteſt, quod ames, dare.
  vivat, an ille
Occidat, in Dis eſt. vivat tamen: idque
  precari
Vel ſine amore licet. quid enim commiſit
Iaſon? 25
Quam, niſi crudelem, non tangat Iaſonis ae-
  tas,
Et genus, & virtus? quam non, ut cete-
  ra deſint,
Forma movere poteſt? certe mea pectora mo-
  vit.
At, niſi opem tulero, taurorum adflabitur
  ore:
Concurretque ſuæ ſegeti, tellure creatis 30
Hoſtibus: aut avido dabitur fera præda dra-
  coni.
Hoc ego ſi patiar, tum me de tigride natam,
Tum ferrum & ſcopulos geſtare in corde fa-
  tebor.
Cur non & ſpecto pereuntem? oculosque vi-
  dendo
Conſceleoo? cur non tauros exhortor in il-
  lum, 35
Terrigenasque feros, inſopitumque draconem?

TOM. I.   Dì

après avoir eſſuié pluſieurs dangers dans tout le cours de ce Voiage, ces jeunes Heros arriverent avec Jaſon leur Chef, ſur le bords du Phaſe. Dès qu'ils furent debarquez ils allerent chez le Roi & le prierent de leur rendre la Toiſon d'or, que Phryxus avoit laiſſée dans la Colchide. Ce Prince dans le deſſein de les rebuter, leur apprit ce qu'ils devoient faire pour avoir ce precieux depôt, & leur fit voir tous les dangers auxquels ils alloient être expoſez. Pendant cette négociation, Medée ſa Fille devint amoureuſe de Jaſon. Elle combatit le penchant de ſon cœur, mais voïant que tous les efforts qu'elle faiſoit, pour éteindre cette paſſion naiſſante étoient inutiles, ,, c'eſt ,, combatre trop long-tems, dit-elle; ma reſiſ,, tance ſeroit vaine : quelque Dieu s'oppoſe à ,, mon repos; les ſecrets mouvemens, dont mon ,, cœur eſt agité, me ſont inconnus; mais je ,, ſuis bien trompée ſi ce n'eſt point ce qu'on ap,, pelle amour. Car enfin pourquoi trouvai-je ,, trop dures les Loix que mon Pere vient de ,, preſcrire à ce jeune Heros? Elles le ſont en ,, effet. Pourquoi craindre tant qu'il periſſe? ,, pourquoi m'allarmer du danger que court cet ,, Etranger? quelle peut être la cauſe de ma ,, fraieur? Infortunée, éteins, s'il eſt poſſible, ce ,, feu qui commence à faire ſentir ſa violence. ,, Helas! ſi je le pouvois, j'en ſerois bien plus ,, tranquille. La raiſon, le devoir, tout me le ,, conſeille; mais l'amour s'y opoſe; & un doux ,, penchant m'entraine malgré moi. Des deux ,, partis, je vois le plus ſage, je veux le ſuivre, ,, & cependant je m'abandonne au plus mau,, vais. Inſenſée, quel eſt ton aveuglement; une ,, Princeſſe de ton rang doit-elle aimer ainſi un ,, Etranger? Suis-je deſtinée à ſuivre un Epoux ,, dans des Païs inconnus? Ne puis-je donc trou,, ver dans le Roiaume de mon Pere un Amant ,, digne de moi? que Jaſon vive ou qu'il periſſe, ,, c'eſt ſon ſort qui doit en décider. Qu'il vive ,, cependant, je puis bien former ce ſouhait ſans ,, l'aimer. Quel crime a-t-il commis pour ſe ,, voir expoſé à tant de dangers? quelle ſe,, roit l'ame aſſez barbare, à qui ſa jeuneſſe, ,, ſa naiſſance, ſa vertu, n'inſpireroient pas ,, de la pitié? & quand il n'auroit pas tou,, tes ces qualitez, qui pourroit n'être pas tou,, ché de cet air noble & gracieux qui brille dans ,, ſa perſonne. Helas! je ne vois que trop que ,, je m'intereſſe pour lui. Sans mon ſecours, ,, ou il ſera devoré par la flamme que vomiſſent ,, les Taureaux, contre lesquels il doit comba,, tre, ou il ſuccombera ſous le nombre des en,, nemis, qui naitront des dents du Serpent, ,, qu'on le forcera de ſemer, après qu'il l'aura ,, dompté, ou enfin il ſera la proie de cet affreux ,, Dragon qui garde la Toiſon d'or. Si j'ai l'ame ,, aſſez barbare pour le ſoufrir, je dois avouer ,, qu'une Tigreſſe m'a donné le jour, & que ,, j'ai le cœur plus inſenſible que le Fer & les ,, Rochers. Il me manqueroit plus à ma cruauté ,, que de le voir expirer, & de rendre mes yeux ,, complices de ſa mort. Ce n'eſt point encore ,, aſſez, je devrois encore animer contre lui les ,, Taureaux, les Soldats qui ſortiront de la Ter

D d 2   ,, re

Dì meliora velint. quamquam non ista pre-
    canda,
Sed facienda mihi. prodamne ego regna pa-
    rentis,
Atque ope nescio quis servabitur advena
    nostrâ,
Ut per ube sospes, sine me, det lintea ven-
    tis,   40
Virque sit alterius; poenae Medea relinquar?
Si facere hoc, aliamve potest praeponere nobis,
Occidat ingratus. sed non is vultus in illo,
Non ea nobilitas animo est, ea gratia formae,
Ut timeam fraudem, meritique oblivia nos-
    tri.   45
Et dabit ante fidem : cogamque in foedera
    testes
Esse Deos. quid tuta times? accingere; &
    omnem
Pelle·moram. tibi se semper debebit Iāson,
Te face sollemni junget sibi : perque Pelasgas
Servatrix urbes matrum celebrabere turba. 50
Ergo ego germanam, fratremque, patrem-
    que, Deosque,
Et natale solum, ventis ablata, relinquam?
Nempe pater saevus, nempe est mea barbara
    tellus,
Frater adhuc infans : stant mecum vota so-
    roris.
Maximus intra me Deus est. non magna re-
    linquam;   55
Magna sequar : titulum servatae pubis
    Achivae,
Notitiamque loci melioris, & oppida, quorum
Hic quoque fama viget, cultusque, artesque
    virorum :
Quemque ego cum rebus, quas totus possidet
    orbis,
Aesoniden mutasse velim: quo conjuge felix,60
Et Dis cara ferar, & vertice sidera tangam.
Quid? quod nescio qui mediis concurrere in
    undis
Dicuntur montes, ratibusque inimica Cha-
    rybdis,
Nunc sorbere fretum, nunc reddere; cinctaque
    saevis
Scylla rapax canibus Siculo latrare profun-
    do?   65
Nempe tenens quod amo, gremioque in Iā-
    sonis haerens,
Per freta longa trahar. nihil illum amplexa
    verebor :

        Aut,

„ re & le Dragon. Non justes Dieux! soïez-lui
„ favorables. Mais pourquoi faire ici des vœux?
„ C'est à moi de conserver ses jours. Mais dois-
„ je ainsi trahir les interêts de mon Pere, pour
„ sauver un inconnu? Victorieux il m'abandon-
„ nera peut-être, s'embarquera sans moi, & il
„ ira porter à un autre son cœur & sa main.
„ Ah! s'il est capable de cette lâcheté, s'il doit
„ me préferer une rivale, qu'il perisse l'ingrat.
„ Non, sa vertu, sa naissance, tout me rassure:
„ avec ces qualitez on n'est pas ingrat; on n'ou-
„ blie point les bienfaits : la generosité est le par-
„ tage des ames comme la sienne. D'ailleurs,
„ je veux qu'il m'engage sa foi, & je pren-
„ drai les Dieux pour témoins de ses sermens.
„ Avec ces assurances qu'aurai-je à craindre?
„ Allons donc, sans differer davantage, allons
„ le secourir. Jason, qui me devra tout, m'é-
„ pousera solemnellement: on me regardera com-
„ me celle qui lui aura sauvé la vie, & le nom
„ de sa liberatrice deviendra célèbre dans toutes
„ les Villes de la Grece. Te voilà donc resoluë,
„ malheureuse Medée, à abandonner ainsi, ta
„ Sœur, ton Frere, ton Pere, tes Dieux, ta
„ Patrie. Mais enfin qu'est-ce que j'abandonne?
„ un Pere cruel, un Frere encore Enfant, une
„ Terre barbare ; pour ma Sœur elle est d'intel-
„ ligence avec moi; les Dieux, je porte le plus
„ puissant de tous dans mon cœur. La gloire
„ d'avoir sauvé l'élite de la Grece, sera pour moi
„ une recompense qui me dedomagera assez de
„ ce que je perds ; j'irai habiter un Païs char-
„ mant, des Villes célèbres, où regnent les beaux
„ Arts & la politesse, & je possederai l'aimable
„ Jason, que je prefere seul à tous les biens de
„ l'Univers : si je suis son Epouse, mon bonheur
„ égalera celui des Dieux. Je n'ignore pas les
„ dangers que l'on court sur la Mer ; je sai qu'il
„ s'y rencontre des écueils ; que l'impitoïable Ca-
„ rybde revomit les flots qu'elle a engloutis ; que
„ Scylla avec ses Chiens qui aboïent d'une ma-
„ niere horrible, jette la terreur & l'épouvante
„ dans la Mer de Sicile ; mais lorsque je serai
„ auprès de mon Amant, entre les bras de Ja-
„ son, je traverserai sans crainte les vastes Mers,

        „ &

Aut , si quid metuam, metuam de conjuge solo.
Conjugiumne vocas, speciosaque nomina culpae.
Imponis , Medea , tuae ? quin adspice quan-
    tum   70
Adgrediare nefas : & , dum licet , effuge cri-
    men.
Dixit : & ante oculos rectum , pictasque ,
    pudorque
Constiterant: & victa dabat jam terga Cupido.
Ibat ad antiquas Hecates Perseidos aras :
Quas nemus umbrosum , secretaque silva te-
    gebant.   75
Et jam fortis erat, pulsusque resederat ardor;
Cum videt Aesoniden : extinctaque flamma
    revixit.
Et rubuere genae : totoque recanduit ore.
Ut solet à ventis alimenta adsumere , quaeque
Parva sub inducta latuit scintilla favilla, 80
Crescere ; & in veteres agitata resurgere vires:
Sic jam lentus amor , jam quem languere pu-
    tares ,
[Ut vidit juvenem, specie praesentis inarsit.]
Et casu , solito formosior Aesone natus
Illa luce fuit. posses ignoscere amanti.   85
Spectat ; & in vultu , veluti nunc denique viso,
Lumina fixa tenet : nec se mortalia demens
Ora videre putat : nec se declinat ab illo.
Ut verò coepitque loqui, dextramque prehendit
Hospes, & auxilium submissa voce rogavit; 90
Promisitque torum; lacrimis ait illa profusis:
Quid faciam video : nec me ignorantia veri
Decipiet , sed amor. servabere munere nostro :
Servatus promissa dato. per sacra triformis
Ille Deae , lucoque foret quod numen in illo ; 95
Perque patrem soceri cernentem cuncta futuri,
Eventusque suos, per tanta pericula jurat.
Creditus, accepit cantatas protinus herbas,
Edidicitque usum; laetusque in castra recessit.
Postera depulerat stellas Aurora micantes: 100
Conveniunt populi sacrum Mavortis in ar-
    vum;
Consistuntque jugis. medio Rex ipse resedit
Agmine purpureus , sceptroque insignis eburno.
Ecce adamanteis Vulcanum naribus efflant
Aeripedes tauri : tactaeque vaporibus her-
    bae   105
Ardent. utque solent pleni resonare camini ,
Aut ubi terrenà silices fornace soluti
Concipiunt ignem liquidarum adspergine
    aquarum:
Pectora sic intus clausas volventia flammas ,
                                        Guttu-

» & si j'ai quelque frayeur ce ne sera que pour
» mon cher Epoux. Infortunée ; tu l'appelles
» donc ton Epoux ? c'est ainsi que tu don-
» nes à ta foiblesse le nom sacré de l'Hymenée.
» Considere dans quel desordre tu vas te jetter:
» évite, tu le peux encore, ce funeste engage-
» ment, & prens soin de ta gloire". Lorsque
Medée eut fait toutes ces reflexions, la pudeur,
la raison & le devoir se présenterent à son esprit
agité, & l'amour desarmé fut prêt à fuïr. Sa
passion n'avoir plus la même violence, & elle se
sentoit animée d'un courage & d'une force
qu'elle ne connoissoit pas un moment auparavant; lors qu'étant allée offrir un sacrifice à la
Déesse Hecate , dont le Temple étoit dans le
fond d'une antique Forêt; elle eut le malheur
d'y rencontrer Jason. Comme une étincelle
presque éteinte sous la cendre , se rallume au
moindre soufle, & devient capable de causer les
plus grands embrasemens; l'amour de Medée, que
ses reflexions avoient affoibli , reprit une nouvelle force à la vûe de ce jeune Heros; & il faut
avouer que sa beauté, qui ce jour-là paroissoit
relevée d'un nouvel éclat, pouvoir rendre excu-
sable la passion qu'elle avoit pour lui. Dès qu'elle l'eut aperçu elle le regarda avec une nouvelle
attention; elle tenoit ses yeux attachez sur lui,
comme si elle l'avoir vu pour la premiere fois ;
persuadée qu'il y avoit dans toute sa personne
quelque chose de divin, elle ne pouvoir croire
qu'il ne fut qu'un simple mortel. Dans le tems
qu'elle étoit ainsi occupée à le considerer il s'a-
vança vers elle, lui donna la main, & la pria
avec une respectueuse soumission de vouloir le
secourir dans les dangers, auxquels il alloit être
exposé, lui jurant en même tems une fidelité
éternelle. „ Je vois bien, lui repondit la Prin-
» cesse, en versant quelques larmes, le parti
» que je devrois p endre, si j'agis contre mon
» devoir, ce n'est point que j'en ignore les ri-
» goureuses Loix ; l'amour seul peut me servir
» d'excuse; vous serez sauvé; mais il faut que
» vous m'engagiez votre foi. Oui, lui dit Jason,
» je vous serai fidelle : j'en jure par Diane, qu'on
» revere dans ce Païs : par le Soleil dont vous
» tirez votre origine , par ce Dieu qui nous
» voit, & qui éclaire l'Univers : rien ne sera
» capable de me separer de vous". Medée ras-
surée par les sermens de Jason, lui donna sur le
champ des herbes enchantées, lui en apprit l'usage
& il se retira charmé de cette avanture.

Le lendemain , dès que l'Aurore eut ramené
le jour , le peuple se rendit en foule dans le
champ de Mars, & chacun se plaça sur les éminences & sur les collines qui l'environnoient.
Le Roi, que son habit de pourpre & le sceptre
d'ivoire , qu'il tenoit à la main, faisoient reconnoître , étoit assis au milieu de l'assemblée.
Lorsque tout le monde fut placé, on fit paroitre
les Taureaux aux pieds d'airain, vomissant des
tourbillons de flammes & sechant de leur bouil-
lante haleine l'herbe d'alentour. Le feu sortoit
de leurs narines avec un bruit semblable à celui

Gutturaque usta sonant. tamen illis Aesone
 natus   110
Obvius it. vertere truces venientis ad ora
Terribiles vultus, praefixaque cornua ferro;
Pulvereumque solum pede pulsavere bisulco;
Fumificisque locum mugitibus implevere.
Diriguere metu Minyae. subit ille; nec
 ignes   115
Sentit anhelatos, (tantum medicamina possunt)
Pendulaque audaci mulcet palearia dextra:
Suppositosque jugo pondus grave cogit aratri
Ducere, & insuetum ferro proscindere cam-
 pum.
Mirantur Colchi: Minyae clamoribus im-
 plent,   120
Adjiciuntque animos. galea tum sumit aena
Vipereos dentes; & aratos spargit in agros.
Semina mollit humus, valido praetincta ve-
 neno:
Et crescunt, fiuntque sati nova corpora
 dentes.
Utque hominis speciem materna sumit in al-
 vo,   125
Perque suos intus numeros componitur infans;
Nec nisi maturus communes exit in auras:
Sic ubi visceribus gravidae telluris imago
Effecta est hominis, foeto consurgit in arvo;
Quodque magis mirum, simul edita concutit
 arma.   130
Quos ubi viderunt praeacutae cuspidis hastas
In caput Haemonii juvenis torquere paratos;
Demisere metu vultumque animumque Pe-
 lasgi.
Ipsa quoque extimuit, quae tutum fecerat
 illum:
Utque peti juvenem tot vidit ab hostibus
 unum,   135
Palluit; & subito sine sanguine frigida sedit.
Neve parum valeant à se data gramina, car-
 men
Auxiliare canit, secretasque advocat artes.
Ille, gravem medios silicem jaculatus in hostes,
A se depulsum Martem convertit in ip-
 sos.   140
Terrigenae pereunt per mutua vulnera fratres;
Civilique cadunt acie. gratantur Achivi:
Victoremque tenent; avidisque amplexibus
 haerent.
Tu quoque victorem complecti, barbara, velles;
Obstitit incepto pudor: & complexa fuisses; 145
Sed te, ne faceres, tenuit reverentia famae.
        Quod

d'une fournaise embrasée, ou de la chaux sur laquelle on jette de l'eau. Jason va au devant d'eux d'un pas ferme & assuré. Les Taureaux qui le voient s'approcher, lui presentent leurs cornes armées de fer, jettent sur lui des regards pleins de fureur, frappent la terre avec leurs pieds, remplissent l'air de poudre & de fumée, & le font retentir de leurs affreux mugissemens. Tous les Argonautes en sont effraïez; l'intrepide Jason attaque les deux Monstres sans être incommodé du feu qu'ils vomissent : tant les enchantemens de Medée étoient forts & puissans. Ce jeune Héros, après les avoir caressez de la main pendant quelque tems, sut si bien les adoucir, qu'il les força enfin de subir le joug & de labourer un champ, qui n'avoit jamais été labouré. Pendant que toute l'assemblée étoit dans l'admiration, pour un succès si inouï, les Princes Grecs animoient leur Chef par leurs cris & par leurs applaudissemens; dès que le champ fut labouré, Jason prit dans un Casque des dents de Serpent qu'il sema dans les sillons. Comme il avoit eu soin auparavant de les frotter avec les herbes enchantées que Medée lui avoit données, ces dents s'amollirent en peu de tems, & formerent des hommes. Tel que l'enfant, qui ne sort du sein de la mere qui l'a conçu, qu'après que tous ces membres se sont developpez; ces Enfans de la Terre ne parurent que lorsqu'ils furent devenus des hommes parfaits; & ce qui est encore plus surprenant, ils en sortirent tous armez. Les Capitaines Grecs, qui les virent la pique à la main s'avancer contre Jason, furent extremement effraïez, & Medée elle-même, quoi qu'elle sut munir son Amant contre cette attaque, fremit à la vûë de tant d'ennemis; une pâleur mortelle parut sur son visage, & son sang se glaça dàns ses veines. Comme elle craignoit que les enchantemens qu'elle avoit emploiez pour le tirer de ce danger, ne fussent pas assez puissans, elle prononça quelques paroles magiques, & mit en usage tous les secrets de son Art. Cependant Jason lança au milieu de cette troupe d'ennemis une grosse pierre, & on le vit dans l'instant tourner contre eux-mêmes les armes avec lesquelles ils venoient l'attaquer, & s'entretuer les uns les autres. Ainsi perirent ces Enfans de la Terre. Les Princes Grecs donnent à leur Chef de grands applaudissemens, & ne peuvent se lasser de l'embrasser. Medée auroit bien voulu lui marquer par les mêmes caresses, la joie que lui causoit une victoire si inesperée; mais la modestie

          &

Quod licet, adfectu tacito laetaris: agisque
Carminibus grates, & Dis auctoribus ho-
rum.

Pervigilem superest herbis sopire draconem;
Qui cristâ linguisque tribus praesignis, & un-
cis 150
Dentibus horrendus, custos erat arietis aurei.
Hunc postquam sparsit Lethaei gramine
succi;
Verbaque ter dixit placidos facientia somnos,
Quae mare turbatum, quae concita flumina
sistant;
Somnus in ignotos oculos subrepit: & au-
ro 155
Heros Aesonius potitur: spolioque superbus,
Muneris auctorem secum, spolia altera, por-
tans,
Victor Iôlciacos tetigit cum conjuge portus.

& la pudeur la retinrent. Obligée de renfer-
mer dans son cœur les doux transports, dont
elle étoit agitée, elle rendit graces aux Dieux de
la protection éclatante qu'ils venoient d'accorder
à son Amant. Pour sortir de tant de dangers,
il ne restoit plus à Jason qu'à vaincre le Dragon
qui gardoit la Toison d'or. Ce Monstre, re-
marquable par la crête qu'il portoit sur la tête &
par ses trois langues, redoutable par les dents
aigues dont il étoit armé, veilloit sans cesse à
la garde de ce précieux dépôt. Dès que ce
Heros eut répandu sur lui le suc de quelques
Herbes, & qu'il eut prononcé trois fois des paroles qui avoient la vertu d'assoupir, de calmer
les flots irritez, & d'arrêter les Fleuves au milieu
de leur course, le sommeil appesantit pour la premiere fois les paupieres de ce Monstre, & Jason
profitant de cet heureux moment, enleva la
Toison d'or. Fier de cette riche dépouille, plus
fier encore de la Conquête de Medée, dont le
secours l'avoit delivré de tant de perils, il s'embarqua avec elle & arriva heureusement à Iôl-
cos.

EXPLICATION DE LA I. FABLE.

POur bien entendre la Fable qui fait le sujet de
cette Explication, il est necessaire de prendre la
chose dès son origine & de developper toutes les fictions
que les Poëtes ont mêlées dans l'Histoire de la conquête des Argonautes, qui est un des plus grands
évenemens des tems fabuleux. Athamas (1) Fils
d'Eole, Petit-Fils d'Hellen, & Arriere-Petit-Fils de
Deucalion, aïant épousé Ino, Fille de Cadmus,
fut obligé de la repudier pour quelques accès de folie, dont elle étoit attaquée. Il se maria ensuite avec
Nephelé dont il eut un Fils nommé Phryxus & une
Fille qui fut appellée Hellé. Aïant repris quelque
tems après la premiére Femme, elle lui donna deux
Fils, Learque & Mélicerte: Ino, haïssant les Enfans
de Nephelé, qui étant les ainez dévoient succeder
à leur Pere, chercha tous les moïens de les faire
perir (2). Phryxus averti des mauvais desseins de sa
Marâtre par son Gouverneur, fit équiper secrette-
ment un Vaisseau, enleva les Tresors de son Pere,
& s'embarqua avec sa Sœur Hellé, pour aller chercher une retraite à la Cour d'Eta son Parent. La
jeune Hellé mourut de Voïage, & Phryxus arriva heureusement dans la Colchide. Après avoir re-
mercié les Dieux, & consacré ou à Neptune ou à
Jupiter Conservateur la proue de son Vaisseau, il
épousa Chalciope dont il eut quatre Enfans, Argos,
Phrontis, Melas & Cylindus. Eta, pour avoir les
Tresors de Phryxus, le fit assassiner quelques années
après. Les Enfans de ce malheureux Prince voulurent se retirer à Thebes chez leur Grand-Pere
Athamas, mais aïant fait naufrage ils furent contraints d'aborder dans une Ile, où ils demeurerent
jusqu'à l'arrivée de Jason qui les rendit à leur Mere.
Cette Princesse charmée de revoir ses Enfans qu'elle
croioit morts, fit tout ce qu'elle put pour favoriser la
passion que le Heros Grec conçut pour Medée.

Pendant que ces choses se passoient dans la Colchide, les Grecs se disposoient à y aller pour rede-
mander les Tresors d'Athamas & pour venger la mort
de Phryxus. Pelias, Oncle de Jason, aïant chassé du
Trône d'Iolcos, son Frere Eson, & voulant éloigner Jason, qui auroit pu rétablir son Pere, profita

d'une occasion si favorable, & engagea son Neveu
à un Voïage qui pouvoit lui acquerir beaucoup de
gloire. L'inquietude de Pelias étoit augmentée par
un Oracle qui avoit predit qu'il seroit tué par un
Prince de la race des Eolides, & l'avoir averti en
même tems de se donner de garde d'une personne,
qui n'auroit qu'un soulier. Sur ces entrefaites Jason,
revenant de l'Ecole de Chiron, chez qui il avoit été
élevé, perdit un de ses souliers en passant une Riviere,
son Oncle, qui s'en apperçut à son arrivée chercha
les moiens de le faire mourir, mais n'osant le faire
ouvertement, il l'obligea de s'embarquer avec les Argonautes, ne doutant pas qu'il ne perît dans un Voïage, qui en ce tems-là étoit rempli de dangers. Comme on avoit publié cette Expedition dans toute la
Grece plusieurs jeunes Princes s'étoient assemblez à la
Cour d'Iolcos, où après avoir déferé le commande-
ment à Jason, ils s'embarquerent sur un Vaisseau qui
à cause de sa figure, fut nommé Atgo & ceux qui le
monterent Argonautes (3).

Je sai que tout le monde ne convient pas de l'Explication que je viens de donner au Navire Argo. Diodore
de Sicile (4) dit qu'il fut ainsi appellé à cause de la vitesse avec laquelle il voguoit. Il y a des Auteurs qui lui
donnent ce nom, parce qu'il avoit été construit par un
Ingenieur nommé Atgo, ou bien parce qu'il portoit
les Grecs nommez Argiens; mais Bochart, dont j'ai
préféré le sentiment à celui des autres Auteurs, prétend (5) avec plus de raison que le nom lui fut donné du mot Arco, qui dans la langue des Pheniciens,
vouloir dire Long. Ce sçavant homme ajoute que les
Vaisseaux dont les Grecs s'étoient servis jusqu'alors
étoient ronds, & que Jason fut le premier qui en
nança un qui étoit fait en forme de Galere. On publia plusieurs Fables sur ce Vaisseau. On dit que
Minerve en avoit donné le dessein, qu'on l'avoit construit avec des Chênes de la Forêt de Dodone, &
que son gouvernail avoit le don de la parole: sur quoi
on peut lire ce que j'en ai dit dans le troisième Tome
de mon Explication des Fables.

Comme la Navigation étoit en ce tems-là fort dangereuse,

(1) Voïez Pausanias, Apollodore, Diodore de Sicile, Herodote, &c.
(2) Voïez ce qui a été dit dans l'Explication de la XIII. & XIV.
Fable du IV. Livre.

(3) Les Auteurs ne conviennent ni sur le nom ni sur le nombre des
Argonautes. Voïez Apollodore, Diodore de Sicile & Apollonius de Rhodes.
(4) Lib. IV. (5) Chan. Lib. I. Cap. XI.

gereufe, les Argonautes eurent plufieurs Avantures, que j'ai expliquées fort au long dans l'endroit que je viens de citer & que je ne ferai que raporter ici en abregé. Lorfque nos Heros arriverent dans l'Ile de Lemnos, ils trouverent que les Femmes avoient tué leurs Maris, pour fe venger de ce qu'ils les avoient abandonnées pour des Efclaves: ils les épouferent, & Jafon comme le Chef eut pour fon partage Hypfipile Fille de Thoas, après avoir demeuré quelque tems à Lemnos, ils s'embarquerent, & furent obligez, à caufe d'une tempête de relâcher en Bithynie, où ils delivrerent le vieux Phinée, qui en étoit Roi, de la perfecution des Harpies, qui venoient enlever les viandes jufques fur fa Table.

Les Harpies, fi nous en croïons les Poetes, étoient des Monftres, qui avec une figure hideufe, un bec & des ongles crochus & de grandes ailes, confervoient un vifage de Fille & prediloient l'avenir, ainfi que Virgile nous l'aprend (6).

Quæ Phœbo Pater omnipotens, mihi Phœbus Apollo
Prædixit, vobis Furiarum ego maxima pando.

Les Argonautes & fur tout Calaïs & Zethus Enfans de Borée, chafferent ces Monftres, & les aïant pourfuivis jufqu'aux Iles Strophades, qui font dans la Mer d'Ionie, Iris leur apparut & leur ordonna de ne point les inquiéter davantage, leur promettant que Phinée n'en feroit plus perfecuté.

On a donné à cette Fable deux Explications bien differentes; dans la premiere on prétend que les Harpies étoient les Filles mêmes du Roi de Bithynie, qui par leurs debauches avoient ruïné ce Prince déjà vieux & aveugle, ce qui fit dire, qu'elles lui arrachoient même les morceaux de la bouche. Mr. le Clerc Auteur de la feconde Explication, prétend (7) que les Harpies étoient un amas prodigieux de Sauterelles, qui ravageroient toute la Paphlagonie & caufer ent la famine dans les Etats de Phinée. Le mot Atbah, dont on a fait celui de Harpie, voulant dire Sauterelle. Le Vent de Nord les chaffa & les fera fentir dans la mer d'Ionie, & c'eft ce qui fit dire que les Fils de Borée les avoient pourfuivis jufque-là. L'Auteur que je viens de citer prouve dans un curieux détail que tout ce que les Poëtes ont dit de leurs Harpies, convient fort bien aux Sauterelles qui portent la famine & la contagion dans les lieux où elles s'affemblent quelquefois en fi grande quantité que l'air en eft obfcurci. Sur quoi on peut confulter le premier Tome de fa Bibliotheque Univerfelle. Remarquons en paffant que Diodore de Sicile qui ramaffoit avec foin les Fables mêmes les plus abfurdes, parlant du féjour des Argonautes à la Cour de Phinée, ne dit mot des Harpies, cet Auteur raconte feulement (8) que ce Prince aïant fait mettre en prifon fes deux Fils, Hercule, qu'il croit avoir été de ce voïage, les en avoit delivrez.

Les Argonautes, après quelques autres Avantures, arriverent enfin dans la Colchide. Eta (9) en étoit Roi, averti par un Oracle, qu'un Etranger lui ôteroit la vie & la Couronne, avoit la barbare coutume d'immoler à fes Dieux tous ceux qui abordoient dans fes Etats. Medée, fa Fille, qui s'étoit retirée dans un Temple dedié au Soleil, aïant vu debarquer les Capitaines Grecs, fut fi touchée de la bonne mine de leur Chef, qu'elle leur promit de les delivrer de tous les dangers, auxquels ils alloient être expofez, pourvu que Jafon voulut l'époufer. Ce Prince s'étant engagé par les Sermens les plus folemnels, elle le con-

duifit à la Cour pendant la nuit, & lui aïant donné une fauffe Clef, il enleva les Trefors du Roi & fe rembarqua avec elle & avec fes autres Compagnons.

Cette Hiftoire étoit apparemment écrite dans l'ancienne Langue des Pheniciens. Les Grecs qui ne l'entendoient pas, inventerent la Fable de la Toifon.d'or, des Taureaux jettant feu & flame, & du Dragon qui la gardoit. Car comme l'a fort bien remarqué le favant Bochart (10) & après lui Mr. le Clerc, le même mot Syrien Gaza, fignifie également un Trefor & une Toifon; ainfi, qui veut dire une muraille veut dire auffi un taureau; & on exprimoit dans cette ancienne Langue, de l'airain, du fer, & un Dragon par le même mot Nachas. Ainfi au lieu de dire fimplement, que Jafon d'intelligence avec Medée, avoit enlevé les Trefors qu'Eta faifoit garder fort foigneufement, & que Phryxus avoit aportez dans la Colchide, fur un Vaiffeau qui avoit fur la proue la figure d'un Belier, on publia à l'aide de ces mots équivoques, que les Dieux pour delivrer Phryxus de la perfecution de fa Marâtre, lui avoient envoié un Mouton à la Toifon d'or, qui l'avoit porté fur fon dos dans la Colchide; la peau de ce Mouton avoit fait dans la fuite l'objet de l'ambition de toute la Nobleffe Grecque; qu'il avoit fallu, pour l'enlever, combatre des Dragons, fe fervir d'enchantemens, &c. les Hiftoriens eux-mêmes, qui ont entrepris d'expliquer ces Fables, en ont debité de nouvelles, en introduifant un garde nommé Draco, & une Garnifon prife dans la Cherfonefe Taurique, qu'ils ont dit avoir donné lieu au Dragon & aux Taureaux qui jettoient la flamme par les narines: ils ont ajouté que la Toifon d'or étoit la peau du Mouton que Phryxus avoit immolé à Neptune, & qu'il avoit fait dorer: comme fi cette peau pouvoir avoir excité la cupidité des Grecs, & les avoit porté à entreprendre un fi long Voïage. Pour ce qui regarde les Dents du Serpent, qui formerent des Soldats armez, voiez ce que j'en ai dit dans la Fable de Cadmus, je fuis perfuadé qu'on doit l'entendre de quelques Troupes étrangeres que Cadmus & Jafon à fon exemple, trouverent le moïen de divertir & d'attirer enfuite dans leur parti.

Pour ne point ennuier les Lecteurs j'ai été obligé d'abreger toutes ces Fables. Car je n'ignore pas que les Anciens varient beaucoup fur le nom des Heros de cette Expedition, que l'Auteur du Poëme des Argonautes leur fait faire un Voïage par le Nord & les fait revenir par le Detroit de Gibraltar; qu'Homere ne parle pas du paffage du Voïage des Argonautes, & qu'on prétend que le filence de cet Auteur fur les Avantures de ces Heros, eft une preuve qu'elles n'étoient gueres connuës de fon tems, je fai que plufieurs Auteurs ont mis Hercule au nombre des Argonautes, quoi qu'il y ait des raifons très-fortes pour prouver qu'il n'a jamais fait de Voïage; qu'il eft très-difficile de fixer l'Epoque, & que les Marbres de Paros n'en ont point parlé. Mais j'ai cru que je pouvois fuivre la Narration d'Apollodore & de Diodore de Sicile, qui avouent que les Poëtes ont entierement defiguré l'Hiftoire de cette Conquête, ne laiffant pas d'en parler comme d'un événement veritable. En attendant que j'aie occafion de traiter ce fujet plus à fond; je dirai qu'on peut en placer l'Epoque vers l'an 65. avant la derniere prife de Troie, & du tems de la premiere par Hercule; qui abandonna les Argonautes pour aller delivrer Hefione, Fille de Laomedon, ainfi que nous le prouverons dans l'Hiftoire de ce Heros. Eufebe place cette Expedition à l'an dix-huitième du regne d'Egée & dans quelques Manufcrits à l'an 32, 1315 ans avant J. C. Scaliger & le P. Petau ne s'éloignent gueres de ces deux dates

(6) Eneid. Lib. III. Vf.251. Voiez auffi Diodore Lib. IV. Apollodore Lib. I. Valer. Flacc. Argon. Lib. IV. &c.
(7) Voiez le I. Tome de la Bibliotheque Univerfelle de cet Auteur.
(8) Lib. IV. (9) Diodore Lib. IV.

(10) Chan. Lib. VII. Cap. III.

FAb. II. III. & IV. *Rajeuniſſement d'Eſon. Pelias égorgé par ſes Filles, & Medée évite par ſa fuite le chatiment qu'elle meritoit*

ARGUMENT.

Jaſon voïant à ſon retour, ſon Pere accablé d'infirmitez & de vieil-leſſe, prie Medée de le rajeunir; ce que cette Princeſſe exécute avec les Herbes qu'elle va cueillir en differens endroits. Les Filles de Pe-lias, l'aïant priée de rendre le même ſervice à leur Pere, Medée pour venger Jaſon des maux que ce Prince avoit fait à Eſon, les aïant obligées de lui couper la gorge ſous pretexte de faire couler dans ſes veines un ſang, qui put lui redonner des forces, ce malheureux Prin-ces devient la victime de la credule tendreſſe de ſes Filles. Medée pour éviter le châtiment qu'elle meritoit ſe ſauva ſur ſon char.

Haemoniae matres pro gnatis dona receptis,
Grandaevique ferunt patres; congeſtaque flammâ 160
Tura liquefiunt, inductaque cornibus aurum
Victima vota cadit. ſed abeſt gratantibus Aeſon,
Jam propior leto, feſſuſque ſenilibus annis.
Cum ſic Aeſonides: O cui debere ſalutem
Confiteor, conjux, quamquam mihi cuncta dediſti 165
Exceſ-

Toute la Theſſalie prit part à l'heureux ſuccès du Voïage des Argonautes: on rendit des actions de graces aux Dieux, qui les avoient ramenez: on offrit des Sacrifices; on immola un grand nombre de victimes, dont on avoit doré les cornes & les autels repandoient de tous cô-tez l'odeur de l'encens qu'on y brûloit. Eſon fut le ſeul qui ne ſe trouva point aux Fêtes qu'on célébra en cette occaſion. Accablé de vieilleſſe, & déjà ſur le bord du tombeau, il ne put pren-dre aucune part à l'allegreſſe publique. Jaſon ſon Fils, touché de le voir en cet état, parla ainſi à Medée: ,, Je ſai, ma chere épouſe, que vous ,, m'avez

Exceſſitque fidem meritorum ſumma tuorum;
Si tamen hoc poſſunt : quid enim non car-
mina poſſint ?
Deme meis annis ; & demtos adde parenti.
Nec tenuit lacrimas. mota eſt pietate rogantis :
Diſſimilemque animum ſubiit Aeeta relic-
tus.   170
Non tamen adfectus tales confeſſa , Quod,
inquit ,
Excidit ore pio , conjux , ſcelus ? ergo ego
cuiquam
Poſſe tuae videar ſpatium tranſcribere vitae?
Nec ſinat hoc Hecate ; nec tu petis aequa :
ſed iſto ,
Quod petis , experiar majus dare munus ,
Iaſon.   175
Arte meâ ſoceri longum tentabimus aevum ,
Non annis revocare tuis. modo Diva tri-
formis
Adjuvet ; & praeſens ingentibus adnuat auſis.
Tres aberant noctes , ut cornua tota coïrent ,
Efficerentque orbem. poſtquam pleniſſima ful-
ſit ,   180
Ac ſolidâ terras ſpectavit imagine Luna :
Egreditur tectis , veſtes induta recinctas ,
Nuda pedem , nudos humeris infuſa capillos :
Fertque vagos mediae per muta ſilentia noctis
Incomitata gradus. homines , volucreſque ,
feraſque   185
Solverat alta quies : nullo cum murmure ſepes ,
Immotaeque ſilent frondes ; ſilet humidus aër.
Sidera ſola micant. ad quae ſua brachia
tendens
Ter ſe convertit ; ter ſumtis flumine crinem
Irroravit aquis ; ternit ululatibus ora 190
Solvit : & in durâ ſubmiſſo poplite terrâ ,
Nox , ait , arcanis fidiſſima , quaeque diurnis
Aurea cum Lunâ ſucceditis ignibus , aſtra ,
Tuque triceps Hecate , quae coeptis conſcia
noſtris
Adjutrixque venis , cantuſque , arteſque ma-
garum ,   195
Quaeque magas , Tellus , pollentibus inſtruis
herbis ;
Auraeque , & venti , monteſque , amneſque ,
lacuſque ,
Dique omnes nemorum , Dique omnes noctis
adeſte :
Quorum ope , cum volui , ripis mirantibus ,
amnes
In fontes rediere ſuos : concuſſaque ſiſto , 200
Stantia concutio cantu freta : nubila pello ,
Nubilaque

m'avez ſauvé la vie ; les bienfaits dont je vous ſuis redevable ſont au deſſus de tout ce qu'on pourroit s'imaginer. Cependant j'ai encore une nouvelle grace à vous demander : retranchez quelques années de ma vie pour les ajouter à celle de mon Pere : vous le pouvez , puis qu'il n'eſt rien d'impoſſible à votre art". En parlant ainſi , il ne put retenir ſes larmes. Medée fut touchée des ſentimens de Jaſon pour ſon Pere : le ſouvenir d'Eta qu'elle avoit abandonné l'attendrit ; mais elle n'en témoigna rien. „ Ce que vous exigez de moi , lui dit-elle , eſt tout-à-„ fait injuſte : croïez-vous , mon cher Epoux,qu'au„ cun motif puiſſe m'engager à abreger des jours „ qui me ſont ſi chers ? Si j'crois capable de deman„ der le ſecours de la Déeſſe Hecate , je la prie„ rois en même tenis de me le refuſer. L'amour „ que vous avez pour votre Pere demande un „ crime que je ne ſuis pas capable de commet„ tre. Cependant vos vœux ſeront ſatisfaits, „ mais d'une maniere à laquelle vous ne vous „ étiez pas attendu. Je vais emploïer tous mes „ ſoins à prolonger la vie d'un Pere que vous „ aimez , ſans que la vôtre en ſoit diminuée : & „ ſi la Déeſſe Hecate favoriſe mon entrepriſe , „ j'eſpere d'y réüſſir".
Il ne s'en faloit alors que trois jours que la Lune ne fût pleine. Dès qu'elle le fut , Medée , retrouſſant ſa robe , laiſſant flotter ſes cheveux , & aïant un pied nud * , ſortit ſeule la nuit , portant un pas incertain à travers les tenebres. Un profond ſilence regnoit ſur la terre : Les Hommes , les Oiſeaux , les Bêtes ſauvages , tout goûtoit le doux charme du ſommeil : aucun vent n'agitoit ni les feuilles ni les buiſſons †. L'air étoit ſerain & tranquille , & les Aſtres brilloient dans le Ciel. Medée , les bras levez , s'étant tournée trois fois de leur côté ; aïant arroſé trois fois ſes cheveux avec de l'Eau de fleuve , & fait retentir trois fois l'air de ſes cris , ſe proſterna , & fit cette Priere : „ O nuit , fidelle confidente des „ myſteres les plus ſecrets ; Aſtres qui ſupléez „ avec la Lune à la lumiere du jour , & vous ô „ triple Hecate , à qui je confie tous mes pro„ jets & dont j'ai toûjours éprouvé la protec„ tion ! Charmes , enchantemens , & vous Ter„ re , qui fourniſſez à ceux qui les mettent en „ uſage des Herbes & des Plantes dont la vertu „ eſt ſi puiſſante ; vous enfin , Air , Vents , „ Montagnes , Fleuves , Lacs , Dieux des Fo„ rêts , Dieux de la nuit , venez tous à mon ſe„ cours. C'eſt par vous que forçant le cours „ des Fleuves plus rapides , de remonter à leur ſource ; c'eſt vous qui don„ nez à mes enchantemens la vertu de calmer les „ flots agitez , d'exciter les tempêtes & les Ora
„ ges,

* Les Traducteurs ont tous mis , aiant les pieds nuds , ſans faire attention que les Magiciennes avoient accoutumé dans leurs preſtiges d'avoir un pied chauſſé & l'autre nud. Virgile Eneid. Liv. IV. 5 ſ. 518. eſt d'accord avec Ovide ſur cet article, Unum exuta pedem vinclis, in veſte recinſta.
† Ceux qui ont traduit cet endroit ont rendu par le mot de Serpent celui de Sepes qui ſignifie veritablement une eſpece de ſerpent ; Il y a même des imprimez qui portent, Nullo cum murmure ſerpens ; mais comme le Poëte avoit déja parlé du ſilence des Hommes & des Animaux ; Homines , volucreſque , feraſque ſolverat alta quies ; & qu'il ajoûte nullo cum murmure ſepes , Immotaeque ſilent frondes ; J'ai crû qu'il étoit plus à propos de joindre la tranquillité des branches des Arbres à celles des Buiſſons. Outre cela le mot de murmure dont ſe ſert le Poëte convient mieux au bruit d'un Buiſſon agité , qu'à celui que fait un Serpent qui rampe ſur la Terre.

Nubilaque induco : ventos abigoque vocoque :
Vipereas rumpo verbis & carmine fauces :
Vivaque saxa, suà convulsaque robora terrâ,
Et silvas moveo ; jubeoque tremiscere mon-
   tes :   205
Et mugire solum, manesque exire sepulcris.
Te quoque, Luna, traho, quamvis Teme-
   sæa labores
Æra tuos minuant. currus quoque carmine
   nostro
Pallet avi ; pallet nostris Aurora venenis.
Vos mihi taurorum flammas hebetastis ; &
   unco   210
Haud patiens oneris collum pressistis aratro.
Vos serpentigenis in se fera bella dedistis :
Custodemque rudem somni sopistis : & aurum,
Vindice decepto, Grajas misistis in urbes.
Nunc opus est succis ; per quos renovata se-
   nectus   215
In florem redeat, primosque recolligat annos.
Et dabitis : neque enim micuerunt sidera
   frustra ;
Nec frustra volucrum tractus cervice dra-
   conum
Currus adest. aderat demissus ab aethere
   currus.
Quo simul adscendit ; frenataque colla dra-
   conum   220
Permulsit, manibusque leves agitavit ha-
   benas ;
Sublimis rapitur : sublataque Thessala Tempe
Despicit, & creteis regionibus adplicat an-
   gues :
Et quas Ossa tulit, quas altus Pelion herbas,
Othrysque, Pindusque, & Pindo major
   Olympus,   225
Perspicit : & placitâ partim radice revellit ;
Partim succidit curvamine falcis aenae.
Multa quoque Apidani placuerunt gramina
   ripis,
Multa quoque Amphrysi : neque eras immu-
   nis, Enipeu :
Nec non Peneæ, nec non Spercheides undae 230
Contribuère aliquid, juncosaque litora Boebes.
Carpit & Euboicâ vivax Anthedone gramen,
Nondum mutato vulgatum corpore Glauci.
Et jam nona dies curru pennisque draconum,
Nonaque nox omnes lustrantem viderat
   agros ;   235
Cum rediit : neque erant tacti, nisi odore,
   dracones ;

,, ges, de dissiper les nuages & de les rassembler,
,, d'arrêter la violence impetueuse des vents, &
,, de leur lâcher la bride à mon gré, de faire
,, crever les Serpens & les Viperes, de detacher
,, les Arbres & les Rochers, d'ébranler les Fo-
,, rêts & les Montagnes ; enfin de faire trembler
,, la Terre, & obliger les Manes de sortir du
,, fond de leurs tombeaux. Je vous force vous-
,, même, puissante Lune, de descendre du Ciel,
,, malgré le bruit dont on fait retentir l'air, pour
,, vous soulager, lorsque vous êtes éclipsée. Je
,, fais pâlir l'Aurore & le Char enflammé du So-
,, leil, de ce Dieu même dont je tire mon ori-
,, gine. C'est vous encore, Charmes puissans,
,, qui avez su rallentir l'impetuosité des flammes
,, que vomissoient les Taureaux, & qui les avez
,, contraints de subir le joug. C'est vous qui
,, avez animé les uns contre les autres, ces Fils
,, de la Terre, que les Dents du Serpent avoient
,, enfantez, & qui les avez faits perir par leurs
,, propres armes. C'est vous enfin, qui avez
,, assoupi le Dragon, & qui avez mis mon
,, Epoux en état d'enlever la Toison d'Or & de
,, l'apporter en Grece. J'ai besoin aujourd'hui
,, d'Herbes dont la vertu puisse ranimer une lan-
,, guissante vieillesse ; & j'espere que la Terre ne
,, me les refusera pas : ce n'est pas en vain que
,, les astres brillent avec tant d'éclat, & que je
,, vois ce Char traîné par deux Dragons, des-
,, cendre du Ciel". Il en descendit un en effet.
Medée y monta, & après avoir caressé les Dragons qui le conduisoient, elle leur lâcha la bride,
& ils l'emporterent à travers les vastes campagnes
de l'air. Après avoir traversé la vallée de Tempé, elle s'arrêta dans les lieux où il y avoit des
Herbes propres à ses enchantemens. Elle en cueil-
lit sur le Mont Ossa, sur le Pelion, sur l'Othrys,
sur le Pinde, & sur l'Olympe. Elle en arrachoit
quelques-unes avec la racine, des autres elle n'en
coupoit que les feuilles. Les bords de l'Apidane
& de l'Amphryse lui en fournirent en quantité.
Elle en trouva aussi près du Fleuve Enipée, &
près du Penée, sur les rives du Sperchée & du
Bebès. Elle ne negligea pas celles qui croissent
près de la riviere d'Anthedon, qui n'étoit pas
encore célèbre par la Metamorphose de Glaucus.
Enfin après avoir emploié neuf jours & autant
de nuits, à parcourir tous les lieux où se trouvoient ces fortes de Plantes, elle revint à Iolcos.
Les Dragons qui n'avoient eu pendant tout ce
tems-là pour nourriture que la seule odeur qu'ex-

Et tamen annosae pellem posuere senectae.
Constitit adveniens citra limenque, foresque;
Et tantum coelo tegitur : refugitque viriles
Contactus ; statuitque aras è cespite bi-
　nas, 　　　　　　　　　　　　　　240
Dexteriore Hecates, at laevà parte Juventae.
Quas ubi verbenis, silváque incinxit agresti;
Haud procul egestâ scrobibus tellure duabus
Sacra facit : cultrosque in guttura velleris atri
Conjicit ; & patulas perfundit sanguine fos-
　sas. 　　　　　　　　　　　　　　245
Tum super invergens liquidi carchesia Bacchi,
Aeneaque invergens tepidi carchesia lactis ;
Verba simul fundit, terrenaque numina poscit :
Umbrarumque rogat rapta cum conjuge regem,
Ne properent artus animâ fraudare seni-
　les. 　　　　　　　　　　　　　　250
Quos ubi placavit precibusque & murmure
　longo ;
Aesonis effoetum proferri corpus ad aras
Jussit : & in plenos resolutum carmine somnos,
Exanimi similem, stratis porrexit in herbis.
Hinc procul Aesoniden, procul hinc jubet ire
　ministros : 　　　　　　　　　　255
Et monet arcanis oculos removere profanos.
Diffugiunt jussi. sparsis Medea capillis
Bacchantum ritu flagrantes circuit aras :
Multifidasque faces in fossâ sanguinis atrâ
Tinguit : & intinctas geminis accendit in
　aris. 　　　　　　　　　　　　　260
Terque senem flammâ, ter aquâ, ter sul-
　fure lustrat.
Interea validum posito medicamen aëno
Fervet ; & exsultat ; spumisque tumentibus
　albet.
Illic Haemoniâ radices valle resectas,
Seminaque, floresque, & succos incoquit
　acres. 　　　　　　　　　　　　265
Adjicit extremo lapides Oriente petitos,
Et, quas Oceani refluum mare lavit, arenas.
Addit & exceptas Lunâ pernocte pruinas,
Et strigis infames, ipsis cum carnibus, alas,
Inque virum soliti vultus mutare ferinos 270
Ambigui profecta lupi. nec defuit illic
Squamea Cinyphii tenuis membrana chelydri,
Vivacisque jecur cervi : quibus insuper addit
Ora caputque novem cornicis secula passae.
His & mille aliis postquam sine nomine re-
　bus 　　　　　　　　　　　　　275
Propositum instruxit mortari barbara munus ;
Arenti ramo jampridem mitis olivae

　　　　　　　　　　Omnia

haloient ces Herbes, ne laisserent pas de prendre
une nouvelle vigueur, & quitterent leur vieille
peau. Medée de retour, n'entra point dans le
Palais de son Epoux, dont elle évita la compagnie ; mais se tenant près de la porte, elle éleva
deux autels de Gazon dans un lieu découvert :
celui de la droite pour Hecate, & celui de la gauche pour Hebé, Déesse de la Jeunesse. Elle les
entoura de Verveine & de branches d'Arbre, &
ayant creusé deux petites fosses, dont elle jetta la
Terre sur les bords, elle égorgea une Brebis noire, & y fit couler le sang, après avoir prononcé
quelques paroles, pour invoquer les Dieux de la
Terre, & versé du vin dans l'une de ces fosses,
& du lait chaud dans l'autre, elle adressa sa priere à Pluton & à Proserpine, pour les engager à
retarder la mort du vieil Eson. Lorsque par ses
vœux & par ses sacrifices, elle se fut renduë ces
deux Divinitez favorables, elle ordonna qu'on
apportât près des Autels ce Prince, qui étoit si
cassé & si accablé sous le poids de ses années qu'il
ne pouvoit plus se soutenir, & après l'avoir assoupi par ses enchantemens, elle l'étendit sur les
Herbes qu'elle avoit préparées, & fit éloigner
Jason & tous ceux qui l'accompagnoient, de peur
que ses Mysteres ne fussent prophanez par leur
regards. Dès qu'ils se furent retirez, Medée, les
cheveux épars, se mit à tourner avec tous les
mouvemens d'une Bacchante, autour des Autels,
elle trempa ensuite deux torches qu'elle tenoit à
la main dans les fosses qu'elle avoit creusées, elle les
alluma à la flamme des autels, & purifia à trois
differentes reprises le vieil Eson avec du feu, de
l'eau & du soufre. Pendant ces Ceremonies elle
faisoit bouillir les Herbes dont la vertu étoit la
plus puissante, dans un grand Vaisseau d'airain,
qui étoit déjà couvert d'une écume blanche.
Cette composition étoit faite de Racines cueillies
dans les Vallées de la Thessalie, de Graines, de
Fleurs & de Plantes acides & corrosives. Elle
y avoit mêlé des Pierres venuës des extremitez
de l'Orient, de ce Sable, que la Mer en se retirant laisse sur le rivage, de l'Ecume que la Lune répand sur les Herbes pendant la nuit, la chair
& les aîles d'une Chouette, les entrailles d'un
de ces Loups-garous qui paroissent quelquefois
sous une figure humaine, la tendre écaille d'une
jeune Tortue du Fleuve Cinyphe, le foie d'un
vieux Cerf, le bec & la tête d'une Corneille qui
avoit vécu neuf cens ans & une infinité d'autres
drogues inconnuës. Elle mêla toutes ces choses avec une branche seche d'Olivier, qui en

　　　　　　　　　　peu

Omnia confundit; summisque immiscuit ima.
Ecce vetus calido versatus stipes aëno
Fit viridis primo: nec longo tempore fron-
   dem   280
Induit; & subitò gravidis oneratur olivis.
At quacumque cavo spumas ejecit aëno
Ignis, & in terram guttae cecidere calentes;
Vernat humus: floresque, & mollia pabula
   surgunt.
Quod simul ac vidit; stricto Medea recludit 285
Ense senis jugulum; veteremque exire cruorem
Passa, replet succis. quos postquam combibit
   Aeson
Aut ore acceptos, aut vulnere; barba comaeque
Canitie positâ nigrum rapuere colorem.
Pulsa fugit macies: abeunt pallorque situs-
   que;   290
Adjectoque cavae supplentur sanguine venae;
Membraque luxuriant. Aeson miratur, &
   olim
Ante quater denos hunc se reminiscitur annos.
Viderat ex alto tanti miracula monstri
Liber: & admonitus juvenes nutricibus an-
   nos   295
Posse suis reddi; petit hoc Aeetida munus.
Neve doli cessent, odium cum conjuge falsum
Phasias adsimulat: Peliaeque ad limina supplex
Confugit. atque illam (quoniam gravis ipse
   senectâ)
Excipiunt natae. quas tempore callida par-
   vo   300
Colchis amicitiae mendacis imagine cepit.
Dumque refert, inter meritorum maxima,
   demtos
Aesonis esse situs; atque hac in parte moratur;
Spes est virginibus Pelia subjecta creatis,
Arte suum parili revirescere posse paren-
   tem.   305
Jamque petunt: pretiumque jubent sine fine
   pacisci.
Illa brevi spatio silet; & dubitare videtur:
Suspenditque animos fictâ gravitate rogantes.
Mox ubi pollicita est, Quo sit fiducia major
Muneris hujus, ait: qui vestras maximus
   aevo est   310
Dux gregis inter oves, agnus medicamine fiet.
Protinus innumeris effoetus laniger annis
Attrahitur, flexo circum cava tempora cornu:
Cujus ut Haemonio marcentia guttura cultro
Fodit, & exiguo maculavit sanguine fer-
   rum: 315
   Mem-

peu de tems devint verte, poussa des feuilles, &
se trouva chargée d'Olives. L'écume que la violence du feu fit sortir du mortier tombant à
terre, fit reverdir l'Herbe fanée & éclorre des
Fleurs. Lorsque Medée vit que son Medicament
étoit en cet état, elle ouvrit la gorge à Eson,
fit sortir de ses veines le sang qui y couloit, &
fit entrer à sa place par la plaïe & par la bouche la liqueur qu'elle venoit de préparer. Dès
que le breuvage se fut insinué dans le corps du
Vieillard, sa barbe & ses cheveux blancs commencerent à noircir, les rides disparurent de dessus son visage; il reprit l'embonpoint & de
la force, & se trouva dans le même état où il
se ressouvenoit d'avoir été quarante ans auparavant.

Bacchus qui avoit vu du haut de l'Olympe
un prodige si surprenant, voulant procurer le
même avantage aux Nymphes qui l'avoient
nourri, engagea Medée à les rajeunir *.

Pour continuer ses mauvaises pratiques, Medée feignit d'être mal avec son Epoux, & alla
demander un asyle à Pelias. Comme ce Prince
étoit accablé de vieillesse, ses Filles se chargerent
du soin de la recevoir, & Medée lia avec elles
une amitié qui ne tarda guères à leur devenir funeste. Pour les tromper plus sûrement, elle leur
parla que de l'ingratitude de Jason; elle exagera
les services qu'elle lui avoit rendus, & n'oublia
pas le rajeunissement d'Eson. Elle s'arrêta même long-tems sur l'Histoire & sur les circonstances d'une operation si merveilleuse. Les Filles
de Pelias, qui ne douterent pas qu'elle ne fût
dans la disposition d'accorder la même faveur à
leur Pere, l'en prierent avec instance, & lui
promirent une récompense proportionnée à un
service si important. Medée affecta d'abord de
ne rien répondre, comme si en effet elle n'eût
pas encore pris sa resolution; mais après les
avoir tenuës en suspens pendant un assez long-
tems, elle leur promit enfin d'exécuter ce qu'elles souhaitoient. Pour les engager même à ajoûter plus de foi à sa parole, elle les pria de faire
apporter le Belier le plus vieux du Troupeau,
pour faire sur lui l'experience de son remede. On
lui en amena un sur le champ, si maigre & si
defait qu'à peine pouvoit-il se soutenir. Medée le prend, l'égorge, fait sortir le peu de sang
   qui

* Mr. Burman a suivi en cet endroit comme par tout ailleurs la
meilleure Leçon en mettant au lieu de prels hoc à Thetys munus,
petit hoc Aeetida munus. Car quelle apparence que Bacchus se fût
adressé à Thetys pour obtenir le rajeunissement des Nymphes qui
l'avoient elevé, pendant que Medée venoit de faire ce prodige à ses
Yeux en faveur d'Eson.

E e

Membra simul pecudis , validosque venifica
　　succos
Mergit in aere cavo. minuuntur corporis
　　artus :
Cornuaque exuitur , nec non cum cornibus
　　annos :
Et tener auditur.medio balatus aëno.
Nec mora ; balatum mirantibus , exsilit
　　agnus :　　　　　　　　　　　　320
Lascivitque fugà ; lactantiaque ubera quaerit.
Obstupuere satae Pelia : promissaque postquam
Exhibuere fidem ; tum verò impensius instant.
Ter juga Phoebus equis, in Ibero gurgite mersis,
Demserat ; & quartà radiantia nocte mica-
　　bant　　　　　　　　　　　　325
Sidera ; cum rapido fallax Aeetias igni
Imponit purum laticem, & sine viribus herbas.
Jamque neci similis , resoluto corpore , regem ,
Et cum rege suo custodes somnus habebat ,
Quem dederant cantus , magicaeque potentia
　　linguae.　　　　　　　　　　　330
Intràrant jussae cum Colchide limina natae :
Ambierantque torum : Quid nunc dubitatis
　　inertes ?
Stringite , ait , gladios : veteremque haurite
　　cruorem ;
Ut repleam vacuas juvenili sanguine venas.
[*In manibus vestris vita est aetasque paren-*
　　tis.]　　　　　　　　　　　　335
Si pietas ulla est , nec spes agitatis inanes ;
Officium praestate patri : telisque senectam
Exigite ; & saniem conjecto emittite ferro.
His , ut quaeque pia est , hortatibus impia
　　prima est :
Et ne sit scelerata , facit scelus. haud tamen
　　ictus　　　　　　　　　　　　340
Ulla suos spectare potest : oculosque reflectunt ;
Caecaque dant saevis aversae vulnera dextris.
Ille , cruore fluens ,. cubito tamen adlevat
　　artus ;
Semilacerque toro consurgere tentat : & inter
Tot medius gladios pallentia brachia ten-
　　dens ;　　　　　　　　　　　　345
Quid facitis , gnatae ? quid vos in fata pa-
　　rentis
Armat , ait ? cecidere illis animique ma-
　　nusque.
Plura locuturo cum verbis guttura Colchis
Abstulit , & calidis laniatum mersit aënis.
Quod nisi pennatis serpentibus isset in au-
　　ras ;　　　　　　　　　　　　350
　　　　　　　　　　　　　　Non

qui couloit dans ses veines, le rhet en pieces ,
& le fait bouillir avec les Herbes qu'elle avoit
préparées. D'abord ses Cornes tomberent, &
on remarqua qu'il se depouilloit de toutes les
autres marques de la vieillesse. On l'entendit
même dans le fond du Vaisseau bêler, comme
bêle un jeune agneau, & un moment après on
le vit, au grand étonnement de toute l'assemblée,
sortir , bondir & aller téter une brebis. Les
Princesses charmées de ce prodige, firent à Medée de nouvelles instances pour l'engager à donner à leur Pere la même recepte. Elle differa
cependant encore trois jours à les satisfaire. La
nuit du quarriéme, elle mit dans un bassin, de
l'eau avec quelques Herbes qui n'avoient aucune
vertu. Puis aïant endormi par ses enchantemens
le Roi & ses gardes , elle fit venir ses Filles.
„ La vie de votre Pere, *leur dit-elle*, est entre
„ vos mains, son salut depend de vous ; mais
„ il faut pour cela lui ouvrir la gorge, tirer tout
„ son sang, afin que je puisse à sa place en faire
„ entrer un nouveau qui lui redonne toute la
„ vigueur de sa premiere jeunesse. Si vous avez
„ de la confiance en moi, continua-t-elle , &
„ quelque tendresse pour votre Pere , n'hesitez
„ pas un moment à lui rendre ce pieux devoir.
„ C'est par le fer seulement que vous pouvez le
„ delivrer des incommoditez de la vieillesse".
Ce discours anime les Princesses ; chacune s'em-
presse de porter les premiers coups, & la mesure
de leur tendresse devient celle de leur cruauté.
Quoique persuadées que l'Amour qu'elles avoient
pour leur Pere étoit le motif qui les faisoit agir,
elles n'eurent pas la force de percer ainsi de coups
ce Prince infortuné sans detourner les yeux d'un
spectacle si funeste. Pelias baigné dans son sang,
se leve & fait d'inutiles efforts pour leur échaper.
„ Malheureuses, que faites-vous, *leur dit-il*, en leur
„ tendant les bras ? Quelle aveugle fureur vous
„ porte à attenter à la vie de votre Pere " ? A
ce discours le poignard leur tombe des mains ;
elles s'évanouïssent & Medée peu touchée des plaintes de Pelias, acheve de le massacrer, & le jette
dans le Vaisseau où elle avoit fait bouillir quelques Herbes.

　　　　　　　　　　　　　　Medée

Non exempta foret pœnae. fugit alta; fu-
perque
Pelion umbrofum, Philyreïa tecta, fuperque
Othryn, & eventu veteris loca nota Cerambi.
Hic ope Nympharum fublatus in aëra pennis,
Cum gravis infufo tellus foret obruta pon-
to, 355
Deucalioneas effugit inobrutus undas.
Æoliam Pitanen à laevâ parte relinquit,
Factaque de faxo longi fimulacra draconis:
Idaeumque nemus: quo, nati furta, juvencum
Occuluit Liber falfi fub imagine cervi. 360

Medée n'auroit pas évité le chatiment que meritoit fa cruauté, fi elle ne fe fût promptement
fauvée fur un Char traîné par des Dragons aîlez.
Elle paffa d'abord fur le Pelion antique demeure
de Philyre, Mere du Centaure Chiron; puis fur
l'Othrys où avoit jadis habité le vieux Cerambe,
qui s'étant retiré fur le Parnaffe du tems du
Deluge de Deucalion, y avoit été changé en Oifeau par les Nymphes de cette Montagne. Elle
laiffa fur la gauche Pirane, Ville d'Eolie, près
de laquelle étoit la figure de ce Serpent qui fut
changé en rocher, & le Mont Ida, où Bacchus
pour cacher le vol qu'avoit fait fon Fils, me-
tamorphofa en Cerf un Veau qu'il avoit dérobé.

EXPLICATION DE LA II. III. IV. FABLE.

JASon; après avoir enlevé les Trefors d'Eta, s'embarqua avec Medée, pour retourner dans la
Grece. Pourfuivi par l'Armée du Roi, que con-
duifoit Abfyrte Frere de cette Princeffe, il fut fur le
point de l'abandonner, de peur de tomber entre leurs
mains; mais elle s'avifa d'un ftratageme qui lui réuffit.
Elle envoïa quelques Prefens à ce jeune Prince, & lui
fit dire qu'elle n'avoit point pris volontairement le
parti des Grecs, qu'on l'emmenoit contre fon gré, &
que s'il vouloir fe rendre la nuit fuivante dans un lieu
qu'elle lui marqua, elle lui auroit obligation de fa liberté. Ce Prince trop credule fe trouva au rendez-
vous fans avoir pris aucune précaution, & y fut maf-
facré. Ses membres repandus dans le chemin arrête-
rent quelque tems l'Armée, ce qui donna le tems aux
Grecs de s'embarquer. Cette circonftance fe trouve
dans les vers d'un ancien Auteur que cite Ciceron,
dans fon *troifieme Livre de la Nature des Dieux.*
On ajoute que Jafon & Medée, étant arrivez près de
l'Ifle d'Ææa, allerent à la Cour de Circé qui en étoit
fouveraine pour être expiez du meurtre d'Abfyrte,
& que cette Princeffe, Sœur du Roi de Colchide &
Tante de Medée, les expia fans les connoître, mais
qu'aïant enfuite apris leur nom, elle les chaffa de fa
Cour.

L'Auteur du Poeme des Argonautes fait un detail
trop inftructif de cette célèbre expiation pour ne pas le
raporter ici (1). Jafon & Medée, dit cet Auteur en
arrivant à la Cour de Circé, s'avancerent l'un & l'autre les yeux baiffez, & fans proferer aucune parole,
felon la coutume des fuplians, jufqu'au foïer, où
Jafon ficha en terre l'épée dont il avoit tué fon Beau-
Frere. Leur filence & leur fituation firent aifément
connoître à Circé qu'ils étoient fugitifs & coupables
d'un homicide, & elle fe prepara à les expier. Elle
fit d'abord apporter un petit Cochon qui étoit en-

(1) *Argon.* Lib. IV.

core, & l'aïant égorgé elle frota de fon fang les mains
de Jafon & de Medée. Elle fit enfuite quelques libations en l'honneur de Jupiter Expiateur. Après
quoi aïant fait jetter hors du Palais les reftes du Sacrifice, elle brûla fur l'Autel des Gâteaux paitris de
farine, de fel & d'eau, & accompagna ces actions de
prieres propres à fléchir la colere des Eumenides. Dès
que la Céremonie fut achevée, Circé fit affeoir fes
Hôtes fur des Sieges magnifiques pour les traiter
fplendidement.

Les Argonautes, au fortir de la Cour de Circé s'ar-
rêterent dans la Thrace, pour fatisfaire au vœu que
Caftor & Pollux avoient fait en allant dans la Colchide, durant une tempête qui avoit mis leur vaiffeau
en danger de perir. Cependant Pelias qui crut qu'ils
avoient fait naufrage, fit boire du fang de Taureau
à Efon, & à Promachus Frere de Jafon, qui en moururent fur le champ. Ovide femble avoir fuivi une autre Tradition, puis qu'il raconte, de quelle maniere
Medée, à fon arrivée à Iölcos, avoit rajeuni ce Prince qui étoit alors dans une vieilleffe qui ne lui per-
mettoit point de participer aux rejouïffances qu'on faifoit, pour l'heureux fuccès du Voïage de fon Fils.

L'Hiftoire de cette operation a partagé ceux qui ont
voulu l'expliquer. Il y a des Auteurs qui ont cru
qu'il s'agiffoit du myftere de la transfufion du fang:
remede qui a été tenté quelquefois, mais qui a toûjours très-mal réuffi. Pour moi je fuis perfuadé que
Medée, qui n'a paffé pour Magicienne, que parce
qu'elle avoit apris de fa Mere à connoître la vertu de
quelques Plantes, fit prendre au vieil Efon un breuvage qui lui redonna des forces. Sur quoi on peut
confulter Pline, Servius & Elien. Les Filles de Pelias, aïant voulu obtenir pour leur Pere la même faveur, Medée pour venger fon Epoux des maux que ce
Prince avoit faits à fa Maifon, mêla dans fon breuvage
des Herbes venimeufes, qui le firent mourir.

FAB. V. VI. VII. VIII. IX. X. XI. XII. XIII. XIV.
XV. XVI. XVII. XVIII. & XIX. *Vengeance de Medée*
fur Jafon & fes Enfans.

ARGUMENT.

Toutes ces Fables ne contiennent que le Voïage de Medée, où le Poëte mêle plufieurs metamorphofes. Medée s'étant retirée à Corinthe, &
aïant appris que Jafon avoit époufé la Fille de Creon, elle mit le feu au
Palais de ce Prince, qui y fut brûlé avec fa Fille, poignarda les deux Enfans qu'elle avoit eûs de Jafon & fe fauva à Athènes où Egée l'époufa.

QUàque pater Corythi parvà tumulatur
　　arenà :
Et quos Maera novo latratu terruit agros.
Eurypylique urbem, quà Coae cornua matres
Gefferunt, tum cum difcederet Herculis
　agmen :
Phoebeamque Rhodon, & Iälyfios Telchi-
nas,　　　　　　　　　365
Quorum oculos ipfo vitiantes omnia vifu
Juppiter exofus, fraternis fubdidit undis.
Tranfit & antiquae Carthëia moenia Ceae,
　　　　　　　Quà

MEdée traverfa enfuite le Païs où le Pere
　　de Corythe étoit inhumé, & les plaines
qui avoient retenti autrefois des aboiemens de
Mera, qui fut changée en Chienne. Elle rencontra auffi fur la route la Ville de Co, où regnoit Eurypyle, & où quelques femmes furent
changées en Vaches, lors qu'Hercule en retiroit
fes Troupeaux, l'Ile de Rhodes, qui eft confa-
crée à Apollon, & la Ville de Jalyfie célèbre
par les Telchines fes habitans, qui infectoient
tout ce qu'ils regardoient, & que Jupiter enfe-
velit fous les flors ; l'ancienne Ville de Cée, où
　　　　　　　　　　　　　　Alcida-

Quâ pater Alcidamas placidam de corpore
  natae
Miraturus erat nasci potuisse colum-
  bam.   370
Inde lacus Hyries videt, & Cycneïa Tempe,
Quae subitus celebravit olor. nam Phyllius
  illic
Imperio pueri volucresque ferumque leonem
Tradiderat domitos: taurum quoque vincere
  jussus
Vicerat; & ,spreto toties iratus amore, 375
Praemia poscenti taurum suprema negarat.
Ille indignatus, Cupies dare, dixit: & alto
Desiluit saxo. cuncti cecidisse putabant:
Factus olor niveis pendebat in aëra pennis.
At genetrix Hyrie, servati nescia, flen-
  do   380
Deliicuit: stagnumque suo de nomine fecit.
Adjacet his Pleuron : in quâ trepidantibus
  alis
Ophias effugit natorum vulnera Combe.
Inde Calaureae Letoidos adspicit arva,
In volucrem versi cum conjuge conscia re-
  gis.   385
Dextera Cyllene est : in quâ cum matre Me-
  nephron
Concubiturus erat, saevarum more fera-
  rum.
Cephison procul hinc deflentem fata nepotis
Respicit in tumidam Phocen ab Apolline
  versi :
Eumelique domum lugentis in aëre na-
  tam.   390
Tandem vipereis Ephyren Pirenida pennis
Contigit. hic aevo veteres mortalia primo
Corpora vulgarunt pluvialibus edita fungis.
Sed postquam Colchis arsit nova nupta ve-
  nenis,
Flagrantemque domum regis mare vidit
  utrumque;   395
Sanguine natorum perfunditur impius ensis:
[Ultaque se male mater, Iäsonis effugit ar-
  ma.]
Hinc Titaniacis ablata draconibus, intrat
Palladias arces: quae te, justissime Phineu,
Teque, senex Peripha, pariter vidère vo-
  lantes,   400
Innixamque novis neptem Polypemonis alis.
Excipit hanc Aegeus, facto damnandus in
  uno :
Nec satis hospitium est, thalami quoque foe-
  dere jungit.

TOM. I.

Alcidamas devoir voir un jour avec étonnement
sa Fille convertie en Colombe; le Lac d'Hyrie &
la Vallée de Tempé ‡ devenue fameuse par le
chant d'un Cigne dont voici l'aventure. Phyllius
pour plaire au Fils d'Hyrie, apprivoisoit des Oiseaux & des Lions, dont il lui faisoit present.
Dans ce dessein il avoit combattu contre un
Taureau indompté & l'avoit vaincu; mais voiant
que tous ses soins étoient inutiles, & qu'il étoit
impossible de gagner son amitié, il le lui refusa
dans le tems qu'il le lui demandoit avec empressement. Le jeune homme se voiant rebuté, lui
dit avec dedain, vous souhaiterez en vain dans
la suite de m'avoir accordé ma demande , &
sur cela il se precipita du haut d'un Rocher :
ceux qui étoient presens à ce spectacle, crurent
qu'il alloit petir; mais il se soutint en l'air sous
le plumage d'un Cigne. Sa Mere Hyrie qui le
crut mort versa tant de larmes qu'il s'en forma
un Lac qui porte son nom. La Ville de Pleu-
ros n'est pas loin delà ; Combe, Fille d'Ophias,
y prit des aîles pour éviter la fureur de ses Enfans.
De là Medée passa près de l'Ile Calaurée. Cette
Ile dont le Roi & la Reine avoient été aussi
changez en Oiseaux , est consacrée à Latone.
Laissant à sa droite le Mont Cyllene, où Menephron avoit formé le dessein d'un inceste affreux,
elle aperçut de loin Cephise qui pleuroit le malheur de son Petit-Fils qu'Apollon avoit changé en
Monstre Marin, & le Palais d'Eumele, où tout
le monde étoit en deuil de la Princesse sa Fille,
qui avoit été metamorphosée en Oiseau. Enfin
elle arriva à Corinthe, Ville célèbre, qui avoit
été peuplée dès le commencement du monde par
des hommes que la pluïe & l'humidité de la
terre avoient engendrez. Ce fut-là qu'aïant apris
que Jason avoit épousé Creuse, Fille de Creon,
elle mit le feu au Palais de ce Prince, qui y fut
brûlé avec sa Fille ; poignarda les deux Enfans
qu'elle avoit eûs de Jason, & étant remontée sur
son Char, pour éviter par une prompte fuite le
juste châtiment de ses crimes, elle vint à Athènes , où avoit vécu autrefois le juste Phinée, le
vieux Periphe & la Petite-Fille de Polypemon,
tous trois changez en Oiseaux. Egée la reçut;
mais peu content de lui avoir accordé les droits
de l'hospitalité, il l'époufa ; en quoi on ne sauroit
l'excuser.

‡ Le Poëte parle ici non pas de la Vallée de Tempé qui étoit dans
la Thessalie, mais d'une autre Tempé de la Beoçe qui étoit près du
Mont Temese & qu'on appelloit ordinairement *Temesia Tempe.*

F f   EXPLI-

EXPLICATION DES FABLES V. VI. VII. VIII. IX. X.
XI. XII. XIII. XIV. XV. XVI. XVII. XVIII. & XIX.

JASON, après s'être ainfi vengé de fon Oncle, fe reconcilia avec fes Coufins, laiffa la Couronne à Acafte & maria fes Coufines, fe contentant de vivre comme un particulier avec Medée, qu'il aimoit toûjours avec beaucoup de tendreffe, mais s'en étant dégouté dans la fuite, il époufa Glaucé (1) Fille de Creon, Roi de Corinthe, ce qui mit Medée dans un tel defefpoir, qu'elle alla à Corinthe pendant les préparatifs de ce Mariage, laiffa fes deux Enfans en depôt dans un Temple de Junon, & mit le feu au Palais de Creon qui fut brûlé avec fa Fille. Allant enfuite au Temple où elle avoit mis fes Enfans elle les maffacra. Euripide dans fa Tragedie de Medée, fait dire à un Chœur de Femmes Corinthiennes, que c'étoient les Corinthiens eux-mêmes qui avoient commis ce meurtre, & que la Pefte qui avoit ravagé leur Ville, étoit la punition que les Dieux avoient tirée d'une action fi cruelle. Cet endroit de la Tragedie a paru outré, & même contre toute forte de vraifemblance: mais y a-t-il apparence qu'un Poete fi fage & fi éclairé eût ofé avancer un fait fi deshonorant pour une Ville célèbre, s'il n'eût été fondé fur quelque tradition? Ce qui eft vrai, c'eft qu'Ariftote, Plutarque & quelques autres Anciens citez par le Scholiafte taportent que les Corinthiens avoir offert cent Talens à Euripide pour l'engager à ôter ce trait de fa Piece. Paufanias ajoute dans fes Corinthiaques, qu'on voïoit encore de fon tems le tombeau des Enfans de Medée, que les Corinthiens avoient lapidez, & qu'on y offroit tous les ans des Sacrifices pour expier leurs Manes, ainfi que l'Oracle l'avoir ordonné.

Apollodore (2) conte cette Hiftoire d'une manieré un peu differente. Medée, felon lui, envoïa à fa rivale une Couronne enduite d'une Gomme très-aifée à s'enflammer, & dès que Glaucé l'eut mife fur fa tête, le feu y prit & la fit perir miferablement. Ce que nous dirons dans la fuite de la Tunique d'Hercule prouvera que la chofe a pu arriver ainfi. Medée, après une action fi hardie & fi cruelle, fe retira à Thebes pour fe mettre fous la protection d'Hercule, qui s'étoit engagé avec les autres Argonautes à la venger, fi Jaïon devenoit infidele, mais ce Heros ne lui aïant offert aucun fecours, elle alla à Athènes où elle époufa Egée. Thefée étant venu en ce tems-là de Threfene à la Cour de fon Pere, Medée voulut l'empoifonner dans le tems qu'il alloit boire dans la Coupe qu'elle lui prefentoit. Egée reconnut fon Fils à la garde de l'épée qu'il avoit laiffée à la Fille de Pithée, Mere de ce jeune Prince, & Medée alloit être punie de cette nouvelle cruauté, fi elle ne fut promptement embarquée. Depuis ce tems-là on ne fait pas trop ce qu'elle devint, cependant Pau-

fanias, dans fes Corinthiaques affure qu'elle alla dans l'Afie, & donna fon nom aux Medes. Ceux qui écrivirent cette retraite perfuadez que cette Princeffe étoit Magicienne, publierent qu'elle s'étoit fauvée fur un Char tiré par deux Dragons volans. Ils auroient peut-être parlé plus jufte & s'ils avoient dit que fon Vaiffeau fe nommoit le Dragon. Car encore un coup, fi nous en croïons Diodore de Sicile (3), Medée n'a paffé pour Magicienne, que parce qu'elle avoit apris de fa Mere Hecaté à connoître la vertu des Simples.

Ovide, dans les deux Voïages qu'il fait faire à Medée, fur fon Char volant, touche en paffant plufieurs Fables, dont la plupart font inconnuës. Il feroit fort inutile de s'étendre fur des fujets peu intereffans, & fur lesquels l'Hiftoire garde un profond filence. Il fufira d'établir quelques principes généraux qui font comme la Clef de ces anciennes fictions. Lorsque quelqu'un échapoit d'un danger évident, on publioit qu'il avoit été changé en Oifeau. Si pour éviter quelque pourfuite on fe cachoit dans un Antre, on étoit métamorphofé en Serpent. Lorsque la douleur faifoit verfer des larmes, on devenoit une Fontaine. Si quelque jeune Perfonne fe perdoit dans les Bois, on en faifoit une Nymphe, une Dryade. La reffemblance des noms donnoit auffi lieu à la fiction, ainfi Alopis fut changé en Renard, Cygnus en Cigne, Coronis en Corneille, Cerambe en cette efpece d'Efcarbot, qui a des Cornes à la tête. Avec ces regles on entendra la plupart des Fables qu'on vient de raconter. Mais comme il s'en trouve parmi celles-là quelques-unes qui préfentent des évenemens Hiftoriques, je vais tâcher de les expliquer en peu de mots. Celle des Femmes de l'Ile de Cos, qui furent changées en Vaches, eft fondée fur ce que les Compagnons d'Hercule fe immolerent quelques-unes aux Dieux du Païs: On difoit que les Habitans de l'Ile de Rhodes avoient été changez en Rochers, parce qu'ils perirent dans une inondation qui fubmergea une partie de cette Ile, & en particulier la Ville de Jalyfie. La Fille d'Alcidamas étoit extremement feconde, c'eft ce qui a donné lieu à la metamorphofer en Colombe. On marquoit la rage & le defefpoir de Mera en la changeant en chienne. En metamorphofant Menephron en bête brûte, on nous apprenoit l'horreur qu'on avoit conçuë pour fon incefte. Arné en Chouette, parce qu'aïant vendu fa Patrie, on voulut fous le fymbole de cet Oifeau, qui felon l'opinion populaire aime l'argent, marquer fon avarice & fa cupidité; Phillyre, Mere du Centaure Chiron, en Tilleul à caufe que cette Nymphe portoit le nom de cet Arbre nommé par les Grecs Φίλυρα (4).

(1) Ovide la nomme Creufe. (2) Lib. I.

(3) Lib. IV. (4) Voïez Hygin fur cette Fable.

Fᴀʙ. XX. XXI. XXII. XXIII. & XXIV. *Hercule enchaine Cerbere, Medée forme le deſſein d'empoiſonner Egée, & Minos recherche l'alliance de divers Peuples.*

A R G U M E N T.

Hercule enchaine le Chien infernal à trois têtes, qui tranſporté de rage ſouilla de ſon écume la Terre qui depuis ce tems-là produit des Herbes venimeuſes. Medée voulant faire mourir Theſée avec un poiſon compoſé de l'Aconit, Egée reconnoit ſon Fils à la garde de ſon Epée, lui arrache de la main la coupe fatale, & Medée évite par ſa fuite le châtiment qu'elle meritoit. On chante enſuite les rejouiſſances publiques que l'on fit à l'arrivée de Theſée & l'on chante dans cette Fête les grandes actions de Theſée & principalement la victoire qu'il avoit obtenuë ſur Scyron ce fameux Pirate, qui fut converti en rocher qui porte ſon nom. Minos, pour venger la mort d'Androgée ſon Fils, ſe prepare à faire la guerre aux Atheniens, & va dans pluſieurs Iles pour demander du ſecours. L'on conte auſſi par occaſion le changement d'Arné en Chouette.

Jᴀᴍque aderat Theſeus, proles ignara parenti ;	Tʜᴇsᴇ́ᴇ, après avoir purgé l'Iſthme de Corinthe des Voleurs, qui y commettoient beaucoup de desordres, & avoir rétabli la tranquilité & la ſureté dans ce Pais, arriva en ce tems-là à Athènes; comme Egée, ſon Pere, ne le reconnoiſſoit pas encore pour ſon Fils, Medée forma le deſſein de le faire perir, & elle compoſa pour cela un breuvage avec de l'Aconit qu'elle avoit apporté de Scythie, & que
Qui virtute ſuâ bimarem pacaverat Iſthmon. 405	
Hujus in exitium miſcet Medea, quod olim Attulerat ſecum Scythicis aconiton ab oris.	
Illud Echidneae memorant è dentibus ortûm	

Esse canis. specus est tenebroso caecus hiatu:
Est via declivis, per quam Tirynthius he-
   ros 410
Restantem, contraque diem radiosque mi-
   cantes
Obliquantem oculos, nexis adamante catenis,
Cerberon abstraxit: rabida qui concitus irâ
Implevit pariter ternis latratibus auras:
Et sparsit virides spumis albentibus
   agros. 415
Has concrèsse putant; nactasque alimenta
   feracis
Fecundique soli, vires cepisse nocendi.
Quae, quia nascuntur durâ vivacia caute,
Agrestes aconita vocant. ea conjugis astu
Ipse parens Aegeus nato porrexit, ut
   hosti. 420
Sumserat ignarâ Theseus data pocula dextrâ;
Cum pater in capulo gladii cognovit eburno.
Signa sui generis; facinusque excussit ab ore.
Effugit illa necem, nebulis per carmina motis.
At genitor, quamquam laetatur sospite na-
   to; 425
Attonitus tantum, leti discrimine parvo,
Committi potuisse nefas, fovet ignibus aras,
Muneribusque Deos implet: feriuntque se-
   cures
Colla torosa boum, vinctorum cornua vittis.
Nullus Erechthidis fertur celebratior il-
   lo 430
Illuxisse dies. agitant convivia patres,
Et medium vulgus: nec non & carmina, vino
Ingenium faciente, canunt. te, maxime
   Theseu,
Mirata est Marathon Cretaei sanguine tauri:
Quodque Suis securus arat Cromyona colo-
   nus, 435
Munus, opusque tuum est. tellus Epidauria
   per te
Clavigeram vidit Vulcani occumbere prolem:
Vidit & immitem Cephesias ora Procrusten:
Cercyonis letum vidit Cerealis Eleusin.
Occidit ille Sinis, magnis male viribus
   usus; 440
Qui poterat curvare trabes; & agebat ab
   alto
Ad terram latè sparsuras corpora pinus.
Tutus ad Alcathoën, Lelegeia moenia, limes
Composito Scirone patet: sparsique latronis
Terra negat sedem, sedem negat ossibus un-
   da: 445
   Quae

l'Ecume de Cerbere y avoit produit. Dans cette contrée est une Caverne sombre, dont l'Entrée est presque impenetrable. C'est de là qu'Hercule arracha Cerbere avec une chaîne de Diamant malgré la resistance qu'il faisoit pour ne point voir la lumiere du jour. Transporté de rage & de fureur, ce Monstre à trois têtes fit retentir l'air de ses hurlemens, & souilla de son Ecume la Terre, qui depuis ce tems-là devint feconde en Herbes venimeuses. Les Rochers où elles croissent leur ont fait donner le nom d'Aconit. C'étoit un poison composé de cette Plante qu'Egée par le conseil de son Epouse alloit faire avaler à son Fils, & ce Prince étoit prêt à le boire, lorsque son Pere, qui le reconnut à la garde de son Epée, où son cachet étoit gravé, lui arracha de la main la coupe fatale. Medée étant montée sur son Char, évita le châtiment qu'elle meritoit.

Egée comblé de joie de voir son Fils fremit au souvenir du danger, où il avoir été exposé, & remercia par des Sacrifices réiterez les Dieux qui l'en avoient delivré. On immola par son ordre un grand nombre de Victimes, dont les Cornes étoient ornées de rubans. Jamais Fête ne fut célébrée dans Athénes avec plus de magnificence. Les Grands & le peuple furent également invitez au Festin que le Roi avoit fait preparer, & lorsque le Vin & la bonne chere eurent repandu la joïe dans l'esprit des convives, on commença à chanter les louanges de Thesée. ,, C'est vous, jeune Heros, lui disoit-on, ,, qui avez delivré la plaine de Marathon du Tau-,, reau furieux qui la ravageoit. Les Habitans de ,, Corinthe vous doivent l'heureuse tranquillité qui ,, regne dans les champs de Cromyon, qu'on ,, laboure maintenant en assurance. Epidaure a ,, été témoin de la victoire que vous avez rem-,, portée sur ce monstrueux Fils de Vulcain; le Fleu-,, ve Cephise a vû perir le cruel Procruste, & Eleu-,, sis vous doit la defaite du fameux Cercyon: ,, vous avez fait mourir le feroce Sinis si redoutable ,, par cette force, dont il ne se servoit que pour ,, opprimer l'innocence: le cruel faisoit courber ,, jusqu'à Terre les plus gros Arbres, qui en se re-,, tirant dechiroient les malheureux qu'il y avoit ,, attachez; depuis la defaite de Scyron, on peut al-,, ler avec assurance à Megare, dont il assiegeoit ,, le chemin. La Terre refusa son sein aux os de ce ,, scelerat,

Quae jactata diu fertur duraffe vetuftas
In fcopulos. fcopulis nomen Scironis inhaeret.
Si titulos annofque tuos numerare velimus;
Facta premant annos. pro te, fortiffime, vota
Publica fufcipimus: Bacchi tibi fumimus
    hauftus.   450
Confonat adfenfu populi, precibusque fa-
    ventum
Regia: nec totà triftis locus ullus in urbe eft.
Nec tamen (ufque adeo nulli fincera voluptas)
Sollicitique aliquid laetis intervenit) Aegeus
Gaudia percepit nato fecura recepto. 455
Bella parat Minos: qui quamquam milite,
    quamquam
Claffe valet; patrià tamen eft firmiffimus irà:
Androgeique necem juftis ulcifcitur armis.
Ante tamen bellum vires adquirit amicas:
Quàque potens habitus, volucri freta claffe
    pererrat.   460
Hinc Anaphen fibi jungit, & Aftypaleïa
    regna;
Promiffis Anaphen, regna Aftypaleïa bello:
Hinc humilem Myconon, cretofaque rura Ci-
    moli,
Florentemque Cythnon, Scyron, planamque
    Seriphon,
Marmoreamque Paron, quàque impia pro-
    didit arcem   465
Sithonis accepto, quod avara popofcerat, auro.
Mutata eft in avem, quae nunc quoque dili-
    git aurum;
Nigra pedem; nigris velata monedula
    pennis.

„ fcelerat, les flots les rejetterent, & l'air où ils
„ demeurerent expofez les aïant petrifiez, ils furent
„ changez en ces Rochers qui portent encore fon
„ nom. Enfin, ajoutoit-on, fi nous voulions compter
„ vos victoires, nous trouverions qu'elles furpaffent
„ le nombre de vos années. Nous ferons fans ceffe
„ des vœux pour la confervation d'une vie fi pre-
„ cieufe, & c'eft en votre honneur que nous cé-
„ lébrons aujourd'hui une Fête fi folemnelle". A
ce chant d'allegreffe tout le Palais retentiffoit des
cris de joye & des applaudiffemens que l'on
donnoit au jeune Prince, & toute la Ville partageoit la joïe de la Famille Roïale.

Comme on ne goûte jamais de plaifirs bien
purs, & qui ne foient troublez par quelque fujet de chagrin, Egée ne jouit pas long-tems du
bonheur d'avoir trouvé fon Fils. Minos fe pre-
paroit à faire bientôt fentir aux Atheniens toutes les horreurs de la Guerre. Il avoit des Troupes bien difciplinées & une Flotte nombreufe,
mais ce qui le rendoit encore plus redoutable,
c'étoit la jufte colere dont il étoit animé contre ce peuple. Refolu de venger la mort de
fon Fils Androgée, il voulut avant de commencer la Guerre faire Alliance avec fes Voifins, &
il s'embarqua pour aller leur demander du fecours. Après avoir engagé par des promeffes
l'Ile d'Anaphe à traiter avec lui, il y força celle
d'Aftypale. Il mit auffi dans fon parti Cimole,
Cythne, Mycone, Scyros, Seriphe, Paros fi
célèbre par fes beaux marbres, & Sithone que
l'avare Arné avoit autrefois trahis pour de l'argent. Les Dieux pour la punir la changerent
en Chouette, Oifeau qui a les pieds noirs &
les plumes de même couleur, & qu'on voit
encore après fon changement avoir la même paffion pour l'argent.

EXPLICATION DE LA XX. XXI. XXII. XXIII & XXIV. FABLE.

IL n'y a rien de plus connu dans la Mythologie que
le Chien Cerbere, que les Poëtes avoient mis à
la porte de l'Enfer pour en garder l'entrée. J'ai prouvé dans le Second Tome de mon Explication des
Fables, que l'idée de ce Chien étoit tirée de l'Hiftoire des Egyptiens, qui faifoient garder le champ de
leurs Mumies par des Dogues. Et à prendre la chofe dans fon Origine, il eft fûr que les Grecs avoient
puifé tout leur Syftême de l'Enfer & des Champs
Elifées dans la Théologie de cet ancien Peuple. Cependant ce que conte ici Ovide de la Cigue & des
autres Herbes venimeufes, que l'écume de Cerbere
avoit fait fortir de terre dans les lieux qui en avoient
été infectez, eft une Avanture qui tire fon origine de
l'Hiftoire Grecque. Dans la Caverne de Tenare (1)
habitoit autrefois un Serpent qui ravageoit les environs de ce Promontoire; & parce qu'on regardoit
cet Antre comme une des avenues du Royaume de
Pluton, on prit de là occafion de dire, que ce
Dragon en étoit le Portier: Voilà l'origine de Cer-

bere qu'on appelle le Chien de l'Enfer, parce qu'en
effet il mordoit & devoroit ceux qui s'approchoient
de ce lieu, ainfi que le remarque Hecaté de Mi-
let (2). Paufanias obferve qu'Homere eft le premier
qui ait dit que Cerbere étoit un Chien, quoi qu'en
effet ce ne fut qu'un Serpent, dont le nom Grec
qu'on lui a donné fignifie celui qui devore la chair.
Les Poëtes qui ont fuivi Homere ont à la verité nommé Cerbere un Chien, mais ils l'ont peint en effet
comme un Serpent.

Cui vatet, horrere videns jam colla colubris (3),
——— (4) *Quamvis furiale centum*
Muniant angues caput ejus, ———
——— (5) *Sordidum tabo caput*
Lambunt colubta: Viperis horrent jubae,
Longufque totta fibilat caudâ Draco.

Les Monumens anciens nous reprefentent ce Monftre
    de

* (1) Paufanias in Lacon.

(1) L. cit. (3) Virg. Aeneid. Lib. VI. vf. 419.
(4) Horace Lib. III. Od. XI. (5) Seneque in Hercule Fur. v. 785.

de la même maniere que les Poetes l'avoient peint dans leurs ouvrages ; ainfi qu'on peut le voir dans l'*Antiquité Expliquée* par les Figures & dans le Supplement. Hercule delivra la Laconie de ce Monftre qui la ravageoit, & c'eft ce qui a donné lieu à la Fable que raporte Ovide. Cet évenement eft repréfenté fur plufieurs Monumens principalement dans le beau Marbre des Narbone, publié par *de Choul* & raporté avec quelques autres par le *R. P. Dom Bernard de Montfaucon*. Si on a ajouté à cette Hiftoire que Cerbere enchaîné par ce Heros, avoir empoifonné de fon écume les Herbes qui croiffoient dans la Theffalie, & que c'étoit depuis ce tems-là que la Cigue, & les autres Plantes venimeufes y avoient cru en abondance ; c'eft qu'en effet on en trouvoit en grande quantité dans ce Païs-là. Plufieurs Femmes les employoient dans leurs maleficés : & voilà l'origine de la Fable de ces Magiciennes de Theffalie, qu'on croioit affez puiffantes pour attirer par leurs enchantemens la Lune fur la Terre. Circonftance qui n'eft fondée que fur ce que ces Femmes prenoient ordinairement la nuit & la Lune pour témoins de leurs Operations magiques

Il ne faut pas finir cet Article fans remarquer qu'on trouve fouvent Cerbere joint avec Serapis : ce qui prouve encore que l'idée de ce Gardien des Enfers étoit venuë d'Egypte. Serapis étoit confondu avec Pluton ; ainfi il n'eft pas étonnant que Cerbere l'accompagne dans les Monumens qui le repréfentent. Si on vouloit encore d'autres preuves de mon fentiment, je me fervirois d'une figure très-finguliere de Cerbere que le *Sr. Paul Lucas* apporta d'Egypte il y a quelques années, & qui eft aujourd'hui dans le Cabinet de *Mr. de Boze*. Cette Antique eft des plus extraordinaires. Cerbere y eft repréfenté avec trois têtes, une d'homme, une de Chien, & une de Singe. Pour rendre cette Figure encore plus finguliere, deux Serpens entortillent fes trois têtes & font plufieurs fois le tour de fes jambes avec leurs queuës. Le Pere Dom Bernard prétend que les Egyptiens ont encheri en cela fur les Grecs & fur les Romains ; ne vaudroit-il pas mieux dire, que les Romains & les Grecs, qui avoient puifé chez les Egyptiens leur Théologie, & tout ce qui regardoit le culte des Dieux, y avoient fait les changemens que le caprice leur avoit dictez ? Certainement perfonne ne croit aujourd'hui que l'Idolatrie des Egyptiens foit venuë de la Gréce.

FAB. XXV. *Minos recherche l'Alliance d'Eaque, qui raconte à Cephale le ravage que la Pefte a fait dans fon Païs.*

ARGUMENT.

Minos n'aïant pû obtenir aucun fecours de divers Peuples alla à Egine pour demander du fecours à Eaque, Fils de Jupiter & d'Egine, qui le lui refufe fous pretexte d'une alliance contractée avec les Atheniens, à peine Minos eft-il parti que Cephale arrive envoïé de la part

des

des Atheniens pour demander du secours contre Minos, Eaque lui accorde sa demande & lui raconte comment ses Etats avoient été depeuplez par la Contagion.

AT non Oliaros, Didymaeque, & Tenos,
   & Andros,
Et Gyaros, nitidaeque ferax Peparethos
   olivae, 470
Gnosiacas juvere rates : latere inde sinistro
Oenopiam Minos petit, Aeacidèia regna.
Oenopiam veteres adpellavere : sed ipse
Aeacus Aeginan genetricis nomine dixit.
Turba ruit, tantaeque virum cognoscere famae 475
Expetit. occurrunt illi Telamonque, minorque
Quam Telamon, Peleus, & proles tertia Phocus.
Ipse quoque egreditur, tardus gravitate
   senili,
Aeacus; & quae sit veniendi caussa requirit.
Admonitus patrii luctus suspirat, & illi 480
Dicta refert rector populorum talia centum :
Arma juves oro pro gnato sumta; piaeque
Pars sis militiae. tumulo solatia posco.
Huic Asopiades, Petis irrita, dixit, & urbi
Haud facienda meae : neque enim conjunctior
   ulla 485
Cecropidis haec est tellus. ea foedera nobis.
Tristis abit, Stabuntque tibi tua foedera
   magno,
Dixit : & utilius bellum putat esse minari,
Quam gerere, atque suas ibi praeconsumere
   vires.
Classis ab Oenopiis etiamnum Lyctia muris 490
Spectari poterat; cum pleno concita velo
Attica puppis adest, in portusque intrat
   amicos,
Quae Cephalum, patriaeque simul mandata
   ferebat.
Aeacidae longo juvenes post tempore visum
Agnovere tamen Cephalum; dextrasque dedere; 495
Inque patris duxere domum. spectabilis heros,
Et veteris retinens etiamnum pignora formae,
Ingreditur; ramumque tenens popularis olivae:
A dextra laevaque duos aetate minores
Major habet, Clyton & Buten, Pallante
   creatos. 500
Postquam congressus primi sua verba tulerunt;

Cecropidum

MInos n'aïant pû tirer aucun secours des Iles de Didyme, d'Oliare, d'Andros, de Tenos, de Gyare, & de Peparethe, si seconde en Oliviers, alla à Egine où regnoit Eaque. Cette Ile étoit autrefois nommée Enopie; mais ce Prince lui faisoit porter alors le nom d'Egine sa Mere. On sortit en foule de la Ville pour voir un Conquerant qui s'étoit acquis une si grande reputation. Telamon, Pelée son Frere & Phoque leur Cadet vinrent aussi à sa rencontre. Eaque lui-même, quoique dans un âge fort avancé sortit de sa Capitale, & lui demanda, quel étoit le sujet de son Voïage. A ce Discours Minos sentant renouveller toute son affliction, lui repondit ainsi : † ,, C'est pour vous engager dans une guerre juste, que je viens ici; ,, prenez part à l'affliction d'un Pere infortuné, ,, aidez-lui à venger la mort d'un Fils; ne refusez pas ce service aux Manes d'Androgée. ,, Vous me demandez, lui dit Eaque, une chose ,, qu'il n'est pas en mon pouvoir de vous accorder; mes Sujets ne sauroient prendre parti avec ,, vous; nous avons contracté avec les Atheniens une Alliance que les Loix les plus sacrées rendent Inviolable". Minos piqué de ce refus, lui dit en se retirant, ,, que cette Alliance pourroit bien lui devenir funeste"; mais il se contenta de cette menace; ne voulant pas pour lors pousser plus loin sa vengeance, de peur d'affoiblir son Armée.

La Flotte de Minos pouvoit encore être apperçuë des Murs d'Egine, lorsqu'on vit entrer dans le port un Vaisseau Athenien commandé par Cephale, qui venoit demander du secours contre le Roi de Crête. Les Fils d'Eaque reconnurent ce Prince, quoi qu'ils ne l'eussent vu depuis long-tems, & après l'avoir embrassé, ils le conduisirent au Palais. Ce Heros, dans un âge avancé, conservoit encore quelques traits de sa premiere beauté, il étoit accompagné des deux Enfans de Pallas, Clyton & Buté, dont l'un marchoit à sa droite & l'autre à sa gauche, & il portoit à la main une branche d'Olivier.

Après

† Le Texte ajoute, ce Prince qui étoit Maître de cent Villes.

Cecropidum Cephalus peragit mandata, ro-
  gatque
Auxilium; foedusque refert, & jura pa-
  rentum:
Imperiumque peti totius Achaïdos addit.
Sic ubi mandatam juvit facundia cauſ-
  ſam;   505
Aeacus in capulo ſceptri nitente ſiniſtrâ,
Ne petite auxilium, ſed ſumite, dixit,
  Athenae.
Nec dubiè vires, quas haec habet inſula,
  veſtras
Ducite, & omnis eat rerum ſtatus iſte mea-
  rum.
Robora non deſunt: ſuperat mihi miles, &
  hoſti.   510
Gratia Dìs; felix & inexcuſabile tempus.
Immo ita ſit, Cephalus, creſcat tua civibus
  opto
Res, ait. adveniens equidem modo gaudia
  cepi;
Cum tam pulchra mihi, tam par aetate
  juventus
Obvia proceſſit. multos tamen inde requi-
  ro,   515
Quos quondam vidi veſtrâ prius urbe re-
  ceptus.
Aeacus ingemuit: triſtique ita voce locutus:
Flebile principium melior fortuna ſequetur.
Hanc utinam poſſem vobis memorare! ſine ullo
Ordine nunc repetam. neu longâ ambage mo-
  rer vos;   520
Oſſa ciniſque jacent, memori quos mente re-
  quiris.
Et quota pars illi rerum periere mearum!
Dira lues irâ populis Junonis iniquae
Incidit, exoſae dictâ à pellice terras.
Dum viſum mortale malum, tantaeque late-
  tebat   525
Cauſſa nocens cladis; pugnatum eſt arte me-
  dendi.
Exitium ſuperabat opem; quae victa jacebat.
Principio coelum ſpiſſâ caligine terras
Preſſit; & ignavos incluſit nubibus aeſtus.
Dumque quater junctis implevit cornibus or-
  bem   530
Luna; quater plenum tenuata retexuit orbem,
Letiferis calidî ſpirarunt flatibus Auſtri.
Conſtat & in fontes vitium veniſſe, lacusque;
Milliaque incultos ſerpentum multa per agros
Erraſſe; atque ſuis fluvios temeraſſe vene-
  nis.   535
Strage

Après les premiers complimens Cephale expoſa les ordres qu'il avoir reçûs des Atheniens, & demanda du ſecours contre l'ambitieux Minos, qui vouloir opprimer la liberté de la Grece. Pour engager Eaque à le lui accorder, il fit valoir l'Alliance & les anciens Traitez des deux peuples, & ſon éloquence ſoutint parfaitement toutes les raiſons qu'il expoſa. Le Roi d'Egine, s'appuïant alors ſur ſon Sceptre, lui dit, que les Atheniens étoient les Maîtres des Troupes, qui étoient ſous ſon obéïſſance, & qu'ils pouvoient en diſpoſer à leur gré. ,, J'en ai aſſez graces aux ,, Dieux, ajouta-t-il, pour moi, & pour mes ,, Alliez, heureuſement vous êtes arrivé dans un ,, tems favorable, & quand vous aurez emme- ,, né celles qui vous ſont neceſſaires, il m'en ,, reſtera ſuffiſamment pour defendre mes Etats. ,, Que votre Puiſſance, lui repondit Cephale, ,, puiſſe croître ſans ceſſe; que rien ne trouble ,, le bonheur dont vous jouïſſez! J'ai été char- ,, mé en arrivant de voir une floriſſante jeuneſſe, ,, preſque toute compoſée de gens de même âge; ,, cependant je n'y ai point remarqué la plûpart ,, de ceux, que j'ai vûs autrefois à votre Cour". Eaque que ce diſcours fit ſoupirer, lui repondit ainſi, la larme à l'œil. ,, Vous allez entendre le ,, recit d'une Hiſtoire deplorable, dont cependant ,, la fin pourra vous donner de la conſolation, ,, comme il n'eſt pas poſſible de vous en faire ,, comprendre toute l'horreur, je me contenterai ,, de vous la raconter en peu de mots & ſans ,, ordre. Ceux dont vous venez de me parler ,, ſont morts, & j'ai perdu avec eux preſque ,, tous mes Sujets,. une horrible Peſte a ravagé ,, cette Ile; la fiere Junon, qui ne pouvoit ſouffrir ,, qu'elle portât le nom de ſa rivale, s'en eſt ,, vengée de la maniere du monde la plus cruel- ,, le. Tandis que nous crumes que ce fleau ,, n'étoit qu'une maladie ordinaire, nous em- ,, ploïames tous les ſecours de la Médecine; ,, mais tous les remedes étoient inutiles. D'a- ,, bord des nuages ſombres & obſcurs couvri- ,, rent l'air, & on ſentit une chaleur étouffante. ,, Le vent de midi ſi propre à infecter l'air, ſou- ,, fla pendant quatre mois ſans diſcontinuer. Les ,, Lacs & les Fontaines furent infectez du Poi- ,, ſon funeſte qui avoit repandu un nombre ,, infini d'Inſectes inconnus dans le Païs. Le ,, mal

Strage canum primâ, volucrumque, ovium-
    que, boumque,
Inque feris subiti deprensa potentia morbi.
Concidere infelix validos miratur arator
Inter opus tauros; médioque recumbere fulco.
Lanigeris gregibus, balatus dantibus ae-
    gros,   540
Sponte suâ lanaeque cadunt, & corpora
    tabent.
Acer equus quondam, magnaeque in pulvere
    famae;
Degenerat; palmas veterumque oblitus hono-
    rum,
Ad praesepe gemit, leto moriturus inerti.
Non aper irasci meminit; nec fidere cursu 545
Cerva; nec armentis incurrere fortibus ursi:
Omnia languor habet. silvisque, agrisque,
    viisque
Corpora foeda jacent. vitiantur odoribus
    aurae.
Mira loquor. non illa canes, avidaeque vo-
    lucres,
Non cani tetigere lupi: dilapsa liquescunt; 550
Adflatuque nocent; & agunt contagia latè.
Pervenit ad miseros damno graviore colonos
Pestis, & in magnae dominatur moenibus
    urbis.
Viscera torrentur primo: flammaeque latentis
Indicium rubor est, & ductus anhelitus ae-
    grè.   555
Aspera lingua tumet; trepidisque arentia
    venis
Ora patent: auraeque graves captantur
    hiatu.
Non stratum, non ulla pati velamina possunt:
Dura sed in terrâ ponunt praecordia: nec fit
Corpus humo gelidum, sed humus de corpore
    fervet.   560
Nec moderator adest: inque ipsos saeva me-
    dentes
Erumpit clades; obsuntque auctoribus artes.
Quo propior quisque est, servitque fidelius
    aegro;
In partem leti citius venit. utque salutis
Spes abiit, finemque vident in funere mor-
    bi;   565
Indulgent animis: & nulla, quid utile, cu-
    ra est.
Utile enim nihil est. passim, positoque pudore,
Fontibus, & fluviis, puteisque capacibus
    haerent:

Tom. I.   Nec

,, mal attaqua d'abord les Chiens, les Oiseaux,
,, les Brebis, les Bœufs, & les autres animaux.
,, Le Laboureur consterné vit expirer à ses yeux
,, au milieu des sillons les Taureaux qui labou-
,, roient. Les Brebis depouillées de leur Toison,
,, maigres & decharnées, remplissoient la Cam-
,, pagne de cris lugubres & languissants. Le
,, Coursier le plus vigoureux dedaignant les Com-
,, bats & les Victoires, qu'il avoit tant de fois
,, remportées, languissoit sur la Litiere. Le
,, Sanglier avoit oublié sa ferocité naturelle; la
,, Biche n'avoir plus cette legereté qui lui est
,, ordinaire; l'Ours n'osoit plus attaquer les trou-
,, peaux: tout languissoit; les Forêts, les Cam-
,, pagnes, les grands Chemins étoient jonchez de
,, Cadavres qui infectoient l'air de leur puanteur;
,, & ce qui vous étonnera sans doute, les Chiens,
,, les Oiseaux, & les Loups même n'osoient y
,, toucher: Ils pourrissoient sur la Terre & por-
,, toient par tout la contagion. Des animaux,
,, le mal se repandit dans les Villages & parmi
,, les Gens de la Campagne & de là elle penetra
,, dans les Villes. On sentit d'abord les Entrail-
,, les brûler d'un feu, dont les rougeurs qui pa-
,, roissoient sur le Visage, marquoient l'ardeur.
,, On ne respiroit qu'avec peine, & la langue
,, seche & enflée obligeoit de tenir la bouche
,, ouverte. Le lit devenu insuportable, ainsi
,, que toutes sortes de couvertures, on cherchoit
,, vainement sur la Terre, un rafraîchissement
,, qu'on n'y trouvoit pas. Les Medecins, qui
,, auroient pu aporter quelque adoucissement à
,, un mal si violent en avoient été attaquez eux-
,, mêmes, & leur art n'avoit pû les en garentir.
,, Les plus empressez à secourir les malades, de-
,, venoient les premieres Victimes de leurs cha-
,, ritables soins. Sûr de mourir dès qu'on se
,, sentoit attaqué, on negligeoit les remedes,
,, & on prenoit sans choix tout ce que l'ardeur
,, du mal faisoit desirer. Tout étoit égal, &
,, le mal étoit sans ressource. Chacun couroit
,, aux Puits, aux Fontaines & aux Rivieres pour
,, étancher la soif dans il étoit devoré, mais on

G g   ,, ne

Nec prius est exstincta sitis, quam vita, bibendo.

Inde graves multi nequeunt consurgere; & ipsis   570

Immoriuntur aquis: alius tamen haurit & illas.

Tantaque sunt miseris invisi taedia lecti;

Prosiliunt: aut, si prohibent consistere vires,

Corpora devolvunt in humum, fugiuntque penates

Quisque suos: sua cuique domus funesta videtur.   575

Et quia caussa latet, locus est in crimine. notis

Semanimes errare viis, dum stare valebant,

Adspiceres; flentes alios, terraeque jacentes;

Lassaque versantes supremo lumina motu.

Membraque pendentis tendunt ad sidera coeli,   580

Hic, illic ubi mors deprenderat, exhalantes.

Quid mihi tunc animi fuit? an, quod debuit esse,

Ut vitam odissem, & cuperem pars esse meorum?

Quo se cumque acies oculorum flexerat; illic

Vulgus erat stratum. veluti cum putria motis   585

Poma cadunt ramis; agitataque ilice glandes.

Templa vides contra, gradibus sublimia longis;

Juppiter illa tenet. quis non altaribus illis

Irrita tura tulit? quoties pro conjuge conjux,

Pro gnato genitor, dum verba precantia dicit,   590

Non exoratis animam finivit in aris:

Inque manu turis pars inconsumta reperta est.

Admoti quoties templis, dum vota sacerdos

Concipit, & fundit purum inter cornua vinum,

Haud exspectato ceciderunt vulnere tauri!   595

Ipse ego sacra Jovi pro me, patriaque, tribusque

Cum facerem natis, mugitus victima diros

Edidit: & subito collapsa sine ictibus ullis

Exiguo tinxit subjectos sanguine cultros.

Fibra quoque aegra notas veri monitusque Deorum   600

Prodiderat. tristes penetrant ad viscera morbi.

Ante sacros vidi projecta cadavera postes:

Ante ipsas, quo mors foret invidiosior, aras.

Pars animam laqueo claudunt; mortisque timorem

Morte

„ ne l'étanchoit qu'en mourant, & la langueur „ empêchoit ceux qui s'étoient desalterez de se „ relever & de se retirer de l'eau où ils expiroient. Comme on ignoroit la cause du mal, „ on la croioit attachée à ses foiers qu'on regardoit avec horreur. † Vous auriez vû des gens „ demi-morts pâles & livides, se trainer dans les „ ruës jusqu'à ce que les forces leur manquoient „ tout-à-fait; d'autres qui pleuroient, d'autres „ qui étendus à terre ouvroient des yeux languissans que la mort fermoit un instant après: „ ainsi tournez vers le Ciel, ils rendoient les derniers soupirs dans le même lieu, où ce mal „ les avoir surpris. Reprefentez-vous, Princes, „ le triste état où je me trouvois; vous devez „ croire que je ne regardois la vie qu'avec horreur, & que je souhaitois ardemment d'avoir „ le même sort que mes Sujets. De quelque côté qu'on jettât les yeux, on apercevoit des monceaux de morts dont le nombre égaloit celui des „ Fruits & des Glands qui tombent dans leur „ maturité; vous voiez d'ici un Temple fort „ élevé qui est dedié à Jupiter: on y alloit de „ toutes parts offrir des Sacrifices; mais tout „ étoit inutile: combien de fois avons-nous vû „ l'Epoux qui venoit y prier pour son Epouse, „ le Pere pour son Enfant, perdre la vie avant „ que d'achever leurs Sacrifices. On trouvoit „ après leur mort entre leurs mains une partie de „ l'Encens qu'ils étoient venus offrir. Combien „ de fois les Taureaux conduits à l'Autel pour „ y être immolez, sont-ils tombez morts, tandis que le Prêtre faisoit les Prieres & les libations? moi-même comme j'offrois un jour un „ Sacrifice à Jupiter pour moi, pour mes Sujets „ & pour mes trois Fils, la victime poussa d'horribles mugissements, & tomba sans être frapée au pied des Autels: le Couteau sacré fut „ à peine teint de son sang, & les Fibres de ses „ entrailles effacées par la violence de la Contagion, ne nous presenterent rien qui put nous „ faire connoître la volonté des Dieux. Il m'est „ arrivé plusieurs fois de voir des Cadavres tristement étendus à l'entrée même des Temples, „ j'en ai vû, qui pour finir leurs maux, avoient „ emploié le Cordon fatal: la mort leur aïant „ paru plus supportable que l'aprehension continuelle

„ nuelle

---

† Le Poëte ajoute ici qu'on sortoit de sa Maison pour se coucher à terre, mais comme il l'avoit dit un moment auparavant, je n'ai pas cru devoir le repeter.

Morte fugant: ultroque vocant venientia
fata. 605
Corpora missa neci nullis de more feruntur
Funeribus: neque enim capiebant funera portæ.
Aut inhumata premunt terras: aut dantur
in altos
Indotata rogos. Et jam reverentia nulla est:
Deque rogis pugnant: alienisque ignibus ar-
dent. 610
Qui lacriment, desunt: indefletæque vagantur
Naïarum matrumque animæ, juvenumque
senumque.
Nec locus in tumulos, nec sufficit arbor in ignes.

„ nuelle qu'ils avoient de mourir. Les morts
„ étoient privez des honneurs de la sepulture,
„ on les voioit par monceaux près des portes de
„ la Ville, comme il n'y avoit pas assez de mon-
„ de pour les emporter hors des Murs, on les
„ laissoit pourrir sur la terre, ou on les brûloit sans
„ ceremonie: le feu qui les consumoit tous en-
„ semble, ne laissoit aucune distinction entre
„ leurs cendres, pour pouvoir les reconnoître,
„ & les separer. On ne voioit point couler des
„ larmes pour la mort des personnes les plus
„ cheres; les ames des Enfans & des Meres, des
„ jeunes & des vieux, descendoient sans être pleu-
„ rées sur les Rives infernales. On manquoit de
„ place pour les Sepultures & de Bois pour les
„ Buchers.

EXPLICATION DE LA XXV. FABLE.

Minos second du nom (1) étant monté sur le Trône, après la mort de son Pere Lycaste, fit plusieurs Conquêtes dans les Iles voisines de celle de Crete, où il regnoit, & se rendît enfin le Maître de la Mer. Thucydide, Apollodore & Diodore de Sicile parlent fort au long des progrès que fit sa Flotte, la plus nombreuse qu'on eût vue avant lui; & ce Prince auroit joui de la reputation d'un des plus grands hommes de son Siecle, sans la malheureuse Avanture, que je vais raconter. Cet évenement troubla toute la tranquillité de sa vie, & donna lieu aux Grecs & aux Atheniens sur tout, qu'il avoit outragez, de le dechirer par leurs calomnies: tant il est dangereux, comme le remarque Plutarque (2), d'offenser une Ville savante & qui aime à se venger.

La Fête des Panathénées attirant beaucoup de monde à Athènes (3) Minos y envoia son Fils Androgée, qui combattit dans les jeux, qui faisoient partie de cette Solemnité avec tant d'adresse & de bonheur, qu'il y remporta tous les prix. Les manietes polies & nobles de ce jeune Prince, jointes à la gloire qu'il

venoit d'aquerir, lui attirerent l'amitié du peuple & l'estime des Fils de Pallas, Frere d'Egée. Le commerce des Pallantides avec un étanger devint suspect au Roi, qui n'ignoroit pas que ses Neveux tramoient des Conjurations contre lui. Egée n'avoit pas encore fait reconnoître son Fils Thesée, qui étoit élevé à Thresene chez son Grand-Pere Pitthée, Il se defioit extremement & du Peuple & de son Frere; ainsi aiant apris qu'Androgée alloit faire un Voïage à Thèbes, il le fit assassiner près du Bourg d'Oenoé, sur les Confins de l'Attique. Il est vrai qu'Apollodore dit que ce jeune Prince fut tué par le Taureau de Marathon, qui faisoit beaucoup de ravages dans la Grèce; mais il y a apparence que les Atheniens ne firent courir ce bruit, que pour disculper leur Roi d'une action si injuste. Diodore de Sicile & Plutarque avouent que ce fut Egée lui-même qui le fit assassiner. Minos n'eut pas plûtot apris cette triste nouvelle, qu'il resolut de venger la mort de son Fils. Il fit équiper une Flotte, & alla lui-même dans diferentes Cours pour se faire des Alliez & solliciter des secours. Voilà le sujet de la Fable que l'on vient de lire. Les autres Avantures de cette Guerre, feront le sujet des Explications suivantes, & formeront une Histoire suivie, que je me trouve obligé de partager pour mieux faire entendre les Figures qui sont à la tête de chaque Fable.

(1) J'ai prouvé dans mon *Explication des Fables* & dans le *Troisiéme Tome des Mémoires de l'Academie des Belles Lettres* qu'il y avoit eu deux Minos, & que les Avantures que raconte Ovide & qui sont le sujet de cette Explication devoient être sur le compte de Minos second.
(2) Dans la *Vie de Thesée*. (3) *Diodore de Sicile, Apollodore, Plutarque, Servius*, &c.

FAB. XXVI. *Fourmis changées en hommes.*

ARGUMENT.

Jupiter à la priere d'Eaque son Fils metamorphose en Hommes les Fourmis, qui étoient dans le creux d'un vieux Chêne. Ces Hommes furent appellez Myrmidons, du nom que les Grecs appellent ces petits animaux, car ils les nomment Myrmeces.

Attonitus tanto miserarum turbine re-
    rum,
Juppiter ò, dixi, si te non falsa loquuntur 615
Dicta, sub amplexus Aeginae Asopidos isse:
Nec te, magne pater, nostri pudet esse pa-
    rentem;
Aut mihi redde meos: aut me quoque conde
    sepulcro.
Ille notam fulgore dedit, tonitruque secundo.
Accipio, sintque ista precor felicia mentis 620
Signa tuae, dixi: quod das mihi, pigneror,
    omen.
Forte fuit juxta patulis rarissima ramis,
Sacra Jovi, quercus de semine Dodonaeo.
Hìc nos frugilegas adspeximus agmine longo
Grande onus exiguo formicas ore geren-
    tes,   625
Rugosoque suum servantes cortice callem.
                  Dum

AU milieu de tant de malheurs, j'adressai cette priere à Jupiter; grand Dieu, s'il est vrai que vous aïez été autrefois sensible aux charmes de ma Mere, si vous ne dédaignez pas de me reconnoître pour votre Fils, rendez-moi mes Sujets, ou faites-moi perir avec eux. Jupiter écouta ma priere, & un coup de tonnerre qui se fit entendre, me fit connoitre qu'elle étoit exaucée. J'accepte cet Augure, m'écriai-je, je souhaite qu'il me soit favorable. Près du lieu où j'étois alors s'élevoit un grand Chêne, qui étoit consacré à Jupiter : le Gland qui l'avoit produit, avoit été pris dans la Forêt de Dodone. Je voïois auprès de cet Arbre une infinité de Fourmis, qui y portoient le grain qu'elles avoient ramassé. Helas! que je serois heureux,

Dum numerum miror, Totidem, pater opti-
me, dixi,
Tu mihi da cives: & inania moenia reple.
Intremuit, ramisque sonum sine flamine motis
Alta dedit quercus. pavido mihi membra ti-
more   630
Horruerant, stabantque comae. tamen oscula
terrae,
Roboribusque dedi: nec me sperare fatebar;
Sperabam tamen: atque animo mea vota fo-
vebam.
Nox subit: & curis exercita corpora somnus
Occupat. ante oculos eadem mihi quercus
adesse,   635
Et ramos totidem, totidemque animalia ramis
Ferre suis visa est; parilique tremiscere motu:
Graniferumque agmen subjectis spargere it
arvis.
Crescere quod subito, & majus majusque
videri,
Ac se tollere humo: rectoque adsistere trun-
co;   640
Et maciem numerumque pedum, nigramque
colorem
Ponere; & humanam membris inducere for-
mam.
Somnus abit. damno vigilans mea visa; que-
rorque
In Superis opis esse nihil. at in aedibus ingens
Murmur erat: vocesque hominum exaudire
videbar,   645
Jam mihi desuetas. dum suspicor has quoque
somni;
Ecce venit Telamon properus: foribusque re-
clusis,
Speque fideque, pater, dixit, majora videbis.
Egredere. egredior; qualesque in imagine somni
Visus eram vidisse viros; ex ordine tales 650
Adspicio, agnoscoque. adeunt; regemque sa-
lutant.
Vota Jovi solvo, populisque recentibus urbem
Partior, & vacuos priscis cultoribus agros;
Myrmidonasque voco: nec origine nomina
fraudo.
Corpora vidisti. mores, quos ante gerebant, 655
Nunc quoque habent; parcumque genus, pa-
tiensque laborum,
Quaesitique tenax, & qui quaesita reservent.
Hite ad bella, pares annis animisque, sequentur;
Cum primum, qui te feliciter attulit, Eurus
(Eurus enim attulerat) fuerit mutatus in
Austros.   660

heureux, disois-je en moi-même, si Jupiter me
donnoit autant de Citoiens pour repeupler mes
Villes desolées, que je vois ici de Fourmis.
Dans ce moment le Chêne trembla, & quoiqu'il ne fît point de vent, on aperçût ses Feuilles s'agiter. A ce prodige je me sentis saisi
d'une secrete horreur, & mes cheveux se dres-
serent sur ma tête. Rempli de je ne sai quelle esperance, je baisai la tête & le tronc de
l'Arbre sacré. Cependant la nuit succeda au
jour, & malgré mes inquiétudes, je m'en-
dormis. Dans le tems que je jouïssois des
charmes du repos, je vis le même Chêne dont
les Branches & les Feuilles étoient couvertes de
Fourmis; il me parut qu'il laissoit tomber sur
terre un nombre infini de ces petits Insectes.
Je les voiois croître tout d'un coup, s'élever
& se tenir debout. Je ne voiois plus ces Fourmis ni si petites ni si noires, ni avec tant de
pieds, & elles me paroissoient ressembler à des
hommes. Je m'éveillai & je regardai mon
rêve comme une imagination frivole: je me
plaignis même des Dieux qui me laissoient dans
la même desolation. Cependant j'entendis un
grand murmure; la voix de plusieurs hommes
dans un rems, où il m'en restoit si peu, vint
fraper mes oreilles; & je croiois que c'étoit
encore une suite du trouble où mon songe
m'avoir laissé; lorsque Telamon vint d'un air
empressé ouvrir les portes de mon appartement.
Vous allez voir, mon Pere, me dit-il, une chose tout-à-fait incroïable, & qu'on n'auroit osé
esperer; venez vous-même en être le témoin.
Je sortis promptement de ma Chambre, & je
vis un grand nombre d'hommes, que je reconnus être les mêmes que ceux que j'avois
aperçus en songe. Ils s'approcherent tous de
moi & me rendirent les hommages dus à leur
Souverain. J'allai sur le champ rendre graces
à Jupiter: ensuite je distribuai ces nouveaux
Habitans dans la Ville & dans la Campagne,
& pour conserver le souvenir de leur origine,
je leur donnai le nom de Myrmidons: Ils ont
encore les mêmes inclinations que les Fourmis,
menagers, laborieux, ardens pour amasser du
bien, ils gardent avec un grand soin ce qu'ils
ont acquis; vous venez de les voir; ce seront
ces Soldats, tous de même âge & également
courageux qui vous accompagneront, lorsque
le vent d'Orient, qui vous a si heureusement
amené ici, aura fait place au vent de Midi.

EXPLICATION DE LA XXVI. FABLE.

Minos, après avoir parcouru les Iles d'Oliare, de Didyme, de Ténos, d'Andros & plusieurs autres, s'arrêta quelque tems dans celle d'Egine, où règnoit Eaque. Etonné de n'y voir que de jeunes gens, & de n'y reconnoître aucun de ses anciens amis, ce Prince lui aprend que son Ile aïant été ravagée par une cruelle Peste, qui en avoir fait perir presque tous les Habitans, Jupiter l'avoit repeuplée en metamorphosant en hommes des Fourmis, qui étoient dans le creux d'un vieux Chêne. Fable qui n'a je crois pour fondement que la retraite des Sujets de ce Prince dans les Bois & dans les Cavernes, d'où ils sortirent après la Contagion; & dans un tems où Eaque n'esperoit plus de les revoir. Presque tous les Vieillards avoient été emportez par la Peste; les jeunes Gens qui avoient plus de force y avoient resisté:· voilà, je crois, tout le mystere renfermé dans le récit d'Eaque, à moins qu'on ne pense avec quelques Auteurs que les Myrmidons, qui étoient des Gens sauvages & menagers, & qui demeuroient ordinairement dans quelques cavernes de la Thessalie, en aïant été retirez par Eaque, vinrent peupler son Ile que la Peste avoit rendu deserte. Leur nom conforme à celui de la Fourmi; que les Grecs nomment μύρμηξ· a fait dire que c'étoient des Fourmis que Jupiter avoit changées en hommes. Mais il est neçessaire de faire connoître un Prince, qui fut de son tems l'Oracle de toute la Grèce, & qui merita après sa mort d'être un des Juges de l'Enfer.

Eaque étoit Fils de Jupiter: c'est-à-dire, si nous en croïons Pausanias(1), d'un Roi d'Arcadie qui portoit le nom de ce Dieu, & d'Egine Fille du Fleuve Asope. Pour venger l'afront fait à sa Fille que le Roi d'Arcadie avoit debauchée, Asope lui déclara la Guerre & fut vaincu, ainsi qu'on l'aprend de Theodantius, cité par Boccace (2). Comme on mêloit toujours la Fable dans ces anciennes Histoires, ceux qui écrivirent cet évenement, publierent que le Fleuve Asope avec ses eaux avoir fait la guerre à Jupiter, & que ce Dieu s'étant changé en feu, l'avoir foudroïé.

Namque ferunt raptam patriis Eginam ab undis,

(1) *In Arcad.* (2) Liv. I. Chap. 55.

Amplexu latuisse Jovis; ferit Amnis & astris, Infensus bellate patat &c. (3)

A cette Fable on en ajouta une autre. On dit que Jupiter pour derober sa Maitresse à la vengeance d'Asope, l'avoir metamorphosée en Ile: ce qui veut dire qu'il la cacha dans cette Ile du Golphe Saronique, qui s'appella depuis ce tems-là, l'Ile d'Egine. Ce fut là que naquit Eaque, le Prince le plus équitable de la Grèce. Pendant tout le tems de son Regne, qui fut fort long, on venoit le consulter de toutes parts, & les Princes des Iles voisines le prenoient souvent pour arbitre de leurs differens. L'Attique étant afligée d'une grande secheresse, qu'on regardoit comme la punition du meurtre d'Androgée, les Atheniens envoïerent consulter l'Oracle, & ils aprirent que ce Fleau cesseroit dès qu'Eaque deviendroit leur intercesseur auprès des Dieux irritez contre le perfide Egée.

La reputation dont ce Prince jouissoit ne le mit pas à couvert des chagrins domestiques. Il avoir eu de sa Femme deux Fils, Pelée & Telamon, & de Psaminathe, une de ses Maitresses, un autre Fils nommé Phoque. Comme ce dernier jouoit un jour avec ses deux Freres, le Palet de Telamon lui cassa la tête & le tua (4). Eaque informé de cet accident, & aïant apris en même tems que ces jeunes Princes avoient eu auparavant quelque démêlé avec Phoque, les chassa de sa Cour, & les condamna à un exil perpetuel. Telamon se retira à Salamine, où il regna dans la suite. Pelée chercha une retraite dans la Thessalie, où il épousa Antigone Fille d'Eurion (5) & après la mort de cette Princesse, il se maria avec Thetis, ainsi que nous le dirons plus au long en parlant d'Achille son Fils.

La Peste qui ravagea l'Ile d'Egine, fut encore un nouveau sujet de chagrin pour Eaque, mais aïant trouvé le moren de repeupler ses Etats, il donna du secours à Minos, qui entreprenoit une Guerre juste contre les Atheniens. Honoré dans toute la Grece pendant son Regne, Eaque fut mis après sa mort au nombre des Juges de l'Enfer avec Minos premier & Rhadamanthe.

3) *Statius Theb.* Lib. VII. (4) *Diod.* Lib. IV. (5) Voïez *Apollodore.*

ARGUMENT.

Cephale abandonne l'Aurore qui l'avoit ravi & vient retrouver Procris son Epouse qu'il aimoit uniquement ; ce Prince aïant voulu éprouver en se deguisant, si sa Femme l'aimoit autant qu'elle paroissoit l'aimer, la trouva infidele : ce qui la jetta dans une si grande confusion, lorsqu'elle eût reconnu son Mari, qu'elle alla de honte se cacher dans les Bois. Cependant ce Prince, qui ne pouvoit soufrir cette separation, se reconcilia avec elle. Elle lui donna à son retour un Dard & un Chien, qui fut depuis converti en pierre, à la Chasse d'un animal furieux, que Themis en colere de ce que le Fils de Laïus avoit développé l'obscurité de ses Oracles, avoit envoïé à l'entour de Thèbes pour faire du degât dans le Païs.

Talibus atque aliis longum sermonibus illi
   Implevere diem. lucis pars ultima
      mensae
Est data, nox somnis. jubar aureus extulerat Sol :
Flabat adhuc Eurus ; redituraque vela tenebat.
Ad Cephalum Pallante sati, cui grandior
      aetas ,
Ad regem Cephalus , simul & Pallante creati
Conveniunt. sed adhuc regem sopor altus habebat.

665

Cette Conversation dura une Partie de la journée ; le soir on soupa, & chacun alla ensuite jouïr des charmes du repos. Le lendemain matin, comme le vent étoit encore contraire, les Pallantides allerent prendre Cephale dans son appartement, pour aller ensemble chez le Roi. Ce Prince étoit encore au Lit, &

Excipit

comme

Excipit Aeacides illos in limine Phocus:
Nam Telamon, fraterque, viros ad bella
   legebant.
Phocus in interius spatium pulchrosque reces-
   sus   670
Cecropidas ducit: cum quîs simul ipse resedit,
Adspicit Aeoliden ignotâ ex arbore factum
Ferre manu jaculum; cujus fuit aurea cuspis.
Pauca prius mediis sermonibus ille locutus,
Sum nemorum studiosus, ait, caedisque feri-
   nae: 675
Quâ tamen è silvâ teneas hastile recisum,
Jamdudum dubito: certè, si fraxinus esset,
Fulva colore foret: si cornus; nodus inesset,
Unde sit ignoro; sed non formosius isto
Viderunt oculi telum jaculabile nostri.   680
Excipit Actaeis è fratribus alter: & , Usum
Majorem specie mirabere, dixit, in isto.
Consequitur, quodcumque petit: Fortunaque
   missum
Non regit; & revolat, nullo referente, cruen-
   tum.
Tum verò juvenis Nereius omnia quaerit:685
Cur sit, & unde datum; quis tanti muneris
   auctor?
Quae petit, ille refert, sed, quae narrare
   pudori est,
Quâ tulerit mercede, silet: tactusque dolore
Conjugis amissae, lacrimis ita fatur. obortis:
Hoc me, nate Deâ, (quis possit credere?).
   telum   690
Flere facit, facietque diu, si vivere nobis
Fata diu dederint. hoc me cum conjuge carâ
Perdidit. hoc utinam caruissem munere
   semper!
Procris erat (si forte magis pervenit ad aures
Orithyia tuas) raptae soror Orithyiae.   695
Si faciem moresque velis conferre duarum
Dignior ipsa rapi. pater hanc mihi junxit
   Erechtheus:
Hanc mihi junxit Amor. felix dicebar,
   eramque:
(Non ita Dîs visum est) ac nunc quoque
   forsitan essem.
Alter agebatur post sacra jugalia mensis; 700
Cum me, cornigeris tendentem retia cervis,
Vertice de summo semper florentis Hymetti
Lutea mane videt pulsis Aurora tenebris:
Invitumque rapit. liceat mihi vera referre
Pace Deae, quod sit roseo spectabilis ore, 705
Quod teneat lucis, teneat confinia noctis,

Nectareis

comme Telamon & Pelée étoient alors occupez
à lever des Troupes pour les Atheniens, Phoque le plus jeune des Enfans d'Eaque reçut ces
Ambassadeurs à la Porte du Palais, & les conduisit dans une Sale en attendant le lever du
Roi. Phoque aïant remarqué que Cephale avoit
à la main un Dard d'un Bois extraordinaire;
après l'avoir entretenu pendant quelques momens
de choses indifferentes, il lui adressa ainsi la parole: ,, J'ai assez frequenté les Forêts, où je vais
,, souvent à la chasse; je vous avouerai cepen-
,, dant que je n'ai jamais vû de bois semblable
,, à celui de votre Javelot. S'il étoit de Frêne,
,, il seroit noirâtre, si c'étoit du Cormier, on y
,, verroit des nœuds: je ne sai en verité de quel
,, bois il est, mais je n'en ai jamais vû de plus
,, beau. Si vous en connoissiez toutes les qua-
,, litez, lui repliqua alors un des Fils de Pallas,
,, vous l'admireriez bien davantage: Il ne man-
,, que jamais son coup; rien ne le detourne du
,, but; & ce qui est encore plus étonnant,
,, il revient ensuite de lui-même dans la
,, main de celui qui l'a lancé". Phoque voulant alors s'informer plus particulierement de
toutes les qualitez d'un dard si mysterieux, Cephale contenta sa curiosité; mais un reste de
honte l'empêcha de lui apprendre de quelle main
il lui venoit. Ce Dard, dit-il, en versant quelques larmes, que le souvenir de la mort de son
Epouse lui arracha; ,, ce même Dard sera pour moi
,, un sujet éternel d'affliction & de desespoir:
,, c'est lui qui est la cause de la mort de Pro-
,, cris: plût aux Dieux que je n'eusse jamais
,, reçû ce fatal present. Procris étoit Sœur de
,, la célèbre Orithye dont vous avez sans dou-
,, te ouï parler. Si l'on comparoit la beauté,
,, l'esprit, & les agrémens de ces deux aima-
,, bles personnes, Procris auroit dû être enlevée
,, preferablement à sa Sœur. Lorsque l'amour &
,, le Pere de cette Princesse m'en eurent rendu
,, l'Epoux, on me crut l'homme du monde le
,, plus heureux: je l'étois en effet, & je le se-
,, rois encore si les Dieux jaloux de mon bon-
,, heur ne l'avoient point troublé. Il n'y avoit
,, qu'un mois que l'Hymen nous unissoit, lors
,, que faisant tendre des toiles sur le Mont Hy-
,, mete, l'Aurore m'apperçût & m'enleva. Qu'il
,, me soit permis de dire la verité, sans offenser
,, cette Déesse: Quoi qu'elle soit parfaitement
,, belle; que les couleurs les plus charmantes ré-
,, haussent l'éclat de son teint; qu'elle regne
,, dans ce brillant intervalle qui est entre la nuit

,, & le

Nectareis quod alatur aquis ; ego Procrin
　amabam :

Pectore Procris erat, Procris mihi semper in ore.

Sacra tori , coitusque novos , thalamosque
　recentes ,

Primaque deserti referebam foedera lecti. 710

Mota Dea est : & , Siste tuas, ingrate , querelas ;

Procrin habe , dixit. quod si mea provida
　mens est ;

Non habuisse voles. meque illi irata remisit.

Dum redeo , mecumque Deae memorata re-
　tracto,

Esse metus coepit, ne jura jugalia conjux 715

Non bene servasset. faciesque aetasque jube-
　bant

Credere adulterium : prohibebant credere
　mores.

Sed tamen abfueram : sed & haec erat , un-
　de redibam ,

Criminis exemplum : sed cuncta timemus
　. amantes.

Quaerere , quo doleam , studeo ; donisque pu-
　dicam　　　　　　　　　　　　720

Sollicitare fidem. favet huic Aurora timori :

Immutatque meam (videor sensisse) figuram.

Palladias ineo , non cognoscendus , Athenas :

Ingrediorque domum. culpâ domus ipsa ca-
　rebat ;

Castaque signa dabat ; dominoque erat anxia
　rapto.　　　　　　　　　　　　725

Vix aditu per mille dolos ad Erechthida facto ;

Ut vidi, obstupui : meditataque pene reliqui

Tentamenta fide : male me , quin vera faterer,

Continui ; male quin , ut oportuit , oscula
　ferrem. ·

Tristis erat : sed nulla tamen formosior illâ 730

Esse potest tristi : desiderioque calebat

Conjugis abrepti. tu collige, qualis in illâ ,

Phoce , decor fuerit ; quam sic dolor ipse decebat.

Quid referam, quoties tentamina nostra pudici

Repulerint mores ? quoties , Ego , dixerit ,
　uni　　　　　　　　　　　　735

Servor : ubicumque est : uni mea gaudia servo ?

Cui non ista fide satis experientia sano

Magna foret ? non sum contentus ; & in
　mea pugno

Vulnera ; dum census dare me pro nocte pa-
　ciscor.

Muneraque augendo tandem dubitare coë-
　gi.　　　　　　　　　　　　740

" & le jour , & qu'elle boive le Nectar des
" Dieux , il ne m'étoit pas possible d'oublier
" Procris ; je ne cessai jamais un moment de
" l'aimer : seule elle occupoit mon esprit & mon
" cœur ; je ne parlois que d'elle , & regrettant
" les delices que j'avois goûté avec une Epouse
" si charmante , j'en entretenois continuellement
" l'Aurore. La Déesse en conçût de la jalou-
" sie : faites cesser, me.dit-elle un jour, des plain-
" tes qui m'offensent : allez chercher vôtre Pro-
" cris : je serai bien trompée si vous ne vous re-
" pentez un jour de l'avoir tant aimée. Après
" ce discours, pendant lequel elle fit paroître
" beaucoup de depit & de colere, elle me ren-
" voïa. A mon retour je fis quelques reflexions
" sur ce que l'Aurore venoit de me dire : je crai-
" gnis que Procris n'eût été infidele pendant mon
" absence : sa beauté & son âge auroient pû me
" le faire apprehender , mais sa vertu me rassu-
" roit & dissipoit mes soupçons. Cependant
" j'avois été absent ; & la Déesse que je venois
" d'abandonner étoit une preuve du pouvoir de
" l'Amour : Comme on craint tout quand on
" aime, je formai la résolution de tenter par des
" soins & par des presens la fidelité de mon
" Epouse, & l'Aurore, en changeant les traits
" de mon Visage, favorisa mon entreprise. Com-
" me je m'apperçus que j'étois méconnoissable,
" dès que je fus arrivé à Athènes, j'entrai dans
" mon Palais, où cependant je ne vis rien qui
" pût me donner le moindre soupçon.

" Procris paroissoit inquiete de mon absence ;
" & son air sage & modeste sembloit ne respirer
" que la vertu. Ce ne fut qu'avec beaucoup de
" peine que j'obtins la permission d'entrer dans
" son appartement : Il fallut pour cela employer
" mille artifices. Ciel, quelle fut ma surprise
" en la voiant ! Je fus sur le point de renoncer
" au fatal dessein que j'avois formé ; & au lieu
" de mettre sa vertu à une épreuve si delicate,
" je pensai me découvrir & me jetter à son cou.
" Quoique triste & languissante, elle étoit ex-
" tremement belle, & jamais l'affliction ne parut
" avec tant de charmes. Jugez, Prince, quelle
" étoit sa beauté, puisque la douleur même en
" augmentoit l'éclat. Quelques discours , que
" je lui tinsse, elle ne paroissoit occupée que du
" desir de revoir son Epoux : sa modestie & sa
" retenue lui faisoient rejetter avec mépris toutes
" mes caresses. Tous vos soins, me disoit-elle ,
" tous vos empressemens sont inutiles ; mon cœur
" est à mon Epoux ; je lui reserve toute ma ten-
" dresse. En falloir-il davantage pour assurer le
" repos d'un mari , qui auroit eû quelque reste
" de raison ? Falloir-il encore d'autres épreuves ?
" Cependant je ne fus pas entierement satisfait,
" & je m'obstinai à me rendre malheureux. Je
" lui offris de grands presens , & je m'apperçus
" enfin que sa fidelité en étoit ébranlée. Ah !

H h　　　　　" m'écriai-

Exclamo: *Male tectus ego en, male pactus*
 adulter
Verus eram conjux: me, perfida, teste te-
 neris.
Illa nihil: tacito tantummodo victa pudore
Insidiosa malo cum conjuge limina fugit:
Offensaque mei genus omne perosa viro-
 rum   745
Montibus errabat, studiis operata Dianæ.
Tum mihi deserto violentior ignis ad ossa
Pervenit: orabam veniam; & peccasse fa-
 tebar.
Et potuisse datis simili succumbere culpæ
Me quoque muneribus; si munera tanta da-
 rentur.   750
Hoc mihi confesso, læsum prius ulta pudorem,
Redditur, & dulces concorditer exigit annos.
Dat mihi præterea, tamquam se parva de-
 disset
Dona, canem munus: quem cum sua tra-
 deret illi
Cynthia, Currendo superabit, dixerat,
 omnes   755
Dat simul & jaculum; manibus quod (cernis)
 habemus.
Muneris alterius quæ sit fortuna requiris?
Accipe. mirandi novitate movebere facti.
Carmina Laïades non intellecta priorum
Solverat ingeniis; & præcipitata jace-
 bat,   760
Immemor ambagum, vates obscura, suarum.
Scilicet alma Themis non talia linquit inulta.
Protinus Aoniis immittitur altera Thebis
Pestis; & exitio multi pecorumque suoque
Rurigenæ pavere feram. vicina juventus 765
Venimus; & latos indagine cinximus agros.
Illa levi velox superabat retia saltu:
Summaque transibat positarum lina plagarum.
Copula detrahitur canibus, quas illa sequentes
Effugit, & volucri non segnius alite ludit. 770
Poscor & ipse meum consensu Laelapa magno.
Muneris hoc nomen. jamdudum vincula pu-
 gnat
Exuere ipse sibi, colloque morantia tendit.
Vix bene missus erat, nec jam poteramus,
 ubi esset,
Scire. pedum calidus vestigia pulvis habe-
 bat;   775
Ipse oculis ereptus erat. non ocior illo
Hasta, nec excussæ contorto verbere glandes,
Nec Gortyniaco calamus levis exit ab arcu.
        Collis

,, m'écriai-je alors en me découvrant, reconnoissez
,, votre Epoux dans l'Amant pour qui vous étiez
,, devenue sensible: c'est lui-même qui est le triste
,, témoin de votre peu de vertu. Procris ne me
,, répondit rien; sa confusion & sa honte furent
,, si grandes, qu'elle sortit sur le champ du Pa-
,, lais, dans le dessein de m'abandonner pour ja-
,, mais. Uniquement occupée du plaisir de la
,, Chasse, elle conçut une haine irreconciliable
,, pour tous les hommes. Son absence ralluma
,, bientôt l'Amour dont j'avois brulé pour elle:
,, je la cherchai; je lui demandai pardon de mon
,, imprudence, & je lui avouai que j'aurois été
,, ébranlé moi-même par des promesses aussi éblou-
,, issantes que celles que je lui avois faites. L'aveu
,, de ma foiblesse adoucit le chagrin que lui cau-
,, soit le souvenir de la sienne: Elle revint avec
,, moi, & nous vêcumes pendant plusieurs an-
,, nées dans une parfaite union. Peu contente
,, de m'avoir rendu son cœur, elle me fit présent
,, d'un Chien que Diane lui avoit donné, & qui
,, étoit si bon qu'il n'y en avoit point qui le sur-
,, passât à la course. Elle ajouta à ce présent ce-
,, lui du Javelot que vous me voiez à la main.
,, Vous serez sans doute curieux d'apprendre
,, l'Aventure de ce Chien; elle a en effet de quoi
,, vous surprendre. Lorsque le Fils de † Laïus
,, eut expliqué l'Enigme du Sphinx, que person-
,, ne avant lui, n'avoit entendue, le monstre de
,, dépit se precipita du haut d'un Rocher. The-
,, mis piquée de voir ainsi développer l'obscu-
,, rité de ses Oracles, envoia dans les Campa-
,, gnes de Thèbes un Animal furieux, qui par
,, les ravages qu'il causoit se rendit également re-
,, doutable aux Laboureurs, & aux Troupeaux;
,, Toute la Noblesse des environs s'assembla
,, pour le prendre ou pour le tuer. On fit une
,, enceinte d'hommes, de filets & de tout ce qu'on
,, pût trouver de plus fort. Elle fut inutile; le
,, monstre franchissoit toutes les Barrieres. On
,, decoupla les Chiens, mais il couroit avec tant
,, de legereté qu'il leur fut impossible de l'attein-
,, dre. On l'eût pris pour un Oiseau. On me
,, pria enfin de lâcher Lélape, (c'est le nom
,, du Chien que Procris m'avoit donné) il y
,, avoit déjà long-tems qu'il faisoit tous ses ef-
,, forts pour rompre la lesse qui le retenoit. A
,, peine fut-il en liberté qu'on le perdit de vûe.
,, La poudre qu'il fit lever en courant le deroba
,, à nos yeux dans un instant. Le Dard qu'on
,, lance avec vigueur, la Pierre qui sort de la
,, Fronde, & la Fleche qui vient d'être decou-
,, chée par la main habile Cretois, ne vont pas
,, avec plus de vitesse. Il y avoir au milieu de
           ,, la

---

† Comme on lit dans plusieurs Editions & dans quelques Scholiastes *Carmina Naïades non intellecta priorum, solvunt ingeniis,* Mr. du Ryer & Mr. l'Abbé de Bellegarde après lui, ont traduit ainsi. *Depuis que les Naïades eurent commencé à expliquer les Oracles avec tant de lumiere & de certitude, on ne se soucia plus de Themis ni de ses réponses.* Mais où ont-ils lu que les Naïades aïent jamais expliqué les Oracles? Ovi. de l'aporte ici en peu de mots l'Histoire d'Oedipe & du Sphinx, & une simple Lettre changée par un Copiste ignorant a fait toute la méprise, en mettant *Naïades* au lieu de *Laïades,* le Fils de *Laïus,* Oedipe. Le dernier Traducteur pouvoit corriger du Ryer, puisque l'Edition Dauphine avoit rétabli la bonne Leçon. Les deux Vers suivans ne laissent aucun doute à cette remarque; sûrement il saudroit dire de Themis elle-même; *præcipitata jacebat.* Ce qui certainement doit s'entendre du Sphinx.

Collis apex medii ſubjectis imminet arvis :

Tollor eò , capioque novi ſpectacula curſus :   780

Quo modo deprendi , modo ſe ſubducere ab
ipſo

Vulnere viſa fera eſt. nec limite callida
recto ,

In ſpatiumve fugit ; ſed decipit ora ſequen-
tis :

Et redit in gyrum, ne ſit ſuus impetus hoſti.

Imminet hic , ſequiturque parem : ſimiliſque
tenenti   785

Non tenet , & vacuos exercet in aëra morſus.

Ad jaculi vertebar opem : quod dextera li-
brat

Dum mea ; dum digitos amentis indere tento ;

Lumina deflexi , revocataque rurſus eodem

Retuleram , medio (mirum !) duo marmora campo   790

Adſpicio ; fugere hoc , illud latrare putares.

Scilicet invictos ambo certamine curſus

Eſſe Deus voluit ; ſi quis Deus adſuit illis.

,, la Campagne, où nous étions, une colline où
,, je montai pour avoir le plaiſir de cette Cour-
,, ſe. Elle avoit en effet quelque choſe de fort
,, amuſant, d'abord il me ſembloit, que Léla-
,, pe étoit prêt à ſe jetter ſur la Bête ; mais el-
,, le évitoit le coup de dent, & pour le mettre
,, en défaut elle ſe detournoit, & le laiſſoit paſ-
,, ſer. Tantôt elle lui donnoit le crochet : quel-
,, quefois elle revenoit ſur ſes pas, ou faiſoit en
,, courant une eſpece de cercle, afin qu'il ne pût
,, pas s'élancer ſur elle. Lélape cependant faiſoit
,, tous ſes efforts pour l'atteindre & la ſuivoit de
,, ſi près qu'il ouvroit à tous momens la gueule
,, pour la ſaiſir ; mais il ne mordoit que le vent.
,, J'eus recours alors à mon Javelot, & comme
,, je me mettois en état de le lancer, je detour-
,, nai les yeux un inſtant ; mais quelle fut ma
,, ſurpriſe lorsque voulant enſuite viſer la Bê-
,, te, je n'apperçus au milieu de la plaine, que
,, deux figures de marbre, dont l'une étoit dans
,, la poſture d'un Animal qui fuit, l'autre dans
,, celle d'un Chien qui abboie après lui. Quel-
,, que Dieu ſans doute, s'il eſt vrai que quel-
,, qu'un d'eux ait été témoin de cette Chaſſe, ne
,, voulant pas permettre qu'aucun de ces deux
,, Animaux fût vaincu, les avoit metamorpho-
,, ſez en Pierres.

EXPLICATION DE LA XXVII. & XXVIII. FABLE.

APollodore (1.) ſemble d'abord reconnoître deux Cephales, l'un Fils de Mercure & de Herſé, Fille de Cecrops, l'autre (2) Fils de Deionée Roi de Phocide, & de Diomede Fille de Xutus. Le premier fut ravi par l'Aurore, & alla habiter avec elle dans la Syrie où il eut un Fils nommé Tithon, Pere de Phaë ton. Le ſecond épouſa Procris Fille d'Erechthée Roi d'Athènes. Cependant dans le Livre troiſiéme, cet Auteur ſemble confondre les actions de ces deux Princes, Ovide & après lui tous les autres Anciens n'ont par- lé que du Fils de Deionée, qui fut ravi par l'Aurore, & qui l'aiant abandonnée retourna avec Procris : ain- ſi que je le dirai plus au long dans l'Explication de la Fable ſuivante.

(1) Lib. III.   (2) Liv. I.

FAB. XXIX. *Mort de·Procris.*

ARGUMENT.

Procris aïant à son tour sur quelque rapport conçu de la jalousie contre Cephale, qu'elle croïoit amoureux, alla dans les Bois où il chassoit pour le surprendre, le bruit qu'elle fit dans les broussailles aïant fait croire à ce Prince que c'étoit quelque Bête, il lui lança son Javelot, dont elle lui avoit fait présent & la tua.

Actenus : & tacuit. Jaculo quod cri-
men in ipso?
Phocus ait. jaculi sic crimina reddidit il-
le.   795
Gaudia principium nostri sint, Phoce, doloris,
Illa prius referam. juvat, ö meminisse beati
Temporis, Aeacida, quo primos rite per
annos
Conjuge·eram felix; felix erat illa marito.
Mutua cura duos, & amor socialis. habe-
bat.   800
Nec Jovis illa meo thalamos praeferret amori:
Nec me quae caperet, non si Venus ipsa ve-
niret,
Ulla erat. aequales urebant pectora flammae.
                            Sole

Près que Cephale eût cessé de parler, Phoque lui demanda quelle raison il avoit eû de se plaindre, lorsqu'il lui avoit parlé du Dard qu'il avoit à la main. ,, Helas! lui re-
,, pliqua-t-il, ce qui nous fait d'abord le plus
,, de plaisir, devient souvent la source de nos
,, malheurs. Pour donner quelque ordre à ce que
,, j'ai à vous raconter, je vous parlerai d'abord
,, de mon bonheur passé. Le souvenir m'en est
,, toûjours également precieux & agréable. Heu-
,, reux pendant les premieres années de mon
,, Mariage, je voïois avec plaisir Procris partager
,, mon bonheur. Unis l'un & l'autre par l'amour
,, le plus tendre, nous avions les mêmes incli-
,, nations, les mêmes panchants. Elle ne m'au-
,, roit pas preferé Jupiter lui-même; je ne l'au-
,, rois pas abandonnée pour Venus. Pour tout
,, dire en un mot, notre ardeur étoit égale.
                                    ,, Com-

Sole ferè radiis feriente cacumina primis,
Venatum in silvas juveniliter ire solebam: 805
Nec mecum famulos, nec equos, nec naribus
    acres
Ire canes, nec lina sequi nodosa sinebam.
Tutus eram jaculo. sed cum satiata ferinae
Dextera caedis erat; repetebam frigus, &
    umbras,
Et, quae de gelidis halabat vallibus, au-
    ram.   810
Aura petebatur medio mihi lenis in aestu:
Auram exspectabam, requies erat illa labori.
Aura (recordor enim) venias, cantare solebam:
Meque juves, intresque sinus, gratissima,
    nostros:
Utque facis, relevare velis, quibus urimur
    aestus.   815
Forsitan addiderim (sic me mea fata trahe-
    bant)
Blanditias plures: &, Tu mihi magna vo-
    luptas,
Dicere sim solitus: tu me reficisque fovesque:
Tu facis, ut silvas, ut amem loca sola: meoque
Spiritus iste tuus semper captatur ab ore. 820
Vocibus ambiguis deceptam praebuit aurem
Nescio quis: nomenque aurae tam saepe vo-
    catum
Esse putans Nymphae, Nympham mihi cre-
    dit amari.
Criminis exemplo ficti temerarius auctor
Procrin adit: linguáque refert audita susur-
    rà.   825
Credula rès amor est. subito collapsa dolore,
Ut sibi narratur, cecidit: longoque refecta
Tempore; si miseram, se fati dixit iniqui:
Deque fide quèsta est: & crimine concita vano,
Quod nihil est, metuit; metuit sine corpore
    nomen: 830
Et dolet infelix veluti de pellice verâ.
Saepe tamen dubitat; speratque miserrima
    falli:
Indicioque fidem negat; &, nisi viderit ipsa
Damnatura sui non est delicta mariti.
Postera depulerant Aurorae lumina noc-
    tems   835
Egredior, silvasque peto: victorque per her-
    bas,
Aura veni, dixi, nostroque medere labori.
Et subitò gemitus inter mea verba videbar
Nescio quos audisse. Veni, tamen, optima,
    dixi.

Fronde

„ Comme j'étois alors fort jeune, & que j'ai-
„ mois passionnement la Chasse ; sitôt que le
„ jour paroissoit, j'allois dans les Forêts voisi-
„ sines, sans suite, sans Chevaux, sans Chiens,
„ & sans faire porter les Toiles. Ce Javelot que
„ vous voiez me renoît lieu de tout ; il ne me
„ falloir point d'autres armes. Lorsqu'à force
„ d'avoir tué du Gibier, je me trouvois fati-
„ gué, j'allois me reposer & me rafraîchir à
„ l'ombre des Arbres. Ce doux Zephire qui
„ pendant la chaleur penetre dans les Boccages
„ les plus sombres, faisant alors toutes mes de-
„ lices, je l'appellois des mêmes noms que
„ j'aurois pû donner à quelque Nym-
„ phe. Je le priois de venir soulager mon ar-
„ deur; je lui prodiguois les noms les plus ten-
„ dres, peut-être même que j'ajoutois mille au-
„ tres folies, qui n'auroient pû convenir qu'à
„ une Maitresse. C'est vous, lui disois-je, qui
„ soutenez mes forces abatues ; c'est vous qui
„ me faites cherir les Forêts & la solitude; la
„ douceur de votre haleine me charme, me ra-
„ nime & fait toute ma joie. Telle étoit ma
„ folie, ou plûtôt mon malheureux destin.
„ Quelqu'un entendit par hazard ces paroles,
„ qui en effet pouvoient avoir un sens fort équi-
„ voque, & le nom d'Aura tant de fois repe-
„ té fut pris pour celui d'une Nymphe, dont
„ on me crût amoureux. Procris fut bientôt
„ avertie de ma pretendue galanterie. Com-
„ me l'Amour est crédule, elle ne douta point
„ que je ne fusse infidelle. Cette nouvelle lui
„ causa une douleur si cruelle, qu'elle s'éva-
„ nöuit, & demeura long-tems sans connois-
„ sance. Dès qu'elle eût repris ses sens, elle
„ s'abandonna à toute sa douleur, elle dit cent
„ fois qu'elle étoit la plus malheureuse de tou-
„ tes les Femmes. Elle se plaignit, elle pleu-
„ ra, & fut aussi afligée que si elle eût eû veri-
„ tablement une rivale. Quelquefois cepen-
„ dant elle doutoit de la sincerité du rapport
„ qu'on venoit de lui faire, & refusoit d'ajou-
„ ter foi aux preuves qu'on lui avoit données
„ de mon infidelité. Comme elle souhaitoit
„ que la nouvelle qu'on lui en avoir donnée
„ fut fausse, elle eût l'équité, avant que de
„ me condamner de vouloir s'assurer elle-même
„ de ma perfidie. Le lendemain, au lever de
„ l'Aurore, je sortis à mon ordinaire pour aller
„ à la Chasse; & lorsque je me trouvai frti-
„ gué, je me couchai sur l'Herbe, & je ne
„ manquai pas d'abord d'appeller à mon se-
„ cours cette douce fraîcheur qui faisoit toutes
„ mes delices. Venez, lui disois-je, me soula-
„ ger après tant de fatigues; c'est de vous que
„ j'attends ma consolation. Comme je continuois
„ ce discours, je crûs entendre quelqu'un qui
„ soupiroit; & m'étant tourné pour voir ce que
H h 3   „ c'étoit,

Fronde levem rursus strepitum faciente ca-
     ducâ ,   840
Sum ratus esse feram : telumque volatile misi.
Procris erat : medioque tenens in pectore
     vulnus ,
Hei mihi ! conclamat. vox est ubi cognita fidae
Conjugis; ad vocem praeceps amensque cucurri.
Semanimem , & sparsas foedantem sanguine
     vestes ,   845
Et sua (me miserum !) de vulnere dona
     trahentem
Invenio : corpusque meo mihi carius ulnis
Sontibus attollo : scissâque à pectore veste
Vulnera saeva ligo : conorque inhibere cruorem;
Neu me morte suâ sceleratum deserat, oro. 850
Viribus illa carens, & jam moribunda, coëgit
Haec se pauca loqui : Per nostri foedera lecti,
Perque Deos supplex oro , superosque, meosque;
Per si quid merui de te bene ; perque manentem
Nunc quoque , cum pereo , caussam mihi
     mortis , amorem ;   855
Ne thalamis Auram patiare innubere nostris.
Dixit : & errorem tum denique nominis esse
Et sensi , & docui. sed quid docuisse juvabat ?
Labitur ; parvae fugiunt cum sanguine vires.
Dumque aliquid spectare potest ; me spectat :
     & in me   860
Infelicem animam nostroque exhalat in ore.
Sed vultu meliore mori secura videtur.
Flentibus haec lacrimans heros memorabat ;
     & ecce
Aeacus ingreditur duplici cum prole , novoque
Milite; quem Cephalus cum fortibus accipit
     armis.   865

,, c'étoit , je vis remuer les broussailles qui
,, étoient autour de moi & ne doutant point que
,, ce ne fût quelque Bête, je lançai mon Jave-
,, lot. Helas ! c'étoit Procris elle-même , à qui
,, je venois de percer le sein. Je reconnus sa
,, voix au cri qu'elle fit : j'y accourus tout in-
,, terdit , & je la trouvai baignée dans son sang,
,, je m'efforçai d'abord de retirer de la plaie ce
,, funeste Dard , dont elle-même m'avoit fait
,, present. Je l'embrassai tendrement : je dechi-
,, rai ses habits , & je mis un appareil à sa
,, blessure, pour arrêter le sang qui en sortoit;
,, la priant les larmes aux yeux de ne point
,, abandonner un Epoux, que ce funeste acci-
,, dent rendoit le plus malheureux de tous les
,, Hommes. Procris prête à expirer me parla
,, ainsi. Je vous conjure, Cephale, par notre Hy-
,, men , par tous les Dieux du Ciel , par ceux des
,, Enfers où je vais descendre, par la tendresse
,, que j'ai toûjours conservé pour vous, par cet
,, Amour fatal qui cause ma Mort, n'épousez
,, point la Nymphe *Aura* qui vous attiroit dans
,, ces Bois. A ce discours , je reconnus son er-
,, reur : je la desabusai : mais helas , à quoi me
,, servit de l'avoir détrompée ! elle se laissa tom-
,, ber entre mes bras , & elle perdit la vie avec
,, son sang. Tant qu'elle eut la force de lever
,, ses yeux mourans ; elle les tient toûjours atta-
,, chez sur moi, jusqu'à ce qu'enfin je reçus avec
,, ma bouche son dernier soupir. Ainsi mourut
,, l'infortunée Procris contente du moins de sa-
,, voir que je lui avois été fidelle". Cephale la
larme à l'œil finissoit le triste récit de cette avanture, & toute l'assemblée marquoit par ses larmes la part qu'elle y prenoit, lors qu'Eaque accompagné de ses deux Fils arriva avec les Troupes, qui devoient aller au secours des Atheniens.

EXPLICATION DE LA XXIX. FABLE.

Cephale Fils de Deionée Roi de Phocide étoit un Prince fort accompli. Comme il aimoit passionnément la chasse, & qu'il se levoit tous les jours de grand matin pour y aller, on disoit qu'il étoit amoureux de l'Aurore. Procris son Epouse, qui aimoit Ptelcon, comme nous l'apprenons d'Apollodore, faisoit sans doute courir ce bruit, afin de cacher ou d'autoriser son intrigue. Cependant Cephale qui en eut quelque soupçon, abandonna la Campagne où il se tenoit ordinairement, & revint à Thoricus où demeuroit la Reine. Procris informée du retour de son Mari, alla chercher un azile à la Cour de Minos second qui en devient amoureux, sa Femme Pasiphaé, pour se venger des Galanteries de son Mari, lia avec un Capitaine de la Cour, nommé Taurus, cette intrigue qui fit tant de bruit dans le monde, & que les Grecs, qui haïssoient Minos pour les raisons que nous avons dites, représenterent sur leurs Theatres d'une maniere si deshonorante pour le Roi de Crete & pour son Epouse.
    Pasiphaé , peu contente de s'être vengée de son

Mari par une intrigue qui le couvroit de honte, cher-cha tous les moiens de faire perir sa Rivale , & em-poisonna son lit. Procris avertie des mauvais desseins de la Reine, sortit de l'Ile de Crete, & retourna à Thoricus, où elle se reconcilia avec Cephale, & lui donna le Chien fameux & ce Dard mysterieux qui sont si célebres dans les Poetes.
    En ce tems-là un Renard monstrueux , envoié par Themis, ravageoit la Campagne. Les Thebains au rapport d'Apollodore (1) s'étoient obligez de lui don-ner tous les mois un de leurs Enfans, afin de l'em-pêcher d'en devorer un plus grand nombre. Amphi-tryon, qui devoir épouser Alcmene, après avoir ven-gé la mort des Freres de cette Princesse tuez par les Teleboens, pria Creon, Roi de Thebes, de lui don-ner quelques Troupes pour cette Expedition. Creon lui en promit, à condition qu'il delivreroit auparavant le Pais, du Renard qui le desoloit. Amphitryon ac-cepta cette proposition, & alla à Athenes, où Cepha-le

(1) *Liv. II.*

le demeuroit alors ; pour le prier de venir à Thebes avec le Chien & le Dard que Procris lui avoit donnez ; lui promettant de lui faire part des dépouilles & du Païs des Teleboens. Cephale partit fans hefiter, & Lélape, c'eft le nom qu'Ovide donne à ce Chien, pourfuivit fi vivement le Renard, qu'il alloit le prendre, lorfque Jupiter les changea l'un & l'autre en Rochers.

Les Poetes ont fait la Genealogie & l'Hiftoire de ce Chien. Vulcain, felon eux, l'avoit formé, & en avoit fait préfent à Jupiter, qui le donna à Europe. Procris, qui le reçut de Minos, le donna enfuite à Cephale. Je ferois fort porté à croire que le Roi de Crete avoit renvoié cette Princeffe fous la conduite de quelque Capitaine fin & rufé, qui s'étant établi à Athenes, alla avec Cephale à la chaffe du Renard qui defoloit la Thebaïde ; que ce Renard lui-même étoit un Corfaire, qui fut pourfuivi par le Capitaine Cretois, & que leurs Vaiffeaux aïant fait naufrage auprès de quelques Rochers, on publia, en écrivant cette Avanture, que le Chien & le Renard avoient été métamorphofez en Pierres. Ma conjecture fera encore plus vraifemblable, fi on veut s'en rapporter à Tzetzes qui nomme le Chien *Cyon* & le Renard *Alopis* ; & qui dit pofitivement, que Cyon étoit ce Capitaine qui avoit ramené Procris lors qu'elle fut obligée de fortir de l'Ile de Crete.

Quoiqu'il en foit, après la chaffe du Renard de Thebes, Amphitryon alla faire la guerre aux Teleboens, qui furent vaincus. Pour recompenfer Cephale des fervices qu'il lui avoit rendus, ce Prince lui donna une petite Ile, qui depuis ce tems-là a porté le nom de Céphalénie. Elle eft dans la Mer d'Ionie, au deffus de celle d'Itaque, vis à vis de l'Acarnanie. Ce fut dans cette guerre contre les Teleboens, que Comero charmée de la beauté de Cephale, coupa le cheveu fatal d'où dependoit la vie de Pterelas ; c'eft-à-dire qu'elle fit une conjuration contre fon Pere. Amphitryon fe reconcilié avec fa Femme, eut tant de mépris pour cette Fille denaturée, qu'elle alla fe précipiter au faut de Leucade, ainfi qu'on peut le voir dans Strabon, dont le paffage a été heureufement rétabli.

Quoique Cephale fût reconcilié avec Procris, cependant comme il la tua à la chaffe, on crut que ce n'étoit pas par un pur accident que cela étoit arrivé, mais par un refte de reffentiment ; ainfi l'Aréopage qui jugea cette affaire, le condamna à un exil perpetuel, ainfi que nous l'aprenons d'Apollodore (2), de Paufanias & d'Euftathe fur le fecond Livre de l'Iliade. Son Fils Geleus lui fuccéda & regna dans l'Ile de Céphalénie. Geleus fut Pere d'Arcefius, Grand-Pere d'Ulyffe, qui conduifit à Troie les Cephaleniens avec les Ithaciens. Oenée fecond Fils de Cephale, regna dans la Phocide après la mort de fon Grand-Pere Déionée. Cephale vivoit du tems de Minos fecond, c'eft-à-dire environ cent ans avant la guerre de Troie (3).

(2) *Lib. III. Paufan. in Atticis. Homer. Lib. II. Euftath.*
(3) Ulyffe avoit trois générations après lui, & trois générations font ordinairement cent ans. Ces trois générations compofent cinq perfonnes dont la premiere qui eft la fouche ne doit point être comptée, non plus que la derniere Cephale, Geleus, Arcefius, Laerte, Ulyffe.

FIN DU SEPTIE'ME LIVRE ET DU PREMIER TOME.

Lightning Source UK Ltd.
Milton Keynes UK
UKHW010612120219
337137UK00007B/1402/P